O
HORROR
─── DA ───
GUERRA

Uma provocativa análise
da Primeira Guerra Mundial

Niall Ferguson

O HORROR DA GUERRA

Uma provocativa análise
da Primeira Guerra Mundial

Tradução
Janaína Marcoantonio

CRÍTICA

Copyright © Niall Ferguson, 1998
Copyright © Editora Planeta do Brasil, 2014, 2018
Todos os direitos reservados.
Título original: *The Pity of War – 1914-1918*

Preparação: Dida Bessana
Revisão: Cátia de Almeida e Patrícia Alves Santana
Diagramação: Triall
Capa: Vitor Gentil
Imagem de capa: Frank Hurlley/Wikimedia Commons

DADOS INTERNACIONAIS DE CATALOGAÇÃO NA PUBLICAÇÃO (CIP)
ANGÉLICA ILACQUA CRB-8/7057

Ferguson, Niall
  O horror da guerra: uma provocante análise da Primeira Guerra Mundial / Niall Ferguson; tradução de Janaína Marcoantonio. -- 2. ed. -- São Paulo: Planeta do Brasil, 2018.
  768 p.

ISBN: 978-85-422-1373-7
Título original: The pity of war

1. Guerra Mundial, 1914-1918 I. Título II. Marcoantonio, Janaína

18-0917   CDD 940.3

2018
Todos os direitos desta edição reservados à
EDITORA PLANETA DO BRASIL LTDA.
Rua Padre João Manuel, 100 – 21º andar
Ed. Horsa II – Cerqueira César
01411-000 – São Paulo-SP
www.planetadelivros.com.br
atendimento@editoraplaneta.com.br

Para

J.G.F.

e

T.G.H.

Pois por minha alegria muitos homens riram,
E algo de meu pranto ficou para trás,
E isso deve morrer agora. Refiro-me à verdade não revelada,
O horror da guerra, o horror da guerra destilado.

Wilfred Owen,
"Estranho encontro"

O Espírito Sinistro escarneceu: 'Tinha de ser!'
E novamente o Espírito do Horror sussurrou, 'Por quê?'

Thomas Hardy,
"E havia uma grande calma"

Sumário

Agradecimentos   13
Nota sobre as imagens   15

Introdução   17

1   Os mitos do militarismo   55
    Profetas   55
    Imprensa e espionagem   66
    A política do militarismo   72
    Antimilitarismo   77

2   Impérios, ententes e apaziguamento eduardiano   95
    Imperialismo: economia e poder   95
    Guerras não travadas   104
    O leão e a águia   111
    A lógica do apaziguamento   119

3   A guerra de ilusões da Grã-Bretanha   127
    O perfeito pescador   127
    A neurose napoleônica   141
    O não comprometimento continental   149

4   Armamentos e homens   165
    Uma corrida para a guerra?   165
    Encouraçados   166
    A porta se fechando   171
    Os despreparados   186

5	**Finanças públicas e segurança nacional**	195
	Os custos da defesa	195
	Impostos	209
	Dívidas	218
	Do impasse fiscal ao desespero estratégico	228
	A história contrafatual de Ludendorff	234
6	**Os últimos dias da humanidade: de 28 de junho a 4 de agosto de 1914**	243
	Por que a Bósnia?	243
	Os jogadores	249
	Telefone quebrado	255
	Por que a Grã-Bretanha entrou na guerra	260
	A união europeia do Kaiser	271
7	**Os dias augustos: o mito do entusiasmo pela guerra**	285
	Dois voluntários	285
	Multidões e impotência	287
	Pânico	299
	Alistamento	312
	Revelações	323
8	**A gangue da imprensa**	334
	A guerra das palavras	334
	Vozes dissonantes	337
	A autonomia da propaganda	350
	Estilo baixo e elevado	356
	O público	361
	A caixa registradora da história	366
	Histórias reais	373

9   Capacidade econômica: a vantagem desperdiçada   382
     O grande desequilíbrio   382
     Lebres e tartarugas   389
     Aprovisionamento e matérias-primas   394
     Mão de obra: o problema britânico   403
     Fome, saúde e desigualdade   413

10   Estratégias, táticas e contagem líquida de corpos   427
     Estratégias   427
     Estratégia da Entente e dos Aliados   436
     Desculpas   450
     Não derrotados no campo de batalha?   458
     A vitória perdida?   463

11   "Máximo massacre ao menor custo": finanças de guerra   472
     Finanças e guerra   472
     O custo de matar   476
     O susto do dólar   481
     Papel-moeda e preços   484
     O preço por morte   487

12   O instinto de morte: por que os homens lutavam   497
     A vida no inferno   497
     Varas   505
     Cenouras   509
     A alegria da guerra?   518

13   O dilema do capturador   536
     A lógica da rendição   536
     Acusações e contra-acusações   542
     Ordens   556
     Guerra sem fim   561

14 Como (não) pagar pela guerra   573
    Consequências econômicas   573
    Não pode pagar   577
    Não quer pagar   586
    Poderia ter pagado?   592
    Não consegue cobrar   601
    Alternativas à hiperinflação   611

Conclusão: alternativas ao Armagedom   623

Bibliografia   660
Índice remissivo   711

Agradecimentos

Vários historiadores muito mais especializados em Primeira Guerra Mundial do que eu generosamente me encorajaram e me aconselharam durante a pesquisa e redação deste livro. Gostaria de agradecer em especial a Adrian Gregory e David Stevenson, que leram do princípio ao fim a primeira versão e me pouparam de muitos erros. Brian Bond, John Keegan, Avner Offer, Hartmut Pogge von Strandmann, Gary Sheffield e Peter Simkins também ajudaram de bom grado. Entre os muitos outros dos quais contraí "dívidas de guerra" ao longo dos anos, devo agradecer a Richard Bessel, Gerry Feldman, Stig Förster, Jonathan Steinberg, Norman Stone e Jay Winter. É desnecessário dizer que nenhum deles é responsável pelos argumentos e opiniões apresentados aqui.

Este livro não poderia ter sido escrito sem a inestimável assistência de pesquisa que recebi de Nick Berry, Glen O'Hara e Thomas Weber. Daniel Fattal, John Jungclaussen, Jon Thompson e Andrew Vereker também fizeram um excelente trabalho.

Timothy Prus e Barbara Adams, do Archive of Modern Conflict, em Londres, forneceram um auxílio indispensável com as fotografias. Também gostaria de agradecer a Jillian Timmis, por me apresentar aos diários de Finch, e à família Finch, por me permitir citá-los.

Durante a longa gestação deste livro, recebi um generoso apoio financeiro da Faculdade de História da Universidade de Oxford e da Jesus College, em Oxford. Sou profundamente grato a ambas. Também quero agradecer a Vivien Bowyer por sua ajuda na preparação de tabelas e gráficos.

Não tenho palavras para agradecer a minha editora, a Penguin Press. Os que contribuíram para transformar meu manuscrito em livro são demasiado numerosos para nomear; espero que os outros me perdoem por eu expressar minha gratidão a meu editor Simon Winder, que deu o pontapé inicial.

Finalmente, gostaria de agradecer à minha família por tolerar minha irascibilidade e minhas horas de trabalho excessivas.

O livro é dedicado à memória de meus avós, que lutaram por seu país nas duas guerras mundiais.

Nota sobre as imagens

As fotografias apresentadas neste livro são uma mistura do oficial e do não oficial. As não oficiais são, talvez, mais interessantes, embora certamente menos familiares; de fato, a maioria das fotografias tiradas por soldados comuns é reproduzida aqui pela primeira vez.

George Mosse argumentou que "as fotografias que os próprios soldados tiravam para suas famílias eram sempre realistas"; ao passo que as fotografias oficiais tendiam a perpetuar "o mito da experiência de guerra" (Mosse, *Fallen Soldiers*, p. 150). A julgar por estas fotografias, isso não é verdade. Certamente, os fotógrafos credenciados cujo trabalho foi publicado durante a guerra tenderam a evitar imagens de mortos do seu próprio lado; mas nem sempre isso ocorreu. Com efeito, é surpreendente quanto do horror da guerra pode ser visto nas fotografias "oficiais". E, o que é mais importante, os álbuns particulares dos soldados não são necessariamente "realistas" – se com isso queremos dizer que estavam determinados a retratar os horrores das trincheiras.

O arquétipo de um fotógrafo de guerra "realista" foi John Heartfield. As duas fotos que ele legendou com a frase "É assim a morte de um herói na realidade" são imagens assustadoras de soldados mortos, quebrados, desfigurados, cobertos de lama. Mas Heartfield foi um soldado excepcionalmente politizado. Ele era, na verdade, alemão. Batizado Helmut Herzfeld, mudou seu nome para John Heartfield em 1915 como um protesto contra a anglofobia durante a guerra. Mais tarde ele recordou seu esforço consciente para desafiar a fotografia oficial enquanto esteve nas trincheiras.

> Fotos da guerra estavam sendo usadas para apoiar a política de persistir quando a guerra há muito já havia acabado no Marne e o Exército alemão já havia sido derrotado [...] Fui um soldado desde o início. E então nós [começamos a] montar, eu rapidamente recortava uma foto e colocava uma debaixo da outra. É cla-

ro, aquilo produzia um contraponto, uma contradição que expressava algo diferente. (Pachnicke e Honnef, *John Heartfield*, p. 14)

E assim nasceu a fotomontagem da República de Weimar. No entanto, a maioria dos soldados que levaram câmeras para o front (e devemos lembrar que os soldados britânicos não tinham autorização para isso) era menos politizada. Poucos aspiraram ao "realismo" no sentido de Heartfield – um contraponto à propaganda. Suas fotos nos dizem muito sobre o modo como eles queriam ver a guerra – e como queriam que a guerra fosse vista por outros –, assim como as fotografias oficiais nos dizem muito sobre os objetivos da propaganda do governo.

Todas as imagens são cortesia do Archive of Modern Conflict, Londres.

Introdução

J.G.F.

John Gilmour Ferguson acabara de fazer 16 anos quando a Primeira Guerra Mundial[1] eclodiu. O sargento recrutador acreditou nele – ou escolheu acreditar – quando ele mentiu sobre a idade, mas, antes que pudesse concluir as formalidades do alistamento, sua mãe chegou e o arrastou para casa. Mas se, naquele momento, o garoto da região de Fife temeu ficar de fora, sua angústia foi injustificada. Quando, no ano seguinte, teve permissão para se alistar, qualquer ideia de que a guerra poderia ser curta havia sido descartada. Depois dos meses usuais de treinamento, ele foi enviado às trincheiras como um soldado raso (número de série S/22933) no 2º Batalhão, Seaforth Highlanders, parte da 26ª Brigada, na 9ª Divisão da Força Expedicionária Britânica. Ele foi um dos 557.618 escoceses alistados no Exército britânico durante a Primeira Guerra Mundial. Destes, mais de um quarto – 26,4% – perdeu a vida. Só os Exércitos sérvio e turco sofreram tantas baixas.[2]

Meu avô estava entre os afortunados 73,6%. Ele foi atingido no ombro por uma bala de um franco-atirador, que teria sido fatal alguns centímetros mais abaixo. Sobreviveu a um ataque com gás, embora seus pulmões tenham sofrido dano permanente. Sua memória mais vívida da guerra – ou pelo menos aquela que relatou ao filho – foi um ataque alemão. Conforme as tropas inimigas avançavam contra suas trincheiras, ele e seus camaradas fixaram baionetas e se prepararam para a ordem de "atacar". Mas, no último momento, a ordem foi dada aos cameronianos, na linha de frente avançada. As baixas foram tão numerosas no enfrentamento que ele teve certeza de que teria morrido se o comando tivesse sido dado aos Seaforths.

Não são muitos os registros que restaram da guerra de John Ferguson. Como a imensa maioria dos milhões de homens que lutaram na Primeira

Guerra Mundial, ele não publicou poemas nem memórias. Nem mesmo as cartas que enviou para casa sobreviveram. Os registros de seu serviço militar continuam inacessíveis e os arquivos do Exército fornecem pouquíssimas informações.

É possível, por exemplo, que ele tenha estado na Batalha do Somme, em julho de 1916, onde – em apenas 14 dias de combate intensivo em Billion Wood, Carnoy e Longueuil – seu batalhão teve 70 homens mortos e 381 feridos ou feitos prisioneiros, de um total de 750. Talvez tenha estado em Eaucourt l'Abbaye três meses depois, quando as baixas da brigada chegaram a 70% nos primeiros minutos do ataque. Ou talvez tenha sido em St. Laurent, perto de Arras, que sofreu seu ferimento. Será que teve a sorte de não participar da batalha em Passchendaele, onde seu batalhão perdeu 44 homens e outros 214 foram feridos ou capturados no assalto a Zeggars Cappel? Ou foi lá que sofreu envenenamento por gás?

Algum tempo depois de ter sofrido essas lesões, foi tirado da linha de frente para ajudar no treinamento de novos recrutas: há uma foto dele com um grande grupo de homens sentados em frente de um quadro-negro com o desenho de uma granada. Mas sua lembrança de um grande ataque alemão indica que ele possivelmente esteve nas trincheiras na primavera de 1918, quando Ludendorff fez sua última tentativa, em vão, de ganhar a guerra. O 2º Batalhão perdeu mais de 300 homens só no mês de março, durante a retirada de Gouzeaucourt.[3]

Tudo isso, no entanto, não passa de palpite.

Além de seu escalão e número de série, as únicas provas que tenho são uma pequena caixa com uma Bíblia minúscula, três medalhas e algumas fotografias dele usando uniforme – um rapaz de rosto impassível vestindo um *kilt*. A primeira medalha, a Medalha Britânica, mostra um homem nu a cavalo. Acima do cavaleiro está a inscrição 1914; perto do focinho do cavalo, o ano tido como o término tradicional, 1918. Sob os cascos traseiros – aparentemente prestes a ser esmagada –, há uma caveira. (Isso representa um triunfo sobre a Morte ou algum alemão desafortunado?) O outro lado se assemelha a uma simples moeda antiga. Contém o sombrio perfil do rei e a seguinte inscrição:

GEORGIVS V BRITT: OMN: REX ET IND: IMP:

Introdução

A imagem da outra medalha, a Medalha da Vitória, também é clássica. Na parte da frente há um anjo alado carregando um ramo de oliveira na mão direita e acenando com a esquerda, mas não está claro se isso representa as mulheres britânicas dando as boas-vindas aos sobreviventes que voltam ao lar ou o anjo da morte dando-lhes adeus. A inscrição no verso (desta vez, em inglês) diz:

> *THE GREAT*
> *• WAR FOR •*
> *CIVILISATION*
> 1914-1919[4]

A terceira medalha de meu avô foi a Cruz de Ferro – um suvenir de um soldado alemão morto ou capturado.

O fato de meu avô ter lutado na Frente Ocidental foi, e continua sendo, um estranho motivo de orgulho. Se tento analisar esse orgulho, suponho que esteja associado com o fato de que a Primeira Guerra Mundial é, até hoje, a pior coisa que o povo de meu país teve de suportar. Sobreviver era ser misteriosamente afortunado. Mas sobreviver também parecia significar grande resistência. O mais impressionante de tudo foi que meu avô, ao voltar da guerra, levou uma vida civil relativamente estável e (pelo menos na aparência) realizada. Conseguiu um emprego numa pequena casa de exportação e foi enviado ao Equador para vender uísque e ferragens. Isso foi bastante exótico. Depois de alguns anos, voltou para a Escócia e se instalou em Glasgow; casou, virou dono de uma loja de ferragens, teve um filho, perdeu a esposa por motivo de doença, casou com minha avó e teve outro filho: meu pai. Passou o resto da vida numa moradia social em Shettleston, um bairro no leste de Glasgow, dominado, na época, pelo mau cheiro das siderurgias. Apesar de ter prejudicado ainda mais seus pulmões com o fumo (um hábito que adquiriu provavelmente nas trincheiras, onde o tabaco era a droga universal), teve força para levar adiante seu pequeno negócio durante uma sucessão de tempestades econômicas e viveu o suficiente para, mesmo ofegante, embalar seus dois netos no colo. Em outras palavras, parece ter sido capaz de ter uma vida normal. Nesse aspecto, sem dúvida, lembrava a grande maioria dos homens que lutou na guerra.

Ele não falava muito a esse respeito comigo; depois de sua morte, no entanto, pensei muito nisso. Era difícil não pensar. Pouco tempo depois da guerra, a escola à qual meus pais me mandaram, a Glasgow Academy, dedicou-se formalmente à memória dos que foram mortos no conflito. Assim, dos 6 aos 17 anos fui educado em um verdadeiro memorial da guerra. Todas as manhãs, a primeira coisa que via ao me aproximar da escola era uma pálida placa de granito erguida na esquina da Great Western Road com a Colebrooke Terrace onde constava o nome dos ex-alunos da escola que haviam morrido na guerra. Havia também um "pergaminho de honra" no segundo andar do prédio principal da escola, um cavernoso edifício neoclássico. Às vezes, quando íamos da aula de álgebra à de latim, passávamos por ele. A galeria era tão estreita que tínhamos de ir em fila indiana, e toda vez eu tinha a possibilidade de ler um dos nomes: tenho a impressão de que havia ao menos um Ferguson, mas sem nenhuma relação comigo. E acima de todos esses nomes de mortos, em letras maiúsculas e em negrito, havia uma legenda que eu vim a conhecer tão bem quanto o pai-nosso que balbuciávamos todas as manhãs:

NÃO DIGAS QUE OS VALENTES MORREM.[5]

Acredito que meu primeiro pensamento histórico sério foi uma objeção a essa ordem severa. Mas eles *morreram*. Por que negar isso? E, como John Maynard Keynes observou com sarcasmo certa vez, um dia todos morreremos – mesmo aqueles que tiveram a sorte de ter sobrevivido à Primeira Guerra Mundial. Passaram-se 80 anos* desde o armistício de 11 de novembro de 1918, e – até onde é possível saber, na ausência de um registro oficial de veteranos – não mais do que algumas centenas dos que lutaram nas forças britânicas continuam vivos. A Associação de Veteranos da Primeira Guerra Mundial tem 160 membros; a Associação da Frente Ocidental, cerca de 90 soldados. Quinhentos é o total máximo de sobreviventes concebível.[6] Os números não podem ser muito maiores nos outros países combatentes. Logo a Primeira Guerra Mundial irá se unir à Guerra da Crimeia, à Guerra Civil Americana e à Guerra Franco-Prussiana, das quais já não restam memórias em primeira mão. Não digas que os valentes morrem? Um estudante poderia

---

* Ferguson escreveu este livro em 1998. (N.T.)

aceitar, sem refletir muito a respeito, a afirmação vazia de que todos os que morreram na guerra foram valentes. Mas a ideia de que gravar o nome deles em uma parede os mantém vivos de alguma forma era simplesmente implausível.

É claro, vi muito mais sobre a Segunda Guerra Mundial na televisão (nos filmes do pós-guerra repetidos com frequência). Mas talvez seja exatamente por essa razão que a Primeira Guerra Mundial sempre me pareceu um assunto muito mais sério. Eu sentia isso, mesmo antes de saber que o dobro de britânicos foi morto na Primeira Guerra.[7] A primeira pesquisa histórica que me pediram para fazer, quando eu tinha apenas 12 anos, foi um "projeto" na escola. Sem hesitar, escolhi o assunto "guerra de trincheiras" e elaborei dois blocos grossos cheios de fotos da Frente Ocidental que recortei de revistas, como *Look and Learn*, acompanhadas de comentários simples, retirados de fontes de que já não me lembro (ainda não conhecia as notas de rodapé).

Meus professores de inglês estimularam esse interesse. Como muitas crianças de minha geração, fui apresentado ainda novo (aos 14 anos) à poesia de Wilfred Owen – o poema "Dulce et decorum est" permanece tenebrosamente vivo em minha mente:

> Gás! GÁS! Depressa, rapazes!...
> Se, a cada abalo, você pudesse ouvir o sangue
> que vem borbulhando dos pulmões corroídos em espumas,
> obsceno como câncer, amargo como regurgitação
> de vis e incuráveis feridas em línguas inocentes, –
> Meu amigo, você não diria com tanto prazer
> a crianças ávidas por um pouco de glória desesperada,
> a velha mentira: Dulce et decorum est
> Pro patria mori.*

Memoirs of a Fox-Hunting Man [Memórias de um caçador de raposas], de Siegfried Sassoon, era um texto obrigatório para os alunos do quinto ou do sexto ano. Também me lembro de ter lido na cama *Goodbye to All That* [Adeus a tudo aquilo], de Robert Graves, e *Adeus às armas*, de Ernest

---

* Pode-se traduzir *Dulce et decorum est pro patria mori* por algo como: "É doce e correto morrer por seu país". (N.T.)

Hemingway; e de ter visto uma boa adaptação para a TV (por abrandar os fatos) de *Testament of Youth* [Testemunho de uma jovem], de Vera Brittain. A TV também me apresentou uma versão de 1930 de *Nada de novo no front*, que me cativou, e *Ah! Que guerra adorável*, que me aborreceu por seus conhecidos anacronismos. Mas foi "Dulce et decorum est" – sem dúvida dirigida aos docentes, tratando de forma tão explícita da asfixia de um *garoto* – que me comoveu. Achei um absurdo que devêssemos memorizá-la pela manhã, para então vestir nosso uniforme de cadete e marchar em volta do parquinho na mesma tarde.

Apesar de eu ter nascido cerca de 50 anos depois da eclosão da Primeira Guerra Mundial, esta teve profunda influência sobre mim – como tem sobre tantos outros britânicos, jovens demais para tê-la vivido. De fato, foi outro encontro com a literatura produzida pela guerra, quando eu já estava na faculdade, que me incentivou a ser historiador. No Festival de Edimburgo de 1983, o Glasgow Citizens Theatre encenou uma obra da década de 1920 chamada *Os últimos dias da humanidade*, do satirista vienense Karl Kraus. Foi, sem dúvida, a maior experiência teatral que já tive. Lá estava a Primeira Guerra Mundial tal como se mostrava, em todo seu absurdo grotesco, vista pela perspectiva do café de Nörgler, o personagem mordaz de Kraus. Fiquei fascinado com a tese central da obra de que a guerra foi uma espécie de evento gigantesco da imprensa e que sua origem e perpetuação se deveram às distorções que a imprensa impôs à linguagem e, portanto, à realidade. Já naquele momento, aquilo me impressionou por parecer uma teoria à frente de seu tempo; eu ainda não havia começado a escrever para os jornais britânicos, mas não tinha a menor dúvida da magnitude de sua influência. Também era óbvio que a crítica satírica de Kraus à guerra não tinha correlato em língua inglesa; foi só na década de 1960 que algo parecido foi produzido na Escócia, e *Oh! What a Lovely War* é obtuso em comparação. Assim que saí do teatro naquela noite, resolvi que deveria aprender alemão, ler a obra de Kraus no original e tratar de escrever alguma coisa sobre ele e sobre a guerra.

Um encontro posterior, e um pouco menos revelador, com *Teoria geral do emprego, do juro e da moeda* me persuadiu a tratar de aprender também economia. A conclusão dessas duas decisões foi uma tese de doutorado sobre o custo econômico da guerra – em particular, a hiperinflação – em Hamburgo, a Glasgow alemã. Essa tese, desde que foi revisada e publicada,[8] marcou o início de uma década de trabalhos sobre os aspectos econômicos da Grande Guerra, suas origens, desenvolvimento e consequências, alguns dos quais apareceram em publicações acadêmicas, e outros foram dirigidos a um público ainda menor, em conferências, cursos ou palestras.[9] Este livro procura tornar acessível a preocupação de toda uma vida a essa pessoa elusiva a quem o historiador deve se dirigir em primeiro lugar: o leitor comum.

Dez perguntas

Há, é claro, muitos livros sobre a Primeira Guerra Mundial. Minha razão para escrever mais um não é repetir o que outros disseram. Este decididamente não é um manual. Aqui não há, por um lado, nenhuma narrativa detalhada da guerra; isso pode ser encontrado em outros lugares.[10] Também não pretendo lidar com as "várias faces da guerra":[11] muitos aspectos do conflito e alguns palcos da guerra são inevitavelmente negligenciados. Por outro lado – e correndo o risco de ser aniquilado na terra de ninguém da interdisciplinaridade –, tentei sair das trincheiras, hoje profundas, da especialização acadêmica. Em particular, tentei relacionar, mais do que de costume, a história econômica e social com a diplomática e militar. Tradicionalmente, os historiadores militares tenderam a discutir os aspectos táticos e estratégicos sem prestar a devida atenção às limitações econômicas sob as quais os generais tiveram de trabalhar. Os historiadores econômicos e sociais (sobretudo na Alemanha), por sua vez, tenderam a negligenciar a luta em si, presumindo – conscientemente ou não – que a guerra foi decidida na "frente interna" e não nos campos de batalha.[12] E a maioria dos historiadores ainda tende a estudar a guerra do ponto de vista de um único Estado-Nação. Em nenhum lugar isso é tão evidente quanto em livros que tratam do impacto literário da guerra,[13] mas é também uma característica de muitos volumes recentes de dissertações e artigos apresentados em conferências, que reúnem o trabalho de especialistas sem oferecer uma síntese.[14]

Minha abordagem é analítica. Há dez perguntas que tento responder:

1. A guerra era inevitável, seja por causa do militarismo, do imperialismo, da diplomacia secreta ou da corrida armamentista (Capítulos 1-4)?

2. Por que os líderes alemães apostaram na guerra em 1914 (Capítulo 5)?
3. Por que os líderes britânicos decidiram intervir quando a guerra eclodiu no continente (Capítulo 6)?
4. A guerra foi realmente recebida com entusiasmo popular, como muitas vezes se afirma (Capítulo 7)?
5. A propaganda, e especialmente a imprensa, mantiveram a guerra em curso, como acreditava Karl Kraus (Capítulo 8)?
6. Por que a enorme superioridade econômica do Império Britânico não foi suficiente para derrotar os Impérios Centrais mais rapidamente e sem a intervenção norte-americana (Capítulos 9 e 11)?
7. Por que a superioridade do Exército alemão não foi capaz de derrotar os Exércitos britânico e francês na Frente Ocidental, como fez com a Sérvia, a Romênia e a Rússia (Capítulo 10)?
8. Por que os homens continuavam lutando quando as condições no campo de batalha eram, como contam os poetas da guerra, tão deploráveis (Capítulo 12)?
9. Por que os homens deixaram de lutar (Capítulo 13)?
10. Quem ganhou a paz – para ser preciso, quem acabou pagando pela guerra (Capítulo 14)?

A título de preâmbulo, e para mostrar como é possível encontrar novas respostas para essas perguntas, quero chamar a atenção para a natureza contraditória das crenças que comumente se tem sobre o assunto tal como foi e continua sendo lembrado. A primeira é a crença de que a guerra foi horrível. A segunda é a de que, entretanto, foi inevitável. Vale a pena se perguntar de onde vêm essas ideias. Os historiadores fazem bem em lembrar que elas pouco têm a ver com a historiografia.

Guerra nefasta

A persistência da ideia de que a guerra foi uma "coisa ruim" se deve, em grande parte, ao gênero conhecido como "poesia de guerra" (que, em geral, significa "antiguerra"), o qual se consolidou nos currículos das escolas britânicas na década de 1970.

Introdução

Poemas rejeitando o estilo romântico e elevado dos vitorianos, eduardianos e "georgianos" — embora nem sempre suas convenções estruturais — começaram a ser escritos por soldados bem antes do fim da guerra.[15] Siegfried Sassoon escreveu seu primeiro poema de guerra "sem reservas", "In the Pink" [Radiante], em fevereiro de 1916[16] e publicou outros tantos em *The Old Huntsman* [O velho caçador] em maio do ano seguinte; *Counter-Attack* [Contra-ataque] foi lançado em 1918, o mesmo ano de "The Blood of the Young Men" [O sangue dos jovens], de Richard Aldington ("Estamos fartos de sangue — de ver e de sentir gosto de sangue").[17] Na época de sua morte, em 1918, Wilfred Owen havia escrito mais de cem poemas, mas foi só depois da guerra que sua obra começou a chegar a um público mais amplo.[18] O menor poema lírico de Edmund Blunden — "Third Ypres" [Terceira do Ypres] — também foi publicado depois da guerra,[19] assim como "Strange Hells" [Estranhos infernos], de Ivor Gurney.[20]

Embora a influência do expressionismo e do simbolismo do *fin-de-siècle* sobre a poesia continental tenha perdurado durante a guerra, Sassoon e Owen tiveram seus correlatos "do outro lado" em poetas como Wilhelm Klemm, Carl Zuckmayer e o efêmero Alfred Lichtenstein, que morreu no segundo mês da guerra. De fato, Lichtenstein é considerado por muitos o primeiro dos poetas antibélicos. Sua "Prayer before Battle" [Oração antes da batalha] precede em um ano e meio a mudança de estilo observada em Sassoon:

> Que Deus me proteja do infortúnio,
> Pai, Filho e Espírito Santo,
> que nenhum grande explosivo me acerte,
> que nossos inimigos, os canalhas,
> nunca me peguem, nunca me atinjam,
> que eu nunca morra na miséria
> por nossa bem-amada pátria.
>
> Deus, eu gostaria de viver mais tempo,
> ordenhar vacas e saciar minhas garotas
> e espancar o odioso Josef,
> ficar bêbado muitas outras vezes,
> até que me alcance uma morte ditosa.

Deus, devotarei orações sinceras,
rezarei o terço sete vezes ao dia,
se Tu, por Tua dádiva generosa,
escolheres matar meu colega, talvez Huber,
ou Meier, e me deixares de fora.

Mas, supondo que eu deva suportar,
não deixes que eu seja malferido.
Só um pequeno ferimento na perna
ou um corte leve no ombro
para eu voltar como herói
com uma história para contar.

Além disso, os versos de Zuckmayer, de 1917, sobre o destino do jovem soldado – fome, matança, piolhos, bebida, combate e masturbação – são muito mais brutais que qualquer verso de Owen.[21] Assim, a poesia de guerra não é tanto uma peculiaridade inglesa como às vezes se pensa:[22] os franceses tiveram Guillaume Apollinaire, por exemplo; os italianos, Giuseppe Ungaretti. Uma coleção recente de poesia da Primeira Guerra Mundial inclui mais de 50 autores, representando quase todos os países combatentes; não há dúvidas de que esse número poderia ser maior.[23] O sucesso dessa e de outras coletâneas[24] mostra que a poesia de guerra não apresenta sinais de estar saindo de moda em escolas e universidades.

Há também a prosa antibélica: os panfletos, as memórias e os romances de guerra, alguns tão autobiográficos quanto as memórias. De fato, foram autores não combatentes os que primeiro atacaram a guerra escrevendo prosa. George Bernard Shaw dedicou o inverno de 1914 a ler cautelosamente as obras oficiais da potência adversária, que procuravam justificar seus atos, antes de escrever seu *Common Sense about the War* [Bom senso a respeito da guerra], uma combinação de socialismo e sua inconfundível impertinência. Essa obra foi precedida por um artigo de jornal que instava os soldados dos dois bandos a "ATIRAR EM SEUS OFICIAIS E IR PARA CASA".[25] Menos excêntrico foi o artigo de Francis Meynell publicado em dezembro de 1914, "War's a Crime" [A guerra é um crime], que concebeu vivamente a imagem dos "horrores gritantes, desfigurados e fétidos do campo de batalha" e "o assassinato, a mutilação e o estupro de pessoas inocentes". *Peace at Once* [Paz imediatamente] (1915), de Clive Bell, foi menos histriônico; Bell compartilhava da hipótese de Shaw de que a guerra beneficiaria "apenas uns poucos capitalistas".[26] Mais perto da ação – ele viu a Batalha do Somme de um observatório –, Ford Madox Ford descreveu, perplexo, "um milhão de homens se chocando uns contra os outros [...] em um inferno de medo".[27]

A primeira tentativa britânica significativa de expressar a crítica em forma de ficção foi *Mr. Britling Sees It Through* [O Sr. Britling percebe] (1916), em que H. G. Wells formula a pergunta: "Por que lutávamos? Por que continuamos lutando? Alguém sabe?". Depois de dois anos, segundo Wells, a guerra havia se tornado apenas "um esforço e um desperdício monstruosos".[28] Duas mulheres – Agnes Hamilton e Rose Allatini – atacaram a guerra com mais veemência, em 1916 e 1918, respectivamente.[29] Escrevendo em 1916-1917, D. H. Lawrence denunciou sua "violência, injustiça e destruição" e previu que "a enxurrada de chuva de ferro destruirá este mundo, completamente". A guerra "desmoronou o cume cada vez mais alto da civilização europeia".[30]

Até mesmo os propagandistas mudaram o discurso assim que a guerra acabou. Em *The Realities of War* [As realidades da guerra] (1920), o ex-repórter de guerra Philip Gibbs se retratou. Contrariando suas próprias reportagens da época da guerra, ele afirmou que

> uma grande quantidade de carne humana foi trinchada, carne de nossa juventude, enquanto os velhos ordenaram esse sacrifício, e os especuladores ficaram ricos, e os fogos do ódio foram atiçados em banquetes patrióticos e em cadeiras editoriais [...] A civilização moderna foi arruinada nesses campos de fogo maldito [...] [Houve] um monstruoso massacre de seres humanos que oravam para um mesmo Deus, adoravam os mesmos prazeres da vida e não tinham ódio nenhum uns dos outros além daquele que fora aceso e inflamado por seus governantes, seus filósofos e seus jornais. Os soldados alemães amaldiçoavam o militarismo que os havia submergido nesse horror. Os soldados britânicos [...] olhavam para seu lado das linhas e viam [...] a perversidade de uma diplomacia secreta que fazia malabarismos com a vida de homens humildes para que a guerra pudesse ocorrer sem seu conhecimento nem seu consentimento; a perversidade de governantes que odiavam o militarismo alemão [...] por sua força

no combate; e a perversidade da insensatez de homens que lhes ensinaram a considerar a guerra uma aventura gloriosa [...]".[31]

Mas Gibbs não foi o único jornalista arrependido. Para Harold Begbie, a guerra havia sido "uma carnificina tão descontrolada, uma anarquia tão indiscriminada de matança e mutilação, um massacre tão insano e imundo como nenhum homem jamais havia visto, desde o início dos tempos".[32]

Como mostrou Samuel Hynes, houve imensa quantidade desse tipo de relato na ficção britânica da década de 1920. Christopher Tietjens, personagem da tetralogia *Parade's End* [O fim do desfile], de Ford Madox Ford, personifica o declínio da elite inglesa, traída pelos aventureiros políticos em casa.[33] Há uma vítima aristocrática similar em *O chapéu verde* (1924), de Michael Arlen.[34] Virginia Woolf também tem uma vítima de guerra em *Mrs. Dalloway*: Septimus Smith, o ex-soldado suicida, é o arquétipo não do homem de ação, mas do "homem para quem tudo é feito", e aos olhos dele a guerra tornou o mundo sem sentido.[35]

O mais surpreendente é o alcance da melancolia do pós-guerra, inclusive fora do Grupo de Bloomsbury, do qual Woolf fazia parte. Nem mesmo um escritor ultranacionalista como John Buchan – cuja ficção de guerra, *Greenmantle*, foi precursora do mito de "Lawrence de Arábia" – ficou imune. *A Prince of the Captivity* [Um príncipe do cativeiro] (1933), de Buchan, tem como personagem principal Adam Melfort, um herói de guerra abstêmio que se empenha em encontrar uma utilidade para sua valentia compulsiva abnegada no mundo de cosmopolitas e proletários do pós-guerra.[36] A essa altura, Buchan tinha de se esforçar para se convencer de que a guerra não havia sido em vão. Mesmo os escritores jovens demais para ter participado da guerra se somavam à massa crítica. Um evento crucial em *A Scots Quair* (1932-1934), de Lewis Grassic Gibbon, é a execução de Ewan, o marido da heroína Chris, por deserção.[37] O romance de C. S. Forester, *The General* [O general] (1936), contribuiu para propagar o estereótipo do comandante britânico burro.[38]

Foi, no entanto, o testemunho (muitas vezes semifictício) de ex-soldados que se mostrou mais influente que todas essas ficções. Um dos primeiros e mais duradouros romances escritos por um veterano britânico foi *The Secret Battle* [A batalha secreta] (1919), de autoria de A. P. Herbert, baseado no caso de Edwin Dyett, um subtenente naval que foi executado, acusado de covardia: o relato conta que "Harry Penrose" era um homem valente, cuja coragem havia sido destruída pela exposição prolongada aos terrores do combate.[39] Em 1922, o principal escritor do *Guardian* e veterano de guerra C. E. Montague publicou suas polêmicas memórias, *Disenchantment* [Desilusão] (sem dúvida, o mais influente de todos os títulos do pós-guerra). "Hoje, as batalhas não têm auréolas", proclamou Montague, "para os jovens [que] [...] viram as trincheiras cheias de homens intoxicados com gás e seus amigos fazendo fila à porta de um bordel em Béthune". Nessa guerra, escreveu, em uma frase que ainda ressoa, "os leões perceberam que haviam descoberto os burros".[40]

Na época, outro romance de Montague apareceu, *Rough Justice* [Justiça bruta], de 1926, e foi parte de uma verdadeira avalanche de escritos sobre a guerra, como se houvesse sido necessária uma década para que a experiência se tornasse inteligível ou pelo menos pudesse ser expressa. *Os sete pilares da sabedoria*, de T. E. Lawrence, foi editado privadamente pelo autor em 1926 e disponibilizado em livro no ano seguinte sob o título *Revolta no deserto*; 1926 também presenciou a publicação de *In Retreat* [Em retirada], de Herbert Read. Seguiram-se obras de Max Plowman e R. H. Mottram (1927); Blunden, Sassoon e E. E. Cummings (todas de 1928); Richard Aldington, Charles Edmonds, Frederic Manning e Robert Graves (todas de 1929); e, no conturbado ano de 1930, as obras de Sassoon, Manning, Henry Williamson, Richard Blaker e Liam O'Flaherty.[41] A frase cortante de Sassoon – "a guerra foi um truque sujo que pregaram em mim e na minha geração" – é uma das muitas citações que podem ser extraídas dessa safra de livros.

Essas condenações ecoaram em outros lugares. *Le Feu* [O fogo] (1916), de Henry Barbusse – que vendeu 300 mil exemplares quando a guerra chegou ao fim –, é o primeiro a expressar a aversão francesa à guerra na Frente Ocidental, superado somente pelos devastadores capítulos iniciais de *Viagem ao fim da noite* (1932), de seu opositor político Louis-Ferdinand Céline.[42] Em 1936, Roger Martin du Gard publicou *O verão de 1914*, aparentemente o último volume de sua vasta saga dinástica *Os Thibault*, em que Jacques Thibault morre tentando distribuir panfletos pacifistas entre tropas francesas e alemãs em agosto de 1914. No ano em que o livro foi publicado, o autor escreveu a um amigo: "Qualquer coisa, menos a guerra! Qualquer coisa! [...] Nada, nenhum julgamento, nenhuma servidão pode ser comparada com a guerra [...]".[43]

A Alemanha, é claro, produziu o mais famoso de todos os romances antibélicos, *Nada de novo no front* (1929), de Erich Maria Remarque, ainda hoje perturbador, cujas traduções venderam surpreendentemente bem, tanto na Grã-Bretanha quanto na França. Mas Remarque não foi o único escritor antibélico do período de Weimar. Sentimentos similares foram expressos em *Krieg*, de Ludwig Renn, publicado um ano antes, enquanto a Áustria teve *Menschen im Krieg* [Homens em guerra] (1917), de Andreas Latzko, e *Der Streit um den Sergeanten Grischa* [O caso do sargento Grischa] (1928), de Arnold Zweig. Viena produziu a crítica mais lancinante da guerra escrita para teatro: *Os últimos dias da humanidade*, de Kraus, iniciada em 1915 e publicada em versão final em maio de 1922.[44] Os norte-americanos também guardaram memórias amargas. Para o piloto Elliott White Springs, por exemplo, a guerra foi "uma comédia grotesca" e "inútil".[45]

A memória de uma guerra odiosa também sobrevive em pinturas apavorantes. Paul Nash pretendia que suas paisagens aterradoras e lamacentas – como *The Menin Road* (1919) – fossem capazes de "trazer as palavras dos homens que estão lutando àqueles que querem continuar para sempre [...] e que elas queimem suas almas repugnantes".[46] A curta e traumática carreira militar de Max Beckmann transformou seu estilo como artista, uma mudança prefigurada por seus trágicos desenhos de camaradas feridos – desenhos similares, em estilo, aos de uma série de *camoufleurs* franceses menos conhecidos.[47] A obra de George Grosz também foi afetada por suas experiências como voluntário (ele acabou em um hospital psiquiátrico). Sua grotesca caricatura "The Faith Healers" [Os curandeiros] (1918) exibe um médico militar aprovando um esqueleto como "KV" (*kriegsdienstverwendungsfähig*, apto para o serviço ativo). As pinturas vanguardistas inspiradas na guerra ainda hoje têm a capacidade de chocar. O que pode ser mais infernal que *L'Enfer*, de George Leroux (1917-1918), com *poilus* usando máscaras de gás e corpos parcialmente submersos, que mal podiam ser vistos em uma paisagem de lama, água e fumaça escura?[48] O que pode ser mais angustiante que *Die Mütter* [As mães], de Max Slevogt, uma fileira infinita de mulheres chorando sobre uma vala interminável cheia de homens mortos?[49]

Nada ilustra melhor a persistência da reputação de guerra nefasta que tem a Primeira Guerra Mundial do que a recente ficção britânica inspirada por ela. O exemplo mais óbvio é a trilogia de Pat Barker, dos anos 1990,

Regeneration [Regeneração], *The Eye in the Door* [O olho na porta] e *The Ghost Road* [A estrada fantasma]. Basicamente, o que Barker faz é contar a história de Sassoon e do psicólogo W. H. Rivers em uma linguagem mais acessível ao público atual do que a usada pelo próprio Sassoon em *Sherston's Progress* [O progresso de Sherston], valendo-se do personagem Billy Prior – bissexual, pobre, cínico – para "atualizar" a história. Sexo é algo que a literatura de guerra original omite quase totalmente, tanto por escrúpulos dos autores quanto por censura; sexo é o que Billy Prior forneceu. Para os historiadores, o personagem é suspeitamente anacrônico, mas também é, sem dúvida, a chave para o sucesso do romance. Não é necessário dizer que ele detesta a guerra – embora apenas um pouco mais do que a si mesmo.

O ponto de vista do próprio Barker com relação à guerra é expresso de forma menos ambígua em *The Ghost Road* por meio de uma discussão entre quatro oficiais (um deles é Wilfred Owen) durante uma pausa nos combates. O primeiro, um graduado chamado Potts, natural de Manchester, assume a posição do socialismo fabiano, de que a guerra "estava preparando o ninho dos especuladores". Hallet, "que pertencia a uma tradicional família de militares e recebera uma boa e cara educação para pensar o mínimo possível", replica: "*Nós* estamos lutando pelos interesses legítimos de nosso próprio país. *Nós* estamos lutando em defesa da neutralidade da Bélgica. *Nós* estamos lutando pela independência da França [...] Esta ainda é uma guerra justa", mas essas palavras são ditas "num tom suplicante, como o de um garotinho", e evidentemente Billy é quem mais sabe: "[...] já não resta nenhum tipo de autojustificação racional. Este se tornou um sistema de autoperpetuação. Ninguém se beneficia. Ninguém está no controle. Ninguém sabe como parar". Hallet finalmente concorda. Deitado, agonizando em seu leito de morte, com a maior parte do rosto mutilado, suas últimas palavras, quase incompreensíveis, resumem tudo: "*Shotvarfet*" – querendo dizer "Not worth it" ["Não vale a pena"]. Como para não deixar dúvidas, os outros pacientes feridos na enfermaria repetem em coro, "*Shotvarfet*", em "[...] um zumbido de protesto não contra o lamento, mas em seu apoio". Até mesmo Rivers – o homem que convenceu Sassoon, Owen e Prior a regressarem à Frente, dois dos quais acabaram morrendo – sente-se impelido a se unir ao coro.[50]

Birdsong, o livro igualmente aclamado de Sebastian Faulks (1994), começa com um idílico romance na França, antes da eclosão da guerra. Quando o herói, Stephen Wraysford, volta ao país como soldado, em 1916, o cenário de sua felicidade e até mesmo o objeto de seu desejo foram desfigurados por um bombardeio. Ele próprio experimenta o horror único de ficar preso em uma mina, uma das que foram cavadas para instalar explosivos em posições alemãs. O *pathos* dickensiano é trazido pelo desafortunado mineiro Jack, cujo filho enfermiço morre antes dele. Novamente, o personagem principal tem uma visão sombria da guerra em uma fase inicial: "Ele foi repreendido pelo comandante da companhia", escreve Faulks, "por dizer a um soldado que a guerra ficaria muito pior antes que houvesse alguma chance de melhorar":

> No começo, ele pensou que a guerra poderia ser travada e concluída rapidamente da maneira tradicional. Depois, viu chover balas de metralhadora sobre as linhas de infantaria alemã que avançavam [...] Pareceu-lhe uma grande irrupção da natureza que ninguém era capaz de deter [...] Ele passou a acreditar que algo muito pior estava por vir [...] Sentiu aversão pela guerra [...].[51]

Não foi dos historiadores que a maioria dos leitores modernos obteve suas impressões sobre a Primeira Guerra Mundial, mas de livros como estes – e, é claro, dos jornais, da televisão, do teatro e do cinema. Já mencionei *Oh! What a Lovely War* – encenada pela primeira vez pela Theatre Workshop, em 1963 –, a clássica "mensagem para os 1960" de que sempre haveria guerras enquanto o poder estivesse nas mãos de imbecis da classe alta.[52] O filme *Gallipoli*, de Peter Weir, tem um tema bastante similar, justapondo o idealismo australiano com a insensatez dos ingleses. Os documentários de televisão também influenciaram: tanto *The Great War* [A Grande Guerra], uma série de 26 capítulos (televisionada primeiro pela BBC Two, em 1964), quanto *1914-1918*, mais recente, tiveram muitos espectadores. Embora, em vários aspectos, a primeira série de documentários pretendesse explicar – mais do que condenar – a guerra, muitos telespectadores parecem ter ficado quase surdos ao comentário, permitindo, ao contrário, que as sinistras imagens de arquivo reforçassem a noção aceita do "horror da guerra de trincheiras" e da "abominável e desnecessária matança de gente inocente".[53] Em comparação, *1914-1918* segue a corrente, focando a história cultural da guerra tal como a "padeceram milhões de homens e mulheres inocentes".[54] E assim a imagem de uma guerra nefasta e fútil é repetida infinitamente. Mesmo uma série de comédia como *Blackadder Goes Forth* [Blackadder está a caminho], protagonizada por Rowan Atkinson, contribui para consolidar a imagem de comandantes burros na memória popular.

Como se não bastasse, todos os anos milhares de pessoas viajam para os campos de batalha da Frente Ocidental para "ver com seus próprios olhos" – uma mistura curiosa de memória e turismo que começou assim que a guerra terminou.⁵⁵ O que veem, é claro, não é o que os soldados viram. Veem os grandes cemitérios geométricos, projetados por *sir* Edwin Lutyens e outros, depois da guerra, e o terreno, agora totalmente recuperado, que hoje só pode ser entendido como trágico com o auxílio dos guias sobre os campos de batalha.⁵⁶

Nesse contexto, não surpreende que, embora tenha acabado há 80 anos, a Grande Guerra permaneça contemporânea em muitos aspectos: diferentemente de conflitos mais recentes (o coreano, por exemplo), ainda atrai interesse. A questão da execução por covardia continua sendo debatida publicamente na Grã-Bretanha; de fato, campanhas continuam a perdoar esses disparos.⁵⁷ Em um único mês (abril de 1998) enquanto este livro era escrito, houve três histórias diferentes sobre a Primeira Guerra Mundial nos jornais britânicos: uma sobre "a linha morta" supostamente construída pelos alemães durante a guerra para separar a Bélgica, ocupada, da Holanda; uma sobre os escritos particulares de Ellis Ashmead-Bartlett, "[...] o homem que tentou alertar Asquith sobre os erros crassos dos ingleses" em Gallipoli; e outra sobre o enterro, com honras militares, de dois soldados britânicos cujos restos foram descobertos por arqueólogos perto de Monchy-le-Preux. Os comentários de um de seus parentes são reveladores: "Sou absolutamente incapaz de entender como a guerra foi possível. Que seres humanos tenham sido tratados como carne de canhão em uma escala tão descomunal é algo simplesmente inconcebível".⁵⁸

Guerra necessária?

Um historiador, em particular, conferiu respeito acadêmico à noção da perversidade da Grande Guerra. *A Primeira Guerra Mundial*, de A. J. P. Taylor, uma edição ilustrada publicada pela primeira vez em 1963, continua sendo o livro de maior sucesso sobre o assunto: no fim dos anos 1980, havia vendido pelo menos 250 mil exemplares.⁵⁹ Foi um dos primeiros livros de história para adultos que li quando criança; de fato, acho que a fotografia do corpo de um soldado em decomposição, na capa da edição que meus pais tinham, foi a minha primeira imagem de um cadáver. Para Taylor, a guerra foi um modelo de insensatez e futilidade: "Os estadistas estavam soterrados pela magnitude dos acontecimentos. Os generais também estavam atônitos [...] Todos avançavam praticamente às cegas [...] Ninguém perguntou o motivo da guerra. Os alemães começaram a guerra para vencer; os Aliados lutavam para não perder [...] Ganhar a guerra era um fim em si mesmo".⁶⁰ Essa guerra sem propósito também foi encarada com incompetência e ineficácia: a Batalha de Verdun foi travada "literalmente em prol de guerrear"; a Terceira Batalha de Ypres foi "a matança mais cega de uma guerra cega". Taylor era qualquer coisa menos sentimentalista, mas foi precisamente seu tom áspero – ou mesmo burlesco – o que complementou os relatos mais emotivos de uma série de historiadores de fácil leitura que publicaram pouco antes dele: Leon Wolff, Barbara Tuchman, Alan Clark e Alistair Horne.⁶¹ Robert Kee, que escreveu na mesma época em que esses livros foram aparecendo, fulminou contra a "[...] gigantesca fraude por meio da qual os principais políticos e generais [...] ficaram mais prósperos e poderosos [...] à custa de milhões de homens valentes, num inferno [...], em certos aspectos, análogo aos campos de concentração da Alemanha nazista".⁶² Essa paixão não se desgastou com o passar dos anos. Combinando lembranças de veteranos e a própria indignação do autor, a produção de Lyn MacDonald sobre etapas decisivas da guerra na Frente Ocidental tendeu a endossar a ideia de que a guerra foi o próprio inferno e os soldados, suas vítimas.⁶³ John Laffin continua se referindo aos generais britânicos como "carniceiros e ineptos".⁶⁴

Mas é importante reconhecer que esses continuam sendo pontos de vista minoritários. De fato, um número notável de historiadores tem insistido que a Primeira Guerra Mundial não foi "sem sentido". Se teve seu lado perverso, foi um mal necessário.

É claro que, desde o começo, houve tentativas de justificar a guerra. Os diferentes governos envolvidos no conflito se apressaram em publicar suas próprias explicações oficiais sobre a eclosão da guerra em livros de tons variados: o Livro Cinza belga, o Livro Vermelho australiano, o Livro Preto russo e o Livro Branco alemão.⁶⁵ Jornais e editoras também se apressaram em justificar a guerra. Só na Grã-Bretanha, pelo menos sete séries históricas estavam sendo produzidas no fim de 1915: a do *The Times* e a do *Guardian*, assim como as de autores conhecidos como John Buchan, *sir* Arthur Conan Doyle, William Le Queux ou mesmo Edgar Wallace. Quando a guerra chegou ao fim, Buchan havia produzido nada menos que 24 volumes, superando até o *The Times* (em segundo lugar, com 21).[66] O que todos esses tomos tinham em comum era a convicção inabalável da idoneidade da causa britânica.

O mesmo pode ser dito das crônicas oficiais publicadas depois da guerra. Fazer justiça a seu alcance e magnitude é impossível. Na Inglaterra, o projeto mais volumoso foi a narrativa em 14 volumes da guerra travada pelo Exército na Frente Ocidental, escrita por *sir* James Edmonds.[67] Para os vencedores, a guerra era relativamente fácil de justificar: no caso britânico, a Alemanha representava uma ameaça ao Império, e o Império enfrentara com êxito o desafio. Nas condições muito diferentes oriundas da derrota e da revolução, a tarefa foi mais difícil. No entanto, *Der Weltkrieg* [A Guerra Mundial], do Reichsarchiv, que tem 14 volumes, é obstinadamente orgulhoso do sucesso operacional alemão; é digno de nota que seu último volume só tenha sido publicado depois da Segunda Guerra Mundial.[68]

As coleções de documentos publicados depois de 1918, por sua própria natureza, foram menos fervorosas em suas justificativas. Naturalmente, o governo bolchevique na Rússia imprimiu seu próprio ponto de vista nos documentos que publicou: nesse caso, a guerra foi retratada como uma cena de autossacrifício imperialista.[69] Um pouco similar quanto à perspectiva política foi a coleção de documentos publicados pelo social-democrata alemão Karl Kautsky e outros.[70] Mais ambivalentes foram as publicações da Assembleia Nacional e do Comitê de Inquérito do Reichstag para investigar as causas do colapso alemão, que deram aos líderes alemães pré-revolucionários a oportunidade de responder perguntas capciosas.[71] Mas os alemães estabeleceram um novo padrão com *Grosse Politik der europäischen Kabinette* [Grande política do gabinete europeu] (40 volumes em 54 tomos separados, publicados entre 1922 e 1926, abarcando o período 1871-1914). Concebida, no início, como uma resposta à cláusula da "culpa pela guerra" do Tratado de Versalhes, e sutilmente inclinada em favor do regime alemão pré-1918, a *Grosse Politik...*, no entanto, foi e continua sendo o ponto de partida para historiadores de relações internacionais.[72] Seu sucesso forçou a Grã-Bretanha e a França a responderem, respectivamente, com os dois volumes de documentos do Ministério das Relações Exteriores editados por G. P. Gooch e Harold Temperley, *British Documents on the Origins of the War, 1898-1914* [Documentos britânicos sobre as origens da guerra, 1898-1914] (1926-1938)⁷³ e *Documents diplomatiques français* [Documentos diplomáticos franceses] (1929-1959), produzidos mais tarde.⁷⁴

Além disso, há as memórias daqueles que estiveram no comando; aqui, as tentativas de justificar são mais claramente discerníveis. Os do "alto escalão" saíram na frente com suas memórias. *sir* John French publicou *1914* um ano depois do armistício. O *Diário de Gallipoli*, de *sir* Ian Hamilton, apareceu em 1920; e *Soldiers and Statesmen* [Soldados e estadistas], de *sir* William Robertson, chegou seis anos mais tarde.⁷⁵ Do lado alemão, Ludendorff e Tirpitz publicaram já em 1919, seguidos por Falkenhayn em 1920.⁷⁶ Os políticos, tendo menos períodos de descanso obrigatório que os soldados, em geral tardaram mais. O ex-chanceler alemão Theobald von Bethmann Hollweg tinha bons motivos para tentar se justificar rapidamente: suas *Reflections on the World War* [Reflexões sobre a Guerra Mundial] estiveram disponíveis em inglês já em 1920.⁷⁷ O Kaiser não ficou tão atrás com suas *Memórias* (1922), que insistiam que as potências da Entente haviam travado uma guerra premeditada de agressão contra uma Alemanha inocente.⁷⁸ O primeiro volume de *A crise mundial*, de Winston Churchill, foi publicado naquele mesmo ano; Asquith publicou *The Genesis of the War* [A origem da guerra], em 1923, seguido por *Memories and Reflections* [Memórias e reflexões], em 1928; *sir* Edward Grey (agora visconde Grey de Fallodon) publicou *Twenty-Five Years* [Vinte e cinco anos] em 1925; e lorde Beaverbrook lançou *Politicians and the War* [Os políticos e a guerra] em 1928.⁷⁹ Lloyd George saiu logo atrás com seus seis volumes de *War Memoirs* [Memórias de guerra] (1933-1936).⁸⁰

Poucos dos memorialistas se aventuraram a negar que a guerra havia sido horrível; quase todos insistiram, contudo, que fora inevitável. De fato, o ponto de vista expresso com maior frequência pelos políticos ingleses era o de que a guerra fora resultado de forças históricas tão grandes que nenhuma ação humana poderia tê-la evitado. "As nações caíram no caldeirão fervente da guerra", escreveu Lloyd George, em uma passagem famosa de suas *War Memoirs*. Esta não foi a única metáfora que ele usou para expressar as vastas forças impessoais que atuaram. A guerra foi um "cataclismo", um "tufão" além do controle dos estadistas. Quando o Big Ben tocou "a hora mais fatídica" em 4 de agosto, "[...] o som ecoou em nossos ouvidos como um golpe do destino [...] Senti como se estivesse num planeta que de súbito fora arrancado de sua órbita [...] e agora girava descontroladamente rumo ao desconhecido".[81] Churchill usou a mesma imagem astronômica em *A crise mundial*:

> Devemos pensar nas relações entre as nações naqueles dias [...] como prodigiosas organizações de forças [...] que, como corpos planetários, não podiam se aproximar umas das outras no espaço sem [...] profundas reações magnéticas. Caso se aproximassem demasiado, luzes começariam a piscar, e se ultrapassassem um certo ponto poderiam ser completamente desviadas de sua órbita [...] e mutuamente atraídas para a colisão.[82]

Imagens climáticas também foram populares. Como Churchill, que rememorou "um estado de ânimo estranho no ar", Grey colocou parte da culpa na "atmosfera miserável e mórbida". Curiosamente, um veterano de guerra alemão pouco conhecido usou a mesma linguagem em suas memórias:

> [...] Aquilo que, quando eu era menino, me pareceu ser uma doença persistente, agora parecia a calmaria antes da tempestade [...] os Bálcãs estavam imersos nesse mormaço lívido que costuma anunciar o furacão, e de tempos em tempos irrompia um feixe de luz mais brilhante [...] Mas depois veio a Guerra dos Bálcãs e, com ela, a primeira rajada de vento varreu uma Europa cada vez mais nervosa. O tempo que se seguiu reside no peito dos homens como um terrível pesadelo, sufocante como um calor tropical febril; assim, devido à ansiedade constante, a sensação da catástrofe se aproximando se transformou, enfim, num desejo: que o Céu finalmente soltasse as rédeas do destino que já não podia ser frustrado. E então o primeiro relâmpago poderoso atingiu a terra; a tempestade caiu e, com o trovão do Céu, se uniu ao rufo das baterias da Primeira Guerra.[83]

O capítulo 5 de *Minha luta*, de Adolf Hitler, também segue essa linha.

Para os políticos que fizeram a guerra – em vez de terem sido feitos por ela (como é o caso de Hitler) –, o apelo de todas essas imagens de catástrofes naturais é fácil de explicar. Numa época em que a guerra passou a ser vista como a maior calamidade dos tempos modernos, elas serviram para ilustrar vividamente a alegação dos políticos de que a evitar esteve além de seu poder.

Grey afirmou com todas as letras que a guerra havia sido "inevitável".[84] De fato, ele expressara esse ponto de vista já em maio de 1915, quando admitiu que "uma de suas sensações mais fortes" durante a crise de julho foi a de "que ele próprio não tinha poder para decidir as políticas".[85] "Eu costumava me torturar", admitiu em abril de 1918, "me questionando se, por adivinhação ou sabedoria, eu poderia ter evitado a guerra, mas concluí que nenhum ser humano poderia tê-la evitado".[86] Bethmann usara palavras similares apenas dois meses antes: "Uma e outra vez me pergunto se poderia ter sido evitada e o que eu deveria ter feito diferente".[87] Nem é preciso dizer que ele não conseguiu pensar em nada.

Alguns poucos historiadores continuam favorecendo o imaginário de forças naturais devastadoras empurrando as grandes potências para o abismo. Eric Hobsbawm comparou o início da guerra com um incêndio e uma trovoada; Barnett comparou o governo britânico com "um homem em um barril atravessando as cataratas do Niágara"; e Norman Davies retratou a guerra como um terremoto causado pelo deslizamento de uma placa continental.[88]

Sem dúvida, é possível retratar a guerra como uma calamidade inevitável sem recorrer a esse imaginário. Os darwinistas sociais reacionários partilhavam do ponto de vista do ex-chefe do Estado-Maior austríaco, Franz Conrad von Hötzendorf, de que "a catástrofe da guerra mundial ocorreu, de maneira quase inevitável e irresistível", por causa do "grande princípio" da luta pela sobrevivência.[89] Alguns historiadores alemães do período entreguerras foram seduzidos pela interpretação geopolítica de que a Alemanha, a "terra no meio," era especialmente vulnerável ao cerco e, portanto, condenada a escolher entre os "tapa-buracos" bismarckianos ou uma guerra guilhermina preventiva.[90] Outros historiadores, fora da Alemanha, também fomentaram teorias impessoais ou sistêmicas. O norte-americano Sidney Fay trabalhou sobre a tese do presidente Woodrow Wilson de que a guerra foi o resultado de falhas no sistema internacional (alianças secretas, mas contratualmente vinculantes, e a falta de mecanismos de arbitragem independentes).[91] Outros vendiam a visão leninista de que a guerra foi consequência de rivalidades econômicas imperialistas que os interesses capitalistas impunham sobre os trabalhadores europeus – uma notável inversão dos argumentos usados antes da guerra por homens de esquerda, de Karl Kautsky a J. A. Hobson, de que os capitalistas eram muito espertos para querer sua própria destruição.[92] Essa teoria – que virou um dogma inflexível na historiografia da República Democrática Alemã – ainda conta com uns poucos adeptos.⁹³

Mais tarde, na esteira de um segundo conflito global, quando o mundo parecia estar à beira de uma terceira e última guerra, surgiu o argumento (novamente, popularizado na Grã-Bretanha por A. J. P. Taylor) de que os planos traçados pelo Estado-Maior em resposta às mudanças tecnológicas fizeram que a guerra "por cronograma" fosse irrefreável depois de certo ponto: "Todos se tornaram presa da engenhosidade dos preparativos".⁹⁴ Arno Mayer tentou generalizar o exemplo alemão ao afirmar que a guerra havia sido causada por pressões políticas internas nos principais países combatentes, uma vez que as elites aristocráticas procuraram afastar as ameaças da democracia e do socialismo celebrando um pacto faustiano com o nacionalismo radical.⁹⁵ Há até mesmo uma explicação demográfica, segundo a qual a guerra "contribuiu para aliviar a superpopulação rural".⁹⁶ Por último, há uma interpretação puramente cultural da guerra de que esta foi produto de um complexo de ideias: "nacionalismo", "irracionalismo", "militarismo" e coisas do tipo.⁹⁷ De fato, essas noções haviam sido prenunciadas por ninguém menos que Bethmann, já em agosto de 1914: "O imperialismo, o nacionalismo e o materialismo econômico, que durante a última geração determinaram as diretrizes políticas de todas as nações, estabeleceram metas que só podem ser alcançadas à custa de um conflito geral".⁹⁸

Para Bethmann, atormentado pela pergunta se a guerra "poderia ter sido evitada" ou não, havia só uma conclusão tolerável: todas as nações tiveram culpa. Mas ele ainda acrescentou: "[...] a Alemanha também tem grande parte da responsabilidade".⁹⁹ Uma posição alternativa e muito influente foi a de que a Primeira Guerra Mundial foi inevitável precisamente por causa da conduta de líderes alemães, incluindo o próprio Bethmann.

Em suas memórias, a maioria dos políticos britânicos tendeu a argumentar, como o fizeram em agosto de 1914, que a Grã-Bretanha tivera a obrigação moral e contratual de defender a neutralidade da Bélgica perante a agressão alemã. Conforme afirmou Asquith, adotando a linguagem do *playground* da escola: "Para pessoas de nosso sangue e história, é impossível ficar parado [...] enquanto um grande fanfarrão trata de humilhar e espancar uma vítima que não fez nada para provocá-lo".¹⁰⁰ Lloyd George concorda.¹⁰¹ Daí em diante, o argumento de que a intervenção britânica na guerra foi inevitável porque a Alemanha violou a neutralidade da Bélgica vem sendo repetido pelos historiadores.[102]

No entanto, de maior relevância – sem dúvida para Grey e para Churchill – foi um segundo argumento de que a Grã-Bretanha, "[...] para nossa própria segurança e independência, não poderia permitir que a França fosse esmagada em consequência da ação agressiva da Alemanha".[103] Segundo Churchill, um "tirano continental" almejava o "domínio do mundo".[104] Em suas memórias, Grey apresentou ambos os argumentos. "Entramos na guerra imediatamente", recordou, "por causa da invasão da Bélgica".[105] "[Mas] meu instinto me dizia [...] que deveríamos ir em socorro da França".[106] Se a Grã-Bretanha houvesse permanecido de fora, "[...] a Alemanha [...] teria dominado a Europa e a Ásia Menor, pois os turcos estariam ao lado da Alemanha vitoriosa".[107] "Não se envolver significaria a dominação por parte da Alemanha; a subordinação da França e da Rússia; o isolamento da Grã-Bretanha; o ódio por parte dos que temeram e dos que desejaram sua intervenção; e, enfim, a supremacia da Alemanha em todo o continente."[108] Segundo K. M. Wilson, esse argumento egoísta era mais importante que o destino da Bélgica, que foi enfatizado pelo governo sobretudo para aliviar a consciência dos vacilantes ministros do Gabinete e manter a oposição fora da jogada. Mais do que qualquer outra coisa, a guerra foi travada porque era do interesse da Grã-Bretanha defender a França e a Rússia e evitar "[...] a consolidação da Europa sob um regime potencialmente hostil".[109] David French adota uma perspectiva similar;[110] assim como a maioria das sínteses mais recentes,[111] ou mesmo *The Rise of the Anglo-German Antagonism* [Ascensão do antagonismo anglo-germânico], de Paul Kennedy.[112] Na visão de Trevor Wilson, a Alemanha "tentava obter uma hegemonia europeia que era incompatível com a independência britânica".[113]

Talvez não seja de todo surpreendente que os historiadores britânicos argumentassem nesse sentido. Na época, a justificativa mais difundida para a guerra era a de que ela era necessária para acabar com o "horror" e o militarismo prussianos, exemplificados pelas atrocidades perpetradas pelo Exército alemão a civis belgas. Esse era um argumento atraente para os liberais, para os conservadores e também para os socialistas; além disso, era um argumento que podia ser conciliado com a aversão à própria carnificina da guerra. Mas, sem dúvida, a ideia de que a Alemanha precisava ser freada não teria tanta longevidade não fosse pelo apoio inesperado que recebeu dos estudantes alemães da década de 1960. A publicação do influente *Griff nach der Weltmacht* [Para ser uma potência mundial] (1961), de Fritz Fischer, chocou profundamente os historiadores alemães conservadores da época ao insinuar que os objetivos da Alemanha na Primeira Guerra Mundial não foram muito diferentes dos perseguidos por Hitler na Segunda.[114] Para os leitores britânicos, essa era meramente a confirmação de uma hipótese bem antiga: a de que a Alemanha guilhermina estivera, de fato, disputando o "poder mundial", um poder que só poderia obter à custa da Grã-Bretanha. Para os historiadores alemães, no entanto, a "tese da continuidade" não só parecia ressuscitar a cláusula da "culpa pela guerra" do Tratado de Versalhes, mas, o que é mais preocupante, reforçava o argumento de que os anos 1933-1945, longe de serem uma aberração na história moderna alemã, eram apenas a culminação de um desvio, profundamente arraigado, em relação a alguma espécie de norma anglo-americana.[115] *Alles war falsch* – tudo estava errado, até mesmo o Reich bismarckiano. Esse argumento se baseava em documentos que Fischer viu naqueles que então eram os arquivos da Alemanha Oriental, em Potsdam; e, à primeira vista, pareceu a alguns críticos no Ocidente que ele estava reivindicando a corrente marxista-leninista. No entanto, sua pesquisa teve influência ainda maior sobre uma geração mais jovem de historiadores da Alemanha Ocidental, que viu nela uma defesa póstuma das ideias fomentadas por Eckart Kehr na década de 1920 sobre os defeitos do Reich antes de 1914. O próprio Fischer seguiu os passos de alguns desses jovens escritores ao relacionar a política externa expansionista alemã com políticas internas: a excessiva influência política da aristocracia reacionária, os *junker* da região ao leste do Elba e os industrialistas antissocialistas do Ruhr. Kehr concebera que os erros da política externa guilhermina antes de 1914 se deviam à primazia dos interesses econômicos estritos desses grupos;[116] agora era possível estender sua tese à própria guerra.

O argumento de Fischer podia ser criticado em uma série de detalhes e interpretações. Será que havia de fato, como Fischer procurou mostrar em *Krieg der Illusionen* [Guerra de ilusões], um plano para a guerra que remontava a dezembro de 1912, baseado na crença de que a neutralidade britânica estaria garantida em uma guerra de conquista contra a Rússia e a França?[117] Ou estaria Bethmann assumindo algum tipo de "risco calculado", apostando em uma guerra localizada para preservar a "liberdade de ação" do Reich – senão para preservar o próprio Reich?[118] Ou, ainda, estaria ele tentando conquistar um império colonial na África ao derrotar a França nos campos de batalha da Europa, esperando de alguma forma manter a Grã-Bretanha neutra?[119]

O outro argumento contrário à teoria da "culpa exclusiva" da Alemanha era, é claro, que todos os Estados europeus tinham seus objetivos bélicos imperialistas e suas elites militaristas também. Nas últimas décadas, houve vários estudos abarcando as políticas diplomáticas e militares dos principais países combatentes;[120] e estes, por sua vez, ajudaram outros a reavaliarem as origens da guerra em uma perspectiva internacional.[121] Para alguns críticos de Fischer, esse foi um distanciamento positivo da "tese da responsabilidade exclusiva".[122]

No entanto, já em 1965, Immanuel Geiss tratou de refutar a acusação de que a tese de Fischer foi excessivamente centrada na Alemanha com sua influente coleção de documentos sobre a crise de julho, baseada nas coleções publicadas pelos ex-beligerantes na década de 1920 e em anos posteriores. Geiss concluiu que, embora suas causas imediatas residissem no apoio do governo alemão a um ataque punitivo da Áustria contra a Sérvia, a guerra teve suas origens na *Weltpolitik* alemã, que inevitavelmente apresentou uma ameaça à Grã-Bretanha. "A Alemanha foi o agressor [...], provocando a Rússia deliberadamente. [Isso] colocou a Rússia, a França e a Grã-Bretanha contra a parede e numa posição em que não podiam fazer outra coisa senão reagir contra as ambições gigantescas da Alemanha".[123] A síntese posterior de Geiss, *Der lange Weg in die Katastrophe. Die Vorgeschichte des Ersten Weltkrieges 1815-1914* [A longa estrada para a catástrofe: A pré-história da Primeira Guerra Mundial 1815-1914], foi além, afirmando que a Primeira Guerra Mundial foi a consequência inevitável da unificação alemã, ocorrida por volta de meio século antes.[124] A Alemanha foi o "foco de crise mais significativo" em 1848, palco da "versão mais extrema" do nacionalismo europeu na década de 1860 e, uma vez unida, "a maior potência do continente".[125] Segundo Geiss, foi a "*Weltpolitik* alemã que submergiu a Europa na guerra mundial [...] Ao exportar sua política ao mundo [...], foram os próprios alemães que criaram o conflito decisivo que culminou na guerra mundial".[126] A conclusão é que o principal erro da política externa alemã foi rejeitar a possibilidade de *rapprochement* com a Inglaterra; construir uma frota de guerra alemã "equivalia a declarar guerra à Inglaterra".¹²⁷ É certo que hoje alguns historiadores inclinados ao conservadorismo insistem que esse desafio à Grã-Bretanha foi legítimo; mas nenhum questiona seriamente a realidade do desafio.¹²⁸ O confronto anglo-alemão se tornou, assim, um dos eventos mais sobredeterminados da história moderna.

Guerra evitável?

Isso significa, então, que os memoriais de guerra estão corretos? Essas "várias multidões" que são rememoradas pelo soldado desconhecido enterrado na abadia de Westminster realmente morreram

> EM NOME DO REI E DO PAÍS
> DOS SERES QUERIDOS, DO LAR E DO IMPÉRIO
> PELA SAGRADA CAUSA DA JUSTIÇA E
> PELA LIBERDADE DO MUNDO[?]

Esses ex-alunos imortalizados no memorial do Winchester College realmente "deram a vida pela humanidade", para não mencionar Deus, a pátria e a escola?¹²⁹ Os ex-alunos da Hampton School realmente morreram "[...] para preservar tudo aquilo que é valorizado pelos ingleses, 'nossa honorável palavra' [...] Liberdade [...] [e] Liberdade Constitucional"?¹³⁰

A maioria dos memoriais de guerra (embora não todos) erguidos em praças, escolas e cemitérios por toda a Europa, quer retratem guerreiros idealizados e mulheres de luto, quer mostrem (como em Thiepval) simplesmente uma lista de nomes gravados em pedra ou bronze, insiste que os que morreram na guerra não morreram em vão.¹³¹ "*Morts pour la Patrie*" é a inscrição encontrada com mais frequência nos *monuments aux morts* da França, quer sejam heroicos, cívicos ou funerários.¹³² "*Deutschland muss leben, auch wenn wir sterben müssen*", diz a legenda do memorial Dammtor, pelo qual eu costumava passar todos os dias, quando estudante em Hamburgo: "A Alemanha deve viver mesmo que devamos morrer". Só uns poucos memoriais se aventuram a insinuar que o "sacrifício" daqueles que são rememorados foi em vão.¹³³

A questão fundamental que este livro procura responder é, então, a pergunta que todo visitante de Thiepval, Douaumont ou qualquer um dos grandes monumentos aos mortos faz a si mesmo: quanto *valeram* realmente todas essas mortes – mais de 9 milhões ao todo? Essa parece uma pergunta óbvia a ser feita; mas, em muitos aspectos, é mais complexa do que parece. Para ser preciso: a Grã-Bretanha estava realmente diante de uma grande ameaça à sua segurança em 1914 a ponto de ter sido necessário enviar milhões de recrutas despreparados ao outro lado do canal e além, para "vencer pelo cansaço" a Alemanha e seus aliados? O que exatamente o governo alemão desejava alcançar indo à guerra? Essas são perguntas abordadas nos seis primeiros capítulos, que procuram avaliar as ameaças que os dois lados enfrentavam – ou acreditavam enfrentar.

Essas ameaças tenderam a se perder de vista depois que a guerra começou. Iniciada a guerra, como Taylor dizia, os principais políticos e generais ficaram obcecados em ganhá-la como um fim em si mesmo. Ao mesmo tempo, a combinação de censura e belicosidade espontânea de muitos jornais tendeu a desencorajar argumentos a favor de um acordo e encorajar demandas por anexações e outros "objetivos de guerra", que só uma vitória total poderia atender. Uma questão importante abordada nos Capítulos 7 e 8 é em que medida o apoio popular à guerra (pelo menos em sua etapa inicial), muitas vezes citado por historiadores, foi criado pelos meios de comunicação.

Por que se mostrou tão difícil alcançar uma vitória total? Essa é, em parte, uma questão econômica. Os recursos eram finitos de ambos os lados: um país que gastasse em excesso, em termos financeiros e materiais, para conquistar vitórias imediatas nos campos de batalha, poderia acabar perdendo em um conflito prolongado. Seu suprimento de projéteis poderia acabar. Seu suprimento de mão de obra – sobretudo mão de obra qualificada – poderia se esgotar, ou entrar em greve. Suas fontes de alimento, tanto para as tropas quanto para os civis, poderiam diminuir. Suas dívidas interna e externa poderiam atingir níveis insustentáveis. Uma vez que todos esses fatores importam tanto quanto o que aconteceu na frente de batalha, a Primeira Guerra Mundial continua sendo um objeto de estudo não só dos historiadores militares, como também dos historiadores econômicos. Mas, em termos econômicos, a guerra foi – ou deveria ter sido – um resultado inevitável, tamanhos eram os recursos da coalizão liderada pela Grã-Bretanha, pela França e pela Rússia com relação aos da Alemanha e de seus aliados. O Capítulo 9 considera por que essa vantagem não foi suficiente para proporcionar uma vitória sem o apoio direto dos Estados Unidos e questiona o ponto de vista amplamente defendido de que a economia de guerra alemã foi organizada de maneira ineficiente.

A estratégia foi a chave para o desenlace da guerra? Essa pergunta é abordada no Capítulo 10. Em alguns aspectos, o impasse na Frente Ocidental e os resultados não definitivos da "aproximação indireta" em outras frentes de batalha foram consequências inevitáveis da tecnologia militar. No entanto, a estratégia que surgiu de forma mais ou menos espontânea perante a ausência de avanços decisivos – a de vencer pelo cansaço – claramente falhou. Uma conclusão a que chegaram generais de ambos os lados do impasse foi que seu objetivo era matar soldados inimigos em número superior às perdas que sofriam entre seus próprios homens. Assim, é possível estimar o valor do sacrifício humano em termos estritamente militares. Calculando a "contagem líquida de corpos" (o número de soldados mortos de um lado menos o número de assassinados do outro) com base em números mensais e outras medições detalhadas de baixas, é possível avaliar a eficácia militar. Com efeito, o valor da morte de um soldado pode ser expresso em razão do número de soldados inimigos que ele hipoteticamente conseguiu matar, direta ou indiretamente, antes de morrer. Avaliar a eficácia militar dessa maneira é um tanto macabro (de fato, para alguns leitores pode até haver uma boa dose de mau gosto em minha abordagem), mas essa lógica tem sua origem na mentalidade dos generais e dos políticos da época. Julgados nesses termos, está claro que os Impérios Centrais gozavam de grande superioridade; o mistério passa a ser, agora, por que *eles* perderam a guerra. Uma possibilidade (explorada no Capítulo 11) é que essas duas medições – a da eficiência econômica e a da eficácia militar – podem ser combinadas. Em outras palavras, é possível que o importante não seja saber quantos inimigos se conseguiu matar, mas quanto custou matá-los. Isso, no entanto, só aumenta o mistério, já que, nesses termos, os Impérios Centrais tinham ainda mais poder.

Sendo assim, para explicar a derrota alemã precisamos olhar além da contagem líquida de corpos por dólar gasto. Também devemos considerar os sacrifícios menores feitos pelos soldados que não foram mortos, mas que foram feridos ou feitos prisioneiros. Esses últimos adquirem grande importância em minha análise, pois, embora seu destino fosse, de seu próprio ponto de vista, preferível ao dos camaradas mortos ou mutilados, para os generais um soldado capturado era uma perda equivalente a um soldado morto. Em certos aspectos, era uma perda ainda mais séria: vivo, poderia fornecer ao inimigo informações importantes ou mão de obra barata. Portanto, ao avaliar as baixas que um lado infligiu ao outro, dei mais peso aos homens capturados que aos homens feridos, já que grande proporção dos homens feridos foi capaz de voltar a lutar. Isso, por sua vez, levanta algumas perguntas fundamentais sobre as motivações de cada soldado. Se as condições nas trincheiras eram tão extremas quanto a literatura antibélica sugere, por que os homens continuavam lutando? Por que não desertaram, se amotinaram ou se renderam? Essas questões são abordadas nos Capítulos 12 e 13.

Por último, nenhuma análise da guerra pode estar completa sem uma tentativa de avaliar a paz, pois muitos dos que expressaram desencantamento com a guerra na década de 1920 ficaram realmente desencantados com suas consequências. O Tratado de Versalhes – isso sem falar nos outros tratados que os derrotados firmaram nos arredores de Paris – foi a semente do mal no pós-guerra? Isso é tratado no Capítulo 14.

O leitor notará que, ao abordar todas as questões acima mencionadas, costumo usar os chamados cenários "contrafatuais", tentando imaginar como os acontecimentos teriam terminado se as circunstâncias tivessem sido diferentes. De fato, pode-se ler este livro como uma exploração dos muitos desfechos possíveis para a guerra. O que teria acontecido se a Grã-Bretanha não tivesse acalmado a França e a Rússia nos assuntos imperiais e, mais tarde, continentais após 1905? E se a Alemanha tivesse sido capaz de alcançar maior segurança antes de 1914 aumentando sua capacidade de defesa, coisa que estava a seu alcance? E se a Grã-Bretanha não tivesse intervindo em agosto de 1914, como a maioria dos ministros do Gabinete provavelmente teria preferido? E se o Exército francês não tivesse conseguido deter os alemães em Marne, o que teria sido compreensível depois das baixas que já havia sofrido? E se a Grã-Bretanha tivesse reservado toda a sua Força Expedicionária para ser usada contra a Turquia e tivesse dirigido a invasão de Gallipoli com mais sucesso? E se os russos tivessem agido racionalmente, firmando um acordo de paz em separado com os alemães? E se tivesse havido motins nas

Introdução

Forças Armadas britânicas e francesas em 1917? E se os alemães não tivessem recorrido a uma guerra submarina irrestrita ou não tivessem arriscado tudo nas ofensivas de Ludendorff em 1918? E se uma paz mais severa tivesse sido imposta à Alemanha em 1919? Ou uma paz mais indulgente? Como já argumentei, perguntas contrafatuais como essas nos ajudam de duas maneiras: a recuperar a incerteza dos que tomavam as decisões no passado, para quem o futuro era apenas um conjunto de possibilidades, e a avaliar se foram feitas as melhores escolhas possíveis.¹³⁴ Não revela muita coisa sobre o que vem a seguir dizer que, de modo geral, acredito que não.

---

1. Na época, não era conhecida dessa maneira: "Guerra Mundial" e "Guerra Europeia" eram as designações comuns; a "Grande Guerra" veio mais tarde; e o nome "Primeira Guerra Mundial" é normalmente atribuído a Charles à Court Repington, correspondente militar do *The Times*, que discerniu, já em setembro de 1918, que ela não cumpriria com a expectativa otimista de H. G. Wells como a guerra que seria "o fim de todas guerras".
2. Spiers, *Scottish Soldier*, p. 314. Para uma estimativa mais baixa, ver Harvie, *No Gods*, p. 24. Observe-se que sérvios e turcos provavelmente perderam mais homens por causa de enfermidades.
3. PRO WO 95/1483, *History of the 2ⁿᵈ Battalion, Seaforth Highlanders*, 1916-1918, Diário de guerra.
4. *Sic*: a maioria dos soldados não foi desmobilizada até aquele ano.
5. É, obviamente, apenas outra maneira de dizer: "Seu nome viverá através das gerações", a frase bíblica sugerida por Rudyard Kipling para as Lápides da Grande Guerra erguidas pela Imperial War Graves Commission.
6. Sou grato a Dennis Goodwin e a Cathy Stevenson por essa informação.
7. Cerca de 723 mil soldados britânicos morreram na Primeira Guerra Mundial; na Segunda, o número foi 264.443. No entanto, mais civis morreram na Segunda Guerra (por volta de 92.573); os ataques aéreos e navais alemães sobre a Grã-Bretanha durante a Primeira Guerra Mundial cobraram em torno de 1.570 vidas: Davies, *Europe*, p. 1328; Banks, *Military Atlas*, p. 296.
8. Ferguson, *Paper and Iron*.
9. Ferguson, Food and the First World War, p. 188-195; Ferguson, Germany and the Origins of the First World War, p. 725-752; Ferguson, Public Finance and National Security, p. 141-168; Ferguson, Keynes and the German Inflation, p. 368- -391.

10. Um relato útil é fornecido por M. Gilbert em *First World War*. Outros compêndios excelentes são de Ferro, *Great War*, uma combinação de história social e estratégia; Robbins, *First World War*; e Warner, *World War One*. Já *First World War*, de A. J. P. Taylor, embora peculiar, continua sendo o relato mais breve e de mais fácil leitura.
11. Para um retrato abrangente da guerra da Grã-Bretanha, ver T. Wilson, *Myriad Faces*. Ver também Bourne, *Britain and the Great War*; DeGroot, *Blighty*. Não devem ser negligenciadas as seções relevantes de A. J. P. Taylor, *English History*, p. 1-119. Woodward, *Great Britain*, teve menos repercussão.
12. Ver Hardach, *First World War*, um livro excelente, apesar de não dizer praticamente nada sobre a eficácia militar, e Kocka, *Facing Total War*. Cf. a excelente nova síntese de Chickering, *Imperial Germany*, e *First World War*, de Herwig, que dá a devida importância aos assuntos militares e traça paralelos entre a experiência alemã e a austro-húngara. Mais excêntrico, embora rico em detalhes, é Moyer, *Victory Must Be Ours*.
13. Fussell, *Great War*; Hynes, *War Imagined*.
14. Entre os numerosos ensaios recentes que considerei úteis estão Liddle, *Home Fires*; Mommsen, *Kultur und Krieg*; Michalka, *Der Erste Weltkrieg*; H. Cecil e Liddle, *Facing Armageddon*. Também são dignos de nota Becker e Audoin-Rouzeau, *Sociétés européennes et la Guerre*; Becker et al., *Guerre et Cultures*; e Hirschfeld et al., *Keiner fühlt sich mehr als Mensch*.
15. Ver a esclarecedora discussão em J. Winter, *Great War*, p. 289-300.
16. Sassoon, *War Poems*, p. 22.
17. Hynes, *War Imagined*, p. 239.
18. Apenas quatro dos poemas de Owen haviam sido publicados quando ele foi morto, uma semana antes do armistício, e embora sete tenham aparecido em 1919 na revista *Wheels*, de Edith Sitwell, foi só no fim do ano seguinte que 23 de seus poemas foram editados e publicados por Sassoon. Cf. W. Owen, *Poems*.
19. Blunden, *Undertones*, p. 256-260.
20. Outros que escreveram poemas claramente contrários à guerra na Inglaterra são Herbert Read, David Jones e Isaac Rosenberg. Ver os exemplos de sua obra em Silkin, *Penguin Book of First World War Poetry*.
21. Willett, *New Sobriety*, p. 22.
22. Ver, em geral, Marsland, *Nation's Cause*.
23. Silkin, *Penguin Book of First World War Poetry*.
24. E.g., Balcon, *Pity of War*; Hibberd e Onions, *Poetry of the Great War*.
25. Holroyd, *Bernard Shaw*, vol. II, p. 348ss.
26. Hynes, *War Imagined*, p. 83ss.
27. Ibid., p. 106. Ele mudou seu nome (Ford Madox Hueffer) em 1919; entre as vítimas da guerra havia um grande número de sobrenomes alemães.
28. Ibid., p. 131, 169.

29. Agnes Hamilton, *Dead Yesterday* (1916); Rose Allatini, *Despised and Rejected* (1918); este último, que estabelecia uma relação entre pacifismo e homossexualidade, foi proibido.
30. Hynes, *War Imagined*, p. 137, 326. Ver também p. 347s.
31. Ibid., p. 286s.
32. Ibid., p. 318ss.
33. Ibid., p. 432s.
34. Ibid., p. 351.
35. Ibid., p. 344ss.
36. Buchan, *Prince of the Captivity*.
37. Gibbon, *Scots Quair*, esp. p. 147-182.
38. Forester, *General*, esp. Capítulos 16 e 17.
39. Herbert, *Secret Battle*. De fato, o caso de Dyett já havia sido abordado pelo menos por jornalistas avessos à guerra, Horatio Bottomley.
40. Grieves, Montague, p. 49, 54.
41. Hynes, *War Imagined*, p. 424s; H. Cecil, British War Novelists, p. 809. Cf. Barnett, Military Historian's View, p. 1-18.
42. Céline, *Voyage au Bout de la Nuit*. Cf. Field, French War Novel, p. 831-840.
43. E. Weber, *Hollow Years*, p. 19.
44. Kraus, *Die Letzten Tage*. Não há nenhuma tradução completa para o inglês, mas alguns trechos aparecem em Kraus, *In These Great Times*, p. 157-258. Cf. Timms, *Karl Kraus*, p. 371ss.
45. Hynes, *Soldier's Tale*, p. 102s.
46. Marwick, *Deluge*, p. 221.
47. Kahn, Art from the Front, p. 192-208.
48. Cork, *Bitter Truth*, p. 171.
49. Ibid., p. 175.
50. Barker, *Ghost Road*, p. 143s, 274.
51. Faulks, *Birdsong*, p. 118, 132, 153. Ver especialmente a descrição do primeiro dia de Somme: p. 184s.
52. Danchev, Bunking and Debunking, p. 281-287.
53. Ibid., p. 263, 269, 279-281.
54. J. Winter e Baggett, *1914-1918*, p. 10s.
55. Mosse, *Fallen Soldiers*, p. 112s, 154; Cannadine, War and Death, p. 231.
56. Ver, e.g., Holt, *Battlefields of the First World War*; R. Holmes, *War Walks*; O'Shea, *Back to the Front*.
57. *Sunday Telegraph*, 1º de junho de 1997; *Daily Telegraph*, 28 de julho de 1998.
58. *Guardian*, 14 de abril de 1998; 16 de abril de 1998; *Daily Telegraph*, 25 de abril de 1998.

59. Danchev, Bunking and Debunking, p. 263s.
60. A. J. P. Taylor, *First World War*, p. 11, 62.
61. L. Wolff, *In Flanders Fields*; Tuchman, *August 1914*; Clark, *Donkeys*; A. Horne, *Price of Glory*. Sobre a influência de Liddell Hart nesses livros, ver Bond, Editor's Introduction, p. 6; Danchev, Bunking and Debunking, p. 278.
62. Danchev, Bunking and Debunking, p. 268.
63. Macdonald, *They Called It Passchendaele; Roses of No Man's Land; Somme; 1914; 1914-1918: Voices and Images; 1915*.
64. Laffin, *British Butchers*.
65. Ministère des Affaires Étrangères [Bélgica], *Correspondance Diplomatique*; Ministerium des k. und k. Hauses und des Äussern, *Diplomatische Aktenstücke*; Marchand, *Un Livre noir*; Auswärtiges Amt, *German White Book*.
66. Hynes, *War Imagined*, p. 47, 278.
67. Edmonds, *France and Belgium*. Há um volume considerável de histórias oficiais de todos os palcos de guerra em que os soldados britânicos lutaram – incluindo África Oriental, Egito, Palestina, Itália, Macedônia, Mesopotâmia, Togolândia e Camarões –, das quais a mais importante continua sendo a de Aspinall-Oglander, uma obra em dois volumes em *Gallipoli*. O Almirantado produziu a obra em cinco volumes *Naval Operations* (1920-1931), de Corbett e Newbolt; o papel dos Royal Flying Corps é detalhado em *War in the Air* (1922-1927), obra de Raleigh e Jones em seis partes. Também há histórias oficiais sobre o transporte na Frente Ocidental, a Marinha Mercante, o comércio marítimo, o bloqueio, além de 12 volumes sobre o Ministério das Munições. Além disso, o Carnegie Endowment publicou uma série de volumes semioficiais de grande valor à história econômica: *British Food Control*, de Beveridge, e *Taxation during the War*, de Stamp, são especialmente úteis.
68. Reichsarchiv, *Weltkrieg*. O equivalente austríaco é Österreichisches Bundesministerium für Heereswesen und Kriegsarchiv, *Österreich-Ungarns letzter Krieg*.
69. Anônimo, *Documents diplomatiques secrets russes*; Hoetzsch, *Internationalen Beziehungen im Zeitalter des Imperialismus*.
70. Montgelas e Schücking, *Outbreak of the World War*. Mas ver os documentos produzidos pelos ex-líderes militares da Alemanha: Ludendorff, *General Staff*; Tirpitz, *Deutsche Ohnmachtspolitik*.
71. E. Fischer, Bloch e Philipp, *Ursachen des Deutschen Zusammenbruches*.
72. Lepsius, Mendelssohn-Bartholdy e Thimme, *Grosse Politik*. Ver também, do lado austríaco, Bittner e Übersberger, *Österreich-Ungarns Aussenpolitik*.
73. Gooch e Temperley, *British Documents*.
74. Commission de publication, *Documents diplomatiques français*.
75. Além disso, Haig publicou seus *Despatches* em 1919; *The Grand Fleet, 1914-16*, de Jellicoe, saiu no mesmo ano, seguido de *The Crisis of the Naval War* (1920).

INTRODUÇÃO

76. Ludendorff, *Kriegserinnerungen*; Tirpitz, *Erinnerungen*; Falkenhayn, *Oberste Heeresleitung*.
77. Bethmann, *Betrachtungen*.
78. Guilherme II, *Ereignisse und Gestalten*. Monarcas que não foram depostos geralmente se mantiveram calados: uma exceção parcial é Galet, *Albert King of the Belgians*.
79. Foi seguido muito mais tarde por *Men and Power*.
80. Em geral, estes livros venderam bem: *Twenty-Five Years*, de Grey, vendeu quase 12 mil em seu primeiro ano; quase o mesmo número de exemplares do volume I de *World Crisis*, de W. S. Churchill, foi impresso no primeiro mês após sua publicação. Em 1937, aproximadamente 55 mil exemplares de todos os seis volumes das memórias de Lloyd George haviam sido vendidos; Bond, Editor's Introduction, p. 7.
81. Lloyd George, *War Memoirs*, vol. I, p. 32, 34s, 47s.
82. W. S. Churchill, *World Crisis*, vol. I, p. 45, 55, 188.
83. Hitler, *Mein Kampf*, p. 145.
84. Grey, *Twenty-Five Years*, vol. I, p. 143, 277; vol. II, p. 20, 30.
85. Hazlehurst, *Politicians at War*, p. 52.
86. Trevelyan, *Grey of Falloden*, p. 250.
87. Jarausch, *Enigmatic Chancellor*, p. 149.
88. Hobsbawm, *Age of Empire*, p. 321s; Barnett, *Collapse of British Power*, p. 55; Davies, *Europe*, p. 900.
89. Joll, *Origins*, p. 186.
90. Ver, por exemplo, Oncken, *Das Deutsche Reich*; e, mais recentemente, Calleo, *German Problem*.
91. Fay, *Origins of the World War*. Mais inclinado a criticar a Rússia e a França foi Barnes, *Genesis of the World War*.
92. Lênin, *Imperialism*. Cf. J. A. Hobson, *Imperialism*. Para uma boa discussão sobre a adaptação intelectual da esquerda à guerra, ver Cain e Hopkins, *British Imperialism*, vol. I, p. 454s.
93. Para um exemplo recente, ver Hobsbawm, *Age of Empire*, p. 312-314, 323-327.
94. A. J. P. Taylor, *First World War*; A. J. P. Taylor, *War by Timetable*.
95. Mayer, *Persistence of the Old Regime*. Ver também Mayer, Domestic Causes of the First World War, p. 286-300; Gordon, Domestic Conflict and the Origins of the First World War, p. 191-226. Para uma opinião crítica, ver Loewenberg, Arno Mayer's "Internal causes", p. 628-636.
96. McNeill, *Pursuit of Power*, p. 310-314.
97. Para alguns exemplos recentes, ver Eksteins, *Rites of Spring*; Wohl, *Generation of 1914*.

98. Kaiser, Germany and the Origins of the First World War, p. 442-474.
99. Jarausch, *Enigmatic Chancellor*, p. 149.
100. Asquith, *Genesis*, p. 216.
101. Lloyd George, *War Memoirs*, vol. I, p. 43s.
102. Ver, e.g., A. J. P. Taylor, *Struggle for Mastery*, p. 527; Joll, *Europe since 1870*, p. 184ss. Ver também M. Brock, Britain Enters the War, p. 145-178.
103. W. S. Churchill, *World Crisis*, vol. I, p. 202s.
104. Ibid., vol. I, p. 228s.
105. Grey, *Twenty-Five Years*, vol. II, p. 46. Ver também p. 9s.
106. Ibid., vol. I, p. 77, 312.
107. Ibid., vol. II, p. 28.
108. Ibid., vol. I, p. 335ss.
109. K. Wilson, *Entente*, esp. p. 96s, 115. Ver também T. Wilson, Britain's "Moral Commitment", p. 382-390.
110. French, *British Economic and Strategic Planning*, p. 87.
111. Ver, e.g., Howard, Europe on the Eve, p. 119; Martel, *Origins*, p. 69; J. Thompson, *Europe since Napoleon*, p. 552.
112. Kennedy, *Rise of the Anglo-German Antagonism*, esp. p. 458.
113. T. Wilson, *Myriad Faces*, p. 12-16.
114. F. Fischer, Kontinuität des Irrtums, p. 83-101; F. Fischer, *Germany's Aims*.
115. Sobre a historiografia da "controvérsia de Fisher", ver Moses, *Politics of Illusion*; Droz, *Causes de la Première Guerre Mondiale*. Ver também Jäger, *Historische Forschung*, p. 135ss.
116. Kehr, *Der Primat der Innenpolitik*.
117. F. Fischer, *War of Illusions*. Ver também Schulte, *Europäische Krise*.
118. Ver Erdmann, Zur Beurteilung Bethmann Hollwegs, p. 525-540; Zechlin, Deutschland Zwischen Kabinettskrieg and Wirtschaftskrieg, p. 347-458; Jarausch, Illusion of Limited War, p. 48-76. Ver também Zechlin, *Krieg und Kriegsrisiko*; Zechlin, July 1914, p. 371-385; Erdmann, War Guilt 1914 Reconsidered, p. 334-370.
119. Kaiser, Germany and the Origins of the First World War.
120. Berghahn, *Germany and the Approach of War*; Steiner, *Britain and the Origins of the First World War*; Keiger, *France and the Origins of the First World War*; Bosworth, *Italy and the Approach of the First World War*; Lieven, *Russia and the Origins of the First World War*; S. Williamson, *Austria-Hungary and the Coming of the First World War*.
121. Turner, *Origins of the First World War*; Remak, 1914 – The Third Balkan War; D. Lee, *Europe's Crucial Years*; Langhorne, *Collapse of the Concert of Europe*; Barraclough, *From Agadir to Armageddon*. Ainda valioso é Albertini, *Origins*.
122. Ver, e.g., Hildebrand, Julikrise 1914; Hildebrand, *Vergangene Reich*, p. 302-315.

123. Geiss, *July 1914*, p. 365. Ver também Geiss, *Das Deutsche Reich und die Vorgeschichte des Ersten Weltkrieges*; Geiss, *Das Deutsche Reich und der Erste Weltkrieg*.
124. Geiss, *Der Lange Weg*, esp. p. 23s, 54, 123.
125. Ibid., p. 123, 128.
126. Ibid., p. 128, 187.
127. Ibid., p. 214.
128. Schöllgen, Introduction, p. 1-17; Schöllgen, Germany's Foreign Policy in the Age of Imperialism, p. 121-133.
129. P. Parker, *Old Lie*, p. 203.
130. *The Lion: Hampton School Magazine* (1914), p. 23. Sou grato a Glen O'Hara por esta referência.
131. Para um bom relato de um funeral britânico, ver Inglis, Homecoming, p. 583.
132. Prost, Monuments aux Morts, p. 202.
133. Ver, em geral, J. Winter, *Sites of Memory*.
134. Ferguson, *Virtual History*, esp. p. 1-90.

I
Os mitos do militarismo

Profetas

Muitas vezes, afirma-se que a Primeira Guerra Mundial foi causada pela cultura: para ser mais exato, pela cultura do militarismo, que teria preparado tão bem os homens para a guerra pela qual ansiavam. Alguns homens certamente previram a guerra; mas quantos de fato a desejaram é questionável.

Se a Primeira Guerra Mundial foi causada por profecias autorrealizáveis, um dos primeiros profetas foi Headon Hill, cujo romance *The Spies of Wight* [Os espiões de Wight] (1899) gira em torno das maquinações sinistras dos espiões alemães contra a Grã-Bretanha.[1] Esse foi o começo de uma série de obras de ficção que antecipavam uma futura guerra anglo-germânica. *A New Trafalgar* [Uma nova Trafalgar], de A. C. Curtis (1902), foi um dos primeiros romances a imaginar um rápido ataque naval alemão contra a Grã-Bretanha na ausência do Esquadrão do Canal da Mancha; felizmente, a Marinha Real contava com um novo navio de guerra mortífero que alcançou a vitória.[2] No famoso conto *The Riddle of the Sands* [O enigma das areias] (1903), de Erskine Childers, os heróis Carruthers e Davies deparam com indícios de um plano alemão pelo qual

> multidões de barcaças marítimas carregadas de soldados [...] deveriam partir simultaneamente de sete pontos rasos em sete frotas ordenadas e, sendo escoltados pela Marinha imperial, atravessar o mar do Norte e se lançar sobre a costa inglesa.[3]

Seguindo uma invasão similar, Jack Montmorency, o estudante que é o herói de *The Boy Galloper* [O menino a galope] (também de 1903), de L. James, precisou deixar a escola e vestir seu uniforme do Corpo de Cadetes para enfrentar os alemães.[4] Talvez a mais famosa de todas as invasões alemãs fictícias seja a concebida por William Le Queux em *The Invasion of 1910* [A invasão de 1910] – um *best-seller* de tirar o fôlego, originalmente publicado em capítulos no jornal *Daily Mail* em 1906 – que imaginou a Inglaterra sendo invadida por um Exército alemão de 40 mil homens, invasão esta seguida de horrores como "A Batalha de Royston" e "O bombardeio de Londres".⁵ Em *When the Eagle Flies Seaward* [Quando a águia voa para o mar] (1907), o Exército invasor é aumentado para 60 mil homens, mas a história é essencialmente a mesma; ambas terminam – sem dúvida, para alívio dos leitores ingleses – com a derrota dos invasores.⁶ Em *The Death Trap* [A armadilha mortal] (1907), de R. W. Cole, são os japoneses que vêm em socorro após a chegada do Exército invasor do Kaiser.⁷ Foi só em *The Message* [A mensagem] (também de 1907), de A. J. Dawson, que foi preciso encarar a possibilidade de uma inevitável derrota inglesa – levando a ocupação, reparações e perda de várias colônias.

No livro de Dawson, é significativo que o inimigo esteja dentro e fora: enquanto os pacifistas protestam a favor do desarmamento em Bloomsbury, um garçom alemão diz ao nosso herói: "Vaire shtrong, sare, ze Sherman Armay".* Acontece que, antes da invasão, ele e milhares de outros imigrantes alemães vinham atuando como agentes secretos, de modo que "o Exército alemão conhecia cada maço de feno que havia entre Londres e a costa".⁸ *A Maker of History* [Um fazedor de história] (1905), de E. Phillips Oppenheim, já havia abordado esse assunto. Conforme explica o "Capitão X", o chefe da inteligência alemã em Londres:

> Há, neste país, 290 mil jovens compatriotas seus e meus que cumpriram pena de prisão e que sabem atirar [...] escriturários, garçons e cabeleireiros [...] a cada um deles é atribuído um trabalho. As fortalezas que protegem esta grande cidade podem ser impermeáveis de fora, mas de dentro – esta é outra questão.⁹

De maneira similar, em *The Enemy in our Midst* [O inimigo entre nós] (1906), de Walter Wood, há um "Comitê Alemão de Preparativos Secretos"

---

* O personagem, com sotaque alemão, na verdade quer dizer, em inglês, "Very strong, sir, the German Army" (em português, "Muito forte, senhor, o Exército alemão"). (N.T.)

preparando o terreno para um golpe em Londres. Houve inúmeras variações sobre esse tema: tantas, que o termo "spy fever" ["febre de espionagem"] parece justificado. Em 1909, foi publicado aquele que é, talvez, o romance mais influente de Le Queux: *Spies of the Kaiser* [Espiões do Kaiser], que afirmou a existência de uma rede secreta de espiões alemães na Grã-Bretanha.[10] Também em 1909 saiu *When England Slept* [Quando a Inglaterra dormiu], do Capitão Curties; nele, Londres é ocupada durante a noite por um Exército alemão que entrou furtivamente no reino ao longo de semanas.[11]

Tais fantasias tampouco ficaram restritas à ficção sensacionalista. O viajante e poeta Charles Doughty produziu alguns versos estranhamente arcaicos sobre o assunto, com destaque para *The Cliffs* [Os penhascos] (1909) e, três anos mais tarde, *The Clouds* [As nuvens] – obras pouco usuais em que os invasores imaginados expressam as ideias de Le Queux em uma linguagem pseudochauceriana.[12] A obra *An Englishman's Home* [O lar de um inglês] (1909), do major Guy du Maurier, traduziu a mesma fantasia para o palco.[13] Os estudantes também precisaram enfrentar o pesadelo da invasão. Começando em dezembro de 1913, a revista *Chums* publicou uma série sobre mais uma futura guerra anglo-germânica.[14] Em 1909, a revista da escola Aldeburgh Lodge imaginou, com perspicácia, como seria o ensino às crianças em 1930, presumindo que, até lá, a Inglaterra teria se tornado meramente "uma pequena ilha na costa ocidental da Teutônia".[15]

Até mesmo Saki (Hector Hugh Munro) – um dos poucos escritores populares do período que ainda é lido com algum respeito – também se aventurou no gênero. Em *When William Came: A Story of London under the Hohenzollerns* [Quando veio Guilherme: uma história de Londres sob os Hohenzollern] (1913), seu herói, Murrey Yeovil – "criado e educado como um elemento de uma raça governante" –, retorna dos confins da Ásia e depara com uma Grã-Bretanha conquistada, "incorporada ao Império Hohenzollern [...] como uma Reichsland, uma espécie de Alsácia-Lorena banhada pelo mar do Norte em vez do Reno", com cafés em estilo continental no "Regentstrasse" e multas em flagrante por caminhar na grama no Hyde Park.[16] Embora Yeovil anseie por resistir à ocupação teutônica, ele se vê abandonado por seus contemporâneos *tory* (conservadores), que, junto com George V, fugiram para Délhi, deixando para trás uma equipe de colaboradores desprezível, incluindo a esposa amoral do próprio Yeovil, os amigos boêmios que ela tinha, vários pequenos burocratas e judeus "em toda parte".[17] Observe, aqui, o caráter estranhamente tolerável e até sedutor da conquista alemã – pelo menos para os bretões mais decadentes. O anterior *North Sea Bubble* [Bolha do mar do Norte] (1906), de Ernest Oldmeadow, também imaginou os alemães agradando seus novos vassalos com presentes de Natal universais e comida subsidiada. De fato, as maiores atrocidades infligidas pelos ocupantes na Grã-Bretanha alemã de Oldmeadow são a introdução de uma dieta de salsichas e *sauerkraut*, a grafia correta do nome de Handel nos programas dos concertos e a Independência da Irlanda.[18]

Os alemães também tiveram suas visões da guerra que estava por vir. *Die Abrechnung mit England* [O ajuste de contas com a Inglaterra] (1900), de Karl Eisenhart, imagina a Grã-Bretanha, derrotada na Guerra dos Bôeres, sendo atacada pela França. A Grã-Bretanha impõe um bloqueio naval, ignorando os direitos de neutralidade marítima; e é isso o que precipita a guerra entre a Grã-Bretanha e a Alemanha. Uma arma secreta alemã (o navio de guerra movido a eletricidade) decide a guerra em seu favor, e os alemães, felizes, colhem uma farta safra das colônias britânicas, incluindo Gibraltar.[19] Em *Der Weltkrieg: deutsche Träume* [A Guerra Mundial: sonhos alemães] (1904), August Niemann imaginou "os Exércitos e as frotas da Alemanha, da França e da Rússia avançando juntos contra o inimigo comum" – a Grã-Bretanha – "que, com seu Exército poliposo, domina o globo". A Marinha francesa e a alemã derrotam a Marinha Real inglesa, e um Exército invasor aporta no estuário do rio Forth.[20] Max Heinrichka imaginou (em *100 Jahre deutsche Zukunft* [O futuro da Alemanha em cem anos]) uma guerra anglo-alemã contra a Holanda, culminando em outra invasão alemã bem-sucedida. Como no relato de Niemann, a vitória permite à Alemanha adquirir partes escolhidas do Império.[21] Mas nem todos os escritores alemães estavam tão confiantes. *Sink, Burn, Destroy: Der Schlag gegen Deutschland* [Afundar, queimar, destruir: o ataque à Alemanha] (1905) inverteu os papéis: aqui, é a Marinha britânica que derrota a alemã, e é Hamburgo que tem de aturar uma invasão britânica.[22]

Com base em tais indícios, seria fácil argumentar que a Primeira Guerra Mundial aconteceu, pelo menos em parte, porque as pessoas esperavam que acontecesse. De fato, livros como esses continuaram a ser produzidos mesmo depois que a profecia se concretizou. Le Queux lançou *The German Spy: A Present-Day Story* [O espião alemão: uma história atual] no fim de 1914, e a versão de Gaumont do filme *The Invasion of 1910* [A invasão de 1910], antes banida, foi lançada sob o título *If England were Invaded* [Se a Inglaterra fosse invadida]. *Hindenburg's Einmarsch in London* [A marcha de Hindenburg sobre Londres], de Paul Georg Münch, que imaginava a vitória de Tannenberg levando a uma invasão bem-sucedida através do canal da Mancha, foi publicado em 1915.[23]

Tais fantasias, no entanto, precisam ser vistas em um contexto mais amplo. Nem todos os profetas da guerra esperavam que ela ocorresse entre a Inglaterra e a Alemanha. De fato, praticamente nenhuma das obras do gênero publicadas antes de 1900 contemplava um inimigo alemão. Com presciência assustadora, os autores de *The Great War of 189-* [A Grande Guerra de 189-], publicado em 1891 no semanário ilustrado *Black and White*, iniciaram sua guerra imaginada nos Bálcãs com o assassinato de um membro da realeza (um atentado contra a vida do príncipe Ferdinando da Bulgária, aparentemente por agentes russos). Quando a Sérvia agarra a oportunidade e declara guerra à Bulgária, a Áustria-Hungria ocupa Belgrado, instando a Rússia a enviar tropas à Bulgária. A Alemanha honra suas obrigações do tratado mobilizando-se contra a Rússia em apoio à Áustria-Hungria, e a França honra as suas declarando guerra à Alemanha em apoio à Rússia. No entanto, há uma reviravolta na história. Tendo permanecido neutra no início – apesar de a Alemanha ter violado a neutralidade da Bélgica –, a Grã-Bretanha envia tropas a Trebizonda em apoio à Turquia, instando a França e a Rússia a declararem guerra contra ela. Segue-se um grande enfrentamento entre a esquadra britânica e a francesa na costa da Sardenha; e, nos arredores de Paris, duas batalhas breves e decisivas entre os Exércitos francês e alemão – este último, vencido por um heroico ataque francês.[24] Em *The Final War* [A guerra final] (1893), de Louis Tracy, a Alemanha e a França conspiram para invadir e conquistar a Grã-Bretanha, mas no último instante os alemães passam para o lado dos britânicos, e é Paris que sucumbe a lorde Roberts: um triunfo para o poder anglo-saxão.[25] Até mesmo William Le Queux começara sua carreira alarmista como francófobo e russófobo, não como germanófobo: em seu *The Poisoned Bullet* [A bala envenenada] (também de 1893), os russos e os franceses invadem a Grã-Bretanha.[26] Publicado mais tarde, *England's Peril: A Story of the Secret Service* [Perigo na Inglaterra: uma história do Serviço Secreto] tem como vilão "Gaston La Touche", chefe do serviço secreto francês.[27]

A Guerra dos Bôeres precipitou uma enxurrada de histórias similares em que os inimigos eram os franceses: *The Campaign of Douai* [A campanha de

Douai] (1899), *London's Peril* [Perigo na Inglaterra] (1900), *The Great French War of 1901* [A Grande Guerra Francesa de 1901], *The New Battle of Dorking* [A nova Batalha de Dorking], *The Coming Waterloo* [A próxima Waterloo] e *Pro Patria*, este último de Max Pemberton (os quatro últimos de 1901), dois dos quais retratavam uma invasão francesa iniciada por um túnel no canal.[28] Em *The Invaders* [Os invasores] (1901), de Louis Tracy, a invasão da Grã-Bretanha é uma iniciativa conjunta de franceses e alemães.[29] A mesma combinação terrível aparece em *A New Trafalgar* [Uma nova Trafalgar] (1902) e em *The Death Trap* [A armadilha mortal] (1907), embora os franceses, nesse momento, mostrem uma tendência incrivelmente desleal de abandonar seus aliados alemães. O mesmo assunto atraiu escritores franceses, como o autor de *La Guerre avec l'Angleterre* [A guerra contra a Inglaterra] (1900).[30]

Há variações similares na literatura profética alemã. A extravagante ficção científica *Berlin-Bagdad* [Berlim-Bagdá] (1907), de Rudolf Martin, imaginou "O Império Mundial Alemão na Era dos Dirigíveis, 1910-1931"; mas, aqui, o principal conflito é entre a Alemanha e uma Rússia pós-revolucionária. Um ultimato à Inglaterra – antes da completa unificação da Europa sob a liderança alemã – surge como uma espécie de consequência inesperada e logo é esquecido quando os russos iniciam um ataque aéreo contra a Índia.[31]

Deve-se salientar que muitos, na época, consideraram o mais febril dos alarmistas simplesmente risível. Em 1910, Charles Lowe, ex-correspondente do *Times* em Berlim, atacou livros como *Spies of the Kaiser* [Espiões do Kaiser], de Le Queux, não porque ele não acreditasse que o comando-geral alemão enviava oficiais para obter informações sobre a Inglaterra e outros inimigos em potencial, mas porque os indícios fornecidos por escritores como Le Queux eram muito fracos.[32] Em 1908, a revista *Punch* parodiou cruelmente o coronel Mark Lockwood, um dos mais ruidosos maníacos por espionagem na Câmara dos Comuns.[33] Um ano mais tarde, A. A. Milne satirizou Le Queux em "The Secret of the Army Aeroplane" [O segredo do aeroplano das Forças Armadas], também publicado na *Punch*:

– Conte-nos tudo, Ray – instou Vera Vallance, sua bela noiva de cabelo loiro, filha do almirante *sir* Charles Vallance.
– Bem, querida, é basicamente o seguinte – respondeu ele, com um olhar afetuoso [...] – Na terça passada, um homem com o bigode penteado ao contrário

desceu na estação Basingstoke e perguntou onde ficava a lanchonete. Isso me leva a acreditar que está a caminho uma tentativa covarde de acabar com nossa supremacia aérea.

– E mesmo diante desse fato o governo nega a atividade de espiões alemães na Inglaterra! – exclamou amargamente.[34]

Possivelmente a melhor de todas essas sátiras é *The Swoop! Or, How Clarence Saved England: A Tale of the Great Invasion* [O ataque! Ou como Clarence salvou a Inglaterra: uma história da Grande Invasão] (1909), de P. G. Wodehouse, uma maravilhosa *reductio ad absurdum* em que, no feriado bancário do mês de agosto, o país é invadido ao mesmo tempo por alemães, russos, suíços, chineses, monegascos, marroquinos e pelo "Louco Mullah". Nessa obra, a ideia de uma invasão alemã se torna tão lugar-comum que o cartaz de um jornaleiro diz o seguinte:

SURREY
JOGA MAL
EXÉRCITO ALEMÃO
APORTA NA INGLATERRA

Dirigindo-se freneticamente à coluna com as notícias de última hora, o herói escoteiro de Wodehouse encontra a notícia fatídica inserida de maneira quase imperceptível entre os resultados do críquete e os da última corrida de cavalos. "Fry sem dispensados, 104. Surrey 147 para 8. Um Exército alemão aportou em Essex esta tarde. Handicap de Loamshire: Spring Chicken, 1; Salome, 2; Yip-i-addy, 3. Correram sete."[35] As 11 charges de Heath Robinson sobre espiões alemães no semanário *The Sketch* (1910) são quase tão divertidas quanto, retratando alemães disfarçados de pássaros, alemães pendurados em árvores na Epping Forest, alemães em trajes de banho invadindo a praia de Yarmouth e até mesmo alemães disfarçados de objetos de exposição nas galerias greco-romanas do Museu Britânico.[36]

Os alemães também percebiam o absurdo da profecia de guerra. Há um mapa-múndi de 1907, visivelmente cômico, em que o Império Britânico é reduzido à Islândia, deixando o resto – inclusive "Kgl. Preuss. Reg. Bez. Grossbritannien" – para a Alemanha.[37] Não sem esforço, o *Vademecum fur*

Phantasiestrategen [Guia para estrategistas fantasiosos] (1908), de Carl Siwinna, consegue demolir efetivamente as profecias de guerra de ambos os lados do canal da Mancha.³⁸

Acima de tudo, os profetas de guerra mais belicosos devem ser equiparados aos escritores mais pessimistas que, com discernimento, previram que uma grande guerra europeia seria uma calamidade. *War in the Air* [A guerra no ar] (1908), de H. G. Wells – ao contrário de seu equivalente alemão, de Rudolf Martins –, apresenta um apocalipse aéreo, em que a civilização europeia é "destruída" por bombardeios de dirigíveis, deixando apenas "ruína e cadáveres não enterrados e sobreviventes pálidos definhando em uma apatia mortal".³⁹ Um dos mais influentes de todos os livros britânicos sobre o assunto argumentava que as consequências seriam tão calamitosas em termos econômicos que a guerra simplesmente não aconteceria: pelo menos foi assim que muitos leitores interpretaram *A grande ilusão*, de Norman Angell (ver a seguir).

Além disso, nem todos os profetas de guerra alemães foram "pregadores" inequívocos. Em *Der Zusammenbruch der alten Welt* [O colapso do Velho Mundo] (1906), "Seestern" (Ferdinand Grauthoff, o editor do *Leipziger Neuesten Nachrichten*) previu que um pequeno confronto entre a Grã-Bretanha e a Alemanha por uma questão colonial como a Samoa poderia levar a "choque e ruína" e à "aniquilação" da "civilização pacífica". Em retaliação à disputa pela Samoa, a Marinha Real inglesa ataca Cuxhaven, precipitando uma guerra europeia em grande escala. Esta se mostra demasiado custosa para ambos os lados. A história termina com uma acertada profecia (feita, curiosamente, pelo ex-primeiro-ministro conservador Arthur Balfour):

O DESTINO DO MUNDO JÁ NÃO ESTÁ NAS MÃOS DAS DUAS POTÊNCIAS NAVAIS DA RAÇA GERMÂNICA, JÁ NÃO ESTÁ COM A GRÃ-BRETANHA E COM A ALEMANHA, mas, em terra, pertence à Rússia e, no mar, aos Estados Unidos da América. São Petersburgo e Washington tomaram o lugar de Berlim e de Londres.⁴⁰

De maneira similar, *Die 'Offensiv-Invasion' gegen England* [Invasão ofensiva contra a Inglaterra] (1907), de Karl Bleibtreu, imaginou um desastroso ataque marítimo alemão contra as bases navais britânicas (uma inversão do "complexo de Copenhague", em que um ataque britânico análogo assombrou a imaginação dos estrategistas navais alemães).[41] Apesar de causar grandes perdas, os alemães não conseguem resistir ao bloqueio britânico; o resultado é, mais uma vez, o enfraquecimento de ambos os lados. Assim, "toda guerra europeia só poderia beneficiar os outros continentes do mundo [...] Uma guerra naval entre os britânicos e os alemães seria o começo do fim – o colapso do Império Britânico e da supremacia europeia sobre a Ásia e a África. Só uma união amistosa e duradoura das duas grandes raças germânicas pode salvar a Europa".[42] Tanto Grauthoff quanto Bleibtreu concluem suas narrativas com clamores febris – e um tanto modernos – pela união da Europa.

Sem dúvida, o fato de tantos autores diferentes terem sentido a necessidade de imaginar algum tipo de guerra futura nos seduz a concluir que uma guerra era provável na segunda década do século XX. Mas vale notar que, de todos os autores discutidos acima, nenhum foi capaz de prever com precisão como seria a guerra de 1914-1918. Conforme veremos, a ideia de uma invasão alemã à Grã-Bretanha, o mais popular de todos os cenários, estava totalmente divorciada da realidade estratégica. Um total de noventa por cento da ficção de guerra revelou absoluta ignorância das limitações técnicas com que o Exército, a Marinha e a Força Aérea de ambos os lados tinham de lidar. De fato, somente alguns poucos escritores do período que antecedeu a guerra foram capazes de prevê-la com algum grau de exatidão.

Um deles foi Friedrich Engels, colaborador de Marx, que, em 1887, imaginou

> um mundo de guerra de extensão e intensidade nunca vistas, se a corrida armamentista, levada ao extremo, finalmente colher seus frutos [...] De 8 a 10 milhões de soldados matarão uns aos outros e dilapidarão a Europa como nenhuma nuvem de gafanhotos jamais fez. As devastações da Guerra dos Trinta Anos condensadas em três ou quatro anos e espalhadas por todo o continente; fome, epidemia, barbarização geral dos Exércitos e das massas, provocados por puro desespero; caos extremo nos negócios, na indústria e no comércio, terminando em bancarrota geral; o colapso dos velhos Estados e de sua sabedoria tradicional, de tal maneira que dúzias de coroas rolarão nas valas e não haverá ninguém para socorrê-las; a impossibilidade absoluta de prever como tudo isso irá terminar e quem serão os vitoriosos nessa batalha; só um resultado é totalmente certo: a exaustão geral e a criação de circunstâncias para a vitória final da classe trabalhadora.[43]

Três anos mais tarde, em seu último discurso ao Reichstag alemão, Helmuth von Moltke, o chefe aposentado do grande Estado-Maior prussiano, concebeu um conflito não muito diferente:

> A era da guerra de gabinete ficou para trás – tudo que temos agora é a guerra do povo [...] Cavalheiros, se a guerra que paira sobre nossa cabeça há mais de dez anos como a espada de Damocles – se essa guerra irromper, sua duração e seu fim serão imprevisíveis. As maiores potências da Europa, armadas como jamais se viu, entrarão em combate umas com as outras; nenhuma delas pode ser tão destruída em uma ou duas campanhas a ponto de admitir a derrota; serão obrigadas a concluir a paz em termos difíceis e não voltarão, mesmo um ano depois, para retomar a luta. Cavalheiros, pode ser uma guerra de sete ou 30 anos de duração – e pobre daquele que incendiar a Europa, que for o primeiro a acender o barril de pólvora.[44]

A mais detalhada de todas essas previsões mais precisas da guerra, entretanto, foi a obra de um homem que não era nem socialista nem soldado. Em *Is War Now Impossible?* [A guerra é hoje impossível?] (1899), a versão inglesa resumida – e com um título pouco adequado – de seu estudo de seis volumes, o financista Ivan Stanislavovich Bloch, de Varsóvia, argumentou que, por três razões, uma grande guerra europeia teria uma escala e um grau de destruição sem precedentes.[45] Em primeiro lugar, a tecnologia militar havia transformado a natureza da guerra de tal maneira que eliminou a possibilidade de uma vitória rápida para o invasor. "O dia da baioneta acabou"; as cargas de cavalaria também eram obsoletas. Graças à maior rapidez e precisão dos fuzis, à introdução da pólvora sem fumaça, à maior penetração das balas e ao maior alcance e potência do canhão de retrocarga, as batalhas tradicionais em posição estabilizada não ocorreriam. Em vez do combate cara a cara, os homens atingidos em campo aberto iriam "simplesmente cair e morrer sem ver nem ouvir nada". Por esse motivo, "a próxima guerra [...] [seria] uma grande guerra de trincheiras". De acordo com os cálculos meticulosos de Bloch, uma centena de homens em uma trincheira seria capaz de matar um Exército atacante até quatro vezes mais numeroso, enquanto este tentasse atravessar uma "zona de fogo" de 300 jardas de largura. Em segundo lugar, o aumento no tamanho dos Exércitos europeus significava que uma guerra envolveria 10 milhões de homens, e a batalha "iria se estender por uma frente enorme". Assim, apesar das altas taxas de mortalidade (sobretudo entre os oficiais), "a próxima guerra [seria] longa".[46] Em terceiro lugar, e consequentemente, os fatores econômicos seriam "o elemento dominante e decisivo". A guerra significaria:

> a completa desarticulação de toda indústria e a suspensão de todas as fontes de fornecimento [...] o futuro da guerra não [é] o combate, mas a fome; não o assassinato de homens, mas a bancarrota de nações e a destruição de toda a organização social.[47]

A desestabilização dos negócios afetaria o fornecimento de comida nos países dependentes da importação de grãos e de outros alimentos. O mecanismo de distribuição também seria afetado. Haveria ônus financeiros colossais, desemprego e, por fim, instabilidade social.

Tudo isso foi excepcionalmente visionário, ainda mais quando comparado com o lixo que os alarmistas escreviam. Mas até mesmo Bloch errou em uma série de aspectos importantes. Ele estava enganado, por exemplo, ao pensar que a próxima guerra seria entre a Rússia e a França, de um lado, e a Alemanha, a Áustria-Hungria e a Itália, do outro – embora o erro fosse totalmente compreensível em 1899. Ele também estava errado quando propôs que "o habitante da cidade não é, de forma alguma, tão capaz quanto o camponês de se deitar à noite no pântano e em posições expostas", e que, por essa razão, e por sua autossuficiência agrícola, "a Rússia [seria] mais capaz de tolerar uma guerra do que nações mais organizadas".[48] Bloch também sobrestimou os benefícios do poder naval britânico. Uma Marinha menor do que a britânica, segundo afirmou, "não vale a pena manter [...], pois uma Marinha inferior é apenas uma refém nas mãos da potência cuja frota é superior". Isso colocava a Grã-Bretanha "em uma categoria diferente de todas as outras nações".[49] Logicamente, isso parece contradizer o argumento de Bloch sobre o provável impasse em terra. Afinal, se uma potência podia estabelecer uma dominação sem paralelos no mar, não seria possível conseguir algo similar em terra? Por outro lado, o que evitaria que outra potência construísse uma Marinha grande o suficiente para desafiar a da Grã-Bretanha? E, é claro, embora estivesse certo sobre quão terrível seria uma guerra europeia, Bloch estava enganado ao afirmar que isso tornaria a guerra insustentável em termos econômicos e sociais. A conclusão que ele tirou de sua análise foi, no fim das contas, demasiado otimista:

> A guerra [...] em que grandes nações, armadas até os dentes [...], se jogam, com todos os seus recursos, em uma luta de vida ou morte [...] é a guerra que, dia após dia, se torna cada vez mais impossível [...] Uma guerra entre a Tríplice Aliança [Alemanha, Áustria e Itália] e a Aliança Franco-Russa [...] se tornou absolutamente impossível [...] As dimensões dos armamentos modernos e a organização da sociedade a tornaram uma impossibilidade econômica, e [...] se houvesse alguma tentativa de demonstrar a imprecisão de minhas afirmações testando-as em grande escala, o resultado inevitável seria uma catástrofe que destruiria todas as organizações políticas existentes. Pois a grande guerra não pode ser travada, e qualquer tentativa de fazê-lo seria suicídio.[50]

Fazendo justiça a Bloch – que às vezes é malretratado como um idealista ingênuo –, ele fez um adendo crucial: "Eu não [...] nego que é possível que as nações, arrastando os vizinhos consigo, submerjam numa terrível série de catástrofes que provavelmente resultaria na derrubada de todo governo civilizado e ordenado".[51] (É uma grande ironia que a maior aprovação ao livro tenha vindo do governo russo; ao que parece, foi a leitura de "um livro de um banqueiro de Varsóvia chamado Bloch" que inspirou Nicolau II em sua "súplica aos governantes" em 1898 e na subsequente Conferência de Paz de Haia.)[52] O maior equívoco de Bloch foi negligenciar o fato de que tais revoluções dificilmente aconteceriam em todos os Estados combatentes ao mesmo tempo; o lado que postergasse a desintegração social por mais tempo venceria. Por essa razão, se uma guerra começasse, haveria um incentivo para continuá-la na esperança de que o outro lado ruísse primeiro. E isso, conforme veremos, foi mais ou menos o que aconteceu após 1914.

Imprensa e espionagem

Em geral, aqueles que tentaram visualizar uma futura guerra tinham duas motivações: vender exemplares de seus livros (ou dos jornais que os publicavam em fascículos) ao público leitor e promover certo ponto de vista político. Assim, as fantasias paranoicas de William Le Queux foram úteis para proprietários de jornais como lorde Northcliffe (que redesenhou a rota de sua fictícia invasão alemã para que passasse por cidades com grande potencial de leitores do *Daily Mail*) e D. C. Thompson (que publicou *Spies of the Kaiser* [Espiões do Kaiser] em seu *Weekly News*, precedido por propagandas que ofereciam aos leitores 10 libras por informações sobre "Espiões estrangeiros na Grã-Bretanha").[53] "O que vende um jornal?", perguntaram certa vez a um dos editores de Northcliffe. Ele respondeu: "A primeira resposta é 'guerra'. A guerra não só cria uma oferta de notícias como também uma demanda por elas. Tão arraigada é a fascinação por uma guerra e por todas as coisas a ela associadas que [...] um jornal só precisa ser capaz de colocar em seu anúncio 'Uma grande batalha' para que as vendas aumentem".[54] Depois da Guerra dos Bôeres, houve uma carência de guerras reais que fossem do interesse dos leitores britânicos. Le Queux e seus colegas forneceram à imprensa substitutos fictícios. (Um deles tem certa simpatia pelo oficial alemão que se recusou a emitir um passaporte a um correspondente do *Daily Mail* em Berlim em 1914 "porque acreditava que ele havia sido extremamente providencial ao promover a guerra".)[55]

Os alarmistas também serviram para defender politicamente algum tipo de reforma no Exército. *Invasion of 1910* [Invasão de 1910], de Le Queux, foi bem explícito em sua propaganda a favor de um sistema de serviço militar obrigatório, o programa que o marechal de campo lorde Roberts decidiu promover depois de ter renunciado ao posto de comandante-chefe. "Em toda parte, as pessoas estavam se lamentando de que os alertas solenes de lorde Roberts em 1906 haviam passado despercebidos, pois, se houvéssemos adotado seu programa de serviço militar universal, tal catástrofe terrível jamais teria ocorrido." Essas palavras foram escolhidas com cuidado; de fato, fora Roberts quem o havia encorajado a escrever o livro.[56] Entre outros que se interessaram por Le Queux estava o almirante lorde Charles Beresford, que realizou uma campanha paralela contra o modo como *sir* John Fisher usou a Frota do Canal.[57] Alguns alarmistas também defendiam implicitamente as restrições à imigração ao equiparar estrangeiros e espiões: "Isso é o que dá fazer de Londres o asilo para toda a escória estrangeira da terra", exclama o herói de *A Maker of History* [Um fazedor de história], de Oppenheim.[58]

Além disso, escritores como Le Queux exerceram um papel de extrema importância na criação do atual serviço de inteligência da Grã-Bretanha.

Surgiu uma aliança improvável entre autores de obras sob encomenda e arrivistas militares como o tenente-coronel James Edmonds (mais tarde, o autor da história oficial britânica na Frente Ocidental) e o capitão Vernon Kell ("Major K"). Foi sobretudo por intermédio deles que se instaurou uma nova "agência de serviço secreto" de contraespionagem MO(t) (mais tarde, MO5(g)) como um desdobramento da MO5, a seção especial da Diretoria de Inteligência e Operações Militares do Exército (e precursora do MI5) do Gabinete de Guerra. Em grande medida, também foi culpa dessa aliança improvável que boa parte da inteligência britânica com relação à Alemanha no período que antecedeu a guerra foi distorcida por fantasias jornalísticas e pelos devaneios de aspirantes a caçadores de espiões.[59]

Isso não quer dizer que não houvesse espionagem. O Almirantado alemão certamente tinha uma série de agentes cujo trabalho era fornecer informações a Berlim sobre a Marinha Real britânica. Entre agosto de 1911 e o início da guerra, o MO5 prendeu cerca de dez suspeitos de espionagem, dos quais seis foram sentenciados à prisão.[60] Os caçadores de espiões também identificaram uma gangue de 22 espiões trabalhando para Gustav Steinhauer, o oficial alemão da Marinha a cargo das operações de inteligência na Grã-Bretanha; todos, exceto um, foram presos em 4 de agosto de 1914, embora apenas um deles tenha sido de fato levado a julgamento.[61] Conforme afirmou Christopher Andrew, o capitão Kell e sua equipe de 12 membros haviam "derrotado totalmente" a ameaça de espionagem alemã, ainda que esta fosse uma ameaça de "quinta categoria".[62] Outros 31 supostos espiões alemães foram capturados entre outubro de 1914 e setembro de 1917, dos quais 19 foram condenados à morte e dez foram presos; e 354 estrangeiros foram "recomendados para deportação".[63] Os alemães também tinham uma rede de agentes militares compilando indícios similares em suas fronteiras ocidental e oriental, nas áreas em que as tropas alemãs seriam mobilizadas no caso de uma guerra. Estes se mostraram cruciais para alertar o governo alemão sobre a mobilização russa em agosto de 1914.[64]

Por outro lado, a Grã-Bretanha também tinha seus espiões. Em 1901, o Gabinete de Guerra começou a investigar a área perto de Charleroi, na Bélgica, onde uma força expedicionária britânica possivelmente precisaria lutar no caso de uma guerra com a Alemanha.[65] Na mesma época, Edmonds estava tentando organizar uma rede de espiões para o MO5 na própria Alemanha.⁶⁶ A partir de 1910, o MO5 confiou formalmente ao comandante Mansfield Smith-Cumming (um oficial da Marinha aposentado com uma queda por aviões e carros velozes) a tarefa de espionagem no exterior: essa Divisão de Assuntos Exteriores foi o embrião do SIS (mais tarde, MI6).⁶⁷ Em 1910-1911, seu agente Max Schultz (um negociante de navios naturalizado de Southampton) e quatro informantes alemães foram capturados na Alemanha e levados à prisão. Outro agente, John Herbert-Spottiswood, também foi preso, assim como dois oficiais entusiásticos que não estavam sob ordens do MO5 e decidiram, por iniciativa própria, inspecionar as defesas costeiras da Alemanha enquanto estavam de licença, e um advogado maluco, ex-aluno do Eton College, que tentou, sem sucesso, ser um agente duplo.⁶⁸ Houve também espiões britânicos em Roterdã, Bruxelas e São Petersburgo.⁶⁹ Lamentavelmente, os arquivos da Divisão de Assuntos Exteriores permanecem fechados, por isso é difícil saber ao certo quão bem informada estava a Grã-Bretanha sobre os planos de guerra dos alemães. (Não muito, se considerarmos as dificuldades da Força Expedicionária Britânica para encontrar o inimigo em 1914.) De fato, a maior parte das informações coletadas por agentes britânicos parece estar relacionada com submarinos e zepelins. No entanto, ninguém achou que valia a pena (ou que seria divertido) decifrar os códigos em que os sinais militares estrangeiros eram transmitidos – uma grave omissão.

O extraordinário é a seriedade com que as alegações dos alarmistas foram recebidas por ministros e altos oficiais britânicos. Em um relatório entregue ao Comitê de Defesa Imperial em 1903, o coronel William Robertson, do Departamento de Inteligência do Gabinete de Guerra, argumentou que, no caso de uma guerra contra a Grã-Bretanha, a "melhor, se não a única, chance [da Alemanha] de trazer a disputa a um desfecho favorável seria desferir um golpe no cerne do Império Britânico antes que a Marinha Real pudesse exercer toda a sua força e colocar o inimigo na defensiva, bloqueando sua frota, destruindo seu comércio mercantil e inutilizando seu numeroso Exército". Embora Robertson reconhecesse "que invasões ultramarinas são difíceis em qualquer circunstância; que, inevitavelmente, o adversário é alertado, já que não se pode mantê-lo ignorando por completo os preparativos iniciais; e que, mesmo que conseguisse atravessar o mar em segurança, uma força militar invadindo a Inglaterra acabaria tendo suas comunicações interrompidas", ele insistiu, entretanto, que os alemães eram capazes de enviar "um Exército de 150 mil a 300 mil homens [...] à costa oriental britânica":

> A força invasora, quando aportasse, poderia sobreviver no país e se manter sem provisões por várias semanas. Enquanto isso, seria de esperar que o efeito moral produzido sobre a densa população da Inglaterra, e o abalo à reputação britânica, levariam, se não à completa submissão, pelo menos a um Tratado pelo qual a Grã-Bretanha poderia se tornar um satélite da Alemanha.[70]

Até mesmo Eduardo VII temeu, em 1908, que seu primo, o Kaiser, tivesse um "plano" de "lançar um ou dois *corps d'armée* contra a Inglaterra, proclamando que ele veio não como inimigo do rei, mas como o neto da rainha Vitória, para livrá-lo da gangue socialista que está arruinando o país".[71] Altos oficiais do Ministério das Relações Exteriores britânico partilhavam do mesmo temor: o subsecretário permanente de Estado, *sir* Charles Hardinge, Eyre Crowe, nascido na Alemanha, e o próprio ministro das Relações Exteriores, *sir* Edward Grey, todos aceitavam que "os alemães estudaram e continuam estudando a questão da invasão".[72]

Grey também não tinha dúvidas de que "um grande número de oficiais alemães passava as férias no país, em vários pontos do litoral sul e oriental [...], onde possivelmente se encontram por nenhuma outra razão senão a de tomar notas estratégicas sobre nossa costa".[73] Richard Haldane, o ministro da Guerra, também passou a acreditar nisso, embora suas opiniões talvez tenham sido influenciadas pelo aumento no número de recrutas para o Exército Territorial – criado por ele – após a estreia da peça *An Englishman's Home* [O lar de um inglês], de Du Maurier.[74] Apesar de seu predecessor como primeiro-ministro ter rejeitado publicamente as afirmações de Le Queux, em 1909 Asquith instruiu um subcomitê especial do Comitê de Defesa Imperial a investigar as suspeitas de espionagem estrangeira levantadas por ele e por outros. Foi com base no relatório secreto desse subcomitê que o MO(t) foi instaurado.[75] Nas palavras do relatório: "Os indícios obtidos não deixam dúvidas para o subcomitê de que existe um amplo sistema de espionagem alemã neste país".[76] Como ministro do Interior em julho de 1911, durante a segunda crise marroquina, Churchill ordenou o posicionamento de soldados no depósito de munições da Marinha, perto de Londres, temendo que

"20 alemães determinados [...] chegassem bem armados certa noite".⁷⁷ Na realidade, ao que tudo indica não havia nenhum agente militar alemão na Grã-Bretanha (apenas agentes da Marinha), apesar dos esforços de Kell e de seus colegas para encontrar a temida horda.⁷⁸ De todo modo, a maior parte das informações que, segundo suspeitavam Le Queux e seus associados, os espiões alemães estavam tentando obter se encontrava disponível por um preço módico na forma de mapas do Almirantado e da Ordnance Survey.* Assim que a guerra começou, cerca de 8 mil estrangeiros suspeitos foram investigados com base em uma lista de 28.830 imigrantes concluída no mês de abril anterior; mas logo ficou claro que não havia nenhuma organização militar controlando-os.⁷⁹ Em dezembro de 1914, o ministro do Comitê de Defesa Imperial, Maurice Hankey, continuava alertando que "25 mil alemães e austríacos em boa forma física continuavam à solta em Londres" e seriam capazes de "liquidar de uma só vez a maioria dos ministros".⁸⁰ O Exército secreto nunca se concretizou. Igualmente vãs foram as buscas por plataformas secretas de concreto onde, segundo se dizia, os alemães poderiam posicionar suas poderosas peças de artilharia de cerco.

Também na Alemanha os escritores belicosos costumavam ter uma motivação política e comercial para sua obra. O exemplo clássico é o general Friedrich von Bernhardi, cujo livro *Deutschland und der nächste Krieg* [A Alemanha e a próxima guerra] (1912) contribuiu para alimentar as inquietações dos britânicos com relação às intenções dos alemães. Bernhardi, um ex-general de cavalaria que havia trabalhado na Seção Histórica do Grande Estado-Maior antes de se aposentar precocemente, tinha relações próximas com August Keim, o líder da Liga do Exército Alemão, um grupo de interesse que defendia o aumento do tamanho do Exército. Muitas vezes citado como um texto clássico do militarismo prussiano, seu livro deve ser lido como uma propaganda da Liga do Exército, atacando não só o pacifismo e o antimilitarismo da esquerda, como também a pusilanimidade do governo alemão na segunda crise marroquina e – o que é mais importante – os argumentos dos conservadores dentro das Forças Armadas prussianas a favor da manutenção de um Exército relativamente pequeno.⁸¹

---

* Autoridade nacional inglesa na produção de mapas. (N.E.)

A política do militarismo

Mas o aspecto importante a observar é que, tanto na Grã-Bretanha quanto na Alemanha, os defensores de uma maior prontidão militar tiveram pouco sucesso e certamente não conseguiram convencer a maioria dos eleitores. Na Grã-Bretanha, os argumentos a favor de melhorar a "eficiência nacional" sem dúvida atraíram amplo interesse em todo o espectro político após os constrangimentos da Guerra dos Bôeres.[82] Mas, quando surgiram propostas concretas para aumentar a prontidão do Exército – tal como o alistamento militar obrigatório –, elas se mostraram politicamente impopulares. A Liga pelo Serviço Militar Nacional, fundada por George Shee, teve em seu auge, em 1912, 98.931 membros e outros 218.513 "apoiadores" (que pagavam apenas um *penny*). Não mais de 2,7% da população masculina entre 15 e 49 anos era membro da Força Voluntária.[83] Os escoteiros de Baden-Powell tinham 150 mil membros em 1913: uma proporção minúscula da juventude masculina do país.[84] O alistamento militar apelou para uma curiosa mistura de oficiais aposentados, jornalistas e clérigos (como o vigário de Hampshire que pregou para 2 mil paroquianos com um panfleto intitulado "Pensamento Religioso e Serviço Militar"). Conforme admitiu Summers, as várias ligas patrióticas praticamente não tinham "nenhuma presença eleitoral".[85] Nem mesmo as frequentemente citadas celebrações em Mafeking após o cerco à cidade durante a Guerra dos Bôeres devem ser tomadas como indícios inequívocos de "jingoísmo" da classe trabalhadora.[86]

Na França, os mandatos de Raymond Poincaré como primeiro-ministro (de janeiro de 1912 a janeiro de 1913) e, em seguida, como presidente, foram marcados não só por discursos de um *réveil national* (simbolicamente, instituiu-se um feriado nacional em homenagem a Joana d'Arc), como também por ação. O general Joseph Joffre se tornou Chefe de Estado e major-general, um novo posto que lhe deu o comando supremo do Exército em tempos de guerra, e aprovou-se uma lei ampliando de dois para três anos o período de serviço militar. O Sindicato dos Professores (*Syndicat des instituteurs*) também foi dissolvido por dar seu apoio a uma sociedade antimilitarista, a Sou du Soldat.[87] Mas nem mesmo esse ressurgimento do nacionalismo deve ser exagerado. Teve muito menos relação com os assuntos exteriores do que com disputas internas por reforma eleitoral e tributária, e em particular com a necessidade de uma improvável aliança interpartidária contra os radicais sobre a questão da representação proporcional (que, apesar da oposição dos radicais, foi implementada em julho de 1912). Não houve nenhuma tentativa de desfazer o tratado comercial com a Alemanha negociado por Joseph Caillaux, ministro de Finanças sob ordem de Georges Clemenceau, em 1911; de fato, foi a Itália, e não a Alemanha, que Poincaré enfrentou após um pequeno incidente naval no começo de 1912. Théophile Delcassé, a escolha mais óbvia como um ministro antigermânico, foi ignorado. Na realidade, apenas uma minoria dos deputados – pouco mais de 200, de um total de 654 – pode ser identificada como apoiadora do ressurgimento do nacionalismo, e não menos de 236 deputados deram seu apoio à Lei dos Três Anos.[88]

Inevitavelmente, houve muito mais pesquisas sobre a direita radical alemã, já que seus componentes podem ser retratados como precursores do Nacional-socialismo. As obras de Geoff Eley, Roger Chickering e outros sobre o caráter das organizações nacionalistas radicais que defendiam mais armamentos antes de 1914 certamente contribuíram muito para desafiar a visão de que estas só representavam os interesses das elites conservadoras. Mesmo quando (como no caso da Liga Naval) estabelecidas para gerar apoio público a políticas governamentais de uma maneira que poderia ser legitimamente descrita como "manipuladora", tais organizações atraíram apoiadores cujo militarismo superou em tal nível as intenções oficiais que, pouco a pouco, passaram a constituir uma espécie de "oposição nacional". De acordo com Eley, isso refletiu a mobilização de grupos até então politicamente apáticos, atraídos sobretudo pela pequena burguesia – um elemento populista que desafiou a predominância de "notáveis" na vida associativa burguesa.[89] Isso foi parte daquela "remodelação" da direita que, em sua visão, prefigurou a fusão, ocorrida após a guerra, entre as elites conservadoras, os nacionalistas radicais, os grupos de interesse da classe média baixa e os antissemitas num único movimento político: o nazismo.[90] Mas a ideia de que as muitas organizações de *lobby* político envolvidas foram pouco a pouco se fundindo em uma entidade cada vez mais homogênea chamada "direita" subestima a complexidade, e até mesmo a ambiguidade, do nacionalismo radical. Além disso, tentar identificar a direita radical com um grupo social específico – a pequena burguesia – é ignorar a dominação permanente da elite *Bildungsbürgertum* não só nas organizações nacionalistas radicais, como também na evolução da ideologia nacionalista radical.

Em seus respectivos picos, as principais associações nacionalistas radicais alemãs afirmavam ter 540 mil membros, a maioria (331.900) na Liga Naval.[91] No entanto, esse número exagera o nível de participação: algumas pessoas eram membros entusiásticos de mais de uma liga ou associação,[92] ao passo que muitos outros membros só existiam no papel, tendo sido induzidos a meramente colaborar com a insignificante taxa de adesão.[93] A composição social da Liga do Exército não confirma a teoria de um movimento massivo da classe média baixa. Dos 28 homens que estavam no Comitê Executivo da delegação de Stuttgart, oito eram oficiais do Exército, oito eram altos burocratas e sete eram homens de negócios; e, conforme se espalhou para cidades em Brandenburgo, na Saxônia, nos portos hanseáticos e além, atraiu tipos "notáveis" similares: burocratas em Posen; acadêmicos em Tübingen; homens de negócios em Oberhausen.[94] A situação não é diferente no caso da Liga Pangermânica: dois terços de seus membros tinham nível universitário.[95]

Por sua vez, a única associação nacionalista verdadeiramente "populista", a Associação dos Veteranos – que acolhia qualquer um que houvesse concluído o serviço militar –, era tudo menos radical em seu nacionalismo. Essa era a maior de todas as ligas germânicas: com 2,8 milhões de membros em 1912, superava até mesmo o Partido Social-Democrata (SPD), o maior partido político da Europa. Mas, com seus juramentos para a coroa e seus desfiles do Dia de Sedan, a Associação dos Veteranos era profundamente conservadora em sua ideologia. Nas palavras do ministro do Interior prussiano em 1875, constituía "um meio inestimável [...] de manter viva a atitude leal [...] nas classes médias baixas".[96] Isso dificilmente foi uma revelação para quem leu *Der Untertan* [O súdito] (1914), de Heinrich Mann, com seu anti-herói covarde Diederich Hessling.

Um aspecto relevante e muitas vezes negligenciado é a importância das formas radicais de protestantismo no nacionalismo radical do período guilhermino. Nos sermões protestantes sobre o tema da guerra entre 1870 e 1914, "a vontade de Deus" (*Gottes Fügung*) pouco a pouco se transformou na "liderança de Deus" (*Gottes Führung*): um conceito muito diferente. Vale notar que o sentimento militarista não era, de forma alguma, monopolizado por pastores ortodoxos como Reinhold Seeberg: teólogos liberais como Otto Baumgarten eram especialmente propensos a invocar "*Jesu-Patriotismus*".[97] Diante de tal competição, os católicos germânicos se sentiram obrigados a demonstrar que, na palavra de um de seus líderes, "Ninguém pode nos superar quando se trata do amor ao Príncipe e à Pátria".[98]

Tais sentimentos religiosos foram influentes. Grande parte da retórica da Liga Pangermânica, por exemplo, era profundamente marcada pela escatologia cristã. Heinrich Class, um dos líderes mais radicais da Liga, declarou: "A guerra é sagrada para nós, já que despertará tudo que é grande e autossacrificante e altruísta em nosso povo e purificará nossa alma dos dejetos da pequenez egoísta".[99] A Liga do Exército foi preponderantemente uma liga protestante, fundada nos enclaves protestantes de Württemberg, de maioria católica, por um homem que havia sido expulso da Liga Naval por atacar o Partido de Centro, católico. Mas não foram apenas os nacionalistas radicais que refletiram o tom do protestantismo contemporâneo. O jovem Moltke havia se envolvido, por meio da esposa e da filha, com o teosofista Rudolf Steiner, cujas teorias derivavam, em grande medida, do Livro do Apocalipse – um nítido contraste com o austero pietismo huteriano de seu predecessor, o conde Alfred von Schlieffen.[100]

Tampouco é insignificante que Schlieffen gostasse de se identificar como "Dr. Graf Schlieffen" ao assinar suas correspondências com acadêmicos: nitidamente, muitos elementos do militarismo e do nacionalismo radical no período que antecedeu a guerra tinham suas raízes nas universidades, tanto quanto nas igrejas. Isso, é claro, não deve ser subestimado. Os acadêmicos alemães estavam longe de ser um grupo homogêneo de "guarda-costas da Casa de Hohenzollern"; e eminentes professores universitários, como o pangermânico Dietrich Schäfer, atacaram posturas nacionalistas radicais até mesmo em suas aulas inaugurais.[101] Por outro lado, houve muitas faculdades que fizeram contribuições importantes à evolução da ideologia nacionalista radical e não menos à história. A geopolítica, oriunda da geografia e da história, teve grande influência, em particular ao difundir a ideia de "isolamento". Um estudante de filosofia como Kurt Riezler, o secretário particular de Bethmann Hollweg, podia compreender a inevitável "disputa de poder entre as nações" em termos derivados de Schopenhauer.[102] Para outros, as teorias raciais forneciam uma justificativa para a guerra. O almirante Georg von Müller falou de "defender a raça germânica em oposição aos eslavos e aos romanos", assim como Moltke;[103] mas foram os germanistas universitários que, em 1913, deram uma conferência sobre "A exterminação dos não germânicos [...] e a propagação da superioridade da 'essência' germânica".[104] Entre os membros da Liga do Exército, havia arqueólogos e oftalmologistas.[105] Em síntese, quando o pangermânico Otto Schmidt-Gibichenfels – escrevendo para a *Political-Anthropological Review* – descreveu a guerra como um "fator indispensável de cultura", ele resumiu perfeitamente sua importância para a elite educada alemã.[106] Durante a guerra, Von Stranz, membro da Liga do Exército, fez uma declaração óbvia ao afirmar: "Para nós, não importa se ganhamos ou perdemos algumas colônias, ou se nossa balança comercial será 20 bilhões [...] ou 25 bilhões [...], o que realmente está em jogo é algo espiritual [...]".[107] *Betrachtungen eines Unpolitischen* [Reflexões de um apolítico], de Thomas Mann, iria se tornar a clássica afirmação da crença de que a Alemanha estava lutando por *Kultur* contra a deprimente, efusiva e materialista *Zivilisation* da Inglaterra.[108]

Essa adequação sociológica entre a classe média educada e o nacionalismo radical explica que este último foi, em grande medida, uma continuação do Liberalismo Nacional alemão.[109] A aula inaugural de Max Weber em Freiburgo continua sendo a mais famosa conclamação a uma nova era de nacional liberalismo sob a bandeira da *Weltpolitik*;[110] mas há muitos outros ecos como esse. Por exemplo, uma importante contribuição veio dos historiadores, que criaram uma mitologia de unificação de enorme importância para os nacionais liberais: os proponentes guilherminos da *Mitteleuropa*, uma união de costumes dominada pelos germânicos – que veio a ser um dos objetivos de guerra oficiais da Alemanha –, remetendo conscientemente ao papel do *Zollverein* prussiano na unificação alemã.[111] Acima de tudo, o Partido Nacional Liberal e a Liga do Exército trabalharam juntos nos debates sobre os projetos de lei de 1912 e 1913 que tratavam das Forças Armadas. O próprio Keim poderia alegar que "as questões militares não tinham nada a ver com regimes partidários" e procurar recrutar deputados tanto nos partidos conservadores quanto nos nacionais liberais; mas essa retórica de "apolitismo" foi o recurso usado pelos nacionalistas alemães, e na prática ele tinha mais chance de sucesso cooperando com Ernst Bassermann, o líder do Partido Nacional Liberal. O *slogan* deste último, "Bismarck vive no povo, mas não no governo", dá um toque de "nacionalismo radical" ao cerne do Partido Nacional Liberal; o historiador Friedrich Meinecke usou linguagem similar.[112] Foi Edmund Rebmann, um Nacional Liberal de Baden, que declamou, em fevereiro de

1913: "Nós temos as armas e estamos dispostos a usá-las", se necessário, para alcançar "o mesmo que em 1870".[113] Havia muito pouca coisa no nacionalismo radical alemão que fosse de fato nova: assim como nos anos 1870, era composto essencialmente de notáveis tradicionalistas da classe média alta.

É claro, houve aqueles cujos impulsos revolucionários os levaram muito além da arena política do liberalismo alemão ultrapassado. Com presciência assustadora, Class afirmou que até mesmo uma guerra perdida seria bem-vinda, já que aumentaria "a atual fragmentação doméstica ao [ponto do] caos", possibilitando que "a vontade poderosa do ditador" intercedesse.[114] Não é de surpreender que um ou dois membros da Liga do Exército acabaram no Partido Nazista na década de 1920.[115] Até mesmo o Kaiser, quando sonhava acordado com o poder ditatorial que não tinha, escolheu Napoleão como modelo.[116] Visto nessa perspectiva, o argumento subjetivo de Modris Eksteins, de que a Primeira Guerra Mundial representava um choque cultural entre uma Alemanha modernista e revolucionária e uma Inglaterra conservadora, é preferível (independentemente das demais reservas que se possa ter a respeito) à velha visão de que a guerra foi causada pela determinação de uma Alemanha conservadora em defender "o ideal dinástico do Estado" contra "o princípio moderno democrático, nacional e revolucionário do autogoverno". Isso só se tornou verdade em outubro de 1918, quando o presidente Woodrow Wilson revelou que uma revolução alemã seria uma condição para qualquer armistício.[117] No entanto, permanece a questão de até que ponto o nacionalismo radical na Alemanha realmente diferia do de outros países europeus antes de 1914. Com o perdão de Eksteins, há boas razões para pensar que as similitudes superavam as diferenças.[118]

Antimilitarismo

O manifesto "pacifismo" – a palavra foi cunhada em 1901 – foi, inegavelmente, um dos movimentos políticos menos exitosos do início do século XX.[119] Mas considerar apenas aqueles que se denominavam pacifistas é subestimar o alcance do antimilitarismo popular na Europa.

Na Grã-Bretanha, o Partido Liberal ganhou três eleições seguidas, em 1906 e em janeiro e dezembro de 1910 (a terceira, como é sabido, com o apoio do Partido Trabalhista e do Partido Nacionalista Irlandês), contra uma oposição unionista e conservadora francamente mais militarista. A consciência Não Conformista, a crença cobdenista no livre-comércio e na paz, a preferência de William Gladstone, quatro vezes primeiro-ministro, pelo direito internacional em detrimento da *Realpolitik*, bem como sua aversão ao gasto militar excessivo e o desapreço histórico por um grande exército – estas foram apenas algumas das tradições liberais que pareciam implicar uma política pacífica, às quais poderíamos acrescentar as eternas e difusas inquietações do partido com a Irlanda e a reforma parlamentar.[120] A estas, somou-se, com o "Novo Liberalismo" do período eduardiano, uma preocupação com finanças públicas redistributivas e questões "sociais", bem como com uma série de teorias influentes como a de J. A. Hobson (sobre a relação maléfica entre interesses financeiros, imperialismo e guerra) ou a de H. W. Massingham (sobre os perigos da diplomacia secreta e a doutrina calculista do equilíbrio de poder). Tais ideias eram muito comuns na imprensa liberal – especialmente no *Manchester Guardian*, no *Speaker* e no *Nation*.[121]

Alguns escritores liberais foram menos pacifistas do que se costuma pensar. Uma das manifestações mais conhecidas do sentimento liberal no período anterior a 1914 é *A grande ilusão*, um tratado de Norman Angell (publicado pela primeira vez com esse título em 1910).[122] À primeira vista, o livro de Angell é um modelo de argumento pacifista. A guerra, conforme afirma, é economicamente irracional: os ônus fiscais dos armamentos são excessivos, é difícil cobrar indenizações das potências derrotadas, "os negócios não podem ser destruídos nem capturados por uma potência militar" e as colônias não são uma fonte de receita fiscal. "Qual é a verdadeira garantia do bom comportamento de um Estado para com outro?", pergunta Angell. "É a elaborada interdependência que, não só no sentido econômico, mas em todos os sentidos, faz que uma agressão injustificada de um Estado contra outro se volte contra os interesses do agressor."[123] Além disso, a guerra também é socialmente irracional, já que os interesses coletivos que unem as nações são menos reais do que aqueles que unem as classes:

> O verdadeiro conflito não são os ingleses contra os russos, mas o interesse de todos os bons cidadãos – russos e ingleses – contra a opressão, a corrupção e a

incompetência [...] Veremos que, por trás de todo conflito entre os Exércitos ou governos da Alemanha e da Inglaterra, está o conflito, em ambos os Estados, entre a democracia e a autocracia, ou entre o socialismo e o individualismo, ou entre a reação e o progresso, independentemente de como nossas afinidades sociológicas o classificam.[124]

Angell também questiona o argumento de que o serviço militar obrigatório poderia, de todo modo, aprimorar a saúde moral de uma nação: ao contrário, significaria "a germanização da Inglaterra, ainda que um soldado alemão jamais chegasse a nosso solo". Mais tarde, ele foi um ávido defensor da Liga das Nações, um membro do Parlamento pelo Partido Trabalhista e o ganhador do Prêmio Nobel da Paz em 1933, e tudo isso serviu para acentuar a reputação pacifista de *A grande ilusão*.

Mas não é bem assim. Por um lado, Angell escreveu o livro enquanto trabalhava para o ultra-alarmista Northcliffe, editando seu *Continental Daily Mail*; e uma leitura atenta do texto revela que este não é o inocente tratado pacifista da memória popular. O Capítulo 2, Parte 1, considera os "sonhos de conquista alemães" e conclui que "os resultados de [uma] derrota do Exército britânico e [a] invasão da Inglaterra" seriam "40 milhões de famintos". De maneira similar, o Capítulo 3 pergunta: "Se a Alemanha anexasse a Holanda, quem se beneficiaria, os alemães ou os holandeses?", e o Capítulo 4 faz a pergunta capciosa: "O que aconteceria se um invasor alemão saqueasse o Banco da Inglaterra?". Ao afirmar, no Capítulo 6, que "a Inglaterra [...] não é proprietária [...] de suas colônias autogovernadas" e que elas não são "uma fonte de receita fiscal", Angell também se pergunta: "A Alemanha poderia esperar se sair melhor? [É] inconcebível que ela pudesse lutar em nome de um experimento [tão] impraticável".[125] Em outras palavras, o que Angell está afirmando é que seria irracional que a Alemanha desafiasse militarmente a Grã-Bretanha.

De todo modo – prossegue –, para o restante do mundo é certamente interessante que o Império Britânico continue intacto. "O Império Britânico", declara Angell com orgulho, "é composto, em grande parte, de Estados praticamente independentes, sobre cujos atos a Grã-Bretanha não só não exerce controle algum como já desistiu de levar adiante qualquer intenção de usar a força".[126] Além do mais, o Império é quem garante o "comércio por livre consentimento" e, assim, encoraja a "atuação de forças [econômicas] mais fortes do que a tirania do tirano mais cruel que já reinou a ferro e fogo".¹²⁷ (A última frase é cuidadosamente escolhida.) Angell revela seus verdadeiros ideais quando conclui:

> São a prática e [...] a experiência da Inglaterra que o mundo tomará como guias neste assunto [...] *A extensão do princípio dominante do Império Britânico para a sociedade europeia como um todo é a solução do problema internacional que este livro aborda.* O dia do progresso por meio da força já passou; será o progresso por meio das ideias ou progresso nenhum. E, uma vez que esses princípios de livre cooperação humana entre as comunidade são, em certo sentido, uma criação inglesa, cai sobre a Inglaterra a responsabilidade de lhes dar direção [...]¹²⁸

A grande ilusão, em outras palavras, é um tratado liberal imperialista dirigido à opinião alemã. Escrito em uma época de considerável antagonismo anglo-germânico sobre o programa naval alemão e a "febre de espionagem", foi concebido para encorajar os alemães a abandonarem sua intenção de desafiar o poderio marítimo da Inglaterra. Evidentemente (a julgar por sua reputação duradoura como um tratado pacifista), o principal argumento do livro – que a Alemanha não seria capaz de derrotar a Inglaterra – foi camuflado com linguagem pacifista para que fosse invisível a muitos leitores. Mas não a todos. O visconde Esher – uma figura central no Comitê de Defesa Imperial e um homem cujo principal "objetivo" (conforme observou em janeiro de 1911) era "manter a superioridade esmagadora da Marinha Imperial Britânica" – abraçou com entusiasmo as ideias de Angell.¹²⁹ O almirante Fisher descreveu *A grande ilusão* como "maná divino [...] Assim o homem comeu o alimento dos anjos".¹³⁰ O redator-chefe e editor assistente do *Daily Mail*, H. W. Wilson, pôs o dedo na ferida quando observou com desdém para Northcliffe: "Muito perspicaz, e seria difícil escrever um livro melhor do que o dele em defesa dessa tese em particular; esperemos que ele tenha mais sucesso em enganar os alemães do que em me convencer".¹³¹

Mais à esquerda, no Partido Trabalhista, houve, no entanto, um antimilitarismo mais genuíno. A peça de Fenner Brockway, *The Devil's Business* [Negócio do diabo], escrita em 1914, antecipou vividamente a decisão do governo Asquith a favor da guerra poucos meses mais tarde, embora retratasse os membros do Gabinete como meros peões da indústria de armamentos internacional.¹³² Os "mercadores da morte" também foram alvo de *The War of Steel and*

Gold [A guerra do aço e do ouro], de Henry Noel Brailsford, publicado em 1914. Keir Hardie e Ramsay MacDonald estavam entre aqueles, no movimento dos trabalhadores britânicos, que defendiam a ideia de uma greve geral como forma de impedir uma guerra imperialista. Ao mesmo tempo, a hostilidade de MacDonald para com a Rússia tsarista e sua forte simpatia pelos sociais-democratas alemães o levaram a se opor firmemente à política externa germanófoba de Grey antes de 1914. O Partido Social-Democrata, conforme ele declarou em 1909, "jamais ofereceu apoio para que seu governo construísse a Marinha alemã"; o partido estava fazendo "esforços magníficos [...] para estabelecer uma relação amistosa entre a Alemanha e nós".[133] Esse tipo de germanofilia era muito comum entre os fabianos, para quem não só o próprio Partido Social-Democrata como também o sistema de seguridade social alemão eram dignos de ser copiados. Por exemplo, Sidney e Beatrice Webb estavam prestes a embarcar em uma viagem de seis meses pela Alemanha para estudar "os avanços em ação estatal e cooperação alemã, sindicalismo e organização profissional" quando a guerra irrompeu em agosto de 1914, tendo passado grande parte do mês de julho debatendo os méritos da seguridade social com G. D. H. Cole e um grupo de "socialistas corporativos" inebriados de Oxford.[134] George Bernard Shaw, um entusiástico admirador de Wagner, "clama[va] por uma aliança com a Alemanha" em 1912 e, no ano seguinte, passou a defender uma tríplice aliança contra a guerra entre a Inglaterra, a França e a Alemanha; ou, para ser preciso, um acordo duplo pelo qual, "se a França atacar a Alemanha, nós combinamos com a Alemanha de destruir a França, e se a Alemanha atacar a França, nós combinamos com a França de destruir a Alemanha".[135]

Mas não foi só na esquerda que a germanofilia floresceu na Grã-Bretanha pré-guerra. O apelo do conde liberal alemão Harry Kessler por uma troca de cartas amigáveis entre intelectuais britânicos e alemães colheu assinaturas do escritor Thomas Hardy e do compositor Edward Elgar do lado britânico; Siegfried Wagner estava entre os alemães. Conforme isso indica, a música era importante: a temporada de primavera do Covent Garden em 1914 teve nada menos que 17 apresentações da ópera *Parsifal*, além de produções de *Die Meistersinger*, *Tristão e Isolda* e *A valquíria*, e, apesar do início da guerra, os bailes de 1914 continuaram a ser dominados por compositores alemães: Beethoven, Mozart, Mendelssohn, Strauss, Liszt e Bach.[136] Várias figuras literárias inglesas tinham raízes alemãs – na verdade, nomes alemães: basta pensar em Siegfried

Sassoon, Ford Madox Ford (batizado Joseph Leopold Ford Madox Hueffer) ou Robert Ranke Graves, sobrinho-bisneto do historiador Leopold von Ranke.[137]

Conforme admitiu, Graves descobriu que, na escola Charterhouse, a nacionalidade de sua mãe era "uma ofensa social" e se sentiu obrigado a "rejeitar o alemão" que havia nele. Nas universidades antigas, ao contrário, havia uma boa dose de germanofilia. A postura contrária à guerra de Bertrand Russell, o mais sábio dos filósofos, é bem conhecida; mas a experiência de Oxford nos anos que antecederam a guerra é muitas vezes ignorada. Nada menos que 335 estudantes alemães se matricularam em Oxford entre 1899 e 1914, incluindo 33 no último ano de paz, dos quais por volta de um sexto recebeu a bolsa de estudos Rhodes. Dentre os alemães em Oxford, estavam os filhos do primeiro-ministro prussiano, o príncipe Hohenlohe, do vice-almirante Moritz von Heeringen e do chanceler Bethmann Hollweg (Balliol, classe de 1908). A existência de clubes de graduandos, como o Hanover Club, a Sociedade Literária Alemã e a Sociedade Anglo-Germânica, que tinha 300 membros em 1909, é um testemunho da crença de pelo menos alguns graduandos britânicos na "*Wahlverwandtschaft* [afinidade eletiva] entre o *Geist* alemão e a *Kultur* de Oxford".[138] A maioria dos que receberam o doutorado *honoris causa* em Oxford em 1914 era de alemães: Richard Strauss, Ludwig Mitteis (o classicista de Dresden), o príncipe Lichnowsky, o embaixador, e o duque da Saxônia-Coburgo-Gota; também o advogado internacional austríaco Heinrich Lammasch.[139] Em 1907, o próprio Kaiser também havia sido honrado com o título. O retrato que marcou a ocasião de seu doutorado *honoris causa* foi devolvido às paredes das Examination Schools nos anos 1980, depois de um longo período no esquecimento.[140]

A elevada proporção (28%) de alemães em Oxford que eram da nobreza também é um lembrete de que as relações entre a alta aristocracia alemã e a britânica – em particular, a família real e seus satélites – eram extremamente próximas. A rainha Vitória, metade alemã, havia se casado com o primo Alberto, 100% alemão, da Saxônia-Coburgo-Gota; entre seus genros estavam o Kaiser Frederico III, o príncipe Christian de Schleswig-Holstein e Henry de Battenberg, todos alemães; e, entre seus netos, o Kaiser Guilherme II, da Alemanha, e o príncipe Henrique, da Prússia. Laços dinásticos similares uniam as elites financeiras dos dois países: não só os Rothschild, como também os Schröder, os Huth e os Kleinwort lideravam famílias de banqueiros na City (o centro financeiro) de Londres que haviam se originado na Alemanha; os Rothschild, em particular, mantinham vínculos com seus parentes alemães. Lorde Rothschild era casado com uma parente sua nascida em Frankfurt, e seu filho Charles se casou com uma húngara.[141]

Na Alemanha, embora o pacifismo fosse recente e a social-democracia fosse suscetível à "integração negativa" (a tendência a se adequar diante da perseguição do Estado),[142] permaneceu o fato de que apenas uma minoria dos alemães era militarista, e uma minoria deles era anglófoba. Com efeito, em 1906, o príncipe Bülow, o chanceler, postergou a ideia de uma guerra preventiva até que "surgisse uma causa capaz de inspirar o povo alemão".[143] Um ponto a destacar do chamado "conselho de guerra" do Kaiser, de dezembro de 1912, é que todos os líderes militares presentes tinham dúvidas de que a Sérvia fosse tal causa;[144] e as pesquisas de opinião feitas em 1914 entre as camadas populares (em oposição à classe média educada) indicam que as tentativas subsequentes de alertar "o homem na rua" para o interesse da Alemanha na questão balcânica tiveram pouco resultado.[145] Ao lado da Alemanha das ligas nacionalistas radicais, havia "outra Alemanha" (nos termos de Dukes e Remak) – uma Alemanha com universidades em busca de excelência, câmaras municipais movimentadas e editores de jornais independentes que parecem convidar a comparações com o último combatente da guerra, os Estados Unidos.[146]

Além disso, havia a Alemanha da classe trabalhadora organizada, cujos líderes estavam entre os mais críticos do militarismo na Europa. Jamais devemos esquecer que o partido mais bem-sucedido nas eleições do período que antecedeu a guerra foi o Social-Democrata (que também atraiu um número considerável de votos da classe média). Este foi sistematicamente hostil ao "militarismo" durante todo o período que antecedeu 1914; de fato, conquistou sua maior vitória eleitoral, em 1912, com uma campanha contra o "pão nosso de cada dia para o militarismo", uma alusão ao fato de que o maior gasto em defesa tendia a ser financiado por tributação indireta na Alemanha (ver Capítulo 5). Ao todo, o Partido Social-Democrata obteve 4,25 milhões de votos em 1912 – 34,8% do total –, em comparação com 13,6% para os nacionais liberais, o partido mais comprometido com uma política externa agressiva e um aumento nos gastos miliares. Nenhum outro partido jamais obteve uma proporção tão alta dos votos no Segundo Reich.

De todos os teóricos do Partido Social-Democrata, Karl Liebknecht estava entre os antimilitaristas mais radicais. Para ele, o militarismo era um fenômeno duplo: o Exército alemão, Liebknecht argumentava, era ao mesmo tempo uma ferramenta para a defesa dos interesses capitalistas no exterior e um meio de controlar a classe trabalhadora alemã, diretamente, por meio da coerção ou, indiretamente, por meio da doutrinação militar:

> O militarismo [...] tem a tarefa de proteger a ordem social prevalente, de apoiar o capitalismo e toda reação contra a luta da classe trabalhadora por liberdade [...] O militarismo germano-prussiano floresceu de maneira muito especial, em razão das condições peculiares da Alemanha, semiabsolutistas e feudo-burocráticas.[147]

(Como que para ilustrar a validade dessa teoria, Liebknecht foi assassinado por soldados quando tentou encenar um golpe no estilo bolchevique em Berlim, em janeiro de 1919.)

O problema para os historiadores é que a campanha do Partido Social-Democrata contra o militarismo, embora tenha sido incapaz de evitar a Primeira Guerra Mundial, teve, posteriormente, enorme influência no mundo acadêmico. De maneira paradoxal, os antimilitaristas na sociedade guilhermina eram tão numerosos e tão vociferantes que passamos a acreditar em suas queixas sobre o militarismo da Alemanha, em vez de perceber que a própria quantidade de queixas é prova do contrário. Assim, existe hoje um número assombroso de estudos sobre o militarismo alemão, e nem todos eles reconhecem que o próprio termo se origina na propaganda de esquerda.[148] Ainda em 1989-1990, os historiadores da tradição marxista-leninista continuavam repetindo os argumentos de Liebknecht: o militarismo, de acordo com Zilch, era uma expressão do "caráter agressivo da burguesia, associado com os *junkers*" e com suas "aspirações perigosas e reacionárias".[149]

Mais influente na historiografia não marxista é a análise de Eckart Kehr. Uma espécie de Hobson alemão, Kehr aceitou o argumento do Partido Social-Democrata antes da guerra de que, na Alemanha guilhermina, houve uma aliança entre agricultores e industrialistas que encorajou, entre outras coisas, políticas militaristas. Ele apresentou dois atributos: primeiro, a aristocracia prussiana tinha o controle de seus parceiros menores entre os industrialistas e outros grupos burgueses reacionários; segundo (e aqui ele também lembrava marxistas posteriores, como Antonio Gramsci), o militarismo foi, em parte, criação de instituições estatais autônomas. Em outras palavras, era um argumento que deixava espaço para interesses burocráticos e departamentais, e também para interesses de classe. Mas esses atributos não diferenciam Kehr radicalmente dos marxistas ortodoxos. Quando se deixou levar por sua própria tese fundamental – a de que todas as decisões em política externa eram subordinadas a fatores socioeconômicos domésticos –, Kehr foi perfeitamente capaz de escrever em linguagem quase idêntica à de seus contemporâneos marxistas.

Os argumentos de Kehr, enterrados pela historiografia alemã após sua morte prematura, foram revividos por Hans-Ulrich Wehler nos anos 1960 e adotados por Fritz Fischer.[150] De acordo com o clássico compêndio de Wehler sobre a Alemanha guilhermina, que seguia a linha de Kehr, o militarismo serviu não só a um propósito econômico (contratos de armamentos para a indústria), como também foi uma arma de último recurso em sua luta contra a Social-Democracia e um ponto de convergência para o chauvinismo popular, desviando a atenção do sistema político "antidemocrático" do Reich.[151]

Certamente, a ideia de que uma política externa agressiva poderia ajudar o governo do Reich a superar suas dificuldades políticas internas não foi fruto da imaginação de Kehr (ou de Liebknecht), mas uma estratégia de governo real. O ministro de Finanças prussiano Johannes Miquel e o príncipe Bülow, predecessor de Bethmann Hollweg como chanceler do Reich, sem dúvida se envolveram em exibições de força para fortalecer a posição dos partidos que apoiavam o Estado (os conservadores e os nacionais liberais) no Reichstag, exatamente como Bismarck havia feito antes deles. E de fato houve aqueles que, em 1914, acreditaram que uma guerra iria "fortalecer a mentalidade e a ordem patriarcal" e "evitar o avanço da Social-Democracia".[152]

Mas é preciso fazer uma ressalva. A ideia de que uma política externa agressiva poderia enfraquecer o desafio político interno apresentado pela Esquerda dificilmente foi uma invenção da Direita alemã; havia se tornado uma espécie de clichê na França de Napoleão III e, na virada do século, era quase uma justificativa universal para políticas imperiais. Além disso, entre os políticos, generais, agricultores e industrialistas alemães havia muito menos acordo do que às vezes se afirma.[153] Típico foi o fato de que pelo menos dois deputados do Partido Nacional Liberal para seções eleitorais de áreas rurais (Paasche e Dewitz) foram forçados a renunciar à Liga do Exército por pressão de seus apoiadores na Liga Agrária local, para quem o argumento da Liga do Exército a favor de um exército maior era de um radicalismo perigoso. Isso ilustra um aspecto importante a ser considerado: havia antimilitarismo até mesmo nas fileiras do próprio conservadorismo prussiano. Tampouco é persuasivo atribuir as decisões tomadas em Postdam e Berlim durante julho e agosto de 1914 à influência de uma "oposição nacional" radical. Conforme afirmou Bethmann com relação à extrema direita: "Com esses idiotas não se pode conduzir uma política externa"; ainda estava fresca na memória a segunda crise marroquina, quando o então ministro das Relações Exteriores Alfred von Kiderlen-Wächter foi extremamente constrangido pelas demandas severas da imprensa nacionalista radical.[154]

Por fim, e o que é mais importante, sucessivos chanceleres alemães estavam bem cientes de que o militarismo poderia ser um tiro pela culatra, sobretudo se levasse à guerra. Em 1908, Bülow disse ao príncipe herdeiro:

> Hoje em dia, não se pode declarar nenhuma guerra sem que um povo inteiro esteja convencido de que esta é justa e necessária. Uma guerra, provocada de maneira leviana, mesmo se fosse ganha, teria um efeito negativo sobre o país, ao passo que, se resultasse em derrota, poderia acarretar a queda da dinastia [...][155]

Em junho de 1914, seu sucessor, o próprio Bethmann Hollweg, previu de maneira acertada que "uma guerra mundial, com suas consequências incalculáveis, fortaleceria tremendamente o poder da Social-Democracia, porque eles pregavam a paz, e derrubaria muitos do trono".[156] Ambos os homens tinham em mente a experiência da Rússia em 1905 – assim como o ministro do Interior da Rússia, Pyotr Durnovo, quando alertou Nicolau II em fevereiro de 1914 que "uma revolução social em sua forma mais extrema será inevitável se a guerra terminar mal".[157]

O militarismo, então, estava longe de ser a força dominante na política europeia às vésperas da Grande Guerra. Ao contrário: estava em declínio político, sobretudo em consequência direta da democratização. A Tabela 1 mostra como o direito ao voto havia sido ampliado em todos os principais países na última metade do século XIX; às vésperas da guerra, conforme mostra a Tabela 2, os partidos socialistas francamente antimilitares estavam em ascensão eleitoral na maioria dos futuros países combatentes.

Tabela 1   Percentuais da população total com direito a voto para as câmaras inferiores, 1850 e 1900

	1850	1900
França	20	29
Prússia/Alemanha	17	22
Grã-Bretanha	4	18
Bélgica	2	23
Sérvia	0	23
Rússia	0	15
Romênia	0	16
Áustria	0	21
Hungria	0	6
Piemonte/Itália	n/a	8

Fonte: Goldstein, *Political Repression in Nineteenth Century Europe*, p. 4s.
Nota: O sufrágio universal teria concedido o voto a cerca de 40-50% da população.

Tabela 2   O voto socialista em países europeus selecionados às vésperas da guerra

País	*Data*	*Percentual de votos*	*Cadeiras socialistas*
Áustria	1911	25,4	33
Bélgica	1912	22,0	40
França	1914	16,8	103
Alemanha	1912	34,8	110
Itália	1913	17,6	52
Rússia	1912	n/a	24
Grã-Bretanha	1910	6,4	42

Fonte: Cook e Paxton, *European Political Facts, 1900-1996*, p. 163-267.

Na França, a eleição de abril de 1914 teve como resultado uma maioria de esquerda, e Poincaré precisou deixar o socialista René Viviani formar um governo. (Teria sido Caillaux se sua esposa não tivesse tomado a medida pouco usual de assassinar o editor-chefe Gaston Calmette, do jornal *Figaro*, para evitar a publicação de algumas das cartas do marido para ela.) Jean Jaurès, o socialista germanófilo, estava no auge de sua influência. Na Rússia, houve uma greve de três semanas nas obras da Putilov em Petrogrado, que depois de 18 de julho se espalhou para Riga, Moscou e Tbilisi. Mais de 1,3 milhão de trabalhadores – por volta de 65% de todos os operários russos – participaram de greves em 1914.[158] Nem mesmo onde os socialistas não tinham grande influência havia maioria militarista: na Bélgica, o partido católico dominante resistiu incansavelmente aos esforços de aumentar a prontidão do país para a guerra. Mas em nenhum lugar a esquerda antimilitarista foi mais forte do que na Alemanha, onde o direito a voto estava entre os mais democráticos de toda a Europa. Mas os argumentos dos antimilitaristas da Alemanha no período pré-guerra se mostraram tão resistentes que ainda hoje é possível encontrá-los em livros escolares de história; com a consequência perversa de que subestimamos o alcance desse antimilitarismo na época. Os indícios são inequívocos: os europeus não estavam marchando para a guerra, mas dando as costas ao militarismo.

---

1. Esta seção se baseia, em grande medida, em I. Clarke, *Great War*. Ver também, do mesmo autor, *Tale of the Next Great War* e *Voices Prophesying War*.
2. I. Clarke, *Great War*, p. 129-139.
3. Childers, *Riddle of the Sands*, p. 248.
4. I. Clarke, *Great War*, p. 326ss.
5. Ibid., p. 139-152. De acordo com uma fonte, o livro vendeu 1 milhão de exemplares.
6. Ibid., p. 153-166. Ver também p. 225 da edição alemã, que omitiu esse final.
7. Ibid., p. 168-178.
8. Ibid., p. 339-354.
9. Andrew, *Secret Service*, p. 77.
10. Le Queux, *Spies of the Kaiser*.
11. I. Clarke, *Great War*, p. 356-363.
12. Ibid., p. 377-381.
13. Du Maurier foi um oficial no Corpo de Fuzileiros Reais: Andrew, *Secret Service*, p. 93.
14. Hynes, *War Imagined*, p. 46.
15. I. Clarke, *Great War*, p. 179s.
16. Saki, *When William Came*, p. 691-814.
17. Ibid., esp. p. 706-711. A ideia de que os judeus eram pró-alemães, um tanto surpreen-

dente aos olhos de hoje, era uma panaceia da direita pré-1914 na Inglaterra. Não é preciso dizer que o Movimento Escoteiro desafia o estado de ânimo derrotista.
18. I. Clarke, *Great War*, p. 364-369.
19. Ibid., p. 87-98.
20. Ibid., p. 183-201, 390-398.
21. Ibid., p. 399-408.
22. Ibid., p. 385-390.
23. Ibid., p. 408ss.
24. Ibid., p. 29-71.
25. Ibid., p. 72-87.
26. Andrew, *Secret Service*, p. 74. A conversão de Le Queux à germanofobia só veio quando (assim como *sir* Robert Baden-Powell, o "herói" de Mafeking e fundador do Movimento Escoteiro) ele adquiriu, de uma gangue de falsificadores sediados na Bélgica, planos fictícios de uma invasão alemã: ibid., p. 83s.
27. Andrew, *Secret Service*, p. 68.
28. I. Clarke, *Voices Prophesying War*, p. 136-138.
29. Ibid., p. 102-108.
30. Andrew, *Secret Service*, p. 69.
31. Ibid., p. 233-247.
32. Ibid., p. 259-275.
33. Ibid., p. 276s. Sobre Lockwood, ver Andrew, *Secret Service*, p. 84.
34. Hiley, Introduction, p. ix-x.
35. I. Clarke, *Great War*, p. 313-323. No entanto, o livro não vendeu bem: Andrew, *Secret Service*, p. 78.
36. I. Clarke, *Great War*, p. 282-292.
37. Ibid., p. 214.
38. Ibid., p. 296-313.
39. Ibid., p. 233.
40. Ibid., p. 202-225.
41. Steinberg, Copenhagen Complex. Ao iniciar um ataque surpresa, lorde Nelson havia destruído a Marinha dinamarquesa no porto de Copenhague em 1801.
42. I. Clarke, *Great War*, p. 226-232.
43. Förster, Dreams and Nightmares, p. 4.
44. Ibid.
45. Bloch, *Is War Now Impossible*.
46. Ibid., p. xxxvii.
47. Ibid., p. lx.
48. Ibid., p. lii.
49. Ibid., p. lvi-lix.

50. Ibid., p. x-xi.
51. Ibid., p. xxxi.
52. G. Gooch e Temperley, *British Documents*, vol. I, p. 222. De acordo com Bloch, o "livro foi recomendado, por solicitação minha, pelo imperador da Rússia ao ministro da Guerra, com a orientação de que deveria ser avaliado por um conselho de especialistas". Sua opinião era de que "nenhum outro livro poderia contribuir tanto para o sucesso da Conferência": Bloch, *Is War Now Impossible*, p. xiii.
53. Sobre o papel da imprensa, ver Morris, *Scaremongers*.
54. Lasswell, *Propaganda Technique*, p. 192.
55. Innis, *Press*, p. 31.
56. Andrew, *Secret Service*, p. 73.
57. Morris, *Scaremongers*, p. 132-139; Mackay, *Fisher of Kilverstone*, p. 369, 385. Cf. Andrew, *Secret Service*, p. 81; Beresford foi um daqueles a quem Le Queux mostrou um "discurso" fictício em que o Kaiser supostamente declarou sua intenção de invadir a Inglaterra.
58. Andrew, *Secret Service*, p. 77.
59. D. French, Spy Fever, p. 355-365; Hiley, Failure of British Counter-Espionage, p. 867-889; Hiley, Counter-Espionage, p. 635-670; Hiley, Introduction, p. vii-xxxvi; Andrew, *Secret Service*, p. 90ss. A abertura, em 1997, dos arquivos MI5 (originalmente MO5) anteriores a 1919 revelou mais detalhes sobre os primeiros dias, verdadeiramente risíveis, de contraespionagem britânica.
60. Public Record Office (PRO) KV 1/7, List of Persons Arrested [Lista de presos], 4 de agosto de 1914. Ver também PRO KV 1/9, Relatório, 31 de julho de 1912; Kell, Relatório, 16 de agosto de 1912; Relatório, 29 de outubro de 1913; PRO KV 1/46, M.I.5 Historical Reports, G Branch Report, The Investigation of Espionage, vol. VIII (1921), Apêndice C; memorando do major R. J. Dake, 4 de janeiro de 1917. Ver também Andrew, *Secret Service*, p. 105-116 para um levantamento distorcido dos vários casos.
61. Andrew, *Secret Service*, p. 115ss. Mais uma vez, a ameaça que esses homens impuseram à segurança nacional foi praticamente nula.
62. Ibid., p. 120.
63. Hiley, Counter-Espionage, Apêndices C e D.
64. Trumpener, War Premeditated, p. 58-85.
65. Hiley, Introduction, p. xix-xxi.
66. Andrew, *Secret Service*, p. 89s.
67. PRO KV 1/9, Relatório Kell, 7 de novembro de 1910. Cf. Andrew, *Secret Service*, p. 121ss.
68. Andrew, *Secret Service*, p. 127-133. Ver também D. French, Spy Fever, p. 363; Andrew, Secret Intelligence, p. 12ss.

69. Andrew, *Secret Service*, p. 133ss.
70. PRO CAB 38/4/9, W. R. Robertson, The Military Resources of Germany, and Probable Method of their Employment in a War Between Germany and England, 7 de fevereiro de 1903.
71. Andrew, *Secret Service*, p. 88.
72. Morris, *Scaremongers*, p. 158.
73. PRO FO 800/61, de Grey para Lascelles, 22 de fevereiro de 1908. Cf. D. French, Spy Fever, p. 363.
74. Andrew, Secret Intelligence, p. 13. Talvez ele também desejasse evitar afirmações de germanofilia na imprensa direitista: Andrew, *Secret Service*, p. 92s, 98s.
75. Detalhes da campanha para tal agência em PRO KV 1/1, Organisation of Secret Service [Organização do Serviço Secreto]: nota preparada para o DMO, 4 de outubro de 1908; PRO KV 1/2, de Edmond para o DMO, 2 de dezembro de 1908; nota do Gabinete de Guerra para o chefe do Estado-Maior, 31 de dezembro de 1909; documento de Edmonds para o Estado-Maior, Espionage in Time of Peace, 1909. Cf. Public Record Office, *M.I.5*.
76. PRO CAB 3/2/1/47A, Relatório do subcomitê do CID: The Question of Foreign Espionage in the United Kingdom, 24 de julho de 1909. Ver também PRO KV 1/3, Memorando sobre a reunião para instaurar uma agência de serviço secreto, 26 de agosto de 1909.
77. Hiley, Introduction, p. xxi. Cf. Andrew, Secret Intelligence, p. 14.
78. PRO KV 1/9, Relatório Kell, 25 de março de 1910; PRO KV 1/10, Diário Kell, junho--julho 1911; PRO KV 1/9, Relatório Kell, 22 de novembro de 1911; Relatório Kell, 9 de abril de 1913; PRO KV 1/8, memória de William Melville, 1917 (um documento muito engraçado, embora sem intenção de sê-lo). Já em 1903, Melville, o ex-superintendente da Divisão Especial da Scotland Yard, havia começado a investigar estrangeiros suspeitos para o Ministério das Relações Exteriores.
79. PRO KV 1/9, Relatório Kell, 30 de abril de 1914. Cf. D. French, Spy Fever, p. 365; Hiley, Counter-Espionage, p. 637.
80. Hiley, Introduction, p. xxvii.
81. Bernhardi, *Germany*.
82. Searle, *Quest*; Searle, Critics of Edwardian Society, p. 79-96.
83. Summers, Militarism in Britain, p. 106, 113.
84. Bond, *War and Society*, p. 75.
85. Summers, Militarism in Britain, p. 120. Ver também Hendley, "Help Us to Secure", p. 262-288.
86. Price, *Imperial War*. Cf. Cunningham, Language of Patriotism, p. 23-28.
87. E. Weber, *Nationalist Revival in France*.
88. Sumler, Domestic Influences, p. 517-537.

89. Eley, *Reshaping the German Right*; Eley, Wilhelmine Right, p. 112-135. Ver também Chickering, *We Men*.
90. Eley, Conservatives and Radical Nationalists, p. 50-70.
91. Coetzee, *German Army League*, p. 4.
92. A Liga do Exército no sudoeste da Alemanha tinha relações com o Exército Voluntário da Juventude, com a Liga Alemã contra o Abuso de Bebidas Intoxicantes, com a Liga Alemã para o Combate à Emancipação da Mulher, com a Liga contra a Social-Democracia e com a Associação Geral da Língua Alemã – bem como com a Associação Württemberg para a Criação de Cães de Caça com Pedigree, algo improvável, mas revelador: Coetzee, *German Army League*, p. 55-58, 65.
93. Associar-se à Liga do Exército custava 1 marco, e os membros tinham direito a um jornal, *Die Wehr*, apresentações de slides e excursões regulares, e um *jamboree* de três dias uma vez ao ano.
94. Coetzee, *German Army League*, p. 76-104. A tentativa de Coetzee de traçar um perfil sociológico mais exato da Liga com base nas listas que mantinha dos membros mortos na guerra traz uma imagem similar: 29,4% eram soldados de carreira; 16,2%, funcionários públicos; 11,4%, acadêmicos ou professores; 7,7%, empresários; 8,9%, outras profissões; e apenas 6,5% eram escriturários (p. 90s). Infelizmente, há dificuldades metodológicas com esses números, já que naturalmente representam mais os jovens, sendo que outra amostra de 195 membros no período anterior à guerra revela que 90% tinham mais de 40 anos!
95. Chickering, *We Men*.
96. Düding, Die Kriegsvereine im wilhelminischen Reich, p. 108. Ver também Showalter, Army, State and Society, p. 1-18.
97. Greschat, Krieg und Kriegsbereitschaft, p. 33-55.
98. Leugers, Einstellungen zu Krieg und Frieden, p. 62. É significativo que as multidões em Berlim em 1º e 2 de agosto de 1914 cantaram não só a protestante *Ein' feste Burg ist unser Gott*, como também a católica *Grosser Gott wir loben Dich*; Eksteins, *Rites of Spring*, p. 61.
99. Chickering, Die Alldeutschen, p. 25.
100. Bucholz, *Moltke, Schlieffen*, p. 109-114, 217-220, 273.
101. Bruch, Krieg und Frieden, p. 74-98. Era Dietrich Schäfer que Max Weber tinha em mente quando instou os acadêmicos a deixar a política do lado de fora da sala de aula.
102. Berghahn, *Germany and the Approach of War*, p. 203s.
103. Geiss, *July 1914*, p. 22, 43.
104. Bruch, Krieg und Frieden, p. 85s.
105. Coetzee, *German Army League*, p. 85s.
106. Ibid., p. 52; F. Fischer, *War of Illusions*, p. 194.

107. Coetzee, *German Army League*, p. 116.
108. Mann, *Betrachtungen eines Unpolitischen*.
109. Cf. Hildebrand, Opportunities and Limits, p. 91; Hillgruber, Historical Significance, p. 163.
110. Mommsen, *Max Weber*, p. 35-40.
111. Ver F. Fischer, *War of Illusions*, p. 4-7, 30ss, 259-271, 355-362; cf. Meyer, *Mitteleuropa*.
112. Kroboth, *Finanzpolitik*, p. 278; Eksteins, *Rites of Spring*, p. 91.
113. Förster, *Der doppelte Militarismus*, p. 279.
114. Coetzee, *German Army League*, p. 45-50; Chickering, Die Alldeutschen, p. 30.
115. Coetzee, *German Army League*, p. 119s.
116. Geiss, *July 1914*, p. 21s; Berghahn, *Germany and the Approach of War*, p. 144.
117. Eksteins, *Rites of Spring*, p. iv; Geiss, *July 1914*, p. 48.
118. Ver, em geral, Nicholls e Kennedy, *Nationalist and Racialist Movements*.
119. Ver especialmente Chickering, *Imperial Germany*.
120. Bentley, *Liberal Mind*, p. 11-15; Barnett, *Collapse of British Power*, p. 24ss.
121. Weinroth, British Radicals, p. 659-664.
122. Angell, *Great Illusion*. O brilhante título original era *Europe's Optical Illusion*.
123. Ibid., p. 295.
124. Ibid., p. 137, 140.
125. Ibid., p. xi-xiii.
126. Ibid., p. 229.
127. Ibid., p. 268ss.
128. Ibid., p. 361. Grifo meu.
129. Offer, *First World War*, p. 261.
130. Ibid., p. 250.
131. Morris, *Scaremongers*, p. 266.
132. Hynes, *War Imagined*, p. 80.
133. Marquand, *Ramsay MacDonald*, p. 164ss.
134. Mackenzie e Mackenzie, *Diary of Beatrice Webb*, vol. III, p. 203s.
135. Holroyd, *Bernard Shaw*, vol. II, p. 341ss.
136. Hynes, *War Imagined*, p. 74s.
137. Graves, *Goodbye*, p. 11s, 25-31.
138. T. Weber, Stormy Romance.
139. Winter, Oxford and the First World War, p. 3.
140. Pogge von Strandmann, Germany and the Coming of War, p. 87s.
141. Ferguson, *World's Banker*, Capítulo 30.
142. Groh, *Negative Integration*.
143. Winzen, Der Krieg, p. 180.
144. Geiss, *Der lange Weg*, p. 269.

145. Cf. Eksteins, *Rites of Spring*, p. 55-63, 193-197; e Ullrich, *Kriegsalltag*, p. 10-21.
146. Dukes e Remak, *Another Germany*, esp. p. 207-219. Ao tentar retratar o Reich como "*ein Land wie andere auch*", Remak vai muito mais longe que outros críticos com a ideia de um *Sonderweg* alemão: cf. Blackbourn e Eley, *Peculiarities of German History*.
147. Liebknecht, *Militarism and Anti-Militarism*, p. 9-42.
148. Além de Ritter, *Sword and the Sceptre*, esp. vol. II: *The European Powers and the Wilhelminian Empire, 1890-1914*, ver Vagts, *History of Militarism*; Berghahn, *Militarism*. Ver, mais recentemente, Stargardt, *German Idea of Militarism*.
149. Zilch, *Die Reichsbank*, p. 40.
150. F. Fischer, *War of Illusions*, p. 13-25; F. Fischer, *Bündnis der Eliten*.
151. Wehler, *German Empire*, p. 155-162; Berghahn, *Germany and the Approach of War*, p. 4, 41, 213.
152. Ver Mayer, Domestic Causes of the First World War, p. 286-300; Groh, "Je eher, desto besser!", p. 501-521; Gordon, Domestic Conflict and the Origins of the First World War, p. 191-226; Witt, Innenpolitik und Imperialismus, p. 24ss. Ver também F. Fischer, *War of Illusions*, esp. p. 61, 83, 94, 258; Wehler, *German Empire*, p. 192-201. Cf. a crítica em Mommsen, Domestic Factors in German Foreign Policy, p. 3-43.
153. Eley, Army, State and Civil Society, p. 85-109.
154. Sobre o abismo cada vez maior entre o governo e a direita radical, ver Eley, *Reshaping the German Right*, p. 316-334; Mommsen, Public Opinion and Foreign Policy.
155. Bülow, *Memoirs*, p. 400.
156. Geiss, *July 1914*, p. 47.
157. Davies, *Europe*, p. 895.
158. Ferro, *Great War*, p. 179.

2
Impérios, ententes e apaziguamento eduardiano

Imperialismo: economia e poder

A resolução sobre "Militarismo e conflitos internacionais", aprovada pela Segunda Internacional de partidos socialistas na conferência de Stuttgart de 1907, é uma clássica afirmação da teoria marxista sobre as origens da guerra:

> As guerras entre os Estados capitalistas são, em geral, resultado de sua rivalidade pelos mercados mundiais, visto que cada Estado está não só interessado em consolidar o mercado interno, como também em conquistar novos mercados [...] Além disso, essas guerras derivam da infindável corrida armamentista do militarismo [...] Assim, as guerras são inerentes à natureza do capitalismo; só irão cessar quando a economia capitalista for abolida [...].[1]

Quando a Primeira Guerra Mundial começou – levando desordem à Segunda Internacional –, esse argumento foi gravado a ferro e fogo pela Esquerda. O social-democrata alemão Friedrich Ebert declarou, em janeiro de 1915:

> Todos os grandes Estados capitalistas registraram uma grande expansão em sua vida econômica durante a última década [...] A disputa por mercados foi mais intensa. E, com a disputa por mercados, ocorreu a disputa por territórios [...] Assim, os conflitos econômicos levaram a conflitos políticos, a aumentos contínuos e gigantescos em armamentos e, finalmente, à guerra mundial.[2]

De acordo com o "derrotista revolucionário" Lênin (um dos poucos líderes socialistas que desejaram abertamente a derrota de seu próprio país), a guerra era produto do imperialismo. A disputa entre as grandes potências por mercados ultramarinos, incitada pela queda no índice de lucratividade em sua economia doméstica, só poderia ter terminado em uma guerra suicida; por sua vez, as consequências sociais da conflagração precipitariam a tão esperada revolução proletária internacional e a "guerra civil" contra as classes dominantes, algo que Lênin urgia desde o momento em que guerra eclodiu.[3]

Até que as revoluções de 1989-1991 anulassem as duvidosas conquistas de Lênin e seus camaradas, os historiadores do bloco comunista continuaram argumentando nesses termos. Em um livro publicado um ano depois da queda do Muro de Berlim, o historiador Willibald Gutsche, da Alemanha Oriental, continuava dizendo que, em 1914, além dos "monopolistas da mineração e da siderurgia, representantes influentes de grandes bancos e corporações de engenharia elétrica e de transporte [...] [estavam] agora inclinados a adotar uma opção não pacífica".[4] Seu colega Zilch criticou os "objetivos claramente hostis" do presidente do Reichsbank, Rudolf Havenstein, às vésperas da guerra.[5]

À primeira vista, há motivos para pensar que os interesses capitalistas estavam prontos para colher os benefícios da guerra. A indústria armamentista, em particular, dificilmente deixaria de fechar contratos vultosos no caso de uma grande conflagração. A filial britânica do banco dos Rothschild, que representava, tanto para os marxistas quanto para os antissemitas, o poder maligno do capital internacional, tinha ligações financeiras com a empresa Maxim-Nordenfelt, cuja metralhadora foi famosamente citada por Hilaire Belloc como a chave para a hegemonia europeia, e ajudou a financiar sua aquisição pela Vickers Brothers em 1897.[6] Os Rothschild austríacos também tinham interesse na indústria armamentista: sua companhia metalúrgica Witkowitz foi uma importante fornecedora de ferro e aço para a Marinha austríaca e, depois, de balas para o Exército austríaco. Os estaleiros alemães, para dar outro exemplo, fecharam contratos importantes com o governo em consequência do programa naval do almirante Alfred von Tirpitz. Ao todo, 63 dos 86 navios de guerra encomendados entre 1898 e 1913 foram construídos por um pequeno grupo de empresas privadas. Mais de um quinto da produção dos estaleiros Blohm & Voss, de Hamburgo – que praticamente monopolizava a construção de grandes transatlânticos –, foi para a Marinha.[7]

No entanto, em detrimento da teoria marxista, há pouquíssimos indícios de que esses interesses fizeram que os empresários *desejassem* uma grande guerra na Europa. Em Londres, a esmagadora maioria dos banqueiros estava horrorizada diante dessa probabilidade, sobretudo porque a guerra ameaçava levar à bancarrota um grande número das principais instituições de aceite (senão todas) comprometidas com o financiamento do comércio internacional (ver Capítulo 7). Os Rothschild tentaram, sem sucesso, evitar um conflito entre a Grã-Bretanha e a Alemanha, e por seus esforços foram acusados pelo editor do caderno internacional do *The Times*, Henry Wickham Steed, de "uma suja tentativa financeira internacional germano-judaica de nos intimidar em favor da neutralidade".[8] Entre os poucos empresários alemães que eram (parcialmente) informados das novidades durante a Crise de Julho, nem o armador Albert Ballin nem o banqueiro Max Warburg eram favoráveis à guerra. Em 21 de junho de 1914, depois de um banquete em Hamburgo, o próprio Kaiser, conversando com Warburg, fez uma notável análise da "situação geral" da Alemanha e concluiu "insinuando [...] se não seria melhor atacar agora [a Rússia e a França], em vez de esperar". Warburg "aconselhou decididamente contra" essa medida:

> [Eu] descrevi para ele a situação política interna da Inglaterra, as dificuldades da França em manter os três anos de serviço militar, a crise financeira em que a França já se encontrava e a provável falibilidade do Exército russo. Eu [o] aconselhei a esperar pacientemente, sem chamar a atenção, por mais alguns anos. "Nós estamos mais fortes a cada ano; nossos inimigos estão se debilitando internamente."[9]

Em 1913, Karl Helfferich, um diretor do Deutsche Bank, publicou um livro intitulado *Deutschlands Wohlstand, 1888-1913* [A riqueza nacional da Alemanha, 1888-1913], cujo intuito era provar precisamente esse ponto de vista. A produção de ferro e de aço da Alemanha superava a da Inglaterra; sua receita nacional agora era maior que a da França. Não há indícios de que Helfferich tivesse alguma suspeita da calamidade iminente que interromperia esse crescimento de maneira tão desastrosa: ele estava preocupado com as negociações sobre a concessão da ferrovia de Bagdá (ver adiante).[10] Apesar de seu interesse na questão da mobilização econômica, Walther Rathenau, presidente da Allgemeine Elektrizitäts Gesellschaft, não foi capaz de persuadir os oficiais do

Reich a respeito de um "Estado-Maior econômico", e Bethmann simplesmente ignorou seu argumento contra ir à guerra por causa da Áustria em 1914.[11] Ao contrário, quando Havenstein convocou oito diretores dos principais bancos de capital aberto ao Reichsbank no dia 18 de junho de 1914 para pedir que aumentassem o percentual de reserva (a fim de reduzir o risco de uma crise monetária no caso de uma guerra), eles lhe disseram – de maneira educada, mas firme – para dar o fora.[12] A única prova do apetite capitalista por uma guerra que Gutsche pode apresentar é uma citação de Alfred Hugenberg, diretor da empresa de armamentos Krupp, notoriamente pouco representativa. Hugo Stinnes, empresário da indústria pesada, tinha tão pouco interesse pela ideia da guerra que, em 1914, estabeleceu a Union Mining Company na cidade de Doncaster, visando levar tecnologia alemã às jazidas de carvão inglesas.[13]

A interpretação marxista das origens da guerra pode, portanto, ser destinada ao cesto de lixo da história, assim como os regimes que mais avidamente a promoveram. No entanto, permanece – quase intacto – outro modelo do papel da economia em 1914. O trabalho de Paul Kennedy, em particular, contribuiu muito para propagar a ideia da economia como uma das "realidades por trás da diplomacia" – um determinante de poder, capaz de ser expresso em termos de população, produção industrial, produção de aço e de ferro e consumo de energia. Nessa perspectiva, os políticos têm mais "vontade própria" para empreender a expansão imperialista sem necessariamente estar subordinados aos interesses dos negócios; mas os recursos econômicos de seus países impõem a restrição final a essa expansão, que se torna insustentável depois de certo ponto.[14] Nesses termos, a Grã-Bretanha, em 1914, era uma potência em relativo declínio, sofrendo com a "superexpansão" imperial; a Alemanha era uma rival em franca ascensão. Kennedy e seus muitos seguidores apontaram para indicadores de crescimento econômico, industrial e das exportações para afirmar que um confronto entre a Grã-Bretanha em declínio e a Alemanha em ascensão era, se não inevitável, no mínimo provável.[15]

Típico dessa abordagem é o argumento apresentado por Geiss de que o desenvolvimento da "mais sólida economia industrial moderna" fez da Alemanha uma "superpotência continental":

> Em seu enorme poder em contínua expansão, a Alemanha era como um reator regenerador rápido sem a carcaça de proteção [sic] [...] A sensação de poder eco-

nômico ampliou a autoconfiança adquirida em 1871 e a transformou em uma autoestima excessiva que, por meio da *Weltpolitik*, conduziu o Reich alemão à Primeira Guerra Mundial.[16]

A unificação em 1870-1871 deu à Alemanha "hegemonia latente [na Europa], literalmente da noite para o dia [...] Era inevitável que a união de todos os alemães ou da maioria deles em um único Estado iria se tornar a potência mais forte da Europa". Os defensores de uma Europa dominada pela Alemanha estavam corretos, pelo menos em teoria: "Não há nada de errado com a conclusão [...] de que a Alemanha e a Europa continental a oeste da Rússia só seriam capazes de fazer frente [...] aos blocos gigantes de poder econômico e político que estavam por vir [...] se a Europa se unisse. E uma Europa unida cairia, quase automaticamente, sob a liderança da maior potência – a Alemanha".[17] Para a maioria dos historiadores britânicos, é ponto pacífico que era preciso resistir a essa intimidação.[18]

Portanto, a história da Europa entre 1870 e 1914 continua sendo escrita como uma história de rivalidade econômica, com a Grã-Bretanha e a Alemanha como os principais rivais. Mas esse modelo da relação entre economia e poder também está cheio de falhas.

É verdade que entre 1890 e 1913 as exportações alemãs cresceram mais rapidamente que a de seus rivais europeus e que sua formação bruta de capital interno era a maior da Europa. A Tabela 3 resume alguns dos índices estatísticos de Kennedy para o desafio alemão à Grã-Bretanha. Além disso, ao calcular as taxas de crescimento populacional da Alemanha (1,34% ao ano), o Produto Interno Bruto (2,78%) e a produção de aço (6,54%), não há dúvida de que entre 1890 e 1914 o país estava superando tanto a Grã-Bretanha quanto a França.[19]

Mas, na realidade, o fator econômico mais importante na política internacional do início do século XX não foi o crescimento do poder econômico alemão. Foi, antes, a imensa extensão do poder *financeiro* britânico.

Já nos anos 1850, os investimentos britânicos no exterior totalizavam cerca de 200 milhões de libras.[20] Na segunda metade do século XIX, entretanto, houve três grandes ondas de exportação de capital. Entre 1861 e 1872, o investimento líquido no exterior cresceu de apenas 1,4% do Produto Nacional Bruto para 7,7%, antes de cair para 0,8% em 1877. Depois teve um crescimento mais ou menos sustentado até atingir 7,3% em 1890, antes de cair

Tabela 3   Alguns indicadores da força industrial britânica e alemã, 1880 e 1913

	1880		1913	
	Grã-Bretanha	*Alemanha*	*Grã-Bretanha*	*Alemanha*
Participação relativa nas manufaturas mundiais (percentual)	22,9	8,5	13,6	14,8
Capacidade industrial total (Grã-Bretanha em 1900 = 100)	73,3	27,4	127,2	137,7
Industrialização *per capita* (Grã-Bretanha em 1900 = 100)	87,0	25,0	115,0	85,0

Fonte: Kennedy, *Great Powers*, p. 256, 259.

novamente para menos de 1% em 1901. Na terceira alta, os investimentos no exterior cresceram até alcançar o pico de 9,1% em 1913 – um nível que só foi superado nos anos 1990.[21] Em termos absolutos, isso levou a um enorme acúmulo de ativos no exterior, aumentando em mais de dez vezes, de 370 milhões de libras em 1860 para 3,9 bilhões de libras em 1913 – cerca de um terço do total da riqueza britânica. Nenhum outro país chegou perto desse nível de investimento no exterior: como mostra a Tabela 4, o mais próximo, a França, tinha ativos no exterior que somavam metade do total britânico; a Alemanha, pouco mais de um quarto.

A Grã-Bretanha respondia por cerca de 44% do total de investimento estrangeiro às vésperas da Primeira Guerra Mundial.[22] Além disso, como mos-

Tabela 4   Total de investimentos no exterior em 1913

	Total (milhão de libras)	*Dos quais, na Europa* (percentual)
Grã-Bretanha	793	5,2
França	357	51,9
Alemanha	230	44,0
Estados Unidos	139	20,0
Outro	282	n/a
Total	*1.800*	26,4

Fonte: Kindleberger, *Financial History of Western Europe*, p. 225.

tra a tabela, a maioria dos investimentos britânicos no exterior estava fora da Europa; uma proporção muito maior dos investimentos alemães estava dentro do continente. Em 1910, Bethmann Hollweg se referiu à Inglaterra como "o rival decisivo da Alemanha no que diz respeito à política de expansão econômica".[23] Isso era verdade se por expansão econômica Bethmann queria dizer investimentos ultramarinos – mas não se ele se referia ao crescimento das exportações, já que a política britânica de livre-comércio significava que não havia nada que impedisse os exportadores alemães de enfrentarem as empresas britânicas nos mercados imperiais (e, de fato, nem mesmo no mercado interno). Naturalmente, essa concorrência comercial não passou despercebida, mas seria tão absurdo entender as campanhas jornalísticas contra os produtos "Made in Germany" como prenúncios de uma guerra anglo-germânica quanto conceber o falatório dos norte-americanos sobre a "ameaça" econômica japonesa nos anos 1980 como presságio de um conflito militar.[24]

Alguns historiadores econômicos argumentaram que os altos níveis de exportação de capital minaram a economia britânica: a City de Londres é o bode expiatório favorito daqueles que veem a produção industrial como algo que, de alguma forma, é superior aos serviços no que se refere à geração de receita e de empregos. Na realidade, só é possível afirmar que as exportações de capital estavam privando a indústria britânica de investimentos se for demonstrado que houve uma escassez de capital que impediu as empresas de modernizarem suas instalações. Há poucas evidências que corroborem essa visão.[25] Embora certamente houvesse uma relação inversa entre o ciclo de investimento estrangeiro e o de investimento interno fixo, a exportação de capital não foi um "escoamento" de capital da economia britânica; tampouco deve ser vista como uma "causa" do aumento do déficit comercial britânico.[26] Na verdade, os retornos obtidos sobre esses investimentos mais do que se equiparavam à exportação de novo capital, assim como (quando associados aos ganhos por rendimentos "invisíveis") invariavelmente excediam o déficit comercial. Na década de 1890, o investimento líquido no exterior somava 3,3% do Produto Nacional Bruto, em comparação com o rendimento líquido de capitais no exterior de 5,6%. Na década seguinte, os valores foram, respectivamente, 5,1% e 5,9%.[27]

Por que a economia britânica se comportava dessa forma? A maior parte dos investimentos no exterior foi do tipo "carteiras de valores" em vez de "diretos"; em outras palavras, foram mediados por bolsas de valores, pela venda de títulos e ações emitidos em nome de empresas e governos estrangeiros. Segundo Edelstein, a explicação para a "atração" dos valores mobiliários estrangeiros foi que, mesmo considerando um fator de risco mais elevado, seus rendimentos eram ainda mais altos (por volta de 1,5%) que os dos valores mobiliários internos ao calcular a média de todo o período de 1870-1913. No entanto, essa média oculta flutuações significativas. Analisando as contas de 482 firmas, Davis e Huttenback mostraram que as taxas de retorno do mercado interno às vezes eram mais altas que as do mercado externo – nos anos 1890, por exemplo.[28] A obra deles também quantifica a importância do imperialismo aos olhos dos investidores, já que, no Império, as taxas de retorno sobre os investimentos eram marcadamente diferentes daquelas sobre os investimentos em territórios estrangeiros não controlados pela Grã-Bretanha: chegaram a ser 67% mais altas no período anterior a 1884, mas 40% mais baixas depois daquele ano.[29] Será que o crescente volume de investimento britânico no exterior teria sido, portanto, um produto economicamente irracional do imperialismo – um caso em que o capital perseguia a bandeira em vez da maximização dos lucros? De fato, Davis e Huttenback mostram que as possessões imperiais não eram o principal destino dos investimentos britânicos como um todo: para o período entre 1865 e 1914, apenas cerca de um quarto do investimento foi para o Império, em comparação com 30% para a economia britânica e 45% para economias estrangeiras. A obra deles assinala a existência de uma elite de ricos investidores britânicos com um interesse material no Império como um mecanismo para estabilizar o mercado de capitais internacional *como um todo*.

O grande volume de capital exportado pela Grã-Bretanha também foi parte do papel global da economia britânica como exportadora de manufaturas, importadora de alimentos e outros produtos primários e uma grande "exportadora" de pessoas: no Reino Unido, a emigração líquida total entre 1900 e 1914 atingiu a surpreendente marca dos 2,4 milhões.[30] O Banco da Inglaterra também foi o credor de última instância no sistema monetário internacional: em 1868, apenas Grã-Bretanha e Portugal tinham o padrão-ouro, que havia se consolidado na Grã-Bretanha durante o século XVIII; já em 1908, toda a Europa havia adotado o padrão-ouro (embora as moedas da Áustria-Hungria, da Itália, da Espanha e de Portugal não pudessem ser totalmente convertidas em espécie).³¹ Em muitos aspectos, portanto, o imperialismo era, no fim do século XIX, o acompanhamento político dos avanços econômicos similares ao que chamamos "globalização" no fim do século XX. Como em nossa época, a globalização estava então associada à ascensão de uma única superpotência mundial: hoje os Estados Unidos, na época a Grã-Bretanha – com a diferença de que a dominação britânica teve um caráter muito mais formal. Em 1860, a extensão territorial do Império Britânico era cerca de 24,6 milhões de quilômetros quadrados; em 1909, o total havia subido para 32,9 milhões. Por volta de 444 milhões de pessoas viviam sob alguma forma de governo britânico às vésperas da Primeira Guerra Mundial, e apenas 10% delas no Reino Unido. E esses números não levam em consideração que a Britânia praticamente dominava os mares, graças à posse da maior Marinha do mundo (medida em tonelagem de navios de guerra, mais que o dobro do tamanho da alemã em 1914), e sua maior Marinha mercante. Era, conforme colocou J. L. Garvin em 1905, "um domínio de extensão e magnificência além do natural". Do ponto de vista das grandes potências, isso parecia injusto. "Não podemos falar de conquista e apropriação", mesmo Carruthers admite em *The Riddle of the Sands* [O enigma das areias]. "Dominamos uma bela fatia do mundo, e eles têm todo o direito de ter inveja."³²

Porém, num período caracterizado por uma liberdade sem precedentes de circulação de pessoas, produtos e capitais, não estava imediatamente claro como uma potência poderia desafiar a superpotência mundial. Enquanto, nas duas décadas anteriores à guerra, a Grã-Bretanha teve um aumento na emigração e na exportação de capitais, a Alemanha parou de exportar alemães e exportou uma proporção cada vez menor do novo capital formado.³³ Não está claro se essa divergência foi causa ou consequência das diferenças no desempenho econômico interno dos dois países, mas as implicações no que se refere ao poder internacional relativo são evidentes. Como Offer recentemente afirmou, o alto índice de emigração da Grã-Bretanha criou laços de afinidade que garantiram a lealdade dos governos locais para com a mãe-pátria.³⁴ Na Alemanha, ao contrário, a queda na taxa de natalidade e um volume crescente de imigração tornaram os alemães mais cientes da superioridade da mão de obra no leste da Europa. É verdade que o sucesso cada vez maior da Alemanha como exportadora parecia apresentar uma ameaça aos interesses britânicos, mas os alemães temiam que o crescimento das exportações (e o resultado, uma dependência constante de matérias-primas importadas) poderia ser prejudicado por políticas protecionistas de potências coloniais mais poderosas.³⁵ Embora a Grã-Bretanha continuasse a perseguir uma política de livre-comércio em todo o seu império antes de 1914, o debate sobre a "preferência imperial" e a reforma tarifária iniciado por Joseph Chamberlain levantou uma possibilidade preocupante que outras economias exportadoras dificilmente poderiam ignorar.

Por fim, as exportações de capital britânico e francês sem dúvida aumentaram a alavancagem política internacional desses países. Em uma de suas primeiras publicações, a Liga Pangermânica reclamou:

> [Somos] um povo de 50 milhões, que dedica sua melhor força ao serviço militar [e] gasta mais de meio bilhão todos os anos em defesa [...] Nossos sacrifícios de sangue e dinheiro seriam de fato excessivos se nosso poder militar nos permitisse [...] garantir o que nos é de direito apenas onde recebemos o generoso consentimento dos ingleses.³⁶

Mas, conforme Bülow lamentou: "A enorme influência [internacional] da França [...] é, em grande medida, produto de sua abundância de capital e liquidez".³⁷ Os historiadores econômicos frequentemente elogiam a preferência dos bancos alemães por investimentos na indústria nacional, mas tais investimentos não contribuíram em nada para melhorar o poder ultramarino alemão. A influência internacional da Alemanha estava, portanto, circunscrita: paradoxalmente, o elevado índice de crescimento industrial registrado desde 1895 tendeu, em alguns aspectos, a enfraquecer sua capacidade de barganha no cenário internacional.

Guerras não travadas

Se houve uma guerra que o imperialismo deveria ter provocado, foi a guerra que não aconteceu entre a Grã-Bretanha e a Rússia nas décadas de 1870 e 1880; ou a guerra que não aconteceu entre a Grã-Bretanha e a França nas décadas de 1880 e 1890. Essas três potências eram, afinal, os verdadeiros impérios rivais, entrando em conflito repetidas vezes, de Constantinopla a Cabul (no caso da

Grã-Bretanha e da Rússia) e do Sudão ao Sião (no caso da Grã-Bretanha e da França). Poucos contemporâneos em 1895 teriam previsto que essas potências acabariam sendo aliadas em uma guerra 20 anos depois. Afinal, a memória diplomática coletiva do século anterior era de um atrito recorrente entre a Grã--Bretanha, a França e a Rússia, como mostra a Tabela 5.

É fácil esquecer como foram ruins as relações entre a Grã-Bretanha, de um lado, e a Rússia e a França, de outro, nas décadas de 1880 e 1890. Quando a Grã-Bretanha ocupou militarmente o Egito em 1882, seu principal propósito era estabilizar as finanças egípcias, defendendo os interesses não só de investidores britânicos como de investidores europeus em geral. No entanto, essa medida foi, durante muito tempo, motivo de constrangimento para a diplomacia britânica. Entre 1882 e 1922, a Grã-Bretanha se sentiu obrigada a prometer às outras potências, pelo menos em 66 ocasiões, que poria um fim à ocupação do Egito. Isso não aconteceu; e, desde o primeiro momento em que o Egito foi ocupado, a Grã-Bretanha se viu em desvantagem diplomática ao tentar controlar expansões análogas por parte de seus dois maiores rivais imperiais.

Havia pelo menos duas regiões onde a Rússia podia, legitimamente, fazer reivindicações comparáveis: na Ásia Central e nos Bálcãs. Em nenhum dos casos foi de todo aceitável que a Grã-Bretanha resistisse. Em abril de 1885, nos últimos dias do segundo mandato de Gladstone como primeiro-ministro, pairou a ameaça de um conflito entre a Inglaterra e a Rússia depois que esta última derrotou as forças afegãs em Penjdeh. A história foi similar em 1885 quando o governo russo interveio para evitar que o rei búlgaro, Alexander, unificasse a Bulgária e a Rumélia Oriental à sua maneira. A França reagiu de modo ainda mais agressivo à ocupação britânica no Egito: de fato, em muitos aspectos foi o antagonismo anglo-francês a característica mais importante da esfera diplomática nos anos 1880 e 1890. Em 1886, na época da expedição francesa a Tonkin (na Indochina), os Rothschild franceses comunicaram a Herbert, filho de Bismarck, a inquietante previsão de que "a próxima guerra europeia será entre a Inglaterra e a França".[38] Embora alguns observadores esperassem que a volta do conde de Rosebery, do Partido Liberal, como ministro das Relações Exteriores em 1892 melhorasse as coisas, logo se tornou visível que Rosebery estava propenso a manter a política francófoba do governo anterior em outras partes. Ele ficou consternado diante dos rumores de que a França pretendia ocupar o Sião depois de um confron-

Tabela 5   Alianças internacionais, 1815-1917: uma visão geral

Período	"Oeste"	"Centro"	"Leste"
1793-1815		França	<Grã-Bretanha + Rússia + Prússia + Áustria>
1820-1829	(Grã-Bretanha)	Espanha + Portugal + Nápoles + Grécia	<Rússia + Prússia + Áustria + França>
1830-1839	Grã-Bretanha + França	Bélgica	<Rússia + Prússia + Áustria>
1840-1849	Grã-Bretanha + Turquia	França + Piemonte + Hungria + Prússia	Rússia + Áustria
1850-1858	<Grã-Bretanha + França + Áustria + Turquia>	(Prússia)	Rússia
1859-1867	(Grã-Bretanha) (Rússia)	França + Piemonte + Prússia	Áustria
1867-1871	(Grã-Bretanha) (Rússia) (Áustria)	<Alemanha + Itália>	França
1871-1875	(Grã-Bretanha)	França	<Rússia + Áustria + Itália>
			<Alemanha + Áustria + Itália>
1876-1878	Grã-Bretanha + Turquia	França	Rússia
		<Alemanha + Áustria + Itália>	
1879-1886	Grã-Bretanha	França	<Rússia + Alemanha + Áustria>
1887-1889	<Grã-Bretanha + Itália + Áustria>	França	<Rússia + Alemanha>
			<Alemanha + Áustria>
1890-1898	Grã-Bretanha	<França + Rússia>	<Alemanha + Áustria + Itália>
1899-1901	Grã-Bretanha + Alemanha?	<França + Rússia>	<Alemanha + Áustria>
1902-1904	<Grã-Bretanha + Japão>	<França + Rússia>	<Alemanha + Áustria + Itália>
1905	<Grã-Bretanha + Japão> <Grã-Bretanha + França>		Alemanha + Rússia?
1906-1914	<Grã-Bretanha + Japão>	<França + Rússia>	<Alemanha + Áustria>
	<Grã-Bretanha + França + Rússia>	Itália	
1914-1917		<Grã-Bretanha + França + Rússia + Itália>	<Alemanha + Áustria + Turquia>

Notas: < > aliança formal ou entente; ( ) neutra.

to naval no rio Mekong em julho de 1893. E, em janeiro do ano seguinte, Rosebery reagiu às preocupações austríacas com relação aos planos russos nos Estreitos garantindo ao embaixador da Áustria que ele "não retrocederia diante do perigo de envolver a Inglaterra em uma guerra contra a Rússia".[39]

Como era de prever, foram o Egito e seu vizinho ao sul, o Sudão, que demonstraram ser a principal causa do antagonismo entre a Grã-Bretanha e a França – tanto que uma guerra entre as duas potências parecia uma possibilidade real em 1895. Já no início de 1894 era visível que o governo francês pretendia fazer alguma tentativa de controlar Fachoda no Alto Nilo. Temendo que o controle francês de Fachoda comprometesse a posição britânica no Egito, Rosebery – que se tornou primeiro-ministro em março daquele ano – rapidamente selou um acordo com o rei dos belgas para ceder a área ao sul de Fachoda ao Congo Belga em troca de uma faixa do Congo Ocidental, com a óbvia intenção de bloquear o acesso francês a Fachoda. Nas difíceis negociações que se seguiram, as tentativas de Gabriel Hanotaux, ministro das Relações Exteriores da França, de chegar a algum tipo de acordo com relação a Fachoda fracassaram; e, quando uma expedição liderada pelo explorador francês Marchand partiu para o Alto Nilo, o subsecretário parlamentar de Rosebery no Ministério das Relações Exteriores, *sir* Edward Grey, a denunciou como um "ato hostil". Foi nesse momento crítico (junho de 1895) que Rosebery renunciou, deixando a Grã-Bretanha em uma posição de isolamento diplomático sem precedentes. No entanto, para sorte do governo de Salisbury, que acabava de ter início, a derrota da Itália pelas forças abissínias em Adowa foi um espetáculo paralelo que desviou as atenções. Para a Grã-Bretanha, esse foi um estímulo para agir depressa, e, exatamente uma semana depois, foi dada a ordem de reconquistar o Sudão. No entanto, quando o sucessor de Hanotaux, Théophile Delcassé, reagiu à vitória de Kitchener sobre os dervixes sudaneses em Omdurman ocupando Fachoda, a guerra tornou-se iminente.

A cidade de Fachoda é de interesse aqui porque nos faz recordar uma guerra que não ocorreu entre as grandes potências, mas poderia ter ocorrido. De maneira similar, é importante lembrar que, em 1895 e 1896, tanto a Grã-Bretanha quanto a Rússia flertaram com a ideia de usar suas frotas para dominar os Estreitos do mar Negro e afirmar seu controle direto sobre Constantinopla. Na ocasião, nenhum dos lados estava suficientemente convencido de seu poder naval para arriscar tal empreitada; mas, se um deles houvesse arriscado, no mínimo teria havido uma crise diplomática tão séria quanto a de 1878. Também aqui houve uma guerra não concretizada, dessa vez entre a Grã-Bretanha e a Rússia. Tudo isso demonstra que, se queremos explicar por que, afinal, eclodiu uma guerra em que a Grã-Bretanha, a França e a Rússia lutaram do mesmo lado, é pouco provável que o imperialismo forneça a resposta.

A Grã-Bretanha teve a sorte de, naquela etapa, seus dois rivais imperiais não estarem próximos um do outro o bastante para unir forças. São Petersburgo jamais apoiaria Paris nas questões africanas, assim como Paris não apoiaria São Petersburgo com relação aos Estreitos do mar Negro. A França era uma república, com um dos sufrágios mais democráticos da Europa; a Rússia era a última das monarquias absolutistas. No entanto, uma aliança franco-russa fazia sentido em termos estratégicos e econômicos. A França e a Rússia tinham inimigos em comum: a Alemanha entre elas e a Grã-Bretanha ao redor.[40] Além disso, a França era exportadora de capitais, ao passo que a Rússia, em processo de industrialização, estava faminta por empréstimos estrangeiros. De fato, já em 1880 diplomatas e banqueiros franceses começaram a discutir a possibilidade de uma entente franco-russa baseada no capital francês. A decisão de Bismarck de proibir o uso de obrigações russas como garantia para os empréstimos do Reichsbank (o famoso "Lombardverbot") normalmente é vista como desencadeadora de uma reorientação mais ou menos inevitável.[41]

Houve também uma série de motivos não financeiros para um estreitamento dos laços entre a França e a Rússia, especialmente a atitude cada vez mais hostil do governo alemão depois da ascensão de Guilherme II, em 1888, e da demissão de Bismarck dois anos mais tarde. As promessas de Guilherme e do novo chanceler, o general Leo von Caprivi, de que a Alemanha apoiaria a Áustria no caso de uma guerra contra a Rússia e sua firme recusa em renovar o secreto Tratado de Resseguro tornaram supérfluos os incentivos financeiros: logicamente, a França e a Rússia estavam inclinadas a gravitar em direção uma da outra. Entretanto, é importante perceber os muitos obstáculos a uma cooperação desse tipo. Para começar, havia dificuldades financeiras. A instabilidade recorrente na Bolsa de Paris – a crise da Union Générale em 1882 foi seguida da falência do Comptoir d'Escompte em 1889 e da crise do canal do Panamá em 1893 – colocou em dúvida a capacidade básica da França para lidar com operações russas em grande escala. Do lado russo também havia problemas financeiros. Foi só em 1894-1897 que o rublo finalmente passou ao padrão-ouro, e o mercado de obrigações da França continuou desconfiando das obrigações russas; foi só depois da queda brusca dos preços em 1886, 1888 e 1891 que teve início uma valorização estável.

O primeiro grande empréstimo da França à Rússia foi cotado na Bolsa no outono de 1888.[42] No ano seguinte, os Rothschild de Paris concordaram em garantir duas grandes emissões de obrigações do governo russo, com um valor nominal total de cerca de 77 milhões de libras, e uma terceira emissão de 12 milhões de libras no ano seguinte.[43] Em 1894, mais um empréstimo no valor aproximado de 16 milhões de libras foi concedido;[44] e houve outro da mesma quantia em 1896.[45] Naquela época, o aumento dos fundos russos estava começando a parecer sustentado, embora a obtenção de um segundo empréstimo com investidores tenha sido mais lenta – mesmo com o auxílio oportuno de uma visita do tsar a Paris.[46] Agora os bancos alemães estavam sendo encorajados pelo Ministério das Relações Exteriores alemão a participar dos empréstimos russos de 1894 e 1896, precisamente para evitar que a França exercesse um monopólio sobre as finanças russas.[47] Era tarde demais. Na virada do século, nenhuma relação diplomática tinha bases mais sólidas do que a aliança franco-russa. É, até hoje, o exemplo clássico de uma combinação internacional baseada em crédito e dívida. Ao todo, os empréstimos franceses à Rússia em 1914 totalizaram mais de 3 bilhões de rublos, 80% do total da dívida externa do país.[48] Cerca de 28% de todo o investimento francês no exterior estava na Rússia, sendo a quase totalidade em títulos da dívida pública.

Os historiadores econômicos costumavam criticar a estratégia do governo russo de obter empréstimos no exterior para financiar a industrialização do país. Mas é muito difícil criticar os resultados. Não há dúvida de que a economia russa se industrializou com extraordinária velocidade nas três décadas que antecederam 1914. De acordo com os números de Gregory, o Produto Nacional Líquido cresceu a uma taxa média anual de 3,3% entre 1885 e 1913. O investimento anual subiu de 8% para 10% da receita nacional. Entre 1890 e 1913, a formação de capital *per capita* aumentou 55%. A produção industrial cresceu a uma taxa anual de 4-5%. No período 1898-1913, a produção de ferro-gusa cresceu mais de 100%; a malha ferroviária aumentou de tamanho em cerca de 57%; e o consumo de algodão cru cresceu 82%.[49] Nas zonas rurais também houve progresso. Entre 1860 e 1914, a produção agrícola cresceu a uma taxa média anual de 2%. Isso era significativamente mais rápido que a taxa de crescimento populacional (1,5% ao ano). A população cresceu em torno de 26% entre 1900 e 1913; e a receita nacional total quase dobrou. Conforme mostra a Tabela 6, não era a economia alemã, e sim a russa, a que registrava o crescimento mais acelerado antes de 1914.

Os historiadores das revoluções de 1917 na Rússia tendem a começar seus relatos nos anos 1890. Mas o historiador econômico encontra poucos indícios de uma calamidade iminente. Em termos *per capita*, os russos eram, em média, mais ricos em 1913 do que 15 anos antes: a renda *per capita* aumentou por volta de 56% naquele período. A taxa de mortalidade caiu de 35,7 por mil no fim dos anos 1870 para 29,5 por mil (1906-1910), assim como a taxa de mortalidade infantil (de 275 por mil para 247 por mil). O índice de alfabetização subiu de 21% para 40% da população entre 1897 e 1914. Certamente, a rápida industrialização tendeu a aumentar as brechas sociais na Rússia urbana sem reduzir as brechas na Rússia rural ávida por terras (onde ainda vivia 80% da população). Por outro lado, a industrialização parecia ter o resultado que os líderes da Rússia desejavam mais ardentemente: um poder militar cada vez maior. Com incrível rapidez, o Império Russo se expandiu para o leste e para o sul. Entre as conhecidas derrotas da Crimeia e de Tsushima, os generais russos acumularam incontáveis vitórias obscuras na Ásia Central e no Extremo Oriente. Em 1914, o Império Russo cobria 22,2 milhões de quilômetros quadrados e se estendia dos Cárpatos à fronteira com a China.

O que é notável (e, para a Grã-Bretanha, uma sorte) é que a aliança entre a França e a Rússia nunca foi usada seriamente contra o principal inimigo imperial dos dois países: a Grã-Bretanha. A possibilidade foi levada a sério pela Grã-Bretanha e não só por fantasistas como William Le Queux (ver Capítulo 1). Refletindo, em 1888, sobre os desafios que as Forças Armadas britânicas poderiam ter de enfrentar no futuro, o político liberal *sir* Charles Dilke mencionou "apenas a Rússia e a França" como inimigos em potencial. "Entre

Tabela 6   Aumento percentual no Produto Nacional Líquido, 1898-1913

Grã-Bretanha	Itália	Alemanha	Rússia	França	Áustria
40,0	82,7	84,2	96,8	59,6	90,9

Fonte: Hobson, Wary Titan, p. 505.

nós e a França as diferenças são frequentes, e entre nós e a Rússia a guerra é quase certa".⁵⁰ Foi apenas em 1901 que o Primeiro Lorde do Almirantado, o conde de Selborne, sentiu necessidade de alertar que, combinadas, as frotas de couraçados da França e da Rússia logo equivaleriam às da Marinha Real.⁵¹

A ideia de uma guerra mundial alternativa, com a Grã-Bretanha combatendo a França e a Rússia em palcos tão distantes quanto o Mediterrâneo, o estreito de Bósforo, o Egito e o Afeganistão, hoje nos parece inconcebível. Mas, na época, um cenário como esse era menos implausível do que a noção de alianças britânicas com a França e a Rússia, que durante anos pareceram impossíveis – "fadadas ao fracasso", nas palavras de Chamberlain.

O leão e a águia

Poderosas forças econômicas e políticas impeliram, assim, a França e a Rússia em sua aliança fatídica. É claro que não se pode dizer o mesmo da Grã-Bretanha e da Alemanha; mas tampouco se pode afirmar que houve forças insuperáveis gerando um antagonismo fatal entre esses dois países. De fato, precisamente o resultado oposto parecia não só desejável como possível: um entendimento entre a Grã-Bretanha e a Alemanha (se não uma aliança direta). Afinal, Dilke não estava sozinho ao pensar que a Alemanha não tinha "nenhum interesse suficientemente divergente do nosso para que terminasse em disputa".

Para os historiadores, sempre há forte tentação de ser condescendente com iniciativas diplomáticas que fracassam presumindo que estavam fadadas a fracassar. Os esforços para obter alguma espécie de entendimento entre a Grã-Bretanha e a Alemanha nos anos que antecederam a Primeira Guerra Mundial muitas vezes foram objeto de condescendências desse tipo. Quando muito, a ideia de uma aliança anglo-germânica era vista como pouco atraente para os banqueiros da City de Londres, em particular os de origem alemã e judaica – uma visão que, sem dúvida, os germanófobos da época não hesitaram em expressar.⁵² Mas, em retrospecto, não devemos atribuir uma multiplicidade de causas à deterioração das relações anglo-germânicas que acabou culminando em guerra. Em muitos aspectos, os argumentos em favor de alguma espécie de entendimento se baseavam em interesses internacionais comuns. *A priori*, não há uma razão óbvia pela qual uma potência "superexpandida" (como a Grã-Bretanha acreditava ser) e uma potência "subexpandida" (como a Alemanha acreditava ser) não devessem cooperar em termos diplomáticos. É incorreto afirmar que "as prioridades fundamentais das políticas de cada país eram mutuamente excludentes".⁵³ Isso não significa ressuscitar o velho argumento sobre "oportunidades perdidas" nas relações entre os dois países que poderiam ter evitado a carnificina nas trincheiras, um raciocínio que se apoiou, com demasiada frequência, em conhecimentos posteriores e em memórias pouco confiáveis;⁵⁴ significa meramente afirmar que o fracasso na formação de uma entente anglo-germânica foi mais uma consequência acidental do que predeterminada.

A possibilidade de uma entente anglo-germânica tem raízes profundas. A Grã-Bretanha, afinal, manteve-se à parte em 1870-1871, quando a Alemanha infligiu uma derrota humilhante à França. As dificuldades da Grã-Bretanha com a Rússia nos anos 1880 também tiveram implicações positivas para as relações com a Alemanha. Embora a proposta de Bismarck em favor de uma aliança entre os dois países em 1887 tenha dado em nada, a Tríplice Entente secreta de Salisbury com a Itália e a Áustria, para preservar o *status quo* no Mediterrâneo e no mar Negro, criou uma ligação indireta com Berlim por meio da Tríplice Aliança alemã, da qual a Itália e a Áustria também eram membros.

Isso explica, em parte, por que, quando a Alemanha começou a reivindicar colônias nos anos 1880, a Grã-Bretanha apresentou pouca resistência. Obviamente, os planos do chanceler alemão para a África não passavam de uma sombra de seus planos para a Europa (e, talvez, também seus planos para a política interna); entretanto, ele exagerou as ambições alemãs no continente a fim de explorar a vulnerabilidade da Grã-Bretanha com relação ao Egito. Começando em 1884, Bismarck usou o Egito como pretexto para uma série de intervenções alemãs audaciosas na região, ameaçando a Grã-Bretanha com uma "Liga de Neutralidade" franco-germânica na África, afirmando o controle alemão sobre Angra Pequeña no Sudoeste Africano e reivindicando todo o território entre a Colônia do Cabo e a África Ocidental Portuguesa. A reação inglesa foi, com efeito, apaziguar a Alemanha aceitando a colônia no Sudoeste Africano e concedendo outras aquisições territoriais em Camarões e na África Oriental. A questão de Zanzibar, levantada pelo embaixador alemão Paul von Hatzfeldt em 1886, foi típica: a Alemanha não tinha nenhum interesse econômico relevante em Zanzibar (e, de fato, preferiu Heligolândia, no mar do Norte, em 1890); mas valia a pena reivindicar a àrea para si quando a Grã-Bretanha estava tão disposta a, literalmente, ceder terreno. O acordo de 1890 entre as duas potências deu Zanzibar à Grã-Bretanha em troca da ilha de Heligolândia, no mar do Norte, e de uma faixa estreita de terra que garantiu o acesso do Sudoeste Africano, sob domínio alemão, ao rio Zambezi.

Foi com relação à China que alguma forma de cooperação anglo-germânica pareceu mais propensa a se desenvolver. Como ocorre com tanta frequência, isso teve origem nas finanças. Desde 1874, ano do primeiro empréstimo estrangeiro concedido à China imperial, a principal fonte externa de finanças do governo chinês eram duas empresas britânicas com sede em Hong Kong: a Hong Kong & Shanghai Banking Corporation e a Jardine, Matheson & Co.[55] O governo britânico, representado por *sir* Robert Hart, também controlava as Alfândegas Marítimas Imperiais. Em março de 1885, o banqueiro alemão Adolph Hansemann apresentou ao Hong Kong & Shanghai Bank uma proposta de dividir igualmente as finanças do governo chinês e da malha ferroviária entre os membros britânicos e alemães de um novo consórcio. As negociações culminaram na criação do Deutsch-Asiatische Bank em fevereiro de 1889, um empreendimento conjunto envolvendo mais de 13 importantes bancos alemães.[56]

Ao alimentar o fantasma da crescente influência russa no Extremo Oriente, a derrota da China na guerra contra o Japão, de 1894-1895, criou uma oportunidade perfeita para a cooperação entre Berlim e Londres. Em essência, os banqueiros (Hansemann e Rothschild) visavam promover uma parceria entre o Hong Kong & Shanghai Bank e o novo Deutsch-Asiatische Bank que, esperavam, se recebesse apoio oficial adequado de seus respectivos governos, impediria a Rússia de exercer uma influência excessiva sobre a China. Sem dúvida, as aspirações dos banqueiros estavam longe de ser as mesmas que as dos diplomatas e políticos. Friedrich von Holstein, a "eminência parda" no Ministério das Relações Exteriores da Alemanha, queria que a Alemanha, em vez de se aliar à Grã-Bretanha, se unisse à Rússia e à França e, com estas, se opusesse à anexação de Liaotung pelos japoneses sob o tratado de Shimoneseki, em abril de 1895. Mas as circunstâncias confirmaram a perspicácia dos banqueiros.[57] A declaração, em maio, de que a China financiaria o pagamento de sua indenização ao Japão com um empréstimo russo foi um golpe tanto para o governo britânico quanto para o governo alemão. O empréstimo, é claro, não poderia ser financiado pela própria Rússia, já que esta era uma devedora internacional; com efeito, era um empréstimo francês com benefícios divididos igualmente entre a Rússia e a França, a primeira obtendo o direito de ampliar sua ferrovia transiberiana na Manchúria, a segunda obtendo concessões de ferrovias na China. Houve até mesmo um novo banco sino-russo, também financiado por capital francês, e uma aliança formal entre a Rússia e a China em maio de 1896.[58] Diante dessa reviravolta, a proposta de Hansemann, de que o Hong Kong & Shanghai Bank unisse forças com o Deutsch-Asiatische Bank, pareceu mais atraente, e um acordo entre os dois bancos foi firmado em julho de 1895. O principal propósito da aliança era acabar com a competição entre as grandes potências colocando os empréstimos estrangeiros da China nas mãos de um único consórcio multinacional, como havia sido feito no passado para a Grécia e a Turquia, embora com uma implícita predominância anglo-germânica. Depois de muitas manobras diplomáticas, isso finalmente foi alcançado quando um segundo empréstimo foi concedido à China em 1898.

Devemos admitir que dificuldades continuaram existindo. Salisbury se recusou a dar uma garantia estatal ao empréstimo; em consequência, a participação britânica ficou embaraçosamente prejudicada. Em novembro de 1897, os alemães cercaram Kiao-Chow, o principal porto da província de Shantung, e esse fato foi seguido de uma disputa entre o Hong Kong & Shanghai Bank e Hansemann por uma concessão ferroviária em Shantung.[59] Mas o episódio logo foi esquecido quando a Rússia exigiu a "concessão" de Port Arthur em março de 1898, levando a Grã-Bretanha a exigir como "consolo" Wei-hai-wei (o porto em frente a Port Arthur).[60] Numa conferência de banqueiros e políticos ocorrida em Londres no início de setembro desse ano, concordou-se em dividir a China em "esferas de influência" para alocar concessões ferroviárias, deixando o vale do Yang-Tsé aos bancos britânicos, Shantung aos alemães e dividindo a rota Tientsin-Chinkiang.[61] As disputas por ferrovias continuaram, mas o modelo de colaboração estava definido.[62] Quando os alemães enviaram uma expedição à China depois do Levante dos Boxers e da ocupação da Manchúria pela Rússia em 1900, garantiram a Londres que "os russos não arriscariam uma guerra", e em outubro a Grã-Bretanha assinou um novo acordo para manter a integridade do Império Chinês e um regime comercial de "Portas Abertas".⁶³ Esse foi o ápice da cooperação política anglo-germânica na China; mas é importante reconhecer que a cooperação nos negócios continuou por alguns anos. Desacordos posteriores (incitados pela intromissão do chamado "Consórcio de Pequim" na região do rio Amarelo) foram resolvidos em outra conferência de banqueiros em Berlim, em 1902.⁶⁴

Ao que parece, foi depois de um jantar na época da crise de Port Arthur que o embaixador Hatzfeldt levantou a possibilidade de uma aliança anglo-germânica com Joseph Chamberlain. Conforme lembra Arthur Balfour:

> Joe é muito impulsivo: e a discussão do Gabinete sobre os dias anteriores [a respeito de Port Arthur] havia chamado sua atenção para nossa posição diplomática isolada e, portanto, ocasionalmente difícil. Ele decerto foi longe demais ao expressar sua própria inclinação pessoal em favor de uma aliança com a Alemanha; ele combateu a noção de que nossa forma de governo parlamentar tornava precária uma aliança desse tipo (uma noção que, pelo visto, assombra os alemães), e acredito que até chegou a insinuar vagamente a forma que um acordo entre os dois países poderia assumir.

A reação do ministro das Relações Exteriores da Alemanha, Bülow, lembra Balfour, foi "imediata":

> Sua resposta telegráfica [...], mais uma vez, insistiu na dificuldade parlamentar – mas também expressou com total franqueza a visão alemã acerca da posição da Inglaterra no sistema europeu. Ao que parece, eles acreditam que somos mais do que um páreo para a França, mas não mais do que um páreo para a França e a Rússia juntas. A consequência de uma disputa como essa seria imprevisível. Eles não poderiam se dar ao luxo de nos ver sucumbir – não porque nos amam, mas porque sabem que seriam as próximas vítimas – e assim por diante. Todo o teor da conversa (tal como me foi apresentada) era em favor de uma união mais próxima entre os países.⁶⁵

Seguiram-se outras conversas em abril de 1898 entre Chamberlain e o barão Hermann von Eckardstein, o primeiro secretário na embaixada alemã, a quem o Kaiser havia instruído a "manter a opinião oficial na Inglaterra favorável a nós e otimista". Eckardstein agora propôs, em nome do Kaiser, "uma possível aliança entre a Inglaterra e a Alemanha [...] [cuja] base seria a garantia, por ambas as potências, das possessões da outra". Como parte do pacote, ele ofereceu à Grã-Bretanha "liberdade de ação no Egito e na Transvaal" e insinuou que "uma aliança defensiva direta [...] poderia vir mais tarde". "Tal tratado", detalhou Chamberlain a Salisbury, "contribuiria para a paz e poderia ser negociado no momento presente".[66] A ideia ressurgiu em forma similar em 1901.[67]

Sendo assim, por que a ideia de uma entente anglo-germânica acabou fracassando? Uma resposta um tanto simplista associa tal fracasso às personalidades envolvidas. A francofilia de Eduardo VII é citada ocasionalmente, ou a absoluta falta de seriedade de Eckardstein.[68] Sem dúvida, Bülow e Holstein exageraram a fraqueza da posição britânica nas negociações.[69] Mas um obstáculo político mais sério (conforme os alemães previam) foi, provavelmente, a absoluta falta de entusiasmo de Salisbury.[70] Chamberlain também contribuiu para o fracasso de seu próprio projeto. Em particular, ele falou de um "Tratado ou Acordo [limitado] entre a Alemanha e a Grã-Bretanha por um prazo de anos [...] de caráter defensivo baseado em um entendimento mútuo quanto às políticas na China e em outras partes".[71] Em público, no entanto, falou eloquentemente de uma "Nova Tríplice Aliança entre a raça teutônica e os dois grandes ramos da raça anglo-saxônica" e – de maneira um tanto irrealista – esperou que os alemães reagissem no mesmo espírito efusivo. Quando, em um discurso em 11 de dezembro de 1899 no Reichstag, Bülow expressou sua prontidão "com base na total reciprocidade e consideração mútua para conviver [com a Inglaterra] em paz e harmonia", Chamberlain, numa atitude petulante, desdenhou isso como um gesto de "indiferença".[72] Quando as dificuldades surgiram, Chamberlain perdeu a paciência: "Se eles são tão cegos, [...] incapazes de enxergar que se trata da ascensão de uma nova constelação no mundo, não se pode ajudá-los".[73]

Houve, entretanto, outros fatores possivelmente mais decisivos do que fraquezas pessoais. Uma objeção comum é que as disputas coloniais pesaram contra uma reconciliação anglo-germânica. É citado com frequência o artigo de 1899 do historiador Hans Delbrück, em que ele declarou: "Podemos seguir com políticas [coloniais] com a Inglaterra ou sem a Inglaterra. Com a Inglaterra significa paz; contra a Inglaterra significa – por meio da guerra".[74] Mas a realidade era que a Alemanha era capaz de seguir com suas políticas coloniais, em grande medida, *com* a Inglaterra (e a inferência correta a ser feita com base no artigo de Delbrück é que ela precisaria fazer isso). Assim, a demorada negociação com Portugal com relação ao futuro de suas colônias africanas (em especial a baía da Lagoa) finalmente resultou em um acordo em 1898, pelo qual a Grã-Bretanha e a Alemanha, juntas, emprestariam dinheiro a Portugal assegurado por sua propriedade colonial, mas com uma cláusula secreta dividindo o território português em esferas de influência.[75] Tampouco houve um conflito de interesse na África Ocidental.[76] No Pacífico, a crise de Samoa que estourou em abriu de 1899 foi resolvida antes do fim do ano.[77] Os dois países até cooperaram (apesar dos ruidosos protestos na imprensa britânica) no caso da dívida externa venezuelana em 1902.[78]

Outra região estrategicamente mais importante em que a parceria anglo-germânica parecia viável era o Império Otomano, uma área de interesse cada vez maior para os negócios alemães mesmo antes da primeira visita do Kaiser a Constantinopla em 1889. Enquanto a Rússia representou uma ameaça aos Estreitos, as perspectivas de alguma espécie de cooperação entre a Inglaterra e a Alemanha na região foram boas. Assim, os dois países trabalharam em conjunto depois da derrota militar da Grécia pela Turquia em 1897, acertando os detalhes de um novo controle financeiro sobre Atenas. Uma oportunidade de cooperação mais conhecida surgiu em 1899 – um ano depois da segunda visita do Kaiser ao Bósforo –, quando o sultão concordou com a proposta da Ferrovia de Bagdá no Império Otomano, uma invenção de Georg von Siemens, do Deutsche Bank (por conseguinte, "Ferrovia Berlim-Bagdá"). Siemens e seu sucessor Arthur von Gwinner sempre tiveram a intenção de garantir as participações britânica e francesa no empreendimento; o problema era a falta de interesse dos investidores da City de Londres, que, em grande medida, haviam perdido a fé no futuro do regime otomano.[79] Em março de 1903, criou-se um acordo para uma extensão da linha ferroviária até Basra, que teria dado 25% aos membros britânicos de um consórcio – liderado por *sir* Ernest Cassel e por lorde Revelstoke; mas o fato de que os investidores alemães deteriam 35% incitou um bombardeio de críticas em jornais de direita, como o *Spectator* e o *National Review*, e Balfour – a essa altura primeiro-ministro – decidiu se retirar.[80]

Houve, no entanto, uma região de possível conflito entre a Inglaterra e a Alemanha: a África do Sul. O telegrama de Guilherme II depois da infrutífera invasão de Jameson, parabenizando o presidente Kruger por repelir os invasores, certamente atiçou os ânimos em Londres; e as manifestações alemãs de simpatia pelos bôeres durante a guerra que eclodiu com a República do Transvaal em 1899 foram mais um motivo de tensão entre Londres e Berlim. O propósito do acordo de 1898 com a Alemanha sobre a colônia portuguesa de Moçambique foi, em parte, desencorajar os alemães de se alinharem com Kruger, mas a eclosão da guerra pareceu levantar dúvidas sobre esse plano. As coisas não ficaram melhores quando os alemães voltaram a falar em uma "liga continental" contra a Grã-Bretanha no fim de 1899 e quando a Grã-Bretanha interceptou navios mensageiros alemães nos mares sul-africanos em janeiro de 1900. Mas a Guerra dos Bôeres não foi tão nociva às relações entre as duas potências como alguns haviam temido. Os bancos alemães não hesitaram em requerer uma participação no empréstimo britânico ao Transvaal depois da guerra. Possivelmente mais importante, ao minar a autoconfiança britânica, a guerra fortaleceu os argumentos a favor de pôr um fim no isolamento diplomático. A retórica sobre "eficiência nacional" e os esforços das "ligas" militaristas não foram capazes de compensar as angústias que a guerra havia provocado com relação aos custos de manter um vasto Império britânico ultramarino – exemplificado pela hiperbólica afirmação de Balfour de que "para todos os fins práticos no momento presente, não passávamos de uma potência inferior".[81] Do marco cada vez mais complexo em que a estratégia imperial foi concebida (e que o novo Comitê de Defesa Imperial e o Estado-Maior Imperial pouco fizeram para melhorar),[82] surgiu um consenso. Como parecia impossível para os britânicos, em termos financeiros e estratégicos, defender simultaneamente o Império e seu próprio país, o isolamento passou a ser insustentável – e, portanto, era preciso chegar a acordos diplomáticos com uma ou mais das potências rivais. De fato, foi durante a Guerra dos Bôeres – nos primeiros meses de 1901 – que houve um novo esforço de colocar Chamberlain e o novo ministro das Relações Exteriores, lorde Lansdowne, em contato com representantes alemães com base na "cooperação com a Alemanha e adesão à Tríplice Aliança" (nas palavras de Chamberlain).[83]

O território então trazido à discussão – Chamberlain o havia mencionado pela primeira vez em 1899 – foi o Marrocos. Por causa de acontecimentos posteriores, é fácil presumir que havia algo de inevitável nos desacordos entre a Grã-Bretanha e a Alemanha com relação ao Marrocos, mas isso parecia muito improvável em 1901. De fato, os projetos franceses em toda a região do noroeste da África (levados adiante por um acordo secreto com a Itália em 1900) pareciam favorecer alguma espécie de ação conjunta. A Grã-Bretanha já estava preocupada com as fortificações espanholas em Algeciras, que pareciam apresentar uma ameaça a Gibraltar, esse imprescindível portal no Mediterrâneo. A possibilidade de uma "liquidação" conjunta do Marrocos por parte da França e da Espanha era real. A alternativa óbvia era dividir o Marrocos em esferas de influência britânica e alemã, com a Grã-Bretanha assumindo Tânger e a Alemanha, a costa atlântica. Esse foi o impulso fundamental de um possível acordo discutido em maio e outra vez em dezembro. As discussões continuaram de maneira esporádica durante 1902. Foi, de fato, a falta de interesse da Alemanha no Marrocos – conforme Bülow e o Kaiser expressaram claramente no início de 1903 – o que evitou que um esquema desse tipo se concretizasse.[84]

A lógica do apaziguamento

A verdadeira explicação para o fracasso do projeto de uma aliança anglo-germânica não era a força da Alemanha, mas sim sua debilidade. Afinal, foram os britânicos que desistiram da ideia de aliança tanto quanto os alemães.[85] E o fizeram não porque a Alemanha passou a representar uma ameaça à Grã-Bretanha, mas, ao contrário, porque esta percebeu que aquela *não* representava uma ameaça.

Obviamente, o principal interesse dos britânicos era reduzir, não aumentar, a possibilidade de um conflito ultramarino custoso. Apesar da paranoia alemã, um conflito como esse era muito mais provável entre potências que já tinham grandes impérios do que com uma potência que apenas aspirava a ter um. Por essa razão, não é de surpreender que foi entre a França e a Rússia que acabaram ocorrendo as aproximações diplomáticas mais frutíferas. Como afirmou o subsecretário assistente no Ministério das Relações Exteriores, Francis Bertie, em novembro de 1901, o melhor argumento contra uma aliança anglo-germânica era que, se tal aliança fosse firmada, "jamais [poderíamos] manter boas relações com a França, nossa vizinha na Europa e em muitas partes do mundo, ou com a Rússia, cujas fronteiras são adjacentes às nossas, ou quase, em grande parte da Ásia".[86] Salisbury e Selborne tinham uma opinião muito similar sobre os méritos relativos da França e da Alemanha. A relutância alemã em apoiar a política britânica na China em 1901 com medo de se opor à Rússia só confirmou a visão britânica: apesar de tanto esbravejar, a Alemanha era fraca.[87]

Em comparação, a França era capaz de oferecer uma lista muito mais atraente de questões imperiais sobre as quais se poderiam firmar acordos.[88] Por exemplo, os franceses tinham para oferecer à Grã-Bretanha uma concessão que era maior e melhor do que qualquer coisa que a Alemanha poderia ter oferecido: a aceitação definitiva da posição britânica no Egito. Depois de mais de 20 anos de atritos recorrentes, esta foi uma importante mudança de posição diplomática por parte de Delcassé, e é fácil entender por que Lansdowne se apressou em colocá-la no papel. O preço desse acordo foi que a França obteve o direito de "preservar a ordem no Marrocos e prover assistência a todas as reformas administrativas, econômicas, financeiras e militares que fossem necessárias para tal" – uma concessão que, na percepção dos franceses, lhes outorgava uma posição de poder *de fato* no Marrocos que era equivalente à que a Grã-Bretanha ocupava no Egito desde 1882. Nas disputas subsequentes pelo Marrocos, os alemães, com efeito, muitas vezes estavam em seu direito; mas a Grã-Bretanha havia optado pela França e, portanto, estava obrigada a apoiar as reivindicações francesas mesmo quando estas iam além dos acordos então em vigor.

A Entente Cordiale anglo-francesa de 8 de abril de 1904 equivaleu, portanto, a escambo colonial (o Sião também foi ocupado);[89] mas mostrou ter implicações mais amplas. Em primeiro lugar, reduziu a importância, para a Grã-Bretanha, das boas relações com a Alemanha, como se fez notar durante a primeira crise marroquina, que teve início quando o Kaiser aportou no Tânger em 31 de março de 1905 e exigiu uma conferência internacional para reafirmar a independência do Marrocos. Longe de corroborar os argumentos alemães em favor de uma "Porta Aberta" no Marrocos, Lansdowne temeu que a crise poderia derrubar Delcassé e culminar na retirada francesa.[90]

Em segundo lugar, devido à proximidade dos vínculos entre Paris e São Petersburgo, a entente anglo-francesa significava melhores relações com a Rússia.[91] Sem demora, a Grã-Bretanha demonstrou sua prontidão para apaziguar os interesses da Rússia na Manchúria e no Tibete, e evitar um atrito desnecessário por causa dos Estreitos do mar Negro, da Pérsia – e até mesmo (para consternação de lorde Curzon, o vice-rei indiano) do Afeganistão.⁹² Esse ímpeto por boas relações possivelmente teria antecipado um acordo formal, como ocorreu no caso da França, não fosse pela derrota russa infligida pelo Japão. (Por outro lado, se a Grã-Bretanha tivesse continuado a se sentir ameaçada pela Rússia no Oriente – se a Rússia houvesse derrotado o Japão em 1904, por exemplo –, os argumentos a favor de uma entente anglo-alemã poderiam ter ganhado força.) Mas o advento do Japão como um efetivo contrapeso às ambições russas na Manchúria introduziu uma nova variável na equação. O governo alemão sempre estivera desconfortável diante da perspectiva de um acordo com a Grã-Bretanha, que poderia ter significado que a Alemanha travaria uma guerra contra a Rússia na Europa em nome dos interesses britânicos na China: isso explica por que, em 1901, Bülow e o Kaiser garantiram a neutralidade alemã no caso de um conflito entre a Grã-Bretanha e a Rússia no Extremo Oriente. Já o Japão tinha todos os motivos para procurar um aliado europeu. Quando o governo russo se recusou a firmar um acordo sobre a Manchúria, Tóquio se voltou prontamente para Londres, e em janeiro de 1902 uma aliança defensiva foi firmada. É um bom exemplo da lógica da política britânica – apaziguar o mais forte – o fato de que essa aliança passou a ser vista como prioritária sobre qualquer negociação colonial com a Rússia.⁹³

Pode-se dar outro exemplo de uma potência agressiva que apresentou uma ameaça direta à Grã-Bretanha no Atlântico e no Pacífico; uma potência que partilhava uma fronteira de quase 5 mil quilômetros com um dos territórios mais prósperos do Império: os Estados Unidos.

Embora as duas potências não se enfrentassem desde 1812, são facilmente esquecidas as inúmeras razões que elas tiveram para se enfrentar na década de 1890. Os Estados Unidos tiveram um confronto com a Grã-Bretanha pela fronteira entre a Venezuela e a Guiana Britânica, uma disputa só resolvida em 1899; foram para a guerra contra a Espanha por causa de Cuba e, no processo, adquiriram as Filipinas, Porto Rico e Guam em 1898; anexaram o Havaí no mesmo ano; travaram uma guerra colonial sanguinária nas Filipinas entre 1899 e 1902; adquiriram algumas das ilhas de Samoa em 1899; e participaram avidamente da partilha econômica da China. A etapa seguinte da expansão imperial norte-americana foi construir um canal através dos istmos da América Central. Em comparação com os Estados Unidos, a Alemanha era uma potência pacífica. Mais uma vez, a Grã-Bretanha apaziguou o mais forte. Pelo Tratado Hay-Pauncefote, de 1901, concordou em reconhecer a fortificação e o controle norte-americano do futuro canal do Panamá; além disso, permitiu que o presidente Theodore Roosevelt agisse com total desconsideração para com as objeções colombianas ao auxiliar uma revolta panamenha na zona escolhida do canal. Em 1901-1902, Selborne tomou a decisão de reduzir a capacidade naval da Grã-Bretanha para enfrentar os Estados Unidos no Caribe e no Atlântico.[94] Esse apaziguamento teve resultados previsíveis. Em 1904, os norte-americanos assumiram o controle financeiro da República Dominicana; e também o fizeram na Nicarágua em 1909 (com apoio militar em 1912). Woodrow Wilson afirmou deplorar a "diplomacia do dólar" e a política do "Big Stick", mas também foi ele quem enviou a Marinha para dominar o Haiti em 1915 e a República Dominicana em 1916, e foi ele quem autorizou a intervenção militar no México, primeiro em 1914, para substituir o governo mexicano, e depois em março de 1912, para punir "Pancho" Villa por ter invadido o Novo México.[95] Mas ninguém na Grã-Bretanha disse uma palavra. Os Estados Unidos eram poderosos; portanto, não poderia haver um antagonismo anglo-americano.

A política estrangeira britânica entre 1900 e 1906, então, era apaziguar essas potências que pareciam apresentar a maior ameaça à sua posição, mesmo à custa de boas relações com potências menos importantes. A questão é que a Alemanha caiu na última categoria; a França, a Rússia e os Estados Unidos, na primeira.

---

1. Joll, *Second International*, p. 196s.
2. Buse, Ebert, p. 436.
3. Lênin, *Imperialism*, passim.
4. Gutsche, Foreign Policy, p. 41-62.
5. Zilch, *Die Reichsbank*, p. 79.
6. Ferguson, *World's Banker*, Capítulo 29.
7. Ferguson, *Paper and Iron*, p. 84.
8. Steed, *Through Thirty Years*, vol. II, p. 8s.
9. Jahresbericht 1914, p. 1s., Hamburg, Brinckmann, Wirtz & Co.-M. M. Warburg (MMW), Max Warburg Papers, Jahresbericht 1914. Cf. Warburg, *Aus meinen Aufzeichnungen*, p. 29.

10. J. Williamson, *Karl Helfferich*, p. 105s, 111ss. Ver também Feldman, Deutsche Bank, p. 129ss. E sobre diplomacia e bancos alemães, ver, em geral, Barth, *Die deutsche Hochfinanz*.
11. Pogge von Strandmann, *Walther Rathenau*, p. 183. Ver também Rathenau, *Briefe*, vol. I, p. 156ss.
12. Cf. Zilch, *Die Reichsbank*.
13. Feldman, War Aims, p. 2s.
14. Kennedy, *Rise and Fall of the Great Powers*, esp. p. 269-277; Kennedy, First World War, p. 7-40.
15. Ver Henig, *Origins*, p. 8ss.
16. Geiss, *Der lange Weg*, p. 54, 116, 123.
17. Geiss, German Version of Imperialism, p. 114.
18. Ver e.g. Wilson, *Policy of the Entente*, p. 96s; T. Wilson, Britain's "Moral Commitment", p. 381ss.
19. Calculado com base em estatísticas de Mitchell, *European Historical Statistics*; *Economist, Economic Statistics*; Bairoch, Europe's Gross National Product, p. 281, 303.
20. E. Morgan e Thomas, *Stock Exchange*, p. 88s.
21. *Financial Times*, 6 de maio de 1997, p. 18: no período de 1990-1995, os investimentos diretos brutos e os investimentos de portfólios correspondiam a pouco menos de 12% do PIB.
22. Pollard, Capital Exports, p. 491s.
23. Gutsche, Foreign Policy, p. 50.
24. Ver Buchheim, Aspects of Nineteenth-Century Anglo-German Trade Policy, p. 275-289. Ver também Kennedy, *Rise of the Anglo-German Antagonism*, p. 46ss, 262ss; Cain e Hopkins, *British Imperialism*, vol. I, p. 461s; Steiner, *Britain and the Origins of the First World War*, p. 60-63.
25. Para uma discussão sobre o assunto, ver Pollard, *Britain's Prime*; Floud, Britain 1860-1914, p. 1-26.
26. Cain, *Economic Foundations*, p. 43ss.
27. Edelstein, *Overseas Investment*, p. 24ss., 48, 313ss.
28. Davis e Huttenback, *Mammon*, p. 81-117; Pollard, Capital Exports, p. 507.
29. Davis e Huttenback, *Mammon*, p. 107.
30. Offer, *First World War*, p. 121.
31. Eichengreen, *Golden Fetters*, p. 29-66; Eichengreen e Flandreau, Geography of the Gold Standard.
32. Reader, *At Duty's Call*, p. 71.
33. Ver especialmente Hentschel, *Wirtschaft und Wirtschaftspolitik*, p. 134. Cf. Sommariva e Tullio, *German Macroeconomic History*, p. 41-50.

34. Offer, *First World War*, p. 121-135.
35. Geiss, *Der lange Weg*, p. 188s.
36. Förster, *Der doppelte Militarismus*, p. 64.
37. Kaiser, Germany and the Origins of the First World War, p. 454s.
38. E. Dugdale, *German Diplomatic Documents*, vol. I, p. 284.
39. A. J. P. Taylor, *Struggle for Mastery*, p. 342.
40. Kennan, *Fateful Alliance*.
41. Stern, *Gold and Iron*, p. 442.
42. Girault, *Emprunts russes*, p. 159-162; Kennan, *Franco-Russian Relations*, p. 382s; Stern, *Gold and Iron*, p. 446s. Cf. Kynaston, *City*, vol. I, p. 312.
43. Kennan, *Decline of Bismarck's European Order*, p. 387-390; Poidevin, *Relations économiques*, p. 46-50. Cf. Davis, *English Rothschilds*, p. 230-232.
44. Poidevin, *Relations économiques*, p. 46-50.
45. Girault, *Emprunts russes*, p. 314-320.
46. Ibid., p. 73s.
47. Poidevin, *Relations économiques*, p. 46-50; Girault, *Emprunts russes*, p. 73.
48. Lyashchenko, *History of the National Economy*, p. 714.
49. Números de Mitchell, *European Historical Statistics*, p. 218, 253-255, 318.
50. Reader, *At Duty's Call*, p. 61. Ver também p. 67 para a alusão de H. M. Stanley a "este pesadelo de guerra" com a Rússia e a França.
51. Monger, *End of Isolation*, p. 10.
52. Kennedy, *Rise of the German Antagonism*, p. 47s.
53. Koch, Anglo-German Alliance Negotiations, p. 392; Kennedy, German World Policy, p. 625. Ver também Grey, *Twenty-Five Years*, vol. I, p. 245.
54. Ver esp. Eckardstein, *Lebenserinnerungen*; Meinecke, *Die Geschichte*.
55. Kynaston, *City*, vol. I, p. 351.
56. Barth, *Die deutsche Hochfinanz*, p. 39s.
57. Ibid., p. 142ss.; Kynaston, *City*, vol. II, p. 125ss.
58. Poidevin, *Relations économiques*, p. 77-79.
59. Garvin, *Life of Joseph Chamberlain*, vol. III, p. 248s; Barth, *Die deutsche Hochfinanz*, p. 160s.
60. Garvin, *Life of Joseph Chamberlain*, vol. III, p. 250ss.
61. Barth, *Die deutsche Hochfinanz*, p. 163.
62. Ibid., p. 166s.
63. Amery, *Life of Joseph Chamberlain*, vol. IV, p. 139s, 150; Monger, *End of Isolation*, p. 15, 19s. Cf. Rich e Fisher, *Holstein Papers*, vol. IV, p. 197.
64. Barth, *Die deutsche Hochfinanz*, p. 280s. Ver também G. Gooch e Temperley, *British Documents*, vol. II, p. 72.
65. B. Dugdale, *Arthur James Balfour*, vol. I, p. 258s. Para as notas das conversas do próprio Chamberlain, ver Garvin, *Life of Joseph Chamberlain*, vol. III, p. 259-264.

66. Garvin, *Life of Joseph Chamberlain*, vol. III, p. 270-280.
67. Amery, *Life of Joseph Chamberlain*, vol. IV, p. 144ss, 153ss; Monger, *End of Isolation*, p. 30, 35-38.
68. Rich e Fisher, *Holstein Papers*, vol. IV, p. 275.
69. Garvin, *Life of Joseph Chamberlain*, vol. III, p. 503ss; Amery, *Life of Joseph Chamberlain*, vol. IV, p. 147ss.
70. Garvin, *Life of Joseph Chamberlain*, vol. III, p. 281, 340s, 505; Amery, *Life of Joseph Chamberlain*, vol. IV, p. 138; E. Dugdale, *German Diplomatic Documents*, vol. III, p. 50; Monger, *End of Isolation*, p. 37.
71. Jay, *Chamberlain*, p. 219.
72. Garvin, *Life of Joseph Chamberlain*, vol. III, p. 498, 507s, 510-515.
73. Amery, *Life of Joseph Chamberlain*, vol. IV, p. 157. Ver também p. 169-180, 191s, 199.
74. Steinberg, Copenhagen Complex, p. 27.
75. Langhorne, Anglo-German Negotiations, p. 364ss; G. Gooch e Temperley, *British Documents*, vol. I, p. 44-48; Egremont, *Balfour*, p. 139; Steiner, *Foreign Office*, p. 38s.
76. Rich e Fisher, *Holstein Papers*, vol. IV, p. 71.
77. Garvin, *Life of Joseph Chamberlain*, vol. III, p. 331-339.
78. Amery, *Life of Joseph Chamberlain*, vol. IV, p. 201; Monger, *End of Isolation*, p. 105ss; Kennedy, *Rise of the Anglo-German Antagonism*, p. 259.
79. Barth, *Die deutsche Hochfinanz*, p. 134; Gall, Deutsche Bank, p. 67-77.
80. Monger, *End of Isolation*, p. 119-123. Cf. Steiner, *Foreign Office*, p. 186s. Para aqueles cujas memórias remontam aos anos 1870, essa foi uma decisão estranha: a compra de ações do canal de Suez do Quediva por parte de Disraeli teria sido desaprovada porque os acionistas franceses estavam em maioria.
81. Monger, *End of Isolation*, p. 13. Cf. Trebilcock, War and the Failure of Industrial Mobilisation, p. 141ss; Cain e Hopkins, *British Imperialism*, vol. I, p. 452; Barnett, *Collapse of British Power*, p. 75-83.
82. J. Gooch, *Plans of War*, p. 42-90; D'Ombrain, *War Machinery*, p. 5s, 9s, 14, 76.
83. Amery, *Life of Joseph Chamberlain*, vol. IV, p. 144.
84. Rich e Fisher, *Holstein Papers*, vol. IV, p. 257, 260; Monger, *End of Isolation*, p. 39--42; Amery, *Life of Joseph Chamberlain*, vol. IV, p. 163, 182s.
85. Kennedy, German World Policy, p. 613.
86. K. Wilson, *Policy of the Entente*, p. 5.
87. Amery, *Life of Joseph Chamberlain*, vol. IV, p. 151; Monger, *End of Isolation*, p. 23-34.
88. Monger, *End of Isolation*, p. 17, 39s, 113, 129, 132ss, 144s; Andrew, Entente Cordiale, p. 11, 19ss.
89. Garvin, *Life of Joseph Chamberlain*, vol. III, p. 275; Amery, *Life of Joseph Chamberlain*, vol. IV, p. 180, 184ss, 202-206.

90. Monger, *End of Isolation*, p. 186-98, 223.
91. K. Wilson, *Policy of the Entente*, p. 71, 74; Andrew, Entente Cordiale, p. 20ss; Monger, *End of Isolation*, p. 129-133, 192.
92. B. Williams, Strategic Background, p. 360-366; Monger, *End of Isolation*, p. 2, 5ss, 33s, 108ss, 115ss, 123s, 132, 140ss, 185, 216-220; J. Gooch, *Plans of War*, p. 171, 175.
93. Monger, *End of Isolation*, p. 200-202, 214-221.
94. R. Williams, *Defending the Empire*, p. 70ss.
95. M. Jones, *Limits of Liberty*, p. 396-411.

3
A guerra de ilusões da Grã-Bretanha

O perfeito pescador

Esse foi o legado diplomático herdado pelos liberais depois da renúncia de Balfour em dezembro de 1905 e da vitória esmagadora deles nas eleições que se seguiram. É importante enfatizar que isso, de forma alguma, condenou a Grã--Bretanha a entrar na Primeira Guerra Mundial. Certamente, determinou as prioridades diplomáticas do país com relação às outras grandes potências nesta ordem: França, Rússia, Alemanha. Mas não criou um compromisso irrevogável para a Grã-Bretanha de defender a França, e muito menos a Rússia, no caso de um ataque alemão a um dos dois países ou a ambos. Em suma, não tornou inevitável uma guerra entre a Grã-Bretanha e a Alemanha, como alguns pessimistas – notadamente Rosebery – temiam.[1] E mais, um governo liberal – em particular, um do tipo liderado por *sir* Henry Campbell-Bannerman – parecia, à primeira vista, menos propenso a brigar com a Alemanha ou a se alinhar com a França ou a Rússia do que seu predecessor. De fato, o novo governo estava empenhado em tentar (nas palavras de Lloyd George) "reduzir o gasto gigantesco em armamentos acumulado pela imprudência de nossos predecessores".[2] A lei das consequências imprevistas, no entanto, tem mais probabilidade de atuar quando um governo se encontra fundamentalmente dividido, como o governo liberal aos poucos se tornou.

Já em setembro de 1905, Asquith, Grey e Haldane haviam concordado em agir em conjunto como uma facção da Liga Liberal (com efeito, imperialista) na nova administração, a fim de conter as tendências radicais que eram temidas, entre outras pessoas, pelo rei.[3] A nomeação de Grey como ministro das Relações Exteriores foi uma das primeiras e mais importantes conquistas da facção.

Sir Edward Grey – 3º baronete, mais tarde visconde Grey de Falloden – geralmente aparece nos livros de história como uma figura trágica. Em

1908, o editor do *Daily News*, A. G. Gardiner, o resumiu em termos que perduraram:

> A inflexibilidade de sua mente, desprovida de grande conhecimento, de uma rápida compreensão dos fatos ou de uma intensa paixão pela humanidade, constitui um perigo ao futuro. Seus objetivos são elevados; sua honra, imaculada; mas a lentidão de seu pensamento e sua fé inabalável na honestidade daqueles em quem precisa confiar o arrastam facilmente para rumos que um senso mais imaginativo e um instinto mais aguçado o levariam a questionar e a repudiar.[4]

Tendo correspondido aos piores temores de Gardiner em 1914, possivelmente não surpreende o fato de Grey ter continuado a ser julgado dessa maneira. O retrato póstumo que Lloyd George fez de Grey diz coisas similares de um modo mais cruel: Grey tinha "uma inteligência elevada, mas de uma [...] textura comum". Seus discursos eram "claros, corretos e lógicos", mas "caracterizados por nenhuma distinção de frase ou pensamento". "Ele carecia do conhecimento [...], visão, imaginação, amplitude mental e da grande coragem, beirando a audácia, que sua imensa tarefa exigia." Era "um piloto cuja mão tremia na paralisia da apreensão, incapaz de agarrar as alavancas e manipulá-las com um propósito firme e claro [...] esperando que a opinião pública decidisse a direção por ele".[5] E, assim, o triste veredicto ecoa repetidas vezes: "Verdadeiramente trágico [...] no coração, um filantropo, um homem de paz"; "um nobre apóstolo da lei moral como sempre foi"; "podia lidar com questões que tinham respostas racionais; quando deparava com o inexplicável, ele tendia a recuar".[6]

Sem dúvida havia algo de trágico em Grey. Dois meses depois de se tornar ministro das Relações Exteriores, perdeu a esposa, a quem fora fiel e dedicado. Sua declaração mais famosa foi uma metáfora sobre iluminação se esvaindo; por uma cruel ironia, ele próprio ficou quase cego durante a guerra. Mas esses infortúnios não devem nos distrair da clareza de sua visão diplomática antes da guerra. Ele havia deixado sua marca política como subsecretário parlamentar no Ministério das Relações Exteriores durante o período de isolamento que culminou em Fachoda. Mas, apesar de seu apoio à Guerra dos Bôeres e da suspeita de seus críticos na imprensa radical, Grey estava longe de ser um imperialista fervoroso. Ele partilhava do desejo radical de "conduzir uma política europeia sem manter um grande exército" e recebeu de bom grado o apoio de gladstonianos como John Morley quando tentou controlar o governo da Índia.[7] No entanto, essa posição era mera consequência de sua crença dominante, desde 1902, de que a Grã-Bretanha deveria se posicionar contra a Alemanha. Ele defendeu isso em uma reunião do grupo de discussão interpartidário, os Coefficients, em dezembro de 1902, para consternação de Bertrand Russell.[8] Em janeiro de 1903, ele disse ao poeta Henry Newbolt: "Comecei a pensar que a Alemanha é nosso maior inimigo e nosso maior perigo [...] Acredito que a política da Alemanha seja a de nos usar sem nos ajudar: manter-nos isolados, para que possa recorrer a nós".[9] "Se algum governo nos arrastar de volta à rede alemã", Grey declarou em agosto de 1905 a Ronald Munro-Ferguson, membro do Parlamento pelo Partido Liberal, "eu me oporei abertamente, a todo custo". Dois meses mais tarde, pouco antes de assumir o poder, ele reafirmou esse compromisso:

> Temo que aqueles que têm interesse nisto conseguiram espalhar a impressão de que um governo liberal romperia o acordo com a França a fim de se aproximar da Alemanha. Quero fazer todo o possível para combater essa ideia.[10]

"Nada do que fizermos em nossas relações com a Alemanha", ele comunicou a uma audiência na City de Londres dois dias depois, "prejudicará, de alguma forma, as boas relações que mantemos com a França".[11]

Desde o início, a germanofobia de Grey e seu entusiasmo pela Entente com a França estiveram em desacordo com as visões da maioria do Gabinete liberal. Essa divisão deveria ter causado problemas muito mais cedo do que causou. Mas Campbell-Bannerman era um primeiro-ministro quase cego para as políticas externas; ao passo que Asquith – que o sucedeu em abril de 1908 – era adepto de encobrir a posição de Grey.[12] Asquith veio a ser visto pelos admiradores como um mestre "na arte de contrapor os partidos"; pelos críticos, como alguém que combinava "dons incomparáveis de liderança parlamentar com uma absoluta incapacidade de encarar os fatos ou de chegar a alguma decisão a respeito deles".[13] Ele era ambos. Uma forma de evitar fatos estranhos que poderiam desequilibrar o partido parlamentar era limitar sua influência, e seus conhecimentos, sobre a política externa; um modo de operação muitíssimo conveniente para Grey e para os altos oficiais no Ministério das Relações Exteriores. Era típico de Grey reclamar, como fez em outubro de 1906, sobre os liberais no Parlamento que "agora adquiriram o dom de fazer perguntas e suscitar debates, e há tanta coisa nos assuntos externos que chama a atenção e que seria melhor não abordar". Quando os colegas do Gabinete se pronunciavam sobre os assuntos externos, Grey procurava "convencê-los de que há coisas que são como muros de tijolos", contra as quais não se pode fazer nada além de "bater a cabeça".[14]

Nisso, ele foi, sem dúvida, auxiliado e incentivado pela aprovação tácita de sua política por parte da oposição. Devemos sempre lembrar que a maioria liberal foi gradativamente reduzida entre 1906 e 1914. Em tais circunstâncias, a influência da oposição estava fadada a crescer. Se os conservadores no Parlamento discordassem das políticas de Grey, poderiam ter tornado sua vida mais difícil, como fizeram com Lloyd George, de cuja política fiscal discordavam, e com Asquith, cuja política irlandesa abominavam. Mas não o fizeram. Eles acreditavam que Grey estava dando continuidade à sua política. Conforme afirmou o líder *tory*, lorde Balcarres, em maio de 1912, seu partido havia "apoiado Grey durante seis anos supondo que ele prosseguia com a Entente com a França, que lorde Lansdowne consolidou, e com a Entente com a Rússia, que lorde Lansdowne iniciou".[15] É verdade, Balfour precisou ter cuidado para não ofender a direita de seu partido ao aparentar "amar" demais o governo.[16] Ainda assim, continua o fato de que houve mais acordos entre Grey e os membros mais antigos da oposição do que dentro do próprio Gabinete, sem falar do Partido Liberal como um todo. De fato, durante a segunda crise marroquina em 1911, a imprensa *tory* acabou defendendo Grey contra seus críticos radicais.[17] O que isso significa é que os detalhes das políticas de Grey (e aqui mora o diabo) não estavam sujeitos a uma análise parlamentar suficientemente acurada.

Isso deu a Grey muito mais liberdade de ação do que suas memórias posteriormente deram a entender. Mas, deve-se notar, ele tampouco era um homem desacostumado à liberdade. Um mau aluno tanto em Winchester quanto em Balliol (ele foi suspenso por ociosidade e obteve uma nota muito baixa em Jurisprudência), a grande paixão de Grey era a pesca de truta e salmão.[18] A pesca com mosca, como saberão os leitores que já praticaram, não é uma ocupação condizente com uma mentalidade determinista.[19] Em seu livro sobre o assunto, publicado em 1899, Grey assumiu um tom lírico ao falar de seus prazeres incertos e imprevisíveis. Uma passagem em particular, em que descreve a pesca de um salmão de quase 4 quilos, merece ser citada:

> Não havia motivo imediato para temer a catástrofe. Mas [...] me ocorreu a terrível sensação de que o processo todo seria demorado, e de que a parte mais difícil viria no final, não ao cansar o peixe, mas ao tirá-lo da água [...] Era como se toda tentativa de tirá-lo da água com [minha] rede fosse precipitar uma catástrofe que eu não era capaz de encarar. Em mais de uma ocasião falhei, e cada falha era terrível [...] Para mim, não há nada que se equipare ao entusiasmo de ter fisgado um peixe excepcionalmente grande com uma pequena vara e um bom equipamento.[20]

É com esse Grey em mente — o pescador entusiasmado e ansioso à beira do rio, e não o Grey destruído das memórias, tratando de se justificar a todo custo — que devemos interpretar a política externa britânica entre 1906 e 1914. Correndo o risco de levar a analogia longe demais, é possível dizer que em grande parte do tempo — e sobretudo durante a crise de julho — Grey se comportou exatamente como naquela ocasião. Ele esperava conseguir tirar o peixe da água, mas conhecia o risco da "catástrofe". Em nenhum dos casos o resultado era certo.

Em certo sentido, deve-se reconhecer, a analogia é enganosa. Pois, em suas negociações com a Rússia e a França, sem dúvida era Grey o peixe que outros fisgaram. No caso da Rússia, Grey mais tarde afirmou que dera continuidade à política de *détente* de seu predecessor, apesar da aversão dos radicais pelo regime tsarista.[21] Mas um olhar mais atento revela que ele foi muito mais longe do que Lansdowne. A diminuição do poder da Rússia depois que esta foi derrotada pelo Japão e a Revolução de 1905 tornaram as coisas mais fáceis para ele. Em tais circunstâncias, ele pôde contar com o apoio dos novos membros do Parlamento para fazer cortes nos gastos com a defesa da Índia, e assim conseguiu neutralizar aqueles no Gabinete de Guerra e no governo da Índia para quem a Rússia continuava sendo a ameaça na fronteira noroeste.[22] Ele também encontrou apoio (legítimo) do coronel William Robertson, do Departamento de Inteligência do Gabinete de Guerra, que foi contra aumentar os compromissos militares da Grã-Bretanha na Pérsia ou na fronteira afegã quando a Alemanha era a ameaça militar mais séria:

Durante séculos, cerceamos [...] cada um dos países que aspiraram à supremacia no continente; e, ao mesmo tempo, e em consequência disso, vivificamos nossa própria esfera de influência imperial [...] Hoje, cresce uma nova potência, cujo centro de gravidade é Berlim. Qualquer coisa [...] que nos ajude a enfrentar esse novo e formidável perigo seria de grande valor para nós.[23]

Com isso, Grey compreendeu que era hora de fazer algumas mudanças profundas na política externa britânica.

Os acordos imediatos firmados em 31 de agosto de 1907 foram com relação ao Tibete e à Pérsia. O primeiro se tornou um Estado tampão; o último foi dividido em esferas de influência – o norte, para a Rússia; o centro, neutro; e o sudeste, para a Grã-Bretanha. Nas palavras de Eyre Crowe, "a ficção de uma Pérsia independente e unida" precisou ser "sacrificada" de modo a evitar uma "disputa" com a Rússia.[24] "Durante séculos" – para usar os termos de Robertson –, a Grã-Bretanha também havia tratado de resistir à expansão russa em direção aos Estreitos do mar Negro, bem como à Pérsia e ao Afeganistão. Agora, em nome de boas relações com a Rússia, isso podia ser abandonado. "Se as questões asiáticas forem resolvidas de maneira favorável", Grey disse ao subsecretário de Estado, *sir* Arthur Nicolson, "os russos não terão nenhum problema conosco para entrar no mar Negro".[25] "A velha política de fechar os Estreitos para os russos, e usar nossa influência contra eles em todas as conferências das potências", seria "abandonada" – embora Grey se recusasse a dizer exatamente quando.[26] A fim de reforçar o papel da Rússia como um "contrapeso à Alemanha em terra", Grey mostrou até mesmo sinais de apoiar as históricas ambições da Rússia nos Bálcãs.[27] De fato, alguns de seus oficiais eram *plus russe que le Czar* [mais russos que o Tsar]; quando a Rússia aceitou a anexação da Bósnia-Herzegovina pela Áustria em 1909, Nicolson ficou um tanto indignado.[28] Quando Grey sancionou o nacionalismo eslavo promovido pela Rússia nos Bálcãs, estava ciente do que isso significava, como deixou claro em uma carta a seu embaixador em Berlim, *sir* William Goschen, em novembro de 1908:

Um forte sentimento eslavo surgiu na Rússia. Embora esse sentimento pareça estar sob controle no presente, o derramamento de sangue entre a Áustria e a Sérvia decerto elevaria tal sentimento a um nível perigoso na Rússia; e a noção de que a paz depende de a Sérvia se conter não é confortável.[29]

Sazonov, seu congênere na Rússia, estava otimista. Conforme observou a respeito da Pérsia em outubro de 1910, "os ingleses, ao perseguir objetivos políticos de vital importância na Europa, abandonarão, em caso de necessidade, certos interesses na Ásia, simplesmente para manter conosco as boas relações que tanto prezam".[30] Mas a situação em Londres era mais instável do que ele pensava. Quando Grey soube que os russos e os alemães haviam feito um acordo em Potsdam com relação ao Império Otomano e à Pérsia, ele considerou a possibilidade de renunciar a fim de abrir caminho para um ministro das Relações Exteriores germanófilo que pudesse resistir às pretensões russas na Pérsia e na Turquia.[31] As relações ficaram ainda piores quando a Rússia propôs a abertura dos Estreitos para os navios de guerra russos, a fim de conter o ataque italiano à Turquia em Trípoli, e em 2 de dezembro de 1911 Grey, mais uma vez, ameaçou renunciar. O máximo que ele estava preparado para oferecer era a abertura dos Estreitos para todos; qualquer coisa além disso teria inflamado os radicais de seu próprio país.[32] À véspera da guerra, os russos voltaram a tocar na questão dos Estreitos; de fato, sem o conhecimento de Grey, Sazonov já havia revivido o velho sonho russo de tomar Constantinopla.[33] Está claro que Grey não teria resistido se a Rússia houvesse sido capaz de alcançar isso durante a guerra – com efeito, ele aceitou isso como um legítimo objetivo de guerra da Rússia. Todos esses fatos marcaram uma clara ruptura na política externa britânica. É ainda mais notável que a ruptura tenha sido feita por um ministro liberal, considerando a assombrosa reputação de antissemitismo e outras práticas não liberais do governo russo.[34] Esse foi realmente um apaziguamento, no sentido pejorativo que o termo veio a adquirir.

Era muito mais fácil para um ministro liberal conduzir uma política externa francófila do que russófila, e, conforme vimos, Grey havia demonstrado essa intenção mesmo antes de assumir o cargo. Mais uma vez, parecia que a política *tory* estava sendo continuada. Mas novamente – conforme ele mesmo admitiu –, Grey foi muito "mais longe do que o último governo precisou ir".[35] Em particular, ele encorajou o desenvolvimento de um "subtexto" militar para a Entente entre a Grã-Bretanha e a França.

Mesmo antes da chegada dos liberais, os estrategistas militares britânicos haviam começado a pensar seriamente em oferecer apoio militar e naval à França no caso de uma guerra com a Alemanha. Obviamente, os planos para um bloqueio naval à Alemanha já haviam sido elaborados.[36] No entanto, foi em setembro de 1905 que o Estado-Maior britânico começou a levar a sério a ideia de enviar uma "força expedicionária" ao continente no caso de uma guerra entre franceses e alemães. Foi nesse contexto que a questão da neutralidade da Bélgica veio à tona. Embora os generais considerassem "improvável que a Bélgica se tornasse um palco de guerra durante as primeiras operações", eles reconheciam "que a onda de batalhas poderia provocar uma situação tal que seria praticamente inevitável que um dos países beligerantes (sobretudo a Alemanha) desrespeitasse a neutralidade da Bélgica". Nessas circunstâncias, eles calculavam que dois corpos do Exército poderiam ser transportados à Bélgica em 23 dias. Isso tinha o atrativo de dar à Grã-Bretanha um papel mais efetivo e mais autônomo do que ela teria se estivesse apenas "fornecendo [...] um pequeno contingente a um grande Exército continental [francês], [o que] poderia ser impopular neste país".[37] Antes de dezembro de 1905, tudo isso não passou de conjecturas. Mas, pouco depois que o novo governo assumiu, o diretor de Operações Militares, o tenente-general James Grierson, teve reuniões com o *attaché* militar francês Huguet para discutir sobre uma possível força expedicionária.[38]

A ocasião dessas discussões – um momento em que novos ministros ainda estavam se adaptando – naturalmente levantou a suspeita de que, assim como no continente, os militares estavam tentando trapacear. Entretanto, aqueles que participaram da chamada conferência de Whitehall Gardens, que ocorreu ao mesmo tempo nos gabinetes do Comitê de Defesa Imperial, foram particularmente cautelosos. Por exemplo, eles concluíram que a Grã-Bretanha tinha "o direito de intervir" – e não a obrigação – no caso de violação da neutralidade da Bélgica.[39] Nas palavras de *sir* Thomas Sanderson, subsecretário permanente do Ministério das Relações Exteriores, o tratado de 1839 não era uma "clara obrigação [...] de usar força material para a manutenção da garantia [de neutralidade] *em qualquer circunstância e correndo qualquer risco*". Isso seria, conforme acrescentou, "atribuir ao tratado uma promessa que não se pode esperar de nenhum governo".[40] De todo modo, Fisher – que continuaria sendo Primeiro Lorde do Almirantado até 1910 – não gostou da ideia de transportar o exército através do canal e continuou a defender uma estratégia exclusivamente naval no caso de uma guerra contra a Alemanha, ou no máximo algum tipo de operação anfíbia para o desembarque de tropas na costa alemã.[41]

Foi Grey quem encorajou os defensores de uma força expedicionária. Em 9 de janeiro de 1906, no calor das negociações marroquinas que ele assumiu no lugar de Lansdowne, disse ao embaixador alemão, o conde Metternich, que, se "a França criasse problemas" com relação ao Marrocos, "os sentimentos na Inglaterra e a solidariedade pela França [...] seriam tão fortes que seria impossível para qualquer governo permanecer neutro". Ao relatar essa conversa ao primeiro-ministro, ele prosseguiu: "O Gabinete de Guerra [...] precisa estar preparado para responder a esta pergunta: o que eles poderiam fazer se tivéssemos de tomar partido contra a Alemanha, se, por exemplo, a neutralidade da Bélgica fosse violada?".[42]

Grey agiu com cautela: ele insistiu para que as discussões militares com a França tivessem um caráter não oficial – tanto que, inicialmente, nem mesmo o próprio Campbell-Bannerman foi informado.[43] O ministro das Relações Exteriores e seus oficiais propuseram, de forma velada, dar à França "mais do que [...] apoio diplomático", afirmando repetidas vezes que as discussões militares não eram de natureza "vinculante"; Eyre Crowe chegou a fazer a afirmação absurda de que, "na prática, a promessa britânica de um auxílio armado não implicaria obrigação alguma".[44] Mas era certo que Grey estava fazendo conjecturas a respeito: "A informação que tenho é que 80 mil homens com boas armas é tudo que podemos pôr em combate na Europa", ele disse a Bertie (então embaixador em Paris) em 15 de janeiro. No dia seguinte, ele escreveu a lorde Tweedmouth, o Primeiro Lorde do Almirantado: "Nós não *prometemos* ajuda nenhuma, mas é certo que nossas autoridades navais e militares devem discutir a questão dessa maneira [...] e estar preparadas para dar uma resposta quando lhes perguntarem, ou *se* lhes perguntarem".[45] Esse "quando" corrigido às pressas diz muita coisa. Em fevereiro de 1906, as negociações entre a Grã-Bretanha e a França estavam bem avançadas, o número de tropas prometido pelo Estado-Maior havia subido para 105 mil e altos oficiais como Robertson e John Spencer Ewart, o novo diretor de Operações Militares, estavam começando a considerar inevitável uma "colisão armada" com a Alemanha.[46] Grey comentou:

> Se houver guerra entre a França e a Alemanha, será difícil ficarmos de fora se a entente e, ainda mais, as constantes e enfáticas demonstrações de afeto (oficial, naval [...] comercial e municipal) criarem na França uma crença de que devemos ajudá-la na guerra [...] Todos os oficiais franceses tomam isso por certo [...] Se não correspondermos à expectativa, a França jamais nos perdoará [...] Quanto mais eu avalio a situação, mais tenho a impressão de que não podemos [ficar

de fora da guerra] sem perder nossa reputação e nossos amigos e arruinar nossa política e nossa posição no mundo.[47]

Em junho de 1906, os principais membros do Comitê de Defesa Imperial selaram a nova política ao decidir contra Fisher e os "navalistas":

a. O envio de uma grande força expedicionária ao Báltico seria impraticável até que a situação naval estivesse resolvida. Um plano de operações como esse só poderia ser colocado em ação depois que grandes batalhas houvessem sido travadas na fronteira.
b. Toda cooperação militar por parte das Forças Armadas britânicas, se empreendida no início da guerra, deve assumir a forma de uma expedição à Bélgica ou de participação direta na defesa da fronteira francesa.
c. Ao que tudo indica, uma violação do território belga por parte da Alemanha exigiria o primeiro curso de ação. A possibilidade de que tal violação ocorra com o consentimento do governo belga não deve ser negligenciada.
d. Em todo caso, a opinião dos franceses deve ser considerada, pois é essencial que toda medida de cooperação da nossa parte esteja em sintonia com seus planos estratégicos.
e. Qualquer que seja o curso de ação adotado, seria vantajoso aportar primeiro na costa noroeste da França.[48]

Assim, meio ano depois de se tornar ministro, Grey havia transformado a Entente com a França, originalmente uma tentativa de resolver disputas extraeuropeias, numa aliança defensiva *de facto*.[49] Ele havia comunicado aos franceses que a Grã-Bretanha estaria preparada para lutar ao lado deles no caso de uma guerra contra a Alemanha. E agora os estrategistas militares haviam decidido mais ou menos de que forma seria o apoio à França.[50] (Grey mais tarde afirmou não ter conhecido os detalhes das discussões militares entre a Grã-Bretanha e a França; mas isso parece muito improvável.)[51] Apesar da contínua obstrução de Fisher e das reservas de Esher quanto ao tamanho da força expedicionária planejada, a estratégia continental foi confirmada em 1909 pelo Subcomitê de Defesa Imperial sobre as necessidades militares do Império.[52]

De fato, seria possível afirmar – contrariando Fritz Fischer – que a reunião do Comitê de Defesa Imperial em 23 de agosto de 1911 (e não a famosa reunião entre o Kaiser e seus líderes militares 16 meses depois) foi o verdadeiro "conselho de guerra" que determinou o curso de um confronto militar entre a Grã-Bretanha e a Alemanha. Num memorando enviado antes da reunião, o Estado-Maior descartou a ideia (proposta por Churchill, entre outros) de que o Exército francês, sem auxílio, poderia esperar resistir a um ataque alemão:

> No caso de permanecermos neutros, a Alemanha atacará a França sozinha. Os exércitos e as frotas da Alemanha são muito mais fortes que os da França, e os resultados de uma guerra como essa são bastante previsíveis [...] Sem ajuda, a França certamente seria derrotada.[53]

Se, por outro lado, "a Inglaterra se tornasse a diligente aliada da França", a supremacia naval, somada ao envio imediato de uma força consistindo de todo o exército regular de seis divisões de infantaria e uma de cavalaria, poderia virar a mesa:

> A atual disparidade em números diminui, e, em virtude de causas que levaria muito tempo enumerar aqui, os números das forças inimigas no momento decisivo serão tão equivalentes durante as primeiras ações da guerra que possivelmente os Aliados alcançariam alguns sucessos iniciais que poderiam ser de valor inestimável [...] [Além disso], e talvez a consideração mais importante de todas, acredita-se que o moral das tropas e da nação francesa seria muitíssimo fortalecido graças à cooperação britânica; e poderia haver uma correspondente redução, ou pelo menos alguma redução, do moral dos alemães. Ao que parece, portanto, numa guerra entre a Alemanha e a França em que a Inglaterra participa ativamente ao lado da França, o resultado das ações iniciais pode ser incerto, mas quanto mais longa a guerra, maior a pressão sobre a Alemanha.[54]

Conforme assinalou Asquith, talvez com uma sombra de ceticismo, "a questão do tempo era absolutamente importante nesse esquema"; mas o argumento do Estado-Maior foi habilmente defendido por Henry Wilson, sucessor de Ewart como diretor de Operações Militares, que previu que a guerra seria decidida por um choque entre a linha de combate alemã de

40 divisões passando entre Maubeuge e Verdun e uma força francesa de no máximo 39 divisões, "de modo que era muito provável que nossas seis divisões acabariam sendo o fator decisivo". Wilson "aniquilou de maneira um tanto rude" a afirmação (feita por Grey) de que os russos poderiam ser capazes de influenciar o resultado e, "após uma longa e [...] inútil conversa" (nas palavras de Wilson), o general concluiu seu argumento: "Primeiro [...] *devemos* nos unir aos franceses. Segundo [...], *devemos* nos mobilizar no mesmo dia que os franceses. Terceiro [...], *devemos* enviar todas as seis divisões".[55]

As críticas desdenhosas a esse plano por parte da Marinha Real britânica (pronunciadas pelo Primeiro Lorde do Almirantado, Arthur Wilson, e por Reginald McKenna, sucessor de Tweedmouth no Almirantado) eram pouco convincentes.[56] O que é pior, os planos rivais do Almirantado para um bloqueio dos principais estuários alemães e o envio de uma divisão de tropas à costa norte da Alemanha foram duramente criticados pelo chefe do Estado-Maior Imperial, o marechal de campo *sir* William Nicholson:

> A verdade era que operações desse tipo possivelmente tiveram algum valor há um século, quando as comunicações por terra eram insignificantes, mas agora, com um sistema de comunicação excelente, estavam fadadas ao fracasso [...] O Almirantado continua[ria] a defender esse ponto de vista mesmo se, depois de muito refletir, o Estado-Maior opinasse que as operações militares em que se propunha empregar essa divisão eram uma loucura [?][57]

Isso foi o suficiente para Grey, que concluiu que "as operações conjuntas delineadas não eram essenciais para o sucesso naval e que o conflito em terra seria decisivo"; e para Asquith, que descartou os planos de Arthur Wilson por considerá-los "pueris" e "totalmente impraticáveis". A única condição dos políticos era que duas das divisões do Exército fossem mantidas em casa.[58] Maurice Hankey estava completamente equivocado (como ele próprio mais tarde admitiu) ao afirmar que não se havia chegado a decisão alguma durante a reunião.[59] Conforme lamentou Esher em 4 de outubro: "O mero fato de que o plano do Gabinete de Guerra foi elaborado em detalhes com o Estado-Maior francês decerto nos comprometeu a lutar [...]".[60]

Uma razão pela qual o Almirantado acabou concordando com a adoção da estratégia da Força Expedicionária Britânica foi que esta não era incompatível com a estratégia alternativa da Marinha, de um bloqueio de longa distância à Alemanha. Certamente, nem todos na Marinha acreditavam nisso – Arthur Wilson pessoalmente tinha suas dúvidas de que um bloqueio poderia afetar o resultado de uma guerra entre a França e a Alemanha[61] –, assim como nem todos no Gabinete de Guerra estavam seguros quanto à estratégia da Força Expedicionária. Por outro lado, é importante observar que a primeira estratégia teve importantes consequências para a última. Em dezembro de 1912, em outra reunião do Comitê de Defesa Imperial, tanto Churchill quanto Lloyd George defenderam com veemência que, no caso de uma guerra, "seria praticamente impossível para a Holanda e a Bélgica manter sua neutralidade [...] Elas precisariam ser aliadas ou inimigas". "A Grã-Bretanha não poderia se dar ao luxo de esperar para ver o que esses países fariam", afirmou Lloyd George:

> Por sua posição geográfica, a atitude da Holanda e da Bélgica, no caso de uma guerra entre o Império Britânico como um todo com a França e a Rússia e contra a Tríplice Entente [isto é, Aliança], adquiria imensa importância. Se permanecessem neutras, e pactuassem plenos direitos de neutralidade, seríamos incapazes de exercer qualquer pressão econômica ofensiva sobre esta. Era essencial que o fizéssemos.

Também preocupou o general *sir* John French, sucessor de Nicholson como chefe do Estado-Maior Imperial, que os belgas possivelmente estariam preparados para ignorar uma pequena invasão de seu território. A reunião concluiu que

> a fim de exercer a maior pressão possível sobre a Alemanha, é essencial que a Holanda e a Bélgica sejam nossas aliadas, em cujo caso devemos limitar seu comércio ultramarino, ou que nos sejam definitivamente hostis, em cujo caso devemos estender o bloqueio a seus portos.[62]

Em outras palavras: se a Alemanha não houvesse violado a neutralidade da Bélgica em 1914, a Grã-Bretanha o teria feito. Isso coloca em outra perspectiva a tão alardeada superioridade moral do governo britânico ao lutar "pela neutralidade da Bélgica".

É importante dizer que os belgas estavam cientes dessas deliberações. Em abril de 1912, o tenente-coronel Bridges opinou que, se a guerra houvesse eclodido por causa do Marrocos no ano anterior, as tropas britânicas teriam aportado na costa da Bélgica. Mas a visão belga era de que tal intervenção só poderia ser legítima se eles recorressem aos signatários do tratado de 1839; e os britânicos tinham dúvidas de que isso ocorreria – sobretudo se, como ainda se considerava possível, uma invasão alemã ocupasse apenas parte do país (ao sul de Liège, por exemplo). Quando, em 1910, os holandeses propuseram construir um novo forte em Flessingue que poderia ter lhes dado o comando da foz do rio Scheldt, houve preocupação em Londres, já que tal forte teria ameaçado o acesso naval britânico à Antuérpia. Os belgas, no entanto, não apresentaram grandes objeções; eles temiam uma violação de sua neutralidade tanto por parte da Marinha britânica quanto por parte do Exército alemão.[63]

Os navalistas também foram tranquilizados com outro argumento: o de que a defesa do Mediterrâneo deveria ser deixada à frota francesa, uma divisão de responsabilidade que fora determinada informalmente pelos dois Almirantados na época de Fisher (sem consulta ao Gabinete ou ao ministro das Relações Exteriores). Sem dúvida, Churchill foi incapaz de garantir a completa retirada de navios britânicos do Mediterrâneo; mas a decisão de manter naquele palco uma frota de batalha que fosse "equivalente ao padrão de uma única potência *excluindo a França*" fala por si. Não houve acordo público, mas um acordo tácito.[64] Este foi seguido por negociações navais secretas com a Rússia em 1914.[65] Portanto, apesar de suas diferenças, os planos do Exército e da Marinha poderiam coexistir; e, após os debates exaustivos de agosto de 1911, isso foi mais ou menos o que aconteceu.

Tudo isso faz o temor alemão ao isolamento parecer não tanto paranoia, mas sim realismo. Quando Bülow denunciou, no Reichstag, os esforços para "bloquear a Alemanha, construir um círculo de potências ao redor da Alemanha a fim de isolá-la e torná-la impotente", ele não estava – como mais tarde insistiram os estadistas britânicos em suas memórias – fantasiando.[66] Em comparação com as reuniões alemãs análogas, as discussões militares britânicas eram relativamente conclusivas. E o que, afinal, havia incitado o chamado "conselho de guerra" convocado pelo Kaiser em dezembro de 1912? Um comunicado de Haldane por meio do embaixador alemão afirmando que "a Grã-Bretanha não poderia permitir que a Alemanha se tornasse a principal potência no continente e que este se unisse sob a liderança alemã". A inferência do Kaiser, de que "a Grã-Bretanha lutaria ao lado dos inimigos da Alemanha", não estava errada: como afirmou Bethmann, isso "apenas refletia o que já sabíamos [há algum tempo]".[67]

A neurose napoleônica

Tradicionalmente, a política antigermânica de Grey é justificada pelos historiadores porque a *Weltpolitik* da Alemanha passara a ser vista em Londres como uma crescente ameaça aos interesses britânicos na África, na Ásia e no Oriente Médio; e, o que é mais importante, a construção naval da Alemanha constituía um sério desafio à segurança britânica. Mas, numa análise mais atenta, nem as questões coloniais nem as questões navais estavam levando inevitavelmente a um confronto entre as duas potências antes de 1914.

Conforme Churchill colocou mais tarde, "nós não éramos inimigos da expansão colonial alemã".[68] De fato, um acordo entre a Grã-Bretanha e a Alemanha que teria aberto o caminho para uma influência alemã cada vez maior nas colônias portuguesas no sul da África esteve próximo de ser concretizado.[69] O próprio Grey afirmou, em 1911, que não "importa muito ter a Alemanha ou a França como vizinha na África". Ele estava ávido por fazer a "partilha" das colônias portuguesas "abandonadas" "quanto antes [...] num espírito pró-germânico".[70] O acordo só foi frustrado em 1914, devido à resistência de seus oficiais – disfarçada de relutância em renunciar publicamente aos compromissos britânicos com Portugal assumidos 16 anos antes, mas, na realidade, explicada por sua germanofobia compulsiva. Os bancos alemães envolvidos (em particular, o M. M. Warburg & Co.) nem suspeitavam da oposição ao projeto manifestada por pessoas como Bertie (sem falar de Henry Wilson).[71] Mesmo quando Grey estava inclinado a dar primazia aos interesses franceses – no Marrocos –, não houve um impasse total com relação à Alemanha. Em 1906, Grey esteve disposto a considerar ceder à Alemanha uma estação de carvão na costa atlântica do país.[72] É verdade que o governo assumiu uma postura agressiva durante a segunda crise marroquina em 1911, alertando Berlim a não tratar a Grã-Bretanha "como se ela não tivesse importância alguma no Gabinete das Nações" (palavras de Lloyd George em seu discurso de 21 de julho na Mansion House).⁷³ Mas até mesmo Grey teve de admitir: "Nós não precisamos e não podemos ser implacáveis com relação à costa ocidental do Marrocos". Conforme ele disse a Bertie um dia antes do discurso de Lloyd George, "os franceses entraram em dificuldades sem saber que caminho realmente queriam tomar [...] Estamos obrigados a dar apoio diplomático e preparados para fazê-lo, mas não podemos ir à guerra para anular o Acordo de Algeciras [firmado após a primeira crise marroquina] e dar à França a posse virtual do Marrocos". O compromisso assumido – "um acordo entre a França e a Alemanha com base na concessão de parte do Congo francês" – refletia essa falta de interesse britânico, e Grey instou os franceses a aceitá-lo.⁷⁴

Quando o governo alemão voltou sua atenção para a Turquia, foi ainda mais difícil para Grey adotar uma linha firmemente antigermânica sem cair nas mãos dos russos com respeito aos Estreitos do mar Negro. De qualquer forma, Grey não tinha nenhuma queixa sobre o modo como os alemães agiram durante as guerras dos Bálcãs em 1912-1913 e estava relativamente despreocupado com relação ao caso Liman von Sanders (a nomeação de um general alemão como inspetor-geral do Exército turco). As relações melhoraram ainda mais com a resposta conciliatória dos alemães aos interesses britânicos na ferrovia Berlim-Badgá.⁷⁵ O próprio Bethmann afirmara, em janeiro de 1913, que "as questões coloniais do futuro apontam para a cooperação com a Inglaterra", embora o acordo sobre as colônias portuguesas jamais tenha se concretizado.⁷⁶

Nessa perspectiva, não era absurdo para o jornal *Frankfurter Zeitung* falar, como fez em outubro de 1913, de uma reaproximação entre a Grã-Bretanha e a Alemanha, "um maior entendimento entre as mentes governantes em ambos os países" e "um fim aos anos estéreis de desconfiança mútua".⁷⁷ Quando viu o embaixador alemão em Tring em março de 1914, lorde Rothschild "declarou, de maneira assertiva, que até onde era capaz de entender e até onde sabia não havia razão para temer uma guerra e não havia complicações em vista".⁷⁸ Era apenas mais um sintoma das boas relações financeiras que então prevaleciam entre a Grã-Bretanha e a Alemanha o fato de que Max Warburg esteve em Londres em três ocasiões diferentes para definir o papel de sua empresa na negociação das colônias portuguesas.⁷⁹ Naquele verão, os jornais britânicos trouxeram informações sobre a presença de altos oficiais da Marinha britânica na regata anual em Kiel, citando o comentário de Von Koester, o almirante alemão, de que "as relações entre os marinheiros britânicos e alemães são as melhores imagináveis".[80] A visão do Ministério das Relações Exteriores em 27 de junho de 1914 – às vésperas do assassinato em Sarajevo – era de que o governo alemão apresentava um "temperamento pacífico [...] e muito ansioso por manter boas relações com a Inglaterra".[81] Warburg também ouviu rumores de que "havia brotado um amor irrestrito [*eine wahnsinnige Liebe*] entre os alemães e os ingleses".[82] Ainda em 23 de julho, Lloyd George declarou que as relações anglo-germânicas eram "muito melhores do que foram alguns anos atrás [...] Os dois grandes Impérios começaram a perceber que podem cooperar para propósitos em comum, e que os pontos de cooperação são maiores, mais importantes e mais numerosos que os pontos de possível controvérsia".[83]

Igualmente, é um tanto equivocado entender a corrida naval como "causa" da Primeira Guerra Mundial. Houve fortes argumentos de ambos os lados em defesa de um acordo naval. Ambos os governos estavam considerando difícil conviver com as consequências políticas de gastos navais cada vez maiores. A possibilidade de algum tipo de acordo para a limitação de armamentos surgiu em várias ocasiões: em dezembro de 1907, quando os alemães propuseram uma convenção do mar do Norte com a Grã-Bretanha e a França;[84] em fevereiro de 1908, quando o Kaiser escreveu ao lorde Tweedmouth negando explicitamente que os alemães visavam "desafiar a supremacia naval britânica";[85] seis meses mais tarde, quando ele encontrou o subsecretário permanente de Estado no Ministério das Relações Exteriores, *sir* Charles Hardinge, em Kronberg;[86] em 1909-1910, quando Bethmann propôs a Goschen "um acordo naval [...] como parte de um esquema por um bom entendimento geral";[87] e em março de 1911, quando o Kaiser conclamou a "um entendimento político e um acordo naval tendendo a limitar o gasto com a Marinha".[88] A oportunidade mais famosa surgiu em fevereiro de 1912, quando, por sugestão dos empresários *sir* Ernest Cassel e Albert Ballin, Haldane viajou a Berlim, aparentemente para conversar "sobre a questão de um comitê universitário", mas na realidade para discutir a possibilidade de um acordo naval, colonial e de não agressão com Bethmann, Tirpitz e o Kaiser.[89] Churchill promoveu a ideia de um "recesso na construção naval" em 1913,[90] e houve um último e inútil esforço por parte de Cassel e Ballin no verão de 1914.[91]

Então por que não houve acordo? A resposta tradicional é que os alemães só estavam dispostos a discutir questões navais depois que os britânicos fizessem uma promessa incondicional de neutralidade no caso de uma guerra franco-germânica. Mas isso é só metade da história. Asquith mais tarde afirmou que a fórmula de neutralidade alemã os teria "impossibilitado de vir em socorro da França se a Alemanha a atacasse sob qualquer pretexto". De fato, o documento preliminar de Bethmann afirmava:

> [Nenhuma das] potências signatárias [...] atacará a outra sem motivo ou participará de qualquer pacto ou plano contra a outra com o propósito de agressão [...] Se alguma [...] se envolver em uma guerra *em que não pode ser considerada a agressora*, a outra, no mínimo, agirá para com a potência envolvida com uma neutralidade benevolente.[92]

A cláusula também seria considerada nula "caso não fosse compatível com os acordos existentes". O máximo que Grey estava disposto a oferecer, no entanto, era um compromisso de "não iniciar *nem participar de* um ataque à Alemanha sem motivo", porque, em suas palavras, "a palavra neutralidade [...] daria a impressão de que nossas mãos estavam atadas".[93] Este (conforme assinalou o secretário de Estado para as Colônias, Lewis Harcourt) claramente não era o sentido da fórmula de Bethmann.

A outra explicação para o fracasso da missão de Haldane é que Tirpitz e o Kaiser a torpedearam ao aumentar novamente as frotas às vésperas da chegada de Haldane e, assim, "arruinar as boas relações com a Inglaterra". De acordo com Geiss, "a recusa da Alemanha em chegar a um acordo com a Grã-Bretanha sobre desacelerar a custosa corrida armamentista no mar por meio de um tratado naval eliminou qualquer possibilidade de reconciliação".[94] Na época, o governo britânico disse quase a mesma coisa.[95] Mas isso também deve ser tratado com ceticismo. Os alemães estavam dispostos a fazer um acordo naval em troca de uma declaração de neutralidade; com efeito, era na questão da neutralidade que as negociações se baseavam. E, sem dúvida, a posição britânica era a mais intransigente – o que não é de surpreender, já que se apoiava em sua força inabalável. Conforme Grey afirmou em 1913, "se o seu nível absoluto for superior ao de todas as outras Marinhas europeias reunidas [...], sua política externa é comparativamente simples".[96] Em consequência, sua visão era inflexível: Bethmann parecia querer algo em troca por reconhecer a "superioridade naval permanente [dos britânicos] – ou, como afirmou seu principal secretário particular, William Tyrrell, "o princípio de nossa supremacia absoluta no mar" – mas por que a Grã-Bretanha deveria barganhar por algo que já possuía?[97] Não é difícil entender por que o acordo proposto por Bethmann foi rejeitado logo de cara.

O que é mais difícil de entender é a crença de Grey de que praticamente *toda* proposta de reconciliação anglo-germânica estava fora de questão. Por que, se a Alemanha não apresentava uma ameaça naval nem colonial à Grã-Bretanha, Grey era tão antigermânico? A resposta óbvia é que – como seus predecessores *tory* – Grey se importava mais com as boas relações com a França e a Rússia. "Nada que fizermos em nossas relações com a Alemanha", ele havia declarado em outubro de 1905, "prejudicará, de alguma forma, nossas boas relações existentes com a França". "O perigo de pronunciar palavras civis em Berlim", escreveu em janeiro do ano seguinte, "é que elas podem ser [...] interpretadas na França como implicando que devemos ser mornos em nosso apoio à Entente".[98] Ele disse claramente a Goschen em abril de 1910: "Não podemos aceitar um acordo político com a Alemanha que nos separaria da Rússia e da França".[99] No entanto, quando Grey disse que um acordo com a Alemanha precisaria ser "consistente com a preservação de [nossas] relações e amizades [existentes] com outras potências", ele estava, com efeito, rejeitando tal acordo.[100] O típico argumento de Grey era que, uma vez que a entente com a França era tão "vaga", qualquer "acordo com a Alemanha necessariamente tenderia a suplantá-la" e, portanto, não poderia ser considerado.[101] Era uma visão endossada com frequência pelos oficiais do Ministério das Relações Exteriores. Qualquer reaproximação com a Alemanha, alertou Mallet, levaria a um "afastamento da França".[102] Nicolson se opôs à ideia de um acordo com a Alemanha em 1912 sobretudo porque "prejudicaria muitíssimo nossas relações [com a França] – e tal resultado repercutiria de imediato em nossas relações com a Rússia".[103]

Um olhar mais atento revela que o raciocínio de Grey era profundamente falho. Em primeiro lugar, sua noção de que más relações com a França e a Rússia poderiam de fato ter levado à guerra era absurda. Nesse aspecto, havia uma grande diferença entre sua posição e a de seus predecessores *tory*. Na época, o próprio Grey reconheceu que levaria uma década para que a Rússia se recuperasse da devastação provocada por derrotas e revoluções. Ele também não via a França como uma ameaça: conforme afirmou para o presidente norte-americano Theodore Roosevelt em 1906, a França era "pacífica; nem agressiva, nem revoltosa".¹⁰⁴ O propósito original das ententes fora resolver diferenças ultramarinas com a França e com a Rússia. Feito isso, as chances de uma guerra entre a Grã-Bretanha e uma das duas potências eram remotas. Era simplesmente ilógica a afirmação de Grey ao editor do *Manchester Guardian*, C. P. Scott, em setembro de 1912: "Se não apoiarmos a França contra a Alemanha, aquela se unirá a esta e ao resto da Europa em um ataque contra nós".¹⁰⁵ Só um pouco menos fantasioso era o medo de que a França ou a Rússia pudessem "desertar para o lado dos Impérios Centrais".¹⁰⁶ Mas essa era uma preocupação constante do Ministério das Relações Exteriores. Já em 1905 Grey temia "perder a França e não ganhar a Alemanha, que não irá nos querer se conseguir separar a França de nós". Se a Grã-Bretanha não respondesse às tentativas de diálogo francesas a respeito de Algeciras, como alertou Mallet, "seremos [...] vistos como traidores pelos franceses e [...] desprezados pelos alemães".¹⁰⁷ Hardinge disse quase a mesma coisa: "Se a França for deixada à sua própria sorte, certamente haverá um acordo ou aliança entre a França, a Alemanha e a Rússia no futuro próximo".¹⁰⁸ Como era de esperar, Nicolson defendeu uma aliança formal com a França e a Rússia "para impedir a Rússia de avançar rumo a Berlim [...] [e] impedir [a França] de desertar para o lado dos Impérios Centrais".¹⁰⁹ De maneira obsessiva, Grey e seus oficiais temeram perder seu "valor como aliados" e acabar "*sozinhos*" – sem amigos. Seu pesadelo recorrente era que a Rússia ou a França sucumbissem ao "abraço teutônico", deixando à Grã-Bretanha a tarefa de enfrentar "as esquadras unidas da Europa". Por essa razão, eles tendiam a conceber que todas as políticas alemãs visavam "aniquilar [...] a Tríplice Entente".¹¹⁰ Era típico de Grey pensar que:

> Se [...], por algum erro ou infortúnio, nossa Entente com a França for quebrada, a França terá de fazer seus próprios acordos com a Alemanha. E a Alemanha, mais uma vez, estará em posição de nos manter em má relação com a França e com a Rússia, e de se tornar predominante no continente. Então, mais cedo ou mais tarde, haverá uma guerra entre nós e a Alemanha.¹¹¹

O temor análogo era de que "a Alemanha [poderia] ir a São Petersburgo e propor refrear a Áustria no caso de a Rússia deixar a Entente [...] Estamos realmente com medo de que [...] a Rússia passe para o lado da Aliança dos Impérios Centrais".[112]

Porém, em sua determinação de preservar a Entente com a França, Grey estava disposto a assumir compromissos militares que tornaram a guerra com a Alemanha mais provável (e não menos) e mais cedo do que se pensava (não mais tarde). Por um esquema de pensamento completamente circular, ele desejava comprometer a Grã-Bretanha a uma possível guerra contra a Alemanha – porque, do contrário, poderia haver uma guerra contra a Alemanha. O apaziguamento da França e da Rússia um dia fez sentido; mas Grey prolongou a vida da política durante muito tempo depois que sua justificativa deixou de existir.

A explicação mais contundente para tudo isso foi, sem dúvida, que a Alemanha tinha ambições megalomaníacas que apresentavam uma ameaça não só para a França como para a própria Grã-Bretanha. Essa visão foi amplamente defendida pelos germanófobos. Em seu famoso memorando de novembro de 1907, Eyre Crowe alertou que o desejo da Alemanha de "ter um papel muito maior e muito mais dominante no cenário mundial do que aquele que lhe é destinado na atual distribuição de poder material" poderia levá-la "a diminuir o poder de quaisquer rivais, a aumentar seu próprio [poder] por meio da extensão de seus domínios, a dificultar a cooperação de outros Estados e, por fim, a fragmentar e suplantar o Império Britânico".[113] Fundamental para a análise de Crowe foi um paralelo histórico com o desafio que a França pós-revolucionária apresentou à Grã-Bretanha. Como afirmou Nicolson em uma carta a Grey no início de 1909: "Os objetivos finais da Alemanha são, sem dúvida, obter a preponderância no continente europeu, e, quando ela for forte o suficiente, entrar em uma competição conosco pela supremacia marítima". Goschen e Tyrrell disseram o mesmo. A Alemanha queria "a hegemonia da Europa".[114] Em 1911, o próprio Grey estava alertando contra uma ameaça "napoleônica" na Europa. Se a Grã-Bretanha "permitisse que a França fosse aniquilada, teríamos de lutar mais tarde". Conforme ele disse ao primeiro-ministro canadense em 1912, não havia "limites às ambições da Alemanha".[115]

Mas essa linha de raciocínio não se restringiu aos diplomatas. Ao defender uma força expedicionária continental, o Estado-Maior usou a mesma analogia: "É um erro", lia-se em seu memorando de 1909 ao Subcomitê de Defesa Imperial, "supor que o comando do mar deva necessariamente influir sobre a questão imediata de um grande combate em terra. A Batalha de Trafalgar não impediu Napoleão de vencer as batalhas de Austerlitz e Jena e de aniquilar a Prússia e a Áustria".[116] O argumento foi repetido dois anos mais tarde no "conselho de guerra" do Comitê de Defesa Imperial. No caso de uma vitória alemã sobre a França e a Rússia:

> A Holanda e a Bélgica poderiam ser anexadas à Alemanha, e uma enorme indenização seria cobrada da França, que também perderia parte de suas colônias. Em suma, o resultado de uma guerra como essa seria que a Alemanha alcançaria a posição dominante que já se sabe contrária aos interesses deste país.

Isso "colocaria à [sua] disposição [...] uma preponderância de forças navais e militares que ameaçariam a importância do Reino Unido e a integridade do Império Britânico"; no "longo prazo", isso seria "fatal".[117] Até mesmo aqueles que, como Esher, eram adeptos do navalismo às vezes usavam a mesma argumentação. Em 1907, ele escreveu:

> O prestígio alemão é mais formidável para nós do que Napoleão em seu apogeu. A Alemanha competirá conosco pelo controle do mar [...] Ela precisa dar vazão à sua população que não para de crescer, e possuir vastas extensões de terra onde os alemães possam viver e permanecer. Essas terras só existem dentro das fronteiras do nosso Império. Portanto, "L'Ennemi, c'est l'Allemagne".[118]

Churchill temia que, sem a Marinha, a Europa passaria, "após uma súbita convulsão [...], ao rígido controle dos teutões e de tudo que o sistema teutônico significava". Lloyd George mencionou o mesmo argumento: "Nossa frota era a única garantia de nossa independência [...], como na época de Napoleão".[119] Sendo assim, Robertson exagerou só um pouco ao escrever, em dezembro de 1916, que "a ambição da Alemanha – de estabelecer um império abarcando a Europa, o mar do Norte, o Báltico, o mar Negro e o Egeu e, talvez, até o golfo Pérsico e o oceano Índico – era conhecida há 20 anos ou mais".[120]

Se tudo isso fosse verdade, poderíamos dizer que Grey estava se dedicando a apaziguar as potências erradas. As ententes com a França e a Rússia fizeram sentido quando eram elas que ameaçavam o Império; mas, se em 1912 a ameaça era claramente a Alemanha, então o argumento em favor de uma entente com a Alemanha deveria ter sido levado mais a sério. Mas é impressionante o fato de que as afirmações alarmistas sobre um projeto napoleônico alemão não coincidiam com grande parte das informações que realmente estavam sendo recebidas da Alemanha. Esse é um ponto que, até o momento, tem sido negligenciado pelos historiadores. É verdade, ainda não sabemos até que ponto são confiáveis os dados da inteligência militar sobre a Alemanha antes de 1914; mas Goschen não era um mau observador, e os relatórios dos cônsules britânicos na Alemanha eram de excelente qualidade. Uma análise muito melhor que a de Crowe, de 1907, foi a de Churchill, de novembro de 1909, que argumentou – muito provavelmente com base em tais relatórios – que a Alemanha, de fato, padecia de um sério déficit fiscal (ver Capítulo 5). Este foi apenas um dos muitos veredictos especializados a esse respeito. Por que, então, Grey e seus mais altos oficiais no Ministério das Relações Exteriores e no Estado-Maior supunham a existência de um plano alemão de poder napoleônico, o que representaria uma ameaça direta à Grã-Bretanha? Existe a possibilidade de que eles estivessem exagerando – se não fabricando – tal ameaça a fim de justificar o compromisso militar com a França, que era do seu interesse. Em outras palavras, precisamente *porque* queriam aliar a Grã-Bretanha à França e à Rússia, era necessário imputar aos alemães planos grandiosos para a dominação da Europa.

O não comprometimento continental

Entretanto, seria incorreto concluir que a diplomacia e o planejamento militar da Grã-Bretanha tornaram a guerra inevitável. Pois a realidade é que o comprometimento continental britânico – que claramente existia no nível da diplomacia e no nível da grande estratégia – não existia no nível das políticas parlamentares.

Desde o início, a maioria dos membros do Gabinete (isso sem falar no Parlamento) foi mantida desinformada a respeito das discussões com os franceses. Como o subsecretário permanente, Sanderson, afirmou para Cambon, a ideia de um compromisso militar com a França "deu origem a divergências de opinião" – "qualquer coisa de caráter mais definitivo teria sido imediatamente rejeitada pelo Governo". Por incrível que pareça, conforme vimos, no começo até mesmo o primeiro-ministro Campbell-Bannerman foi mantido na ignorância; e, tão logo foi informado, mostrou-se apreensivo de que "a ênfase em preparações conjuntas [...] venha de mãos dadas com um compromisso inquebrantável". Em consequência, Haldane precisou deixar "claro" para o chefe do Estado-Maior, Neville Lyttleton, "que o fato de haver sido comunicados não [os] comprometia de forma alguma".[121] A linha oficial do Ministério das Relações Exteriores em 1908 era inequívoca: "Caso a Alemanha seja hostil para com a França, a questão de uma intervenção armada por parte da Grã-Bretanha *deverá ser decidida pelo Gabinete*".[122] Como enfatizou Hardinge em seu testemunho antes da reunião do Subcomitê de Defesa Imperial em março de 1909:

> Não demos *nenhuma garantia de que ajudaríamos* [os franceses] em terra, e [...] os franceses só podiam ter alguma *esperança* de assistência militar [da nossa parte] com base nas conversas *semioficiais* ocorridas entre o *attaché* militar francês e nosso Estado-Maior.

Assim, o subcomitê concluiu que, "no caso de um ataque da Alemanha à França, a conveniência de enviar uma força militar ao exterior, ou de confiar unicamente em meios navais, é *uma questão política que só poderá ser determinada quando a ocasião surgir, pelo governo de turno*".[123] O próprio Asquith salientou isso ao descrever o Comitê de Defesa Imperial como um "órgão meramente consultivo" e lembrou seus membros que "suas decisões não implicavam nenhuma obrigação" para o governo.[124] Quando questionado sobre a natureza do compromisso britânico para com a França, Grey teve de ser extremamente cauteloso, para evitar usar

> palavras que implicassem a possibilidade de um acordo secreto, desconhecido pelo Parlamento durante todos esses anos, comprometendo-nos a uma guerra europeia. Elaborei a resposta escolhendo as palavras com cuidado, a fim de comunicar que o acordo de 1904 [com a França] poderia [*acrescentado à margem: em certas circunstâncias*] não ser levado adiante nem ter consequências maiores do que as estritamente expressas.[125]

Tais negações de um compromisso continental vinculante se tornaram mais frequentes à medida que a conduta de Grey levantou suspeitas por parte da imprensa radical e de seus colegas do partido. Escrevendo no jornal *Guardian* após o discurso de Lloyd George na Mansion House, em 1911, o editor do *Economist*, F. W. Hirst, anteviu a linguagem usada em um fiasco diplomático posterior quando descreveu como "extravagante" imaginar um ministro britânico "pedindo a milhões de seus compatriotas inocentes que abdicassem da vida por uma disputa continental da qual nada sabiam e com a qual não se importavam". O *Nation* acusou Grey de levar o país "à beira do conflito [...] por um interesse não britânico" e submetê-lo a "uma embaraçosa chantagem por parte das potências associadas".[126] Sentimentos similares logo começaram a emanar do novo Comitê Liberal para Assuntos Exteriores instaurado por Arthur Ponsonby e Noel Buxton em novembro daquele ano.[127] Em janeiro de 1912, a Associação Liberal de York – a associação do membro do Parlamento Arnold Rowntree – escreveu a Grey expressando a esperança de que "o governo britânico faça todos os esforços para promover a amizade e a cordialidade entre" a Grã-Bretanha e a Alemanha, e denunciando "a ação agressiva e injustificada da Rússia na Pérsia".[128]

Mas foi no Gabinete que Grey enfrentou a oposição mais severa. Até onde os ministros sabiam (se é que sabiam alguma coisa), a opção pela intervenção militar estava apenas sendo considerada, e suas implicações lógicas eram exploradas. Era o Gabinete, e não Grey, que tomaria a decisão final; e o governo como um todo era, nas palavras de Grey, "completamente livre".[129] Aos olhos de Loreburn, a intervenção em uma "disputa puramente francesa" era, portanto, inconcebível, porque, como afirmou a Grey, isso só poderia ser feito com "uma maioria amplamente composta de conservadores e com um grande número de ministros contra você [...] Isso significaria que o presente governo não poderia prosseguir".[130] Após o "conselho de guerra" do Comitê de Defesa Imperial de agosto de 1911, Lewis Harcourt e *sir* Walter Runciman, o Ministro de Agricultura e Pesca, concordaram que a ideia de enviar tropas britânicas à França no caso de uma guerra seria uma "estupidez criminosa".[131] Asquith, sempre atento à direção do vento, advertiu Grey de que as conversas militares com a França eram "muito perigosas [...] especialmente a parte que se refere ao auxílio britânico".[132] Foi com dificuldade que Grey de resistiu à pressão de proibir mais discussões militares entre a Grã-Bretanha e a França.[133] Compreensivelmente, no início de novembro de 1911, ele foi derrotado no Gabinete (por 15 votos contra 5) quando o visconde Morley, o lorde presidente, levantou a questão das [...] conversas [que vêm] sendo realizadas ou permitidas entre o Estado-Maior do Gabinete de Guerra e o Estado-Maior de outros países, como a França, a respeito de uma possível cooperação militar, sem o prévio conhecimento [...] do Gabinete.

Asquith se apressou em garantir a Morley que "todas as questões políticas foram e devem ser consideradas decisões do Gabinete, e que não cabe à função dos oficiais militares e navais opinar sobre tais questões"; mas a discussão foi desconfortável para Grey.[134] Embora Haldane sentisse que Grey saiu da reunião decisiva "sem nenhuma obstrução a seus objetivos materiais", não foi assim que Asquith resumiu para o rei britânico a conclusão do Gabinete:

> Não deve ocorrer nenhuma comunicação entre o Estado-Maior e os Estados-Maiores de outros países que, direta ou indiretamente, possam comprometer nosso país a uma intervenção naval ou militar [...] Tais comunicações, se estiverem relacionadas com ações conjuntas por terra ou por mar, não devem ser realizadas sem a prévia aprovação do Gabinete.[135]

De maneira humilhante, Grey foi forçado a declarar na Câmara dos Comuns: "Os compromissos existentes que de fato obrigaram o Parlamento a qualquer coisa desse tipo [isto é, intervenção em uma guerra continental] estão contidos em tratados e acordos que foram apresentados diante da câmara [...] Não fizemos uma única cláusula secreta desse tipo desde que assumi o Ministério".[136] Para a oposição, o ministro das Relações Exteriores estava em "retirada"; sua política havia "naufragado".[137] Não é de admirar que o *attaché* militar francês em Berlim presumiu que, em uma guerra contra a Alemanha, a Grã-Bretanha lhes seria "de pouquíssima utilidade".

Mas o naufrágio não terminou aí. Em julho de 1912, Churchill (agora no Almirantado) precisou confirmar que a divisão de responsabilidade naval que concentrava a Marinha francesa no Mediterrâneo e as frotas britânicas nos mares domésticos não "afetava, de maneira alguma, a plena liberdade de ação de que gozam ambos os países".[138] Os planos foram

> feitos de maneira independente porque são os melhores segundo os interesses específicos de cada país [...] eles não derivam de um acordo ou convenção naval

[...] *Nada nos acordos navais ou militares deve ter o efeito de nos expor [...] se, chegado o momento, nós decidirmos ficar de fora.*[139]

Segundo Harcourt contou ao *Daily Telegraph* em outubro, não houve "nenhuma aliança ou acordo, nem real nem decorrente"; a política britânica era "isenta de restrições".[140] Em 24 de março de 1913, Asquith estava repetindo a fórmula na Câmara dos Comuns:

Como tem se declarado repetidas vezes, este país não firmou nenhum compromisso, público e conhecido pelo Parlamento, que o obrigue a participar de uma guerra. Em outras palavras, se ocorrer uma guerra entre as potências europeias, não existem acordos não divulgados que possam restringir ou tolher a liberdade do Governo ou do Parlamento para decidir se a Grã-Bretanha participará da guerra ou não.[141]

Nessas circunstâncias, Grey não teve outra opção senão romper gentilmente com os governos francês e russo. Sazonov foi informado de que o governo havia "decidido não assumir nenhum compromisso", apesar de que, "se a Alemanha dominasse a política do continente, isso seria desagradável para nós" (uma típica insinuação de Grey).[142] Para Cambon, Grey disse apenas que não havia nenhum "acordo que comprometesse qualquer um dos governos a [...] cooperar no caso de uma guerra".[143] As discussões entre as Marinhas britânica e russa indicavam ainda menos comprometimento. De fato, havia crescente inquietação em Londres com relação ao apetite russo por concessões recíprocas no Oriente Próximo.[144] Conforme Grey disse a Cambon em maio de 1914, "Não poderíamos entrar em um acordo militar com a Rússia, nem mesmo do tipo mais hipotético". Em 11 de junho de 1914 – poucos dias antes dos assassinatos em Sarajevo – ele teve de garantir novamente à Câmara dos Comuns que

se ocorrer uma guerra entre as potências europeias, não existem acordos não divulgados que possam restringir ou tolher a liberdade do Governo ou do Parlamento para decidir se a Grã-Bretanha participará da guerra ou não. Não existem negociações desse tipo em andamento e, até onde entendo, é pouco provável que venham a existir.[145]

Assim, a única explicação plausível para a estratégia de Grey – de que isso deteria um ataque alemão à França – perdeu força. "Uma Entente entre a Rússia, a França e nós seria absolutamente segura", ele havia declarado pouco depois de se tornar ministro das Relações Exteriores. "Se for necessário controlar a Alemanha, seria possível fazê-lo."[146] Esta fora a base para as afirmações de Grey, de Haldane e do próprio rei a vários representantes alemães, em 1912, de que a Grã-Bretanha "não toleraria, em circunstância alguma, que a França fosse aniquilada".[147] Com frequência, essas afirmações foram vistas pelos historiadores como compromissos categóricos que os alemães foram tolos em ignorar. Mas a verdade, que o governo alemão não poderia deixar de perceber, era que as ententes não eram "absolutamente seguras". A oposição ao comprometimento continental no interior de seu próprio partido tornou impossível para Grey dar o passo em direção a uma aliança formal com a França (e talvez também com a Rússia) defendida pelos militantes diplomáticos Mallet, Nicolson e Crowe e instada por Churchill em agosto de 1911.[148] Mas só uma aliança teria sido "absolutamente segura". Até mesmo Crowe precisou admitir, em fevereiro de 1911,

> o fato fundamental [...] de que a Entente não é uma aliança. Para os propósitos de emergências decisivas, *pode* vir a se mostrar de nenhuma utilidade. Pois uma Entente é nada mais que um paradigma, uma perspectiva de uma política geral que é partilhada pelos governos de dois países, mas que pode ser, ou se tornar, vaga a ponto de perder todo o significado.[149]

Os franceses podiam se convencer de que "a Inglaterra estaria obrigada, por seu próprio interesse, a apoiar a França para que esta não seja aniquilada".[150] Mas, em termos políticos, eles estavam confiando meramente no compromisso *pessoal* de Grey – como um ex-aluno de Winchester, um homem de Balliol e um pescador amador – de que "nenhum governo britânico recusaria auxílio militar e naval [à França] se ela fosse injustamente ameaçada e atacada".[151] A realidade era que a intervenção britânica só aconteceria se Grey conseguisse convencer a maioria do Gabinete do seu ponto de vista, algo que ele foi totalmente incapaz de fazer em 1911. Do contrário, ele e, talvez, todo o governo renunciariam – dificilmente um motivo de apreensão para os alemães.[152] Era um sinal da frustração dos diplomatas que Nicolson

tenha dito a Paul Cambon em 10 de abril de 1912: "Este Gabinete socialista-
-radical [apoiado por] financistas, pacifistas, modistas e outros [...] não irá
durar, está morto, e, com os conservadores, vocês terão algo mais preciso":
um discurso memorável para um funcionário público.[153]

Em suas memórias, os responsáveis pela política externa britânica entre
1906 e 1914 fizeram todo o possível para justificar essa mistura extraordinária de comprometimento diplomático e estratégico e não comprometimento
prático e político.[154] Seus argumentos não convencem. No fim das contas,
como propôs Steiner, a incerteza sobre a posição da Grã-Bretanha possivelmente fez que uma guerra continental fosse mais provável, e não menos, ao
encorajar os alemães a considerarem um ataque preventivo.[155] O que, sem
dúvida, a política britânica não fez foi tornar a intervenção britânica em tal
guerra inevitável; de fato, mal tornou viável.

---

1. K. Wilson, Grey, p. 173. Lloyd George rememorou o alerta presciente de Rosebery: "Vocês estão todos errados. No fim das contas, significa guerra contra a Alemanha": Lloyd George, *War Memoirs*, vol. I, p. 1. Salisbury e Lansdowne também tinham dúvidas: Monger, *End of Isolation*, p. 135, 212, 226; assim como o banqueiro lorde Avebury: Reader, *At Duty's Call*, p. 69. Sobre as dúvidas do radical *Speaker*, ver Weinroth, British Radicals, p. 659s.
2. Howard, Edwardian Arms Race, p. 82s.
3. K. Wilson, *Policy of the Entente*, p. 18-22; Monger, *End of Isolation*, p. 259. Sobre o aumento contínuo da influência dos membros da Liga Liberal, sobretudo depois que Asquith se tornou primeiro-ministro, ver Steiner, *Britain and the Origins of the First World War*, p. 140.
4. Rowland, *Last Liberal Governments*, vol. II, p. 361.
5. Lloyd George, *War Memoirs*, vol. I, p. 56-60.
6. Albertini, *Origins*, vol. III, p. 368; Barnett, *Collapse of British Power*, p. 54; Steiner, *Britain and the Origins of the First World War*, p. 255.
7. K. Wilson, *Policy of the Entente*, p. 10ss.
8. Semmel, *Imperialism*, p. 75; Russell, *Portraits from Memory*, p. 77. Ver também O'Hara, Britain's War of Illusions.
9. Bernstein, *Liberalism and Liberal Politics*, p. 182.
10. K. Wilson, *Policy of the Entente*, p. 35.
11. Monger, *End of Isolation*, p. 260.
12. Lloyd George, *War Memoirs*, vol. I, p. 28s, 60; W. S. Churchill, *World Crisis*, p. 203.

13. Bentley, *Liberal Mind*, p. 12; Hazlehurst, *Politicians at War*, p. 26s.
14. Monger, *End of Isolation*, p. 257, 287; K. Wilson, *Policy of the Entente*, p. 34ss; Steiner, *Britain and the Origins of the First World War*, p. 56, 128s, 143, 186.
15. K. Wilson, *Policy of the Entente*, p. 17, 30ss. Cf. Searle, *Quest*, p. 232.
16. Searle, Critics of Edwardian Society, p. 79-96; Morris, *Scaremongers*, p. 294.
17. Morris, *Scaremongers*, p. 301-304.
18. Sobre a juventude de Grey, ver Trevelyan, *Grey of Falloden*, p. 7-20; Robbins, *Sir Edward Grey*, esp. p. 1, 7. 12.
19. Embora isso possa ser indício de certa timidez. Os dois irmãos de Grey eram ávidos caçadores de animais grandes. Um deles foi morto por um leão; o outro, por um búfalo: Davies, *Europe*, p. 882.
20. Grey, *Fly Fishing*. Sou grato ao sr. Sandy Sempliner por esta referência.
21. Grey, *Twenty-Five Years*, vol. I, p. 152-159. Cf. Asquith, *Genesis*, p. 53.
22. PRO CAB 2/2, reunião do Comitê de Defesa Imperial, 9 de março de 1906; PRO CAB 38/11/9, Military Requirements of the Empire: note by Lord Esher [Requerimentos Militares do Império: nota de lorde Esher], 26 de fevereiro de 1907; PRO CAB 2/2, Subcomitê sobre os requerimentos militares do Império, 30 de maio de 1907; PRO FO 800/100, de Grey para Campbell-Bannerman, 31 de agosto de 1907. Cf. B. Williams, Strategic Background, p. 365-373; K. Wilson, *Policy of the Entente*, p. 6s, 25, 76ss; Monger, *End of Isolation*, p. 285-291.
23. PRO FO 800/102, memorando de Robertson sobre a entente com a Rússia, 29 de março de 1906.
24. Sweet e Langhorne, Great Britain and Russia, p. 236, 253s; K. Wilson, *Policy of the Entente*, p. 83. Ver também PRO FO 800/90, de Ellbank para Grey, 21 de janeiro de 1909.
25. Grey, *Twenty-Five Years*, vol. I, p. 163s.
26. A. J. P. Taylor, *Struggle for Mastery*, p. 443.
27. PRO FO 800/92, memorando de Grey sobre a conversa com Clemenceau, 28 de abril de 1908.
28. Sweet e Langhorne, Great Britain and Russia, p. 243ss; Grey, *Twenty-Five Years*. vol. I, p. 176-179, 182-189.
29. PRO FO 800/61, de Grey para Goschen, 5 de novembro de 1908. Ver também, sobre o temor de Hardinge com relação a uma "conflagração europeia geral" começando nos Bálcãs, K. Wilson, Foreign Office, p. 404. Ver também Butterfield, Sir Edward Grey, p. 4s, 20s.
30. A. J. P. Taylor, *Struggle for Mastery*, p. 463.
31. Ibid., p. 464.
32. Ibid., p. 475.
33. Renzi, Great Britain, Russia, p. 2s.; Stone, *Europe Transformed*, p. 327.

34. Cf. a reação do *The Times* comparada com as do *Nation*, do *Daily News* e do *Guardian*: Morris, *Scaremongers*, p. 86, 256s; Weinroth, *British Radicals*, p. 665. Ver também Bernstein, *Liberalism and Liberal Politics*, p. 186. Para os ataques norte-americanos à Rússia em 1911, ver G. Owen, *Dollar Diplomacy in Default*, p. 255.
35. Monger, *End of Isolation*, p. 278.
36. Offer, *First World War*, p. 223s, 226, 230, 291; Monger, *End of Isolation*, p. 188s., 206ff; D'Ombrain, *War Machinery*, p. 78ss; D. French, *British Economic and Strategic Planning*, p. 22s.
37. PRO CAB 38/10/73, Relatório do Estado-Maior sobre a neutralidade belga durante a Guerra Franco-Alemã, 29 de setembro de 1905.
38. Monger, *End of Isolation*, p. 238. Os encontros aconteceram em 16 ou 18 e 21 de dezembro; Campbell-Bannerman havia concordado em formar um governo no dia 5, e Grey se tornou secretário das Relações Exteriores no dia 10.
39. PRO CAB 38/11/4, Conferência militar sobre ações durante a guerra com a Alemanha, 19 de dezembro de 1905; 1º de junho de 1906. Cf. D'Ombrain, *War Machinery*, p. 83s; Monger, *End of Isolation*, p. 240s.
40. Monger, *End of Isolation*, p. 209s, 229. Grifo meu.
41. PRO CAB 38/11/4, Conferência militar sobre ações durante a guerra com a Alemanha, 19 de dezembro de 1905. Cf. Mackay, *Fisher of Kilverstone*, p. 353ss, com McDermott, *Revolution in British Military Thinking*, p. 174s; e ver também D'Ombrain, *War Machinery*, p. 84s; Howard, *Continental Commitment*, p. 32, 43.
42. PRO FO 800/100, de Grey para Campbell-Bannerman, 9 de janeiro de 1906; PRO FO 800/49, de Grey para Bertie, 15 de janeiro de 1906. Ver também Grey, *Twenty-Five Years*, vol. I, p. 78-83.
43. Monger, *End of Isolation*, p. 248-251. Cf. PRO FO 800/49, de Grey para Cambon, 21 de junho de 1906. Mesmo um ano depois, só dois ou três membros do Gabinete sabiam sobre eles: D'Ombrain, *War Machinery*, p. 90.
44. K. Wilson, *Policy of the Entente*, p. 88s.; Monger, *End of Isolation*, p. 271. Ele quis dizer que tal promessa jamais precisaria ser honrada por causa de seu efeito intimidador.
45. PRO FO 800/87, de Grey para Tweedmouth, 16 de janeiro de 1906; K. Wilson, *Policy of the Entente*, p. 65.
46. Monger, *End of Isolation*, p. 282; D'Ombrain, *War Machinery*, p. 89.
47. PRO FO 800/92, memorando de Grey, 20 de fevereiro de 1906. Cf. Grey, *Twenty-Five Years*, vol. I, p. 114.
48. PRO CAB 38/11/4, Conferência militar: ações durante a guerra com a Alemanha, 1º de junho de 1906.
49. Hamilton, *Great Britain and France*, p. 331. Cf. K. Wilson, *Policy of the Entente*, p. 88s; Monger, *End of Isolation*, p. 271.

50. Detalhes em D'Ombrain, *War Machinery*, p. 75-96, 103-109; Monger, *End of Isolation*, p. 238-252; K. Wilson, *Policy of the Entente*, p. 63-67.
51. PRO FO 800/100, de Grey para Asquith, 16 de abril de 1911. "O que eles [os especialistas militares] combinaram eu nunca soube – a posição era que o Governo era bastante livre, mas que as Forças Armadas saberiam o que fazer se a ordem fosse dada."
52. PRO CAB 16/5 XL/A/035374, Comitê de Defesa Imperial (CID), relatório E-3, 27 de novembro de 1908; Subcomitê sobre as necessidades militares do Império, 3 de dezembro de 1908; 2ª reunião, 17 de dezembro de 1908; relatório E-8 (II), memorando do Almirantado, 4 de fevereiro de 1909; relatório E-11 (B), nota do Estado-Maior, 5 de março de 1909; 3ª reunião, 23 de março de 1909. Cf. Howard, *Continental Commitment*, p. 46; D'Ombrain, *War Machinery*, p. 93ss, 103; Mackay, *Fisher of Kilverstone*, p. 405ss.
53. PRO CAB 38/19/50, memorando de Churchill sobre "os aspectos militares do problema continental", 1º de agosto de 1911. Em suas memórias, Churchill afirmou que foram "os militares", e não ele, quem "sobrestimou o poder relativo do Exército francês": W. S. Churchill, *World Crisis*, vol. I, p. 59.
54. PRO CAB 38/19/47, memorando do Estado-Maior sobre "os aspectos militares do problema continental", 15 de agosto de 1911.
55. PRO CAB 2/2, Comitê de Defesa Imperial, minutas da 114ª reunião, 23 de agosto de 1911. Cf. Collier, *Brasshat*, p. 117-121.
56. PRO CAB 38/19/48, Comentários do Almirantado sobre "os aspectos militares do problema continental", 21 de agosto de 1911; e PRO CAB 2/2, Comitê de Defesa Imperial, minutas da 114ª reunião, 23 de agosto de 1911.
57. Ibid. Cf. Hankey, *Supreme Command*, vol. I, p. 81; Nicolson, Edwardian England, p. 149; D'Ombrain, *War Machinery*, p. 102; D. French, *British Economic and Strategic Planning*, p. 32ss; K. Wilson, *Policy of the Entente*, p. 64.
58. Mackintosh, Committee of Imperial Defence, p. 499.
59. Hankey, *Supreme Command*, vol. I, p. 82; D'Ombrain, *War Machinery*, p. 108; Offer, *First World War*, p. 295.
60. K. Wilson, *Policy of the Entente*, p. 123.
61. Ibid., p. 65-68; Hankey, *Supreme Command*, vol. I, p. 77; Offer, *First World War*, p. 296.
62. PRO CAB 2/3, reunião do Comitê de Defesa Imperial, 6 de dezembro de 1912. Cf. Lloyd George, *War Memoirs*, vol. I, p. 30s.
63. Kossmann, *Low Countries*, p. 435. Cf. Cammaerts, *Keystone of Europe*; Johannson, *Small State*; Thomas, *Guarantee of Belgian Independence*.
64. Grifo meu. Ver, sobre este ponto, PRO FO 800/93, memorando de Mallet, 11 de abril de 1909; PRO FO 800/94, de Nicolson para Grey, 4 e 6 de maio de 1912;

PRO CAB 2/2, reunião do Comitê de Defesa Imperial, 4 de julho de 1912; PRO FO 800/94, de Nicolson para Asquith, Churchill e Grey, 24 de julho de 1912; PRO FO 900/87, de Churchill para Grey, 2 de agosto de 1912; PRO CAB 41/33/71, de Asquith para George V, 21 de novembro de 1912; PRO FO 800/62, de Grey para Goschen, 28 de outubro de 1913. Cf. W. S. Churchill, *World Crisis*, vol. I, p. 112s.; K. Wilson, Foreign Office, p. 411; Rowland, *Last Liberal Governments*, vol. II, p. 246-250; Hamilton, Great Britain and France, p. 331s; Steiner, *Britain and the Origins of the First World War*, p. 104.

65. PRO CAB 41/35/13, de Asquith para George V, 14 de maio de 1914; PRO FO 800/55, de Bertie para Grey, 28 de junho de 1914; de Grey para Bertie, 30 de junho de 1914. Cf. Grey, *Twenty-Five Years*, vol. I, p. 284, 291s.
66. Geiss, *Der lange Weg*, p. 249.
67. F. Fischer, *War of Illusions*, p. 160-165; Berghahn, *Germany and the Approach of War in 1914*, p. 170; Schulte, *Europäische Krise*, p. 17ss., 23-31.
68. W. S. Churchill, *World Crisis*, vol. I, p. 94.
69. Langhorne, Colonies, p. 366s.
70. Wilson, *Entente*, p. 10; Langhorne, Anglo-German Negotiations, p. 369. Ver Vincent-Smith, Anglo-German Negotiations, p. 621s.
71. PRO CAB 41/33/71, de Asquith para George V, 21 de novembro de 1912; PRO FO 800/55, de Bertie para Grey, 12 de fevereiro de 1914; de Grey para Bertie, 13 de fevereiro de 1914; idem, 4 de março de 1914. Cf. Langhorne, Anglo-German Negotiations, p. 370-385; Vincent-Smith, Anglo-German Negotiations, p. 623-629. Cf. Warburg, *Aus meinen Aufzeichnungen*, p. 27s.; Steiner, *Britain and the Origins of the First World War*, p. 105.
72. Grey, *Twenty-Five Years*, vol. I, p. 117s; Monger, *End of Isolation*, p. 266s, 275-278. Isso apesar do alerta de Tweedmouth de que "a aquisição e a fortificação dos portos do Marrocos por parte da Alemanha constituiria um grande perigo para nossa supremacia naval": PRO FO 800/887.
73. Lloyd George, *War Memoirs*, vol. I, p. 25ss. Cf. W. S. Churchill, *World Crisis*, vol. I, p. 46-50; Grey, *Twenty-Five Years*, vol. I, p. 219, 222-240; Asquith, *Genesis*, p. 91-95.
74. PRO FO 800/52, de Grey para Bertie, 12 de julho de 1911; PRO FO 800/100, de Grey para Asquith, 13 de julho de 1911; PRO FO 800/52, de Bertie para Grey, 17 de julho de 1911; PRO FO 800/100, de Grey para Asquith, 19 de julho de 1911; PRO FO 800/52, de Grey para Bertie, 20 de julho de 1911; PRO FO 800/93, de Nicolson para Grey, 21 de julho de 1911; PRO FO 800/52, de Bertie para Grey, 21 de julho de 1911; PRO FO 800/62, de Grey para Goschen, 24 e 25 de julho de 1911; PRO FO 800/52, de Grey para Bertie, 28 de julho de 1911; PRO FO 800/62, de Grey para Goschen, 8 e 26 de agosto de 1911; PRO FO 800/52, de Grey para Bertie, 4 de setembro de 1911; de Bertie para Grey, 6 de setembro de 1911; de Grey para Bertie, 8 de setembro de 1911.

Ver também a declaração de Grey à Câmara dos Comuns, *Hansard*, V, 32, p. 49-59, 27 de novembro. Cf. Steiner, *Britain and the Origins of the First World War*, p. 72-75.
75. F. Fischer, *Germany's Aims*, p. 45s; Grey, *Twenty-Five Years*, vol. I, p. 272-275; Butterfield, Sir Edward Grey, p. 4.
76. A. J. P. Taylor, *Struggle for Mastery*, p. 506.
77. *Frankfurter Zeitung*, 20 de outubro de 1913.
78. Arquivo Rothschild, Londres (RAL), XI/130A/8, de Natty, Londres, para seus primos, Paris, 16 de março de 1914.
79. Rosenbaum e Sherman, *M. M. Warburg & Co.*, p. 111.
80. Esposito, Public Opinion, p. 11.
81. Steiner, *Britain and the Origins of the First World War*, p. 123; J. Gooch, Soldiers, Strategy and War Aims, p. 23.
82. Pohl, *Hamburger Bankengeschichte*, p. 110.
83. Ibid., p. 513.
84. Grey, *Twenty-Five Years*, vol. I, p. 149.
85. Berghahn, *Germany and the Approach of War*, p. 67; Morris, *Scaremongers*, p. 142s.
86. PRO FO 800/92, memorando de Grey, 23 de julho de 1908. Cf. Lloyd George, War Memoirs, vol. I, p. 7; A. J. P. Taylor, *Struggle for Mastery*, p. 448; Berghahn, *Germany and the Approach of War*, p. 68.
87. PRO FO 800/61, de Goschen para Grey, 21 de agosto de 1909; de Grey para Goschen, 23 de agosto de 1909; PRO FO 800/100, de Asquith para Grey, 25 de agosto de 1909; PRO FO 800/93, de Hardinge para Grey, 25 de agosto de 1909; de Mallet para Grey, 26 de agosto de 1909; de Tyrrell para Grey, 27 de agosto de 1909; de Drummond para Grey, 29 de dezembro de 1909; nota de Grey, 29 de dezembro de 1909; PRO FO 800/61, de Grey para Goschen, 31 de dezembro de 1909; PRO FO 800/87, de Grey para McKenna, 27 de janeiro de 1910; PRO FO 800/52, de Grey para Bertie, 13 de abril de 1910; PRO FO 800/62, de Goschen para Grey, 6 de agosto de 1910; de Grey para Goschen, 11 e 16 agosto de 1910; de Goschen para Grey, 19 de agosto de 1910; PRO FO 800/100, de Grey para Asquith, 21 de outubro de 1910; de Asquith para Grey, 27 de outubro de 1910; PRO FO 800/62, de Grey para Goschen, 26 de outubro de 1910. Cf. Sweet, Great Britain and Germany, p. 229ss.
88. G. Gooch e Temperley, *British Documents*, vol. VI, n. 442, 446.
89. PRO CAB 41/33/34, de Asquith para George V, 3 de fevereiro de 1912. Cf. W. S. Churchill, *World Crisis*, p. 96ss; Langhorne, Great Britain and Germany, p. 290--293. Para o lado alemão da história, Steinberg, Diplomatie als Wille und Vorstellung. Ver também L. Cecil, *Albert Ballin*, p. 163ss., 180-200.
90. PRO FO 800/62, de Goschen para Grey, 3 de julho de 1913; PRO FO 800/87, de Churchill para Grey e Asquith, 8 de julho de 1913; de Churchill para Grey, 17 de julho e 24 de outubro de 1913; PRO FO 800/62, de Grey para Goschen, 28 de outubro de

1913; de Goschen para Grey, 8 de novembro de 1913; de Grey para Goschen, 5 de fevereiro de 1914; PRO FO 800/87, de Grey para Churchill, 5 de fevereiro de 1914.
91. PRO FO 800/87, de Churchill para Grey, 20 de maio de 1914. Cf. R. Churchill, *Winston S. Churchill*, vol. II, parte III, p. 1978-1981.
92. Langhorne, Great Britain and Germany, p. 293s. Grifo meu. Cf. o relato enganoso de Asquith em *Genesis*, p. 55s, 100.
93. PRO CAB 41/33/41, de Asquith para George V, 16 e 30 de março de 1912; PRO FO 800/94, memorando de Tyrrell, 3 de abril de 1912; PRO FO 800/100, de Asquith para Grey, 10 de abril de 1912; PRO FO 800/87, de Grey para Churchill, 12 de abril de 1912; PRO FO 800/62, de Grey para Goschen, 27 de junho e 4 de julho de 1912. Cf. Langhorne, Great Britain and Germany, p. 299, 303s; Kennedy, *Rise of the Anglo-German Antagonism*, p. 451; Steiner, *Britain and the Origins of the First World War*, p. 96.
94. Berghahn, *Germany and the Approach of War*, p. 120ss; Geiss, German Version of Imperialism, p. 118.
95. PRO CAB 41/33/36, de Asquith para George V, 15 e 21 de fevereiro de 1912. Cf. W. S. Churchill, *World Crisis*, vol. I, p. 103, 109; Grey, *Twenty-Five Years*, vol. I, p. 249-252; Asquith, *Genesis*, p. 77s, 97, 100; Rowland, *Last Liberal Governments*, vol. II, p. 241.
96. K. Wilson, *Policy of the Entente*, p. 8.
97. PRO FO 800/92, de Tyrrell para Grey, 27 de agosto de 1909; G. Gooch e Temperley, *British Documents*, vol. VI, n. 456, p. 611. Cf. Cain e Hopkins, *British Imperialism*, vol. I, p. 458.
98. Monger, *End of Isolation*, p. 260, 267ss.
99. G. Gooch e Temperley, *British Documents*, vol. VI, n. 344, p. 461. Cf. Grey, *Twenty-Five Years*, vol. I, p. 254s.
100. Sweet, Great Britain and Germany, p. 229s.
101. PRO FO 800/62, de Grey para Goschen, 27 de junho de 1912.
102. PRO FO 800/92, de Mallet para Grey, 26 de junho de 1906.
103. K. Wilson, *Policy of the Entente*, p. 93. Ver também PRO FO 800/93, de Nicolson para Grey, 21 de julho de 1911. Cf. Langhorne, Great Britain and Germany, p. 290s; Grey, *Twenty-Five Years*, vol. I, p. 251; Steiner, *Britain and the Origins of the First World War*, p. 97.
104. Trevelyan, *Grey of Falloden*, p. 114s; Sweet e Langhorne, Great Britain and Russia, p. 243s.
105. K. Wilson, *Policy of the Entente*, p. 101, 108.
106. Frase de Nicolson, citada em ibid., p. 38. Grey pode ter sido influenciado inicialmente pelo medo de que a Rússia e a Alemanha formassem uma aliança, o que o Kaiser e o tsar tentaram, sem sucesso, em 1905. Cf. Butterfield, Sir Edward Grey, p. 2; K. Wilson, Grey, p. 193; Monger, *End of Isolation*, p. 293.

107. Monger, *End of Isolation*, p. 270.
108. PRO FO 800/92, notas de Hardinge, 20 de fevereiro de 1906.
109. K. Wilson, *Policy of the Entente*, p. 35, 38s.
110. Ibid., p. 39, 42s, 94, 111, 114s; Andrew, Entente Cordiale, p. 25; *Hansard*, V, 32, p. 60, 27 de novembro de 1911; Howard, *Continental Commitment*, p. 57; Grey, *Twenty-Five Years*, vol. I, p. 252. Ver também Butterfield, Sir Edward Grey, p. 2.
111. Trevelyan, *Grey of Falloden*, p. 114s.
112. Schmidt, Contradictory Postures, p. 139.
113. Geiss, *July 1914*, p. 29ss.
114. PRO FO 800/62, de Goschen para Grey, 22 de outubro de 1910; K. Wilson, *Policy of the Entente*, p. 100.
115. PRO CAB 2/2, reunião do Comitê de Defesa Imperial, 26 de maio de 1911; Langhorne, Great Britain and Germany, p. 298; Steiner, *Britain and the Origins of the First World War*, p. 42.
116. K. Wilson, *Policy of the Entente*, p. 66s.
117. PRO CAB 38/19/47, memorando do Estado-Maior sobre os aspectos militares do problema continental, 15 de agosto de 1911.
118. Cain e Hopkins, *British Imperialism*, vol. I, p. 450, 456ss.
119. W. S. Churchill, *World Crisis*, vol. I, p. 120; Lloyd George, *War Memoirs*, vol. I, p. 6.
120. J. Gooch, *Plans of War*, p. 25.
121. Monger, *End of Isolation*, p. 248-255, 273, 279.
122. PRO CAB 16/5 XL/A/035374, Comitê de Defesa Imperial, documento E-2, 11 de novembro de 1908. Grifo meu.
123. PRO CAB 16/5 XL/A/035374, Registros, 23 de março de 1909. Grifo meu. Cf. D'Ombrain, *War Machinery*, p. 95-98.
124. PRO CAB 2/2, reunião do Comitê de Defesa Imperial, 30 de maio de 1911.
125. PRO FO 800/52, de Grey para Bertie, 16 de abril de 1911.
126. Weinroth, British Radicals, p. 674ss.
127. Steiner, *Britain and the Origins of the First World War*, p. 141.
128. PRO FO 800/90, de Tyrrell para Grey, 25 de janeiro de 1912.
129. De Grey para Asquith, 16 de abril de 1911, citado em Grey, *Twenty-Five Years*, vol. I, p. 94. Ele repetiu sua opinião ao Comitê de Defesa Imperial no mês seguinte. K. Wilson, *Policy of the Entente*, p. 85.
130. K. Wilson, *Policy of the Entente*, p. 57, 69.
131. Steiner, *Britain and the Origins of the First World War*, p. 76; D. French, *British Economic and Strategic Planning*, p. 33; D. French, Edwardian Crisis, p. 9.
132. PRO FO 800/100, de Asquith para Grey, 5 de setembro de 1911. Cf. D'Ombrain, *War Machinery*, p. 106.

133. PRO FO 800/100, de Grey para Asquith, 8 de setembro de 1911. Cf. Grey, *Twenty--Five Years*, vol. I, p. 95; K. Wilson, British Cabinet's Decision for War, p. 149, 156s; K. Wilson, *Policy of the Entente*, p. 28s, 124.
134. PRO CAB 41/33/28, de Asquith para George V, 2 de novembro de 1911. Cf. Morley, *Memorandum*, p. 17; K. Wilson, *Policy of the Entente*, p. 28.
135. D'Ombrain, *War Machinery*, p. 106s; K. Wilson, *Policy of the Entente*, p. 28. Embora já não estivesse no Almirantado, McKenna havia agarrado a oportunidade para retomar o ataque naval.
136. *Hansard*, V, 32, p. 58, 27 nov. 1911. Cf. Trevelyan, *Grey of Falloden*, p. 113.
137. Morris, *Scaremongers*, p. 303.
138. PRO FO 800/87, de Churchill para Grey, 17 de julho de 1912.
139. Hamilton, Great Britain and France, p. 332; W. S. Churchill, *World Crisis*, p. 112s. Grifo meu.
140. K. Wilson, *Policy of the Entente*, p. 29. Harcourt repudiou expressamente o termo "Tríplice Entente" sob a justificativa de que "algo assim jamais foi considerado ou aprovado pelo Gabinete": ibid., p. 26. Precisamente por essa razão, Grey também tentou evitar o termo: A. J. P. Taylor, *Struggle for Mastery*, p. 449.
141. Rowland, *Last Liberal Governments*, vol. II, p. 263.
142. Grey, *Twenty-Five Years*, vol. I, p. 297ss.
143. Ibid., vol. I, p. 97s. Cf. Monger, *End of Isolation*, p. 197.
144. Renzi, Great Britain, Russia, p. 3. Sobre a preocupação de Nicolson, na época, com a falta de "conhecimento" público quanto à "enorme importância que a amizade da Rússia tem para nós", ver K. Wilson, Foreign Office, p. 404.
145. *Hansard*, V, 63, p. 458, 11 de junho de 1914. Cf. Grey, *Twenty-Five Years*, vol. I, p. 289ss.
146. PRO FO 800/92, memorando de Grey, 29 de fevereiro de 1906. Cf. Monger, *End of Isolation*, p. 281s; Schmidt, Contradictory Postures, p. 141s. Para a versão de Crowe da mesma teoria intimidadora, ver *End of Isolation*, p. 271. Para a versão de Nicolson, ver K. Wilson, *Policy of the Entente*, p. 40.
147. Langhorne, Great Britain and France, p. 298, 306; K. Wilson, *Policy of the Entente*, p. 92, 98; F. Fischer, *Germany's Aims*, p. 32.
148. K. Wilson, *Policy of the Entente*, p. 29, 39s, 42s, 52s; Rowland, *Last Liberal Governments*, vol. II, p. 250. Cf. W. S. Churchill, *World Crisis*, vol. I, p. 65, 203; Grey, *Twenty--Five Years*, vol. I, p. 73-81, 95, 281.
149. Hamilton, Great Britain and France, p. 324; K. Wilson, *Policy of the Entente*, p. 37.
150. PRO FO 800/55, de Bertie para Grey, 8 de março de 1914. Cf. K. Wilson, *Policy of the Entente*, p. 92.
151. Andrew, Entente Cordiale, p. 27.

152. Grey, *Twenty-Five Years*, vol. I, p. 324s; K. Wilson, *Policy of the Entente*, p. 36. Já em dezembro de 1911 C. P. Scott identificou Lloyd George, Churchill e Haldane como os ministros que iriam com Grey se ele renunciasse.
153. A. J. P. Taylor, *Struggle for Mastery*, p. 479.
154. Grey, *Twenty-Five Years*, vol. I, p. 81; vol. II, p. 44; Asquith, *Genesis*, p. 57s, 63s, 83.
155. Steiner, *Britain and the Origins of the First World War*, p. 124, 148, 245, 253. Ver também Nicolson, Edwardian England, p. 145-148. Essa possibilidade foi discutida, mas descartada por Bertie: K. Wilson, *Policy of the Entente*, p. 46ss; Monger, *End of Isolation*, p. 279.

4
Armamentos e homens

Uma corrida para a guerra?

No início de 1914, o secretário de Bethmann Hollweg, Kurt Riezler, publicou (sob um pseudônimo) um livro intitulado *Characteristics of Contemporary World Politics* [Características da política mundial contemporânea], no qual argumentou que os níveis sem precedentes de armamentos na Europa eram, "talvez, o problema mais difícil, urgente e controverso do momento". Sir Edward Grey, que sempre apreciou as explicações da guerra que minimizavam a ação humana, mais tarde concordaria. "O enorme crescimento dos armamentos na Europa", escreveu em suas memórias depois da guerra, "[...] a sensação de medo e de insegurança provocada por eles – foi isso o que tornou a guerra inevitável. Do meu ponto de vista, essa é a verdadeira leitura da história [...], a explicação real e definitiva das origens da Grande Guerra."[1]

Os historiadores em busca de grandes causas para grandes acontecimentos são naturalmente atraídos para a corrida armamentista do pré-guerra como uma possível explicação para a Primeira Guerra Mundial. Conforme expressou David Stevenson: "Um ciclo autoalimentado de militarização cada vez maior [...] foi um elemento essencial na conjuntura que levou ao desastre [...] A corrida armamentista [...] foi uma precondição necessária para a eclosão de hostilidades".[2] David Herrmann vai mais longe: ao criar uma sensação de que "as portas de oportunidade para uma guerra vitoriosa" estavam se fechando, "a corrida armamentista, com efeito, precipitou a Primeira Guerra Mundial". Se o arquiduque Francisco Ferdinando tivesse sido assassinado em 1904 ou mesmo em 1911, especula Herrmann, poderia não ter havido guerra nenhuma; foram "a corrida armamentista [...] e a especulação sobre guerras preventivas ou iminentes" que fizeram que sua morte em 1914 desencadeasse a guerra.[3]

Porém, como Stevenson e Herrmann reconhecem, não há nenhuma lei da história afirmando que todas as corridas armamentistas terminam em guerras. A experiência da Guerra Fria mostra que uma corrida armamentista pode evitar que dois blocos inimigos entrem em guerra e, finalmente, culminar no colapso de um dos lados sem a necessidade de um conflito em grande escala. Por outro lado, os anos 1930 ilustram o perigo de *não* haver nenhuma corrida armamentista: se a Grã-Bretanha e a França tivessem acompanhado o rearmamento alemão depois de 1933, teria sido muito mais difícil para Hitler persuadir seus generais a remilitarizarem a Renânia ou a arriscarem uma guerra pela Checoslováquia.

O ponto crucial da corrida armamentista antes de 1914 é que um lado perdeu, ou acreditou estar perdendo. Foi essa crença que persuadiu seus líderes a apostar na guerra antes de ficarem muito para trás. Riezler errou ao afirmar que "[...] quanto mais as nações se militarizam, maior deve ser a superioridade de uma com relação à outra para que a balança penda a favor da guerra". Ao contrário: a margem de desvantagem precisou ser muito pequena – talvez, de fato, apenas uma margem projetada de desvantagem – para que o lado perdedor na corrida armamentista arriscasse uma guerra. O paradoxo é que a potência que se encontrava nessa posição de derrota incipiente era a potência com a maior reputação por militarismo excessivo – a Alemanha.

Encouraçados

Além das rivalidades econômicas e imperiais discutidas nos capítulos anteriores, o programa naval alemão é tradicionalmente visto pelos historiadores como a principal causa de deterioração das relações anglo-germânicas.[4] A reação britânica, entretanto, logo demonstrou que essa ameaça tinha poucas chances de se concretizar. De fato, tão decisiva foi a vitória britânica na corrida armamentista naval que é difícil concebê-la, em algum sentido, como causa da Primeira Guerra Mundial.

Em 1900, o Primeiro Lorde do Almirantado, o conde de Selborne, havia comentado sombriamente que uma "aliança formal com a Alemanha" era "a única alternativa para uma Marinha cada vez maior e estimativas navais cada vez mais altas".[5] Mas, em 1902, ele mudou completamente de opinião, tendo se "convencido de que a nova Marinha alemã está sendo construída com base na perspectiva de uma guerra contra nós".[6] Essa foi uma conclusão compreensível. Já em 1896, o *Korvettenkapitän* (mais tarde, almirante) Georg von Müller havia resumido o objetivo da *Weltpolitik* alemã como sendo: impedir "o domínio do mundo por parte da Grã-Bretanha e, assim, tornar disponíveis as propriedades coloniais necessárias para que os Estados da Europa Central possam se expandir".[7]

No entanto, o programa naval de Tirpitz não significava necessariamente guerra. O propósito era, em parte, defensivo – e longe de ser irracional, considerando-se o perigo de um bloqueio naval britânico no caso de uma guerra contra a Alemanha.[8] A capacidade ofensiva das frotas alemãs planejadas também era limitada. Quando muito, Tirpitz visava construir uma esquadra grande o suficiente (60 navios) para que o risco de uma guerra anglo-germânica fosse tão elevado que a Marinha Real britânica poderia considerá-lo inaceitável. Isso, conforme Tirpitz explicou ao Kaiser em 1899, faria a Grã-Bretanha "conceder à Sua Majestade tal escala de influência marítima que Sua Majestade poderá conduzir uma excelente política ultramarina" – em outras palavras, sem uma guerra.[9]

O que a esquadra alemã fez, então, foi representar uma ameaça ao poder naval quase monopólico da Grã-Bretanha; ou melhor, teria representado uma ameaça se tivesse sido concluída sem que ninguém em Londres percebesse. Enquanto a esquadra estava sendo construída, conforme observou Bülow, a Alemanha era "como a lagarta antes de se transformar em borboleta".[10] Mas a crisálida era demasiado transparente (até mesmo a inteligência militar amadora da Grã-Bretanha era capaz de identificar um navio de guerra sendo construído, sobretudo um que havia sido autorizado pelo Reichstag).

Em 1905, ao término das primeiras reformas navais de Fisher, o diretor de Inteligência Naval pôde descrever com segurança a "preponderância marítima" da Grã-Bretanha sobre a Alemanha como "avassaladora".[11] Isso era certo: o número de navios de guerra aumentou de 13 para 16 entre 1898 e 1905, ao passo que a frota de guerra britânica cresceu de 29 para 44 navios. Isso não estava à altura do padrão naval combinado das duas maiores potências rivais, tal como definia a lei de 1889, mas era suficiente para controlar uma ameaça exclusivamente alemã; de fato, foi, para Berlim, um lembrete da ameaça britânica à Alemanha – daí o pânico de um ataque naval britânico

Tabela 7   Proporção entre a tonelagem de guerra britânica e a alemã, 1880-1914

1880	1890	1900	1910	1914
7,4	3,6	3,7	2,3	2,1

Fonte: Kennedy, *Great Powers*, p. 261.

preventivo que tomou conta da cidade em 1904-1905.[12] A meta original de Tirpitz era que a proporção entre o poder naval britânico e o alemão fosse de 1,5 para 1. Como mostra a Tabela 7, ele nunca chegou lá.

A campanha orquestrada pela imprensa direitista na Grã-Bretanha em 1909 se assegurou disso. Os alarmistas britânicos – aqueles que clamavam "We want eight and we won't wait", isto é, "Queremos oito [novos encouraçados] e queremos já" – acreditavam que os alemães visavam aumentar tanto o ritmo de construção que, em alguns anos, teriam mais encouraçados do que a Marinha Real.[13] De fato, o total alemão em 1912 era 9, contra 15 da Grã-Bretanha.[14] Quando veio a guerra, a Tríplice Entente tinha 43 dos maiores navios de guerra; os Impérios Centrais, apenas 20 (Tabela 8).[15]

Os alemães sabiam que haviam perdido. Já em novembro de 1908, o respeitável *Marine-Rundschau* publicou um artigo anônimo que admitia isso:

a Grã-Bretanha só poderia ser derrotada por uma potência que assumisse o comando permanente do mar britânico. Tal potência precisaria ter não só uma

Tabela 8   O poder naval das potências em 1914

País	Pessoal	Grandes embarcações navais	Tonelagem
Rússia	54.000	4	328.000
França	68.000	10	731.000
Grã-Bretanha	209.000	29	2.205.000
TOTAL	331.000	43	3.264.000
Alemanha	79.000	17	1.019.000
Áustria-Hungria	16.000	3	249.000
TOTAL	95.000	20	1.268.000

Fonte: Reichsarchiv, *Weltkrieg, erste Reihe*, vol. I, p. 38s.

frota do mesmo tamanho daquela da Marinha Real, como também um maior número de grandes navios de guerra. Encurralada entre a França e a Rússia, a Alemanha deve manter o maior Exército do mundo [...] Obviamente, está além do alcance da economia alemã financiar, ao mesmo tempo, uma frota capaz de superar a britânica.[16]

Assim, à pergunta de Bülow, em junho de 1909 – "quando seríamos capazes de encarar, com segurança, uma guerra contra a Inglaterra" –, Tirpitz só pôde responder que "em cinco ou seis anos, o perigo já não existiria". Com base nessa resposta inepta, o então chefe do Estado-Maior, Helmuth Johann Ludwig von Moltke, "o Jovem", concluiu que "não havia nenhuma chance de [a Alemanha] sair vitoriosa em um conflito contra a Inglaterra" e, portanto, clamou por "um acordo honroso" entre os dois países.[17] O chamado "conselho de guerra" de chefes militares convocado pelo Kaiser em dezembro de 1912 na verdade não foi nada do tipo. Embora Moltke defendesse uma "guerra o mais cedo possível", Tirpitz pediu outros 18 meses porque sua esquadra ainda não estava pronta. O resultado das negociações, como o almirante Müller observou em seu diário, foi "praticamente nulo".

A preservação da supremacia marítima da Grã-Bretanha encorajou a autoconfiança exacerbada no Almirantado. Os temores alemães de uma nova Copenhague eram mais do que meras fantasias: Fisher garantiu a lorde Lansdowne em abril de 1905 que, com apoio francês, a Marinha "poderia ter a frota alemã, o canal de Kiel e Schleswig-Holstein em duas semanas". Da mesma maneira, Fisher tinha uma confiança inabalável na capacidade de a Grã-Bretanha impor um bloqueio comercial efetivo à Alemanha. "É tão peculiar que a Providência tenha colocado a Inglaterra como uma espécie de quebra-mar gigantesco contra o comércio alemão", observou Fisher em abril de 1906. "Nossa superioridade naval é tanta que, no dia da guerra, 'exterminamos' 800 navios mercadores alemães. Imaginem o golpe esmagador ao comércio e às finanças da Alemanha. Digno de Paris!"[18] Essa crença de que era possível decidir uma guerra impedindo a Alemanha de importar alimentos esteve muito arraigada nos círculos navais em 1907:[19] foi por isso que houve tanta oposição às resoluções formuladas na Segunda Conferência de Paz de Haia naquele ano para restringir o uso do bloqueio durante as hostilidades.[20] Como *sir* Charles Ottley, ex-presidente da Inteligência Naval e secretário do

Comitê de Defesa Imperial, explicou em dezembro de 1908, a visão do Almirantado era a de que:

> (numa guerra prolongada) as engrenagens da nossa potência marítima (embora, talvez, oprimissem lentamente a população alemã) poderia triturá-la "em pedacinhos" – mais cedo ou mais tarde, o mato tomaria conta das ruas de Hamburgo e haveria escassez e ruína em toda parte.²¹

A superioridade britânica pareceu tão avassaladora que, para devotos do "navalismo" como Esher, era difícil imaginar a Alemanha arriscando uma guerra marítima.²² Tirpitz estava bem ciente do perigo: em janeiro de 1907, ele alertou que a Alemanha sofreria sérios déficits de alimentos em uma guerra que, segundo suas previsões, duraria um ano e meio.²³

Os políticos britânicos também se recusaram a reconhecer a legitimidade de qualquer ameaça à sua "supremacia absoluta" no mar. Para Haldane, o padrão de duas potências parecia sacrossanto, e o custo crescente de mantê-lo era culpa da Alemanha, por tentar diminuir a brecha.²⁴ Para Churchill, a Marinha britânica era "uma necessidade" da qual dependia a "existência" da Grã-Bretanha, ao passo que a Marinha alemã não passava de "um luxo", cujo propósito era unicamente a "expansão" – uma tremenda impostura, considerando-se os planos britânicos de bloqueio.²⁵ Depois de entrar para o Almirantado em outubro de 1911, Churchill até elevou a aposta, visando manter um novo "padrão de 60% [...] não só com relação à Alemanha, como também com relação ao resto do mundo".²⁶ "A Tríplice Aliança está sendo superada pela Tríplice Entente", ele vociferou para Grey em outubro de 1913.²⁷ No mês seguinte, perguntou, sem meias-palavras: "Por que devemos supor que não seríamos capazes de derrotar [a Alemanha]? Um estudo do poder marítimo comparativo na linha de batalha seria reconfortante".²⁸ Em 1914, como Churchill lembrou, "a rivalidade naval havia [...] deixado de ser motivo de atrito [...] Estávamos agindo de maneira inflexível [...] era certo que não podíamos ser superados".²⁹ Mesmo Asquith mais tarde admitiu que "a competição nos gastos com a Marinha, por si só, não representava um perigo imediato. Nós estávamos determinados a manter nossa preponderância necessária no mar e estávamos capacitados para levar tal determinação adiante".³⁰ Lloyd George chegou a ponto de declarar que a corrida naval havia chegado ao fim em uma entrevista ao *Daily News* em janeiro de 1914:

As relações com a Alemanha são infinitamente mais amigáveis agora do que foram durante anos [...] A Alemanha não tem nada que a aproxime do nível [de poder naval] de duas potências [rivais combinadas] [...] É por isso que estou convencido de que, mesmo se a Alemanha algum dia teve a intenção de desafiar nossa supremacia no mar, as exigências da situação atual a levaram a abandonar totalmente essa ideia.[31]

A confiança dos "navalistas" britânicos em sua superioridade com relação à Alemanha também se faz notar no modo como avaliaram a ameaça de uma invasão alemã – o pesadelo favorito dos alarmistas. O Comitê de Defesa Imperial foi despersuadido pelo documento alarmista de William Robertson de 1903 (ver Capítulo 1), e um documento do Estado-Maior em 1906 também foi cético quanto à viabilidade de uma invasão alemã.[32] Quando (depois que lorde Roberts confirmou publicamente a "ameaça" de invasão) um Subcomitê de Defesa Imperial foi instaurado para investigar o assunto em 1907, o relatório concluiu de maneira inequívoca: "[...] deve-se rejeitar a ideia arraigada de que a Alemanha poderia assumir o controle do mar do Norte por um período longo o suficiente para permitir a travessia imperturbável dos transportes; isso é impraticável".[33] Quando a possibilidade de uma invasão alemã foi, mais uma vez, posta em discussão em 1914, pareceu igualmente improvável.[34] Isto era certo: de fato, os alemães haviam abandonado a ideia mais de dez anos antes.[35]

A porta se fechando

Os alemães enfrentavam uma desvantagem similar em terra, sobretudo depois que a aliança franco-russa foi consolidada. Mesmo antes disso, a experiência de uma resistência francesa desesperada depois da derrota em Sedan em 1870 havia persuadido Helmuth Karl Bernhard von Moltke, o "jovem Moltke", de que, no caso de uma guerra contra ambas as potências, a Alemanha "não poderia esperar se livrar rapidamente de um inimigo por meio de uma ofensiva breve e bem-sucedida, o que a deixaria livre para lidar com o outro inimigo".[36] Seu discípulo, Colmar von der Goltz, ecoou essa opinião em seu livro *Das Volk in Waffen* [O povo em armas], afirmando: "A guerra, no futuro próximo, deve perder grande parte do elemento de mobilidade que tanto caracterizou nossas últimas campanhas".³⁷ Possivelmente o alerta mais devastador de que os dias de guerras breves e limitadas haviam chegado ao fim veio em 1895 do intendente do Estado-Maior, o major-general Köpke. No caso de uma guerra em duas frentes, ele previu (em um memorando secreto, cujo original não foi conservado):

> mesmo com o espírito mais ofensivo [...] nada pode ser alcançado além de um lento, tedioso e sanguinário avanço – em certas ocasiões, por meio de um ataque comum ao estilo do cerco – para, pouco a pouco, obter algumas vantagens [...] Não podemos esperar vitórias rápidas e decisivas. O Exército e a nação terão de se acostumar com essa ideia logo no início, a fim de evitar um pessimismo alarmante bem no começo da guerra [...] A guerra de posicionamento de maneira geral, o conflito ao longo das fortificações de campanha, o cerco de grandes fortalezas, devem ser realizados com sucesso. Do contrário, não seremos capazes de obter vitórias contra os franceses. Com sorte, então, não careceremos dos necessários preparos intelectuais e materiais e, no momento decisivo, estaremos bem treinados e equipados para essa forma de combate.³⁸

A análise de Köpke foi substancialmente confirmada pelo uso de entrincheiramento na guerra russo-japonesa. Foi a crença de que as fortificações russas eram inferiores às francesas – e sua mobilização, mais lenta – que levou Moltke e Waldersee a adotarem a ideia de atacar a Rússia primeiro se a guerra viesse.³⁹

Como é bem sabido, Schlieffen, quando sucedeu Waldersee como chefe do Estado-Maior alemão, procurou resolver o problema das defesas francesas driblando-as, atacando a França pelo norte. Já em 1897, ele teve a ideia de um rápido avanço por Luxemburgo e pela Bélgica; em 1904-1905, ele tinha esboçado os principais elementos de um grande movimento de flanco, agora passando também pela Holanda; e, em dezembro de 1905, pouco antes de se aposentar, concluiu seu famoso *Grosse Denkschrift*. Neste documento, Schlieffen vislumbrou uma grande ofensiva com aproximadamente dois terços do Exército alemão (33,5 divisões), que atravessariam a Bélgica e a Holanda e chegariam ao norte da França. Os territórios da Alsácia-Lorena e do leste da Prússia mal seriam defendidos: apenas uma divisão permaneceria neste último para resistir ao esperado avanço russo. O objetivo era nada menos que a "aniquilação" (*Vernichtung*) do Exército francês em seis semanas, e depois disso toda tropa inimiga que tivesse entrado em território alemão seria eliminada.⁴⁰

Mas desde o princípio, e até a eclosão da guerra em 1914, houve um defeito no plano: oito das divisões que Schlieffen planejava usar não existiam. Os historiadores há muito estão familiarizados com os argumentos da elite militar contra a expansão do Exército: Kehr detalhou-os nos anos 1920.⁴¹ Como afirmou Stig Förster, houve, de fato, um "duplo militarismo" na Alemanha – ou melhor, dois militarismos: um militarismo "de cima", reacionário, "tradicional, prussiano, conservador", que predominou entre 1890 e 1905, e um militarismo "de baixo", "burguês", que "tendeu à direita radical" e triunfou a partir daí.⁴² Para o primeiro, a aspiração essencial era, como Waldersee afirmou em 1897, "manter o Exército intacto".⁴³ Em outras palavras, isso significava tentar manter o percentual de oficiais oriundos de famílias aristocráticas em torno de 60%; e o percentual de suboficiais e de outros escalões de áreas rurais no mesmo nível, de modo a excluir aqueles "elementos democráticos e outros, inadequados para o Estado [militar]", contra os quais posteriormente alertou o ministro da Guerra prussiano, Karl von Einem.⁴⁴ Nesse aspecto, os militares conservadores podiam se unir a Tirpitz e aos demais defensores da construção de uma grande frota alemã. Sucessivos ministros da Guerra não hesitaram em aceitar a subordinação do Exército à Marinha nos aumentos orçamentários para a defesa e em concordar com um crescimento modesto no tamanho do Exército. Entre 1877 e 1889, o efetivo do Exército alemão em tempos de paz havia estagnado em torno de 468.400 homens. Nos sete anos subsequentes, cresceu apenas para 557.430, apesar de duas tentativas de implementar o serviço militar obrigatório (que teria acrescentado 150.200 homens em 1890). Depois disso, houve aumentos mínimos, de modo que o efetivo em tempos de paz era pouco mais de 588.000 em 1904 (ver Figura 1). Talvez a melhor prova dos limites do militarismo alemão seja o conservadorismo do próprio Exército alemão.

No entanto, em dezembro de 1912 – quase 20 anos depois da tentativa fracassada de Caprivi, o chanceler do Reich, de implementar o serviço militar obrigatório –, muita coisa havia mudado no Exército, apesar dos esforços dos conservadores. Sem dúvida, a proporção de generais que eram

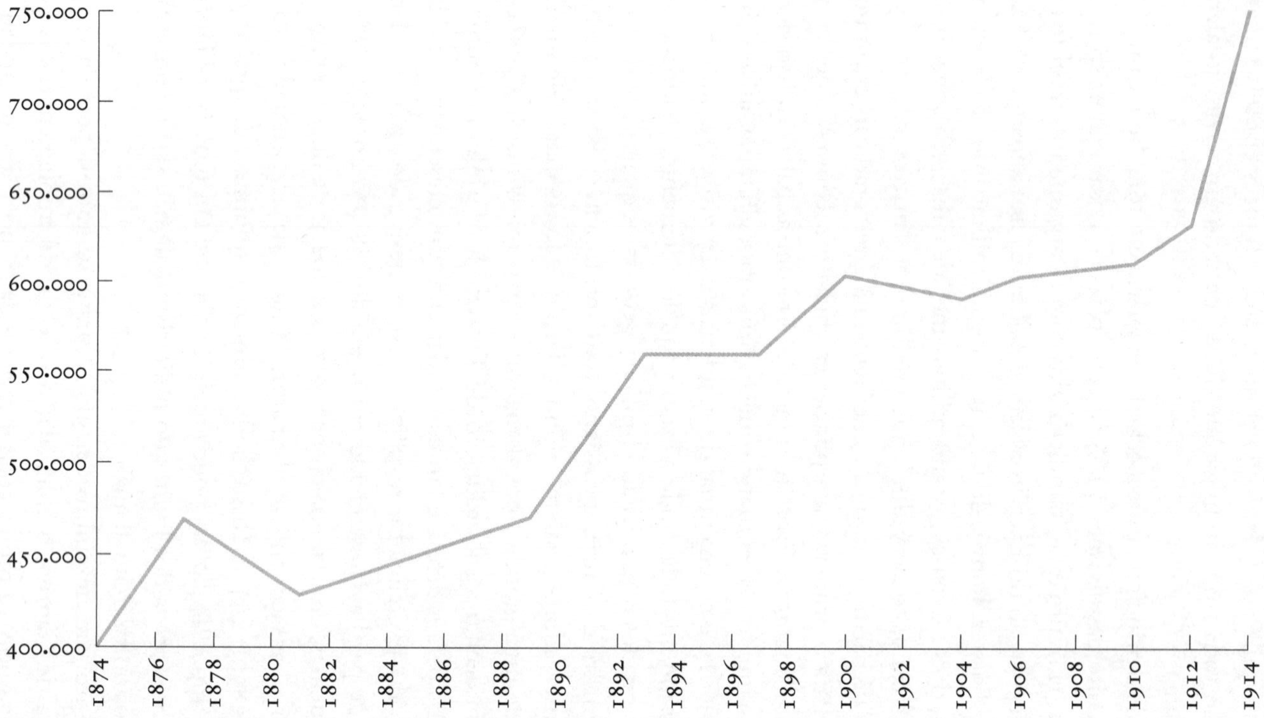

Figura 1 Efetivo do Exército alemão em tempos de paz, 1874-1914
Nota: Os números não incluem *Landsturm* (milícia) nem *Landwehr* (territoriais).
Fonte: Förster, *Doppelte Militarismus*.

aristocratas havia diminuído só um pouco, e os cargos mais altos continuavam abarrotados de Von Bülows e Von Arnims.⁴⁵ Mas a proporção de todos os oficiais do Exército que eram aristocratas caiu de 65% para apenas 30%. A mudança foi mais perceptível no Estado-Maior, que, em 1913, era 70% não aristocrata, com alguns departamentos – em particular a importante Divisão de Ferrovias – quase totalmente compostos de oficiais vindos da classe média.⁴⁶ Aqui, o espírito era tecnocrático em vez de conservador, e a maior preocupação era com inimigos externos, não internos – acima de tudo, com a ameaça representada pelos Exércitos francês e russo. A figura mais dinâmica da nova "meritocracia" militar era Erich Ludendorff, que já em julho de 1910 afirmara que "qualquer Estado envolvido em uma luta pela sobrevivência [...] deve usar todas as suas forças e recursos".⁴⁷ Em novembro de 1912, ele defendeu a implantação do serviço militar obrigatório em uma linguagem que remetia à era das Guerras de Libertação: "Precisamos, mais uma vez, nos tornar o povo em armas".⁴⁸ O "Grande Memorando" de Ludendorff de dezembro de 1912 instava a convocar outros 30% dos elegíveis para o serviço militar (elevando a taxa de recrutamento de 52% para 82%, isto é, ao nível francês), um aumento total de 300 mil recrutas em dois anos.⁴⁹ Até mesmo Bethmann pareceu persuadido: "Não podemos nos dar ao luxo de deixar de fora nenhum recruta capaz de usar um capacete", declarou ele.⁵⁰ Para os militares conservadores no Ministério da Guerra, as conotações radicais do plano de Ludendorff eram claras. O general Franz von Wandel retorquiu: "Se continuar assim com suas exigências, levará o povo alemão à [beira da] revolução".⁵¹ Quando o Kaiser pareceu apoiar a ideia de uma nova lei das Forças Armadas no "conselho de guerra" de dezembro de 1912, o ministro da Guerra Josias von Heeringen objetou, "porque nem toda a estrutura do Exército, instrutores, quartéis, etc. seria capaz de absorver mais recrutas". De fato, Heeringen chegou a ponto de culpar explicitamente a "agitação da Liga do Exército e os Pangermânicos" pelas "dúvidas [...] a respeito da capacidade de combate" que haviam surgido em "seções do Exército".⁵² Ao denunciar o plano de Ludendorff como "democratização" do Exército, Heeringen conseguiu que este fosse rebaixado a um comando de regimento em Dusseldorf e redigiu uma lei alternativa para aumentar para apenas 117 mil tropas.⁵³

Ludendorff estava certo. As leis de 1912 e 1913 aumentaram o efetivo do Exército alemão em tempos de paz para 748 mil homens. Mas as forças da

Rússia e da França haviam crescido mais rapidamente nos anos anteriores. Em 1913-1914, os Exércitos russo e francês tinham um efetivo total em tempos de paz de 2,17 milhões de homens, em comparação com um efetivo alemão e austríaco combinado de 1,242 milhão: uma discrepância de 928 mil homens. Em 1912, a diferença havia sido de apenas 794.665; e, em 1904, somente 260.982.[54] Isso significava que, em tempos de guerra, o Exército alemão totalizava cerca de 2,15 milhões de soldados, aos quais poderiam se somar 1,3 milhão das tropas de Habsburgo; ao passo que os Exércitos combinados da Sérvia, Rússia, Bélgica e França em tempos de guerra totalizavam 5,6 milhões de homens (ver Tabela 9).[55]

A desvantagem cada vez maior também fica clara se considerarmos os números totais convocados em 1913-1914: 585 mil contra 383 mil. De acordo com o Estado-Maior alemão, 83% dos elegíveis para o serviço militar obrigatório na França desempenhavam a função; em comparação com 53% na Alemanha (ver Tabela 10).[56] É verdade que apenas 20% da coorte anual na Rússia foi convocada, mas, considerando-se os gigantescos números absolutos envolvidos, isso era um parco consolo para Berlim.[57] Como o próprio Schlieffen colocou em 1905, "Nós continuamos nos gabando de nossa po-

Tabela 9   As forças militares dos Estados europeus em 1914

País	Efetivo em tempos de paz	Colonial	Efetivo em tempos de guerra	Divisões de infantaria	Divisões de cavalaria
Rússia	1.445.000		3.400.000	114,5	36
Sérvia	52.000		247.000	11,5	1
Montenegro	2.000				
França	827.000	157.000	1.800.000	80	10
Grã-Bretanha	248.000	190.000		6	1
Bélgica	48.000		117.000	6	1
Total	2.622.000	347.000	5.726.000	218	49
Alemanha	761.000	7.000	2.147.000	87,5	11
Áustria-Hungria	478.000		1.338.000	49,5	11
Total	1.239.000	7.000	3.485.000	137	22

Fonte: Reichsarchiv, *Weltkrieg, erste Reihe*, vol. I, p. 38s.

Tabela 10   Os potenciais militares dos Estados europeus em 1914

País	População	População colonial	Homens em idade militar	Dos quais, treinados (excluindo a Marinha)	Percentual treinado
Rússia	164.000.000		17.000.000	6.000.000	35
Sérvia	4.000.000		440.000		
Montenegro	400.000		60.000		
França	36.600.000	57.700.000	5.940.000	5.067.000	85
Grã-Bretanha	46.000.000	434.000.000	6.430.000	248.000	4-8
Bélgica	7.500.000	17.500.000			
Total	258.500.000	509.200.000			
Alemanha	67.000.000	12.000.000	9.750.000	4.900.000	50
Áustria-Hungria	51.000.000		6.120.000	3.000.000	49
Total	118.000.000	12.000.000			

Fonte: Reichsarchiv, *Weltkrieg, erste Reihe*, vol. I, p. 38s.

pulação numerosa [...], mas essas massas não estão treinadas e armadas à altura dos que estão aptos [para o serviço militar]".[58] "Embora o Império Alemão tenha 65 milhões de habitantes, em comparação com 40 milhões do Império Francês," comentou Bernhardi sete anos mais tarde, "esse excesso populacional representa capital morto, a menos que uma maioria proporcional de recrutas seja alistada anualmente, e a menos que, em tempos de paz, configure-se o dispositivo necessário para sua organização".[59] "Farei o que estiver a meu alcance", Moltke disse ao chefe do Estado-Maior do Império Austro-Húngaro, o barão Franz Conrad von Hötzendorf, em maio de 1914. "Nós não somos superiores aos franceses."[60]

A Figura 2 resume o problema, mostrando quão maiores eram os Exércitos francês e russo combinados em comparação com os da Alemanha e Áustria-Hungria às vésperas da guerra. Considerando-se as divisões (um termo que tinha significados distintos nos diferentes países), a situação era ainda pior.[61]

Como mostra a Tabela 11, a sociedade mais militarizada da Europa – isto é, com a maior proporção da população nas Forças Armadas – no período

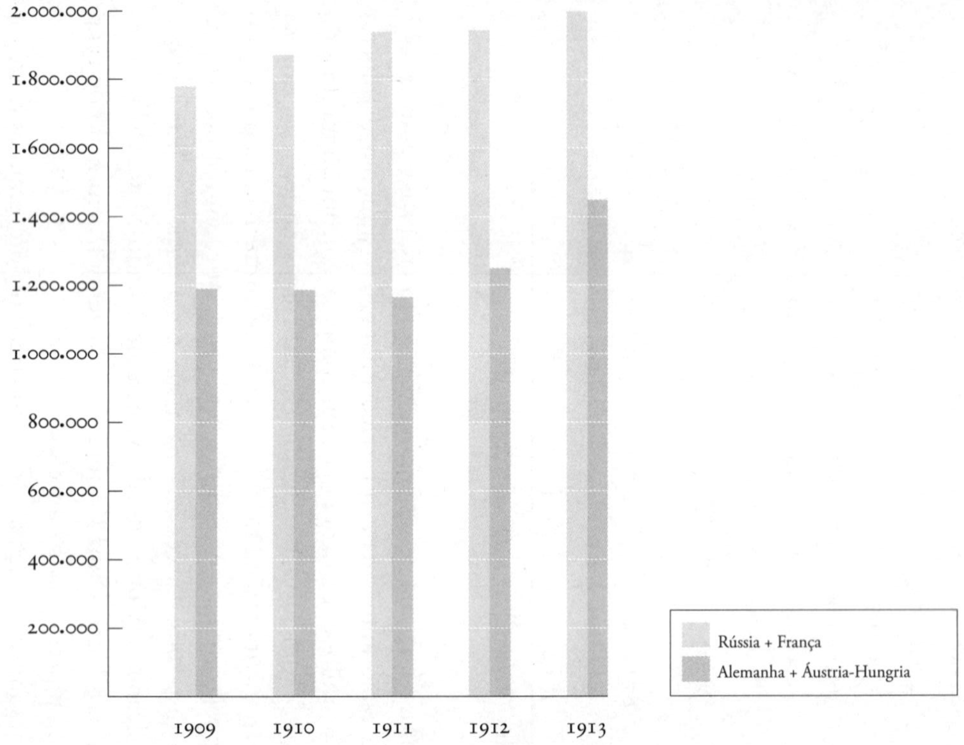

Figura 2   Os Exércitos das quatro principais potências europeias, 1909-1913

Nota: Os números referentes à Áustria-Hungria em 1913 foram obtidos em outra fonte, já que a fonte de Herrmann (*von Loebells Jahresberichte*) não os fornece.

Fonte: Herrmann, *Arming of Europe*, p. 234.

Tabela 11   Percentual da população nas Forças Armadas (Exército e Marinha) das cinco grandes potências, 1890-1913/14

	1890	1900	1910	1913/14
Rússia	0,58	0,86	0,81	0,77
França	1,42	1,84	1,95	2,29
Rússia + França	0,79	1,08	1,03	1,05
Grã-Bretanha	1,12	1,52	1,27	1,17
Rússia + França + Grã-Bretanha	0,85	1,16	1,08	1,07
Alemanha	1,02	0,94	1,08	1,33
Áustria-Hungria	0,81	0,82	0,84	0,85
Alemanha + Áustria-Hungria	0,93	0,89	0,97	1,12
Itália	0,95	0,79	0,94	0,98

Nota: Os números populacionais fornecidos por Kennedy se referem ao ano de 1913; os números das Forças Armadas, ao ano 1914.
Fonte: Kennedy, *Great Powers*, p. 255, 261.

que antecedeu a guerra era, sem dúvida, a França: 2,29% da população estava no Exército e na Marinha. A Lei dos Três Anos em serviço militar, aprovada em julho de 1913, só fez consolidar uma liderança de longa data.[62] A Alemanha vinha em segundo lugar (1,33%), mas a Grã-Bretanha não ficava muito atrás (1,17%). Esses números, sozinhos, confirmam que Norman Angell estava certo quando disse que a Alemanha só tinha a "fama (injusta, por sinal) de ser a nação mais militarizada da Europa".[63]

É claro, os números não são tudo. É verdade que, quando outros fatores (em particular a proporção de oficiais, suboficiais e armamentos) são levados em conta, a discrepância era menos pronunciada. No Exército alemão, o debate entre os conservadores e os radicais era tanto sobre tecnologia militar quanto sobre força humana. Estavam em discussão questões sobre a utilidade da cavalaria, a necessidade de uma artilharia de campo de maior qualidade e a necessidade de equipar o Exército com metralhadoras. Em particular, os radicais no Estado-Maior se distinguiam por sua preocupação com o papel das ferrovias.

Nesse aspecto, certamente, muito se havia avançado. Em 1870, eram necessários 27 dias para mobilizar o Exército prussiano contra a França; até 1891, a mobilização alemã nas fronteiras do Reich ainda ocorria em cinco fusos horários diferentes. Nas décadas seguintes, o Estado-Maior se dedicou a melhorar isso. Embora seu trabalho incluísse jogos de guerra, a confecção de mapas, o ensino de história militar e "cavalgadas" rurais,[64] era responsabilidade do Estado-Maior conceber e aperfeiçoar o Plano de Locomoção Militar – a quinta etapa da mobilização alemã –, o que era crucial. Em uma das versões posteriores de seu plano, Schlieffen havia tomado a Batalha de Canas como modelo para uma futura "guerra de aniquilação" contra a França; mas foram os tecnocratas como Wilhelm Groener que tiveram de descobrir como fazer o Exército alemão chegar ao campo decisivo no momento oportuno. Aqui, um conhecimento dos clássicos importava menos que um conhecimento dos mapas ferroviários e dos horários de partida e chegada dos trens. Às vésperas da guerra, o Plano de Locomoção Militar havia sido reduzido a um exercício de 312 horas e envolvia 11 mil trens transportando 2 milhões de homens, 600 mil cavalos e os suprimentos necessários.[65]

Mas nem mesmo com esse notável feito de logística os alemães se sentiram satisfeitos. Além dos números russos e da artilharia russa, as ferrovias russas eram um grande motivo de apreensão em Berlim em 1914.[66] Tais temores se generalizaram em decorrência do depoimento de Groener no Comitê Orçamentário do Reichstag em abril de 1913, em que ele afirmava que a Alemanha havia ficado para trás da Rússia e da França na construção ferroviária desde 1870.[67] Isso era verdade. Entre 1900 e 1914, o número de trens que podiam partir da Rússia rumo ao oeste em um único dia aumentou de 200 para 360. Em setembro de 1914, os russos tentaram implementar um novo plano de mobilização (o Plano 20), que teria reduzido de 30 para 18 dias o tempo necessário para colocar 75 divisões de infantaria em campo.[68]

Não há dúvida de que os alemães superestimaram seus inimigos em alguns aspectos. Os russos certamente eram mais numerosos, mas estavam muito mal equipados. Os franceses, apesar de todo o seu comprometimento militar, viam-se prejudicados por sua estratégia absurda: o Plano XVII, a ofensiva sobre a Alsácia-Lorena concebida por Joffre e aprovada em maio de 1913, baseava-se no pressuposto de que a ofensiva (por meio de cargas de cavalaria e avanços em formação fechada com baionetas fixas) era a melhor forma de defesa.⁶⁹ Em particular, a crença dos generais franceses de que, nas palavras do especialista em artilharia Hippolyte Langlois em 1904, "o crescimento constante do poder da artilharia sempre facilita o ataque" os levou a perder homens em tal escala durante os primeiros meses da guerra que eles por pouco não entregaram a vitória aos alemães.⁷⁰ Ainda mais obtuso foi o fato de que os franceses não fizeram nada para evitar que a área de Briey, economicamente vital (responsável por cerca de três quartos da produção de minério de ferro da França), caísse em mãos inimigas.⁷¹

Por outro lado, é incorreto afirmar que os temores alemães de um declínio relativo de seu poder militar eram infundados. Parece cada vez mais evidente que aqueles que sabiam das coisas no Estado-Maior perceberam que o Plano Schlieffen não poderia ser implementado tal como fora concebido. A fim de resistir à ofensiva francesa antecipada em Lorena, Moltke julgou necessário afastar as tropas da ala direita, cujo propósito era cercar Paris, para canalizar seu avanço pelo território belga, deixando a Holanda incólume, e, para apoiar os austríacos, usar o 8º Exército no ataque inicial contra a Rússia. Tal como se encontrava o plano em 1914, era quase certo que não aniquilaria o Exército francês, sobretudo porque nenhum exército poderia ter marchado tanto e tão rapidamente quanto se esperava que o 1º Exército na ala à extrema direita marchasse – quase 500 quilômetros em um mês – sem sucumbir à exaustão física.⁷² Pode ter sido por isso que Moltke decidiu evitar a Holanda, para que pudesse continuar a agir como uma "garganta" neutra para as importações alemãs. Moltke já havia alertado o Kaiser em janeiro de 1905 que uma guerra contra a França não poderia ser "vencida em uma batalha decisiva, transformando-se num longo e tedioso combate com um país que não desistirá enquanto a força de todo o seu povo não houver se esgotado. Nosso povo também estará totalmente exausto, *mesmo que* sejamos vitoriosos". Essa análise havia sido confirmada por um relatório do Terceiro Departamento do Estado-Maior em maio de 1910. Moltke e Ludendorff haviam até mesmo escrito ao ministro da Guerra em novembro de 1912, alertando:

> Precisamos estar preparados para travar uma longa campanha com uma série de batalhas difíceis e demoradas, até derrubarmos *um* de nossos inimigos; a tensão e o consumo de recursos aumentarão, já que teremos de ganhar em várias frentes, no Ocidente e no Oriente, uma após outra e [...] lutar com inferioridade

contra a superioridade. Será absolutamente necessário contar com muita munição por um longo período [...]"[73]

Essa foi sua segunda solicitação por um aumento no estoque de munição. Em 14 de maio de 1914, Moltke alertou explicitamente o ministro do Interior, Delbrück, de que "uma guerra duradoura contra duas frentes só poderia ser mantida por um povo economicamente forte".[74]

Os historiadores muitas vezes se perguntaram por que os líderes políticos e militares da Alemanha estavam tão pessimistas nos anos que antecederam a Primeira Guerra Mundial. Em 1909, por exemplo, Tirpitz temeu que a Marinha britânica fizesse um ataque relâmpago contra sua frota; ao passo que Schlieffen, já aposentado, tinha pesadelos com um "ataque aos Impérios Centrais" por parte da França, da Rússia, da Grã-Bretanha e da Itália:

> Chegado o momento, as pontes levadiças descerão, as portas serão abertas e os exércitos de milhões de homens sairão, avançando e destruindo, pelos Vosges, o Meuse, o Niemen, o Bug e até mesmo o Isonzo e os Alpes Tiroleses. O perigo parece gigantesco.[75]

Moltke também estava consciente da "cabeça de Medusa da guerra arreganhando os dentes" para ele já em 1905. "Todos vivemos sob uma terrível pressão que aniquila a alegria da conquista", confessou em seu diário, "e quase nunca podemos começar alguma coisa sem escutar a voz interior dizendo: 'Para quê? É tudo em vão!'".[76] Para Moltke, mesmo quando a ofensiva alemã teve início, a guerra significava "a fragmentação mútua das nações civilizadas da Europa" e a "destruição [da] civilização em quase toda a Europa durante as próximas décadas".[77] "A guerra", ele declarou dolorosamente depois de seu fracasso e demissão em setembro de 1914, "demonstra como as épocas de civilização seguem-se umas às outras de maneira progressiva, como cada nação tem de cumprir seu papel predeterminado no desenvolvimento do mundo [...] Presumindo que a Alemanha seja aniquilada nesta guerra, isso significaria a destruição da vida intelectual alemã, da qual depende o desenvolvimento da humanidade, e da cultura alemã; todo o desenvolvimento da humanidade seria freado da forma mais desastrosa [...]".[78] O mesmo fatalismo é perceptível nas observações posteriores de Conrad, chefe do Estado-Maior do Império Austro-Húngaro.[79] Inclusive um militarista entusiasta como Bernhardi precisou racionalizar a possibilidade de um fracasso "na próxima guerra": "Até a derrota pode render bons frutos".[80] Isso foi exatamente o que o general Erich von Falkenhayn, o homem que sucederia Moltke, afirmou em 4 de agosto de 1914: "Mesmo se formos arruinados por ela, ainda assim era bela [*Wenn wir auch darüber zugrunde gehen, schön war's doch*]".[81] Às vésperas da guerra, os líderes militares da Alemanha se sentiam vulneráveis, não poderosos.

E não só seus líderes militares. Pois ninguém sentiu esse pessimismo com mais intensidade do que Bethmann Hollweg, o chanceler do Reich. Conforme confessou em 1912, ele estava "muitíssimo aflito quanto à força relativa [da Alemanha] no caso de uma guerra. É preciso ter uma boa dose de confiança em Deus e contar com a Revolução Russa como aliada para conseguir dormir um pouco".[82] Em junho de 1913, ele admitiu estar "farto da guerra, do clamor pela guerra e das preparações eternas. Já passou da hora de as grandes nações se aquietarem novamente [...] do contrário, ocorrerá uma explosão que ninguém merece, e que machucará a todos".[83] Para o líder do Partido Nacional Liberal, Bassermann, ele disse, com "resignação fatalista: 'Se houver uma guerra contra a França, até o último inglês marchará contra nós'".[84] Seu secretário, Kurt Riezler, lembrou alguns dos pensamentos de Bethmann nas anotações que fez em seu diário em 7 de julho de 1914:

> O chanceler prevê que uma guerra, qualquer que seja o desfecho, resultará no extermínio de tudo que existe. O [mundo] existente totalmente antiquado, sem ideias [...] Névoa espessa sobre o povo. O mesmo em toda a Europa. O futuro pertence à Rússia, que não para de crescer, e pesa sobre nós como um pesadelo cada vez mais terrível [...] O chanceler [está] muito pessimista quanto ao estado intelectual da Alemanha.[85]

Em 20 de julho, Bethmann voltou a falar da Rússia: "As reivindicações da Rússia [estão] crescendo [junto com sua] força extremamente explosiva [...] Em alguns anos já não será detida, em particular se a presente constelação europeia persistir". Uma semana depois, ele disse a Riezler que sentia haver "uma sina [*Fatum*] maior do que a capacidade humana pendendo sobre a Europa e sobre o nosso povo".[86] Esse clima de quase desespero, que os historiadores culturais por vezes atribuíram a uma excessiva exposição às obras de Nietzsche, Wagner e Schopenhauer, torna-se mais compreensível quando a realidade militar da Europa em 1914 é levada em consideração.

O que tornou mais plausível a análise alemã de que sua estratégia estava se deteriorando foi a situação ainda pior dos Exércitos de seus aliados. Conrad alertou Moltke em fevereiro de 1913 que a "inimizade" entre a Áustria-Hungria e a Rússia assumiu "a forma de um conflito racial":

> Dificilmente podemos esperar que nossos eslavos, que correspondem a 47% da população, mostrem entusiasmo em lutar contra seus semelhantes. Hoje, o Exército ainda está impregnado da sensação de que historicamente é um só, e se mantém coeso graças à disciplina; mas não sabemos se [...] continuará sendo assim no futuro.[87]

Isso não era muito reconfortante. Já em janeiro de 1913, o Estado-Maior começou a contemplar a "necessidade de que a Alemanha se defendesse sozinha da França, da Rússia e da Inglaterra".[88] De fato, foi a Áustria-Hungria que teve de lutar praticamente sem ajuda na fase inicial da guerra, porque o Plano Schlieffen empregou a maior parte do Exército alemão na Frente Ocidental. Em um grande fiasco habsburgo, Conrad inicialmente enviou à Sérvia quatro divisões de sua reserva de 12, mas precisou trazê-las de volta e enviá-las à Galícia quando ficou claro que o 8º Exército alemão não os ajudaria contra os russos.[89]

Além disso, a incompetência da Marinha e do Exército da Itália foi exposta pela invasão de Trípoli (Líbia) – nada tranquila – em 1911.[90] Mesmo antes disso, diplomatas britânicos gracejavam, afirmando ser "ótimo que a Itália permanecesse na Tríplice Aliança e fosse motivo de debilidade".[91] Visivelmente, os alemães não tinham sérias expectativas de que os italianos lutariam em 1914.[92]

Havia duas respostas possíveis a essa sensação de poder militar diminuído. Uma era evitar a guerra e impedir que o outro lado atacasse: esta havia sido a conclusão final do velho Moltke. A outra era começar uma guerra preventiva antes que as coisas ficassem piores. Esse foi o argumento defendido repetidas vezes por generais alemães. O próprio velho Moltke havia instado Bismarck a atacar a França novamente em 1875 e, 12 anos mais tarde, defendeu que essa medida fosse tomada contra a Rússia.[93] Seu sucessor, Waldersee, foi ainda mais devoto da ideia de um primeiro ataque. Até mesmo Schlieffen encorajou um ataque à França enquanto a Rússia estava distraída pela guerra contra o Japão.[94] Conrad também era adepto da mentalidade preventiva: ele propôs um ataque contra a Itália em 1907 e em 1911, e em 1913 instou a Áustria a "separar os eslavos do sul e do oeste, em termos culturais e políticos, dos eslavos do leste, para retirá-los da influência russa": em outras palavras, um primeiro ataque à Sérvia.[95] Em todas as ocasiões antes de 1914, os políticos rejeitaram essas propostas. Em 1914, no entanto, a questão parecia ter se tornado irrefutável. Em abril daquele ano, o príncipe herdeiro disse ao diplomata norte-americano Joseph Grew "que a Alemanha combateria a Rússia em breve".[96] Mas o jovem Moltke disse para Conrad em Carlsbad, em 12 de maio de 1914: "Esperar mais significava uma diminuição de nossas chances; no que depende de nossos homens, não podemos entrar em um confronto com a Rússia"; e, oito dias mais tarde, repetiu isso a Gottlieb von Jagow, ministro das Relações Exteriores da Alemanha, enquanto eles dirigiam de Potsdam a Berlim:

> A Rússia estaria totalmente militarizada em dois ou três anos. A superioridade militar de nossos inimigos seria tanta que ele [Moltke] não fazia ideia de como poderíamos lidar com eles. Do seu ponto de vista, não havia outra alternativa senão travar uma guerra preventiva a fim de derrotar o inimigo enquanto ainda éramos *mais ou menos* capazes de fazê-lo.[97]

Um mês depois, após um banquete em Hamburgo, o imperador alemão Guilherme II reproduziu essa análise em uma conversa com o banqueiro Max Warburg:

> Ele estava preocupado com os armamentos russos, com a construção da ferrovia planejada, e detectou [nisso] os preparativos para uma guerra contra nós em 1916. Reclamou da nossa carência de ligações ferroviárias até a Frente Ocidental contra a França; e insinuou [...] se não seria melhor atacar agora, em vez de esperar.[98]

Isso foi exatamente uma semana antes dos assassinatos em Sarajevo. Em outras palavras, os argumentos a favor de um ataque preventivo já estavam bem consolidados em Berlim antes de a crise diplomática fornecer um pretexto quase perfeito (um *casus belli* que Viena não ignoraria). Os historiadores há muito estão cientes disso; eles nem sempre admitiram como válidos os temores do Estado-Maior alemão. Curiosamente, foi o jornal britânico *Nation* que acertou em março de 1914: "O Exército prussiano", dizia, "não seria humano se não sonhasse em se antecipar à acumulação esmagadora de força".[99] No mês seguinte, Grey discordou; ele duvidava "que a Alemanha faria um ataque agressivo e ameaçador à Rússia" porque, "ainda que tivesse sucesso no início, os recursos da Rússia eram tão grandes que, a longo prazo, a Alemanha estaria exaurida [...]".[100] Mas lorde Bryce, que mais tarde seria famoso por ser o autor do relatório oficial britânico sobre as atrocidades alemãs na Bélgica, observou em junho que a Alemanha estava "certa de se armar e [...] precisaria de todos os homens" contra a Rússia, que estava "rapidamente se tornando uma ameaça para a Europa".[101]

A questão continua a ser debatida: a Alemanha pretendia apenas uma vitória diplomática em 1914, dividindo as potências da Entente, ou sempre teve a intenção de iniciar uma guerra europeia, quer fosse "preventiva", quer fosse mais deliberadamente expansionista? Nesse contexto, vale notar que, na época em que o príncipe herdeiro fez sua previsão para Joseph Grew, o Estado-Maior estava preocupado sobretudo com um aumento em sua malha ferroviária estratégica; estimava-se que levaria vários anos para que as obras fossem concluídas e, como observou o chanceler em abril, elas não começariam até 1915.[102] Em todo caso, o que parece claro é que, ao contrário da lenda arraigada da "ilusão de uma guerra breve", os líderes militares alemães não foram para a guerra em agosto de 1914 na expectativa de celebrar o Natal na avenida Champs Elysées.[103]

Os despreparados

Só havia um consolo para os alemães: parte de seus possíveis inimigos estava ainda menos capacitada para a guerra. O Exército belga, por exemplo, estava lamentavelmente despreparado para resistir a uma ofensiva alemã. Seus oficiais francófonos estavam para seus subalternos flamengos como os oficiais austríacos estavam para o Bom Soldado Švejk.* Os cálculos da época mostra-

---

* Famoso personagem do escritor checo Jaroslav Hašek. Ver mais informações na página 318. (N.E.)

vam que, em 1840, o Exército belga era cerca de um nono do tamanho do da Prússia e um quinto do da França, mas em 1912 os números respectivos eram um quadragésimo e um trinta e cinco avos. Em termos *per capita*, os suíços gastavam 50% mais em defesa; os holandeses, 100% mais; e os franceses, quatro vezes mais. Em 1909, apesar da firme resistência dos católicos flamengos, o serviço militar se tornou obrigatório para um filho em cada família. No entanto, o período de serviço foi reduzido para 15 meses, e o orçamento do Exército manteve-se inalterado. Finalmente, em 30 de agosto de 1913, aprovou-se a Lei da Milícia, o que aumentou a entrada anual de recrutas de 15 mil para 33 mil ao eliminar a exceção para filhos mais novos; a meta era um Exército que pudesse contar com 340 mil homens no caso de uma guerra. Isso foi acompanhado de uma reorganização da estrutura de divisões do Exército. Mas as reformas tiveram pouco tempo para ser efetivadas: as forças mobilizadas em julho de 1914 totalizavam 200 mil homens, e entre estas havia apenas 120 metralhadoras e nenhuma artilharia pesada.[104]

Não muito mais preparada estava a potência que se comprometeu publicamente a defender a neutralidade da Bélgica. Apesar da experiência da Guerra dos Bôeres, que havia trazido à tona graves deficiências no Exército britânico, muito pouco foi feito para remediá-las antes de 1914.[105] Aos olhos dos liberais, o alistamento obrigatório – recomendado por três investigações oficiais sucessivas – era uma abominação; as propostas de lorde Roberts em favor de um Exército Nacional eram apenas a ponta do *iceberg*. Como ministro da Guerra, o máximo que Haldane pôde fazer foi criar o Exército Territorial, uma unidade reserva composta de voluntários. Considerando estes, mais os reservistas, a Marinha e os soldados britânicos no Exército indiano, o número de homens britânicos "comprometidos com o serviço militar em tempos de paz" chegava a cerca de 750 mil.[106] Beckett afirmou que em torno de 8% da população masculina havia passado por alguma forma de serviço militar, incluindo as unidades Yeomanry e, mais tarde, os Exércitos Territoriais; e que, às vésperas da guerra, cerca de dois quintos de todos os adolescentes estavam alistados em organizações de jovens semimilitares, como a Brigada de Garotos ou os Escoteiros. Mas isso dificilmente poderia ser considerado uma reserva séria para o Exército regular, sobretudo porque apenas 7% dos soldados dos Exércitos Territoriais estavam preparados para servir no exterior.[107] Quando Eyre Crowe propôs a Henry Wilson que os Exércitos Territoriais poderiam ser enviados à França no caso de uma guerra, este explodiu: "Que absoluta ignorância da guerra! Sem oficiais, sem transporte, sem mobilidade, sem coerção para ir, sem disciplina, armas obsoletas, sem cavalos etc. Até mesmo Haldane disse que não serviriam".[108] O Exército regular, do qual dependia o compromisso continental da Grã-Bretanha, continuava sendo uma força diminuta – apenas sete divisões (incluindo uma de cavalaria), em comparação com as 98,5 divisões da Alemanha. Como *sir* Henry Wilson disse a Roberts, aquilo era "muito pouco". O lorde chanceler Earl Loreburn apresentou o mesmo argumento em janeiro de 1912: "Se a guerra começasse, não poderíamos evitar que [a França] fosse invadida. Se quisermos prosseguir com a política atual, precisaremos enviar não 150 mil homens, mas pelo menos meio milhão de homens para ser de alguma utilidade".[109] Além do mais, os soldados continuavam a ser recrutados daquela que, em 1901, o embaixador alemão chamou de "escória da população [...] seres desprezíveis, de estatura menor do que a média, idiotas e moralmente degradados".[110] Dito nesses termos, foi uma grande grosseria, mas é inegável que o Exército regular britânico recrutou principalmente jovens semiletrados e não qualificados da classe trabalhadora.[111] Apesar das melhorias no Estado-Maior, o corpo de oficiais estava dominado por homens cujo grande mérito era uma "boa postura" na montaria.[112] Havia considerável resistência à adoção da metralhadora, e as reservas de munição continuavam a se basear na experiência sul-africana.[113] Também se fez muito pouco esforço para aprender com as lições econômicas da Guerra dos Bôeres: apesar dos alertas do Comitê Murray, o Gabinete de Guerra continuou a contar com um pequeno "círculo mágico" de fornecedores para suprir suas necessidades.[114] Em suma, quase nada foi feito para garantir que a Grã-Bretanha fosse capaz de contribuir de maneira efetiva ao lado dos franceses na esperada guerra franco-germânica. A Grã-Bretanha estava simplesmente "despreparada" para a guerra.[115] Aos poucos, e apesar (ou talvez por causa) dos esforços de Esher para enfraquecer o acordo continental, o Comitê de Defesa Imperial deixou de ser um foro para debates estratégicos importantes. Em seu lugar, surgiu uma obsessão tecnocrata com a logística tal como definida nos "Manuais de Guerra" de cada departamento – com a consequência de que os desentendimentos dos ramos rivais das Forças Armadas não foram devidamente solucionados até que a guerra começou.[116]

Considerando-se tudo isso, os argumentos de Wilson no "Conselho de Guerra" de agosto de 1911 no Comitê de Defesa Imperial haviam sido calculistas. Como o Kaiser, ele não acreditava realmente que a diminuta Força Expedicionária Britânica pudesse fazer uma "diferença notável" em uma futura guerra europeia contra a Alemanha; ele apenas esperava fortalecer o Gabinete de Guerra para um futuro confronto interdepartamental contra o Almirantado.

Durante e após a crise de julho de 1914, o governo francês sempre argumentou que uma declaração inequívoca de apoio britânico à França em uma etapa inicial teria sido suficiente para deter a Alemanha – uma afirmação posteriormente repetida por críticos de Grey, incluindo Lloyd George e Lansdowne, bem como pelo maior cronista das origens imediatas da guerra, Albertini.[117] Mas permanece o fato de que a Força Expedicionária Britânica não era grande o suficiente para preocupar o Estado-Maior alemão.[118] Como afirmou J. M. Hobson, só um grande compromisso continental – no sentido de um Exército regular britânico mais numeroso – poderia ter impedido os alemães de atacarem a França primeiro.[119] Mas isso equivale ao argumento da época a favor do serviço militar obrigatório, e – conforme veremos – pode ser considerado um evento contrafatual sem plausibilidade política sob um governo liberal.[120] Conforme Lloyd George disse a Balfour em agosto de 1910 (quando começaram a flertar com a ideia de um governo de coalizão), o serviço militar obrigatório estava fora de cogitação "por causa dos fortes preconceitos que seriam incitados diante da mera suposição de que um governo contemplava a possibilidade de implementar alguma coisa do tipo".[121] Ainda em 25 de agosto de 1914, os argumentos de Churchill no Gabinete a favor da "necessidade de um serviço militar obrigatório" foram rejeitados por todos os presentes, incluindo Asquith e Lloyd George, porque "o povo não daria ouvido a tais propostas".[122] A política britânica era, portanto, como Grey afirmou, "aspirar a uma política europeia sem manter um grande Exército".[123] A ideia de que isso era possível foi, talvez, a maior de todas as ilusões britânicas.

1. Grey, *Twenty-Five Years*, vol. 1, p. 90.
2. Stevenson, *Armaments*, p. 412, 415, 421.
3. Herrmann, *Arming of Europe*, p. 228ss.
4. Steinberg, Copenhagen Complex, p. 27ss; Kennedy, German World Policy, p. 610s, 619s.

5. Monger, *End of Isolation*, p. 12.
6. Amery, *Life of Joseph Chamberlain*, vol. IV, p. 197.
7. F. Fischer, Foreign Policy of Imperial Germany, p. 21.
8. Offer, *First World War*, p. 291. Ver também Steinberg, Copenhagen Complex, p. 32-38.
9. Berghahn, *Germany and the Approach of War*, p. 40s, 53.
10. Kennedy, German World Policy, p. 618, 621, 625.
11. Marder, *British Naval Policy*, p. 503.
12. Steinberg, Copenhagen Complex, p. 31-38; Monger, *End of Isolation*, p. 189.
13. O *Dreadnought*, lançado em 1906, foi o primeiro encouraçado com armamento de calibre único e movido a turbina a vapor. Sobre o pânico de 1908-1909, ver Stevenson, *Armaments*, p. 166s.
14. Howard, Edwardian Arms Race, p. 91s; Berghahn, *Germany and the Approach of War*, p. 59s; Mackay, *Fisher of Kilverstone*, p. 398s.
15. Bond, *War and Society*, p. 103. No entanto, os da Rússia não eram verdadeiros dreadnoughts.
16. I. Clarke, *Great War*, p. 295.
17. Berghahn, *Germany and the Approach of War*, p. 254.
18. Offer, *First World War*, p. 252. Ver também Mackay, *Fisher of Kilverstone*, p. 370.
19. Offer, *First World War*, p. 237s; D. French, *British Economic and Strategic Planning*, p. 28.
20. PRO FO 800/87, de Tweedmouth para Grey, 17 e 24 de agosto de 1907; 1º de janeiro de 1909; de Beresford para Grey, 26 de junho de 1911; de Grey para Churchill, 23 de dezembro de 1911. Cf. Hankey, *Supreme Command*, vol. I, p. 88, 91, 97-100; Offer, *First World War*, p. 252, 274-280, e o relatório da delegação britânica em G. Gooch e Temperley, *British Documents*, vol. VIII, p. 295s. Desdenhosamente, Fisher previu que as resoluções "cairiam por terra assim que as armas disparassem".
21. Offer, *First World War*, p. 232.
22. Ibid., p. 298s.
23. Förster, Dreams and Nightmares, p. 19.
24. Langhorne, Great Britain and Germany, p. 293.
25. W. S. Churchill, *World Crisis*, vol. I, p. 100.
26. Churchill se referia à Tríplice Aliança, não ao resto do mundo. Ver os comentários céticos de McKenna em 1912, PRO CAB 2/2, reunião do Comitê de Defesa Imperial, 4 de julho de 1912: "Esta estimativa foi baseada no pressuposto de que era necessário ter 60% de superioridade sobre a Alemanha e condições de igualdade com a Áustria e a Itália no Mediterrâneo; em outras palavras, um padrão de três poderes, mais uma margem de 60%". O retorno alemão ao "ritmo binário" de 1912 prometia uma vantagem cada vez maior aos britânicos.

27. PRO FO 800/87, de Churchill para Grey, 24 de outubro de 1913.
28. W. S. Churchill, *World Crisis*, vol. I, p. 168; R. Churchill, *Winston S. Churchill*, vol. II, parte III, p. 1820, 1825-1837, 1856s. Cf. K. Morgan, *Lloyd George Family Letters*, p. 165s; Lloyd George, *War Memoirs*, vol. I, p. 5.
29. W. S. Churchill, *World Crisis*, vol. I, p. 178s.
30. Asquith, *Genesis*, p. 143s.
31. Rowland, *Last Liberal Governments*, vol. II. p. 278s. Isso não foi tão engenhoso quanto parece: Lloyd George estava deliberadamente tentando atenuar as estimativas navais de Churchill (ver Capítulo 5). Cf. PRO FO 800/87, de Churchill para Grey, 8 de janeiro de 1914; PRO FO 800/55, de Bertie para Grey, 8 de janeiro de 1914.
32. PRO CAB 38/11/15, artigo do Estado-Maior, Possibility of a Raid by a Hostile Force on the British Coast, 26 de março de 1906. Cf. D'Ombrain, *Military Machinery*, p. 86s.
33. PRO CAB 38/13/27, Comitê de Defesa Imperial (CID), notas do secretário do subcomitê, Invasion, 20 de julho de 1907; PRO CAB 3/14/7, declaração de Balfour, 29 de maio de 1908; PRO CAB 3/2/1/44A, relatório do subcomitê do CID, 22 de outubro de 1908.
34. PRO CAB 38/26/13, Comitê de Defesa Imperial (CID), relatório do subcomitê, Attack on the British Isles from Overseas, 15 de abril de 1914; PRO CAB 38/28/40, nota do secretário do CID, Attack on the British Isles from Overseas, 14 de setembro de 1914.
35. Andrew, *Secret Service*, p. 71.
36. Förster, Dreams and Nightmares, p. 8.
37. Ibid., p. 9.
38. Ibid., p. 11.
39. Embora a possibilidade de um *Ostaufmarsch* contra a Rússia sozinha não tenha sido totalmente abandonada até 1913.
40. Ritter, *Der Schlieffenplan*; Turner, Significance of the Schlieffen Plan, p. 199-221; Rothenberg, Moltke, Schlieffen, p. 296-325.
41. Kehr, Klassenkämpfe und Rüstungspolitik, esp. p. 98s, 110.
42. Förster, *Der doppelte Militarismus*, p. 1-10, 297-300; Förster, Alter und neuer Militarismus, p. 122-145.
43. Förster, *Der doppelte Militarismus*, p. 92.
44. Ibid., p. 26s, 91s, 133, 147.
45. Bucholz, *Moltke, Schlieffen*, p. 133.
46. Ver Craig, *Politics of the Prussian Army*, p. 232-238; Trumpener, Junkers and Others, p. 29-47. Cf. Demeter, *Das deutsche Offizierkorps*; Kitchen, *German Officer Corps*.
47. Berghahn, *Germany and the Approach of War*, p. 113.

48. Förster, *Der doppelte Militarismus*, p. 251.
49. Ritter, *Sword and the Sceptre*, vol. II, p. 223ss; F. Fischer, *War of Illusions*, p. 180ss.
50. Jaurausch, *Enigmatic Chancellor*, p. 96.
51. Förster, *Der doppelte Militarismus*, p. 268s.
52. Kroboth, *Finanzpolitik*, p. 211.
53. Dukes, Militarism and Arms Policy, p. 19-35.
54. Números de Reichsarchiv, *Weltkrieg*, erster Reihe, vol. I, p. 38s; *Statistisches Jahrbuch*, p. 343. Ver também Förster, *Der doppelte Militarismus*, p. 28, 37, 96s, 129, 190, 248; Bucholz, *Moltke, Schlieffen*, p. 62, 67, 159; Berghahn, *Germany and the Approach of War*, p. xii; Joll, *Origins*, p. 72; Snyder, *Ideology of the Offensive*, p. 42, 107.
55. Reichsarchiv, *Weltkrieg*, erster Reihe, vol. I, p. 22.
56. Förster, *Der doppelte Militarismus*, p. 205.
57. Stone, *Eastern Front*, p. 39; Kennedy, *Rise and Fall of the Great Powers*, esp. p. 261, 307. Cf. Rothenberg, *Army of Francis Joseph*; Rutherford, *Russian Army*.
58. Förster, *Der doppelte Militarismus*, p. 164.
59. Bernhardi, *Germany and the Next War*, p. 124s.
60. Ritter, *Sword and the Sceptre*, vol. III, p. 246.
61. Stone, *Europe Transformed*, p. 327s.
62. Ver E. Weber, *Nationalist Revival in France*.
63. Angell, *Great Illusion*, p. 153. Ver também p. 190s. sobre "a onda de socialismo alemão".
64. Bucholz, *Moltke, Schlieffen*, p. 106, 128, n. 40.
65. Ibid., p. 316.
66. Ver os comentários de Jagow em julho de 1914, citados em Geiss, *July 1914*, doc. 30.
67. Bucholz, *Moltke, Schlieffen*, p. 306s.; Stone, *Eastern Front*, p. 17-42.
68. Stone, *Europe Transformed*, p. 334.
69. Porch, French Army, vol. I, p. 117-143.
70. Herrmann, *Arming of Europe*, p. 25. Joffre foi uma escolha infeliz de *generalissimo*: seu predecessor, o general Michel, havia concebido uma estratégia muito mais realista para se opor ao Plano Schlieffen. No entanto, é verdade que só alguns poucos oficiais franceses tinham uma perspectiva realista da guerra que estava por vir: Henri Mordacq foi um dos raros pessimistas que achava que a guerra duraria mais do que umas poucas semanas: Bond, *War and Society*, p. 83. A melhor maneira de entender os vários planos é estudar os mapas em Banks, Arthur, *Military Atlas*, p. 16-32.
71. Ver, em geral, Challener, *French Theory*.
72. Creveld, *Supplying War*, p. 119-124, 138-141.
73. Förster, Dreams and Nightmares, p. 17s, 24. Grifo meu.
74. Ibid., p. 23. Ver também Förster, Der deutsche Generalstab, p. 61-95.

75. M. Gilbert, *First World War*, p. 7; Geiss, *July 1914*, p. 36s.
76. Steinberg, Copenhagen Complex, p. 41.
77. Förster, Dreams and Nightmares, p. 20.
78. Moltke, *Generaloberst Helmuth von Moltke*, p. 13s.
79. Joll, *Origins*, p. 186.
80. Ver Bernhardi, *Germany and the Next War*.
81. Stern, Bethmann Hollweg, p. 97. Cf. Afflerbach, *Falkenhayn*, p. 147-171.
82. Jarausch, *Enigmatic Chancellor*, p. 96.
83. Ibid., p. 99.
84. Mommsen, Topos of Inevitable War, p. 23-44.
85. Erdmann, Zur Beurteilung Bethmann Hollwegs, p. 536s; Stern, Bethmann Hollweg, p. 91. Questionou-se a confiabilidade do diário de Riezler para esse período.
86. Berghahn, *Germany and the Approach of War*, p. 203.
87. F. Fischer, *War of Illusions*, p. 172.
88. Schulte, *Europäische Krise*, p. 22s, 48.
89. Stone, *Eastern Front*, p. 73-82; Stone, Moltke and Conrad, p. 222-251; Herwig, *First World War*, p. 87ss.
90. Bond, *War and Society*, p. 86, 94.
91. K. Wilson, *Policy of the Entente*, p. 112.
92. F. Fischer, *War of Illusions*, p. 170.
93. Förster, Facing "People's War", p. 209-230.
94. Förster, Dreams and Nightmares, p. 16s.
95. F. Fischer, *War of Illusions*, p. 172; Bond, *War and Society*, p. 86.
96. Seligmann, Germany and the Origins, p. 317.
97. F. Fischer, *War of Illusions*, p. 164-167, Geiss, *July 1914*, docs. 3, 4. Grifo meu.
98. MMW, documentos de Max Warburg, Jahresbericht 1914, p. 1s; Warburg, *Aus meinen Aufzeichnungen*, p. 29.
99. Weinroth, British Radicals, p. 680.
100. Ibid., p. 512.
101. T. Wilson, Lord Bryce's Investigation, p. 370s.
102. Trumpener, War Premeditated, p. 84.
103. L. Farrar, *Short-War Illusion*.
104. Kossmann, *Low Countries*, p. 518s; Stevenson, *Armaments*, p. 301.
105. Summers, Militarism in Britain, p. 111.
106. Offer, Going to War, p. 231.
107. Beckett, Nation in Arms, p. 5ss; Reader, *At Duty's Call*, p. 107.
108. Collier, *Brasshat*, p. 117.
109. K. Wilson, *Policy of the Entente*, p. 69.

110. Frase de Metternich, citada em Amery, *Life of Joseph Chamberlain*, vol. IV, p. 151.
111. Dallas e Gill, *Unknown Army*, p. 17, 24; Bourne, British Working Man in Arms, p. 338; Beckett, Nation in Arms, p. 7; Fuller, *Troop Morale*, p. 47; Sheffield, Officer – Man Relations, p. 413. Cf. Morris, *Scaremongers*, p. 225-232.
112. J. Gooch, *Plans of War*, p. 47, 71-89.
113. Travers, Offensive, p. 531-553; Travers, Technology, p. 264-286.
114. Trebilcock, War and the Failure of Industrial Mobilisation, p. 150-161. Sobre a falta de preparações de artilharia, ver Adams, *Arms and the Wizard*, p. 170.
115. K. Wilson, *Policy of the Entente*, p. 63s. Cf. J. Gooch, *Plans of War*, p. 289; D'Ombrain, *War Machinery*, p. 102.
116. PRO CAB 4/3, Comitê de Defesa Imperial (CID), documento 121-126, 4 novembro de 1910; PRO CAB 2/2, reunião do CID, 25 de abril de 1912; PRO CAB 2/3, reunião do CID, 5 de agosto de 1913. Cf. J. Gooch, *Plans of War*, p. 97ss, 265, 289, 294f; D'Ombrain, *War Machinery*, p. 17, 109ss, 265, 271ss; D. French, *British Economic and Strategic Planning*, p. 18, 74-84. Cf. Hankey, *Supreme Command*, vol. I, p. 122, 178.
117. Albertini, *Origins*, vol. III, p. 331, 368, 644; Lloyd George, *War Memoirs*, vol. I, p. 57s; Hazlehurst, *Politicians at War*, p. 41. Para abordagens similares, ver Gordon, Domestic Conflicts and the Origins of the First World War, p. 195s.
118. Grey, *Twenty-Five Years*, vol. II, p. 42; Asquith, *Genesis*, p. 202; Trevelyan, *Grey of Falloden*, p. 257. Ver Nicolson, Edwardian England, p. 145-148.
119. J. M. Hobson, Military-Extraction Gap, p. 461-506. O argumento também é apresentado em Friedberg, *Weary Titan*, p. 301s.
120. McKeown, Foreign Policy, p. 259-272.
121. D. French, *British Economic and Strategic Planning*, p. 10.
122. Hazlehurst, *Politicians at War*, p. 301.
123. K. Wilson, Grey, p. 177.

5
Finanças públicas e segurança nacional

Os custos da defesa

Por que, se os especialistas militares na Grã-Bretanha e na Alemanha sabiam que careciam dos recursos para viabilizar seus planos de guerra, as deficiências não foram sanadas? A resposta óbvia é que as considerações políticas internas rejeitavam o tipo de Exército gigantesco com que sonharam homens como Erich Ludendorff e Henry Wilson. Em 24 de outubro de 1898, o marquês de Salisbury ficou comovido com um convite a uma conferência sobre desarmamento para refletir sobre o fenômeno oposto:

> [...] há uma tendência constante por parte de todas as nações a aumentar suas Forças Armadas e incrementar os gastos já tão grandes com os equipamentos de guerra. A perfeição dos instrumentos assim usados, sua extrema opulência e a horrível carnificina e destruição que resultariam de seu emprego em grande escala sem dúvida contribuíram para dissuadir as nações de entrarem em guerra. Mas, se perdurarem, os ônus recaindo sobre as populações afetadas devem produzir uma sensação de inquietude e descontentamento, ameaçando a tranquilidade interna e externa.[1]

Mas quão pesados foram, de fato, os "ônus" do armamento? Quão "grandes" as despesas? Para *sir* Edward Grey, em um pronunciamento na Câmara dos Comuns em março de 1911, estes já estavam "se tornando intoleráveis" – tão intoleráveis que "no longo prazo devem arruinar a civilização [e] levar à guerra".[2] Alguns historiadores concordaram com Grey ao argumentar que foi, acima de tudo, o nível intolerável de gasto militar o que impediu a Alemanha de manter sua posição na corrida armamentista naval contra a Grã--Bretanha ou na corrida armamentista territorial contra a Rússia e a França.

Tabela 12 Gastos das grandes potências em defesa, 1890-1913 (milhões de libras)

	Grã-Bretanha	França	Rússia	França + Rússia	Tríplice Entente	Alemanha	Áustria	Itália	Alemanha + Áustria	Tríplice Aliança
1894	33,4	37,6	85,8	123,4	156,8	36,2	9,6	14,0	45,8	59,8
1913	72,5	72,0	101,7	173,7	246,2	93,4	25,0	39,6	118,4	158,0
Aumento em libras	39,1	34,4	15,9	50,3	89,4	57,2	15,4	25,6	72,6	98,2
Aumento percentual	117,1	91,5	18,5	40,8	57,0	158,0	160,4	182,9	158,5	164,2

Fonte: Hobson, Wary Titan, p. 464s.

No entanto, há um visível paradoxo que requer explicação: o custo da corrida armamentista, com efeito, não foi muito elevado.

É um exercício notoriamente difícil chegar a estimativas para os gastos militares que sejam comparáveis, por causa das diferentes definições nos orçamentos nacionais. Para dar um exemplo: as estimativas dos gastos militares alemães em 1913-1914 variam de 1,664 milhão a 2,406 milhões de marcos, dependendo do método de cálculo. O número usado (2,095 milhões de marcos) foi calculado sem levar em consideração alguns itens de despesa que não estavam identificados no orçamento, como aqueles com propósito especificamente militar (por exemplo, despesas com ferrovias e canais), mas considerando outros itens não incluídos nos orçamentos do Exército e da Marinha e que, apesar disso, são claramente associados com a defesa.[3] Problemas similares surgem para todos os países. Entretanto, os estudiosos atuais se dedicaram a resolver esses problemas, de modo que hoje é possível quantificar o custo da corrida armamentista com um bom grau de precisão.[4]

Até aproximadamente 1890, os Exércitos e as esquadras haviam sido relativamente baratos, mesmo para as maiores potências imperialistas, como a Grã-Bretanha. Expedições como a enviada ao Egito por Gladstone em 1882 foram feitas com orçamentos enxutos. As verbas das grandes potências para a defesa não eram muito mais altas no início dos anos 1890 do que haviam sido no início dos anos 1870. Como mostra a Tabela 12, ao lado, isso mudou nas duas décadas antes de 1914. Considerando a Grã-Bretanha, a França e a Rússia, o gasto total com defesa (expresso em libras esterlinas) aumentou 57%. Para a Alemanha e a Áustria juntas, o aumento foi ainda maior – em torno de 160%.

Nos anos anteriores a 1914, como mostra a Figura 3, o orçamento das defesas alemã, francesa, russa e britânica não distava muito em termos absolutos (excluindo o impacto da Guerra dos Bôeres e da Guerra Russo-Japonesa). A Alemanha saiu à frente da França entre 1900 e 1907, mas isso foi principalmente em razão do custo da corrida naval contra a Grã-Bretanha. Depois de 1909, houve acentuada aceleração no crescimento dos orçamentos de todas as potências, com exceção da Áustria-Hungria. Em termos *per capita*, entretanto, a Alemanha saiu atrás da Grã-Bretanha e da França: as despesas *per capita* com defesa em 1913 foram 28 marcos para o Reich, comparados a 31 marcos para a França e a 32 marcos para a Grã-Bretanha. A Alemanha também destinou uma proporção menor do gasto público à defesa: 29% em 1913, ao

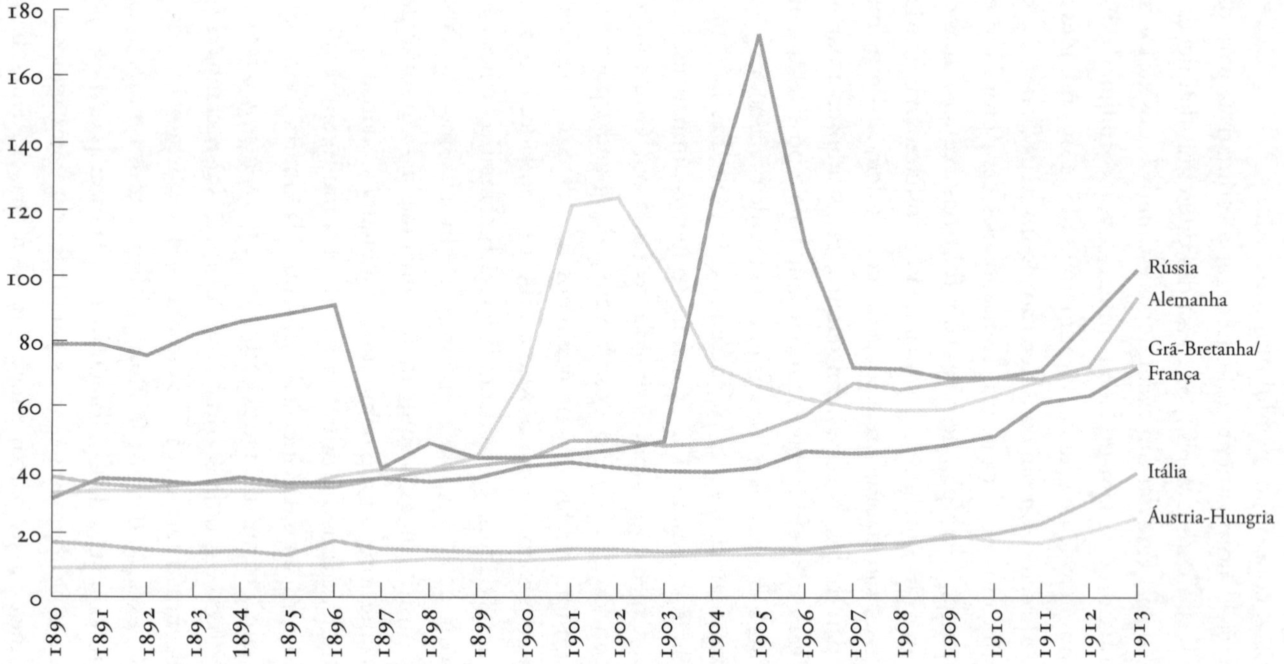

Figura 3 Despesas das potências europeias com defesa, 1890-1913 (milhões de libras, preços constantes)
Fonte: Hobson, *Wary Titan*, p. 464s.

passo que a proporção na França e na Grã-Bretanha era de 43%.⁵ A diferença é ainda mais surpreendente se somarmos os orçamentos da Grã-Bretanha, da França e da Rússia, de um lado, e os da Alemanha, da Áustria-Hungria e da Itália, de outro (ver Figura 4). Considerando o período 1907-1913, as potências da Tríplice Entente gastaram, em média, 83 milhões de libras a mais, por ano, do que as da Tríplice Aliança.

A mensuração correta do ônus provocado pelo gasto com defesa, no entanto, não é o gasto total em termos absolutos – ou mesmo em termos *per capita* –, mas a proporção do Produto Nacional despendido em defesa.⁶ Ao contrário das "oportunidades e limitações" da geografia "determinadas externamente", que fascinam os historiadores alemães mais conservadores, essa proporção não é fixa, mas determinada politicamente. Em 1984, época de confronto entre as superpotências, a Grã-Bretanha gastou por volta de 5,3% do Produto Interno Bruto em defesa; no momento em que escrevo este livro, quando não se pode discernir nenhuma ameaça externa à segurança da Grã-Bretanha, o número caiu para cerca de 3,7%.⁷ Por outro lado, a União Soviética provavelmente acelerou seu próprio colapso ao destinar mais de 15% da produção total à defesa.⁸ Os gastos da Alemanha com defesa em tempos de paz flutuaram bastante no século passado, de 1% na época de Weimar (e apenas 1,9% em 1991) a 20% antes da Segunda Guerra Mundial.⁹

No período anterior a 1914, como mostra a Tabela 13, o gasto militar com relação à economia como um todo aumentou na Grã-Bretanha, na França, na Rússia, na Alemanha e na Itália, de 2-3% do Produto Nacional Líquido nos anos anteriores a 1893 para 3-5% em 1913. Esses números refutam a ideia de que o Império Britânico impôs uma carga pesada aos contribuintes; na verdade, o poder mundial da Grã-Bretanha custou pouco.¹⁰ Haldane tinha razão quando afirmou que as estimativas navais "não [eram] um prêmio de seguro extravagante" para o imenso comércio do país.¹¹ Estas também colocam em dúvida a noção de que a corrida armamentista antes de 1914 impôs "enorme" ônus financeiro a qualquer país. Talvez a revelação mais surpreendente de todas seja que, nesse aspecto, a Alemanha saiu atrás tanto da França quanto da Rússia. Em 1913 – seguindo duas leis importantes das Forças Armadas – o Reich estava gastando 3,9% do Produto Nacional Líquido em defesa; mais do que a Áustria, sua própria aliada, e mais do que a Grã-Bretanha (3,2%), mas significativamente menos do que a França

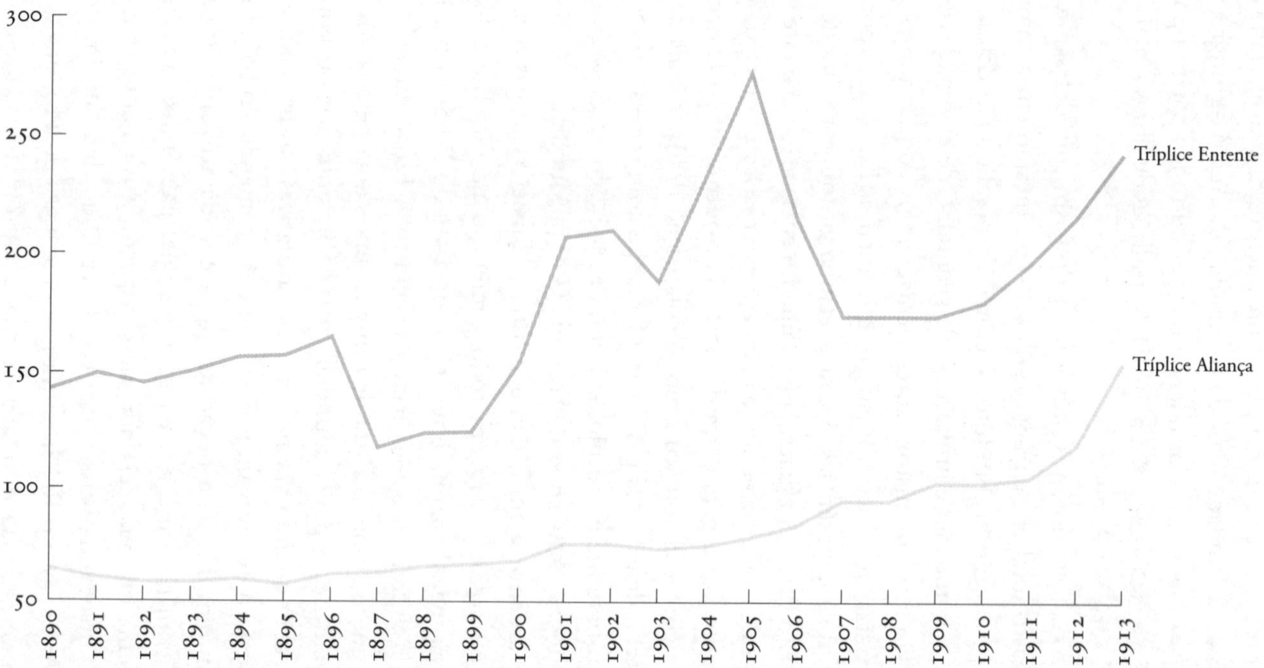

Figura 4   Despesas dos dois blocos europeus com defesa, 1890-1913 (milhões de libras)
Fonte: Hobson, Wary Titan, p. 464s.

(4,8%) e a Rússia (5,1%). A Itália também tinha um gasto militar elevado, chegando a 5,1% do Produto Nacional Líquido às vésperas da guerra. Minha tentativa de calcular proporções do Produto Nacional Bruto resulta em diferenças similares, embora não idênticas: Alemanha – 3,5%; Grã-Bretanha – 3,1%; Áustria-Hungria – 2,8%; França – 3,9%; Rússia – 4,6%. Para fornecer alguma espécie de "controle", também elaborei uma série para os gastos com defesa tomando por base os dados de *The Statesman's Yearbook* de 1900 a 1914, que excluem as despesas coloniais britânicas, mas incluem gastos substanciais com a Guerra Russo-Japonesa, omitidos por Gregory. Para 1913, os percentuais com relação ao PNB são: Alemanha – 3,6%; Grã-Bretanha – 3,1%; Áustria-Hungria – 2,0%; França – 3,7%; Rússia – 4,6%. Continua claro que a despesa da Tríplice Entente é mais elevada.[12]

Numa perspectiva histórica, esses gastos não parecem excessivos. De fato, se considerarmos o exemplo da Grã-Bretanha no século XVIII, eles parecem bastante baixos.[13] Mas financiar esse ônus crescente foi um dos problemas centrais do período. Simbolicamente, foi o aumento do gasto militar o que precipitou a renúncia tanto de Randolph Churchill como ministro da Fazenda em 1886 quanto de Gladstone como primeiro-ministro em março de 1894. Estas estiveram entre as primeiras de muitas fatalidades políticas de um novo "complexo financeiro-militar" que pôs fim à era do Estado mínimo, o

Tabela 13 Percentual do Produto Nacional Líquido gasto em defesa, 1887--1913

	Grã-Bretanha	França	Rússia	Alemanha	Áustria	Itália
1873	2,0	3,1		2,4	4,8	1,9
1883	2,6	4,0		2,7	3,6	3,6
1893	2,5	4,2	4,4	3,4	3,1	3,6
1903	5,9	4,0	4,1	3,2	2,8	2,9
1913	3,2	4,8	5,1	3,9	3,2	5,1
1870-1913	3,1	4,0	–	3,2	3,1	3,3

Nota: A cifra de Hobson se refere apenas à Áustria. Minhas estimativas para a Áustria-Hungria são mais baixas.
Fonte: Hobson, Wary Titan, p. 478s.

idílio de meados do século XIX em que o crescimento econômico acelerou e o Estado se contraiu.

O problema de como financiar os custos militares cada vez mais altos foi agravado pelo custo crescente do governo como um todo. O aumento do gasto público era visto como uma tendência universal na Europa do fim do século XIX em diante: "A lei dos gastos públicos crescentes", como Adolph Wagner a chamou.[14] Fosse para apaziguar grupos sociais politicamente poderosos (ou potencialmente perigosos) ou fosse para aumentar a "eficiência nacional", os governos começaram a gastar cada vez mais em infraestrutura, educação e provisão para os doentes, desempregados, pobres e idosos. Embora, pelos padrões atuais, as quantias envolvidas fossem irrisórias, o aumento das despesas, quando combinado com os custos militares cada vez mais altos, quase sempre esteve à frente do crescimento econômico agregado. Como Bethmann explicou pacientemente à baronesa Spitzemberg: "Para construir [uma frota], [é necessário] muito dinheiro que só um país rico pode gastar, e, portanto, a Alemanha deve ficar rica".[15] A Alemanha, conforme vimos, ficou rica. Mas nem mesmo a economia alemã foi capaz de crescer mais depressa do que o orçamento alemão (ver Figura 5).

Os orçamentos britânicos foram elaborados com certo rigor, já que o Primeiro Lorde do Tesouro e o ministro da Fazenda estavam em posição de exercer controle efetivo sobre os demais departamentos do governo, ao passo que a política fiscal estava sujeita a um exame relativamente rigoroso por parte do Parlamento. As doutrinas de orçamento equilibrado, moeda estável e remissão de impostos dos Peelites explicam por que, com relação ao Produto Nacional Bruto, o gasto público bruto tendeu a diminuir durante a maior parte do século XIX e só registrou um modesto crescimento depois de 1890. No entanto, o período pós-1870 viu um aumento constante do gasto público em termos nominais, que passou de aproximadamente 70 milhões de libras para cerca de 180 milhões de libras às vésperas da guerra. O gasto público total cresceu a uma taxa de 3,8% entre 1890 e 1913, de 9,4% para 13,1% do Produto Nacional Bruto. Isso ocorreu não só em razão dos custos crescentes da defesa imperial (a Guerra dos Bôeres e o programa Encouraçado em particular), mas também da proliferação dos gastos não militares. As câmaras distritais instituídas por Salisbury em 1899, que passaram a ser responsáveis por moradia e educação; o novo sistema de educação fundamental gratuita;

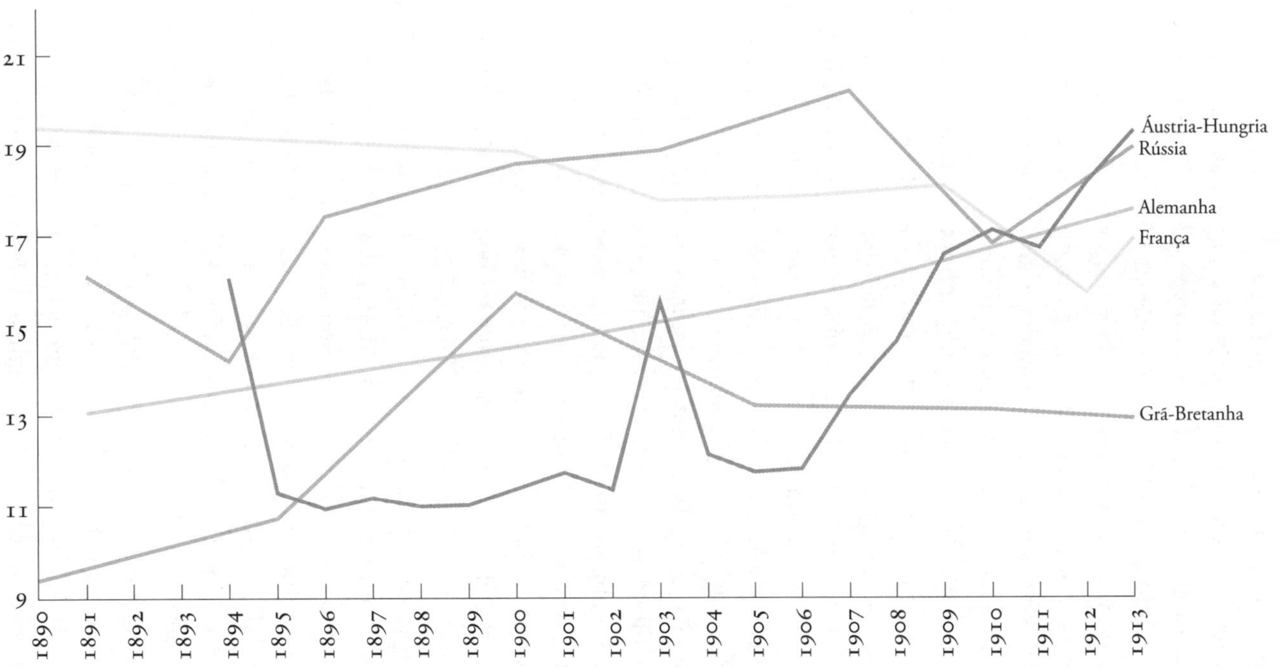

Figura 5 Percentual estimado do Produto Nacional Bruto destinado à despesa pública nas cinco grandes potências, 1890-1913

Fonte: Ferguson, Public Finance, p. 159.

a reforma agrária irlandesa (subsídios a compradores camponeses); o sistema de pensão não contributiva para maiores de 70 anos implementado em 1907-1908; o sistema subsidiado de seguridade social para saúde e desemprego – tudo isso representou um aumento considerável no gasto público não militar, sobretudo no nível local, até então insignificante. No entanto, o governo central ainda respondia por 55% do gasto total às vésperas da guerra, e o gasto em defesa, por sua vez, era 43% do gasto público central. Em outras palavras, embora as pressões políticas tenham levado a um aumento no gasto social, isso não se deu à custa das despesas militares.[16]

Isso explica por que Winston Churchill enfrentou tamanha dificuldade política em 1913 no que diz respeito a suas estimativas navais. Os liberais saíram ilesos em 1909 ao renegar suas promessas eleitorais de cortar despesas com as Forças Armadas, graças, em grande medida, ao alarmismo da imprensa.[17] Em 1913, entretanto, a ameaça naval alemã era notícia velha: mas Churchill, apesar de estar ciente do "forte sentimento existente no Partido Liberal contra qualquer aumento nas despesas", demandou mais de 50 milhões de libras e a construção de quatro encouraçados para 1914-1915.[18] Ao divulgar os novos números, Churchill provocou grande revolta no grupo parlamentar e no Gabinete. Para ele, o montante mais elevado era necessário para forçar os alemães a aceitarem um "acordo naval", algo que ele teimava em acreditar ser possível.[19] Mas, conforme assinalou Lloyd George, as demandas de Churchill eram incompatíveis com as de "educação e de outros serviços sociais" sem que houvesse "nova tributação": o dinheiro que Churchill queria para os encouraçados era o dinheiro necessário para os gastos sociais.[20] Nas palavras de Norman Angell, as "somas enormes que hoje são destinadas aos armamentos" eram aquelas que não poderiam ser gastas em políticas sociais.[21] No fim, chegou-se a um acordo, embora um tanto precário, pelo qual Churchill prometia moderar as demandas do Almirantado em 1915 e 1916. Mas a crise por pouco não forçou sua renúncia (e, talvez, também a dos lordes do Almirantado e dos dois subsecretários de Churchill) ou a de Lloyd George.[22] Esse foi um dos momentos cruciais de guinada histórica que não se deu: pois, se Churchill ou Lloyd George tivessem renunciado, conforme veremos, o Gabinete poderia muito bem ter agido de outra maneira em agosto do ano seguinte. A outra possibilidade era uma dissolução do Parlamento e uma eleição que os liberais muito provavelmente teriam perdido.[23]

Na França, o gasto militar foi, em geral, menos controverso do que os meios para pagá-lo. De todas as potências, a França foi a que mais conseguiu reduzir o índice de aumento do gasto público como um todo – para apenas 1,9% ao ano entre 1890 e 1913 –, o que fez que a participação do setor público no Produto Nacional Bruto caísse de seu nível relativamente alto de 19% em 1890 para 17% em 1913.[24] O único item do orçamento que não foi reduzido foi a defesa: entre 1873 e 1913, aumentou de 25% para 42% do gasto público total.[25] Deve-se notar que o sistema fiscal francês era mais centralizado do que o britânico. Os orçamentos dos departamentos e das comunas estavam ambos sujeitos à aprovação do governo central e equivaliam a menos de um quarto do gasto público.[26]

De todas as grandes potências, a Rússia tinha o sistema fiscal que se expandiu mais depressa: o gasto público cresceu a uma taxa média anual de 6,1% entre 1890 e 1913, quase quadruplicando em termos absolutos, de pouco mais de 1 bilhão para 4 bilhões de rublos. Como percentual da receita nacional, entretanto, isso representou um aumento relativamente modesto, de cerca de 17% para 20%, refletindo o rápido crescimento da economia russa como um todo.[27] A proporção exata do gasto militar é difícil de quantificar. De acordo com as estatísticas orçamentárias para 1900-1913, o Exército e a Marinha representavam apenas 20,5% das despesas, mas esses números não levam em conta as despesas militares classificadas como "extraordinárias". De fato, em torno de 33% do gasto público central era destinado a fins militares.[28] Isso não é significativamente mais alto do que os números para as outras grandes potências. A maior diferença entre a Rússia e seus vizinhos imediatos era o nível extremamente elevado de centralização financeira, mais alto até mesmo que o da França. O governo local respondia por apenas 13% do gasto público total.

Portanto, as potências da Tríplice Entente eram, embora em graus variados, Estados centralizados com apenas dois níveis de governo para propósitos fiscais. Além disso, tanto a Grã-Bretanha quanto a Rússia haviam travado guerras – e, desse modo, demonstrado seu poder financeiro – na década e meia que precedeu 1914. Para a Grã-Bretanha, estima-se que a Guerra dos Bôeres tenha custado 217 milhões de libras, ou 12% do Produto Nacional Bruto de 1900; a Guerra Russo-Japonesa custou à Rússia cerca de 2,6 bilhões de rublos ou por volta de 20% do Produto Nacional Líquido de 1904.[29]

A situação nos Impérios Centrais era muito diferente, pela razão importantíssima de que a Alemanha e a Áustria-Hungria eram sistemas *federais*. Como há muito se admitiu, a tentativa de Bismarck, ao conceber a Constituição do Reich, de "aderir ao modelo de confederação de estados [*Staatenbund*] enquanto lhe conferia, na prática, o caráter de um Estado federal [*Bundesstaat*]",³⁰ deixou ao Reich muito menos do que a soma de suas partes, sobretudo em termos financeiros. Os estados retinham o controle em muitas esferas de atividade do governo – educação, política, saúde pública, arrecadação de impostos. Como mostrou a Figura 5, em nenhum Estado soberano o crescimento do gasto público foi tão constante quanto na Alemanha (de 13% para 18% do Produto Nacional Bruto).³¹ O ponto crítico, entretanto, era o crescimento do gasto não militar, o que, por sua vez, refletia o equilíbrio de poder fiscal no sistema federal. Por sua tradição em empreendimentos públicos, os estados alemães gastavam quantias consideráveis em ferrovias e outros tipos de infraestrutura: tais despesas representavam cerca de metade do orçamento prussiano em 1913. Além disso, nos níveis estatal e comunal, os gastos em infraestrutura social e educacional cresceram de maneira constante, correspondendo a 28% do gasto público total em 1913. Já os gastos com defesa, em relação ao gasto público total, caíram de 25% para 20%. Isso refletia claramente o acesso dos estados a fontes de renda mais elásticas. A proporção entre a arrecadação direta e a indireta no total de receitas públicas ficava em torno de 57 para 43; mas, no caso do Reich, apenas 14% da receita vinha de tributação direta, em consequência dos impostos cobrados sobre heranças e outros impostos sobre propriedade instituídos depois de 1903; ao passo que, em 1913, os principais estados obtinham entre 40% e 75% de sua receita da arrecadação do imposto de renda.³²

Mesmo no centro havia problemas institucionais. O Ministério da Fazenda do Reich estava mal equipado para controlar as finanças alemãs: tinha apenas 55 funcionários em 1880, era responsável por apenas 30% do gasto público total e tinha autoridade limitada sobre os departamentos de defesa.³³ O que é ainda mais controverso: não estava claro quanto controle a câmara dos deputados do parlamento do Reich, o Reichstag, exercia sobre o processo orçamentário. Entre os historiadores, continua havendo profunda divisão entre os que veem o poder do Reichstag como extremamente limitado – parte do "constitucionalismo de fachada" do Reich – e aqueles que defendem que houve um processo gradativo de parlamentarização antes de 1914, embora sem o sistema inglês de responsabilidade ministerial para o Parlamento.[34] Certamente, teria sido estranho se Bismarck, nomeado por Guilherme I para resistir a "qualquer tipo de restrição imposta ao efetivo das Forças Armadas" pela Dieta prussiana nos anos 1860, houvesse concedido ao Reichstag o controle absoluto do orçamento militar nos anos 1870. Mas os historiadores, seguindo os liberais de esquerda que na época criticavam Bismarck, muitas vezes exageraram a efetividade das restrições que ele foi capaz de impor ao orçamento defendido pela direita no Reichstag. É verdade que, sob o artigo 63 da Constituição, o imperador "determina[va] o efetivo, a estrutura e a distribuição das Forças Armadas em tempos de paz". No entanto, a questão de financiar o que ele determinava era mais complexa. Entre 1867 e 1874, essa questão foi deixada de lado, sob uma determinação temporária de que o Exército deveria ser equivalente em tamanho a 1% da população do Reich; mas o artigo 62 da Constituição afirmava claramente que as mudanças no orçamento militar precisariam ser aprovadas pelo Legislativo. A decisão final não chegou nem perto do ideal do monarca prussiano de um orçamento de defesa "sem limites": orçamentos militares separados de sete anos (mais tarde, cinco anos), removendo o gasto com defesa do orçamento anual, mas não do controle do Reichstag. Este, assim, podia fazer emendas em leis de finanças públicas, e o fez; apesar dos alardes ocasionais, o máximo que o Executivo fez em resposta foi convocar uma eleição geral (como em dezembro de 1906).[35] Na prática, portanto, se o governo quisesse gastar mais em defesa – ou em suas funções civis –, a aprovação do Reichstag era necessária para o gasto e, se este excedesse a receita existente, para os meios de financiá-lo.

O fato de que o Reichstag era a mais democrática das assembleias representativas da Alemanha imperial, enquanto os estados individuais mantinham várias formas de sufrágio restrito, criou um impasse peculiar. Uma assembleia democrática estava em posição de influenciar o nível de tributação indireta, para cobrir principalmente os gastos militares; já as assembleias mais elitistas arrecadavam impostos sobre a renda e a propriedade, sobretudo para propósitos civis. Concebida para enfraquecer o liberalismo com base no pressuposto de que "abaixo da linha dos três tálers [requisito para o sufrágio], nove décimos da população são conservadores", a decisão de Bismarck, de implementar o sufrágio universal masculino para as eleições no Reichstag, de fato beneficiou os partidos do socialismo e do catolicismo político; e estes progressivamente construíram seu capital político criticando as medidas financeiras do Reich, fosse reivindicando tratamento especial para os camponeses e pequenos empreendedores do sul da Alemanha,[36] fosse criticando a tributação regressiva dos consumidores da classe trabalhadora.[37] Assim, os governos que desejavam gastar mais em defesa se viram entre a cruz dos governos estatais particularistas e a espada dos partidos mais populares do Reichstag, o Partido do Centro e o Social-Democrata. Bismarck e seus sucessores foram astutos ao conceber estratégias para enfraquecer esses partidos "anti-Reich" e fortalecer os partidos conservadores e o Nacional Liberal, mais favoráveis ao Estado. Mas o fator comum vinculando a construção da Marinha e a aquisição de colônias – os supostos "atos nacionais" que despertariam sentimentos patrióticos e diminuiriam o descontentamento econômico – com mais subornos eleitorais diretos como restituição de impostos e seguridade social é que eles custavam ainda mais dinheiro. Longe de fortalecer a posição do governo, os debates que se seguiram sobre o aumento dos gastos tenderam a enfatizar a posição vital do Partido do Centro no Reichstag e deram credibilidade aos *slogans* eleitorais dos sociais-democratas, ao passo que as opções para geração de renda tenderam a dividir os partidos do "governo" em vez de uni-los. Tais eram as contradições da *Sammlungspolitik*.[38]

O sistema dualista da Áustria-Hungria enfrentou problemas similares. Em essência, o acordo de 1867 entre a Áustria e a Hungria criou uma política externa e de defesa conjunta: de fato, isso envolvia tudo o que era feito em conjunto, já que o orçamento militar representava cerca de 96% do orçamento conjunto total.[39] Como um percentual do Produto Nacional Bruto, o gasto público total na Áustria e na Hungria (isto é, a soma do gasto público dos dois países, incluindo o gasto conjunto) cresceu: de cerca de 11% (1895--1902) para 19% (1913) – um aumento constante de aproximadamente 3,2% ao ano. No entanto, o gasto de cada governo cresceu muito mais depressa do que o gasto conjunto: entre 1868 e 1913, o orçamento conjunto aumentou 4,3 vezes, mas o orçamento húngaro aumentou 7,9 vezes e o austríaco, 10,6 vezes. A consequência foi que o gasto militar, sendo o principal item do orçamento conjunto, foi restringido: conforme vimos, era equivalente a apenas 2,8% do Produto Nacional Bruto combinado em 1913, apesar do aumento nos custos em construção naval e da anexação da Bósnia-Herzegovina. A proporção do orçamento austríaco para defesa caiu de 24% do gasto público (1870) para 16% (1910), enquanto o gasto com ferrovias subiu de 4% para 27%. Apenas 12% do orçamento húngaro era destinado à defesa. Em maio de 1914, com base em alguns cálculos aproximados, o jornal socialista austríaco *Arbeiter Zeitung* reclamou enfaticamente:

> Gastamos em armamentos a metade do que gasta a Alemanha, mas o Produto Bruto da Áustria é apenas um sexto do da Alemanha. Em outras palavras, gastamos, proporcionalmente, três vezes mais em guerra do que o Kaiser Guilherme. Devemos bancar a grande potência à custa de pobreza e fome?[40]

No entanto, a realidade era que a Áustria-Hungria mal conseguia bancar a grande potência. Como Robert Musil afirmou em *O homem sem qualidades*, a verdade era esta: "Gastamos somas enormes no Exército; mas apenas o suficiente para garantir que continuamos sendo a segunda mais fraca entre as grandes potências".

Impostos

Havia duas maneiras de viabilizar esse aumento nos gastos, e ambas tinham profundas implicações políticas. Uma maneira de aumentar a receita pública era, obviamente, aumentar a arrecadação de impostos: a grande questão era se deveria ser por meio de tributação indireta (principalmente na forma de impostos incidindo sobre artigos de consumo, do pão à cerveja) ou direta (tributação de rendas mais altas ou propriedades).

Na Grã-Bretanha, a ruptura com o protecionismo ocorreu mais cedo (em 1846) e se mostrou mais duradoura do que em outras partes. Mais uma vez, os impostos sobre alimentos importados foram rejeitados pelo eleitorado em 1906, apesar dos esforços de Chamberlain e de outros para justificar as taxas alfandegárias em termos imperialistas. Isso inevitavelmente colocou o ônus sobre os ricos: a questão era que forma os impostos diretos deveriam assumir e quais alíquotas deveriam ser cobradas (única, diferenciada ou progressiva). Ao contrário da maioria dos Estados europeus, a Grã-Bretanha do fim do século XIX já tinha um imposto de renda bem estabelecido – a grande inovação do jovem Pitt para financiar as guerras contra a França, que em 1842 Peel converteu em uma fonte de renda em tempos de paz. (O economista Gustav Schmoller não estava brincando quando observou que os alemães estariam "exultantes" se tivessem "um fator de receita tão adaptável".) No entanto, em 1892 o imposto de renda havia sido reduzido a apenas 6,5 *pence* por libra, e os puristas liberais clássicos (como o velho Gladstone) continuavam sonhando com seu desaparecimento. Para cobrir o déficit de 1,9 milhão de libras causado principalmente pela Lei de Defesa Naval de 1889, Goschen optou não por aumentar o imposto de renda, mas por implementar a tributação de 1% sobre todas as propriedades acima de 10 mil libras. *Sir* William Harcourt, então, formalizou os chamados "death duties" ao instaurar um imposto sobre a herança em 1894.

Foi, no entanto, o custo inesperadamente elevado da Guerra dos Bôeres que levou aos maiores aumentos na tributação direta britânica antes da Primeira Guerra Mundial. Em 1907, por exemplo, Asquith elevou o imposto sobre rendimentos de capital para um xelim (12 *pence*) por libra, ao passo que o imposto que incidia sobre a renda proveniente do exercício de atividade remunerada era de 9 *pence* por libra. Dois anos mais tarde, o "Orçamento do Povo" de Lloyd George visava aumentar a receita total em 8% (entre outras medidas) mediante a cobrança de um "superimposto" (um imposto de renda adicional) sobre rendas acima de 5 mil de libras, o acréscimo de 2 *pence* por libra ao imposto devido sobre rendimentos de capital e a criação de um imposto sobre ganho de capital incidindo sobre as terras.[41] Em consequência dos orçamentos de 1907 e 1909-1910, a proporção da receita pública do governo central proveniente da arrecadação direta subiu para 39%. Em 1913, a tributação direta, os impostos alfandegários e os impostos sobre circulação de mercadorias representavam proporções quase exatamente iguais às da receita pública total, e o imposto de renda arrecadava mais de 40 milhões de libras por ano. O último orçamento de Lloyd George antes da guerra concebia ainda mais aumentos: um adicional de 2 *pence* por libra no imposto de renda, um novo superimposto sobre rendas acima de 3 mil libras, com taxas aumentando de maneira progressiva até uma alíquota máxima de 2 xelins e 8 *pence* por libra, e impostos sobre herança de até 20% sobre propriedades com valor superior a 1 milhão de libras.[42] Os liberais pareciam ter concebido uma política engenhosa que combinava armas (na forma de encouraçados) e manteiga* (na forma de tributação mais progressiva e alguns gastos sociais).

Hobson afirmou que, em termos puramente fiscais, a Grã-Bretanha poderia ter financiado um exército de 1 a 2 milhões de homens por meio do aumento da arrecadação de impostos.⁴³ Mas isso é ignorar os profundos conflitos políticos desencadeados pelas políticas fiscais dos liberais. Como já vimos, os liberais haviam chegado ao poder com a promessa de cortar os gastos com armas e não conseguiriam convencer a bancada do partido no Parlamento e a imprensa radical a apoiarem um aumento na carga tributária. Embora a tributação progressiva fosse popular naquelas bandas, os orçamentos de Lloyd George contribuíram para que os eleitores mais ricos voltassem a apoiar os conservadores: não foram só os lordes que não gostaram do "Orçamento do Povo". Na última eleição geral antes da guerra, em dezembro de 1910, os liberais e os *tories* obtiveram 272 cadeiras cada um, e o governo precisou contar com 42 membros do Partido Trabalhista no Parlamento para obter maioria. Como os conservadores ganharam 16 das 20 eleições suplementares que se seguiram, em julho de 1914 essa maioria havia sido reduzida a apenas 12, aumentando a influência dos aproximadamente 80 nacionalistas irlandeses.⁴⁴ Isso ajuda a explicar por que o orçamento de 1914 teve de ser submetido a uma guilhotina do governo (com 22 abstenções dos liberais e um voto contra), e a Lei de Receitas contendo as medidas mais censuráveis foi completamente abandonada. Em particular, houve forte oposição à proposta de Lloyd George de que a receita oriunda do aumento no imposto de renda fosse usada para fazer concessões a autoridades locais a fim de compensá-las pelas perdas decorrentes de alterações nas alíquotas locais.⁴⁵ O máximo que se pode dizer sobre a Grã-Bretanha, portanto, é que os conflitos políticos gerados pelo aumento no gasto com armamentos foram menos intensos do que no continente e que não há indícios de que uma crise política interna (desse ou de qualquer outro tipo) tenha encorajado o governo a optar pela guerra em 1914.⁴⁶

---

* Aqui, o autor faz uma alusão ao clássico dilema econômico em que um país deve decidir entre investir em defesa militar (armas) ou na produção de bens de consumo (manteiga). (N.T.)

Na França, em comparação, a arrecadação de impostos continuou notadamente regressiva em sua incidência até a véspera da guerra. Isso refletia, em parte, a tradição revolucionária, que protegia a renda e a propriedade do cidadão da apuração do Estado, preferindo arrecadar as chamadas *contribuições* com base em avaliações supostamente "objetivas" da capacidade média para pagar; e também o princípio de igualdade (de incidência), que eliminou as alíquotas progressivas. A consequência foi que os quatro impostos – territorial, comercial, sobre bens móveis e sobre portas e janelas* – resultaram em somas que tinham cada vez menos relação com a renda e a riqueza reais. A implementação de um novo imposto sobre valores mobiliários em 1872 foi uma rara inovação: pois, durante a maior parte do século XIX, a burguesia francesa pagou menos impostos do que deveria. Às vésperas da guerra, portanto, o gasto público era financiado principalmente por tributação indireta. As taxas alfandegárias (reimplementadas em 1872 após apenas 12 anos de livre-comércio) representavam cerca de 18% dos impostos arrecadados pelo governo; os impostos sobre o consumo (que incidiam principalmente sobre bebidas, sal e tabaco, que o governo monopolizava) representavam um terço. A segunda maior fonte de receita eram as várias formas de imposto de selo pago sobre transações jurídicas secundárias (por volta de um quarto da receita tributária em 1913). A arrecadação direta era responsável por apenas 14% da receita ordinária total em 1913.[47] As tentativas de implementar um imposto de renda moderno foram derrubadas repetidas vezes pela oposição parlamentar, em 1896, em 1907 e novamente em 1911. Foi só quando a guerra estava prestes a eclodir que essa oposição foi superada. Em março de 1914, os velhos impostos de renda foram reformados; e em julho finalmente se implementou um imposto abrangente que incidia sobre as rendas superiores a 7 mil francos anuais. Embora tivesse uma alíquota padrão de 2%, esse imposto era, de fato, progressivo. Além disso, cinco impostos de renda parciais (*impôts cédulaires sur les revenus*) foram implementados, similares em efeito às tabelas do sistema britânico (isto é, com incidência diferenciada para os diferentes tipos de renda).[48] A aceitação dessa reforma se deveu tanto à

---

* Imposto cobrado com base no número de portas e janelas existentes em um imóvel. (N.T.)

representação proporcional, implementada por Poincaré, e ao consequente enfraquecimento do Partido Radical quanto à situação internacional que se deteriorava. No entanto, com a eclosão da guerra, esse imposto só entrou em vigor em janeiro de 1916.

O sistema russo dependia ainda mais de receitas provenientes de tributação indireta: só uma pequena parcela da receita pública (cerca de 7% entre 1900 e 1913) vinha da tributação direta. Em decorrência da oposição empresarial na Duma (a câmara baixa do Parlamento russo), não havia imposto de renda. Portanto, o governo era financiado principalmente pela receita dos empreendimentos públicos (a receita líquida da rede de ferrovias foi de aproximadamente 270 milhões de rublos em 1913) e de impostos sobre o consumo de itens essenciais, como querosene, fósforos, açúcar e vodca. O mais importante desses impostos sobre o consumo foi, sem dúvida, o cobrado sobre a venda de vodca, atividade que se tornou monopólio estatal no fim da década de 1890. A receita líquida oriunda do monopólio da vodca era aproximadamente 2,5 vezes mais alta do que a proveniente das ferrovias públicas; e a receita bruta (900 milhões de rublos em 1913) representava mais de um quarto de toda a receita do governo. Como o historiador econômico Alexander Gerschenkron acertadamente declarou, a carga tributária total cresceu de 12,4% da renda nacional *per capita* em 1860 para 16,9% em 1913. Mas ele estava equivocado ao pensar que isso teve o efeito de diminuir os padrões de vida; observe-se a receita cada vez maior gerada pelos impostos sobre o consumo.[49]

Na Alemanha, as questões, mais uma vez, se complicaram por causa do sistema federal. Os estados federais gozavam de um monopólio efetivo sobre a tributação direta; e as tentativas de Bismarck de alterar o equilíbrio em favor do Reich foram constantemente frustradas.[50] De fato, em alguns anos houve transferências líquidas do Reich para os estados – em média, 350 milhões de marcos por ano na década de 1890. Assim, enquanto os estados (e as comunas locais) conseguiram modernizar seus sistemas fiscais por meio da implementação de impostos de renda,[51] o Reich na década de 1890 continuou dependendo quase totalmente (90% de sua receita) dos velhos impostos sobre o consumo e as importações. Como afirma Bülow, ecoando Bismarck, o Reich continuou sendo "um viajante pobre, que insistia em bater à porta de cada um dos estados, uma visita absolutamente indesejada em busca de subsistência".[52] Desse modo, o Reich estava limitado a se financiar (e, assim, financiar o Exército e a

Marinha) com base em tributação indireta. A tendência era, portanto, que as taxas alfandegárias aumentassem à medida que aumentava o gasto militar; mas a insatisfação popular com a combinação de "pão nosso" e "militarismo" foi tão bem explorada pelos sociais-democratas que o governo logo foi forçado a considerar a cobrança de impostos sobre propriedade em nível nacional. Contrariando as previsões de muitos na direita alemã, o aumento dos gastos com o Exército e a Marinha tendeu a ajudar o Partido Social-Democrata, que se tornou, com efeito, o partido daqueles que se viram atingidos pela tributação regressiva.⁵³ Entre os direitistas, por sua vez, os interesses econômicos estavam acima das divisões partidárias, e as coalizões baseadas nestas tenderam a variar conforme a questão – de modo que, por exemplo, muitos dos grupos empresariais (como a Liga dos Industrialistas) que defendiam uma tributação direta em 1912 denunciaram a nova medida como excessivamente progressiva em 1913. O mais importante é que este também foi um debate sobre ideias constitucionais – entre os particularistas e os defensores de um Reich mais centralizado; e entre os defensores de prerrogativas reais e os proponentes de maior poder parlamentar. Nesse debate, os interesses econômicos muitas vezes eram exagerados para fortalecer os pontos constitucionais. Finalmente, foi um debate em que as posições históricas fundamentais dos vários partidos – o antiprussianismo do Centro, o antimilitarismo dos sociais-democratas, o antissocialismo dos nacionais liberais e o pró-governamentalismo dos conservadores – foram todas, quase simultaneamente, comprometidas.

A história da política interna alemã antes de 1912 foi, portanto, em grande medida, uma história de caducidade orçamentária: os Estados resistindo à concorrência do Reich por uma participação na receita oriunda da tributação direta, o Ministério da Fazenda lutando, em vão, para controlar os gastos dos departamentos rivais, o governo cada vez mais forçado a discutir finanças com o Reichstag, e os próprios partidos do Reichstag em pé de guerra por questões tributárias. A esmagadora vitória eleitoral dos sociais-democratas em 1912 e a subsequente criação de dois novos impostos diretos para financiar a Lei das Forças Armadas de 1913 foram muitas vezes interpretadas pelos historiadores como a culminação desse impasse; mas não há consenso sobre se o Reich se encontrava em um "divisor de águas", um "beco sem saída" ou uma "crise latente".⁵⁴ Sem dúvida, o clima mudou com a eleição de 1912 – descrita por um deputado do Partido Social-Democrata como "uma grande demonstração do povo contra o aumento da tributação indireta".⁵⁵ Em um notável realinhamento, os nacionais liberais se uniram ao Partido do Centro, ao Partido Progressista (liberal de esquerda) e ao Partido Social-Democrata para exigir a criação de um "imposto geral sobre a propriedade" em nível nacional em abril de 1913 (a resolução "Bassermann-Erzberger", que leva o nome dos líderes do Partido Nacional Liberal e do Partido do Centro). De fato, os nacionais liberais chegaram ao ponto de apoiar uma resolução dos sociais-democratas afirmando que o novo imposto deveria ser cobrado anualmente, e também uma medida do Partido Progressista que restabelecia a redução do imposto sobre o açúcar e exigia que se aprovasse a lei de ampliação do imposto sobre a herança de 1909.⁵⁶ Uma segunda mudança significativa foi a disposição do Partido do Centro e do Social-Democrata de apoiar um aumento no gasto militar. No caso do Partido do Centro, isso se refletiu na mudança de postura de Erzberger, que passou de oponente do gasto colonial a defensor do gasto naval; no caso do Social-Democrata, encontrou expressão na declaração de 1912, cuidadosamente elaborada: "Nós, sociais-democratas, como sempre, não votaremos em um homem sequer nem destinaremos um centavo sequer a favor do militarismo. Mas, se [...] verificarmos que um imposto indireto pode ser substituído por um imposto direto, estamos dispostos a votar a favor de tal imposto direto". Os acontecimentos de 1913 também podem ser vistos como o auge da batalha para reduzir a inferioridade financeira do Reich com relação aos estados. Certamente, Bethmann não tinha dúvida de que os riscos políticos aumentaram com a resolução Bassermann-Erzberger. A escolha para os estados era entre aceitar o imposto sobre ganho de capital (*Vermögenszuwachssteuer*) do Reich, agora proposto pelo governo, ou:

> fazer que a política do Reich – e, portanto, dos estados federais – tomasse um rumo que aumentaria de maneira irreparável a brecha entre os partidos burgueses e só poderia chegar a uma conclusão positiva se aos radicais fosse concedido certo grau de influência sobre o governo e sobre suas políticas – algo que romperia com as tradições políticas do Reich e de todos os estados.

Diante disso, o ministro de Finanças prussiano – depois de consultar os líderes conservadores – objetou que acabar com o monopólio dos estados sobre a arrecadação direta representaria "um passo desastroso rumo ao governo parlamentar": o crucial era que "a Prússia deveria continuar sendo a Prússia". Ainda mais inflexível era o monarca saxão Frederick Augustus, que via o imposto sobre ganho de capital como uma ferramenta de "unitarismo". Quando finalmente se aprovou a medida contra o voto saxão no Bundesrat, e com os votos dos membros do Partido Nacional Liberal e do Social-Democrata no Reichstag, as reações foram ainda mais fortes. De acordo com o conde conservador Westarp, o Reich estava agora a caminho de se tornar "um Estado unitário governado democraticamente". Os partidos da oposição proclamaram "o dia de Filipos" e (com grande ironia) "o fim do mundo".[57]

Costumava-se alegar que foi essa crise política interna que convenceu as elites dominantes do Reich da necessidade de guerra: uma "fuga para a frente", para escapar da onda crescente de social-democracia.[58] Conforme vimos, este não foi um fator considerado nos cálculos de Bethmann. Entretanto, isso não quer dizer que as discórdias financeiras de 1908-1914 não tenham importância para as origens da guerra. Numa análise mais atenta, sua verdadeira relevância talvez esteja precisamente em sua insignificância financeira; pois, nesse aspecto, pouco se havia alcançado. A Lei das Forças Armadas havia previsto custos de 996 milhões de marcos e um aumento médio anual de 194 milhões de marcos, com o ônus adicional sobre o orçamento de 1913 totalizando 512 milhões de marcos. A lei original previa financiar isso por meio da arrecadação de novos impostos de selo sobre contratos sociais e apólices de seguro (indo de 22 para 64 milhões de marcos por ano); da ampliação do direito estatal de inalienação de propriedades (5-15 milhões de marcos por ano); de uma contribuição única à defesa – uma arrecadação de 0,5% sobre todas as propriedades com valor acima de 10 mil marcos e 2% de todas as rendas superiores a 50 mil marcos – a ser recolhida em três partes (uma de 374 milhões de marcos, mais duas de 324,5 milhões de marcos); e de um imposto progressivo sobre ganho de capital, que ia de 0,6% sobre ganhos entre 25 mil e 50 mil marcos a 1,5% sobre ganhos superiores a 1 milhão de marcos (receita projetada: 82 milhões de marcos por ano). Ao fim e ao cabo, tal medida estava longe de ser uma revolução nas finanças do Reich.[59] O debate sobre o Comitê Orçamentário centrava-se sobretudo no tratamento diferenciado de grupos econômicos específicos, e não nos níveis absolutos de receita e despesa. Além disso, o resultado era politicamente fraudulento. Em vez de representar a vitória final de uma coalizão progressista contra as forças reacionárias, a aprovação das leis de defesa e finanças revelou, antes de mais nada, o grau de divisão no interior dos partidos.⁶⁰ Na verdade, o pequeno avanço político representado pela aprovação de um imposto direto arrecadado pelo Reich (ou melhor, três impostos diretos, considerando que, em teoria, a contribuição à defesa poderia ser repetida) parecia prestes a ser seguido de uma reação quando os membros conservadores se reagruparam – embora a importância de tal reagrupamento seja às vezes exagerada pelos historiadores.⁶¹ Kehr, portanto, estava equivocado quando afirmou que as receitas do Reich estavam aumentando rapidamente em 1912-1913 e que, se lhes houvesse sido proposto, os membros "militarizados e feudalizados" do Reichstag teriam aprovado o programa do Grande Memorando de Ludendorff.⁶² Há muitas dúvidas sobre se o governo teria obtido maioria parlamentar para os impostos mais altos que tal programa teria requerido.

A Áustria-Hungria tinha problemas similares aos do Reich com relação à receita. O orçamento conjunto (sobretudo para a defesa) era financiado pela receita conjunta proveniente das taxas alfandegárias e de contribuições adicionais de cada um dos reinos; enquanto outras funções governamentais eram financiadas ou pelos reinos separados, ou por seus estados e comunas. Normalmente se diz que os húngaros não pagaram uma parcela justa das despesas conjuntas. Isso só é verdade até certo ponto. Para começar, os *Länder* e *Königreiche* austríacos pagavam em torno de 70%, ao passo que os *Länder* húngaros pagavam 30%; mas, sob um novo acordo firmado em 1907, a participação austríaca caiu para 63,6% e a húngara subiu para 36,4%. Isso não estava tão em desacordo com as populações relativas das duas metades (a Hungria representava cerca de 40% da população total austro-húngara). Entretanto, a percepção da época era de que a Áustria estava sobrecarregada. De acordo com uma estimativa, por volta de 14,6% do orçamento público austríaco ia para o tesouro comum em 1900, mas apenas 9,5% do húngaro. Um ponto mais importante era o fato de que as duas metades, separadamente e em conjunto, dependiam da tributação indireta. A principal fonte de receita comum eram as taxas alfandegárias, que representavam 25% da receita conjunta total em 1913. Para a Áustria-Hungria como um todo, só 13% das receitas públicas totais vinham da tributação direta.

Em outras palavras, todos os países continentais careciam de um imposto de renda moderno e, portanto, dependiam de impostos essencialmente regressivos para financiar seus armamentos e outros gastos. Na Alemanha e na Áustria-Hungria, entretanto, o sistema político criou mais obstáculos ao aprimoramento do sistema, em particular por causa das tensões entre o governo central e os governos regionais nos sistemas federais.

Dívidas

A outra maneira de financiar os custos crescentes da política interna e externa era, obviamente, contraindo empréstimos. Como mostra a Tabela 14, essa opção era mais escolhida em alguns países do que em outros. A Alemanha e a Rússia contraíram muitos empréstimos no período pós-1887; no entanto, se fizermos o ajuste para a valorização do rublo com relação à libra esterlina depois que a Rússia adotou o padrão-ouro, verificamos que o ônus da dívida no caso da Rússia cresceu em apenas dois terços entre 1890 e 1913, ao passo que o da Alemanha quase dobrou. Em termos absolutos, a França também contraiu muitos empréstimos, mas partindo de uma situação de maior endividamento do que a Alemanha (daí o percentual de aumento mais baixo). A Grã-Bretanha era atípica entre as grandes potências, tendo reduzido o nível da dívida pública entre 1887 e 1913. Esse feito é ainda mais impressionante se lembrarmos que o custo da Guerra dos Bôeres aumentou o volume de empréstimos do governo – em 132 milhões de libras, ao todo – entre 1900 e 1903.

Tabela 14   Dívidas públicas, em milhões de moeda nacional (e de libras), 1887-1913

	França (francos)	Grã-Bretanha (libras)	Alemanha (marcos)	Rússia (rublos)
1887	23.723 (941 libras)	655	8.566 (419 libras)	4.418 (395 libras)
1913	32.976 (1.308 libras)	625	21.679 (1.061 libras)	8.858 (937 libras)
Aumento percentual*	39	-5	153	137

Notas: Alemanha = Reich, mais estados federais. * Aumento em libras esterlinas.
Fonte: Schremmer, Public Finance, p. 398; Mitchell e Deane, *British Historical Statistics*, p. 402s; Hoffmann et al., *Das Wachstum der deutschen Wirtschaft*, p. 789s; Apostol, Bernatzky e Michelson, *Russian Public Finances*, p. 234, 239.

Mais uma vez, esses não eram ônus insustentáveis numa época de crescimento econômico sem precedentes. De fato, como mostra a Tabela 15, em todos os quatro casos a dívida total tendeu a diminuir com relação ao Produto Nacional Líquido.

O governo britânico tinha um sistema de empréstimo público com uma história de sucesso sem precedentes que remontava ao século XVIII. Ao contrário de todos os principais países continentais, a Grã-Bretanha havia passado pelas guerras que culminaram em Waterloo sem declarar moratória aos acionistas ou defraudá-los por meio da inflação (foi esta a importância da decisão de retomar o padrão-ouro em 1819). Durante a maior parte do século (de fato, até 1873), a dívida pública britânica foi, portanto, significativamente mais alta que a das potências continentais. Chegou a ser mais de dez vezes a receita tributária total, enquanto os encargos da dívida representaram em torno de 50% do gasto bruto de 1818 a 1855.[63] Isso fez que os políticos britânicos fossem extremamente cautelosos com novos empréstimos; quando estes ocorreram, como durante a Guerra dos Bôeres, eles hesitaram. Conforme Edward Hamilton, o burocrata do Tesouro, disse a Asquith em 1907: "O Estado não pode arrecadar uma quantia indefinida de dinheiro. Todos acreditamos que sim durante a Guerra dos Bôeres, mas agora sabemos que manchamos enormemente nosso crédito em decorrência da quantia que tomamos emprestado durante a guerra".[64]

A realidade, no entanto, era que até aquele momento o mercado para os "consolidados" (ou *consols*, os títulos da dívida pública britânica do século XIX) mal havia crescido desde a década de 1820. As políticas vitorianas foram tão efetivas ao limitar o empréstimo público que o valor nominal da dívida de fato havia diminuído, de um total de aproximadamente 800 milhões

Tabela 15   Percentual da dívida pública com relação ao Produto Nacional Líquido, 1887-1913

	França	Grã-Bretanha	Alemanha	Rússia
1887	119,3	55,3	50,0	65,0
1913	86,5	27,6	44,4	47,3

Nota: Alemanha = Reich, mais estados federais.
Fontes: Tabela 14 e Hobson, Wary Titan, p. 505s.

de libras em 1815 para pouco mais de 600 milhões de libras cem anos depois, um feito quase único na história fiscal do século XIX. Como proporção da renda nacional, a dívida pública da Grã-Bretanha às vésperas da Primeira Guerra Mundial se encontrava em uma baixa histórica: apenas 28%, muito menos do que os números equivalentes para as outras grandes potências. O total da dívida era pouco mais de três vezes o total da arrecadação, e os encargos da dívida representavam menos 10% do gasto total. Além disso, a Grã-Bretanha tinha o maior e mais sofisticado mercado financeiro do mundo, gerenciado pelo Banco da Inglaterra e por uma elite informal de bancos privados e de sociedade anônima, de modo que os empréstimos de curto prazo também eram relativamente fáceis.

Pelos padrões modernos, a França tinha um nível atipicamente alto de dívida pública, equivalente a cerca de 86% da renda nacional em 1913, tendo aumentado aproximadamente 40% desde 1887. Esse também foi o nível mais elevado de todas as grandes potências e, por conseguinte, o serviço da dívida representava a proporção mais alta de gasto público central.[65] Isso refletia a tendência do Estado francês (independentemente de sua natureza política) de registrar déficits orçamentários; o orçamento só foi equilibrado durante alguns poucos anos no século XX, de modo que a dívida registrou um aumento inexorável com relação ao nível relativamente baixo de 1815. Uma grande dívida pública também satisfazia o apetite dos poupadores franceses, que aderiram às *rentes perpétuelles* (o título de referência da dívida pública francesa que, como o nome indica, não era resgatável) com ainda mais ímpeto do que os famosos órfãos e viúvas* da Grã-Bretanha aderiram aos consolidados. As isenções fiscais encorajaram o hábito de conceder empréstimos de longo prazo ao governo em troca de rendimentos baixos, mas confiáveis. Não por acaso, os economistas ainda se referem àqueles que viviam de seus investimentos como *rentistas*: a espécie era originária da França do século XIX.

A dívida pública total da Rússia também aumentou acentuadamente em termos absolutos na segunda metade do século XIX: dobrou entre 1886 e 1913, passando de 4,4 bilhões a 8,8 bilhões de rublos. Entretanto – ao contrá-

---

* No jargão financeiro britânico, a expressão "órfãos e viúvas" se refere a um perfil de investidor avesso a riscos e com conhecimentos rudimentares de finanças. (N.T.)

rio do argumento defendido por Kahan, de que o alto nível de empréstimo estatal para financiar a expansão da indústria pesada fez que os investimentos fossem "expulsos" do setor privado (o chamado efeito de expulsão) –, isso não constituiu um ônus debilitante.⁶⁶ Tão acelerado foi o crescimento econômico russo que o ônus da dívida russa tendeu a cair, de cerca de 65% da renda nacional para apenas 47% às vésperas da guerra. Além disso, a proporção entre a dívida total e a receita tributária era mais baixa na Rússia (2,6:1) do que na França (6,5:1) e na Grã-Bretanha (3,3:1). O serviço da dívida representava em torno de 13% do gasto público central entre 1900 e 1913, um pouco menos do que na Grã-Bretanha.⁶⁷ Não há indícios reais do efeito de expulsão: o percentual de títulos públicos com relação ao total de títulos emitidos no mercado de capitais russo caiu de 88% em 1893 para 78% em 1914. De todo modo, uma proporção muito significativa da dívida pública foi financiada por estrangeiros que não teriam se disposto a investir em empresas russas privadas.⁶⁸

Na Alemanha, consolidou-se um princípio de *Finanzwissenschaft* de que não só gastos extraordinários, como os custos da guerra, mas também gastos "produtivos", como investimentos em empreendimentos estatais, deveriam ser financiados por meio da contração de empréstimos em vez das receitas correntes. A crença de que a construção de uma Marinha alemã em tempos de paz seria "rentável" justificou o financiamento do programa de Tirpitz dessa maneira.⁶⁹ Quando o gasto naval saltou de 86 milhões de marcos por ano no quinquênio de 1891-1895 para 228 milhões de marcos em 1901-1905, a dívida do Reich também cresceu, de 1,1 bilhão para 2,3 bilhões de marcos.⁷⁰ Entre 1901 e 1907, em média 15% da receita total (ordinária e extraordinária) do Reich vinha de empréstimos; em 1905, mais de um quinto da receita vinha dessa fonte.⁷¹ O custo do serviço da dívida cresceu proporcionalmente aos gastos totais do Reich, incitando queixas políticas quanto à "servidão das massas aos juros em benefício dos credores do Estado".⁷² Além disso, os déficits persistentes no nível do Reich levaram a um aumento nos empréstimos de curto prazo, que passaram de 4% a 9% do total da dívida.

A situação alemã se complicou porque os empréstimos do Reich coincidiram com um grande aumento nos empréstimos contraídos pelas outras esferas de governo, os estados e as comunas. Com efeito, as três esferas competiam entre si no mercado financeiro. Nos anos 1890, a dívida total do

Reich chegou a 1,3 bilhão de marcos, só um pouco superior à das comunas (1 bilhão de marcos). A dívida combinada dos estados era de 9,2 bilhões de marcos, sendo que cerca de dois terços correspondiam à Prússia. Aqui, talvez tenha havido certa dose de efeito de expulsão. Entre 1896 e 1913, o volume de títulos emitidos pelo setor público aumentou 166%, comparado com apenas 26% emitidos pelo setor privado; e, depois de 1901, os títulos emitidos pelo setor público representavam, em média, entre 40% e 50% do valor nominal de todos os títulos emitidos no mercado de ações.[73] Em 1913, a dívida total do setor público havia crescido para 32,8 bilhões de marcos, dos quais pouco mais da metade era dívida dos estados, comparado com 16% emitidos pelo Reich e o restante pelas comunas.[74] Ao contrário da Grã-Bretanha e da França, a Alemanha precisou de ajuda externa para financiar os empréstimos requeridos pelo setor público. Do total da dívida pública em 1913, quase 20% estava nas mãos de investidores estrangeiros.

Conforme veremos, na época isso gerou perturbação. Mas é importante considerar o ônus da dívida alemã em perspectiva. O total da dívida pública às vésperas da guerra era equivalente a cerca de 60% do Produto Nacional Bruto. O ônus crescente do serviço da dívida equivalia a 11% do gasto público em 1913. Se compararmos as dívidas do governo central das três potências da Entente com a dívida do Reich somada à dos estados (Tabela 15), esta era, de fato, menor do que a da Rússia e a da França.

Na Áustria-Hungria também havia temores de um desastre fiscal iminente. Como Holstein informou a Berlim no fim da década de 1880, "apesar de todos os novos impostos, sabe-se que o equilíbrio do orçamento é um *pium desiderium*. Enquanto isso, eles continuam a contrair empréstimos alegremente [...]".[75] O economista E. Böhm-Bawerk insistiu que a dupla monarquia estava "vivendo acima de seus meios". Nem é preciso dizer que os austríacos reclamavam que os húngaros não estavam pagando sua parte: sua contribuição ao serviço da dívida conjunta estava fixada em uma tarifa única de 2,9 milhões de florins por ano, deixando a metade ocidental da dupla monarquia assumir o fardo de cada novo empréstimo. Porém, uma vez mais, as apreensões da época foram exageradas. De fato, a dívida pública total era inferior a 40% da renda nacional em 1913. Em comparação com o período anterior a 1867, isso era uma contenção fiscal extraordinária. O serviço da dívida representava apenas 14% do gasto austríaco em 1907, tendo chegado a 33% nos anos 1850 e 1860.[76]

Em suma, os efeitos da corrida armamentista sobre o empréstimo público foram relativamente insignificantes: de fato, os ônus da dívida diminuíram. Entretanto, o aumento da dívida nacional em termos absolutos foi, na época, motivo de inquietação, já que, conforme indicavam os preços (ou os rendimentos) dos títulos emitidos pelo governo, parecia estar causando um aumento no *custo* do empréstimo público.

No decurso do século XIX, o mercado de títulos internacional havia se transformado em um termômetro mais ou menos preciso do sentimento econômico e político capitalista. No início da década de 1900, houve imensa movimentação de fundos para investimentos, sobretudo poupanças das elites proprietárias do mundo ocidental, e, considerando sua influência política ainda desproporcional na época, essas flutuações merecem muito mais atenção do que os historiadores normalmente dedicam. Era um mercado relativamente eficaz, visto que, em 1914, o número de indivíduos e instituições comprando e vendendo era grande, e os custos de transação eram comparativamente baixos. Além disso, graças aos avanços nas comunicações internacionais – o telégrafo, em particular –, era um mercado que reagia depressa às novidades políticas. Em geral, a queda nos preços – ou a alta nos rendimentos – dos títulos da dívida pública depois de 1890 (ver Tabela 16) foi vista como indício de "superexpansão" fiscal.

Tabela 16 Preço dos títulos da dívida pública das principais potências europeias, c. 1896-1914

	Preço máximo	Data	Preço mínimo	Data	Alteração percentual
Grã-Bretanha (consolidados* – 2,5%)	113,50	Julho de 1896	78,96	Dezembro de 1913	-30,4
França (*rentes* – 3%)	105,00	Agosto de 1897	80,00	Julho de 1914	-23,8
Rússia (4%)	105,00	Agosto de 1898	71,50	Agosto de 1906	-31,9
Alemanha Imperial (3%)	99,38	Setembro de 1896	73,00	Julho de 1913	-26,5

Nota: * Para 1913, preço de 2,5% recalculado com base em um cupom de juros de 2,75%.
Fonte: *Economist* (preços de fechamento semanais).

A principal causa dessa queda foi, na verdade, a aceleração da inflação, um fenômeno monetário causado pelo aumento na produção de ouro e, o que é mais importante, pelo rápido desenvolvimento da intermediação bancária, que estava incrementando o uso de papel-moeda e de transações que não envolviam dinheiro (sobretudo a compensação interbancária). Na época, entretanto, o aumento nos rendimentos das obrigações foi interpretado como uma forma de protesto do mercado contra as políticas fiscais frouxas. Isso só foi realmente verdade na medida em que as obrigações emitidas pelo setor público estavam tendendo a aumentar o custo dos empréstimos em toda parte ao competir com as reivindicações do setor privado no mercado de capitais: sem dúvida, foi esse o caso na Alemanha. Entretanto, a maioria dos governos – até mesmo a Grã-Bretanha – foi repetidas vezes acusada de incontinência fiscal por críticos tanto de esquerda quanto de direita. A Tabela 17 mostra que o aumento dos rendimentos foi um fenômeno universal; de maior interesse, no entanto, é o fato de que houve diferenças ou "brechas" acentuadas entre os rendimentos dos títulos da dívida pública dos vários países. Essas brechas expressavam genuinamente a forma como o mercado avaliava não só a política fiscal como também, de maneira mais geral, a estabilidade política e a política externa, considerando-se as relações tradicionalmente próximas entre os riscos de revolução, guerra e insolvência. Talvez de maneira previsível, tendo em vista a experiência de 1904-1905 e seus problemas mais gerais de "atraso" econômico e político, a Rússia era considerada o maior risco de crédito entre as grandes potências. Mais surpreendente é a enorme diferença entre os rendimentos dos títulos da dívida pública alemã e os da britânica e da francesa, os quais eram notadamente similares. Isso não pode ser explicado pelas demandas maiores do setor privado alemão no mercado de capitais em Berlim, já que estes são preços de *Londres* (e, de todo modo, os investidores normalmente estavam escolhendo entre títulos públicos de diferentes governos, e não entre títulos públicos e valores mobiliários industriais). Os investidores simplesmente acreditavam que as finanças da Alemanha guilhermina eram menos sólidas do que as de suas rivais ocidentais.

Os preços das obrigações governamentais publicados semanal e mensalmente em periódicos financeiros como o *Economist* nos permitem acompanhar mais de perto suas flutuações. Por razões históricas, os juros nominais sobre as obrigações emitidas pelas grandes potências variavam: os consolida-

Tabela 17   Rendimento dos títulos da dívida pública das principais potências, 1911-1914

	Consolidados britânicos	Rentes francesas	Títulos alemães (3%)	Títulos russos (4%)	Diferença entre o rendimento alemão e o britânico	Diferença entre o rendimento russo e o britânico
Março de 1911	3,08	3,13	3,56	4,21	0,48	1,13
Julho de 1914	3,34	3,81	4,06	4,66	0,72	1,32
Média	3,29	3,36	3,84	4,36	0,55	1,07

Fonte: *Economist* (preços médios mensais em Londres).

dos britânicos pagaram 3% durante a maior parte do século XIX, mas esse percentual foi reduzido para 2,75% em 1888 e 2,5% em 1903. Nos anos 1890, as obrigações alemãs e francesas pagavam 3%, mas as russas pagavam 4%, e os novos títulos emitidos após a Revolução de 1905 pagavam 5%. Sem dúvida, os investidores da época geralmente estavam mais interessados, é claro, nos rendimentos das obrigações, e faziam ofertas mais altas ou mais baixas conforme suas expectativas de solvência dos respectivos Estados. Por facilitar a comparação, escolhi recalcular, usando índices de rendimento, os preços das obrigações das principais potências como se todas estivessem pagando juros de 3%. A Figura 6 mostra o preço médio mensal dos consolidados britânicos entre 1900 e 1914 recalculados dessa maneira; a Figura 7 mostra o preço de fechamento semanal das obrigações francesas, alemãs e russas para o mesmo período, com o preço dos títulos russos recalculado de modo similar.

Mais uma vez, notaremos que as obrigações alemãs tinham um preço significativamente mais baixo – em média, cerca de 10% mais baixo – do que as britânicas e francesas. Embora isso possa ser explicado, em parte, por diferenças técnicas, mais do que qualquer coisa a diferença nos preços refletia o risco percebido dos títulos públicos alemães em comparação com os britânicos. A diferença entre os preços dos títulos alemães e russos também é reveladora: não é de surpreender que estes tenham aumentado de maneira considerável durante a Guerra Russo-Japonesa e a revolução que se seguiu, mas em 1910 a brecha havia diminuído, sendo muito menor do que a existente entre as obrigações francesa e alemã. Não só a Grã-Bretanha e a França

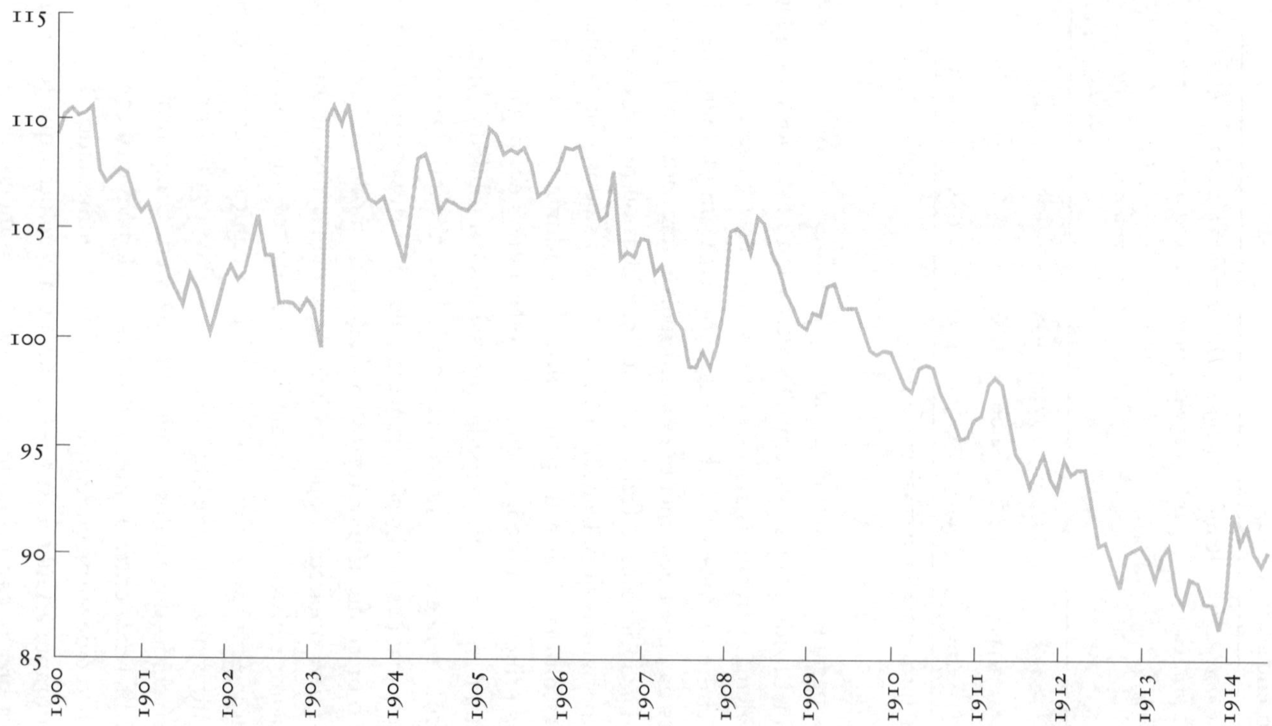

Figura 6   Preço médio mensal dos consolidados britânicos, calculado com base em um cupom de juros de 3%, 1900--1914

Fonte: Accounts and Papers of the House of Commons, vols. LI, XXI.

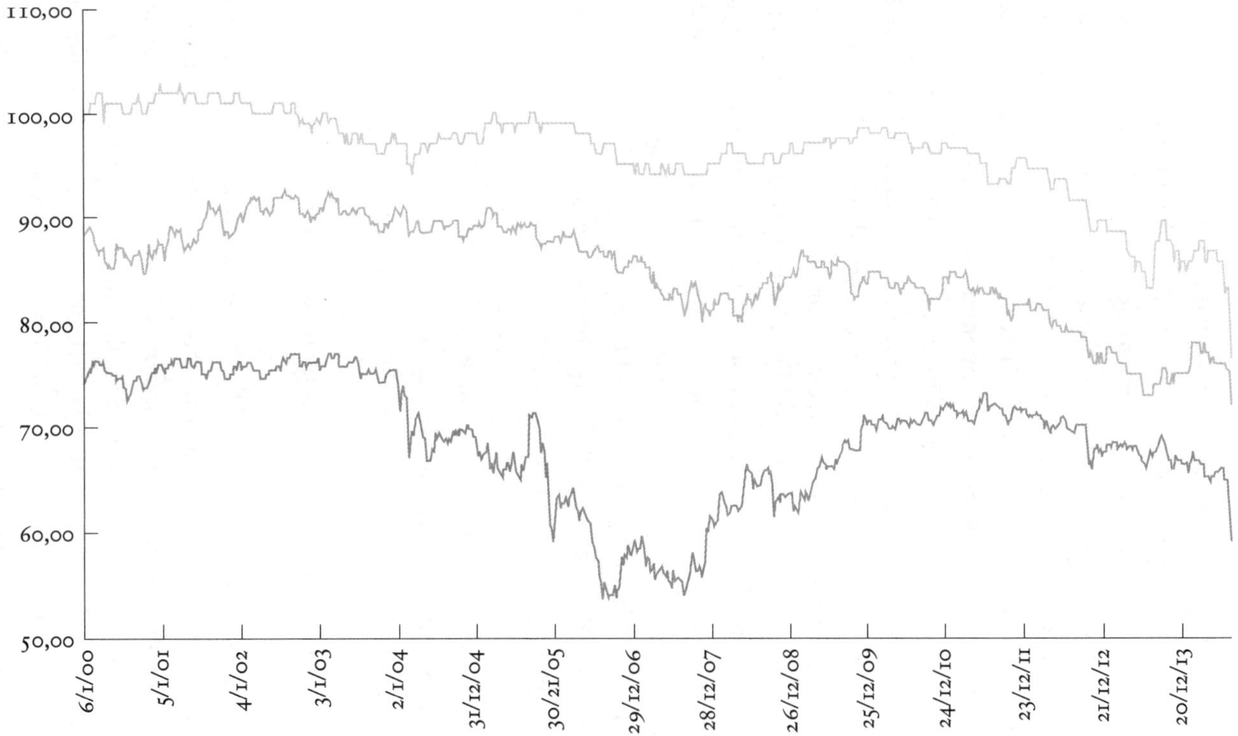

Figura 7 Preço de fechamento semanal das obrigações francesas (acima), alemãs (meio) e russas (abaixo), todas calculadas com base em um cupom de juros de 3%, 1900-1914

Fonte: Economist.

eram consideradas menor risco de crédito do que a Alemanha. Pouco depois da queda de Bülow, o preço das obrigações do Reich que rendiam 4% de fato caiu abaixo do das obrigações italianas que rendiam 3,5%.[77]

Isso, na época, não passou despercebido. Quando as emissões de títulos prussianos e do Reich, totalizando 1,28 bilhão de marcos, foram mal recebidas na Bolsa de Valores em 1909-1910, muitos observadores concluíram, concordando com o secretário de Estado no Ministério da Fazenda, Adolf Wermuth, que o "armamento fiscal" da Alemanha não se equiparava a seu "armamento militar".[78] O problema de aumentar os rendimentos alemães preocupou sobretudo banqueiros internacionais, como Max Warburg.[79] Em 1903, instigado por Bülow, ele tentou tocar no assunto com o Kaiser depois de um jantar, mas foi repelido pela autoconfiança deste de que "os russos irão quebrar primeiro".[80] Em 1912, Warburg escreveu um artigo para o Congresso Geral dos Banqueiros Alemães intitulado "Formas adequadas e inadequadas de elevar o preço dos títulos da dívida pública";[81] e, no ano seguinte, o economista Otto Schwartz contrariou o argumento anterior do Kaiser afirmando que as finanças da Alemanha eram agora mais instáveis que as da Rússia.[82] Isso também foi percebido no exterior: o fato de que os "títulos alemães com rendimento de 3% ficaram em 82" enquanto os "belgas ficaram em 96" forneceu a Angell um de seus melhores argumentos contra a racionalidade econômica do militarismo.[83] Pela mesma razão, o alto rendimento do novo empréstimo alemão emitido em 1908 levou alguns analistas da City a suspeitar de que este fosse um "empréstimo de guerra".[84]

Do impasse fiscal ao desespero estratégico

A percepção de uma relativa debilidade financeira na Alemanha e na Áustria-Hungria teria profundas consequências históricas por causa de suas implicações para os gastos militares futuros. Como vimos, devido à influência dos conservadores prussianos no Ministério da Guerra, houve limitações à velocidade com que o Exército alemão poderia se expandir. Porém, mesmo se Ludendorff houvesse recebido carta branca para implementar um serviço militar quase universal, não está claro se teria sido possível financiá-lo. Pois o orçamento alemão destinado à defesa também estava limitado: pela resistência, no interior do sistema federal, à maior centralização fiscal; pela resistência, dentro do Reichstag, a um aumento na arrecadação tributária; e pela impossibilidade de contrair empréstimos sem acirrar a diferença entre o rendimento das obrigações na Alemanha e em suas rivais ocidentais. Incapaz de reduzir a elevada participação dos estados e dos governos locais na receita total; incapaz de arrecadar tanto quanto a Grã-Bretanha com a tributação direta ou tanto quanto a Rússia com a tributação indireta; e incapaz de contrair empréstimos tão baratos quanto a Grã-Bretanha e a França, o Reich parecia fadado a perder a corrida armamentista financeira.

Os homens da época frequentemente reconheceram o problema. "De que serve um Exército pronto para a ação, uma Marinha preparada para a guerra, se somos prejudicados por nossas finanças?", perguntou a principal autoridade do sistema financeiro do Reich, Wilhelm Gerloff;[85] ao passo que Bülow falou da necessidade "de convencer o povo alemão de que a reforma [financeira], em termos morais e *materiais*, é uma questão de *vida ou morte*".[86] O jornal *Die Wehr*, publicado pela Liga do Exército, concordava: "Se queremos viver em paz, devemos arcar com os ônus, pagar impostos: sem isso, simplesmente não é possível".[87] Esse foi, de fato, o ponto principal do livro de Bernhardi, *Germany and the Next War* [Alemanha e a próxima guerra], que, numa análise mais atenta, mostra ser uma conclamação à reforma financeira planejada para influenciar os debates políticos de 1912:

> Seria [...] um ato tolo e fatal de fraqueza política desconsiderar o ponto de vista militar e estratégico e fazer que a maior parte dos preparativos para a guerra dependa dos meios financeiros disponíveis no momento. "Nenhum gasto sem garantia", dita a fórmula em que essa política se ampara. Só se justifica quando a garantia é determinada pelo gasto. Em um grande Estado civilizado, são as obrigações que devem ser cumpridas [...] que determinam o gasto, e o grande ministro de Finanças não é o homem que equilibra as contas públicas desperdiçando as forças nacionais, enquanto renuncia ao desembolso politicamente indispensável [...].[88]

Mas não foram só os militares que argumentaram dessa maneira. O presidente do Reichsbank, Havenstein, foi igualmente explícito sobre o princípio de intimidação financeira: "Só seremos capazes de manter a paz", declarou em 18 de junho de 1914, "se formos fortes em termos financeiros e militares". Isso deve ser lido não como um indício de prontidão para a guerra, mas como exatamente o oposto: a visão de Havenstein era a de que a Alemanha não era financeiramente sólida.[89]

Mas os obstáculos políticos pareciam intransponíveis. "Temos os homens e o dinheiro", comentou frustrado o líder da Liga do Exército, Keim: "Só nos falta a determinação de colocar ambos a serviço da pátria".[90] O mesmo problema podia ser visto sob uma perspectiva social-democrata: "Alguns demandam mais navios, outros clamam por mais soldados", comentou Daniel Stücklein. "Se ao menos encontrássemos outras organizações cujos objetivos fossem gerar o dinheiro necessário para suprir essas demandas."[91] O dilema do governo era simples: "Os ônus financeiros atuais [são] grandes demais para a economia", escreveu um funcionário prussiano do Ministério da Guerra em 1913, "e qualquer [outra] agitação seria benéfica para os sociais-democratas".[92] Isso era, talvez, o que Warburg tinha em mente quando alertou, em novembro de 1908: "Se prosseguirmos com nossa política fiscal da mesma maneira [...], um dia descobriremos que só conseguiremos compensar o dano com o maior sacrifício possível – se é que conseguiremos".[93] No ano seguinte, seu amigo Albert Ballin expressou o temor de que "uma nova reforma financeira" levasse a "uma séria mudança de rumo" na política interna.[94] Ironicamente, no entanto, a verdadeira causa do impasse com relação aos impostos era o Partido Conservador prussiano: uma ironia personificada pela figura de Ottomar Baron von der Osten-Sacken und von Rhein, que, por um lado, defendia o serviço militar obrigatório, mas, por outro, opunha-se ao aburguesamento do corpo de oficiais e à tributação das grandes propriedades da Élbia Oriental.[95]

O impasse fiscal levou a desespero estratégico. Em 1912, o *Ostdeutsche Buchdrückerei und Verlagsanstalt* publicou um panfleto com título revelador: "A Alemanha está impedida, por sua situação fiscal, de usar todo o seu poderio nacional nas Forças Armadas?".[96] A resposta era sim. "Nós simplesmente não podemos viabilizar nenhuma corrida de encouraçados contra a Grã-Bretanha, que é muito mais rica", lamentou Ballin.[97] Em 1909, o Kaiser também admitiu que "com fundos tão limitados [...] não havia como atender demandas justificadas no front'".[98] Até Moltke percebeu o problema, comentando, em dezembro de 1912: "Nossos inimigos estão se armando de maneira mais vigorosa do que nós, porque carecemos de dinheiro".[99] Naquele mesmo mês, o Kaiser declarara: "O povo alemão [está] preparado para fazer qualquer sacrifício [...] [As] pessoas compreendem que uma guerra fracassada é muito mais custosa do que um ou outro imposto". Ele não duvidava "da disposição da população para conceder absolutamente tudo [o que lhes fosse solicitado] para propósitos militares".[100] Este é o paradoxo fundamental do período de Guilherme II: que, apesar de todos os sinais externos de que a cultura da Alemanha era militarista, ele estava equivocado.

A debilidade financeira da Alemanha não era nenhum segredo. Embora, de tempos em tempos, a imprensa popular britânica se mostrasse aflita com a ascensão do poder industrial e comercial da Alemanha antes de 1914, os homens bem informados da época estavam cientes de que o poder *financeiro* do Reich era menos impressionante. Em novembro de 1909, Churchill (então presidente da Junta de Comércio) afirmou que "as dificuldades cada vez maiores de obter dinheiro" estavam "sendo terrivelmente eficazes" para "controlar a expansão naval alemã". Seu memorando é uma avaliação tão acurada da problemática situação interna alemã que merece ser citado na íntegra:

> Os gastos excessivos do Império Alemão prejudicam e ameaçam cada dique pelo qual a unidade social e política da Alemanha é mantida. As elevadas taxas alfandegárias, em grande medida, tornaram-se inflexíveis por meio de tratados comerciais [...] Os impostos pesados sobre alimentos, dos quais provém a maior proporção da receita alfandegária, provocaram uma grande divisão entre os agricultores e os industrialistas, e estes últimos se consideram prejudicados por causa do alto preço dos alimentos em decorrência dos mais elaborados mecanismos de proteção às manufaturas. A notável malha ferroviária estatal está sob pressão, sendo muitas vezes degradada a um mero instrumento de tributação. A esfera da tributação direta já está enormemente ocupada pelo Estado e pelos sistemas locais. Os possíveis avanços nessa área alcançados pelo Parlamento do Império, eleito por sufrágio universal, unem as classes altas, quer sejam imperialistas, quer homens de direita, em uma apreensão comum, à qual as autoridades governantes não são indiferentes. Por outro lado, os impostos novos ou incrementados sobre toda forma de indulgência popular fortalecem muitíssimo os partidos de esquerda, que são, por sua vez, opositores dos gastos com armamentos e muito mais.

Enquanto isso, a dívida do Império Alemão mais que dobrou nos últimos 13 anos de paz ininterrupta [...] O efeito dos empréstimos recorrentes para cobrir os gastos anuais refreou o processo benéfico de investimento externo e dissipou a ilusão [...] de que Berlim poderia ocupar o lugar de Londres como o centro financeiro do mundo. O crédito do Império Alemão caiu ao nível do da Itália [...]
Essas circunstâncias nos obrigam à conclusão de que um período de grave tensão interna se aproxima na Alemanha.[101]

Churchill não foi o único a discernir a vulnerabilidade financeira da Alemanha. Já em abril de 1908, o próprio Grey havia "salientado que, no decurso dos próximos anos, as finanças poderiam se mostrar uma grave dificuldade para a Alemanha e exercer uma influência limitante sobre ela". O embaixador alemão em Londres, o conde Metternich, de fato chamou a atenção de Grey para a "resistência" interna ao gasto naval no ano seguinte.[102] Goschen, sua contraparte britânica em Berlim, comentou sobre os "resmungos" públicos contra o gasto naval em 1911 e foi cético quando o Kaiser tratou de refutar "a ideia difundida no exterior de que a Alemanha não tinha dinheiro".[103] Na época da Lei das Forças Armadas de 1913, ele observou que "todas as classes [...] ficariam felizes de ver o ônus financeiro ser jogado no ombro de outros".[104] Em março de 1914, Nicolson chegou a prever: "A não ser que a Alemanha esteja preparada para fazer ainda mais sacrifícios financeiros para propósitos militares, os dias de sua hegemonia na Europa estão contados".[105]

Opiniões similares foram expressas por aqueles que conheciam bem a Alemanha na City de Londres. Lorde Rothschild não demorou em discernir os limites do poder alemão. "O governo alemão está precisando muito de dinheiro", observou Rothschild em abril de 1906, quando mais um empréstimo do Reich foi colocado no mercado.[106] Ele também notou as dificuldades vivenciadas pelo Reichsbank durante a crise financeira internacional de 1907, as quais, em muitos aspectos, foram mais graves do que qualquer coisa vivida em Londres e exacerbadas por empréstimos de curto prazo do setor público.[107] Rothschild ficou especialmente impressionado com a necessidade do governo alemão de vender obrigações no mercado de capitais externo, uma medida à qual nem a Grã-Bretanha nem a França precisaram recorrer em tempos de paz.¹⁰⁸ A impressão de que o país vivia acima de seus meios foi confirmada pelo grande volume de obrigações emitidas pelo governo prussiano em abril de 1908 e pelo déficit orçamentário do Reich.¹⁰⁹ Não é de admirar que os Rothschild, como os Warburg em Hamburgo, esperavam que o governo alemão procurasse alguma forma de acordo limitando a construção naval.¹¹⁰ A segunda crise marroquina em 1911 salientou a vulnerabilidade do mercado de Berlim diante da retirada de capital estrangeiro.¹¹¹ Para os banqueiros, portanto, a Alemanha parecia vulnerável, não poderosa.

O diplomata norte-americano John Leishman foi outro observador estrangeiro que compreendeu a importância da Lei das Forças Armadas de 1913:

> Embora muitos opinem que a ação da Alemanha não foi provocada por nenhuma intenção oculta de guerrear com outra nação, enquanto prevalecer a sensação, até nos mais altos escalões, de que mesmo uma guerra vitoriosa faria a Alemanha recuar 50 anos em seu desenvolvimento comercial, a ação do imperador certamente levantará suspeitas em outras potências; e uma vez que o aumento na força alemã decerto será seguido por um relativo aumento nos Exércitos francês e russo, é difícil compreender como o governo alemão pode esperar obter alguma vantagem proporcional ao enorme aumento do ônus fiscal e é ainda mais difícil entender como a população que já paga excessivos impostos poderia obedientemente se submeter a tal ônus.
>
> Embora a Alemanha, por causa da posição em que se encontra, seja naturalmente impelida a manter certo poderio militar, estando cercada de todos os lados por potências militares, essa defesa ou chamada garantia não pode ser levada longe demais sem correr o risco de graves perturbações econômicas [...]

Entretanto, Leishman temia que "um partido militar poderoso" pudesse "submergir um país na guerra apesar dos esforços pacíficos do governo, e um monarca não tão sagaz e capacitado quanto o atual imperador alemão poderia, em várias ocasiões, ter sido incapaz de resistir à pressão dos partidários da guerra [...]".¹¹² Em fevereiro de 1914, o embaixador norte-americano Walter Page alertou o Departamento de Estado: "Algum governo (provavelmente a Alemanha) ficará cara a cara com a bancarrota, e a maneira mais fácil de sair dela parece ser uma grande guerra. A bancarrota antes de uma guerra seria humilhante; depois de uma guerra, poderia ser considerada uma 'glória'".

Nessa época, chamou-lhe a atenção um artigo no "*Berlin Post* [...] instando a uma guerra imediata, sob o argumento de que a Alemanha está em uma posição mais favorável hoje do que estará daqui a pouco tempo".[113]

E esse era o xis da questão. O perigo – nas palavras de Churchill – era que o governo alemão, em vez de tentar "amenizar a situação interna", encontras-se "uma escapatória em uma aventura externa". Os Rothschild também perceberam que as restrições financeiras poderiam encorajar positivamente o governo alemão a conduzir uma política externa agressiva, mesmo sob o risco de "incorrer em novos gastos navais e militares em grande escala".[114] O líder social-democrata August Bebel apresentou basicamente o mesmo argumento em um discurso memorável no Reichstag em dezembro de 1911:

> Haverá militarização e remilitarização em toda parte até um dia: melhor terminar em horror do que o horror sem fim [...] Eles também poderiam dizer: escutem, se esperarmos mais, seremos o lado mais fraco em vez de sermos o mais forte [...] O crepúsculo dos deuses do mundo burguês está em jogo.[115]

Essa análise foi extremamente perspicaz. Não sem motivo Moltke afirmou, em março de 1913: "As coisas devem ser tão bem-feitas que uma guerra será vista como uma libertação da grande militarização, dos ônus financeiros, das tensões políticas".[116]

É claro que já não está em voga falar das origens internas da Primeira Guerra Mundial.[117] Mas parece legítimo continuar falando das origens internas da guerra (se não da *primazia* da política interna) em outro sentido, pois as restrições internas à capacidade militar da Alemanha foram um fator crucial – talvez, *o* fator crucial – nos cálculos do Estado-Maior alemão em 1914.

A história contrafatual de Ludendorff

A Alemanha poderia ter passado menos "aperto" financeiro? Dois cálculos indicam que, não fosse o impasse político, isso teria sido economicamente possível. A Lei das Forças Armadas de 1913 visava aumentar o Exército em 117 mil homens, a um custo de 1,9 bilhão de marcos em cinco anos, com o ônus adicional ao orçamento de 1913 totalizando 512 milhões de marcos. Com base nessa proporcionalidade, o plano máximo de Ludendorff definido no Grande Memorando para um aumento de 300 mil homens teria custado 4,9 bilhões de marcos em cinco anos, o que, para os anos 1913-1914, teria representado 864 milhões de marcos adicionais em gasto militar. Isso teria aumentado o orçamento alemão para a defesa em aproximadamente 33% acima do russo em termos absolutos; mas, em termos relativos – fosse como percentual do Produto Nacional Bruto (que teria subido para 5,1%), fosse com relação ao gasto público total –, o gasto alemão não teria sido significativamente maior que o das outras potências.

Também é possível vislumbrar maneiras pelas quais isso poderia ter sido financiado. Se o aumento fosse pago unicamente por meio de empréstimos, a dívida alemã ainda teria sido menor com relação ao Produto Nacional Bruto do que a francesa e a russa; e o serviço da dívida, menor com relação ao gasto não local do que o francês e o britânico. Por outro lado, se o *Wehrbeitrag* tivesse subido de 996 milhões para 2,554 milhões de marcos e o rendimento anual do imposto sobre ganho de capital, de 100 milhões para 469 milhões de marcos – ou se impostos diretos adicionais tivessem sido planejados –, o aumento poderia ter sido financiado exclusivamente por meio da tributação direta. Isso só teria colocado a tributação direta alemã no mesmo nível que a britânica com relação ao Produto Nacional Bruto (3,3%) e ainda a teria mantido abaixo desta como percentual do gasto público. Em outras palavras, embora politicamente impossível, o aumento no gasto militar que o Grande Memorando de Ludendorff pressupunha era economicamente possível, tomando por base os orçamentos das potências rivais da Alemanha. É importante notar, também, que uma política monetária mais expansiva por parte do Reichsbank alemão poderia ter aliviado o esforço de financiar o aumento no gasto com armamentos no curto prazo. O Reichsbank estava acumulando ouro numa época de recessão econômica; poderia facilmente ter comprado uma quantia considerável de letras do Tesouro sem comprometer sua reserva mínima.[118]

Tais hipóteses contrafatuais não são consideradas legítimas por todos os historiadores. Entretanto, pode-se apresentar o mesmo argumento considerando o que de fato aconteceu depois de julho de 1914. Assim que a guerra eclodiu, conforme veremos, as restrições fiscais e monetárias aos gastos com defesa logo foram suspensas, revelando o que o Reich teria sido capaz de fazer antecipadamente. Em 1917, o gasto público total havia subido para mais de 70% do Produto Nacional Bruto, o Reich havia aumentado de maneira notável sua participação nas receitas e nas despesas e o Reichsbank estava financiando os esforços de guerra por meio de um grande volume de empréstimos de curto prazo ao governo.[119] A essa altura, é claro, a produção minguante e a inflação crescente estavam começando a indicar os limites do poder econômico alemão. Mas o fato de que o Reich havia sido capaz de sustentar o custo de travar uma guerra total em três frentes durante mais de três anos demonstra que poderia facilmente ter arcado com o custo muito mais baixo de *evitar* a guerra sem dificuldade. Que isso tenha se mostrado politicamente impossível sem o clima de solidariedade nacional induzida pela guerra é um atestado da fraqueza, na prática, do tão criticado militarismo da Alemanha guilhermina. A conclusão paradoxal é que o aumento no gasto militar alemão antes de julho de 1914 – em outras palavras, uma Alemanha *mais* militarizada –, longe de causar a Primeira Guerra Mundial, poderia tê-la evitado.

---

1. De Salisbury para *sir* C. Scott, 24 de outubro de 1898, em G. Gooch e Temperley, *British Documents*, vol. I, p. 221.
2. Howard, Edwardian Arms Race, p. 95.
3. Ver os vários números em *Statistiches Jahrbuch*, p. 348-355; Andic e Veverka, Growth of Government Expenditure, p. 189, 205, 263; Roesler, *Finanzpolitik*, p. 195; Witt, *Finanzpolitik*, p. 380s; Hentschel, *Wirtschaft und Wirtschaftspolitik*, p. 149; Schremmer, Taxation and Public Finance, p. 474.
4. Ver J. M. Hobson, Military-Extraction Gap, passim; Stevenson, *Armaments*, p. 1-14. Meus próprios cálculos podem ser encontrados em Ferguson, Public Finance and National Security, p. 141-168. Os dados reunidos por N. Choucri, R. C. North, J. D. Singer e M. Small na Universidade de Michigan estão resumidos em Offer, The British Empire, p. 215-238. Embora existam pequenas diferenças entre as várias séries que foram produzidas, há consenso quanto ao "grande cenário".
5. Ferguson, Public Finance and National Security.
6. Para algumas tentativas anteriores de calcular isto, ver Q. Wright, *Study of War*, p. 670s.; A. J. P. Taylor, *Struggle for Mastery*, p. xxviii; e Richardson, *Arms and Insecurity*, p. 87.
7. Números de 1995, conforme o *Economist, Britain in Figures 1997*.
8. Números do Instituto Internacional de Pesquisas para a Paz de Estocolmo, *Yearbook 1992*, p. 264-268; Instituto Internacional de Estudos Estratégicos, *Military Balance*, p. 218-221.

9. Andic e Veverka, Growth of Government Expenditure, p. 262s; Berghahn, *Modern Germany*, p. 296.
10. Davis e Huttenback, *Mammon*, p. 160s; O'Brien, Costs and Benefits, p. 163--200; Kennedy e O'Brien, Debate, p. 186-199. Davis e Huttenback calcularam corretamente que o custo de defesa *per capita* era muito mais alto para a própria Grã-Bretanha do que para o Império, mas o argumento (também sustentado por O'Brien) de que o ônus militar britânico *per capita* era não mais do que o dobro do de outros países europeus é equivocado. Se calcularmos o custo do Império em termos de gasto por milha quadrada do território, o Império Britânico era o mais barato de administrar.
11. Offer, *First World War*, p. 218.
12. Ferguson, Public Finance and National Security. Modificando um pouco os números de Hobson, Stevenson chega, mais uma vez, a números um pouco diferentes (para percentuais do Produto Nacional Líquido): Alemanha – 4,9 %; Grã-Bretanha – 3.4; Áustria – 3,5; França – 4,3; Rússia – 5.1: *Armaments*, p. 6.
13. O'Brien, Power with Profit.
14. Wagner, *Grundlegung*, p. 895; Timm, Das Gesetz, p. 201-247.
15. F. Fischer, Foreign Policy of Imperial Germany, p. 21.
16. Peacock e Wiseman, *Growth of Public Expenditure*, p. 151-201. Cf. Kennedy, Strategy Versus Finance, p. 45-52.
17. Como chanceler em 1909, Lloyd George naturalmente teve um incentivo para lembrar seus colegas daquelas obrigações: K. Wilson, *Policy of the Entente*, p. 7; Howard, Edwardian Arms Race, p. 81. Asquith havia conseguido reduzir as estimativas da Marinha em 1906: Bernstein, *Liberalism and Liberal Politics*, p. 174s.
18. PRO FO 800/87, de Churchill para Grey e Asquith, 8 de julho de 1913; de Grey para Churchill, 31 de outubro de 1913. Cf. R. Churchill, *Winston S. Churchill*, vol. II, parte 3, p. 1820; Steiner, *Britain and the Origins of the First World War*, p. 164; Rowland, *Last Liberal Governments*, vol. II, p. 271-280.
19. PRO FO 800/87, de Churchill para Grey, 25 de dezembro de 1913 e 15 de janeiro de 1914. Cf. R. Churchill, *Winston S. Churchill*, vol. II, parte 3, p. 1835ss.
20. PRO CAB 41/34/38, de Asquith para George V, 11 de dezembro de 1913; PRO CAB 41/34/39, de Asquith para George V, 20 de dezembro de 1913. Cf. W. S. Churchill, *World Crisis*, vol. I, p. 172; Bernstein, *Liberalism and Liberal Politics*, p. 179; Rowland, *Last Liberal Governments*, vol. II, p. 287. Além de Lloyd George, seus adversários incluíam McKenna, Runciman, o diretor-geral dos Correios, Herbert Samuel, e *sir* John Simon, o procurador-geral.
21. Angell, *Great Illusion*, p. 140s.
22. PRO CAB 41/35/3, de Asquith para George V, 11 de fevereiro de 1914. Cf. W. S. Churchill, *World Crisis*, vol. I, p. 174-177; Lloyd George, *War Memoirs*, vol. I, p. 5;

R. Churchill, *Winston S. Churchill*, vol. II, parte 3, p. 1856s, 1861, 1873; Rowland, *Last Liberal Governments*, vol. II, p. 280-286; K. Morgan, *Lloyd George Family Letters*, p. 165s. Ambos sentiram que estavam reencenando as batalhas do século XIX: Churchill, a de seu pai; Lloyd George, a de Gladstone.
23. Rowland, *Last Liberal Governments*, vol. II, p. 283.
24. Delarme e André, *L'Etat*, p. 50, 721-727, 733.
25. Bankers Trust Company, *French Public Finance* (Nova York, 1920), p. 4, 182; Schremmer, Taxation and Public Finance, Tabela 55.
26. Bankers Trust Company, *French Public Finance*, p. 210; Schremmer, Taxation and Public Finance, Tabela 58.
27. P. Gregory, *Russian National Income*, p. 58s, 252, 261ss; Gatrell, *Tsarist Economy*, p. 214-222.
28. Gatrell, *Government, Industry*, p. 139s.
29. PRO CAB 38/16/6, Edgar Crammond, artigo sobre as finanças da guerra apresentado ao Instituto dos Banqueiros, 20 de abril de 1910.
30. Gall, *Bismarck*, vol. II, p. 317.
31. Uma estimativa máxima para a participação do setor público no Produto Nacional Líquido – incluindo receitas de empresas do setor público, empréstimo público e o sistema de seguridade social – mostra um aumento de 13,8% em 1890 para 18,8% em 1913: Hentschel, *Wirtschaft und Wirtschaftspolitik*, p. 148. Cf. Witt, Finanzpolitik und sozialer Wandel, p. 565-574.
32. Schremmer, Taxation and Public Finance, p. 468-494.
33. Witt, *Finanzpolitik*, p. 1-31; Witt, Reichsfinanzen, p. 146-177.
34. Wehler, *German Empire*, p. 52-65, 72-83; Berghahn, Politik und Gesellschaft, p. 168-173; Witt, Innenpolitik und Imperialismus; e a visão contrária em Rauh, *Föderalismus*; Rauh, *Die Parlamentarisierung*.
35. Crothers, *German Elections*.
36. Sobre o tom político cada vez mais *mittelständisch* do Centro, ver Blackbourn, *Class, Religion*.
37. Hentschel estima que o ônus tributário indireto caiu de 5% sobre as rendas inferiores a 800 marcos para apenas 1% sobre as rendas superiores a 10 mil marcos. Só as taxas alfandegárias custavam às famílias de renda média até 1,5% de sua renda anual: *Wirtschaft und Wirtschaftspolitik*, tabela 37.
38. Para o debate sobre a eficácia do *Sammlungspolitik*, ver esp. Stegmann, *Erben Bismarcks*; Stegmann, Wirtschaft und Politik, p. 161-184; e a crítica de Eley, *Sammlungspolitik*, p. 29-63.
39. Wysocki, Die österreichische Finanzpolitik, p. 68-104.
40. Morton, *Thunder at Twlight*, p. 211.
41. Murray, *People's Budget*.

42. Rowland, *Last Liberal Governments*, vol. II, p. 325ss.
43. J. M. Hobson, Military-Extraction Gap, p. 495s, 499s. Para sugestões similares, ver Friedberg, *Weary Titan*, p. 301s. Mas ver também McKeown, Foreign Policy, p. 259-278.
44. Butler e Butler, *British Political Facts*.
45. B. Gilbert, *David Lloyd George*, p. 81ss. A revolta também foi um resquício da discussão sobre as estimativas navais de Churchill: Bernstein, *Liberalism and Liberal Politics*, p. 181.
46. Ver, inicialmente e à parte, Dangerfield, *Strange Death*, mais tarde desenvolvido por Mayer, Domestic Causes of the First World War, p. 288-292. Para abordagens críticas, ver Lammers, Arno Mayer, esp. p. 144, 153; Gordon, Domestic Conflict and the Origins of the First World War, p. 197s, 200, 203-213, 224s. Mas ver também os comentários de Nicolson, Edwardian England, p. 161, e K. Wilson, British Cabinet's Decision for War, p. 148.
47. Schremmer, Taxation and Public Finance, tabelas 51, 52, 54 e 55; Bankers Trust Company, *French Public Finance*, p. 184-189. Os impostos de selo funcionaram como tributação quase direta, já que eram principalmente os mais abastados que os pagavam.
48. Sumler, Domestic Influences.
49. Gatrell, *Government, Industry*, p. 150.
50. Kruedener, Franckenstein Paradox, p. 111-123; Witt, *Finanzpolitik*, p. 15ss; Hentschel, *Wirtschaft und Wirtschaftspolitik*, p. 174ss. Cf. Terhalle, Geschichte, p. 274-289.
51. A Saxônia em 1874, Baden em 1884, a Prússia em 1892, Württemberg em 1903 e a Baviera em 1912: Schremmer, Taxation and Public Finance, p. 488ss. Em 1913, entre 40% e 75% das receitas dos Estados dependiam da arrecadação do imposto de renda. As comunas, que representavam cerca de 40% do gasto público total em 1913, também dependiam cada vez mais do imposto de renda: em 1910, 52% da receita do governo local prussiano vinha de acréscimos sobre o imposto de renda estatal: Hentschel, German Economic and Social Policy, p. 163s.
52. Kroboth, *Finanzpolitik*, p. 29.
53. Convinha aos sociais-democratas, assim como a muitos historiadores, só falar das finanças do Reich ao salientar o caráter regressivo e militarista do sistema financeiro alemão. Pouco foi dito sobre o sistema de tributação progressiva dos estados e das comunas, cerca de metade do qual foi destinado, entre 1910-1913, a políticas "sociais" (como saúde e educação). Entre 1907 e 1913, o percentual da receita pública total oriundo do recolhimento direto de impostos cresceu de 49% para 57%; o percentual do gasto público total destinado a propósitos "sociais" e educativos subiu de 13,3% (1891) para 28%: ver Kroboth, *Finanzpolitik*, p. 301-305; Hentschel,

Wirtschaft und Wirtschaftspolitik, p. 150; Schremmer, Taxation and Public Finance, tabela 95.
54. Berghahn, Das Kaiserreich; Mommsen, Die latente Krise. Ver também Schmidt, Innenpolitische Blockbildungen, p. 3-32.
55. Kroboth, *Finanzpolitik*, p. 115.
56. O governo conseguiu anular a segunda e a terceira resoluções: ibid., p. 170-181.
57. Ibid., p. 181-273.
58. Groh, "Je eher, desto besser!"; Wehler, *German Empire*, p. 192-201.
59. Foi emblemático que, embora o Reichstag tenha aumentado em 18 milhões de marcos o recolhimento de imposto sobre os ganhos de capital ao tornar a tributação mais progressiva, com efeito elevou em 22 milhões de marcos o gasto total: Kroboth, *Finanzpolitik*, p. 220-270.
60. Westarp e Heydebrand estavam divididos quanto às táticas conservadoras; o entusiasmo de Erzberger não era compartilhado por todos os deputados do Centro, e parte destes havia votado contra a tributação sobre os ganhos de capital; houve muitos no Partido Social-Democrata que se opuseram a votar a favor de qualquer legislação associada a gastos com armamentos, e um número significativo de Nacionais Liberais estava insatisfeito com a implementação de uma escala progressiva para contribuir com a Defesa: Kroboth, *Finanzpolitik*, p. 272ss.
61. Stegmann, *Erben Bismarcks*, p. 356; Eley, *Reshaping the German Right*, p. 330-334.
62. Kehr, Klassenkämpfe und Rüstungspolitik, esp. p. 98s, 110.
63. Calculado com base em números de Mitchell e Deane, *British Historical Statistics*, p. 396-399, 402s.
64. Biblioteca Britânica, MSS Asquith 19, f. 180-182, de Hamilton para Asquith, 22 de janeiro de 1907.
65. Delarme e André, *L'Etat*, p. 50, 721-727, 733; Lévy-Leboyer e Bourgignon, *L'Économie française*, p. 320ss; Straus, Le Financement, p. 50, 97.
66. Kahan, Government Policies, p. 460-477.
67. P. Gregory, *Russian National Income*, p. 58s, 252, 261ss; Gatrell, *Tsarist Economy*, p. 214-222.
68. Gatrell, *Government, Industry*, p. 140, 150; Apostol, Bernatzky e Michelson, *Russian Public Finances*, p. 234, 239.
69. Kroboth, *Finanzpolitik*, p. 122, n. 65.
70. Kroboth estima que a proporção da dívida total do Reich contraída pelo Exército, a Marinha e as colônias era 65,3% em 1913-1914: ibid., p. 33s.
71. Calculado com base em números de Witt, *Finanzpolitik*, p. 378.
72. Kroboth, *Finanzpolitik*, p. 33.
73. Hentschel, *Wirtschaft und Wirtschaftspolitik*, p. 144; Kroboth, *Finanzpolitik*, p. 489.
74. Números de Kroboth, *Finanzpolitik*, p. 489ss. Cf. Stuebel, *Das Verhältnis*.

75. Rich e Fisher, *Holstein Papers*, vol. III, p. 302s.
76. Paulinyi, Die sogenannte gemeinsame Wirtschaftspolitik, p. 567-604; März, *Austrian Banking*, p. 26-30, 99; Bordes, *Austrian Crown*, p. 232s; Komlos, *Habsburg Monarchy*, p. 153, 176.
77. Kroboth, *Finanzpolitik*, p. 235.
78. Ibid., p. 98.
79. Ferguson, *Paper and Iron*, p. 91ss.
80. Warburg, *Aus meinen Aufzeichnungen*, p. 29s.
81. MMW, Max M. Documentos de Warburg, Geeignete und ungeeignete Mittel zur Hebung des Kurses der Staatspapiere. Warburg considerava que parte do problema era a exposição da Alemanha no mercado internacional, e defendia que a dívida pública fosse mantida interna.
82. F. Fischer, *War of Illusions*, p. 355-362.
83. Angell, *Great Illusion*, p. xi-xii.
84. Kennedy, *Rise of the Anglo-German Antagonism*, p. 304.
85. Kroboth, *Finanzpolitik*, p. 188.
86. Berghahn, *Germany and the Approach of War*, p. 83.
87. Coetzee, *German Army League*, p. 50.
88. Bernhardi, *Germany and the Next War*, p. 128s. Conforme observou Bernhardi (p. 254): "[Os japoneses] gastaram seu último centavo na criação de um exército poderoso e uma esquadra forte. Esse foi o espírito que [os] levou à vitória [sobre a Rússia]".
89. Zilch, *Die Reichsbank*.
90. Coetzee, *German Army League*, p. 28.
91. Ibid., p. 35.
92. Ibid., p. 41.
93. Biblioteca Sterling, Universidade de Yale, Paul M., Documentos de Warburg, série II, caixa 8, pasta 118, Max M. Warburg, Die geplante Reichsfinanzreform: Wie vermeiden wir, dass aus der Beseitigung der Reichsfinanznot eine Bundesstaatsfinanznot entsteht[?], novembro de 1908.
94. L. Cecil, *Albert Ballin*, p. 159s.
95. Förster, *Der doppelte Militarismus*, p. 228s, n. 11, 12.
96. Citado em Ropponen, *Die russische Gefahr*, p. 98.
97. Berghahn, *Germany and the Approach of War*, p. 77s.
98. Ibid., p. 82s.
99. Förster, *Der doppelte Militarismus*, p. 253; cf. Ritter, *Sword and the Sceptre*, vol. II. p. 220.
100. Kroboth, *Finanzpolitik*, p. 210s.
101. Biblioteca Bodleiana, Oxford, Harcourt MSS, 577, memorando de Churchill, 3 de novembro de 1909. Sou grato a Edward Lipman, da Peterhouse, por esta referência.

102. Ver O'Hara, Britain's War of Illusions.
103. G. Gooch e Temperley, *British Documents*, vol. VI, n. 430, 437.
104. PRO FO 371/10281, de Goschen para Grey, 3 de março de 1913.
105. O'Hara, Britain's War of Illusions.
106. RAL, XI/130A/0, do lorde Rothschild, Londres, para seus primos, Paris, 5 de abril de 1906.
107. RAL, XI/130A/1, do lorde Rothschild, Londres, para seus primos, Paris, 3 de janeiro de 1907.
108. RAL, XI/130A/1, do lorde Rothschild, Londres, para seus primos, Paris, 17 de abril de 1907.
109. RAL, XI/130A/2, do lorde Rothschild, Londres, para seus primos, Paris, 2 de abril de 1908; RAL, XI/130A/3, do lorde Rothschild, Londres, para seus primos, Paris, 7 de janeiro de 1909.
110. Ver, e.g., E. Dugdale, *German Diplomatic Documents*, vol. III, p. 407.
111. Poidevin, *Relations économiques*, p. 635, 655-659.
112. Seligmann, Germany and the Origins, p. 315s.
113. Ibid., p. 318, 320.
114. RAL, XI/130A/1, do lorde Rothschild, Londres, para seus primos, Paris, 28 de janeiro de 1907.
115. Ver Mommsen, Topos of Inevitable War, p. 23-44.
116. Ferro, *Great War*, p. 32.
117. Ver, por exemplo, Hildebrand, *Deutsche Aussenpolitik*, p. 1.
118. Zilch, *Die Reichsbank*, p. 69-133; Hentschel, *Wirtschaft und Wirtschaftspolitik*, p. 136-143.
119. Roesler, *Finanzpolitik*, passim.

6
Os últimos dias da humanidade: de 28 de junho a 4 de agosto de 1914

Por que a Bósnia?

Para a historiografia das relações internacionais, 1914 foi a mais explosiva de todas as respostas à questão que tanto intrigou estadistas e pesquisadores: "a questão oriental",[1] isto é, a luta prolongada, envolvendo a rivalidade das grandes potências e o nacionalismo balcânico, para expulsar o Império Otomano da Europa. A questão era: depois dos turcos, quem? Nessa luta, durante a maior parte do século XIX, a Rússia foi a potência mais agressiva, e a Áustria, sua eterna rival; a Grã-Bretanha e a França, por sua vez, tenderam a se alinhar contra a Rússia. O "Oriente Próximo" (termo que, diferentemente das variantes "Médio" e "Extremo", caiu em desuso) era também um lugar conveniente para uma guerra naval – nada mais fácil para a Grã-Bretanha do que atravessar o Mediterrâneo de Gibraltar a Dardanelos –, mas um lugar insalubre para o Exército, como descobriram todos os envolvidos em Sebastopol em 1854-1855 e novamente em Gallipoli, seis anos mais tarde. Os russos enfrentaram dificuldades similares em 1877, quando seu avanço sobre Constantinopla foi detido em Plevna, reduzindo, assim, o risco de uma segunda Guerra da Crimeia.

Durante todo o século XIX, a Prússia e a Alemanha quase não participaram desse drama. Sabiamente, Bismarck preservou os ossos de seus granadeiros da Pomerânia* para usá-los em climas mais setentrionais. Na virada do século, entretanto, houve um realinhamento. Visto que a Marinha russa tinha pouca presença no mar Negro, a Grã-Bretanha foi perdendo o interesse pela velha

---

* Referência a uma famosa frase do chanceler Otto von Bismark, que disse que os Bálcãs "não valiam sequer os ossos de um granadeiro da Pomerânia". (N.E.)

questão do controle dos Estreitos. A Alemanha, por sua vez, começou a ter interesse econômico e político pela Turquia, representado pelo projeto da ferrovia Berlim-Bagdá. Talvez de maior relevância seja o fato de que os Estados balcânicos que haviam se tornado independentes do domínio otomano no século XIX começaram a seguir políticas que eram ao mesmo tempo mais agressivas e mais autônomas. Em 1886, a Rússia havia conseguido sequestrar o rei búlgaro quando ele mostrou sinais de estar seguindo uma política própria (ainda que esta não distasse muito da conduzida pela Rússia: a criação de uma "Grande Bulgária"). O governo da Sérvia, no entanto, nunca esteve tão sujeito a São Petersburgo; e sua política era agressivamente nacionalista e expansionista. O que a Grécia fez no Peloponeso nos anos 1820, o que a Bélgica fez em Flandres nos anos 1830, o que o Piemonte fez na Itália nos anos 1850 e o que a Prússia fez na Alemanha nos anos 1860 – isso era o que os sérvios queriam fazer nos Bálcãs em 1900: expandir seu território em nome do nacionalismo dos "eslavos do sul".

Mas o sucesso ou o fracasso dos pequenos Estados em sua luta pela independência ou pela anexação de territórios dependia das políticas das grandes potências. Era o equilíbrio, ou a falta deste, entre a "pentarquia" de grandes potências – nos termos do historiador alemão Leopold von Ranke – o que realmente importava. Dessa forma, os gregos e os sérvios obtiveram uma vitória (parcial) contra os turcos na década de 1820, só até o ponto em que as potências o permitiram. Um exemplo típico dessa nova forma de criação de Estados foi o acordo internacional de 1830, que fez da Grécia uma monarquia domesticada com um rei alemão. O mesmo aconteceu na década de 1830 quando os belgas se separaram dos holandeses: foi só em 1839 que os interesses conflitantes das grandes potências foram conciliados no fatídico acordo que determinava a neutralidade do novo Estado. A criação da Romênia, com a união das províncias da Moldávia e da Valáquia, em 1856 – a única consequência duradoura da confusão na Crimeia –, foi mais um caso.

O Piemonte e a Prússia, por sua vez, foram os beneficiários de desacordos e desinteresses internacionais. Cavour obteve sua confederação da Itália do Norte com o apoio de Napoleão III; a subsequente aquisição dos Estados papais, Nápoles e Sicília, foi uma das raras ocasiões em que alguns poucos nacionalistas – neste caso, a Expedição dos Mil, comandada por Garibaldi – alcançaram a vitória. A Prússia criou o Reich Alemão, em parte por ter derrotado a Dinamarca, a Áustria e a França, mas sobretudo porque a Grã-Bretanha e a Rússia não se opuseram. A independência da Bulgária foi um projeto russo que acabou sendo restringido pelas ameaças de intervenção britânica: daí o mítico pequeno Estado da Rumélia Oriental, de vida curta, e a continuação do domínio otomano na Macedônia. Mais tarde, a Noruega conquistou sua autonomia, tornando-se independente da Suécia sem que nenhum outro Estado se importasse. O fato de que todos os novos Estados tenham sido monarquias, com a maioria dos tronos ocupados por descendentes de famílias reais estabelecidas, é um sinal de que grande parte do potencial revolucionário nacionalista não se concretizou. Somente duas novas repúblicas se estabeleceram na Europa: a França, em 1870, e Portugal, em 1910 – ambos, Estados-Nações de longa data.

Os novos países não eram os Estados-Nações etnicamente homogêneos e inclusivos com que sonhara Mazzini. A Bélgica era um caldeirão linguístico; os romenos abundavam fora da Romênia; dificilmente um italiano falava ou se sentia italiano (ainda menos no sul, que virou uma colônia piemontesa); cerca de 10 milhões de alemães não viviam dentro das fronteiras do Reich (mas boa quantidade de poloneses e dinamarqueses vivia), que de todo modo era uma federação, não um Estado-Nação. Além do mais, para cada projeto bem-sucedido de criação de Estado, houve um que fracassou. Os irlandeses não conseguiram sequer recuperar seu Parlamento, embora estivessem a ponto de fazê-lo quando a guerra eclodiu. As heroicas aspirações polonesas continuaram sendo reprimidas pela Rússia e pela Prússia: dividida quatro vezes (em 1772, 1793, 1795 e 1815), a Polônia fez duas tentativas de independência, em 1830 e 1863, ambas sufocadas pelo exército do tsar. O autogoverno foi um sonho distante para croatas, romenos e germânicos, que tiveram de suportar o chauvinismo intransigente do reinado magiar na Hungria. Outras minorias estiveram sob controle ainda mais estrito por parte dos russos: finlandeses, estônios, letões, lituanos, ucranianos e outros. Do outro lado do Atlântico, um novo Estado se formou, para logo depois ser dissolvido: o projeto Estados Confederados da América fracassou em sua tentativa de se tornar independente dos Estados Unidos. Se Bismarck ganhou a "guerra civil" alemã, Jefferson Davis perdeu a "guerra de unificação" do sul.

Havia também as minorias étnicas que não queriam tanto a independência antes de 1914, embora depois algumas a reclamassem. Os checos e os eslovacos, na Áustria-Hungria, por exemplo; mas também os judeus, com exceção de alguns poucos sionistas; e, em outro reino multinacional, os escoceses, que em sua maioria se beneficiavam claramente da União e do Império em termos materiais e surpreendiam até mesmo os checos por sua falta de sentimento nacionalista. Em uma recepção após uma partida de futebol entre o Slavia e o Aberdeen (descrita de maneira memorável por Jaroslav Hašek), os anfitriões checos tentam um intercâmbio cultural, entretendo os convidados escoceses com "o despertar do povo checo", apresentando-lhes heróis nacionais como Hus, Havlícek e São João Nepomuceno e cantando o hino checo. Os escoceses, no entanto, que não jogam por amor ao país, mas por dinheiro (2 libras por dia), supõem que Havlícek seja um antigo jogador do Slavia e cantam bem alto "uma alegre canção sobre uma bela jovem vivandeira".[2]

Por fim, também devemos recordar a persistência de Estados anômalos e pequenos Estados que desafiaram os princípios fundamentais do nacionalismo: a Suíça, uma confederação multilíngue, ou Luxemburgo, um ducado diminuto, mas independente, desfrutando do mesmo *status* internacional que a Bélgica. Não houve nenhuma força irresistível chamada nacionalismo, insistindo que a Bósnia-Herzegovina não poderia permanecer como era: uma província religiosamente heterogênea, antes parte do Império Otomano; depois, por decisão do Congresso de Berlim em 1878, ocupada e administrada pela Áustria-Hungria; e, em 1908, incorporada formalmente (como terra da Coroa, sob o controle do Ministério das Finanças austro-húngaro) à monarquia dos Habsburgo.

Os austríacos reuniram soldados e burocratas na Bósnia, eliminaram o banditismo, construíram 200 escolas primárias, mil quilômetros de ferrovias e 2 mil quilômetros de estradas e tentaram, em vão, melhorar a agropecuária (quando um porco de boa qualidade foi enviado a um vilarejo para procriação, acabou virando a ceia de Natal). Em 1910, estabeleceram o Parlamento bósnio. Até tentaram – inutilmente – persuadir as três diferentes comunidades religiosas a conceber a si mesmas, de forma coletiva, como *Bošnjaci*. Foi em vão. A única coisa sobre a qual ortodoxos, católicos e islamitas podiam concordar era que eles não se importavam com o domínio austríaco; de fato, havia membros de todas as comunidades religiosas na Mlada Bosna (Nova Bósnia), um grupo terrorista de estudantes. Quanto mais os austríacos reprimiam, mais determinados se tornavam os jovens terroristas. Quando o arquiduque Francisco Ferdinando e sua esposa Sofia, duquesa de Hohenberg, decidiram visitar Sarajevo, em 28 de junho (dia das festividades nacionais de

Vidovdan – São Vito –, mas também do aniversário da Batalha do Kosovo), alguns membros do Mlada Bosna resolveram assassiná-los. Na segunda tentativa, e graças ao erro de percurso mais famoso da história, um deles, um estudante sérvio tísico chamado Gavrilo Princip, conseguiu.[3] O governo sérvio não planejou o assassinato, mas certamente Princip e seus cúmplices receberam ajuda da sociedade pan-eslavista Mão Negra, que tinha ligações com o chefe da Inteligência Militar sérvia, o coronel Apis. Os superiores de Apis sabiam muito bem que as chances de incorporar a Bósnia-Herzegovina a seu reino não seriam maiores graças a uma guerra contra a Áustria-Hungria, que era militarmente superior. Por outro lado, também sabiam que uma guerra envolvendo toda a Europa poderia ajudá-los. Como um jornalista sérvio dissera ao ministro britânico em Belgrado já em 1898 (às vésperas da Primeira Conferência de Paz de Haia):

> A ideia do desarmamento não agrada nem um pouco nosso povo. A raça sérvia está dividida entre sete ou oito governos estrangeiros, e não estaremos satisfeitos enquanto as coisas não mudarem. Vivemos na esperança de tirar proveito da conflagração geral, quando quer que esta aconteça.[4]

Esta era a política externa sérvia: uma espécie de versão nacionalista do ditado de Lênin, "quanto pior, melhor". "Ah, sim", declarou o chanceler sérvio, "se a desintegração da Áustria-Hungria ocorresse ao mesmo tempo que a queda da Turquia, a solução seria muito mais simples".[5] No entanto, para que isso acontecesse, uma ação austríaca teria de precipitar, no mínimo, uma reação da Rússia.

Porém, antes de 1908, a instabilidade nos Bálcãs não teve desdobramentos muito sérios envolvendo as grandes potências. Desde 1897, a Áustria e a Rússia haviam combinado não entrar em desacordos sobre a região. De fato, o ministro das Relações Exteriores da Áustria, o barão Aehrenthal, consultou o da Rússia, Alexander Izvolsky, antes de anexar a Bósnia. Sem dúvida, houve uma nuvem de fumaça quando Izvolsky, em 1908-1909, ao descobrir tardiamente que os Estreitos que ele esperava receber em retribuição não estavam entre as concessões da Áustria, exigiu que a anexação fosse aprovada por uma conferência internacional. A Alemanha, que durante tanto tempo fora espectadora nas disputas pelos Bálcãs, agora apoiava firmemente Viena (era a primeira vez que isso acontecia, desde a breve experiência do "novo rumo" de Caprivi, nos primeiros anos do reinado de Guilherme II).[6] Moltke garantiu a Conrad: "Assim que a Rússia se mobilizar, a Alemanha também o fará e sem dúvida mobilizará todo o Exército".[7] Mas o efeito imediato da intervenção alemã foi reduzir, em vez de aumentar, o risco de uma guerra: os russos não estavam prontos para encarar outra guerra logo depois de terem sido humilhados na guerra contra o Japão e recuaram quando ficou claro que nem a França nem a Grã-Bretanha iriam se solidarizar. Algo similar aconteceu no outono de 1912, após a primeira guerra dos Bálcãs, em que a Sérvia e a Bulgária, com a ajuda de Montenegro e da Grécia, expulsaram os turcos de Kosovo, da Macedônia e do Sanjak de Novi Pazar (que, por determinação do Congresso de Berlim, permaneceu sob domínio otomano). Embora Poincaré tenha deixado claro que "se a Rússia for à guerra, a França também irá" e Kiderlen tenha prometido "apoio [...] incondicional" aos austríacos, a verdade era que nem São Petersburgo nem Viena queriam a guerra. Quando o sucessor de Aehrenthal, o conde Berchtold, manifestou suas condições – uma Albânia independente (uma surpresa para os albaneses) e a proibição de que os sérvios estabelecessem um porto no Adriático –, Sazonov assegurou aos sérvios que eles não obteriam apoio russo se insistissem nisso. (É importante observar que não havia nenhum tratado que comprometesse os russos a apoiar a Sérvia em uma guerra.)[8] É certo que os russos aumentaram suas apostas na corrida armamentista ao reter os recrutas que normalmente teriam concluído o serviço militar no fim do ano, mas esse foi uma espécie de ato reflexo. Sua verdadeira preocupação era que os búlgaros – sobre quem eles haviam perdido o controle há tempos – pudessem se aproveitar da situação conquistando todo o território até Constantinopla. Em fevereiro de 1913, Bethmann disse a Berchtold: "Acho que seria um erro com consequências imensuráveis se tentássemos uma solução pela força [...] num momento em que não existe a mais remota possibilidade de entrarmos neste conflito em condições mais favoráveis".[9] Quando a Bulgária tentou tomar a Macedônia da Sérvia (e a Salônica da Grécia) entrando em guerra em junho de 1913 – para perder feio –, o chanceler alemão manifestou a esperança de que "Viena não permitiria que sua paz fosse perturbada pelo pesadelo de uma Grande Sérvia".[10] O máximo que Berchtold estava disposto a fazer era perseguir os sérvios fora do território albanês.

O que fez a diferença em 1914? Em parte, o interesse alemão pela Turquia, como indicava a missão alemã a Constantinopla liderada pelo general Liman von Sanders: isso assustou os russos, pois suas finanças dependiam das exportações de grãos por meio dos Estreitos do mar Negro, sua frota estava enfraquecida e a Turquia parecia debilitada depois das guerras nos Bálcãs. De fato, esse foi um dos argumentos para o acordo da ferrovia franco-russa em janeiro de 1914 e para o programa armamentista aprovado pela Duma seis meses depois. As coisas mudaram, em parte, por causa do assassinato do próprio Francisco Ferdinando, que vinha refreando a belicosidade inconsequente de Conrad; mas, principalmente, por causa da decisão alemã de apoiar e, com efeito, incitar um ataque militar austríaco contra a Sérvia a fim de acabar com a ameaça de um "Piemonte dos eslavos do sul": nas palavras de Francisco José, "eliminar [...] a Sérvia como um fator político nos Bálcãs". Tanto o Kaiser quanto Bethmann deram ao conde Szögyéni-Marich, embaixador dos Habsburgo, e ao conde de Hoyos, enviado especial de Berchtold, uma clara garantia: "Mesmo se ocorrer uma guerra entre a Áustria e a Rússia [...], a Alemanha ficará do nosso lado".[11] O enigma para os historiadores continua sendo por que o governo em Berlim insistiu em arriscar, apesar de todos os indícios de que isso poderia levar a uma guerra europeia.

Os jogadores

É verdade que, durante o mês de julho, os líderes alemães manifestaram várias vezes a esperança de que o conflito fosse local: em outras palavras, de que a Áustria fosse capaz de derrotar a Sérvia sem a intervenção da Rússia.[12] No entanto, é difícil conciliar essas aspirações com as frequentes alusões, em outros lugares, à probabilidade de uma conflagração mais geral. Em fevereiro de 1913, por exemplo, Bethmann havia rejeitado a ideia de uma guerra preventiva contra a Sérvia porque "a intervenção russa [...] resultaria em um conflito de caráter bélico entre a Tríplice Aliança [...] e a Tríplice Entente, e a Alemanha teria de suportar todo o embate do ataque francês e britânico".[13] É interessante notar que, quando o Kaiser falou de uma guerra preventiva para Max Warburg, este claramente presumiu que aquele se referia a uma guerra contra a Rússia, a França e a Grã-Bretanha – apesar de seu envolvimento pessoal nas tentativas de buscar uma reaproximação com a Grã-Bretanha em assuntos coloniais. Os alemães tinham boas razões para pensar que um ataque austríaco contra a Sérvia, se apoiado pela Alemanha, levaria a uma guerra de proporções europeias. Desde o momento em que o ultimato austríaco foi anunciado, Sazonov deixou claro que a Rússia reagiria; e em 25 e 29 de julho de 1914, Grey reafirmou a posição britânica de dezembro de 1912: se "a posição da França como potência" fosse ameaçada, a Inglaterra não ficaria de fora.[14] Considerando-se esses indícios de que esta não seria uma guerra localizada, houve muitas oportunidades para Berlim desistir.[15] Mas o apoio da Alemanha às primeiras tentativas britânicas de manter a paz foi absolutamente insincero.[16] Os alemães prosseguiram, instando os austríacos para que acelerassem e, depois de 26 de julho, rejeitando abertamente as alternativas diplomáticas.[17] Foi só no último instante que eles começaram a perder a ousadia: primeiro o Kaiser, em 28 de julho,[18] e depois Bethmann, que, ao ouvir a advertência de Grey ao embaixador alemão, o príncipe Lichnowsky, em 29 de julho, fez de tudo para convencer os austríacos a pisarem nos freios.[19] Berchtold tentou responder; mas foram os militares alemães que, conjugando persuasão e afronta, finalmente obtiveram as ordens de mobilização, os ultimatos e as declarações de guerra que desencadearam o conflito.[20]

É claro que houve quem afirmasse que a decisão russa de mobilizar suas tropas, ao todo ou em parte, contribuiu para desencadear o conflito.[21] Mas o argumento russo de que sua mobilização não equivalia à alemã e não significava guerra foi aceito por Moltke e por Bethmann a portas fechadas. Em 27 de julho, estava claro que o principal interesse da Alemanha era, como Müller expressou, "pôr a culpa na Rússia e não ter medo de se envolver na guerra" – em outras palavras, retratar a mobilização da Rússia como indício de um ataque à Alemanha.[22] A inteligência militar alemã mostrou os resultados iniciais da espionagem de guerra ao apresentar evidências da mobilização russa. Os primeiros indícios de que o "período preparatório para a guerra" havia sido proclamado na noite de 25 de julho chegaram a Berlim na manhã da segunda-feira 27, embora, na correspondência da tarde anterior, Bethmann já houvesse mencionado a Lichnowsky "notícias não confirmadas" a esse respeito, obtidas "de uma fonte confiável".[23] Informes preliminares de que o tsar havia ordenado uma mobilização geral chegaram a Berlim na noite de 30 de julho, mas foi só na manhã seguinte que Moltke se convenceu e mesmo assim insistiu que um dos cartazes vermelhos da mobilização russa fosse obtido e lido em voz alta ao telefone.[24] Uma hora depois, os alemães anunciaram o "risco iminente de guerra".

Por que os alemães agiram dessa forma? A melhor resposta que a história das relações internacionais pode oferecer está associada com a estrutura das alianças europeias, que desde a virada do século havia se voltado claramente contra Berlim. A Rússia, a França e a Inglaterra encontraram assuntos com os quais podiam concordar, mas em várias ocasiões a Alemanha foi incapaz de formar ententes (ou escolheu não o fazer). Os alemães tinham dúvidas até mesmo com relação aos países que consideravam aliados: uma Áustria em decadência, uma Itália não confiável. Portanto, pode-se argumentar que os alemães viam a disputa pelos Bálcãs como um meio de preservar sua própria aliança frágil, criando também, possivelmente, uma aliança balcânica antirrussa e talvez até mesmo dissolvendo a Tríplice Entente.[25] Essas especulações não eram, de forma nenhuma, pouco realistas. Como os acontecimentos confirmaram, havia boas razões para duvidar da confiabilidade da Tríplice Aliança; e a Tríplice Entente era de fato frágil, sobretudo no que diz respeito à Inglaterra.[26] Mesmo antes de a crise de julho começar, o coronel House, o enviado de Woodrow Wilson à Europa, percebeu: "O que a Alemanha realmente quer é que a Inglaterra se separe da Tríplice Entente".[27] Até o apoio francês à Rússia, expresso com entusiasmo pelo embaixador Maurice Paléologue e por Joffre, parecia balançar em 30 de julho e 1º de agosto.[28] Portanto, apesar de estarem bem cientes das implicações da guerra com relação à Bélgica, é possível que Bethmann e Jagow tenham identificado desavenças suficientes no interior da Tríplice Entente para continuar tendo esperanças de que a Grã-Bretanha poderia se manter neutra. Eles sabiam dos riscos com respeito à Bélgica: em 28 de abril de 1913, Jagow se recusou a fornecer ao Comitê Orçamentário do Reichstag uma garantia à neutralidade da Bélgica, já que isso daria à França "uma pista de onde nos esperar" – uma dessas negações reveladoras que eram seu forte.[29] Mas ele e Bethmann escolheram apostar em uma vitória diplomática.[30]

Entretanto, nada disso explica satisfatoriamente por que os generais alemães estavam tão determinados a ir à guerra e continuar lutando *mesmo se a Tríplice Entente se mantivesse*; e este é o ponto crítico, já que foram eles que pressionaram para uma mobilização depois que a aposta diplomática falhou. A historiografia militar oferece uma explicação com base nos cálculos pessimistas do Estado-Maior alemão quanto ao poder relativo das Forças Armadas europeias naquele momento e anos depois, dos quais dependia seu argumento em favor de uma guerra preemptiva ou preventiva.* Tal argumento havia sido rejeitado várias vezes. Mas no verão de 1914, como vimos, estava de volta à *Tagesordnung* quando Moltke promoveu uma campanha para convencer o Kaiser, as autoridades civis e os austríacos de que, em virtude dos novos programas armamentistas na França e principalmente na Rússia, em poucos anos a Alemanha estaria à sua mercê. "As possibilidades não poderiam ser melhores para nós", afirmou o vice-chefe do Estado-Maior, o conde Georg Waldersee, em 3 de julho, referindo-se ao despreparo da Rússia; uma opinião que seria repetida pelo Kaiser três dias depois: "A Rússia está, neste momento, tanto do ponto de vista militar quanto financeiro, completamente despreparada para a guerra".³¹ Em 6-7 de julho, Riezler registrou que a inteligência militar fornecia "um retrato devastador": "Depois de terminadas as ferrovias [russas] estratégicas na Polônia, nossa posição será insustentável [...] A Entente sabe que estamos completamente paralisados".³² Szögyéni comunicou o argumento alemão a Berchtold em 12 de julho: "Se o Império do tsar resolvesse ir à guerra, não estaria tão preparado militarmente e, de forma alguma, tão forte quanto estará em alguns anos".³³ Em 18 de julho, Jagow transmitiu o argumento a Lichnowsky, em Londres: "A Rússia ainda não está pronta para atacar [...] [mas] de acordo com todas as observações competentes, estará preparada para lutar em alguns anos. Então, ela nos destruirá graças ao número de soldados; e terá construído sua frota no mar Báltico e suas ferrovias estratégicas".³⁴ Em 25 de julho, Jagow disse ao jornalista Theodor Wolff que, embora "nem a Rússia nem a França quisessem a guerra [...], os russos [...] não estavam com seus armamentos prontos, e não atacariam; se negligenciássemos o assunto, em dois anos o perigo seria muito maior".³⁵ "A guerra acontecerá logo de qualquer forma", garantiu Jagow a Wolff, e a situação era, naquele momento, "muito favorável".³⁶ Portanto, quando Moltke regressou a

---

* A guerra preemptiva é aquela em que um país decide iniciar um conflito diante do perigo iminente de ser atacado por outro país; já a guerra preventiva é aquela em que o país agressor inicia a ofensiva sem que haja provas materiais de uma ameaça concreta por parte do outro país. (N.T.)

Berlim no dia seguinte, o terreno já havia sido bem preparado para seu argumento: "Nunca teremos melhores condições para atacar do que agora, com a expansão incompleta dos Exércitos da França e da Rússia".[37] Bethmann finalmente havia se convencido: "Se a guerra deve eclodir, melhor que seja agora do que em um ou dois anos, quando a Entente estará mais forte".[38] Nos dias que se seguiram, cada vez que mostrava sinais de hesitação, Moltke reforçava sua determinação com um lembrete: "A situação militar está se tornando, dia após dia, menos favorável para nós e, se os nossos oponentes continuarem se preparando sem serem incomodados, as consequências podem ser fatais".[39] Assim, o que começou como um argumento a favor da guerra naquele mesmo ano, em vez de dali a dois anos, tornou-se um argumento em prol da mobilização naquele mesmo dia, em vez de no dia seguinte.

Que os alemães estavam seguindo esse raciocínio não era nenhum segredo. O próprio Grey comentou em duas oportunidades, em julho de 1914, sobre como seria lógico, do ponto de vista alemão, um ataque preemptivo contra a Rússia e a França, antes que o equilíbrio militar deteriorasse ainda mais:

> A verdade é que, se antes o governo alemão tinha intenções agressivas [...] agora está realmente alarmado com os preparativos militares na Rússia, o aumento potencial de suas forças militares e, em particular, a planejada construção, por insistência do governo francês e com dinheiro francês, de ferrovias estratégicas que irão convergir na fronteira alemã [...] A Alemanha não estava com medo, porque acreditava que seu Exército era invulnerável, mas receava que em poucos anos poderia estar com medo [...] a Alemanha estava com medo do futuro.

Seu único erro foi acreditar que isso manteria o governo alemão "em um clima pacífico".[40] Em 30 de julho, o diplomata alemão Kanitz disse ao embaixador norte-americano que "a Alemanha deveria ir à guerra quando estivesse preparada, não esperar que a Rússia tenha consumado seu plano de ter um efetivo de 2,4 milhões de homens em tempo de paz". O coronel House informou a Woodrow Wilson em 1º de agosto que a Alemanha sabia "que sua melhor chance era atacar depressa e com vigor"; ela poderia "precipitar uma ação como meio de segurança".[41]

O veredicto do Kaiser em 30 de julho foi, é claro, distante da realidade: "A Inglaterra, a Rússia e a França concordaram [...] em usar o conflito austro-

-sérvio como uma desculpa para travar uma guerra de extermínio contra nós [...] O tão falado cerco à Alemanha finalmente se tornou um fato [...] Isolados, retorcemo-nos na rede".⁴² Mas ele não foi a única pessoa a perceber a situação da Alemanha como vulnerável. A famosa observação do coronel House sobre "o jingoísmo insano", expressa em sua carta de 29 de maio ao presidente Wilson, deve ser vista em contexto:

> A situação é insólita. É o jingoísmo ficando completamente insano. A menos que alguém agindo em seu nome consiga chegar a um acordo diferente, mais cedo ou mais tarde haverá um cataclismo terrível. Ninguém na Europa pode fazer isso. Há muito ódio, muita inveja. No momento em que a Inglaterra consentir, a França e a Rússia sitiarão a Alemanha e a Áustria.

House, mais tarde, desdenhou a reivindicação britânica de estar "lutando pela Bélgica". A Grã-Bretanha havia se aliado à França e à Rússia "em primeiro lugar [...] porque a Alemanha insistia em ter um Exército e uma Marinha dominante, algo que a Grã-Bretanha não poderia tolerar, por sua própria segurança". E ele não era germanófilo: depois de visitar Berlim, observou que "nunca havia visto o espírito da guerra tão nutrido e tão glorificado como nesse lugar [...] Seu único pensamento é o avanço industrial e a glorificação da guerra". House também foi um dos primeiros defensores da teoria de que a Alemanha havia ido à guerra, em parte, para que o "grupo de militares e financistas" que a governava pudesse "conservar seus interesses egoístas". Mas sua análise deixava espaço para a possibilidade de que a segurança alemã fosse, de fato, ameaçada.⁴³

Portanto, não há necessidade de supor, como faz Fischer, que já existiam planos de guerra alemães para criar esferas de influência na Europa Central e na África, destruir a França como potência e desmembrar o Império Ocidental da Rússia.⁴⁴ Os indícios apontam muito mais para um "primeiro ataque" militar, planejado para evitar a deterioração da posição militar alemã – embora isso não seja, de forma alguma, incompatível com a ideia de que uma vitória nesse primeiro ataque teria dado à Alemanha a hegemonia na Europa. A única pergunta genuína é se essa estratégia merece ou não a pesarosa designação de "guerra preventiva".⁴⁵ É depreciativo aos líderes alemães caricaturá--los como duelistas irracionais, indo à guerra "em um acesso de raiva" em nome de um antiquado senso de honra. Os alemães não se importavam em perder "prestígio", mas se importavam em perder a corrida armamentista.⁴⁶

Dito isso, não se deve exagerar o tamanho do dolo alemão. Para quem estava planejando uma guerra, os oficiais superiores do Estado-Maior estavam calmos demais em julho de 1914. No momento em que o Kaiser emitiu seu famoso "cheque em branco" aos austríacos, Moltke, Waldersee, Groener, chefe da Divisão de Ferrovias, e o major Nicolai, comandante da agência de inteligência "Divisão IIIb", estavam todos de férias (em diferentes centros turísticos, convém esclarecer). Tirpitz e o almirante Von Pohl também. Foi só em 16 de julho que o substituto de Nicolai, o capitão Kurt Neuhof, foi avisado para intensificar a vigilância da atividade militar russa. Nem mesmo isso pareceu adequado a Waldersee quando ele regressou de Mecklenburg em 23 de julho, enquanto o próprio Nicolai só voltou a seu escritório dois dias depois. Mesmo assim, suas ordens para os chamados "viajantes observadores" (*Spannungsreisende*) – isto é, espiões alemães na Rússia e na França – eram simplesmente descobrir "se havia preparativos de guerra na França e na Rússia".⁴⁷

Telefone quebrado

Em retrospectiva, a maior questão de 1914 – o que decidiria a guerra – era o que a Grã-Bretanha faria. Na época, no entanto, isso parecia sem importância para muitos dos principais responsáveis pelas decisões no continente. Embora Bethmann às vezes sonhasse com a neutralidade britânica, os generais alemães eram indiferentes: duvidavam que o pequeno Exército da Grã-Bretanha pudesse influenciar o resultado de uma guerra. Nem os generais franceses se importavam muito. Joffre era otimista o bastante para acreditar que poderia ganhar a guerra na Frente Ocidental sem apoio.

Após os assassinatos de Sarajevo, quando ficou claro em Londres que o governo austríaco pretendia exigir "alguma compensação, no sentido de alguma humilhação para a Sérvia", a primeira reação de Grey foi se preocupar em como a Rússia poderia reagir. Ao ver a possibilidade de um confronto entre a Áustria e a Rússia, ele procurou fazer pressão de forma indireta, por meio de Berlim, para moderar qualquer represália austríaca, na esperança de repetir o sucesso de sua diplomacia nos Bálcãs no ano anterior. O embaixador russo em Viena deixou claro, já em 8 de julho, que "a Rússia seria obrigada a ir às armas em defesa da Sérvia" se a Áustria "corresse para a guerra"; em São Petersburgo, nunca se partilhou realmente da crença de Grey, de que era possível estabelecer uma distinção entre as cessões de território pela Sérvia e algumas formas de represália menos sérias. (De maneira reveladora, Grey alertou Lichnowsky que, "tendo em vista a atual impopularidade da Inglaterra na Rússia", ele "teria de ser cuidadoso quanto aos sentimentos dos russos".)[48] No início, Grey instou a Áustria e a Rússia a "discutirem a questão juntas" na esperança de que se concebessem condições para os sérvios que ambas as partes considerassem aceitáveis, mas isso foi descartado por Poincaré, que por coincidência estava visitando São Petersburgo. Duvidando de sua capacidade de exercer uma influência moderadora sobre a Rússia, e suspeitando de que o governo alemão pudesse de fato estar "encorajando" os austríacos (uma suspeita confirmada pelos termos de seu ultimato à Sérvia), Grey mudou de rumo, alertando Lichnowsky de que a Rússia ficaria ao lado da Sérvia e propondo que as outras quatro potências fossem mediadoras nas negociações entre a Áustria e a Rússia.[49]

Desde o começo, Grey foi extremamente relutante em dar algum indício de como os britânicos reagiriam a um agravamento do conflito. Ele sabia que, se a Áustria fizesse exigências extremas a Belgrado com o apoio da Alemanha, e se a Rússia se mobilizasse em defesa da Sérvia, a França poderia muito bem se envolver – considerando o que se sabia em Londres acerca da natureza da entente franco-russa e da estratégia militar alemã. Parte da estratégia de Grey ao tentar transformar a entente com a França e a Rússia em uma espécie de aliança consistia em evitar que a Alemanha arriscasse uma guerra. No entanto, ele agora temia que um sinal muito nítido de apoio à França e à Rússia – algo que, como esperado, Crowe e Nicolson encorajavam – poderia instar os russos a fazerem exatamente isso. Ele se viu em um beco sem saída: como deter a Áustria e a Alemanha sem encorajar a França e a Rússia – daí sua declaração marcadamente confusa a Lichnowsky em 24 de julho:

> Não havia nenhuma aliança [...] nos comprometendo com [...] a França e a Rússia [...] Por outro lado [...] o governo britânico pertencia a um grupo de potências, mas não o fazia a fim de tornar as dificuldades maiores entre os dois grupos europeus; ao contrário, queríamos evitar que quaisquer questões que viessem

a surgir jogassem os grupos [...] um contra o outro [...] Jamais conduziríamos uma política agressiva; se houvesse uma guerra europeia, e nós participássemos dela, não seria do lado agressor, pois a opinião pública estava contra isso.

Lichnowsky interpretou essa declaração – correspondendo à clara intenção de Grey – como um alerta de que "caso a França entrasse na guerra, a Inglaterra [não] se atreveria a permanecer indiferente", algo que ele repetiu com cada vez mais inquietação à medida que a crise se intensificou. Mas Bethmann e Jagow evidentemente concluíram que uma demonstração de apoio alemão à proposta de mediação das quatro potências seria o suficiente para satisfazer Grey.[50] O rei se expressou de maneira igualmente ambígua ao se dirigir ao príncipe herdeiro alemão quando eles se reuniram em 26 de julho:

Eu não sei o que faremos; nós não temos disputas com ninguém, e espero que possamos permanecer neutros. Mas, se a Alemanha declarasse guerra à Rússia, e a França se aliasse à Rússia, receio que seríamos forçados a entrar [no conflito]. Mas pode ter certeza de que meu governo fará o que for possível para evitar uma guerra europeia.

O príncipe Heinrich concluiu que a Grã-Bretanha permaneceria neutra "no início", embora duvidasse de "que ela seria capaz de continuar neutra no longo prazo [...] em virtude de suas relações com a França".[51] No entanto, a neutralidade imediata talvez fosse tudo de que o governo alemão precisava se o Exército fosse capaz de ocupar uma posição estratégica no continente. Em síntese, a política britânica era tão confusa que poderia ser interpretada mais ou menos segundo a preferência. No domingo, 26 de julho, os franceses pensavam que podiam contar com a Grã-Bretanha, ao passo que os alemães tinham "certeza" da neutralidade britânica. Como Jagow afirmou a Cambon: "Vocês têm suas informações. Nós temos as nossas"; infelizmente, em ambos os casos, a fonte era a mesma. O governo alemão continuou avançando, fingindo estar interessado nas propostas de mediação de Grey, mas sem intenção alguma de colocá-las em prática.[52]

Fazendo justiça a Grey, deve-se dizer que sua tática de ambiguidade intencional quase surtiu efeito. Tão exposto se sentia o governo sérvio que –

apesar da perturbação de Grey diante das condições "formidáveis" de Viena – quase aceitou o ultimato austríaco, procurando fazer alterações mínimas.[53] Além disso, para consternação de Bethmann e de Moltke, que vinham instando os austríacos a não levarem a sério a proposta de mediação de Grey, o Kaiser considerou a resposta sérvia uma vitória diplomática. Na crença de que "*toda causa para a guerra* [agora] desmorona", ele encorajou Viena a apenas "parar em Belgrado"; em outras palavras, a ocupar a capital sérvia temporariamente, como a Prússia havia ocupado o norte da França em 1870, "como uma garantia para que se cumpram as promessas". Isso aumentou a confusão que Jagow havia criado ao afirmar que a Alemanha *não* agiria se a Rússia só se mobilizasse no sul (isto é, contra a Áustria, mas não contra a Alemanha).[54] Ao mesmo tempo, Sazonov inesperadamente mudou de ideia quanto à possibilidade de negociações bilaterais entre a Áustria e a Rússia, uma ideia à qual Grey recorreu de imediato quando ficou claro que o governo alemão não apoiava seus planos para uma conferência de quatro potências. Como Nicolson comentou de maneira ofensiva, "com o sr. Sazonov, você nunca sabe onde está".[55] (Com os alemães, tampouco: Jagow agora afirmava que uma conferência de quatro potências "equivale[ria] a um tribunal de arbitragem", colocando a Áustria e a Sérvia em pé de igualdade, enquanto, ao mesmo tempo, Bethmann escolheu não mencionar a Lichnowsky a proposta de Sazonov para negociações bilaterais, sob a justificativa de que o embaixador estava "informando *sir* Edward [Grey] sobre tudo".)[56] Por um instante, pareceu que a guerra continental poderia ser evitada. Sem dúvida, Sazonov não tinha intenção alguma de aceitar a ocupação austríaca de Belgrado, que, a seus olhos, teria representado um sério golpe à influência russa nos Bálcás.[57] Mas ele se declarou disposto a parar a mobilização "se a Áustria [...] se declarasse pronta para eliminar de seu ultimato os pontos que infringem os direitos de soberania da Sérvia". Um Bethmann cada vez mais desesperado se agarrou a isso como base para a negociação, e o governo austríaco aceitou a oferta de Sazonov em 30 de julho.[58]

Infelizmente, no entanto, as ponderações diplomáticas passaram a dar lugar à lógica militarista. Mesmo antes de a Áustria começar o bombardeio a Belgrado, Sazonov e seus colegas militares deram ordens de mobilização parcial, e logo depois tentaram desesperadamente convertê-la em mobilização total ao serem alertados de que a Alemanha, de fato, pretendia se mobilizar mesmo no caso de uma mobilização parcial por parte da Rússia. Com efeito, os russos começaram a se mobilizar nos distritos sulistas de Odessa, Kiev, Moscou e Kazan em 29 de julho – uma decisão que, segundo o tsar declarou mais tarde, havia sido tomada quatro dias antes –, assegurando ao embaixador alemão que isso estava "longe de significar guerra". Porém, ao serem informados por Pourtalés de que a Alemanha "se veria impelida à mobilização e, nesse caso, procederia imediatamente à ofensiva", os russos concluíram que uma mobilização parcial seria inadequada e poderia até mesmo colocar em risco a mobilização completa. Seguiu-se uma série de reuniões e conversas telefônicas exaltadas enquanto Sazonov e seus colegas tentavam persuadir o tsar, hesitante, a concordar com uma mobilização total. Ele finalmente o fez, às 2 da tarde de 30 de julho, e a mobilização começou no dia seguinte. (Como em Berlim, o tão alardeado poder do monarca se mostrou ilusório no momento de decisão.)[59] Este era precisamente o pretexto que os alemães queriam para iniciar sua própria mobilização não só contra a Rússia, como também contra a França.[60] A ideia de negociações entre a Áustria e a Rússia foi esquecida em meio a uma estranha "corrida inversa", na qual, em nome da opinião pública interna, a Alemanha tentou levar a Rússia a se mobilizar primeiro. Agora, a guerra continental era, sem dúvida, inevitável. Mesmo quando Bethmann, finalmente compreendendo que a Grã-Bretanha poderia intervir de imediato em resposta a um ataque contra a França, tratou de forçar os austríacos a negociar, eles se recusaram a suspender suas operações militares.[61] As súplicas do rei para que São Petersburgo interrompesse a mobilização foram igualmente vãs, já que o chefe do Estado-Maior russo, o general Nikolai Yanushkevich, havia resolvido (conforme informou a Sazonov): "Quebrar meu telefone e adotar medidas que evitarão que alguém [isto é, o tsar] me encontre com o propósito de dar ordens contrárias que, mais uma vez, parariam nossa mobilização".[62] E, se a Rússia continuasse a se mobilizar, os alemães insistiam que não havia outra opção senão fazer a mesma coisa. Isso significou a invasão da Bélgica e da França.[63] Em síntese, a guerra "por cronograma" começou no momento em que a Rússia decidiu pela mobilização total – isto é, uma guerra por cronograma entre as quatro potências continentais (além da Sérvia e da Bélgica, obviamente). O que, entretanto, continuava sendo evitável era o envolvimento da Grã-Bretanha (e também da Turquia e da Itália).

Por que a Grã-Bretanha entrou na guerra

Não é de surpreender que tenha sido nesse ponto que os governos da França e da Rússia começaram a pressionar seriamente para que Grey deixasse clara a posição da Grã-Bretanha.[64] Os franceses argumentavam que se Grey "anunciasse que, no caso de um conflito entre a Alemanha e a França [...], a Inglaterra iria em socorro da França, não haveria guerra".[65] Mas Grey, que há alguns dias vinha tentando insinuar isso a Lichnowsky, sabia que ele sozinho não poderia assumir tal compromisso com a França. É verdade, ele já tinha os extremistas no Ministério das Relações Exteriores argumentando que "um vínculo moral" havia sido "forjado" pela Entente (Crowe), e, portanto, que "devemos imediatamente dar ordens para a mobilização do Exército (Nicolson).[66] Mas, como explicou repetidas vezes desde 1911, ele não podia agir sem o apoio de seus colegas no Gabinete e de seu partido – sem falar da nebulosa e frequentemente evocada "opinião pública". E não estava nada claro que ele podia contar com algum destes para apoiar um compromisso militar com a França. Portanto, decidiu-se simplesmente por não decidir nada, "pois [como afirmou Herbert Samuel], se nenhum dos lados sabe o que faremos, ambos estarão menos dispostos a correr riscos".[67] Mais uma vez, o máximo que Grey podia fazer era dizer a Lichnowsky *em particular* – "para mais tarde não ser acusado de má-fé" – que "se [a Alemanha] e a França se envolvessem [...], o governo britânico [...] seria obrigado a tomar uma decisão rapidamente. Nesse caso, seria inviável ficar de fora e esperar o tempo que fosse".[68] Que as declarações anteriores de Grey não tenham impressionado Bethmann e esta sim é algo que pode ser explicado pelo fato de que, pela primeira vez, Grey insinuou que qualquer ação britânica em defesa da França seria rápida.[69] A proposta de neutralidade britânica feita por Bethmann – pouco antes de ele ouvir a advertência de Grey a Lichnowsky – causou uma impressão igualmente profunda em Londres, sobretudo porque tornou muito patente a intenção da Alemanha de atacar a França.[70] Porém, embora tenha sido claramente recusada, nem mesmo isso levou a Inglaterra a assumir o compromisso de intervir, e os reduzidos preparativos navais a cargo de Churchill em 28-29 de julho sem dúvida não tiveram a mesma relevância que as ordens de mobilização dos Exércitos continentais.[71] Pelo contrário: depois de fazer sua advertência particular, Grey adotou uma postura oficial marcadamente *mais branda* com a Alemanha, numa última tentativa de reviver a ideia de uma mediação das quatro potências.[72] De fato, na manhã de 31 de julho, Grey chegou a ponto de dizer a Lichnowsky:

> Se a Alemanha fizesse alguma proposta razoável que deixasse claro que ela e a Áustria continuavam se esforçando para preservar a paz europeia, e que a Rússia e a França seriam intransigentes de recusarem, eu a apoiaria [...] e inclusive diria que, se a Rússia e a França não aceitassem, o Governo de Sua Majestade não teria mais nada que ver com as consequências.

A "proposta razoável" que Grey tinha em mente era que "a Alemanha concordasse em não atacar a França se esta permanecesse neutra [ou mantivesse suas tropas em seu próprio território] no caso de uma guerra entre a Rússia e a Alemanha".[73] Ao ouvir isso, até mesmo o pessimista Lichnowsky começou a pensar que, "em uma possível guerra, a Inglaterra talvez adotasse uma atitude de espera".[74] As reações em Paris foram mornas. Na noite de 1º de agosto, Grey disse a Cambon de forma franca:

> Se a França não tirasse vantagem dessa situação [isto é, proposta], era porque ela estava obrigada por uma aliança da qual não fazíamos parte, e cujos termos não conhecíamos [...] a França deveria tomar sua própria decisão neste momento, sem contar com um auxílio que, agora, não estávamos em condições de prometer [...] Não poderíamos propor ao Parlamento enviar uma força militar expedicionária ao continente [...] a não ser que nossos interesses e obrigações estivessem absolutamente envolvidos.[75]

Uma advertência pessoal a Lichnowsky não era, como Grey explicou a Cambon, "a mesma coisa que [...] um compromisso com a França".[76] Grey não estava sequer preparado para dar ao embaixador belga uma garantia de que, "se a Alemanha violasse a neutralidade belga, nós certamente ajudaríamos a Bélgica" – embora, mais tarde, o governo entendesse que tinha a obrigação legal de fazê-lo.[77]

A conduta de Grey nesses dias cruciais estava restrita por considerações políticas internas. Conforme vimos, havia um número significativo de jornalistas e políticos liberais que se opunham fortemente a um compromisso desse tipo.[78] Em 30 de julho, 22 deputados do Partido Liberal no Comitê de Assuntos Exteriores insinuaram, por intermédio de Arthur Ponsonby, que "qualquer decisão a favor da participação em uma guerra europeia enfrentaria não só a absoluta desaprovação, como, com efeito, a retirada do apoio ao Governo".[79] Asquith estimou que cerca de três quartos de sua bancada defendiam a "não interferência absoluta, a qualquer preço".[80] Grosso modo, o Gabinete refletia isso: os proponentes de um compromisso continental continuavam sendo uma clara minoria. Os 19 homens que se reuniram em 31 de julho estavam divididos em três grupos desiguais: aqueles que, assim como a maioria do partido, defendiam uma declaração imediata de neutralidade (incluindo Morley, Simon, John Burns, o conde Beauchamp e C. Hobhouse), aqueles que estavam a favor da intervenção (apenas Grey e Churchill) e aqueles que não haviam se decidido (notadamente, McKenna, Haldane, Samuel, Harcourt, o quacre Joseph Pease e o marquês de Crewe, mas provavelmente também Lloyd George – e, é claro, o próprio Asquith).[81] Morley argumentou de modo convincente contra a intervenção ao lado da Rússia, e parecia claro que a maioria tendia a endossar sua opinião. No entanto, a ameaça de Grey de renunciar caso se adotasse "uma política inflexível de não intervenção" foi suficiente para manter o impasse.[82] O Gabinete concordou que, "neste momento, a opinião pública britânica não nos permitiria apoiar a França [...] não podemos dizer nada que nos comprometa".[83]

Tampouco se saiu desse impasse quando, na noite de 1º de agosto, enquanto Grey jogava bilhar no Brooks's, Churchill conseguiu persuadir Asquith para que o autorizasse a mobilizar a Marinha diante da notícia de que a Alemanha havia declarado guerra à Rússia.[84] Isso só levou Morley e Simon a ameaçarem renunciar na reunião da manhã seguinte, e a maioria, mais uma vez, a se unir contra os repetidos pedidos de Grey para que se fizesse uma declaração inequívoca de compromisso. O máximo a que se conseguiu chegar na primeira sessão daquele domingo crucial foi que: "Se a frota alemã entrar no canal ou atravessar o mar do Norte para realizar operações hostis contra a costa ou os navios franceses, a frota britânica dará toda a proteção que estiver a seu alcance".[85] Mesmo isso – que estava longe de ser uma declaração de guerra, considerando que uma ação naval desse tipo por parte da Alemanha era extremamente improvável – foi demais para John Burns, o presidente da Junta de Comércio, que renunciou. Como observou Samuel, "se a discussão tivesse seguido até o fim, Asquith teria ficado ao lado de Grey [...] e três outros teriam permanecido. Acho que o resto de nós teríamos renunciado".[86] Durante o almoço na casa de Beauchamp naquele dia, sete ministros, entre os quais Lloyd George, expressaram reservas até mesmo com relação à mobilização restrita da Marinha. Mais tarde, Morley opinou que, se Lloyd George houvesse influenciado os indecisos, "o Gabinete sem dúvida teria se extinguido naquela noite"; mas o apelo de Harcourt a Lloyd George, para que este "fala[sse] por nós", foi em vão.[87] Se eles tivessem percebido que Grey já havia "derrubado" secretamente sua proposta a Lichnowsky de neutralidade francesa no caso de uma guerra entre a Rússia e a Alemanha, e que este havia sido levado às lágrimas diante de Asquith durante o desjejum daquela manhã, eles poderiam ter se deixado guiar por aquelas reservas.[88] Mas, em vez disso, Morley, Simon e Beauchamp haviam se unido a Burns, renunciando a seu cargo depois do compromisso com a Bélgica que Grey só conseguira assumir naquela noite ameaçando, ele próprio, renunciar. Um ministro adjunto, Charles Trevelyan, também renunciou.[89]

Então, por que o governo não caiu? A resposta imediata, como Asquith registrou em seu diário, é que Lloyd George, Samuel e Pease imploraram aos que renunciaram ao cargo para que estes "não se fossem, ou pelo menos não agora" e, portanto, "concordassem em não dizer nada hoje e sentar em seus lugares de costume na Câmara".[90] Mas por que, no fim das contas, apenas Morley, Burns e Trevelyan se foram?[91] A resposta tradicional pode ser expressa em uma única palavra: Bélgica.

Certamente, há muito se havia reconhecido no Ministério das Relações Exteriores que a decisão de intervir em nome da França "seria aceita com mais facilidade se a agressividade alemã [...] implicasse uma violação da neutralidade da Bélgica".[92] E, mais tarde, Lloyd George e outros citaram a violação da neutralidade da Bélgica como a razão mais importante para que eles – e a "opinião pública" – pendessem a favor da guerra.[93] À primeira vista, o argumento parece irrefutável. Em 6 de agosto de 1914, a "solene obrigação internacional" da Grã-Bretanha de preservar a neutralidade da Bélgica em nome da lei e da honra, e de "reivindicar o princípio [...] de que as pequenas nações não sejam exterminadas", forneceu os dois temas centrais do discurso de Asquith, "Para que estamos lutando?", na Câmara dos Comuns.[94] Foi também a ideia norteadora do recrutamento bem-sucedido de Lloyd George no País de Gales.[95]

Há, no entanto, razões para ceticismo. Conforme vimos, a visão do Ministério das Relações Exteriores em 1905 era de que o tratado de 1839 não obrigava a Grã-Bretanha a preservar a neutralidade da Bélgica "em qualquer circunstância e sob qualquer risco". Quando a questão veio à tona em 1912, ninguém a não ser Lloyd George expressou a preocupação de que, no caso de uma guerra, a preservação da neutralidade da Bélgica minaria a estratégia britânica de bloqueio. É digno de nota que, quando a questão foi levantada no Gabinete em 29 de julho, ficou decidido que qualquer resposta britânica a uma invasão alemã na Bélgica se basearia em "política", e não em "obrigação legal".[96] A ideia do governo era, portanto, alertar os alemães de maneira indireta, afirmando que uma violação da neutralidade belga poderia causar uma "reviravolta" na opinião pública britânica. Assim, Grey conseguiu responder ao estratagema da Alemanha com uma clara advertência do Gabinete de que, "se houvesse uma violação da neutralidade da Bélgica [...], seria extremamente difícil conter a opinião pública".[97] Mas isso não comprometia o governo – o que não é de surpreender, já que, na verdade, uma série de ministros estava ávida por se esquivar de oferecer garantias à Bélgica.

Lloyd George foi um daqueles que, como lembrou Beaverbrook, tentou argumentar que os alemães "só passariam pela extremidade mais ao sul" e que isso implicaria "uma pequena infração da neutralidade. 'Você verá', ele diria [indicando em um mapa], 'é só um pouquinho, e os alemães pagarão por todo dano que causarem'".[98] Em todo caso, muitos esperavam (erroneamente) que os belgas não pedissem auxílio à Grã-Bretanha, mas apenas fizessem um protesto formal no caso de os alemães passarem pelas Ardenas. A proposta alemã de neutralidade britânica em 29 de julho implicava claramente uma incursão pela Bélgica; mas mesmo na manhã de 2 de agosto, depois que Jagow se recusou a garantir a neutralidade belga, Lloyd George, Harcourt, Beauchamp, Simon, Runciman e Pease concordaram que só poderiam considerar entrar na guerra no caso da "invasão *total* da Bélgica". Charles Trevelyan era da mesma opinião.[99] Daí a cuidadosa escolha de palavras quando Crewe comunicou ao rei a resolução do Gabinete aquela noite, de que "uma violação *substancial* da neutralidade [da Bélgica] nos colocaria na situação contemplada como possível pelo sr. Gladstone em 1870, quando se entendia que a interferência nos compelia a agir".[100]

A notícia do ultimato alemão à Bélgica, portanto, veio como uma espécie de alívio para Asquith na manhã de 3 de agosto. A demanda de Moltke pela passagem desimpedida por *todo* o território belga, o subsequente apelo do rei Albert, indicando que a Bélgica pretendia resistir a qualquer infração de sua neutralidade, e a invasão alemã no dia seguinte nitidamente "simplificaram a questão", nas palavras de Asquith, porque possibilitaram que Simon e Beauchamp retirassem sua renúncia.[101] As tentativas de última hora, por parte de Moltke e de Lichnowsky, de garantir a integridade da Bélgica após a guerra foram, portanto, tão fúteis quanto as cínicas mentiras dos alemães sobre um avanço francês em território belga.[102] Quando Bethmann lamentou para Goschen que "a Inglaterra [os] atacaria em nome da neutralidade da Bélgica" — por "*un chiffon de papier*" — ele estava equivocado. Ao requerer um avanço alemão por todo o território belga, o Plano Schlieffen ajudou a salvar o governo liberal.[103]

Mas o que levou o Gabinete a apoiar a intervenção foi não tanto a ameaça alemã à Bélgica quanto a ameaça alemã à *Grã-Bretanha* que Grey e os extremistas no Ministério das Relações Exteriores sempre insistiram que surgiria se a França caísse. Isso pode ser inferido com base no bilhete que Asquith enviou à amante, Venetia Stanley, datado de 2 de agosto, em que enumerou os seis princípios pelos quais se guiava: apenas o sexto se referia às "obrigações [da Grã-Bretanha] de evitar que a Bélgica seja usada e absorvida pela Alemanha". O quarto e o quinto eram mais importantes, ao afirmar que, embora a Grã-Bretanha não tivesse nenhuma obrigação de auxiliar a França, "é contra os interesses britânicos que a França seja aniquilada como uma Grande Potência", e "a Grã-Bretanha não pode permitir que a Alemanha use o canal da Mancha como uma base hostil".[104] Da mesma maneira, o principal argumento do famoso discurso de Grey à Câmara dos Comuns em 3 de agosto — feito antes da notícia do ultimato alemão à Bélgica — foi: "Se a França for derrotada em um conflito de vida ou morte [...], não creio que [...] estejamos em condições de usar nossa força de maneira decisiva para [...] evitar que toda a Europa Ocidental se oponha a nós [...] caindo sob a dominação de uma única potência".[105] Os riscos estratégicos da não intervenção — isolamento, inimizade — superavam os riscos da intervenção. Conforme Grey afirmou em uma conversa particular no dia seguinte: "Isso não terminará com a Bélgica. Em seguida virá a Holanda, e, depois da Holanda, a Dinamarca [...] A Inglaterra perderá sua posição se permitirmos que a Alemanha domine a Europa". A política alemã, segundo ele informou ao Gabinete, era "a da grande agressora europeia, tão nefasta quanto Napoleão".[106] Parece claro que esse argumento também influenciou aqueles que, como Harcourt, estavam indecisos. Como ele explicou em 5 de agosto:

> Eu agi não por alguma obrigação de Tratado ou de honra, pois nem uma nem outra existia [...] Havia três grandes interesses britânicos que eu não podia abandonar:
>
> 1. Que a frota alemã não ocupasse, sob nossa neutralidade, o mar do Norte e o canal da Mancha.
> 2. Que eles não cercassem e ocupassem a parte noroeste da França, em frente à nossa costa.
> 3. Que eles não violassem a independência da Bélgica e, depois disso, ocupassem a Antuérpia, configurando-se como uma ameaça permanente para nós.[107]

Este havia sido o argumento de Pitt para lutar contra a França: um argumento enraizado no pressuposto de que o poderio marítimo era o principal elemento da segurança britânica. (O primeiro ataque de zepelim trouxe à tona sua obsolescência.) Morley, portanto, não estava tão errado quando disse que a Bélgica havia fornecido uma "desculpa [...] para a intervenção em nome da França".[108] Esta também era a opinião de Frances Stevenson, amante de Lloyd George, e de Ramsay MacDonald, que jantou com Lloyd George na noite de 2 de agosto.[109]

Houve, no entanto, outra razão, possivelmente ainda mais importante, pela qual a Grã-Bretanha foi à guerra às 11 da noite de 4 de agosto de 1914. De 31 de julho a 3 de agosto, uma coisa, acima de todas as outras, manteve a unidade do Gabinete: o medo de abrir as portas para a oposição conservadora e sindicalista.[110] Deve-se lembrar quão amargas haviam se tornado as relações entre os dois principais partidos em 1914: após as disputas com relação aos orçamentos de Lloyd George e os poderes da Câmara dos Lordes, a decisão dos liberais de, mais uma vez, tentar decretar a independência da Irlanda ("Home Rule") havia inflamado o sentimento unionista. As tentativas de se chegar a um acordo sobre a exclusão temporária da Irlanda do Norte haviam fracassado na conferência do Palácio de Buckingham. Com os protestantes do Ulster se armando para evitar a imposição de um governo católico ("Rome Rule") – a Força Voluntária do Ulster tinha 100 mil homens e pelo menos 37 mil fuzis –, a possibilidade de guerra civil era real, e a atitude dos líderes *tories*, para não falar dos altos oficiais do Exército, não era desfavorável à causa protestante.[111] O início repentino da crise diplomática europeia serviu, como observou Asquith, para acalmar os ânimos dos irlandeses (aquele foi "o único aspecto positivo desta guerra odiosa"); mas, ao mesmo tempo, deu aos *tories* um novo pretexto para criticar o governo. Pois há muito era óbvio que os líderes conservadores levavam a ameaça alemã mais a sério do que os ministros liberais. Em 1912, por exemplo, Balfour havia publicado um artigo sobre as relações anglo-germânicas no qual ele acusava explicitamente o governo alemão de planejar uma guerra de agressão com o propósito de ressuscitar o Sacro Império Romano no continente e expandir seu império além-mar. A Grã-Bretanha, segundo ele escreveu, teve

> uma experiência extremamente amarga dos males decorrentes dos esforços de um único Estado para dominar a Europa; estamos demasiado convencidos dos perigos que tal política, se bem-sucedida, representaria para nós [...] para tratá-la como insignificante.

Como vimos, Grey era considerado pelos *tories* um "homem sensato", conduzindo suas próprias políticas o melhor que podia ante a oposição de colegas insensatos. Mas, desde 1911, o ministro das Relações Exteriores estava na defensiva, se não em retirada. Unionistas como Frederick Oliver ficaram horrorizados diante da possibilidade de que uma decisão crucial para a política externa fosse tomada por "um governo que tão mal interpretou nossa situação interna, causando tantos distúrbios".[112] Refletindo sobre a crise em dezembro de 1914, Austen Chamberlain expressou aquela que provavelmente era a visão conservadora dominante a respeito do modo como os liberais lidaram com a crise:

> Não houve nada, de antemão, nos discursos ou nas publicações oficiais que informasse [o nosso povo] sobre o perigo que corremos ao prepará-los para o exercício de nossas responsabilidades e a defesa de nossos interesses. Aqueles que mais sabiam estavam em silêncio; os que se ocuparam de instruir a massa eram

ignorantes, e nossa democracia, com sua voz decisiva na condução dos assuntos públicos, foi deixada à deriva por aqueles que poderiam tê-la guiado de maneira adequada, e mal conduzida por aqueles que se instituíram como seus guias".[113]

Seu irmão, Neville, partilhava de sua consternação. Em agosto, ele havia exclamado: "É chocante [...] pensar que estávamos a um milímetro da eterna desgraça".[114]

A pista para que os *tories* agissem veio das reuniões críticas do Gabinete em 2 de agosto. Naquela manhã, por sugestão de Balfour, Lansdowne e Walter Long, Bonar Law escreveu a Asquith deixando clara a visão *tory* de que "qualquer hesitação em apoiar a França e a Rússia agora seria fatal para a honra e a segurança futura do Reino Unido". O "apoio conjunto" oferecido por Bonar Law "em todas as medidas necessárias à intervenção da Inglaterra na guerra" era nada menos que uma ameaça velada de que os conservadores estariam dispostos a tomar o lugar dos liberais se o governo não concordasse com tais medidas.[115] Depois de anos de crítica belicosa por parte da imprensa *tory*, esta foi a atitude concebida para endurecer a resolução de Asquith. A renúncia, conforme ele disse ao Gabinete, poderia parecer o curso de ação costumeiro para um governo tão dividido. Mas, prosseguiu, "a situação nacional é tudo menos costumeira, e não posso me convencer de que o outro partido é liderado por homens, ou contém homens, capazes de lidar com isso".[116] Samuel e Pease imediatamente entenderam, dizendo a Burns: "Agora, para a maioria do Gabinete, renunciar significaria um ministério que era um Ministério da Guerra, e esta era a última coisa que ele queria". "O governo alternativo", como Pease afirmou, "deve ser um que esteja menos ansioso por paz do que nós". Ele disse a mesma coisa a Trevelyan três dias depois, e a essa altura Simon e Runciman haviam se unido ao coro.[117] Margot Asquith mais tarde observou que "este país teve sorte de os liberais estarem no poder em 1914, já que os homens poderiam ter hesitado em concordar com uma decisão tão terrível por imposição de um governo jingoísta".[118]

Provavelmente sem o conhecimento do restante do Gabinete, um dos seus estava, de fato, pronto para desertar caso os defensores da neutralidade ganhassem. Já em 31 de julho, Churchill havia perguntado secretamente a Bonar Law, por intermédio de F. E. Smith, se, no caso de até oito renúncias, "a oposição estaria preparada para vir em socorro do Governo [...] formando uma coalizão para ocupar os ministérios vagos".[119] Bonar Law recusou o convite de Churchill para jantar com ele e com Grey em 2 de agosto; mas sua carta ao Gabinete dizia o suficiente. Esta não era a primeira vez que a possibilidade de uma coalizão era abordada por um membro do governo de Asquith. Ninguém menos que Lloyd George havia flertado com a ideia em 1910.[120]

À primeira vista, pareceria que o fato de os conservadores estarem mais ávidos por guerra do que os liberais fortalecia o argumento a favor de uma intervenção britânica inevitável: se Asquith houvesse se afastado, Bonar Law teria ido à guerra da mesma maneira. Mas teria sido a mesma coisa? Suponhamos que Lloyd George – derrotado em sua Lei de Finanças, acossado pelo pânico financeiro, atacado por editoriais pacifistas no *Guardian* e no *British Weekly* – tivesse abandonado Grey na reunião crítica do Gabinete em 2 de agosto e cedido a liderança aos que se opunham à intervenção. Grey certamente teria renunciado; Churchill teria se unido a Bonar Law de imediato. Asquith teria sido capaz de aguentar? É quase certo que não. Mas quão depressa um governo conservador poderia ter se formado? A última mudança de governo havia sido um processo demorado: a administração de Balfour mostrou os primeiros sinais de desintegração diante da reforma tarifária já em 1903; foi efetivamente derrotada na Câmara dos Comuns em 20 de julho de 1905; perdeu a confiança nos adeptos de Chamberlain em novembro seguinte e finalmente renunciou em 4 de dezembro. A eleição geral que confirmou a influência do apoio liberal no país só ocorreu em 7 de fevereiro de 1906. É concebível que as coisas teriam sido mais rápidas se Asquith houvesse sido forçado a renunciar no início de agosto de 1914. Certamente o plano de Churchill para uma coalizão foi pensado para minimizar a demora. Mas uma declaração de guerra à Alemanha teria sido possível em tais circunstâncias, antes de uma eleição geral? Em grande parte, teria dependido do rei, que, como seus primos em Berlim e em São Petersburgo, havia mostrado pouco entusiasmo pela guerra quando contemplou o abismo.[121] Parece razoável presumir que uma mudança de governo teria retardado o envio da Força Expedicionária Britânica em pelo menos uma semana.

De todo modo, mesmo com o governo inalterado, o envio da Força Expedicionária Britânica não foi uma conclusão precipitada e não ocorreu de acordo com os planos que haviam sido concebidos após consulta prévia ao Estado-Maior francês. Isso porque, conforme vimos, nunca se tomou uma decisão clara a favor do compromisso continental, de modo que todos os velhos argumentos contrários ressurgiram quando a guerra eclodiu. Os adeptos do navalismo insistiram, como sempre, que o poder marítimo sozinho seria capaz de decidir a guerra, e, até 5 de agosto, a maioria dos ministros parecia concordar.[122] De fato, Bertie informou, de Paris, que a força expedicionária não seria necessária; ele recebeu garantias do general de Castelnau, vice-chefe do Estado-Maior francês, de que "os franceses, mesmo sofrendo contratempos, devem ganhar no fim, conquanto a Inglaterra os ajude, fechando o acesso ao mar para a Alemanha".[123] Eles também tenderam a defender que se mantivesse uma parte ou a totalidade do Exército em casa: não para protegê-los de uma invasão, que não era esperada, mas para preservar a paz social (as consequências econômicas da guerra já se faziam sentir).[124] No Conselho de Guerra "um tanto heterogêneo" de generais e ministros convocado por Asquith em 5 de agosto, reinou a confusão, e nenhuma decisão foi tomada antes de se consultar um representante do Estado-Maior francês. No dia seguinte, o Gabinete resolveu enviar apenas quatro divisões de infantaria e a divisão de Cavalaria a Amiens, ao passo que Henry Wilson há muito havia decidido enviar todas as sete divisões a Maubeuge em auxílio dos franceses. Foi só seis dias mais tarde que o conde Kitchener, trazido às pressas do Egito e nomeado secretário de Estado para a Guerra, foi persuadido a voltar a Maubeuge, e foi só em 3 de setembro que o Gabinete concordou em enviar a última divisão restante à França.[125]

Isso – como seus proponentes afirmaram e, mais tarde, os apologistas argumentaram – fez uma diferença decisiva para o resultado da guerra? O major A. H. Ollivant estava certo ao argumentar em seu memorando para Lloyd George em 1º de agosto: "Muito provavelmente, a presença ou a ausência do Exército britânico [...] decidirá o destino da França"?[126] Como vimos, o Plano Schlieffen provavelmente teria fracassado de um modo ou de outro, mesmo sem a Força Expedicionária Britânica, tamanhas eram as falhas que Moltke havia introduzido. Talvez os franceses pudessem ter impedido uma ofensiva alemã sem a ajuda britânica, se eles próprios não houvessem tentado iniciar uma ofensiva quase suicida em vez de se concentrar na defesa. Mas não; e, mesmo levando em conta os erros alemães, parece provável que, apesar da desesperada retirada inicial de Mons e do estratagema fracassado em Oostende, a presença das tropas britânicas em Le Cateau em 26 de agosto e no Marne (6-9 de setembro) reduziram de maneira significativa as chances de uma vitória alemã.[127] Infelizmente, o que não foram capazes de fazer foi levar a Alemanha à derrota. Depois da queda da Antuérpia e da Primeira Batalha de Ypres (20 de outubro a 22 de novembro), chegou-se a um impasse sanguinário que duraria três anos e meio na Frente Ocidental. Se os proponentes de uma estratégia naval ou neutra houvessem prevalecido e a Grã-Bretanha não tivesse enviado a Força Expedicionária Britânica – ou mesmo se sua partida houvesse sido postergada enquanto um novo governo se formava –, as chances alemãs de uma vitória sobre a França sem dúvida teriam aumentado.

A união europeia do Kaiser

Que a Grã-Bretanha poderia ter limitado seu envolvimento em uma guerra continental é uma possibilidade que tem sido praticamente ignorada pelos historiadores.[128] Mesmo aqueles que deploram o *modo* como a guerra foi travada tendem a negligenciar esse cenário contrafatual. Mas agora deve estar claro que a possibilidade existiu. Os próprios Asquith e Grey mais tarde admitiram isso em suas memórias. Ambos enfatizaram que a Grã-Bretanha não havia sido obrigada a intervir por nenhum tipo de obrigação contratual para com a França. Nas palavras de Asquith, "Estávamos livres para decidir, quando chegou a ocasião, se deveríamos ou não ir à guerra".[129] Grey também não ocultou que a oposição política em seu próprio partido o impedira de assumir um compromisso com a França em julho.[130] Apesar de suas alusões, em outros discursos, a forças históricas irresistíveis, ele admitiu ter havido uma escolha.

É claro que Grey insistiu que a escolha do Gabinete havia sido a escolha certa. Mas quais eram seus argumentos *contra* a neutralidade? Em suas memórias, ele os apresenta:

> Se era para entrarmos na guerra, sejamos gratos por termos feito isso de uma vez – foi melhor assim, melhor para a nossa reputação, melhor para um resultado favorável, do que se houvéssemos tentado nos manter de fora e mais tarde nos víssemos [...] compelidos a lutar [...] [Se não tivéssemos nos envolvido], teríamos sido isolados; não teríamos nenhum amigo no mundo; ninguém teria es-

perado ou temido nada de nós, ou prezado nossa amizade. Teríamos sido desacreditados [...] obrigados a exercer um papel inglório. Teríamos sido odiados.[131]

Para Grey, portanto, a guerra era, essencialmente, "uma questão de honra": o compromisso legal com a Bélgica e, sobretudo, o compromisso moral com a França. Entretanto, o desejo de não ser considerada a "pérfida Álbion" apenas encobria cálculos estratégicos. O argumento fundamental de Grey era que a Grã-Bretanha não poderia correr o risco de uma vitória alemã, porque tal vitória teria tornado a Alemanha "suprema em todo o continente da Europa e da Ásia Menor".[132]

Mas qual era realmente o objetivo da Alemanha? O Kaiser era mesmo Napoleão? A resposta a essas perguntas depende, é claro, de como entendemos os "objetivos de guerra" da Alemanha em 1914. De acordo com Fritz Fischer e seus discípulos, tais objetivos eram tão radicais quanto os britânicos germanófobos temiam. A guerra era uma tentativa de "realizar as ambições políticas da Alemanha, que podem ser sintetizadas como a hegemonia alemã sobre a Europa", por meio da anexação de territórios franceses, belgas e possivelmente russos, a fundação de uma união aduaneira na Europa Central e a criação de novos Estados bálticos e poloneses, direta ou indiretamente sob controle alemão. Além disso, a Alemanha pretendia adquirir novos territórios na África para que suas possessões coloniais fossem consolidadas como uma área contínua na África Central. Também haveria um esforço orquestrado para destruir os impérios britânico e russo fomentando-se rebeliões.[133]

Mas há uma falha fundamental no raciocínio de Fischer, que muitos historiadores deixaram passar. É o pressuposto de que os objetivos da Alemanha, declarados depois do início da guerra, eram os mesmos de antes de a guerra começar.[134] Assim, o "Programa de Setembro" de Bethmann – "considerações provisórias para a condução de nossas políticas" por uma paz separada com a França, redigidas com base no pressuposto de uma rápida vitória alemã na Frente Ocidental – é, por vezes, retratado como se fosse a primeira declaração aberta de objetivos que houve antes da eclosão da guerra.[135] Se isso fosse verdade, o argumento de que a guerra era evitável cairia por terra; pois está claro que nenhum governo britânico poderia ter aceitado as condições territoriais e políticas que o Programa de Setembro propôs para a França e para a Bélgica,[136] já que estas teriam, com efeito, realizado o "pesadelo napoleônico" ao conceder à Alemanha o controle da costa belga. Mas o fato inegável é que Fischer e seus discípulos nunca encontraram indício algum de que esses objetivos existiam *antes* de a Grã-Bretanha entrar na guerra. Em teoria, é possível que eles jamais tenham sido colocados no papel, ou que os documentos relevantes tenham sido destruídos ou perdidos, e que posteriormente os envolvidos mentiram em vez de conceder legitimidade à cláusula de "culpa pela guerra" do Tratado de Versalhes. Mas isso parece improvável. Tudo o que Fischer pôde apresentar são as fantasias pré-guerra de alguns poucos executivos pangermânicos, nenhuma das quais tinha *status* oficial, bem como as declarações belicosas ocasionais do Kaiser, um indivíduo cuja influência política não era nem consistente nem tão grande quanto ele próprio acreditava.[137] É bem verdade que o Kaiser às vezes fantasiava com "uma espécie de supremacia napoleônica",[138] e que, quando finalmente começou a entender, em 30 de julho, que a Grã-Bretanha interviria, deu vazão ao mais absurdo dos projetos globais:

> Nossos cônsules na Turquia e na Índia, agentes etc., devem incitar todo o mundo muçulmano a uma rebelião brutal contra esta nação odiada, mentirosa e inconsciente de lojistas; pois se sangraremos até a morte, a Inglaterra no mínimo perderá a Índia.[139]

Moltke também vislumbrou "tentativas [...] de instigar um levante na Índia, se a Inglaterra se posicionar como nosso oponente. Devemos tentar o mesmo no Egito, e também no domínio da África do Sul".[140] Mas tais devaneios – dignos do suspense de guerra *O manto verde*, de John Buchan, e tão realistas quanto – não devem ser vistos como sérios objetivos de guerra da Alemanha. Antes da guerra, o Kaiser também tendeu a lembrar os diplomatas britânicos: "Lutamos lado a lado cem anos atrás. Quero que nossas duas nações estejam juntas novamente em frente ao monumento belga em Waterloo".[141] Isso estava longe de ser um discurso napoleônico. Também é de interesse que já em 30 de julho o Kaiser esperava que a guerra contra a Grã-Bretanha "esgotaria a Alemanha". De fato, mesmo quando o Kaiser efetivamente se comparou com Napoleão, teve em mente o destino final do imperador: "A bandeira alemã sobrevoará as fortificações do Bósforo", ele declarou em 1913, "ou eu sofrerei o mesmo triste destino que o grande exilado na ilha de Santa Helena".[142]

O HORROR DA GUERRA

O ponto crucial é que, se a Grã-Bretanha não tivesse intervindo de imediato, os objetivos de guerra da Alemanha teriam sido significativamente distintos dos que constavam no Programa de Setembro. A declaração de Bethmann a Goschen em 29 de julho de 1914 mostra que ele estava preparado para garantir a integridade territorial da França e da Bélgica (e também da Holanda) em troca da neutralidade britânica.[143] As notórias "Sugestões de natureza político-militar" feitas por Moltke em 2 de agosto diziam a mesma coisa: a garantia de que a Alemanha "agiria com moderação no caso de uma vitória sobre a França [...] deve ser [...] incondicional e de caráter obrigatório", e acompanhada de garantias à integridade da Bélgica.[144] Se a Grã-Bretanha houvesse ficado de fora, teria sido imprudente ter recusado tal barganha. Sendo assim, é quase certo que os objetivos da Alemanha não incluíam as mudanças territoriais previstas no Programa de Setembro (exceto, talvez, aquelas que se referiam a Luxemburgo, pelo qual a Grã-Bretanha não tinha interesse); e tampouco as propostas para o controle alemão da costa belga, que nenhum governo britânico teria tolerado. O máximo que teria permanecido, então, seriam as seguintes propostas:

1. *França* [...] uma indenização de guerra a ser paga em parcelas; deve ser alta o suficiente para evitar que a França gaste somas consideráveis em armamentos nos próximos 15-20 anos. E também: um tratado comercial que torne a França economicamente dependente da Alemanha [e] assegure o mercado francês para nossas exportações [...] Este tratado deve nos garantir liberdade de movimentação industrial e financeira na França, de tal maneira que os empreendimentos alemães já não possam receber tratamento diferente dos franceses.
2. [...] Devemos criar uma *associação econômica centro-europeia* por meio de tratados aduaneiros, para incluir a França, a Bélgica, a Holanda, a Dinamarca, a Áustria-Hungria, a Polônia e, talvez, a Itália, a Suécia e a Noruega. Tal associação não terá nenhuma autoridade suprema e todos os seus membros serão formalmente iguais, mas, na prática, estarão sob liderança alemã e deverão estabilizar a dominação econômica da Alemanha sobre a *Mitteleuropa*.
[3.] *A questão das aquisições coloniais*, em que o primeiro objetivo é a criação de um império colonial contínuo na África Central, será considerada posteriormente, assim como os objetivos com relação à Rússia [...]

4. *Holanda*. Será preciso considerar por que meios e métodos a Holanda pode ser levada a ter uma relação mais próxima com o Império Germânico. Tendo em vista o caráter holandês, essa relação mais próxima deve isentá-los de qualquer sentimento de coerção, não deve alterar em nada o modo de vida holandês e deve submetê-los a novas obrigações militares. A Holanda, então, deve ter independência nos assuntos externos, mas depender de nós internamente. Também se pode considerar uma aliança ofensiva e defensiva, para abranger as colônias; de todo modo, uma sólida associação aduaneira [...][145]

A esses pontos – com efeito, ao Programa de Setembro sem a anexação de territórios franceses e belgas –, devem-se acrescentar os planos detalhados que foram redigidos posteriormente para "fazer [a Rússia] recuar o máximo possível da fronteira oriental da Alemanha e [para acabar com] sua dominação sobre os povos vassalos não russos". Estes previam a criação de um novo Estado polonês (unido à Galícia dos Habsburgo) e a cessão das províncias bálticas (que ou se tornariam independentes, ou seriam incorporadas à nova Polônia ou, ainda, anexadas pela própria Alemanha).[146] Mesmo esta versão editada do Programa de Setembro provavelmente exagera os objetivos de liderança alemã no período que antecedeu a guerra. Bülow, é claro, já não era chanceler; seus comentários ao príncipe herdeiro em 1908 não distavam muito da opinião de Bethmann de que a guerra fortaleceria a esquerda política e enfraqueceria o Reich internamente:

Nenhuma guerra na Europa pode nos dar muito. Não teríamos nada a ganhar com a conquista de novos territórios eslavos ou franceses. Se anexarmos pequenos países ao Império, apenas fortaleceremos aqueles elementos centrífugos que, infelizmente, nunca faltam na Alemanha [...] Toda grande guerra é seguida de um período de liberalismo, pois o povo reclama compensação pelos sacrifícios e esforços que a guerra exige.[147]

Os limitados objetivos de guerra enumerados acima teriam apresentado uma ameaça direta aos interesses britânicos? Eles implicavam uma estratégia napoleônica? Dificilmente. Tudo o que as cláusulas econômicas do Programa de Setembro implicavam era a criação – cerca de 80 anos antes, deve-se dizer – de uma união aduaneira europeia dominada pelos alemães. De fato, muitas das declarações oficiais sobre o assunto têm grande ressonância em nossos dias: por exemplo, a de Hans Delbrück, de que "Só uma Europa que forme uma única unidade aduaneira é capaz de competir com os recursos produtivos sobrepujantes do mundo transatlântico"; ou a entusiástica conclamação de Gustav Müller pelos "Estados Unidos da Europa" (um termo usado antes da guerra pelo Kaiser), "incluindo a Suíça, os Países Baixos, os Estados escandinavos, a Bélgica, a França, até a Espanha e Portugal e, por meio da Áustria-Hungria, também a Romênia, a Bulgária e a Turquia"; ou a aspiração do barão Ludwig von Falkenhausen de

> fazer frente às grandes forças econômicas dos impérios norte-americano, britânico e russo com um bloco econômico igualmente sólido representando todos os Estados europeus [...] sob a liderança alemã, com o duplo propósito:
>
> 1. de garantir aos membros deste todo, em particular à Alemanha, o domínio do mercado europeu, e
>
> 2. de ser capaz de mobilizar a potência econômica da Europa aliada, como uma força unificada, para disputar com essas potências mundiais as condições de acesso aos mercados.[148]

Até mesmo alguns dos "alarmistas" alemães do período pré-guerra haviam argumentado nesses termos estranhamente familiares. Em *The Collapse of the Old World* [O colapso do Velho Mundo], "Seestern" (Ferdinand Grauthoff) declarara de maneira profética: "A *união* dos povos europeus pode, por si só, recuperar o indisputado poder político e o domínio dos mares que eles perderam. Hoje, o centro de gravidade política está em Washington, São Petersburgo e Tóquio". Karl Bleibtreu, em *Offensive Invasion against England* [Invasão ofensiva contra a Inglaterra], conclui: "Só uma Europa pacificamente unida pode fazer frente à potência cada vez maior de outras raças e à dominação econômica da América. Unidos! Unidos! Unidos!".[149]

Com certeza, Bethmann e seu confidente Kurt Riezler não tinham dúvidas de que esse "Império Centro-Europeu da Nação Alemã" era meramente "o disfarce europeu de nossa vontade de poder". O objetivo de Bethmann, como Riezler expressou em março de 1917, era liderar o Reich alemão, que, pelos métodos do Estado territorial prussiano [...], não pode se tornar uma potência mundial [...], rumo a um imperialismo de forma europeia; organizar o continente do centro para fora (Áustria, Polônia, Bélgica) em torno de nossa liderança tácita.[150]

Este não é o modo como os políticos alemães se expressam nos dias de hoje. Porém, mesmo expresso dessa maneira, o projeto alemão para a Europa não era um em que a Grã-Bretanha, com seu império marítimo intacto, não poderia ter existido.

É claro, não foi o que aconteceu: a proposta de neutralidade britânica, como sabemos, foi rejeitada. Mas os historiadores alemães foram rápidos demais ao descartar a proposta de Bethmann, taxando-a de um erro de cálculo grosseiro, ou mesmo ao argumentar que nem os próprios alemães esperavam assegurar a neutralidade britânica. Os indícios não confirmam isso. Ao contrário, mostram que os cálculos de Bethmann estavam longe de ser absurdos. Ele pode ser perdoado por não ter previsto que, no último minuto, os argumentos de Grey e de Churchill prevaleceriam sobre os não intervencionistas, numericamente superiores, e que a maioria dos membros do Parlamento aceitaria aquela que se mostraria a afirmação mais capciosa do ministro das Relações Exteriores: "Participando da guerra, sofreremos pouco mais do que sofreremos se ficarmos de fora".[151]

---

1. Ver esp. Schulte, *Vor dem Kriegsausbruch 1914*; Schöllgen, *Imperialisms und Gleichgewicht*.
2. Hašek, Sporting Story (1911), p. 67ss.
3. Malcolm, *Bosnia*, p. 133-155. Nas palavras memoráveis de A. J. P. Taylor: "Se um membro da realeza britânica tivesse visitado Dublin no Dia de São Patrício no auge do conflito, também teria esperado tomar um tiro": *Struggle for Mastery*, p. 520. O governo sérvio de fato alertou os austríacos contra a visita, mas não contra a ação do mentor do assassinato. Ver também o relato em Davies, *Europe*, p. 877s.
4. G. Gooch e Temperley, *British Documents*, vol. I, p. 220.
5. A. J. P. Taylor, *Struggle for Mastery*, p. 485.
6. Sobre o contexto austro-húngaro, ver, além de S. Williamson, *Austria-Hungary and the Coming of the First World War*, Leslie, Antecedents of Austria-Hungary's War Aims, p. 307-394.

7. A. J. P. Taylor, *Struggle for Mastery*, p. 453.
8. Davies, *Europe*, p. 881.
9. A. J. P. Taylor, *Struggle for Mastery*, p. 495.
10. Ibid., p. 497.
11. Ibid., p. 521. Cf. S. Williamson, *Austria-Hungary and the Coming of the First World War*, p. 195s.
12. Entre muitos exemplos, ver o relatório de Biedemann a Dresden em 17 de julho em Geiss, *July 1914*, doc. 28.
13. Ibid., p. 44. Cf. as avaliações pessimistas descritas por Schoen em 18 de julho de 1914, ibid., doc. 33.
14. Ibid., docs. 97, 98, 99, 122, 130.
15. Ibid., docs. 100, 108, 128, 129, 130, 135, 163, 173, 174.
16. Ibid., doc. 95.
17. Ibid., docs. 96, 101, 110, 165.
18. Ibid., docs. 112, 131; Schmidt, Contradictory Postures, p. 149.
19. Geiss, *July 1914*, docs. 130, 133, 134, 143.
20. Ibid., docs. 125, 168, 171, p. 266, 270, 364; Ritter, *Sword and the Sceptre*, vol. II, p. 247-275; Berghahn, *Germany and the Approach of War*, p. 207.
21. Turner, Russian Mobilisation, p. 252-268.
22. Ibid., p. 205s; Geiss, *Der lange Weg*, p. 320; Pogge von Strandmann, Germany and the Coming of War, p. 120.
23. Albertini, *Origins*, vol. II, p. 343.
24. Trumpener, War Premeditated, p. 69s, 80ss. O general Hermann von François, um dos três comandantes de corpo de Exército com base na Prússia Oriental e na Ocidental, alertou a esposa em um telegrama cifrado na manhã do dia 30 de que a "música" estava prestes a começar. O agente que conseguiu interceptar um cartaz russo de mobilização na fronteira foi um comerciante polonês chamado Pinkus Urwicz. Infelizmente, este mais ou menos coincidiu com um telegrama confirmando a notícia da embaixada da Alemanha em São Petersburgo.
25. Schmidt, Contradictory Postures, p. 143ss. Cf. Berghahn, *Germany and the Approach of War*, p. 139s, 191s, 200; Geiss, *July 1914*, doc. 30.
26. Geiss, *July 1914*, docs. 162, 170, 175.
27. Seligmann, Germany and the Origins, p. 315.
28. Geiss, *July 1914*, docs. 148, 176.
29. Kroboth, *Finanzpolitik*, p. 279.
30. Erdmann, Zur Beurteilung Bethmann Hollwegs; Erdmann, War Guilt 1914 Reconsidered, p. 334-370; Zechlin, Deutschland zwischen Kabinettskrieg und Wirtschaftskrieg, p. 347-458; Jarausch, Illusion of Limited War; Hildebrand, Julikrise 1914. Ver também Erdmann, Hat Deutschland auch den Ersten Weltkrieg entfesselt; e Zechlin, Julikrise und Kriegsausbruch 1914.

31. Berghahn, *Germany and the Approach of War*, p. 180.
32. Ibid., p. 203; Schmidt, Contradictory Postures, p. 144.
33. Geiss, *July 1914*, doc. 18.
34. Ibid., p. 123.
35. T. Wolff, *Eve of 1914*, p. 448.
36. Sösemann, *Theodor Wolff: Tagebücher*, vol. I, p. 64.
37. Berghahn, *Germany and the Approach of War*, p. 203.
38. A. J. P. Taylor, *Struggle for Mastery*, p. 522.
39. Geiss, *July 1914*, doc. 125.
40. Schmidt, Contradictory Postures, p. 144; Trevelyan, *Grey of Falloden*, p. 244.
41. Seligmann, Germany and the Origins, p. 320.
42. Geiss, *July 1914*, doc. 135.
43. Seligmann, Germany and the Origins, p. 322, 330s.
44. F. Fischer, Foreign Policy of Imperial Germany, p. 37.
45. F. Fischer, *War of Illusions*, p. 461-465; Pogge von Strandmann, Germany and the Coming of War, p. 118s.
46. Offer, Going to War, p. 213-241. Moltke não era nenhum Instetten.
47. Trumpener, War Premeditated, p. 62-66.
48. Albertini, *Origins*, vol. II, p. 203-208. Cf. Butterfield, Sir Edward Grey, p. 9s; Geiss, *July 1914*, p. 95, 138.
49. Albertini, *Origins*, vol. II, p. 209-214, 329-338; Geiss, *July 1914*, docs. 44, 46, 57, 80, 93.
50. Geiss, *July 1914*, docs. 68, 73, 81, 82, 83, 85, 94, 97, 98, 99; Grey, *Twenty-Five Years*, vol. II, p. 304s, 317. Ver também Albertini, *Origins*, vol. II, p. 336-339, 514; Asquith, *Genesis*, p. 201s. Nicolson detectou a farsa: PRO FO 800/94, de Nicolson para Grey, 26 de julho de 1914.
51. Albertini, *Origins*, vol. II, p. 429, 497, 687.
52. Geiss, *July 1914*, p. 221, docs. 95, 96; Grey, *Twenty-Five Years*, vol. I, p. 319s.
53. Albertini, *Origins*, vol. II, p. 329-334, 340; Geiss, *July 1914*, docs. 50, 79; W. S. Churchill, *World Crisis*, vol. I, p. 193s.
54. Geiss, *July 1914*, docs. 103, 110, 112, 114.
55. Ibid., docs. 108, 119, 120; Albertini, *Origins*, vol. II, p. 509; Grey, *Twenty-Five Years*, vol. I, p. 319; Asquith, *Genesis*, p. 190ss.
56. Geiss, *July 1914*, docs. 90, 100.
57. Ibid., docs. 121, 122, 123, 128; Albertini, *Origins*, vol. II, p. 510ss.
58. Geiss, *July 1914*, docs. 101, 140, 141a, 153.
59. Ibid., p. 271, 291; docs. 118, 123, 124a, 137, 138, 147.
60. Ibid., docs. 91. 111, 114, 115, 125.
61. Ibid., docs. 133, 134, 143, 145, 154; Albertini, *Origins*, vol. II, p. 523-526.
62. Geiss, *July 1914*, doc. 147; Albertini, *Origins*, vol. II, p. 635-638, 645; vol. III, p. 378s, 390s.

63. Geiss, *July 1914*, doc. 158; Albertini, *Origins*, vol. II, p. 634s; vol. III, p. 373, 378, 386.
64. Geiss, *July 1914*, docs. 107, 148, 149.
65. Ibid., doc. 152.
66. Ibid., doc. 164; PRO FO 800/94, de Nicolson para Grey, 31 de julho de 1914. Cf. Hazlehurst, *Politicians at War*, p. 52; Andrew, Entente Cordiale, p. 33; K. Wilson, *Policy of the Entente*, p. 95; Albertini, *Origins*, vol. III, p. 374.
67. Hazlehurst, *Politicians at War*, p. 78s. Ver também Grey repetindo a mesma fórmula que Ponsonby: ibid., p. 37. Cf. K. Wilson, British Cabinet's Decision for War, p. 149s.
68. Geiss, *July 1914*, docs. 130, 133.
69. Albertini, *Origins*, vol. II, p. 501, 514, 523-525.
70. A oferta alemã de garantir a integridade territorial da França (mas não das colônias francesas) de fato havia sido feita por Albert Ballin, proprietário de um navio alemão, durante uma conversa com Churchill no jantar de 24 de julho: W. S. Churchill, *World Crisis*, p. 196; L. Cecil, *Albert Ballin*, p. 207. Para a oferta de Bethmann, ver Geiss, *July 1914*, docs. 139, 167; Albertini, *Origins*, vol. II, p. 506; Grey, *Twenty-Five Years*, vol. I, p. 325s.
71. Geiss, *July 1914*, doc. 151; Albertini, *Origins*, vol. II, p. 507, 519, 633; Grey, *Twenty-Five Years*, vol. I, p. 327s; R. Churchill, *Winston S. Churchill*, vol. II, parte 3, p. 1989, 1993; K. Wilson, British Cabinet's Decision for War, p. 153; W. S. Churchill, *World Crisis*, vol. I, p. 213ss; Offer, *First World War*, p. 308; Hazlehurst, *Politicians at War*, p. 23.
72. Albertini, *Origins*, vol. II, p. 511ss, 521ss; Asquith, *Genesis*, p. 198.
73. Geiss, *July 1914*, docs. 170, 173, 177. Cf. Albertini, *Origins*, vol. III, p. 380-385. Para desespero de Moltke, o Kaiser pensou que isso significava que o ataque no Ocidente poderia ser suspenso; ele até pediu champanhe para celebrar, declarando: "Agora só precisamos travar guerra contra a Rússia, simplesmente avançamos com o exército inteiro no leste": M. Gilbert, *First World War*, p. 30.
74. Albertini, *Origins*, vol. II, p. 639.
75. Geiss, *July 1914*, docs. 162, 177.
76. Albertini, *Origins*, vol. II, p. 638s, 646-649; vol. III, p. 373, 380, 384s, 392ss.
77. Trevelyan, *Grey of Falloden*, p. 260.
78. Kennedy, *Rise of the Anglo-German Antagonism*, p. 458s.
79. Hazlehurst, *Politicians at War*, p. 36-39; R. Churchill, *Winston S. Churchill*, vol. II, parte 3, p. 1990s.
80. Hazlehurst, *Politicians at War*, p. 33; Bentley, *Liberal Mind*, p. 17.
81. Beaverbrook, *Politicians and the War*, p. 19ss. Cf. Trevelyan, *Grey of Falloden*, p. 254; Hazlehurst, *Politicians at War*, p. 49, 73, 84-91; K. Wilson, British Cabinet's Decision for War, p. 150ss; K. Wilson, *Policy of the Entente*, p. 136-139. É um erro

considerar, com base em seu discurso de 1911 na Mansion House, que Lloyd George estava comprometido de alguma forma com a intervenção. Lloyd George nunca esteve comprometido com nada além dele mesmo.

82. Albertini, *Origins*, vol. III, p. 369s. Ver também Morley, *Memorandum*, p. 7; Nicolson, *Edwardian England*, p. 157; Hazlehurst, *Politicians at War*, p. 49, 86.
83. K. Wilson, British Cabinet's Decision for War, p. 150.
84. Beaverbrook, *Politicians and the War*, p. 28s; W. S. Churchill, *World Crisis*, vol. I, p. 216s; R. Churchill, *Winston S. Churchill*, vol. II, parte 3, p. 1997.
85. K. Wilson, *Policy of the Entente*, p. 138ss; Hazlehurst, *Politicians at War*, p. 94; Geiss, *July 1914*, doc. 183; Albertini, *Origins*, vol. III, p. 406s. Cf. Grey, *Twenty-Five Years*, vol. II, p. 2; Offer, *First World War*, p. 317.
86. K. Wilson, British Cabinet's Decision for War, p. 153ss; Albertini, *Origins*, vol. III, p. 403s.
87. Albertini, *Origins*, vol. III, p. 403ss; B. Gilbert, *Lloyd George*, p. 109; K. Wilson, *Policy of the Entente*, p. 141; Hazlehurst, *Politicians at War*, p. 66s.
88. Albertini, *Origins*, vol. III, p. 381s, 386, 399. Grey posteriormente negou, na Câmara dos Comuns, que havia feito a oferta, alegando que Lichnowsky o havia interpretado mal. Isso é contraditório em relação à sua carta a Bertie, datada de 1º de agosto: ver Geiss, *July 1914*, doc. 177 – a não ser que Grey houvesse deliberadamente enganado Cambon ao descrever sua proposta a Lichnowsky.
89. Asquith, *Genesis*, p. 221; Beaverbrook, *Politicians and the War*, p. 21; K. Wilson, *Policy of the Entente*, p. 138s; Hazlehurst, *Politicians at War*, p. 93s.
90. Albertini, *Origins*, vol. III, p. 483; Hazlehurst, *Politicians at War*, p. 116s; K. Wilson, British Cabinet's Decision for War, p. 157s; Asquith, *Genesis*, p. 220s.
91. Sobre a renúncia de Morley, ver Morley, *Memorandum,* passim; Pottle, *Champion Redoubtable*, p. 39s.
92. PRO CAB 16/5 XC/A/035374, memorando do Ministério das Relações Exteriores (Comitê de Defesa Imperial, documento E-2), 11 de novembro de 1908. Cf. K. Wilson, Foreign Office, p. 409.
93. Lloyd George, *War Memoirs*, vol. I, p. 30s, 40; W. S. Churchill, *World Crisis*, vol. I, p. 65, 199, 219.
94. Albertini, *Origins*, vol. III, p. 513; Asquith, *Genesis*, p. 211.
95. Hazlehurst, *Politicians at War*, p. 177, 303.
96. Ibid., p. 73; K. Wilson, *Policy of the Entente*, p. 136; K. Wilson, British Cabinet's Decision for War, p. 149.
97. R. Churchill, *Winston S. Churchill*, vol. II, parte 3, p. 1991, 1996; Geiss, *July 1914*, docs. 166, 174; Albertini, *Origins*, vol. III, p. 388s, 399s. Cf. Grey, *Twenty-Five Years*, vol. I, p. 329s; vol. II, p. 10; Asquith, *Genesis*, p. 209.
98. Beaverbrook, *Politicians and the War*, p. 22s; M. Brock, Britain Enters the War, p. 149s.

99. K. Wilson, British Cabinet's Decision for War, p. 153; Brock, Britain Enters the War, p. 151; B. Gilbert, *Lloyd George*, p. 110; Hazlehurst, *Politicians at War*, p. 70s.
100. PRO CAB 41/35/23, de Crewe para George V, 2 de agosto de 1914. Cf. Albertini, *Origins*, p. 409s (grifo meu). Para uma prova contundente de Lloyd George agonizando sobre o assunto, ver K. Morgan, *Lloyd George family Letters*, p. 167. Ver também as observações do Lloyd George a C. P. Scott em B. Gilbert, *Lloyd George*, p. 112.
101. Albertini, *Origins*, vol. III, p. 494; Brock, Britain Enters the War, p. 160. Cf. Grey, *Twenty-Five Years*, vol. II, p. 9s.
102. Geiss, *July 1914*, docs. 179, 184, 188; Albertini, *Origins*, vol. III, p. 479, 489, 492, 497.
103. Afirmar que "se a Alemanha não tivesse invadido [a Bélgica], poderia ter havido outras renúncias" é subestimar a fragilidade do governo como um todo: Mattel, *Origins*, p. 69.
104. Brock, Britain Enters the War, p. 145.
105. Albertini, *Origins*, vol. III, p. 486s; Grey, *Twenty-Five Years*, vol. II, p. 14s; K. Wilson, *Policy of the Entente*, p. 144.
106. W. S. Churchill, *World Crisis*, vol. I, p. 202s; Asquith, *Genesis*, p. 212s; K. Wilson, *Policy of the Entente*, p. 120; Brock, Britain Enters the War, p. 161. Cf. Howard, Europe on the Eve, p. 119.
107. Hazlehurst, *Politicians at War*, p. 114.
108. Morley, *Memorandum*, p. 10; K. Wilson, *Policy of the Entente*, p. 146.
109. B. Gilbert, *Lloyd George*, p. 108, 111.
110. K. Wilson, British Cabinet's Decision for War, p. 154.
111. PRO FO 800/100, de Grey para Asquith, 23 de março e 20 de maio de 1914. Cf. Hazlehurst, *Politicians at War*, p. 26-32; Lammers, Arno Mayer, p. 147s.
112. Woodward, *Great Britain*, p. 46.
113. K. Wilson, In Pursuit of the Editorship, p. 83.
114. Andrew, Entente Cordiale, p. 34.
115. Beaverbrook, *Politicians and the War*, p. 31; Albertini, *Origins*, vol. III, p. 399-404; K. Wilson, *Policy of the Entente*, p. 141.
116. Lammers, Arno Mayer, p. 159; K. Wilson, British Cabinet's Decision for War, p. 155. Cf. Woodward, *Great Britain*, p. 46, para a reciprocidade desse sentimento por parte dos *tory*.
117. K. Wilson, British Cabinet's Decision for War, p. 154s; K. Wilson, *Policy of the Entente*, p. 141s. Cf. Shannon, *Crisis of Imperialism*, p. 466. Pease talvez também tenha sido persuadido a "permanecer no navio" por razões financeiras: como sua esposa observou, ele não teria "nenhuma perspectiva de negócio" se renunciasse.
118. Hurwitz, *State Intervention*, p. 53.
119. Beaverbrook, *Politicians and the War*, p. 13-19. Cf. Hazlehurst, *Politicians at War*, p. 41.
120. Searle, *Quest for National Efficiency*, p. 175-201.

121. Ver, por exemplo, seus comentários nada enérgicos ao príncipe herdeiro alemão em 26 de julho.
122. Albertini, *Origins*, vol. III, p. 407, 503; Hankey, *Supreme Command*, p. 165; A. J. P. Taylor, *Struggle for Mastery*, p. 526; Offer, *First World War*, p. 5, 308s.
123. PRO FO 800/55, de Bertie para Grey, 3 de agosto de 1914; de Bertie para Tyrrell, 4 de agosto de 1914. Cf. de Bertie para Grey [telegrama cifrado], 4 de agosto de 1914.
124. D. French, *British Economic and Strategic Planning*, p. 87s; Offer, *First World War*, p. 312.
125. Beaverbrook, *Politicians and the War*, p. 36; Hankey, *Supreme Command*, p. 169ss, 187, 192; Albertini, *Origins*, vol. III, p. 510s; K. Wilson, *Policy of the Entente*, p. 125; J. Gooch, *Plans of War*, p. 301ss; Collier, *Brasshat*, p. 162s; K. Morgan, *Lloyd George Family Letters*, p. 169; D'Ombrain, *War Machinery*, p. 113s.
126. Hazlehurst, *Politicians at War*, p. 63s.
127. Woodward, *Great Britain*, p. 32-35; Hankey, *Supreme Command*, p. 187-197; Collier, *Brasshat*, p. 166s, 172-190. Ver também Guinn, *British Strategy*, p. 37ss.
128. Uma rara exceção é Johnson, *Offshore Islanders*, p. 365s. Para uma discussão detalhada, ver Ferguson, Kaiser's European Union.
129. Asquith, *Genesis*, p. 57s, 60, 63s, 83.
130. Grey, *Twenty-Five Years*, vol. I, p. 75, 81, 85, 313, 334s. Cf. Trevelyan, *Grey of Falloden*, p. 254, 260.
131. Grey, *Twenty-Five Years*, vol. II, p. 35ss. Ver também ibid., vol. I, p. 77.
132. Ibid., vol. II, p. 28.
133. Ver e.g. F. Fischer, *War of Illusions*, p. 470.
134. Butterfield, Sir Edward Grey, p. 1s; Hatton, Britain and Germany, p. 143.
135. F. Fischer, *Germany's Aims*, p. 103-106.
136. O ponto um suscitava a hipótese de que a França pudesse fazer "a cessão de Belfort e as encostas ocidentais dos Vosges, a demolição de fortalezas e a cessão da faixa litorânea de Dunkirk a Boulogne". O campo de minérios de Briey seria "cedido de qualquer forma". O ponto dois estipulava que Liège e Verviers seriam cedidos pela Bélgica à Prússia, e uma "faixa fronteiriça" seria cedida pela Bélgica a Luxemburgo. Deixava aberta a "questão de se a Antuérpia, sendo um corredor para Liège, também deveria ser anexada". "Portos militares" seriam ocupados pela Alemanha; de fato, toda a costa da Bélgica estaria "à nossa disposição para assuntos militares". A Flandres Francesa, com Dunkirk, Calais e Boulogne, poderia então ser tomada da França e cedida à Bélgica. O ponto três afirmava que Luxemburgo poderia se tornar um Estado federal alemão e poderia adquirir Longwy da França. O ponto sete levantava a possibilidade de que a Antuérpia fosse cedida à Holanda "em troca pelo direito de manter uma força militar alemã na fortaleza da Antuérpia e na foz do rio Escalda": F. Fischer, *Germany's Aims*, p. 105.

137. F. Fischer, *Germany's Aims*, p. 10, 28, 32ss, 101s; Geiss, *July 1914*, p. 21s; Berghahn, *Germany and the Approach of War*, p. 138ss.
138. Por exemplo, em 1892: Geiss, *July 1914*, p. 21s.
139. Ibid., doc. 135.
140. Ibid., doc. 179.
141. G. Gooch e Temperley, *British Documents*, vol. VI, n. 442.
142. Berghahn, *Germany and the Approach of War*, p. 138ss.
143. Ver Grey, *Twenty-Five Years*, vol. I, p. 325; Albertini, *Origins*, vol. II, p. 506. Deve-se observar, no entanto, que a integridade da Bélgica só foi garantida "considerando que a Bélgica não se posicionará contra nós"; e que não se daria garantia nenhuma com relação às colônias francesas. Com base nisso, é possível deduzir que Bethmann já contemplava algumas mudanças na extensão e no *status* da Bélgica, já que a essa altura as chances de uma aquiescência belga eram pequenas. Por outro lado, a primeira versão do decreto 87 de Moltke justificando a invasão da Bélgica oferecia não só garantir os direitos soberanos e a independência do país em troca de sua neutralidade, como também evacuá-lo imediatamente depois que a guerra terminasse e pagar compensações por qualquer dano de guerra: Geiss, *July 1914*, doc. 91. O futuro da Bélgica viria a ser motivo de disputa em Berlim durante toda a guerra, e se mostrou impossível assumir o tipo de compromisso inequívoco com a restauração da integridade belga que poderia ter agradado a opinião britânica; mas deve-se notar que o problema poderia ter desaparecido se, como quase aconteceu, os alemães tivessem conseguido persuadir o rei Alberto a desistir do compromisso de seu país para com a neutralidade: F. Fischer, *Germany's Aims*, p. 215-225; 420-428.
144. Geiss, *July 1914*, doc. 179.
145. F. Fischer, *Germany's Aims*, p. 104s.
146. Ibid., p. 115ss.
147. Bülow, *Memoirs*, p. 400. Cf. Winzen, *Der Krieg*.
148. Para mais detalhes sobre a concepção alemã de *Mitteleuropa*, que se formou durante a guerra, ver F. Fischer, *Germany's Aims*, p. 201-208, 247-256, 523-533. Cf. Berghahn, *Germany and the Approach of War*, p. 130-138.
149. I. Clarke, *Great War*, p. 203, 232.
150. Stern, Bethmann Hollweg, p. 99s.
151. Offer, Going to War, p. 228.

7
Os dias augustos: o mito do entusiasmo pela guerra

Dois voluntários

Já foi um axioma da historiografia que a eclosão da guerra foi recebida pelos povos da Europa com fervoroso entusiasmo patriótico. A passagem a seguir pode ser considerada típica da forma de evidência normalmente citada para corroborar essa ideia:

> O combate de 1914 não foi imposto às massas – não, por Deus –; foi desejado por todo o povo.
>
> As pessoas queriam finalmente pôr um fim à incerteza geral. Só assim é possível compreender por que mais de 2 milhões de homens e rapazes alemães poderiam se unir a este que foi o mais árduo de todos os confrontos, preparados para defender a bandeira até a última gota de sangue.
>
> Para mim, aquelas horas pareciam um alívio das sensações dolorosas da minha juventude. Mesmo hoje, não tenho vergonha de dizer que, tomado por um forte entusiasmo, fiquei de joelhos e agradeci a Deus, com o coração transbordando, por me conceder a boa fortuna de viver esse momento.
>
> Uma luta pela liberdade havia começado, a mais extraordinária já vista na terra [...] A esmagadora maioria da nação há muito estava cansada da eterna situação de incerteza [...] Eu também era um desses milhões [...] Meu coração, como o de milhões de outros, transbordou de orgulho e alegria [...]
>
> Para mim [...] começava agora a época mais importante e inesquecível de minha existência mundana. Comparado com os eventos desse confronto gigantesco, todo o passado se reduzia a nada [...] Uma única preocupação me atormentava

na época, assim como a muitos outros: não chegaríamos tarde demais à frente de batalha?[1]

Mas é difícil acreditar que algum sentimento de Adolf Hitler fosse tão universal quanto ele próprio afirmava. O pouco que sabemos da carreira de Hitler como soldado no Exército da Baviera confirma que ele foi um voluntário atípico. Seus camaradas na infantaria bávara o consideravam um tanto excêntrico: sem senso de humor e meticulosamente patriótico, ele objetou de maneira severa contra as "tréguas de Natal", o armistício informal ocorrido em 1914-1915.[2]

Compare-se o relato de Hitler sobre sua experiência como voluntário no serviço militar com o do jardineiro inglês Harry Finch, conforme ele registrou em seu diário na época:

> 1915. Terça-feira, 12 de janeiro. Fui a Hastings esta manhã, ao centro de recrutamento na Havelock Road, e me alistei nas Forças Armadas de Kitchener para o serviço de guerra. Fui considerado apto pelo médico e designado à Companhia n. 1 do 12º Batalhão do Regimento Real de Sussex (2 de South Downs.) Voltei para casa com a ordem de me apresentar ao meu Batalhão em Bexhill no dia 18: o centro de recrutamento estava cheio de homens se alistando. Segunda-feira, 18 de janeiro. Hoje eu me apresentei ao sargento-mor da companhia, Carter, nas Down Schools, Bexhill. Tinha colchão de mola e cama de palha com três cobertores. Minha primeira impressão foi a de que a linguagem no alojamento era um pouco afetuosa. Minha cama era muito dura, e não dormi muito. É claro que, sendo um recruta, coube a mim uma cama quebrada.[3]

Esse contraste não pretende insinuar uma diferença no caráter *nacional*. Embora muitos historiadores culturais tenham tratado de demonstrar uma diferença no modo como os alemães e os britânicos reagiram à eclosão da guerra,[4] os indícios apresentados a seguir procuram mostrar a diversidade de reações em todos os Estados combatentes. A diferença entre Hitler e Finch – que, casualmente, teve uma carreira mais próspera que a de Hitler durante a guerra, chegando ao posto de sargento – era de caráter pessoal, não nacional.

Multidões e impotência

Houve, é claro, certo entusiasmo. Podemos ver o testemunho de Hitler com desconfiança, mas há muitas outras testemunhas mais confiáveis. Escrevendo em 1945, o grande historiador liberal Friedrich Meinecke ecoou as recordações de Hitler: "Para todos os que a vivenciaram, a exaltação [*Erhebung*] dos dias de agosto de 1914 está entre as memórias mais inesquecíveis e do tipo mais elevado [...] Todas as divisões no interior do povo alemão [...] subitamente se diluíram diante do perigo comum [...]".[5] Na época, Meinecke chegou a publicar às pressas um livro sobre a "exaltação alemã".[6]

Na prática, exaltação significava multidões.[7] O relato de Hitler em *Minha luta* é memoravelmente corroborado pela fotografia de uma massa de pessoas na Odeonsplatz de Munique em que é possível identificar seu rosto extasiado. Em Viena, Stefan Zweig vibrou por ser parte de uma multidão patriótica, enquanto Josef Redlich ficou impressionado de ver trabalhadores se manifestando a favor da guerra contra a Sérvia em 26 de julho.[8] Na noite anterior, ocorreram as primeiras manifestações nacionalistas em Berlim, e elas se repetiram no dia 26.[9] Em Hamburgo, multidões similares se reuniram a partir de 25 de julho no Pavilhão Alster, em Jungfernstieg.[10] Esse foi um clima que persistiu durante os primeiros meses da guerra, com trens partindo para a frente de batalha decorados com flores, e multidões se reunindo do lado de fora da Bolsa de Valores para celebrar a vitória em Tannenberg.[11] Em *La comédie de Charleroi* [A comédia de Charleroi], o herói de Drieu La Rochelle descreveu a sensação agradável de estar em uma multidão como essa em Paris: "Eu estava [...] perdido no meio de tudo isso, exultante em meu anonimato".[12] E. C. Powell, um bancário de 17 anos de idade, recordava ter voltado a Londres em 3 de agosto depois de uma viagem aos Chilterns durante o feriado bancário e ter encontrado a cidade "em um estado de histeria. Uma vasta procissão ocupou a estrada de um lado a outro, todos agitando bandeiras e entoando canções patrióticas. Fomos todos levados junto [...], tomados pelo mesmo clima de histeria".[13] Foi, lembrou Lloyd George, "uma cena de entusiasmo sem precedentes nos tempos atuais".[14]

Mesmo aqueles que não se sentiam entusiasmados comentaram o fenômeno (e o próprio Lloyd George não gostava muito de ser aclamado por uma "multidão nacionalista" que tanto lembrava as que haviam celebrado o socorro a Mafeking na Guerra dos Bôeres). O modo como Karl Kraus descreve a multidão em Viena é profundamente cínico – é preciso a imaginação de um repórter de jornal para transformar as gangues de xenófobos bêbados em um povo patriótico –, mas não nega que a multidão estava lá.[15] Elias Canetti lembra que precisou ser resgatado de uma multidão como essa em 1º de agosto quando ele e seus irmãos foram ouvidos cantando "God Save the King" ["Deus salve o rei"] (uma banda militar havia começado a tocar a melodia original alemã).[16] Nem mesmo o líder social-democrata Friedrich Ebert podia negar que os reservistas que ele viu se amontoando nos trens depois da mobilização estavam "confiantes" e que as multidões que acenavam para eles estavam tomadas de um "forte entusiasmo".[17] Bertrand Russell observou as "multidões alegres [...] nas redondezas da Trafalgar Square" e "descobri[u], horrorizado, que, em geral, homens e mulheres estavam contentíssimos diante da possibilidade de uma guerra".[18] William Beveridge também os viu, "ocupando a estrada, sentados nos trilhos em frente as Casas do Parlamento, e sentados nos degraus da base da coluna de Nelson".[19]

Durante a crise de julho, os políticos – especialmente na Grã-Bretanha – fizeram referências frequentes à "opinião pública". Em 25 de julho de 1914, *sir* Edward Grey disse a seu embaixador na Rússia: "A opinião pública [não] aprovaria que fôssemos à guerra por uma disputa sérvia", uma visão repetida por Francis Bertie em Paris.[20] Seis dias depois, Pease observou em seu diário a conclusão do Gabinete de que "a opinião pública não nos permitiria apoiar a França", embora "uma violação [à neutralidade] da Bélgica talvez alterasse [essa] opinião", uma declaração que Grey leu de modo solene ao embaixador alemão Lichnowsky.[21] "A opinião pública britânica", informou Jules Cambon a Paris, "desempenha um papel tão importante no que está acontecendo" que é preciso fazer todo o possível para evitar a mobilização antes da Alemanha.[22] Mais tarde, em 1915, Grey observou que "uma de suas sensações mais fortes" com relação aos eventos de julho e de agosto do ano anterior foi de "que ele próprio não tinha poder para decidir a política, sendo apenas o porta-voz da Inglaterra".[23] Se a opinião pública foi tão entusiástica quanto as numerosas descrições de multidões pareciam indicar, as várias decisões a favor da guerra começam a parecer menos evitáveis do que se havia afirmado no capítulo anterior.

Mas há cada vez mais indícios que questionam, se é que não refutam totalmente, a tese da belicosidade das massas. Pode ter havido multidões, mas descrever seu estado de ânimo apenas como "entusiasmo" ou "euforia" é enganoso. Naquelas circunstâncias, ansiedade, pânico e até mesmo religiosidade apocalíptica foram reações populares igualmente comuns diante da eclosão da guerra.

É impressionante que nem mesmo os políticos e os generais que começaram a guerra tenham sentido grande entusiasmo. Já vimos quanto Bethmann e Moltke estavam pessimistas, sem falar do Kaiser. De fato, Moltke estava literalmente à beira de um ataque de nervos, mesmo quando a ofensiva alemã teve início. Lembra uma testemunha que, quando Jagow, o ministro das Relações Exteriores da Alemanha, recebeu a notícia da declaração de guerra inglesa em 4 de agosto, "seu rosto aparentava [...] uma expressão de angústia".[24] Na noite anterior, Grey havia associado a guerra a "luzes se apagando em toda a Europa", dizendo a um amigo: "Não as veremos acesas novamente até o fim de nossa vida" – o epitáfio de uma era.[25] Sozinhos em seu gabinete na Câmara dos Comuns na tarde anterior, Asquith e a esposa "não conseguiram falar por causa das lágrimas" depois que ele lhe disse apenas: "Está tudo acabado".[26] Churchill era a exceção. Em 22 de fevereiro de 1915, ele disse a Violet Asquith:

> Creio que uma maldição deveria cair sobre mim – porque *amo* esta guerra. Sei que está esmagando e destruindo a vida de milhares de pessoas a cada instante – e sim – *não consigo* evitar – gosto de cada segundo disso.[27]

Mas Churchill era um otimista incurável que nunca deixou de acreditar que havia um caminho fácil para ganhar a guerra. Mas sua esposa, evidentemente, não partilhava de sua paixão.[28]

Não é preciso dizer que muitos membros de organizações socialistas e pacifistas ficaram horrorizados com o início da guerra – algo não sem importância, considerando-se o alcance do sucesso eleitoral socialista antes de 1914 (ver Capítulo 1). É claro que os sindicatos e partidos socialistas da Europa foram incapazes de impedir a guerra: depois de todos os debates e resoluções, a Segunda Internacional basicamente se dissolveu em agrupamentos nacionais quando a guerra eclodiu. Os proponentes de uma greve geral não se fizeram ouvir em meio aos numerosos pedidos de apoio a uma guerra que todos os governos combatentes conseguiram, de alguma forma, retratar como defensiva. O caso do Partido Social-Democrata alemão (SPD) é mais conhecido, mas o Partido Trabalhista britânico se comportou de modo muito similar.

Durante a maior parte de julho, o mais importante jornal do SPD, *Vorwärts*, expressou grandes reservas quanto à política austríaca para com a Sérvia, instando o governo a chegar a um "acordo" com a França e a Grã-Bretanha.[29] Os líderes partidários se sentiam tão expostos que dois deles, Ebert e Otto Braun, deixaram a Alemanha e partiram para a Suíça em 30 de julho, como uma precaução caso o governo decidisse agir contra o partido. No dia anterior, entretanto, Ebert e seus colegas de partido haviam garantido ao governo que "nenhuma ação (greve geral ou localizada, sabotagem ou coisa similar) estava planejada ou precisaria ser temida". Em 4 de agosto, vários deputados do SPD – notadamente o revisionista Eduard David – chegaram a ser vistos aplaudindo o discurso de Bethmann no Reichstag. Ao todo, apenas 14 dos 110 deputados social-democratas se opuseram ao voto do grupo parlamentar a favor da emissão de créditos de guerra (entre eles, o oponente mais ferrenho do militarismo, Karl Liebknecht, que duas semanas antes havia feito um discurso bem recebido – em francês – para cerca de 10 mil socialistas franceses em Condé-sur-Escaut).[30] Nove dias depois, Ebert registrou em seu diário, sem questionar, a falsa afirmação do governo de que a França e a Itália haviam começado a se mobilizar contra a Alemanha já em 23 de julho.[31] Ele, como a maioria dos líderes do SPD, acatou o argumento do governo de que a guerra era necessária para defender a Alemanha contra a agressão da Rússia autocrática – *der Krieg gegen Zarismus* – e aceitou a *Burgfrieden* (trégua política) proposta por Bethmann na esperança de defender sua agenda reformista não oficial.[32] Exatamente da mesma maneira, Arthur Henderson – que, com Keir Hardie, escreveu, em agosto de 1914, um *Apelo à classe trabalhadora*, um apaixonado manifesto antibélico – entrou para o governo de Asquith como ministro da Educação em maio de 1915, com dois outros membros do Parlamento pelo Partido Trabalhista que aceitaram cargos de subsecretários.

Entretanto, aqueles na esquerda que continuaram a se opor à guerra apesar de toda a conversa de unidade nacional eram mais do que uma minoria irrelevante. É difícil acreditar que os "milhares de trabalhadores" que, em 29 de julho, haviam "abarrotado reuniões e se manifestado nas ruas [de Berlim] contra a guerra e a favor da paz" desapareceram em uma nuvem de fumaça uma semana depois; eles estavam entre o aproximadamente meio milhão de pessoas que participaram de manifestações antibélicas na Alemanha nos últimos dias de julho.³³ O mesmo se pode dizer dos 10 mil socialistas parisienses que ouviram o discurso de Liebknecht em 13 de julho.³⁴ Os socialistas alemães que dissentiram da linha partidária em agosto não o fizeram sem certo apoio popular, que mostrou surpreendente resistência ao assédio oficial. Quando, em 1915, Liebknecht e seus associados fundaram um jornal antibélico chamado *Internationale*, eles conseguiram vender 5 mil exemplares antes de o Estado intervir e confiscar os 4 mil restantes.³⁵ Também na Grã-Bretanha, o Partido Trabalhista Independente (ILP) recebeu apoio modesto, mas comprometido – sobretudo na Escócia, onde líderes como James Maxton pareciam saborear o confronto com as autoridades, mesmo que isso os levasse à prisão. A posição de Maxton é, talvez, mais bem sintetizada na canção antibélica que ele compôs:

> Ah, sou Henry Dubb
> E não irei à guerra
> Porque não sei
> Para que estão todos lutando
>
> Para o inferno, o Kaiser
> Para o inferno, o tsar
> Para o inferno, o lorde Derby
> E também Georgius Rex.³⁶

O humor era, de fato, um dos melhores trunfos da esquerda. Já em 30 de julho de 1914, o jornal socialista *Herald* publicou um conto de J. C. Squire em que ele imaginava como um historiador escrevendo em 1920 descreveria a guerra que estava prestes a começar:

> A força ultramarina britânica foi reduzida a um homem em Bois le Duc [...] 100 mil alemães caíram numa armadilha perto de Cracóvia e só um décimo sobreviveu para contar a história [...] O suprimento de comida em todos os países se esgotou [...] milhões morreram de fome, tortura e fogo [...] houve tumulto em todas as capitais, e a Peste Negra [...] voltou a assolar a Europa de leste a oeste.

Para que não restassem dúvidas, o jornal publicou no mesmo dia um editorial em que se lia: "Viva a Guerra! [...] Viva o sangue e as tripas, os pulmões perfurados, as mães chorando e as crianças sem pai, a morte e a doença no exterior e a privação dentro de casa [...]".37

No próprio Partido Trabalhista, Ramsay MacDonald foi um dos que se opuseram explicitamente à guerra na Câmara dos Comuns depois do discurso de Grey em 3 de agosto. O ministro das Relações Exteriores, declarou MacDonald, não o havia "persuadido" de que "o país está em perigo". Ele desdenhou o apelo de Grey à honra da nação: "Não houve nenhum crime dessa natureza cometido por estadistas sem que estes apelassem à honra da nação. Lutamos na Guerra da Crimeia por honra. Corremos para a África do Sul por honra". MacDonald também não se deixou impressionar pelo argumento de que era preciso ir à guerra em nome da Bélgica (embora, aqui, seu raciocínio fosse notavelmente intricado):

> Se o Muito Honorável Cavalheiro viesse até nós e nos dissesse que uma pequena nação europeia como a Bélgica está em perigo, e nos garantisse que o conflito seria restrito a essa questão, nós o apoiaríamos. [Mas] qual é a utilidade de falar em socorrer a Bélgica quando [...] se está combatendo em uma guerra que envolve toda a Europa [...].

E MacDonald passou a atacar, de maneira ainda mais efetiva, a política de ententes de Grey:

> O Muito Honorável Cavalheiro não disse nada sobre a Rússia. Queremos saber a respeito. Queremos tentar descobrir o que vai acontecer, quando tudo estiver terminado, com o poder da Rússia na Europa [...] No que concerne à França, dizemos solene e definitivamente que nenhuma amizade entre as duas nações tal como descreve o Muito Honorável Cavalheiro poderia justificar que uma dessas nações entrasse em guerra em nome da outra.

Em 5 de agosto, depois da declaração de guerra contra a Alemanha, MacDonald conseguiu que a Direção Nacional de seu partido aprovasse uma resolução condenando a ação de Grey e declarando o desejo do movimento trabalhista de "garantir a paz desde o primeiro momento". Embora ele não tenha conseguido convencer o grupo parlamentar – que votou a favor dos créditos de guerra no mesmo dia –, seus ataques a Grey foram aplaudidos por membros do Partido Trabalhista Independente.[38]

Também devemos mencionar os não socialistas que se opunham à guerra. Na Alemanha, a *Bund neues Vaterland* [União Nova Pátria] foi fundada no outono de 1914 para substituir a debilitada Sociedade Pacifista. Os pacifistas alemães também estiveram envolvidos na Organização Central para uma Paz Duradoura, uma entidade pan-europeia que se reunia em território neutro.[39] Na Grã-Bretanha, houve dois grupos fundados em julho de 1914 para se opor à intervenção: a British Neutrality League [Liga pela Neutralidade Britânica], fundada por Norman Angell e outros, e o British Neutrality Committee [Comitê pela Neutralidade Britânica], com membros como J. A. Hobson.[40] Este último publicou uma carta em 3 de agosto que descrevia a Alemanha como "espremida entre Estados hostis, extremamente civilizados" e "aliada racialmente" à Grã-Bretanha.[41] Mais tarde, surgiu o Stop the War Committee [Comitê pelo Fim da Guerra] e a No-Conscription Fellowship [Sociedade pelo Direito ao Não Alistamento Militar]. À sua própria maneira, conforme vimos, George Bernard Shaw se opôs à guerra por razões não tão diferentes daquelas propagadas por esses grupos radicais.[42]

De teor distinto foi a oposição à guerra do grupo de intelectuais um tanto narcisistas conhecido como "Bloomsbury". Lytton Strachey, Duncan Grant, David Garnett, Gerald Shove, E. M. Forster e o irmão de Virginia Woolf, Adrian Stephen – praticamente todos os homens de Bloomsbury eram opositores diretos (embora apenas Shove fosse um verdadeiro pacifista). Suas esnobes visões libertárias talvez sejam mais bem sintetizadas pela carta que Grant escreveu ao pai:

> Nunca considerei a possibilidade de uma grande guerra europeia. Parecia uma coisa tão absolutamente insana para um povo civilizado [...] Comecei a ver que nossos inimigos não eram as massas difusas de povos estrangeiros, mas a massa de pessoas em nosso próprio país e a massa de pessoas no país inimigo, e que nossos amigos eram pessoas de ideias verdadeiras que poderíamos encontrar em cada país que visitássemos. Ainda penso isso e penso que a guerra expressa a loucura e a estupidez.[43]

Para Clive Bell e *lady* Ottoline Morrell, a guerra era, nas palavras de Virginia Woolf, "o fim da civilização", tornando "sem valor o resto de nossa vida": o artigo de Bell, *Peace at Once* [Paz imediatamente] (1915) argumentava apenas (e com razão) que a guerra reduziria o total de felicidade humana: "Nosso trabalho comprará comida pior, férias mais curtas, quartos menores, menos diversão, menos conforto, em síntese, menos bem-estar do que costumava comprar".[44]

Argumentos muito diferentes contra a guerra podiam ser ouvidos nas universidades europeias. Em Viena – depois de um breve período patriótico –, Sigmund Freud atacou "o Estado beligerante" por "se permitir cada maldade, cada ato de violência que causaria desgraça aos indivíduos".[45] Em Berlim, Albert Einstein e o físico Georg Friedrich Nicolai, autor de *The Biology of War* [A biologia da guerra], estavam entre os signatários de um "Manifesto aos europeus" concebido como resposta à bombástica mensagem pró-guerra "ao mundo da cultura", assinada por 93 intelectuais (ver Capítulo 8). Walther Schücking, professor de direito de Marburg, foi um dos mais proeminentes pacifistas alemães: durante toda a guerra, ele defendeu um sistema de relações internacionais baseado em leis e intermediação, e não em conflito militar.[46] Em Paris, o musicólogo Romain Rolland denunciou a guerra como "o colapso da civilização [...] a maior catástrofe da história [...] a ruína de nossas mais sagradas esperanças por uma irmandade humana".[47] O envolvimento do filósofo de Cambridge, Bertrand Russell, com a Union of Democratic Control (UDC) [União de Controle Democrático] e a No-Conscription Fellowship [Sociedade pelo Direito ao Não Alistamento Militar] é bem documentado: de acordo com Russell, Grey era um "fomentador da guerra", e esta era resultado de uma incapacidade de conduzir uma política racional de apaziguamento com relação à Alemanha.[48] É verdade, Russell era uma figura isolada em Cambridge; de fato, seu envolvimento com a UDC lhe custou um cargo em Trinity. Por outro lado, o entusiasmo pela guerra estava longe de ser o sentimento da maioria. O professor J. J. Thomson foi um dos que se opuseram publicamente à intervenção britânica em 1914, assim como o historiador F. J. Foakes-Jackson, um dos signatários do Protesto dos Acadêmicos de 1º de agosto. Outro historiador (embora já não fosse docente em Cambridge) que se opôs publicamente "à participação da Inglaterra no crime europeu" foi G. M. Trevelyan.[49] Poucos professores foram tão germanófobos desde o início quanto Henry Jackson, de Trinity. O pai de John Maynard Keynes, Neville, provavelmente era mais típico do clima em Cambridge, jogando golfe miseravelmente para esquecer o horror "dessa guerra nefasta".⁵⁰ Na Escola de Economia de Londres, Graham Wallas foi membro do British Neutrality Committee [Comitê pela Neutralidade Britânica]. Sem dúvida, muitos dos primeiros oponentes à intervenção – incluindo Wallas e George Trevelyan – mudaram de ideia depois de 4 de agosto.⁵¹ Em uma carta de 13 de agosto, Trevelyan aceitava a opinião de que "o atual confronto terrível salvará a Inglaterra, a Bélgica e a França dos *junkers*, e salvará nossa civilização insular, com seu tecido delicado, do colapso".⁵² Mas isso distava muito de um entusiasmo pela guerra, e refletia sobretudo a influência da questão belga sobre uma mente calcada na tradição liberal do século XIX.

Menos conhecidas são as manifestações de sentimento antibélico na Universidade de Oxford, mais conservadora. Dois professores de Oxford estiveram entre os que assinaram o "Protesto dos acadêmicos contra a guerra com a Alemanha", publicado como uma carta ao *The Times* em 1º de agosto, que declarava:

> Consideramos a Alemanha uma nação pioneira nas artes e na ciência, e todos nós aprendemos e continuamos aprendendo com os acadêmicos alemães. A guerra contra ela em nome da Sérvia e da Rússia será um pecado contra a civilização [...] Entendemos que temos razões válidas para protestar contra sermos levados a combater uma nação tão semelhante a nós, e com a qual temos tanto em comum.⁵³

Essa visão foi endossada por ninguém menos que o vice-chanceler T. B. Strong da Igreja Cristã, em seu discurso no início do primeiro trimestre letivo de 1914, em que ele descreveu a Alemanha como "a potência na Europa com a qual tínhamos mais afinidade". A *Oxford Magazine* fez uma homenagem aos oxfordianos alemães mortos na guerra e, em janeiro de 1915, publicou uma carta de Kurt Hahn – um ex-membro da Igreja Cristã – culpando a política externa de Grey pela guerra. Sem dúvida, os historiadores de Oxford desempenharam um papel fundamental na propaganda antialemã (ver o próximo capítulo), e a revista estudantil *Varsity* adotou um tom cada vez mais germanófobo à medida que a guerra se prolongava. Entretanto, mais de cem pessoas assinaram uma carta de protesto contra as perseguições da revista ao professor alemão H. G. Fiedler (que culminaram em um chamado a boicotar os exames alemães).⁵⁴ Houve, talvez, uma dose de ironia na oração do vice-chanceler em 1916, quando ele declarou que Oxford, daí em diante, iria "prosseguir em sua própria linha e não tentar importar os métodos alemães e a rigidez alemã [...] para o nosso sistema": de fato, foi durante a guerra que se implementou o título de ph.D (*Philosophiae Doctor*), uma imitação consciente do sistema de pós-graduação da Alemanha.⁵⁵ Foi só em março de 1916 que o Conselho Administrativo da Fundação Rhodes sucumbiu à pressão de encerrar a concessão de bolsas de estudos para alemães.⁵⁶ O clima "mais de tristeza do que de raiva" foi bem captado por H. Stuart Jones, um professor de Trinity, numa carta publicada em um jornal do norte:

> Não me rendo nem a Norman Angell nem a qualquer outro homem em [se tratando de] minha abominação à guerra; mas quando ele nos diz que em uma crise anterior, a Alemanha foi impedida de provocar hostilidades porque temia enfrentar problemas na Alsácia-Lorena e prevê que, se adquirisse Roterdã, a Antuérpia e Dunquerque, não teria como partir para a agressão, pela dificuldade de governar suas próprias populações dominadas, você se pergunta se deve rir ou chorar diante de tamanha estupidez.⁵⁷

Também é importante enfatizar que os muitos liberais de orientação esquerdista que apoiaram a guerra o fizeram com o verdadeiro oposto de entusiasmo. William Beveridge e John Maynard Keynes trabalharam no serviço de economia de guerra britânica enquanto durou o conflito; pessoalmente, ambos consideravam a guerra um erro. Beveridge disse à mãe em 3 de agosto que, embora

> pareça necessário e, em certo sentido, nosso dever [...], pessoalmente considero que guerrear contra os alemães a favor dos franceses e dos russos é ir contra a corrente. Só posso esperar que, se realmente entrarmos em guerra, sejamos capazes de entender, e os alemães também, que não há rancor nisso, e que sempre estaremos prontos para a paz.⁵⁸

Duas semanas depois, ele escreveu, desesperado:

Detesto meu trabalho [...] Todas as coisas nas quais venho trabalhando estarão atoladas em militarismo pelos próximos dez anos, e estarei ocupado demais com elas para conseguir participar de algum dos novos movimentos a favor do desarmamento que podem vir a surgir em decorrência desta guerra.[59]

Keynes procurou, em vão, dissuadir seu irmão Geoffrey e seu amigo húngaro Ferenc Békássy de participarem da guerra. Quando seu amigo Freddie Hardman foi morto no fim de outubro de 1914, ele escreveu a Duncan Grant: "Isso faz você se sentir miserável e desejar que a guerra termine quanto antes, pouco importa em que condições. Não consigo suportar o fato de que ele precisou morrer".[60] Logo depois, a morte de Rupert Brooke, outro amigo de Cambridge, e de Békássy, aumentaram sua angústia.[61] Em fevereiro de 1916, apesar de ser dispensado do combate por seu "trabalho de importância nacional" no Ministério da Fazenda, Keynes insistiu em se candidatar à dispensa com base em sua objeção consciente à guerra. Em 4 de janeiro, ele disse a Ottoline Morrell que desejava "uma greve geral e um verdadeiro levante para ensinar [...] aqueles homens sanguinários que nos enfurecem e nos humilham". Ele disse a Duncan Grant, em dezembro de 1917: "Trabalho para um governo que desprezo e para propósitos que considero criminosos".[62]

Nem mesmo aqueles que se ofereceram voluntariamente para lutar foram acríticos quanto às políticas da guerra. O ex-missionário, professor e poeta Rupert Brooke, lendário entusiasta pela guerra, lamentou em 3 de agosto:

> Está tudo simplesmente de cabeça para baixo. Quero que a Alemanha destrua a Rússia e que depois a França acabe com a Alemanha. Temo que, em vez disso, a Alemanha arruinará a França e depois será aniquilada pela Rússia [...] a Prússia é um mal. [Mas] a Rússia significa o fim da Europa e de toda decência. Imagino que o futuro é um império eslavo, mundial, despótico e insano.[63]

Tal ambivalência com relação ao aliado oriental da Alemanha também era sentida pelos ministros do governo. "Sou totalmente contra travar uma guerra de conquista para destruir a Alemanha em benefício da Rússia", escreveu Lloyd George à esposa em 11 de agosto. "Derrotemos os *junkers*, mas sem guerrear contra o povo alemão e afins. Não vou sacrificar meu [...] garoto para esse propósito".[64]

Seria possível argumentar que tais visões eram da pequena elite erudita. Mas opiniões como as que podem ser encontradas nos jornais britânicos de 1914 (sobretudo em suas seções de cartas) indicam que mentes menos exaltadas pensavam de maneira similar. Em 3 de agosto de 1914, um sr. A. Simpson escreveu ao *Yorkshire Post*:

> Quanto à Inglaterra e à Alemanha: não deve haver guerra alguma entre nós. Nossos laços de comércio, ideias e religião são muito próximos e reais para permitirmos tal coisa [...] Os alemães têm inteligência, força moral, resistência. Nenhuma combinação europeia possível pode impedir a Alemanha de obter ainda mais influência e poder. Mesmo se fosse derrotada neste ano ou no próximo (ou a qualquer momento) pela Inglaterra, Rússia e França, a Alemanha se retiraria, assentaria suas bases, e, por seu poder e pela intensidade de seu propósito [...] finalmente ressurgiria, e o futuro da Europa estaria em suas mãos [...] a Rússia representa a força bruta, e toda dominação russa nos assuntos europeus seria um retrocesso para todos os ideais de humanidade.[65]

Essa russofobia ecoou em um sermão feito pelo pastor da igreja de St. Mary, em Newmarket, que denunciou "o governo da Rússia [como] o governo mais horrível e bárbaro do mundo".[66] Em 5 de agosto – quando já era tarde demais –, o *Barrow Guardian* publicou uma carta de um tal C. R. Buxton pedindo aos "liberais [que] sejam fiéis a seus princípios e mantenham a calma. A imprensa *tory* está tentando nos lançar em uma guerra que não tem nada que ver conosco".[67]

Quão a sério devem ser levados os oponentes da guerra – que, sem dúvida, eram uma pequena minoria? Os governos os levaram bastante a sério. Sob a autoridade da Lei Prussiana de 1851 a respeito do Estado de Cerco (que se aplicava a todo o Reich, com exceção da Baviera, e entrou em vigor quando a guerra eclodiu), os socialistas e pacifistas independentes foram sistematicamente perseguidos na Alemanha. Fundada antes da guerra, a Sociedade Alemã para a Paz teve seu jornal banido, e seu líder, Ludwig Quidde, foi proibido de participar de "qualquer outra atividade proselitista". A União Nova Pátria foi submetida a censura em 1915 e declarada ilegal em 1916. Schücking foi efetivamente amordaçado: proibido de expressar suas opiniões oralmente ou por escrito. Na Grã-Bretanha, aqueles que haviam sido responsáveis por contraespionagem antes da guerra não tardaram em ampliar sua esfera de ação para incluir os oponentes internos ao conflito. A censura postal, inicialmente implementada para identificar espiões alemães, possibilitou a compilação de listas de 34.500 cidadãos britânicos com supostos vínculos com o inimigo, outros 38 mil "sob suspeita por motivo de algum ato ou associação hostil" e 5.246 associados com "pacifismo, antimilitarismo etc.". Além do Partido Trabalhista Independente, o Stop the War Committee [Comitê pelo Fim da Guerra] e a No-Conscription Fellowship [Sociedade pelo Direito ao Não Alistamento Militar] foram submetidos a investigação oficial.[68] A Lei de Defesa do Reino (DORA, na sigla em inglês) foi usada para aprisionar não só líderes do Partido Trabalhista Independente como Maxton, mas também indivíduos cujos escrúpulos contra a guerra eram éticos e até mesmo religiosos, em vez de políticos. Em dezembro de 1915, por exemplo, dois homens receberam sentenças de prisão de seis meses por publicar um panfleto que difundia a doutrina cristã a respeito da guerra de acordo com o Sermão da Montanha.[69] Bertrand Russell foi perseguido em junho de 1916 por um panfleto contra o serviço militar obrigatório, e finalmente aprisionado em 1918 por "insultar um aliado". Em um dos episódios mais chocantes de toda a guerra, 34 objetores de consciência* britânicos foram enviados à França, julgados em corte marcial e condenados à morte, sentença que, depois de protestos de Russell e de outros, foi substituída por trabalhos forçados.[70] A única razão pela qual isso não teve paralelo na Alemanha ou na Áustria-Hungria foi porque esses países não tinham um sistema que contemplasse a objeção de consciência.

Pânico

Entretanto, não foram apenas os politicamente articulados que receberam a guerra com receio. Em regiões onde os civis tinham de levar em conta as incursões inimigas, o clima era quase de pânico. Em Paris, como se sabe, houve

---

* Indivíduo que se recusa, com base em princípios morais ou religiosos, a lutar nas Forças Armadas. Muitos homens foram presos por conta dessa recusa. Do inglês *conscientious objector*. (N.E.)

um êxodo em massa, que começou antes mesmo do primeiro bombardeio da cidade (em 30 de agosto de 1914); as memórias do cerco de 1870 bastavam. Acredita-se que, até setembro, aproximadamente 700 mil civis haviam fugido de Paris, dos quais cerca de 220 mil eram menores de 15 anos; entre os adultos, estavam todos os funcionários civis e do governo, que fugiram para a segurança de Bordeaux.[71] Também houve fluxos similares de refugiados na Frente Oriental. Os pais de Gregor von Rezzori, de etnia alemã, nascido em 1914 em Bukovina, lhe contaram que "porque alguém afirmou ter visto as boinas deles [dos russos] – na verdade, ele as havia confundido com os chapéus sem viseira, de cor verde militar, usados por nossos camaradas alemães –, o pânico tomou conta da população". Sua mãe se uniu ao êxodo em massa e acabou indo parar em Trieste com os dois filhos.[72]

A obra pioneira de Jean-Jacques Becker mostrou quão ambivalente era o estado de ânimo na França em 1914, mesmo nas áreas não diretamente ameaçadas pela guerra.[73] Para sorte dos historiadores, o ministro da Educação da França, Albert Sarraut, convocou professores do ensino fundamental em certos departamentos para a aplicação de um questionário que incluía o seguinte: "Mobilização: como foi feita? Estado de ânimo do público, expressões típicas que se ouviam repetidas vezes". Ao analisar as respostas obtidas pelos professores de seis departamentos, Becker conclui que o entusiasmo *não* era a principal reação do povo francês diante da guerra. Antes da notícia da guerra, um professor em Mansle observou: "Todos disseram que ninguém seria tão insano ou criminoso a ponto de infligir tamanho flagelo". A reação expressa com mais frequência à notícia de mobilização em mais de 300 comunas pesquisadas no departamento de Charente era "estupefação", seguida de "surpresa". Analisando os termos específicos usados para descrever o estado de ânimo da população, Becker descobriu que 57% das pessoas eram negativas, 20% eram "calmas e serenas" e apenas 23% indicavam fervor patriótico. Na categoria negativa, as reações mencionadas com mais frequência foram "pranto" e "desolação": estas apareceram não menos que 92 vezes, comparadas com apenas 29 referências a "entusiasmo".

Dito isso, não houve resistência alguma à mobilização (como houve na Rússia); e o estado de ânimo certamente foi mais positivo na época em que as tropas começaram a chegar – o número de menções de "entusiasmo" subiu para 71. Mas, mesmo então, era um entusiasmo moderado. "As canções daqueles que estavam se gabando", escreveu um professor em Aubeterre, "me soavam falsas, e parecia que eles haviam bebido para criar coragem e esconder o medo". As pessoas também não aludiam muito às motivações para a guerra que os historiadores costumavam citar a respeito da França: vingança por 1870-1871 e a recuperação da Alsácia-Lorena. A principal justificativa para a guerra foi, como em outras partes, defensiva. Conforme se lê em um típico relatório sobre o estado de ânimo da população: "A França não queria a guerra; foi atacada; cumpriremos nosso dever". Além disso, os testemunhos de outros cinco departamentos indicam que o entusiasmo provavelmente esteve acima da média no departamento de Charente. Em Côtes du Nord, por volta de 70% das reações à mobilização foram negativas.[74] Não há indícios equivalentes que permitam um estudo comparável do estado de ânimo na Grã-Bretanha; entretanto, uma pesquisa da imprensa no norte da Inglaterra identifica reuniões antiguerra em Carlisle e em Scarborough.[75] Há indícios similares de sentimentos ambivalentes na Alemanha.[76]

Obviamente, a maior parte dos dados de Becker se refere à França rural, ao passo que as evidências anedóticas tendem a indicar que a multidão patriótica em 1914 foi um fenômeno urbano. Mas mesmo aqui há razões para ceticismo. Aliás, é importante lembrar que o efeito mais imediato da eclosão da guerra sobre as economias urbanas foi afundá-las em uma recessão. Em Berlim, o desemprego entre os membros de sindicatos saltou de 6% em julho de 1914 para 19% em agosto, alcançando um pico de quase 29% no mês seguinte. Em Londres, o índice de desemprego para os trabalhadores cobertos pelo sistema de seguridade social subiu de 7% para 10% (ver Figura 8). Muito provavelmente, esses percentuais subestimam o desemprego total, já que trabalhadores casuais (em geral, não sindicalizados nem inscritos no programa de seguridade social) eram mais propensos a ser demitidos. A mais afetada foi Paris, sobretudo porque muitos empregadores fugiram da capital. O emprego na região de Paris diminuiu cerca de 71% em agosto. Embora grande parte dessa queda fosse decorrente da ida de trabalhadores para o Exército, houve pelo menos 300 mil parisienses registrados como desempregados em outubro: por volta de 14% da mão de obra da cidade.[77]

Sem dúvida, o desemprego era principalmente um fenômeno da classe trabalhadora; mas, com base em fotografias e outros materiais, pareceria que a maioria dos manifestantes patrióticos em 1914 era da classe média. Não se veem

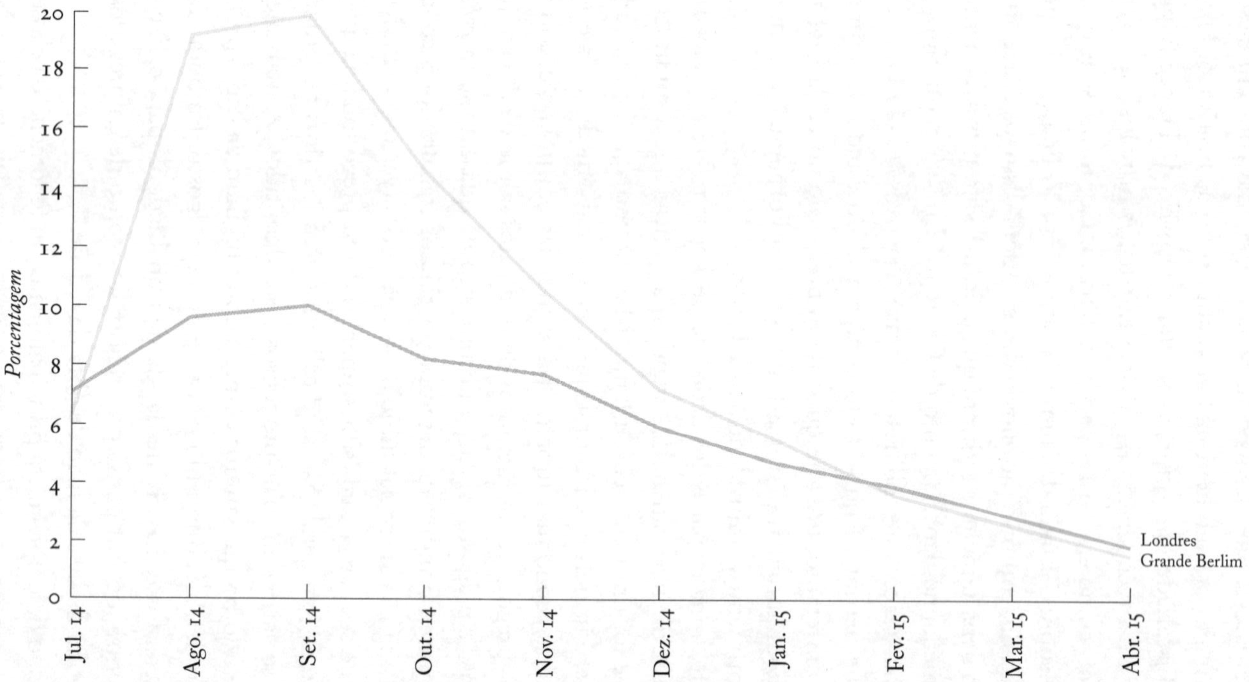

Figura 8 Índices de desemprego em Berlim e em Londres, de julho de 1914 a abril de 1915

Fonte: Lawrence et al., Outbreak of War, p. 586.

bonés proletários ao redor de Hitler na multidão de Odeonsplatz; predominam chapéus-palheta e chapéus-panamá. Também em Berlim, de acordo com o relatório em *Vorwärts*, a multidão que tomou as ruas em 26 e 27 de julho era principalmente composta de "homens jovens, vestidos na última moda, escrituários e estudantes nacionalistas alemães".[78] Segundo os informes nos jornais, a multidão ao redor do Palácio de Buckingham e do Whitehall em 3 de agosto – cujo tamanho o *Daily Mail* estimou em 60 mil, embora 20 mil pareça mais provável – era predominantemente de classe média e proveniente dos bairros residenciais de Londres. Era uma segunda-feira, feriado bancário, e os "Pooter"* da cidade estavam agindo como fizeram durante a Guerra dos Bôeres, ainda que o clima, segundo alguns relatos, fosse um tanto mais sóbrio.[79]

De todo modo, por mais jingoísmo que houvesse entre os bancários do sul em 1914, o entusiasmo pela guerra estava nitidamente ausente dos mercados financeiros que os empregavam.

Antes de 1914, autores como Ivan Bloch e Norman Angell haviam argumentado que as consequências financeiras de uma grande guerra europeia seriam tão graves que uma guerra como essa seria praticamente impossível. Segundo as estimativas de Bloch, uma grande guerra custaria 4 milhões de libras por dia para cinco nações combatentes, e aproximadamente 1,46 bilhão de libras só para alimentar todos os soldados envolvidos durante um ano:

"Mas como eles poderiam não contrair empréstimos e emitir papel-moeda?" [perguntou seu editor britânico.] "Muito bem", disse o sr. Bloch. "Eles tentariam fazê-lo, sem dúvida, mas a consequência imediata da guerra seria fazer que os valores mobiliários desvalorizassem de 25% a 50%, e em um mercado tão tumultuado seria difícil obter empréstimos. Os recursos, portanto, teriam de vir de empréstimos forçados e de papel-moeda não conversível [...] Os preços [...] subiriam muitíssimo."[80]

O problema seria especialmente grave para os países que precisariam depender, em parte, de capital estrangeiro para financiar suas dívidas anteriores

---

* Uma alusão a Charlie Pooter, personagem fictício da obra satírica *The Diary of a Nobody*, que encarnava o típico homem de classe média da era vitoriana. (N.T.)

à guerra. Como Angell afirmou, "a profunda mudança causada pelo crédito" e "a delicada interdependência das finanças internacionais" significavam que a guerra seria quase impraticável: "Nenhuma força física pode subestimar a força do crédito". Se um navio de guerra pertencente a uma potência estrangeira navegasse pelo Tâmisa, seria a economia estrangeira que sofreria, e não a britânica, já que os investidores derrubariam o preço dos títulos públicos do agressor.[81] O socialista francês Jean Jaurès estava apenas repetindo Angell quando declarou que "o movimento internacional de capital é a maior garantia de paz mundial".

A ideia de restrições econômicas à guerra teve ampla aceitação – e não só entre os políticos de esquerda. Schlieffen havia concebido seu plano precisamente com base no pressuposto de que:

> A máquina [econômica], com seus milhares de engrenagens, dos quais milhões obtêm seu sustento, não pode ficar parada por muito tempo. Não se pode passar de uma situação a outra em batalhas com 12 dias de duração por um ou dois anos, até que os beligerantes estejam completamente exaustos e esgotados, ambos implorem por paz e ambos aceitem o *status quo*.

Em um artigo publicado em 1910, ele repetiu o mesmo argumento: "Guerras [de longa duração] são impraticáveis numa época em que a existência de uma nação se baseia no progresso ininterrupto do comércio e da indústria [...] Uma estratégia de atrito não funcionará se a manutenção de milhões demandar [que se gastem] bilhões".[82] Argumentos similares foram ouvidos durante o mês de julho. O encarregado de negócios russo em Berlim alertou um diplomata alemão já em 22 de julho que os "acionistas alemães" iriam "pagar, com seus próprios valores mobiliários, o preço pelos métodos dos políticos austríacos".[83] No dia seguinte, *sir* Edward Grey previu (em uma conversa com o embaixador austríaco, o conde Mensdorff) que a guerra "implicaria o gasto de uma soma tão grande de dinheiro, e tamanha interferência no comércio, que seria acompanhada ou seguida de um completo colapso do crédito e da indústria na Europa".[84] Uma guerra continental, ele informou a Lichnowsky no dia 24, teria "resultados [...] incalculáveis": "a exaustão e o empobrecimento absolutos; a indústria e o comércio seriam arruinados, e o poder do capital, destruído. A consequência seriam movimentos revolucionários como os de 1848, em decorrência do colapso das atividades industriais".[85] (Este não era um mero recurso retórico: no começo de agosto, havia, em Londres, temores genuínos de um "pânico incipiente com relação aos alimentos", que resultaria em "graves problemas" se "contagiasse a massa de população trabalhadora".)[86] Em 31 de julho, Grey chegou a ponto de usar isso como um argumento a favor da não intervenção britânica, como Paul Cambon informou a Paris:

> Acredita-se que o conflito iminente trará problemas para as finanças da Europa, que a Grã-Bretanha enfrentaria uma crise financeira e econômica sem precedentes e que a neutralidade britânica poderia ser a única maneira de evitar o colapso total do crédito europeu.[87]

Embora tenham se mostrado equivocadas no médio prazo, essas previsões de fato estiveram corretas, tanto no curto prazo quanto no longo prazo. A Bolsa de Valores de Viena mostrava sinais de queda já em 13 de julho. Em Hamburgo, Max Warburg havia começado a "perceber o que podia ser vendido, e a reduzir nossos compromissos" imediatamente depois dos assassinatos em Sarajevo, e em 20 de julho os principais bancos de Hamburgo precisaram tomar as primeiras medidas para conter um pânico no mercado de ações.[88] A precocidade da crise em Hamburgo provavelmente se deveu uma série de indícios oficiais de que a guerra era iminente. Em 18 de julho, o Kaiser solicitou que o armador Albert Ballin fosse informado acerca de uma possível mobilização; três dias mais tarde, a Chancelaria do Reich escreveu ao Senado sobre a necessidade de centros de emprego regionais para alocar mão de obra no caso de uma guerra; e, em 23 de julho, o Ministério das Relações Exteriores enviou um oficial a Hamburgo com uma cópia do ultimato austríaco à Sérvia.[89] Quando, na noite de 28 de julho, chegaram a Hamburgo as notícias de que o governo alemão havia rejeitado a proposta de Grey para uma conferência de chanceleres em Londres, houve tanto pânico na Bolsa de Hamburgo que Warburg se sentiu compelido a contatar a Wilhelmstrasse (a sede da Chancelaria do Reich na época). Ele foi autorizado a anunciar que, embora o governo alemão não considerasse "viável" a conferência proposta, as "negociações [bilaterais] entre os Gabinetes dos dois governos, que já haviam sido iniciadas com grande sucesso, prosseguiriam". Essa declaração insincera foi recebida com aplausos; mas, ainda assim, a Bolsa não foi reaberta naquela noite.[90]

A crise passou despercebida em Londres até 27 de julho – o dia antes da declaração de guerra austríaca contra a Sérvia –, quando os bancos alemães começaram a sacar depósitos e a liquidar ações.[91] Que isso era só o começo ficou claro no dia seguinte, quando – em um processo que tomou lorde Rothschild totalmente de surpresa – seus primos de Paris enviaram um telegrama cifrado solicitando a venda de uma "grande quantidade de consolidados britânicos para as caixas econômicas e os bancos públicos franceses". Ele recusou, primeiro com a justificativa puramente técnica de que "na atual situação dos nossos mercados, é impossível fazer qualquer coisa"; depois, acrescentando o argumento mais político de que "as consequências seriam terríveis [...] se enviássemos ouro a uma potência continental com a finalidade de que esta se fortaleça, num momento em que a 'guerra' está na boca de todos".[92] Apesar de garantir aos Rothschild franceses que seus telegramas estavam sendo mantidos em sigilo absoluto, Rothschild imediatamente alertou Asquith do que havia acontecido. Atenuando muitíssimo a situação, Asquith a descreveu a Venetia Stanley como "ameaçadora".[93] Em seu diário, ele foi mais sincero: "A City [...] se encontra em um estado deplorável depressão e paralisia [...] As perspectivas são sombrias".[94]

O primeiro sintoma real da crise foi uma queda brusca no preço dos títulos da dívida pública – o sinal típico de uma crise internacional. Em 29 de julho, os consolidados despencaram de mais de 74 libras para 69,5 libras e continuaram a cair quando o mercado foi reaberto; e os consolidados normalmente eram o penúltimo recurso do investidor (antes do ouro) em uma crise. A queda de cinco pontos em 1º de agosto foi, de acordo com o *Economist*, sem precedentes, assim como o aumento do *spread* (a diferença entre as ofertas dos compradores e os preços solicitados pelos vendedores), que chegou a um ponto, comparado com uma média histórica de um oitavo. Os títulos da dívida pública das outras potências caíram ainda mais.[95] Em síntese, a previsão de Bloch, de quedas de 25% a 50% no preço das obrigações, havia começado a se tornar realidade. A queda afetou também o preço das ações, inclusive de empresas não europeias. Keynes havia feito algumas compras "corajosas" de ações da Rio Tinto e da Canadian Pacific em 28 de junho, prevendo que a Rússia e a Alemanha não "entrariam" em uma guerra entre a Áustria e a Sérvia.[96] Ele foi um dos muitos investidores que agora enfrentavam grandes perdas.

Além de dar uma ideia da magnitude da crise, a Figura 9 nos permite avaliar as expectativas da City. Como vimos, o que continuou incerto até

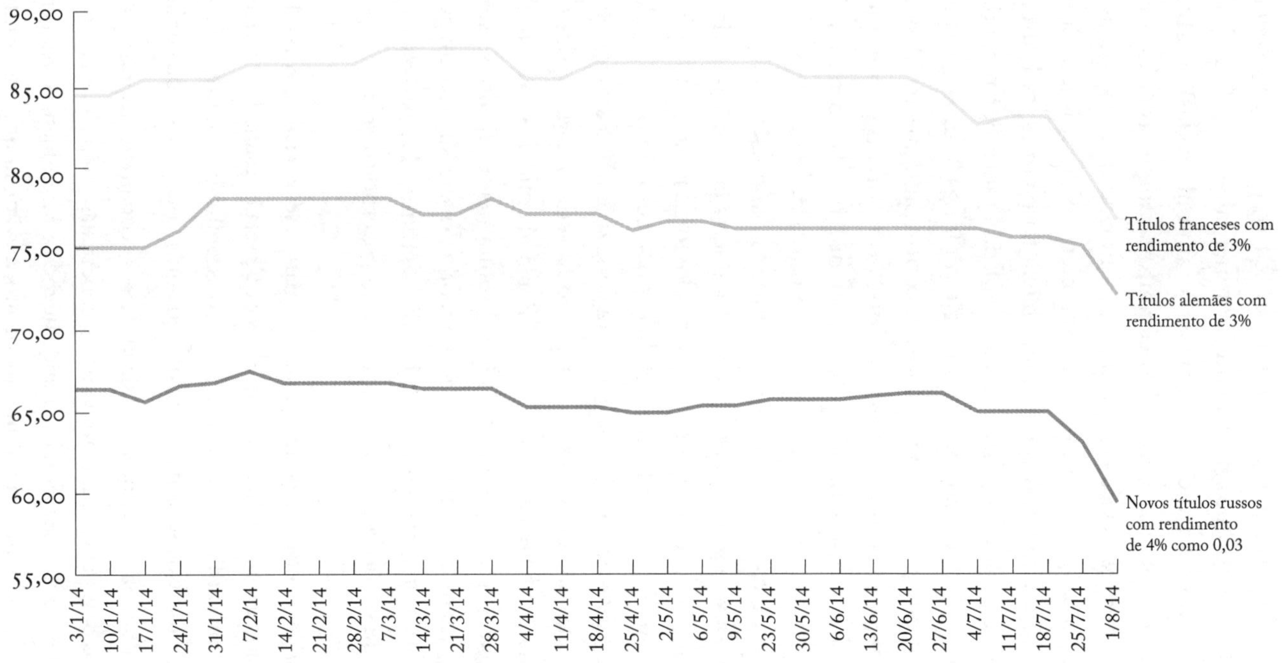

Figura 9 Preços de fechamento semanais dos títulos públicos das potências continentais em Londres, 1914
Fonte: *Economist*.

3 de agosto foi se a Grã-Bretanha realmente entraria na guerra. Portanto, os preços para 1º de agosto nos possibilitam inferir o que a City esperava que acontecesse em um conflito puramente continental. Entre 18 de julho e 1º de agosto (o último dia em que as cotações foram publicadas), as obrigações de todas as principais potências despencaram, mas algumas caíram mais do que outras. Os títulos russos caíram 8,7%; os franceses, 7,8% – mas os alemães caíram apenas 4%. Na ausência de intervenção britânica, a City estava colocando seu dinheiro em Moltke, como havia feito em 1870. Entretanto, a decisão britânica de pender a balança em favor da França por meio da intervenção mudou tudo, pois anunciava uma guerra longa, e uma guerra global. Se os mercados de ações europeus tivessem continuado abertos depois de 1º de agosto, o preço de todos os valores mobiliários teriam diminuído ainda mais; de fato, há todas as razões para pensar que o colapso teria eclipsado todas as crises dos cem anos anteriores, incluindo a de 1848.

Como Jaurès e os demais haviam previsto, os banqueiros, portanto, fizeram tudo que estava a seu alcance para evitar a guerra em 1914: eles viram com ainda mais clareza do que os políticos que a eclosão de uma grande guerra traria caos financeiro. Como lorde Rothschild disse a seus primos em 27 de julho, "Ninguém [na City] pensa e fala sobre outra coisa que não a situação europeia e as consequências que poderiam surgir se não fossem tomadas sérias medidas para evitar uma conflagração europeia".[97] "Por mais que a Áustria tenha sido inábil", escreveu ele em 30 de julho, "seria absolutamente criminoso se *milhões de vidas* fossem sacrificados para santificar a teoria do assassinato, um assassinato brutal que os sérvios cometeram".[98] No dia seguinte, ele instou seus primos franceses a fazerem que Poincaré "enfatizasse ao governo russo":

1. que, por mais poderosos que sejam um país e seus aliados, o resultado de uma guerra é sempre incerto, e, qualquer que seja o resultado, os sacrifícios e o sofrimento infligidos sobre seu povo são assombrosos e incalculáveis. Nesse caso, a calamidade seria maior do que qualquer coisa já vista ou conhecida.

2. A França é o maior credor da Rússia; de fato, as condições econômicas e financeiras dos dois países estão intimamente conectadas, e esperamos que o senhor faça o que estiver a seu alcance, usando de toda a sua influência, para encorajar seus estadistas, mesmo no último momento, a evitarem que esse conflito abominável aconteça, e para mostrar à Rússia que ela deve isso à França.[99]

Em 31 de julho, Rothschild implorou ao *The Times* para abrandar o tom de seus editoriais, que estavam "acossando o país rumo à guerra"; mas tanto o editor do caderno internacional, Henry Wickham Steed, quanto seu proprietário, lorde Northcliffe, consideraram que esta era "uma suja tentativa financeira internacional germano-judaica de nos intimidar em favor da neutralidade", e concluiu que "a resposta correta seria um editorial ainda mais rígido amanhã". "Ousamos não ficar de fora", bradou o editorial do sábado. "Nosso maior interesse é a lei da autopreservação."[100] Rothschild fez de tudo para manter abertos seus canais de comunicação com Berlim por intermédio de Paul Schwabach;[101] ele até fez um apelo pessoal ao Kaiser, rogando por paz.[102] Como Asquith disse a Venetia Stanley, "na City era particularmente forte [a opinião em favor de] [...] ficar de fora a todo custo".[103] Ecoando Wickham Steed, Cambon informou ao Quai d'Orsay sobre os

> esforços extraordinários [...] sendo feitos no mundo dos negócios para evitar a intervenção do Governo contra a Alemanha. Os financistas da City, presidentes do Banco da Inglaterra, em grande parte sob o domínio de banqueiros de origem alemã, estão levando adiante uma campanha muito perigosa.[104]

Mas de súbito ficou claro que os banqueiros, no fim das contas, eram impotentes. Pois Angell e os demais haviam entendido mal: os bancos não podiam parar a guerra – mas a guerra podia parar os bancos. Isso porque a perspectiva de uma guerra envolvendo a Grã-Bretanha tinha um efeito paralisante sobre o comércio com o continente. Sabia-se o suficiente sobre os planos de guerra britânicos (e lembrava-se o suficiente da experiência de um século antes) para presumir que esse comércio seria agora efetivamente interrompido: seria o fim das remessas de produtos alemães à Grã-Bretanha, e o fim das remessas de produtos britânicos à Alemanha. Mas o pagamento pelos navios que jamais velejariam já havia sido feito antecipadamente, por meio da emissão de letras de câmbio. As instituições aceitantes que financiaram esse comércio descontando as letras de câmbio estavam, portanto, num grande aperto, com cerca de 350 milhões de libras a receber e, destes, uma proporção desconhecida dificilmente seria honrada.[105] A Tabela 18 mostra a dimensão do problema.[106]

Como Keynes assinalou, isso teve implicações importantes para o sistema bancário como um todo: "Os bancos [de compensação] [...] dependem

Tabela 18 O mercado de letras de câmbio em Londres: valores devidos no fim de cada ano, 1913-1914 (milhões de libras)

	Barings	Kleinwort Sons	Schröders	Hambros	N. M. Rothschild	Gibbs	Brandts	Total dos "grandes sete"	Todas as instituições aceitantes
1913	6,64	14,21	11,66	4,57	3,19	2,04	3,33	45,64	140
1914	3,72	8,54	5,82	1,34	1,31	1,17	0,72	22,62	69

Fonte: Chapman, *Merchant Banking*, p. 209.

das instituições financeiras aceitantes e das corretoras de títulos; as corretoras de títulos dependem das instituições aceitantes, e as instituições aceitantes dependem de clientes estrangeiros que são incapazes de enviar dinheiro". Agora, era iminente a possibilidade de que uma crise aguda de liquidez emanando das instituições aceitantes ameaçasse todo o sistema financeiro britânico. No dia 30, o Banco da Inglaterra havia adiantado 14 milhões de libras ao mercado de descontos de títulos e uma quantidade similar aos bancos, mas foi forçado a proteger suas próprias reservas (que caíram de 51% dos passivos para apenas 14,5%), aumentando a taxa oficial de juros de 3% para 4%. Já em 27 de julho, o Banco Central da Rússia havia sido forçado a suspender a conversibilidade do ouro. Quando o Banco da Inglaterra tratou de evitar o mesmo destino dobrando sua taxa básica para 8% em 31 de julho, acompanhado de um aumento de mais 2% no dia seguinte, o mercado simplesmente quebrou. Para evitar uma implosão completa, a Bolsa de Valores precisou ser fechada no dia 31, medida que também foi tomada em Berlim e em Paris. O fechamento da Bolsa já havia acontecido antes em Paris (em 1848, por exemplo); mas nem mesmo durante a pior crise do século XIX havia sido necessária uma medida tão drástica em Londres. No dia seguinte (como em 1847, 1857 e 1866), Lloyd George entregou ao presidente do banco uma carta permitindo que ele excedesse, se fosse preciso, o limite de emissão de notas estipulado pela Bank Charter Act. Casualmente, 1º de agosto foi um sábado, e a segunda-feira seguinte era feriado bancário; o feriado foi estendido para o resto da semana, o que lhes deu um pouco mais de fôlego. A Bolsa de Valores continuou fechada "até segunda ordem". Também houve, como em Paris, uma suspensão temporária do pagamento das dívidas (uma medida que Berlim conseguiu evitar).[107]

Pode-se imaginar a tristeza dos banqueiros. Em Hamburgo, a entrada da Inglaterra na guerra levou Ballin a um desespero que alarmou até mesmo Warburg. Em setembro, entretanto, ele também havia perdido as esperanças de uma vitória rápida.[108] "Nenhum governo esteve a cargo de uma tarefa tão séria e dolorosa como esta", Alfred de Rothschild escreveu a seus primos em Paris em 3 de agosto, quando ficou claro para ele que a Grã-Bretanha interviria. Ele não pôde deixar de "sentir um calafrio" ao pensar "no espetáculo militar e moral diante dos nossos olhos, com seus dolorosos detalhes pairando ao longe".[109] É bem possível que, em 1914, houvesse pessoas que acreditavam sinceramente que a guerra seria breve e branda. Mas os banqueiros não estavam entre elas – e tampouco o Estado-Maior alemão, cujo pessimismo já foi descrito.

Alistamento

O melhor indício do entusiasmo pela guerra é, sem dúvida, a disposição dos homens para lutar. É claro que no continente europeu eles tiveram pouca escolha. Os que estavam cumprindo serviço militar ou haviam cumprido há pouco tempo foram imediatamente recrutados quando a guerra começou. Ainda assim, vale notar que houve pouca resistência à mobilização, mesmo onde (como ocorreu em partes da França) ela foi recebida sem entusiasmo. Só na Rússia houve resistência violenta por parte dos camponeses, que se ressentiram com a incursão das autoridades militares à véspera da colheita; e mesmo isso foi esporádico.[110] Além do mais, mesmo nos países que já haviam implementado o serviço militar obrigatório, ainda era possível para os que não "haviam servido" em tempos de paz se oferecerem para combater na guerra; e muitos o fizeram. Adolf Hitler foi um deles (ele havia evitado o serviço militar austríaco mudando-se para Munique, mas se apressou em se oferecer para o Exército da Baviera em agosto de 1914). Ernst Jünger foi outro: conforme recordou, ele foi tratado com "certa perplexidade pelos soldados mais velhos. Em geral, os soldados encararam isso como uma espécie de intromissão da nossa parte".[111] Em Hamburgo, como em outros lugares, foi a classe média que correu para o Exército por vontade própria: rapazes como Percy Schramm, de 15 anos, oriundo de uma importante família de comerciantes hanseáticos,[112] ou Herbert Sulzbach, um judeu de Frankfurt, que já em 14 de julho de 1914 flertou com a ideia de "entrar para o serviço militar em vez de ir para Hamburgo como aprendiz de comerciante"; depois de certa hesitação, ele se apresentou como voluntário em 1º de agosto.[113]

Já na Grã-Bretanha e no Império Britânico, o serviço militar obrigatório só foi implementado no início de 1916. Portanto, todos os que entraram para o Exército antes dessa data o fizeram de maneira voluntária. Os números são impressionantes. Em 25 de agosto de 1914, Kitchener declarou suas metas para o recrutamento de voluntários: 30 divisões, um número que cresceu de maneira gradativa até que, um ano depois, chegou a 70. O número total de homens convocados no primeiro mês da guerra foi 200 mil.[114] De fato, não menos de 300 mil homens se alistaram (ver Figura 10). Em uma única semana (de 30 de agosto a 5 de setembro), 174.901 homens entraram para o Exército.[115] O total diário cresceu de 10.019 em 25 de agosto até um pico de 33 mil em 3 de setembro.[116] Ao todo, pouco menos de 2,5 milhões de homens se voluntariaram para lutar no Exército britânico, algo em torno de 25% dos elegíveis. Destes, 29% se alistaram durante as primeiras oito semanas de guerra. O número de homens que se apresentaram voluntariamente é quase igual ao dos que o fizeram depois da implementação do alistamento obrigatório; de fato, em termos anuais, o total de novos membros tendeu a diminuir, apesar da obrigatoriedade.[117] Numa tentativa de desacelerar a pressa inicial, o Gabinete de Guerra elevou a altura mínima dos recrutas em 7,6 centímetros, passando a 1,68 metro em 11 de setembro, mas precisou reduzi-la novamente no fim de outubro e restaurá-la a seu nível inicial em 14 de novembro.[118] Além disso, muitos homens acima da idade de serviço o fizeram como Voluntários ou Policiais Especiais.[119] Até a Batalha do Somme, os britânicos lutaram primordialmente porque queriam, não por que precisavam.

Entretanto, é preciso fazer uma série de ressalvas. Nem todos os bretões estavam igualmente ávidos por lutar. Certamente, não é verdade (como se afirmou depois da guerra) que "todas as classes [...] contribuíram de igual maneira".[120] Tampouco é verdade que o Novo Exército era composto basicamente da "mesma classe de recrutas que o exército regular" antes da guerra.[121] Como muitos na época observaram, incluindo o principal encarregado de recrutamento, o sargento lorde Derby, houve vários homens de classe média – potenciais candidatos a postos superiores – que se alistaram como soldados rasos em sua ânsia por ver ação. "Houve advogados, procuradores, bancários, engenheiros qualificados", lembrou um que entrou para o regimento da cidade de Birmingham, embora também houvesse um número considerável de recrutas da classe trabalhadora, do tipo tradicional e malnutrido.[122] Entre os trabalhadores, os da indústria têxtil tinham pouca representatividade, ao passo que (algo ilógico, do ponto de vista da economia de guerra) os mineradores eram proporcionalmente numerosos: 115 mil mineradores se voluntariaram no primeiro mês da guerra, quase 15% dos membros da Federação de Mineradores, e em junho de 1915 o número havia chegado a 230 mil.

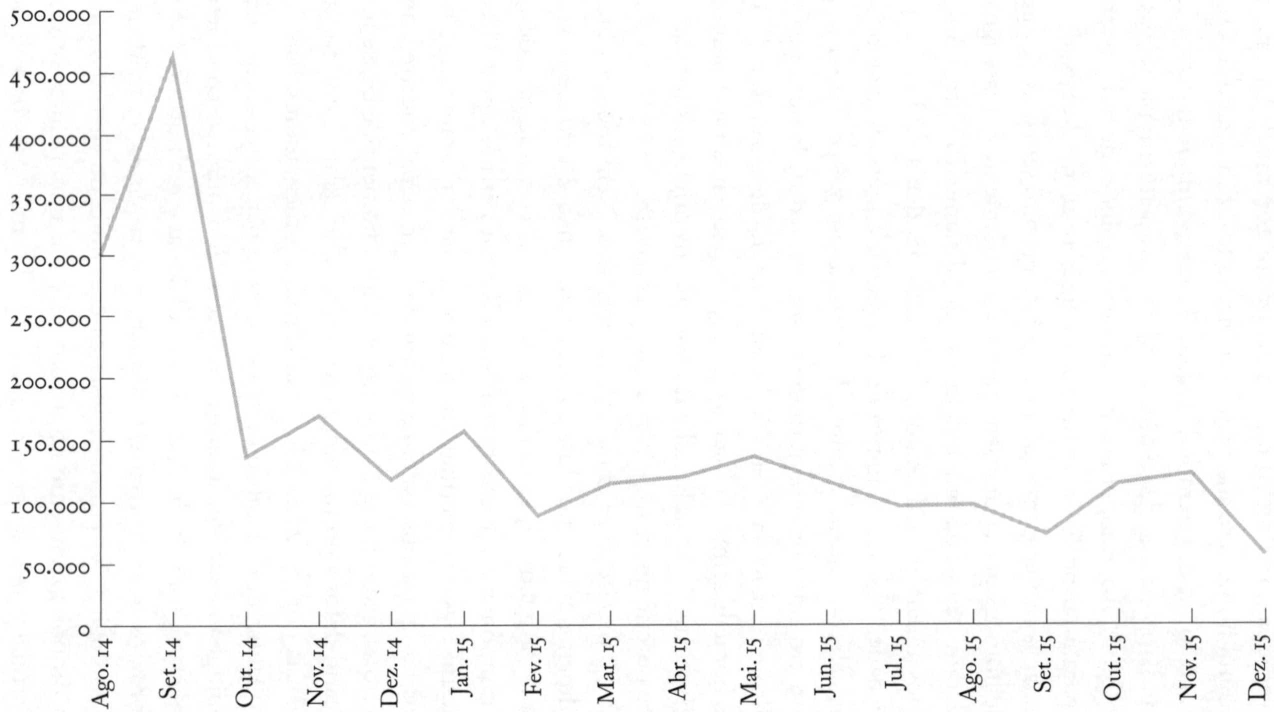

Figura 10 Alistamento no Exército regular e na Força Territorial da Inglaterra, agosto de 1914 a dezembro de 1915
Fonte: Beckett e Simpson, *Nation in Arms*, p. 8.

Algumas cidades mineradoras foram praticamente esvaziadas de jovens.¹²³ Mas o desequilíbrio mais impressionante foi a elevada proporção de homens empregados no setor de serviços com relação aos do setor industrial: 40% dos homens de finanças, comércio e profissões liberais haviam se alistado em fevereiro de 1916, em comparação com 28% dos empregados de indústrias.¹²⁴ Isso foi, em parte, porque os empregados "de colarinho branco" eram mais altos e fisicamente mais aptos; em parte, porque se fez certo esforço para manter os trabalhadores de indústrias estratégicas em seu emprego; mas também porque a classe média estava mais disposta a lutar.

Ainda mais surpreendentes, talvez, são as variações nacionais no interior da Grã-Bretanha e do Império Britânico. Os escoceses, que tinham baixa representatividade no Exército antes da guerra, foram os mais dispostos a se voluntariar para o combate. Em dezembro de 1915, cerca de 27% dos homens escoceses entre 15 e 49 anos haviam se oferecido.¹²⁵ Os australianos também estavam dispostos: foi a única parte do Império que não precisou recorrer ao alistamento obrigatório.¹²⁶ Já os irlandeses foram relativamente relutantes: só 11% dos elegíveis se alistaram de bom grado, embora aqui também tenha havido grande variação regional: o sul foi relutante, sobretudo depois de 1916.¹²⁷ Fatores políticos similares afetaram o recrutamento no Canadá – que enviou o maior número de soldados de todos os domínios (641 mil). Apenas 5% destes eram canadenses francófonos, apesar do fato de eles representarem 40% da população.¹²⁸

Por que os homens se alistaram? Na maioria dos casos, certamente não foi para fazer vigorar o tratado de 1839 com relação à neutralidade da Bélgica (muito menos para defender a Sérvia contra a retaliação dos Habsburgo pelo assassinato em Sarajevo). Sem dúvida, algumas das memórias mais famosas de combatentes aludem à questão belga. Graves lembra-se de ter ficado "furioso [...] [com] a cínica violação da neutralidade da Bélgica por parte dos alemães"; Sassoon leu nos jornais que "os soldados alemães crucificaram os bebês belgas".¹²⁹ *Sir* William Lever garantiu a um membro do governo belga exilado que "todos os homens" no Novo Exército estavam "cheios de entusiasmo para ir à frente de batalha e vingar os crimes cometidos contra a Bélgica".¹³⁰ Entretanto, parece duvidoso que esse sentimento tenha sido generalizado nas Forças Armadas, sobretudo entre os que ocupavam postos inferiores. A carta de Herbert Read, típica das enviadas para casa por membros desse grupo, conclui: "Bem, eles dizem que é tudo pela pequena Bélgica, então digo para que se animem: mas esperem só até eu chegar à pequena Bélgica".[131] Há até mesmo uma história – embora talvez seja falsa (ou decorrente do humor negro dos soldados) – de tropas britânicas embarcando para atravessar o canal e cantando "nós vamos acabar com os belgas".[132]

Um sentimento mais vago de "amor ao país" é visto com mais frequência como a típica motivação do voluntário.[133] Argumenta-se que o patriótico "espírito de 1914" foi produto de anos de doutrinação – em escolas, universidades, associações nacionalistas e (no continente) nos próprios Exércitos. Não sem razão, um dos vilões em *Nada de novo no front* é o diretor da escola. As massas – ou, pelo menos, as classes médias – haviam sido "nacionalizadas" por meio da exposição à música nacionalista, à poesia nacionalista, à arte nacionalista e aos monumentos nacionalistas – e, é claro, à história nacionalista. Mesmo algumas das tendências culturais que consideramos "inovadoras" contribuíram para o entusiasmo pela guerra ao retratá-la como um agente não de destruição, mas sim de renovação espiritual.[134] Esse argumento era particularmente atraente se levarmos em conta o modo como os ex-alunos das tradicionais escolas particulares britânicas concebiam a guerra na linguagem dos campos esportivos. "Vitaï Lampada" ("Tocha da vida", 1898), de *sir* Henry Newbolt, é o texto mais frequentemente citado nesse contexto: em um campo de batalha deserto e remoto, "A voz do estudante reúne a equipe: 'Mostrem a que vieram! Mostrem a que vieram e definam o jogo'".[135] As escolas particulares da Inglaterra, segundo se afirmou, inculcaram precisamente as qualidades adequadas para a guerra: "Lealdade, honra, bravura, cristianismo, patriotismo, espírito esportivo e liderança". Eton, Winchester, Harrow, Shrewsbury: essas foram as portas de entrada para as trincheiras em 1914-1915 (assim como, até há pouco tempo, eram consideradas a preparação ideal para uma sentença de prisão). Dos 539 rapazes que saíram de Winchester entre 1909 e 1915, apenas oito não se voluntariaram. O *Eton Chronicle* afirmou explicitamente: "Foi lá que eles aprenderam as lições que lhes permitirão resistir à prova a que agora devem se submeter".[136] Quase a mesma coisa poderia ser dita dos *Gymnasien* alemães, embora lá os esportes fossem uma obsessão muito menor; ao passo que as universidades alemãs, com seus duelos entre confrarias estudantis em vez de regatas de remo, certamente superaram Oxford e Cambridge em cultura bélica. As escolas francesas também incutiram o patriotismo no currículo, antes e durante a guerra.[137] Também os rapazes franceses duelaram mais do que outros europeus.

Sem dúvida, muitos dos que se voluntariaram em 1914-1915 o fizeram com fervor patriótico; este, provavelmente, teve muito a ver com a escola. Kenneth Kershaw assim descreveu o dia em que entrou para o Gordon Highlanders, em junho de 1915: "O dia mais feliz da minha vida, sem dúvida. Finalmente, sou escolhido para lutar pelo meu país, minha única ambição na vida".[138] Mas o surpreendente é o quão nebuloso era esse amor ao país: o que exatamente lutar na Bélgica ou no norte da França tinha a ver com lutar em nome da Grã-Bretanha (sem falar das Terras Altas escocesas)? No entanto, para muitos voluntários oriundos de escolas privadas, o impacto de sua educação foi um interesse menor pelos motivos da guerra. Os novos oficiais franceses de *sir* John – "homens do campo [...] acostumados à caça, ao polo e aos esportes campestres" – tenderam a considerar a guerra "o maior de todos os jogos": nas palavras de Sassoon, "um piquenique [...] armado num dia de clima perfeito".[139] Para homens como Francis Grenfell, os soldados alemães eram uma espécie de raposa ou javali, a ser caçada por esporte.

De todo modo, e quanto aos "homens comuns", ou seja, aqueles que não haviam desfrutado dos benefícios de uma educação em escola particular? Mais tarde, um dos que posteriormente se ofereceram para lutar na guerra recordou seu próprio pressuposto de que o objetivo da Força Expedicionária Britânica era evitar que a Alemanha invadisse a Grã-Bretanha:

> Não estávamos lutando pelo rei nem pelo país, porque jamais havíamos visto o rei. Acho que é porque uma guerra estava acontecendo e todos sentimos que era algo que podíamos fazer. Havia um Exército nos confrontando e não queríamos que eles entrassem na Inglaterra, por isso pensamos que a melhor forma de impedi-los era mantendo-os onde estavam, na França.[140]

Isso era quase plausível, mas equivocado: conforme vimos, não havia nenhum plano alemão de invadir a Grã-Bretanha. Ainda assim, é bem provável que os homens sentissem sinceramente a necessidade de se defenderem: é significativo que o pico do recrutamento tenha coincidido mais ou menos com o momento mais débil da Força Expedicionária Britânica (a retirada de Mons), quando os alemães pareciam a ponto de tomar Paris.

Mas outros desse meio social tinham um pensamento menos estratégico. George Coppard, um rapaz de Croydon de 16 anos de idade que só havia recebido uma educação elementar, "não sabia nada" sobre o que estava acontecendo na França quando se ofereceu como voluntário em 27 de agosto.[141] Harry Finch nem se deu ao trabalho de mencionar um motivo para sua decisão de se alistar em janeiro de 1915; o irmão havia estado no Exército antes da guerra, e ele possivelmente teria se alistado mesmo se a paz houvesse perdurado.

Se os soldados britânicos – que estavam entre os mais letrados na guerra – não sabiam ao certo por que lutavam, a confusão era ainda maior nos Exércitos da Frente Oriental. No começo de *O bom soldado Švejk*, de Hašek, o herói checo imbecil fica sabendo do assassinato do arquiduque Francisco Ferdinando quando a arrumadeira no *pub* local lhe conta: "Eles mataram nosso Ferdinando". Quando ela explica a que Ferdinando se refere, Švejk faz uma análise totalmente equivocada das implicações do assassinato: "Espero que os culpados sejam os turcos", pondera ele. "Você sabe, nós nunca deveríamos ter tirado a Bósnia e a Herzegovina deles." Um policial à paisana escuta a conversa e informa a Švejk que, na verdade, os assassinos foram "os sérvios":

"Você está enganado", respondeu Švejk. "Foram os turcos, por causa da Bósnia e da Herzegovina." E Švejk expôs sua opinião à política externa austríaca nos Bálcãs. Em 1912, os turcos perderam a guerra contra a Sérvia, a Bulgária e a Grécia. Todos eles queriam que a Áustria os ajudasse e, quando isso não aconteceu, eles atiraram em Ferdinando [...] "Você realmente acredita que Sua Majestade Imperial vai tolerar esse tipo de coisa? Se é assim, você não o conhece nem um pouco. Terá de haver guerra contra os turcos. 'Vocês mataram meu tio, e eu vou acabar com vocês.' A guerra é certa. A Sérvia e a Rússia vão nos ajudar. Quase não haverá banho de sangue."

Švejk pareceu belo em seu momento profético. Seu rosto simples, ostentando um grande sorriso, irradiava entusiasmo. Tudo estava tão claro para ele.

"Pode ser", disse, continuando seu relato sobre o futuro da Áustria, "que, se entrarmos em guerra contra os turcos, os alemães nos ataquem, porque os alemães e os turcos são unidos. Em nenhuma outra parte há canalhas como eles. Mas podemos nos aliar à França, que tem desavenças com a Alemanha desde 1871. E então a coisa vai estourar. Haverá guerra. Eu não direi mais nada".[142]

Por essas reflexões, o desafortunado Švejk é preso e posteriormente alistado. É claro, essa é uma comédia. Entretanto, parece improvável que Švejk fosse muito mais mal informado do que a maioria dos milhões de soldados que se viram, como ele, em uniforme e marchando para a guerra cinco semanas depois da morte do arquiduque. Certamente, poucos recrutas russos sabiam o motivo da guerra, como lembrou o general Alexei Brusilov:

> De tempos em tempos, eu perguntava a meus homens nas trincheiras por que eles estavam na guerra; a resposta absurda e inevitável era que um certo arquiduque e sua esposa haviam sido assassinados e, em consequência, os austríacos tentaram humilhar os sérvios. Praticamente ninguém sabia quem eram os sérvios; e tampouco o que era um eslavo. Por que um alemão desejaria lutar contra nós por causa desses sérvios, ninguém era capaz de responder [...] Eles nunca tinham ouvido falar das ambições da Alemanha; não sabiam nem mesmo que esse país existia.

Um agente agropecuário de Smolensk anotou as observações dos soldados camponeses durante as primeiras semanas do conflito: "Se os alemães querem pagamento, seria melhor pagar 10 rublos por cabeça do que matar pessoas".[143] Descrevendo a reação dos camponeses russos à mobilização em 1914, o *attaché* militar britânico em São Petersburgo escreveu: "A maioria [dos soldados russos] foi à guerra de bom grado no início, sobretudo porque fazia pouca ideia do que a guerra significava. Eles careciam [...] de conhecimento inteligente dos objetivos pelos quais estavam lutando [...]".[144]

A primeira reação de Adolf Hitler, que tentara escapar do serviço militar austríaco, diante da notícia do assassinato foi

> ser tomado pela preocupação de que as balas poderiam ter saído da pistola de estudantes alemães que, indignados com o contínuo trabalho de eslavização levado adiante pelo príncipe herdeiro, quiseram libertar o povo alemão desse inimigo interno [...] Mas quando, logo em seguida, ouvi o nome dos supostos assassinos, e também li que eles haviam sido identificados como sérvios, um leve

calafrio começou a percorrer meu corpo diante dessa vingança de um Destino impenetrável.

O maior amigo dos eslavos havia sido morto por balas de fanáticos eslavos.[145]

T. E. Lawrence descreveu como os árabes e turcos lutando no Oriente Médio prefaciariam o combate com "torrentes de palavras [...] e, após os insultos mais grosseiros que eles conheciam, viria o clímax, quando os turcos, em frenesi, chamaram os árabes de 'ingleses', e os árabes, aos gritos, retrucaram chamando-os de 'alemães'. É claro que não havia nenhum alemão no Hejaz, e eu era o primeiro inglês".[146] Visivelmente, os árabes não estavam lutando pela Bélgica (de fato, Lawrence teve grande dificuldade para persuadi-los a lutar por sua própria independência).

Por que, então, foram tão numerosos os voluntários britânicos? Cinco motivos se insinuam:

1. *Técnicas eficazes de recrutamento.* O Comitê Parlamentar de Recrutamento (PRC, na sigla em inglês) possivelmente obteve bons resultados em seus esforços por aumentar o número de recrutas. Sem dúvida, construiu-se uma organização impressionante de 2 mil voluntários, os quais conseguiram organizar 12 mil encontros (em que foram feitos cerca de 20 mil discursos), enviar 8 milhões de cartas de recrutamento e distribuir não menos que 54 milhões de cartazes, panfletos e outras publicações. Por outro lado, o PRC só se formou em 27 de agosto, só se reuniu pela primeira vez em 31 de agosto e só entrou efetivamente em ação depois do maior ingresso de recrutas.[147] As memórias – de Croydon a Lancashire – indicam que o som comovedor de bandas militares tocando do lado de fora dos centros de recrutamento durante as primeiras etapas da guerra foi mais eficaz do que a quantidade de discursos feitos pelos dignitários locais.[148] Talvez os jornais também tenham contribuído: certamente houve muitos editoriais como aquele no *Newcastle Daily Chronicle* em 1º de setembro, instando: "Precisamos de mais homens da Grã-Bretanha – nossos aliados já ofereceram todos os seus homens".[149]

2. *Pressão feminina.* Há várias referências a mulheres entregando plumas brancas a homens sem uniforme, simbolizando covardia. A propaganda do governo tirou proveito disso. O cartaz do PRC, com sua perspicaz implicação de que o marido ou o filho da destinatária da mensagem sobreviveria de

1. John Gilmour Ferguson, soldado número s/22933, 2º Batalhão, Seaforth Highlanders. Era avô do autor – um de meio milhão de escoceses que serviram o Exército britânico durante a Primeira Guerra Mundial.

2. "Sua Majestade, o rei, e o rei da Bélgica": do álbum do general R. H. Butler. Oficialmente, os súditos de George V estavam lutando para defender a neutralidade do reino de Alberto II. Na realidade, a Grã-Bretanha teria violado a neutralidade belga se a Alemanha não a tivesse violado.

3. A Frente Ocidental tipificada: a paisagem mítica da terra de ninguém, de um álbum de fotografias de James Francis (Frank) Hurley, um fotógrafo australiano credenciado. Hurley já era um fotógrafo consagrado quando a guerra eclodiu; trabalhou na França e na Palestina. Na verdade, esses soldados provavelmente estavam bem longe da linha de frente para se expor sem capacete à luz do dia.

4. A Frente Ocidental idealizada: soldados e suboficiais lado a lado na lama, de um álbum de fotografias de Frank Hurley. Boas relações entre oficiais e soldados eram vitais para manter o moral, mas o relacionamento de igual para igual e até amistoso indica que esta foto retrata uma cena atípica.

5. A Frente Oriental tipificada: soldados alemães posando com habitantes de um vilarejo em local não identificado, do álbum de um soldado alemão.

6. A Frente Oriental idealizada: cavaleiros do apocalipse alemães, do álbum de um soldado da 84ª Divisão de Infantaria. As conotações homoeróticas provavelmente devem ser ignoradas; o que chama a atenção é que na Frente Oriental um homem pudesse cavalgar e se banhar.

7. "Pilhas de alimentos etc.": do álbum de Richard Harte Butler, vice-chefe do Estado-Maior Geral, sob o comando de Douglas Haig. Comida boa e abundante era crucial para manter o moral do Exército. As potências da Entente tinham uma grande vantagem nesse aspecto, embora a tática de bloquear a Alemanha para reduzir sua importação de alimentos tenha sido menos eficaz do que os "navalistas" do pré-guerra haviam esperado.

8. O ciclo de vida de um projétil, parte 1. "Departamento de Medição nº 2": mulheres fabricando câmaras de disparo para granadas de fuzil na Suckling Ltd., parte da Kingsway House War Productions. Observe-se que o contramestre é um homem.

9. O ciclo de vida de um projétil, parte 2. "Cabo britânico verificando a chegada de projéteis em uma estrada de ferro." Fotografia oficial publicada pelo Press Bureau.

10. O ciclo de vida de um projétil, parte 3. "Isso fala por si": do álbum de Richard Harte Butler. Soldados de ambos os lados eram frequentemente motivados pelo desejo de vingança, e não só pelos amigos que perderam. Em 1915, o capitão Charles Fryatt tentou atingir um submarino alemão para salvar sua embarcação, o navio a vapor *Brussels*, que fazia a travessia do canal da Mancha. Ele foi capturado e, depois de ser julgado numa corte marcial e condenado por pirataria, executado – um exemplo bem difundido da "temeridade" alemã.

TO
CAPT. FRYATTS
MURDERERS
TO
CAPT. FRYATTS
MURDERERS
TO
CAPT. FRYATTS
MURDERERS

11. O ciclo de vida de um projétil, parte 4. Projéteis gastos: do álbum de Frank Hurley.

12. O ciclo de vida de um projétil, parte 5. Os alemães se preparam para contra-atacar. Um rapaz alemão de uniforme posa ao lado de projéteis que seriam disparados na fatídica ofensiva de primavera de Ludendorff, em 1918; do álbum de um atirador alemão.

13. Imagens de morte, parte 1. "Viagens realistas, nº 152 [legenda indecifrável]": cadáver alemão em arame farpado britânico. Esta fotografia foi uma das muitas tiradas por fotógrafos credenciados da imprensa e reproduzidas para uso em estereoscópios. O horror da guerra foi menos ocultado do público do que às vezes se acredita.

14. Imagens de morte, parte 2. "Viagens realistas, nº 23: bravo ataque dos Leicesters contra a tentativa do Kaiser de aniquilar os *Old Contemptables* [sic] em Ypres" [referência aos "Old Contemptibles", forma como os soldados britânicos se autointitulavam]; reproduzida para uso em estereoscópios. Observe-se o número de baixas britânicas (9 de 17), atipicamente alto para uma fotografia oficial e possivelmente posada.

15. Imagens de morte, parte 3. "Huno morto jogado em cratera de munição, uma maneira fácil de enterrar um corpo": do álbum de Frank Hurley.

16. Imagens de morte, parte 4. "Escocês morto no fosso 8": do álbum de um soldado alemão. Era comum os soldados alemães tirarem fotos de cadáveres inimigos – seriam troféus?

17. Imagens de morte, parte 5 (*próximas páginas*). "Trincheiras inglesas [na verdade, provavelmente francesas] capturadas: sem seteiras, sem muitos abrigos, sujas, bagunçadas": página do álbum de um soldado alemão, Langemark. A percepção dos alemães acerca de sua própria superioridade como soldados era reforçada quando eles observavam quanto as trincheiras britânicas e francesas eram piores do que as deles.

Eroberte englische

Gräben

kleine Schiessscharten, wenig Unterstände, schmutzig, unordentlich.

18. Imagens de morte, parte 6. Cartões-postais de "corpos mortos": do álbum de um marinheiro norte-americano. Os soldados eram fascinados pela morte. As fotografias de cadáveres inimigos eram amplamente difundidas e podem ser encontradas em muitos de seus álbuns, embora seja incomum encontrar uma página inteira dedicada a elas.

uma forma ou de outra, acertou o alvo: "Quando o conflito houver acabado, e alguém perguntar a seu marido ou a seu filho o que ele fez na Grande Guerra, ele abaixará a cabeça. Por que você não o deixou ir?". Mais crua, mas possivelmente mais eficaz, foi a insinuação de que o homem que não lutasse poderia ser capaz de outras formas de abandono: "Este, vestido de cáqui, é seu filho virtuoso? [...] se seu jovem abandona seu dever para com o rei e o país, pode chegar o dia em que ele abandonará *você*".[150] "Por quê", pergunta a sra. F. Boas em um panfleto do PRC, "um jovem de Little Bidworth não enfrentaria outro jovem com o dobro de seu tamanho se o visse intimidando uma criança?".[151] Até mesmo líderes do movimento sufragista como Emmeline e Christabel Pankhurst seguiram essa linha, argumentando que a Alemanha era uma "nação masculina" e que uma vitória alemã significaria um "golpe desastroso contra o movimento feminista", exercendo enorme pressão a favor do alistamento e recebendo de braços abertos o influxo de mulheres trabalhadoras nas fábricas de munições.[152] Não é de admirar que Wilfred Owen tenha reservado um ódio especial por Jessie Pope, autora de "The Call" ["O chamado"], retrucando: "Who's for the trench –/ Are you, my laddie?" ["Quem deseja ir para as trincheiras –/ Você, minha jovem?"].[153]

3. *Pressão do grupo*. Houve, sem dúvida, a influência dos chamados "Pals Batallions" ["Batalhões de Camaradas"] para que grupos de amigos, vizinhos ou colegas se alistassem juntos. Os primeiros deles – o Batalhão de Fuzileiros Reais dos Corretores de Valores (fundado em 21 de agosto), o batalhão dos "profissionais e homens de negócios" do Regimento de Gloucester e os três batalhões de funcionários administrativos de Liverpool – atestam o desejo de transferir não só afiliações locais e regionais como também estruturas ocupacionais civis (e, supostamente, também estruturas de classe) à vida no Exército.[154] Como se para confirmar a tese britânica de que a guerra era um jogo, houve até mesmo um batalhão de jogadores de futebol e um de boxeadores.[155] Para começar, a exclusividade era possível: alguns batalhões chegavam a exigir uma taxa de admissão de até 5 libras.[156] Mas, na primavera de 1915, o grande número de baixas havia destituído os "camaradas" de muitos dos postos, e os homens precisaram se acostumar a lutar ao lado de estranhos, muitas vezes oriundos de contextos sociais e regionais bem diferentes.[157] Nesse momento o assunto dos "camaradas" adquiriu um tom menos espontâneo e mais sutilmente coercitivo na propaganda do PRC: "Você está orgulhoso

de seus camaradas no Exército, é claro! Mas o que seus camaradas pensarão de VOCÊ?".[158] No começo, tais pensamentos não precisavam ser articulados. Em agosto de 1914, até um não militar como William Beveridge sentiu "tanta inveja" dos que se alistaram que "fez uma ou duas tentativas irresolutas" de se alistar também.[159]

4. *Motivos econômicos*. Alguns historiadores se mostraram céticos quanto ao papel dos fatores econômicos na decisão de se alistar. Conforme afirmou um jornal de soldados canadenses em dezembro de 1917: "Os que disseram que se alistaram para conseguir um canivete e uma lâmina de barbear deviam estar muito entusiasmados".[160] Dewey não encontrou nenhuma relação entre os baixos salários e o alistamento; muito pelo contrário.[161] Mas não há dúvida de que o pico do alistamento na Grã-Bretanha coincidiu com o pico do desemprego causado pela crise financeira e comercial de agosto. Nove em cada dez dos trabalhadores demitidos em Bristol no primeiro mês da guerra se alistaram;[162] os índices de alistamento foram nitidamente mais baixos em áreas onde os negócios se recuperaram logo. Os homens não eram de todo irracionais em 1914. Em seu panfleto *How to Help Lord Kitchener* [Como ajudar lorde Kitchener], A. J. Dawson se empenhou em mostrar que "para muitos trabalhadores [...] o alistamento certamente não implicaria nenhuma perda monetária", embora este evidentemente não fosse o caso se, no exemplo que ele escolheu, de um homem casado com três filhos, o marido fosse morto ou sofresse invalidez permanente.[163] Quando a Cardiff Railway Company ofereceu estabilidade no emprego, auxílio a dependentes e pensão aos empregados que se alistassem, a resposta foi tão grande que foi preciso retirar a oferta.[164]

Os empregadores também estavam em posição de exercer pressão. Em 3 de setembro, a Associação dos Proprietários de Carvão de West Yorkshire aprovou uma medida determinando que se formasse um batalhão com empregados das empresas associadas; a Câmara de Comércio de Newcastle fez a mesma coisa.[165] No mesmo dia, os corretores Foster & Braithwaite divulgaram uma nota que afirmava simplesmente: "A empresa espera que todos os empregados solteiros com menos de 35 anos [...] se alistem imediatamente no Exército do conde Kitchener, e também pede que os que são casados e elegíveis o façam".[166] Com apelos similares, James Dalrymple, gerente da Glasgow Tramways, conseguiu formar o 15º Batalhão da Infantaria Ligeira das Terras Altas em questão de horas.[167]

5. *Impulso*. Por fim, como Avner Offer assinalou, deve-se reconhecer o fato de que alguns homens se voluntariaram por impulso, sem refletir sobre as consequências para si próprios, muito menos sobre as causas da guerra.[168]

Revelações

Mas nenhuma teoria geral da motivação em 1914 abrangerá todos os casos. Quando o filósofo Ludwig Wittgenstein se alistou no Exército austríaco em 7 de agosto de 1914, ele escreveu em seu diário: "Agora tenho a chance de ser um ser humano decente, pois estou cara a cara com a morte [...] Talvez a proximidade com a morte traga luz à vida. Que Deus me ilumine". O que ele queria era que "uma espécie de experiência religiosa [...] [o] transformasse em uma pessoa diferente".[169] Ao entrar para a guerra, o estado de ânimo de Wittgenstein não era de entusiasmo, mas de um profundo pessimismo. Já em 25 de outubro, ele expressou em seu diário uma profunda tristeza diante da "situação de nossa raça alemã. Os ingleses – a melhor raça do mundo – *não podem* perder. Nós, entretanto, podemos perder, e perderemos, se não este ano, então no próximo. O pensamento de que nossa raça será derrotada me deixa muitíssimo deprimido". Rechaçado por seus grosseiros camaradas de tripulação a bordo do navio no rio Vístula, onde ele passou a primeira fase da guerra, Wittgenstein cogitou suicídio.[170]

Wittgenstein – brilhante, torturado, judeu e educado em Cambridge – pode parecer a exceção suprema. Mas não estava sozinho ao encarar a guerra em uma perspectiva religiosa. A eclosão da guerra marcou um surto de observância religiosa em praticamente todos os países combatentes. Em uma missa ecumênica em frente ao Reichstag em Berlim, uma congregação cantou hinos católicos e protestantes na semana em que a guerra foi declarada.[171] Mesmo em Hamburgo – talvez a menos religiosa das cidades alemãs nesse período –, as pessoas foram tomadas de fervor religioso: Ruth, irmã de Percy Schramm, afirmou, exultante, que "nosso povo veio ao encontro de Deus".[172] Na França, onde o anticlericalismo era predominante na política há anos (e, certamente, não desapareceu durante a guerra), a Igreja Católica saudou "o grande retorno a Deus [que se observava] nas massas e entre os combatentes". O culto do Sacré-Coeur floresceu – a ponto de alguns clérigos militantes pedirem a sobreposição da imagem à bandeira tricolor –, e houve um aumento acentuado no número de peregrinações a Lourdes, Pontmain e La Salette.[173]

Como é bem sabido, muitos pastores e padres encorajaram a ideia de que aquela era uma guerra sagrada, muitas vezes de maneira grotesca. Na Alemanha, esse foi o caso não só de pastores conservadores como Reinhold Seeberg, mas teólogos liberais como Otto Baumgarten foram igualmente propensos a invocar o "Jesu-Patriotismus", e foi a revista *Die Christliche Welt*, de Martin Rade, que publicou um pastiche grotesco do pai-nosso logo após o início da guerra ("O inimigo morto de cada dia nos dai hoje").[174] Em *Nada de novo no front*, Karl Kraus satirizou os sermões belicosos dos pastores protestantes – lutando metaforicamente no "Front Sinai". De fato, essas cenas não são estritamente satíricas: como Kraus afirmou acerca da obra como um todo, "as invenções mais grotescas são citações", e há todos os motivos para acreditar que as palavras "Matar [em tempos de guerra] é um dever cristão e, de fato, um serviço divino" foram realmente proferidas.[175] Os padres franceses também não hesitaram em assegurar a seus fiéis que a França estava lutando uma guerra justa – embora tratando de justificá-la.[176] O exemplo mais patente de militarismo eclesiástico na Inglaterra foi o chocante sermão do advento pregado em 1915 pelo bispo de Londres, A. F. Winnington-Ingram (posteriormente publicado em uma compilação de seus sermões em 1917), em que ele descreveu a guerra como:

> uma grande cruzada – não podemos negar – para matar os alemães: matá-los não por matar, mas para salvar o mundo; matar os bons e os maus, matar os jovens e os velhos, matar os que mostraram gentileza para com nossos feridos e os que crucificaram o sargento canadense, os que dirigiram os massacres armênios, os que afundaram o *Lusitania*, os que apontaram as metralhadoras para os civis de Aershott e Louvain – e matá-los para que a civilização do mundo não seja morta.[177]

Sem dúvida, Winnington-Ingram estava tentando afirmar, de maneira um tanto obtusa, que a guerra era "uma irrupção de paixões vis como não se via no mundo há mil anos"; mas, apesar disso, ele insistia que a Grã-Bretanha estava travando "uma guerra em nome da pureza, da liberdade, da honra internacional e dos princípios do cristianismo [...] e todo aquele que morrer nessa guerra [é] um mártir.[178] Isso não estava muito distante da frase de Horatio Bottomley, "todo homem, um santo". De fato, Winnington-Ingram chegou a ponto de informar ao jornal *Guardian* que:

> A Igreja pode ajudar a nação, em primeiro lugar, ao fazê-la perceber que esta é uma Guerra Santa [...] Cristo morreu na Sexta-Feira Santa por Liberdade, Honra e Lealdade, e nossos rapazes estão morrendo pelas mesmas coisas [...] Vocês pedem meu conselho em uma frase, quanto ao que a Igreja deve fazer. Eu respondo: MOBILIZAR A NAÇÃO PARA UMA GUERRA SANTA.[179]

O famoso poeta Robert Bridges concordou que a guerra era "primordialmente uma guerra santa".[180] Embora tais sentimentos extraordinários fossem condenados por alguns na Igreja, outros – incluindo Michael Furse, bispo de Pretória – os endossaram energicamente. Os alemães, escreveu Furse, eram "inimigos de Deus".[181] Nos Estados Unidos, houve ainda mais desse tipo de coisa. Billy Sunday começou assim sua prece na Câmara dos Representantes: "Vós sabeis, ó, Senhor, que nenhuma outra nação tão infame, vil, voraz, voluptuosa, sanguinária já desgraçou as páginas da história", acrescentando, gratuitamente: "Se virarmos o inferno de cabeça para baixo, encontraremos 'Produzido na Alemanha' gravado no fundo".[182]

Os generais e políticos, por sua vez, também gostavam de conceber a guerra em termos religiosos. Para Churchill, produto do século XIX que era, as obras da "Providência" – um termo muito gladstoniano – devem estar por trás do "modo incrivelmente arbitrário e fortuito em que a morte e a destruição acontecem": "O fato de estar vivo ou morto *não pode* ser tão importante quanto se acredita. A *absoluta* falta de planos aqui nos faz suspeitar de um plano maior em outro lugar".[183] É impossível compreender o caráter austero de Haig sem saber que ele pertenceu à Igreja da Escócia: "Sinto que cada passo em meu plano foi dado com o auxílio divino", disse ele à esposa às vésperas da Batalha do Somme. O protestantismo parece ter ajudado alguns homens a aceitar o grande número de baixas: Robert Nivelle, responsável por uma das maiores matanças de soldados franceses em toda a guerra, fazia parte do 1,5% da população francesa que era protestante.[184] O autor do igualmente desastroso Plano Schlieffen era, conforme vimos, um adepto do pietismo (embora o homem que não foi capaz de executá-lo, Moltke, fosse um teosofista). Para muitos, a Primeira Guerra Mundial era, portanto, uma espécie de guerra religiosa, apesar de uma ausência quase absoluta de conflitos sectários; uma cruzada sem infiéis. Mesmo na Frente Ocidental, onde protestantes, judeus e católicos lutavam em ambos os lados, os homens eram instados a acreditar que Deus estava do lado deles. E onde as divisões religiosas de fato pareciam coincidir com as divisões políticas, os resultados foram ainda mais terríveis: o exemplo mais óbvio é o genocídio de armênios perpetrado pelos turcos.

Mas havia uma diferença enorme entre o cristianismo belicoso de um Winnington-Ingram e o desespero apocalíptico de um Moltke. É tentador afirmar que este último era mais típico da atmosfera religiosa de 1914. A reação de Emmy, tia de Percy Schramm, quando a guerra teve início é uma alusão ao Fim dos Tempos: "Tudo deve acontecer; pois está escrito na Bíblia, e só podemos agradecer a Deus se o governo de Satã logo for destruído. Então virá finalmente o verdadeiro Império da Paz, com nosso Senhor Jesus Cristo como governante!".[185] Como afirmou Klaus Vondung, os alemães em 1914 tinham um caráter apocalíptico. Mas não só os alemães. "Como a maioria das pessoas da minha geração", escreveu H. G. Wells em 1906, "parti para a vida com pressupostos milenários [...] Haveria trompetes e gritos e fenômenos celestiais, uma batalha do Armagedom e o Juízo Final".[186] Escrevendo no *Observer* em agosto de 1914, J. L. Garvin usou uma linguagem igualmente escatológica: "Temos de fazer nossa parte para destruir um credo de guerra. Então, finalmente, após uma chuva de sangue, talvez surja no Céu, diante da visão da alma dos homens, o maior arco-íris. E, depois da guerra do Armagedom, que não haja mais nenhuma".[187] Em 4 de agosto de 1914, o pastor da Igreja de St. Mary, em Newmarket, alertou sua congregação de que:

> os horrores das guerras passadas não seriam nada em comparação com os horrores da guerra atual [...] Todos os recursos da ciência foram usados para aperfeiçoar armas de destruição para a humanidade. Hoje, a Inglaterra já não estava isolada como antes [...] o espaço aéreo estava exposto a ataques por uma frota de dirigíveis. Nenhuma cidade do país estava a salvo agora. Da noite para o dia, poderia se converter em uma ruína em chamas; e seus habitantes, em cadáveres enegrecidos.[188]

Assim, o Livro do Apocalipse encontrou H. G. Wells na região pantanosa dos Fens.* Tais sermões pessimistas não eram atípicos. Em 3 de agosto, um pastor em Norwich alertou seu rebanho: "Considerando o militarismo da Europa, o inferno dos campos de batalha, o sofrimento dos feridos e a ruína dos camponeses, uma guerra continental seria um verdadeiro desastre".[189] Até as feministas captaram o clima apocalíptico. *Herland*, o romance de Charlotte Perkins Gilman que imaginava uma utopia feminista depois de um cataclismo fatal a todos os homens, foi publicado em 1915.[190] Possivelmente, essa sensação de que o mundo havia chegado ao Armagedom bíblico foi a mais poderosa de todas as "ideias de 1914".

E, de fato, se revelou um Armagedom:

E houve vozes, e trovões, e relâmpagos, e um grande terremoto, como nunca tinha havido desde que há homens sobre a terra; tal foi este tão grande terremoto.

E a grande cidade fendeu-se em três partes, e as cidades das nações caíram: e da grande Babilônia se lembrou Deus, para lhe dar o cálice de vinho da indignação da sua ira.

E toda a ilha fugiu, e os montes não se acharam.

E sobre os homens caiu do céu uma grande saraiva [...]; e os homens blasfemaram de Deus por causa da praga da saraiva; porque a sua praga era mui grande.[191]

---

1. Hitler, *Mein Kampf*, p. 148ss.
2. Kershaw, *Hitler*, p. 92s.
3. Finch, Diary, 12 de janeiro de 1915; 18 de janeiro de 1915.
4. Ver esp. Eksteins, *Rites of Spring*, esp. p. 55-93, 193-197. Também, Wohl, *Generation of 1914*.
5. Meinecke, *Die deutsche Katastrophe*, p. 43.
6. Meinecke, *Die deutsche Erhebung*.

---

* Isto é, o sermão conjuga a linguagem bíblica e a da ficção científica: o conto *The chronic argonauts*, de 1888 (que se passa, em parte, nos Fens, região da Inglaterra), e o romance a que deu origem, *A máquina do tempo*, de 1895, ambos de H. G. Wells, são marcadamente apocalípticos. (N.T.)

7. Ver, em geral, Joll, *Origins*, p. 171-200.
8. Coker, *War and the Twentieth Century*, p. 91; Sösemann, Medien, p. 212. É possível que a fotografia seja uma montagem.
9. Sösemann, Medien, p. 220s.
10. Ullrich, *Kriegsalltag*, p. 10-14. Ver também Schramm, *Neun Generationen*, vol. II, p. 480s.
11. Schramm, *Neun Generationen*, vol. II, p. 480.
12. Coker, *War and the Twentieth Century*, p. 91.
13. Reader, *At Duty's Call*, p. 103.
14. Lloyd George, *War Memoirs*, vol. I, p. 41.
15. Kraus, *Die letzten Tage*, p. 69-83.
16. Ver Canetti, *Tongue Set Free*, p. 90.
17. Buse, Ebert, p. 443s.
18. Joll, *Origins*, p. 184.
19. J. Harris, *William Beveridge*, p. 199s.
20. Grey, *Twenty-Five Years*, p. 316s; Butterfield, Sir Edward Grey, p. 14.
21. Hazlehurst, *Politicians at War*, p. 84; Geiss, *Twenty-Five Years*, doc. 174; Albertini, *Origins*, vol. III, p. 388s. Ver também Asquith, *Genesis*, p. 209; R. Churchill, *Winston S. Churchill*, vol. II, parte 3, p. 1996.
22. Geiss, *July 1914*, doc. 149.
23. Hazlehurst, *Politicians at War*, p. 52.
24. Albertini, *Origins*, vol. III, p. 524.
25. Grey, *Twenty-Five Years*, vol. II, p. 20.
26. Davies, *Europe*, p. 885.
27. Pottle, *Champion Redoubtable*, p. 25.
28. Davies, *Europe*, p. 885.
29. Koszyk, *Zwischen Kaiserreich und Diktatur*, p. 31; Sösemann, Medien, p. 200.
30. Sösemann, Medien, p. 207.
31. Buse, Ebert, p. 433, 435.
32. Ver, em geral, Miller, *Burgfrieden und Klassenkampf*.
33. Ibid., p. 40; Buse, Ebert, p. 440s.
34. Sösemann, Medien, p. 207.
35. Carsten, *War against War*, p. 48s.
36. G. Brown, *Maxton*, p. 58ss.
37. A. Gregory, British Public Opinion, p. 12.
38. Marquand, *Ramsay MacDonald*, p. 167ss.
39. Shand, Doves, p. 97ss. Observe-se, no entanto, que essas restrições foram um pouco afrouxadas em 1917.
40. Marwick, *Deluge*, p. 71s.

41. Ver, em geral, Wallace, *War and the Image*, p. 25.
42. Holroyd, *Bernard Shaw*, p. 348ss. Ver a discussão na Introdução.
43. Ibid., p. 326.
44. Hynes, *War Imagined*, p. 4, 85.
45. Freud, Thoughts, p. 1ss.
46. Shand, Doves, p. 103.
47. Davies, *Europe*, p. 895.
48. Ryan, *Bertrand Russell*, p. 55-80.
49. Butterfield, Sir Edward Grey, p. 1.
50. Skidelsky, *John Maynard Keynes*, vol. I, p. 297.
51. Pogge von Strandmann, Historians, p. 9, 14.
52. Cannadine, *G. M. Trevelyan*, p. 78.
53. Hynes, *War Imagined*, p. 68.
54. Winter, Oxford, p. 16.
55. T. Weber, Stormy Romance, p. 14-22.
56. Winter, Oxford, p. 5.
57. Esposito, Public Opinion, p. 37.
58. J. Harris, *William Beveridge*, p. 200.
59. Ibid., p. 202.
60. Skidelsky, *John Maynard Keynes*, vol. I, p. 295ss.
61. Ibid., p. 302s.
62. Ibid., p. 317-321.
63. Davies, *Europe*, p. 892.
64. K. Morgan, *Lloyd George Family Letters*, p. 169.
65. A. Gregory, British Public Opinion, p. 9. Ver também Esposito, Public Opinion, p. 28.
66. A. Gregory, British Public Opinion, p. 9.
67. Esposito, Public Opinion, p. 26.
68. Hiley, Counter-Espionage, p. 637-650.
69. Hynes, *War Imagined*, p. 81.
70. Ryan, *Bertrand Russell*, p. 56.
71. J. Lawrence, Dean e Robert, Outbreak of War, p. 582s.
72. Rezzori, *Snows of Yesteryear*, p. 7s.
73. Becker, *1914*.
74. Becker, "That's the Death Knell...", p. 18ss.
75. Esposito, Public Opinion, p. 25. Infelizmente, não há registros sobre o tamanho desses encontros.
76. Krumeich, L'Entrée, p. 65-74.
77. J. Lawrence, Dean e Robert, Outbreak of War, p. 571ss, 581-587.

78. Sösemann, Medien, p. 220.
79. A. Gregory, British Public Opinion, p. 13s.
80. Bloch, *Is War Now Impossible*, p. xlv.
81. Angell, *Great Illusion*, p. 209.
82. Förster, Dreams and Nightmares, p. 14.
83. Geiss, *July 1914*, doc. 43.
84. Albertini, *Origins*, vol. II, p. 214; K. Wilson, *Policy of the Entente*, p. 13. Para uma comparação similar com 1848 por Morley, ver D. French, *British Economic and Strategic Planning*, p. 87.
85. Geiss, *July 1914*, doc. 57.
86. Offer, *First World War*, p. 312.
87. Geiss, *July 1914*, doc. 162.
88. MMW, Max M. Documentos de Warburg, Jahresbericht 1914, p. 2s.
89. Geiss, *July 1914*, p. 134; Staatsarchiv Hamburg, Deputation für Handel, Schifffahrt und Gewerbe II Spez. XXXIV 23a, do chanceler do Reich para o Senado, 21 de julho de 1914; MMW, Max M. Documentos de Warburg, Jahresbericht 1914, p. 3.
90. *Hamburger Börsenhalle*, 28 de julho de 1914.
91. RAL, XI/130A/8, do lorde Rothschild, Londres, para seu primo, Paris, 27 de julho de 1914.
92. RAL, XI/130A/8, do lorde Rothschild, Londres, para seu primo, Paris, 28 de julho (duas cartas) e 29 de julho de 1914.
93. M. Brock e E. Brock, *H. H. Asquith*, p. 131.
94. Albertini, *Origins*, vol. III, p. 378.
95. Lipman, City, p. 68ss. Sou grato ao autor por sua ajuda com relação a este ponto.
96. Skidelsky, *John Maynard Keynes*, vol. I, p. 285.
97. RAL, XI/130A/8, do lorde Rothschild, Londres, para seus primos, Paris, 27 de julho de 1914.
98. RAL, XI/130A/8, do lorde Rothschild, Londres, para seus primos, Paris, 30 de julho de 1914. Grifo meu.
99. RAL, XI/130A/8, do lorde Rothschild, Londres, para seus primos, Paris, 31 de julho de 1914.
100. Steed, *Through Thirty Years*, vol. II, p. 8s; *The Times, History*, p. 208.
101. Barth, *Die deutsche Hochfinanz*, p. 448.
102. Joll, *Origins*, p. 30. Isso também foi em vão: antes que uma resposta pudesse ser enviada, as comunicações com Berlim foram interrompidas.
103. Hazlehurst, *Politicians at War*, p. 85.
104. Albertini, *Origins*, vol. III, p. 376.
105. RAL, XI/130A/8, do lorde Rothschild, Londres, para seus primos, Paris, 31 de julho de 1914.

106. Ver também a descrição em Wake, *Kleinwort Benson*, p. 138-142, 207s.
107. RAL, XI/130A/8, do lorde Rothschild, Londres, para seu primo, Paris, 4 de agosto de 1914. Ver também J. Lawrence, Dean e Robert, Outbreak of War, p. 564ss; Hardach, *First World War*, p. 140.
108. L. Cecil, *Albert Ballin*, p. 210-214; Warburg, *Aus meinen Aufzeichnungen*, p. 34.
109. Archives Nationales, Paris, 132 AQ 5594/1M192, de Alfred de Rothschild, Londres, para seus primos, Paris, 3 de agosto de 1914.
110. Dahlmann, Russia at the Outbreak, p. 53ss.
111. Jünger, *Storm of Steel*, p. 8.
112. Schramm, *Neun Generationen*, vol. II, p. 467-469.
113. Sulzbach, *With the German Guns*, p. 21ss.
114. Beckett, Nation in Arms, p. 12; Reader, *At Duty's Call*, p. 107.
115. J. Winter, *Great War*, p. 30.
116. Simkins, *Kitchener's Army*, p. 59, 65s.
117. J. Winter, *Great War*, p. 27; D. Winter, *Death's Men*, p. 29.
118. Reader, *At Duty's Call*, p. 107. O propósito é mal compreendido por Fussell, *Great War*, p. 9.
119. Beckett, Nation in Arms, p. 15ss.
120. H. Wolfe, citado em Dewey, Military Recruitment, p. 200.
121. Citado em Hughes, New Armies, p. 104.
122. J. Winter, *Great War*, p. 30s. Cf. Dallas e Gill, *Unknown Army*, p. 33; Beckett, Nation in Arms, p. 10.
123. Ver Dewey, Military Recruitment, p. 200-219; J. Winter, *Great War*, p. 33ss.
124. J. Winter, *Great War*, p. 36ss. Ver também A. Gregory, Lost Generations, p. 79s.
125. Spiers, Scottish Soldier, p. 315.
126. Offer, Going to War, p. 234.
127. J. Winter, *Great War*, p. 27.
128. Armstrong, *Crisis of Quebec*, p. 250.
129. Graves, *Goodbye*, p. 60s; Sassoon, *Memoirs of a Fox-Hunting Man*, p. 244.
130. Reader, *At Duty's Call*, p. 110.
131. Fussell, *Great War*, p. 182.
132. A. Gregory, British Public Opinion, p. 11.
133. Frase de Churchill, citada em Englander e Osborne, Jack, Tommy and Henry Dubb, p. 593.
134. Wohl, *Generation of 1914*, passim; Eksteins, *Rites of Spring*, passim; Mosse, *Fallen Soldiers*, p. 54-66; Hynes, *War Imagined*, p. 7s, 59.
135. Ver, e.g., T. Wilson, *Myriad Faces*, p. 11; Fussell, *Great War*, p. 25s; Mosse, *Fallen Soldiers*, p. 60s.
136. P. Parker, *Old Lie*, p. 17, 130, 204-217; Barnett, *Collapse of British Power*, p. 28; Nicolson, Edwardian England, p. 165.

137. Becker, *Great War*, p. 156-158.
138. Spiers, Scottish Soldier, p. 315.
139. Dallas e Gill, *Unknown Army*, p. 28; Sassoon, *Memoirs of a Fox-Hunting Man*, p. 244.
140. Hodgson, *People's Century*, p. 29s.
141. Coppard, *With a Machine Gun*, p. 1.
142. Hašek, *Good Soldier Švejk*, p. 9-13.
143. Figes, *People's Tragedy*, p. 258.
144. Pipes, *Russian Revolution*, p. 204.
145. Hitler, *Mein Kampf*, p. 145s. Todos achavam que Francisco Ferdinando fez por merecer; até seu próprio tio comentou: "Deus não admite provocações. Um poder superior restabeleceu a ordem que eu já não fora capaz de manter" – uma alusão ao casamento de Francisco Ferdinando com Sophie Chotek, que o Imperador tentara, em vão, proibir.
146. T. E. Lawrence, *Seven Pillars*, p. 97.
147. Reader, *At Duty's Call*, p. 111-118.
148. Coppard, *With a Machine Gun*, p. 1; Offer, Going to War, p. 232.
149. Esposito, Public Opinion, p. 54.
150. Reader, *At Duty's Call*, p. 115; Offer, Going to War, p. 232. Ver também Hynes, *War Imagined*, p. 92.
151. Reader, *At Duty's Call*, p. 115.
152. Hynes, *War Imagined*, p. 88s.
153. S. Gilbert, Soldier's Heart, p. 209. O poema de Owen, "Dulce et Decorum Est", foi originalmente intitulado "To Jessie Pope".
154. J. Winter, *Great War*, p. 32; Beckett, Nation in Arms, p. 7; Reader, *At Duty's Call*, p. 109s, 132s.
155. Reader, *At Duty's Call*, p. 110.
156. Offer, Going to War, p. 233.
157. Hughes, New Armies, p. 103ss. Spiers, Scottish Soldier, descreve como os ingleses começaram a ser enviados aos regimentos das Terras Altas, que tenderam a sofrer um número de baixas excepcionalmente elevado.
158. Reader, *At Duty's Call*, p. 114.
159. J. Harris, *William Beveridge*, p. 201.
160. Fuller, *Troop Morale*, p. 36.
161. Dewey, Military Recruitment, p. 206s, 211, 218. A análise um tanto mecanicista de Dewey revela que a idade era mais importante, mas que o fator fundamental para a guerra como um todo era o funcionamento do sistema de isenções – o que pouco surpreende.
162. Beckett, Nation in Arms, p. 10.

163. Reader, *At Duty's Call*, p. 119.
164. Hughes, New Armies, p. 102; Reader, *At Duty's Call*, p. 121.
165. Esposito, Public Opinion, p. 54.
166. Reader, *At Duty's Call*, p. 120s.
167. Spiers, Scottish Soldier, p. 315.
168. Offer, Going to War, p. 232.
169. Monk, *Wittgenstein*, p. 112.
170. Ibid., p. 114.
171. Eksteins, *Rites of Spring*, p. 61.
172. Schramm, *Neun Generationen*, vol. II, p. 486.
173. Mayeur, Le Catholicisme français, p. 379ss.
174. Ver também Greschat, Krieg und Kriegsbereitschaft, p. 33-55.
175. Kraus, *Die letzten Tage*, p. 355ss.
176. Mayeur, Le Catholicisme francais, p. 383.
177. Mews, Spiritual Mobilisation, p. 258. Ver também a justificativa não de todo convicente de Diane Y. Thompson, p. 264s.
178. Mews, Spiritual Mobilisation, p. 259.
179. Ibid., p. 260.
180. Bogacz, Tyranny of Words, p. 650s; ver também p. 659.
181. Ver, em geral, Hoover, *God, Germany*.
182. Nägler, Pandora's Box, p. 11s.
183. Pottle, *Champion Redoubtable*, p. 25s.
184. Robert, Les Protestants français, p. 421.
185. Schramm, *Neun Generationen*, vol. II, p. 486ss. Cf. Vondung, Deutsche Apokalypse; Greschat, Krieg und Kriegsbereitschaft, p. 33-55.
186. Coker, *War and the Twentieth Century*, p. 101.
187. Marwick, *Deluge*, p. 88.
188. A. Gregory, British Public Opinion, p. 9, 11.
189. Ibid., p. 12.
190. S. Gilbert, Soldier's Heart, p. 204.
191. Livro do Apocalipse, 16: 18-21.

8
A gangue da imprensa

A guerra das palavras

Logo após a guerra, Jean Cocteau comprou um exemplar do *Le Figaro* em Paris e descobriu que lhe haviam cobrado o dobro do preço de capa e que o jornal era de dois anos antes. Quando reclamou, o vendedor respondeu: "Mas, *cher monsieur*, é precisamente por isso que é mais caro – porque ainda há uma guerra nele".[1]

A Primeira Guerra Mundial foi a primeira guerra midiática. Obviamente, guerras anteriores haviam saído nos jornais. E, em algumas ocasiões – como no caso da Guerra da Crimeia e da Guerra dos Bôeres –, a cobertura da imprensa havia influenciado a condução do combate: vem à mente a condenação do *The Times* ao modo pelo qual os generais conduziram o cerco de Sebastopol em dezembro de 1854, a crítica à guerra sul-africana na imprensa liberal ou os ataques a Bülow por parte da imprensa católica alemã pela maneira como ele lidou com a revolta dos Herero no Sudoeste Africano. Mas, antes de 1914, os meios de comunicação de massa, cuja origem era comparativamente recente quando a guerra começou, nunca haviam sido usados como uma *arma* de guerra. De fato, um dos maiores mitos sobre a Primeira Guerra Mundial é que ela foi efetivamente decidida pela mídia, usada como um canal de propaganda pelos governos.

Argumenta-se que nem todos os governos aprenderam à mesma velocidade: daí a afirmação de que a propaganda superior da Entente desempenhou um papel decisivo na derrota dos Impérios Centrais. "Hoje, as palavras se tornaram batalhas", declarou Ludendorff: "Palavras corretas, batalhas ganhas; palavras erradas, batalhas perdidas".[2] Em suas memórias, tanto ele quanto Hindenburg viam a propaganda como estratégica para a "desmoralização" de suas tropas em 1918. "Estávamos hipnotizados [...] como um coelho por uma cobra", escreveu Ludendorff. "Nos países neutros, fomos sujeitados a uma espécie de bloqueio moral."³ Em particular, a análise alemã no pós-guerra focou no papel do lorde Northcliffe: o mais velho dos dois irmãos Harmsworth, que em 1914 haviam erigido o maior grupo de imprensa da Grã-Bretanha.⁴ Já detestado por liberais na Grã-Bretanha antes da guerra, Northcliffe se tornou uma figura odiada na Alemanha por causa da propaganda que dirigiu aos soldados alemães nas últimas etapas do conflito. Conforme escreveu um alemão ressentido em uma carta aberta a ele em 1921:

> A propaganda alemã era, em espírito, a propaganda de estudiosos, conselheiros particulares e professores. Como esses homens honestos e elevados poderiam lidar com os demônios do jornalismo, especializados em envenenar as massas como você? A propaganda alemã, o que houve dela, foi dirigida à razão, à inteligência, à consciência [...] como os fatos puros e simples poderiam competir com as mentiras espalhafatosas, o hipnotismo do ódio, as cruéis [...] sensações que você servia [...] Os alemães [...] sempre se recusaram a descer a seu nível.⁵

Esta foi uma visão ecoada por um pacifista do lado vencedor: para Norman Angell, os jornais britânicos durante a guerra foram "um instrumento mais desprezível do que Bismarck já esperou criar".⁶ Para Hitler, ao contrário, a propaganda de guerra de Northcliffe era "a obra inspirada de um gênio": "Eu mesmo aprendi muitíssimo com a propaganda do inimigo", declarou em *Minha luta*.⁷ Em *Propaganda and National Power* (1933) [Propaganda e poder nacional], o propagandista nazista Eugen Hadamovsky afirmou com todas as letras: "O povo alemão não foi vencido no campo de batalha; foi vencido na guerra de palavras".⁸ Uma série de estudos feitos no Terceiro Reich elaborou mais detalhadamente esse argumento, tentando mostrar como a propaganda havia sido responsável por garantir o apoio da Itália às potências da Entente.⁹ Sem dúvida, decorre desse argumento que a propaganda alemã foi um fracasso e que a imprensa judaica e/ou socialista minou sistematicamente o moral alemão: um dos primeiros exemplos de atribuição do rótulo "punhalada pelas costas" à imprensa foi o ataque de Alfred Rosenberg ao *Berliner Tageblatt*.¹⁰

Os responsáveis pela propaganda dos Aliados pensavam a mesma coisa, o que não é de surpreender. "Se o povo realmente soubesse [das coisas]", disse

Lloyd George a C. P. Scott, do *Manchester Guardian*, num momento delicado em dezembro de 1917, "a guerra seria interrompida amanhã. Mas é claro que eles não sabem – e não podem saber. Os correspondentes não escrevem, e a censura não permitiria que se contasse a verdade".[11] O romancista John Buchan, que exerceu um papel importante na propaganda britânica, concordava: "No que concerne à Grã-Bretanha", comentou em 1917, "a guerra não poderia ter sido travada durante um mês se não fosse por seus jornais".[12] Beaverbrook afirmou que os cinejornais que ele produzira como ministro da Informação foram "o fator decisivo na preservação do moral do povo durante os dias sombrios no começo do verão de 1918".[13] Northcliffe inclusive chegou a afirmar que "a boa propaganda provavelmente economizou um ano de guerra, e isso significava a economia de bilhões em dinheiro e, talvez, de pelo menos um milhão de vidas".[14] Sem dúvida, a missão do propagandista não era das mais nobres. Nas palavras de A. R. Buchanan, "um cínico poderia ficar tentado a dizer que, enquanto alguns patriotas foram à frente de batalha e morreram por seu país, outros ficaram em casa e mentiram por ele".[15] Mas a renúncia à integridade feita por aqueles que administravam a imprensa britânica durante a guerra continua a ser amplamente aceita como válida (ou, no mínimo, eficaz).[16]

Os cargos concedidos aos proprietários de jornais durante a guerra parecem falar por si. Northcliffe foi incumbido por Lloyd George de uma missão especial nos Estados Unidos em maio de 1917 e em fevereiro de 1918 aceitou o cargo de diretor de propaganda em países inimigos. Seu irmão foi nomeado diretor-geral do Departamento de Vestuário do Exército em 1916 e se tornou ministro da Aeronáutica um ano mais tarde. *Sir* Max Aitken, um executivo canadense e membro do Parlamento pelo Partido Unionista que em dezembro de 1916 havia se tornado sócio majoritário do *Daily Express*, foi chanceler do ducado de Lancaster e, a partir de fevereiro de 1918, ministro da Informação. A lista de títulos honoríficos conta uma história similar. Northcliffe (que se tornara lorde em 1905) foi nomeado visconde em 1917. Seu irmão Harold se tornou barão em 1914 e visconde de Rothermere em 1919. Em dezembro de 1916, Aitken foi agraciado lorde Beaverbrook, tendo se tornado cavaleiro em 1911 e baronete em janeiro de 1916. Waldorf Astor, proprietário do *Observer*, tornou-se visconde em 1917. *Sir* George Riddell, proprietário do *News of the World*, foi nomeado lorde em 1918, assim como, em 1921, Henry Dalziel, da United Newspapers, e W. E. Berry, do *Sunday Times* e do

Financial Times. Em 1916, Robert Donald, editor do *Daily Chronicle*, recebeu a oferta de se tornar baronete, mas a recusou. Pelo menos 12 títulos de cavalaria foram concedidos a homens ligados à imprensa.[17] Essa foi a maneira que Lloyd George encontrou para agradecer os "lordes da imprensa" por seu serviço leal.

A ideia de que a imprensa exercia poder excessivo sem responsabilidade adequada não foi, é claro, uma invenção da Primeira Guerra Mundial. Mas em todos os países a guerra pareceu aumentar de maneira acentuada o poder da mídia. De fato, a tese do satirista vienense Karl Kraus era de que a imprensa foi a principal beneficiária – e talvez a instigadora – da guerra. Afirma-se que até mesmo os famosos Catorze Pontos do presidente Wilson foram elaborados em resposta a uma solicitação de Edgar Sisson, o representante do Comitê de Informação Pública dos Estados Unidos em Petrogrado.[18]

Vozes dissonantes

Mas a ideia de que havia uma profunda diferença entre as técnicas de propaganda usadas de ambos os lados, por mais conveniente que seja para os que buscam uma explicação não militar para o resultado da guerra, não sobrevive a uma análise mais atenta. Como observou Georges Weill, "cada uma das nações beligerantes se convenceu de que seu governo havia negligenciado a propaganda, e de que o inimigo [...] havia sido mais eficaz".[19] Em nenhum país, a imprensa foi totalmente controlada, nem tampouco submetida à uniformidade. Em todos os casos, as instituições responsáveis por censurar e administrar as notícias precisaram ser improvisadas e não funcionavam de maneira eficiente. No início, a maior parte da propaganda era dirigida aos países neutros, não à opinião pública nacional. Quando se tentou influenciar a "Frente Interna", o principal objetivo era negativo: suprimir o dissenso. As metas positivas primordiais eram aumentar a venda de títulos de guerra ou (na Grã-Bretanha e em seu Império) o recrutamento. Durante a maior parte do conflito, pouquíssimas propagandas foram dirigidas aos soldados; mas foram eles, afinal, que determinaram o curso da guerra.

Vale enfatizar a grande diversidade de opiniões na imprensa europeia no momento em que a guerra começou. Em 30 de junho de 1914, a *Neue Freie*

Presse, o bastião da opinião liberal vienense, anunciou que, apesar dos assassinatos em Sarajevo, "os objetivos fundamentais da política da monarquia" continuavam sendo "a paz honrada e invulnerável e a defesa dos [nossos] interesses", acrescentando, em 2 de julho, que "as guerras por revanche estão hoje fora de cogitação".[20] Duas semanas depois, continuava a ver o cenário internacional com equanimidade. "Não se verá [...] o homem que [...] daria a ordem [...] de incendiar o mundo em nome da Grande Sérvia", declarou, reafirmando em 16 de julho "a atitude pacífica da monarquia". Mesmo quando começou a adotar um tom mais belicoso com relação à Sérvia, argumentou de maneira sistemática que "os conflitos locais não devem se transformar em guerras mundiais" (18 de julho).[21] O jornal húngaro *Pester Lloyd* adotou um tom igualmente comedido durante todo o mês de julho.[22]

Na Alemanha, o jornal liberal *Berliner Tageblatt* foi atípico ao considerar a "questão da Grande Sérvia" "uma das mais ameaçadoras e preocupantes [que] dizem respeito a todos nós". Mas em 30 de julho continuava insistindo: "O povo alemão é absolutamente pacífico", e pediu não mais do que a "segurança da fronteira" ao receber uma notificação oficial de mobilização da Rússia.[23] Seu equivalente no oeste da Alemanha, o *Frankfurter Zeitung*, também não se entusiasmava com a ideia de uma guerra.[24] Tampouco a imprensa católica era belicosa: em 30 de julho, o *Germania* insistiu que o povo alemão queria "a paz acima de tudo", embora seja verdade que o *Kölnische Zeitung* manifestou um "patriotismo entusiástico" extremo depois que a guerra eclodiu.[25] Tradicionalmente inspirado no governo, o conservador *Norddeutsche Allgemeine Zeitung* argumentou repetidas vezes a favor de que o conflito entre a Áustria e a Sérvia fosse localizado,[26] e inclusive refutou a advertência pessimista do *Berliner Tageblatt* em 1º de agosto de que a guerra era inevitável.[27] É claro, essa diversidade de opiniões pode ser atribuída ao maquiavelismo do governo alemão, procurando mascarar suas ações beligerantes com editoriais pacíficos. Entretanto, isso parece anacrônico; muito mais provável é uma mera falta de liderança clara por parte de um governo totalmente preocupado com questões diplomáticas e militares.[28]

Na Grã-Bretanha, com uma única exceção, a imprensa, no início, viu a guerra com desinteresse ou desgosto. O *Manchester Guardian* pôde afirmar com segurança em julho de 1914 que não havia "nenhum risco de [a Grã-Bretanha] ser arrastada para o conflito [entre a Áustria e a Sérvia] por tratados de aliança".²⁹ Em 1º de agosto, seu editor, C. P. Scott, argumentou que a intervenção "violaria dezenas de promessas feitas ao nosso próprio povo, promessas de buscar a paz, de proteger os pobres, de poupar os recursos do país, de promover o progresso pacífico".³⁰ Quando a guerra começou, o jornal protestou, com fúria: "Por algum contrato secreto, a Inglaterra foi, pelas costas, tecnicamente comprometida à loucura devastadora de participar do jogo violento de uma guerra entre duas ligas militares". Embora tenha finalmente concluído que "nossa frente está unida", o *Guardian* alertou de maneira solene: "Será uma guerra em que arriscaremos tudo aquilo de que temos orgulho, e com a qual não ganharemos nada [...] Algum dia nos arrependeremos disso".³¹

Ainda mais avesso a "sacrificar [...] a vida britânica [...] em nome da hegemonia russa do mundo eslavo" era o *Daily News*. Em 1º de agosto, o jornal publicou um artigo de A. G. Gardiner intitulado simplesmente: "Por que não devemos lutar". "Onde, no mundo, nossos interesses colidem com os da Alemanha?", perguntou Gardiner, e respondeu: "Em nenhum lugar". "Se aniquilarmos a Alemanha e tornarmos a Rússia a ditadora da Europa e da Ásia, será o maior desastre que já acometeu a cultura e a civilização do Ocidente".³² No dia 3, o jornal afirmou que não havia "nenhum partidário da guerra neste país" porque "os horrores da guerra já tomaram conta da imaginação popular".³³ Embora o *News* finalmente houvesse admitido que a Grã-Bretanha deveria ganhar a guerra em que havia entrado, ainda assim deplorou, no dia 4, "o terrível conflito" e "a política externa equivocada" de Grey.³⁴ Sir George Riddell, proprietário do popular dominical *News of the World*, falou em nome da maioria dos jornalistas liberais quando disse a Lloyd George que sentia "intensa exasperação [...] diante da perspectiva de o governo entrar na guerra".³⁵

A imprensa liberal nas províncias tampouco estava entusiasmada. O *Yorkshire Evening News* afirmou, em 29 de julho, que era "certamente do interesse da Grã-Bretanha que nos mantivéssemos fora da disputa". O *Northern Daily Mail* foi mais longe: a Grã-Bretanha "pode[ria] e deve[ria] permanecer neutra durante todo o curso da guerra", defendeu em 28 de julho.³⁶ "O pior aconteceu", exclamou o *Carlisle Journal* em 4 de agosto. Havia "pouca dúvida de que a maioria dos ingleses considerava a possibilidade de ser arrastada para esta guerra com sentimentos de assombro e horror".³⁷ Foi só em 8 de agosto que jornais como o *Lancaster Guardian* e o *Barrow News* se convenceram de que a guerra era necessária para "salvar da bocarra alemã esses Estados autônomos, pequenos, mas resistentes".[38]

Em toda a Europa, apenas um jornal importante defendeu a guerra entre as grandes potências: o *The Times*, que previu uma guerra europeia já em 22 de julho, e cinco dias mais tarde solicitou a participação britânica – algo que se repetiu nos editoriais de 29 e 31 de julho.[39] Já vimos como Northcliffe e seu editor do caderno internacional, Steed, rejeitaram os apelos dos Rothschild para que abrandassem a linha editorial. Nessa perspectiva, há algo a ser dito a favor do ex-ministro liberal, lorde Fitzmaurice, que, em 31 de julho, afirmou que a imprensa de Northcliffe estava fazendo "uma campanha para levar este país a se unir à guerra".[40] (De maneira reveladora, quando o correspondente do francês *Figaro* em Londres estava perdendo as esperanças no governo britânico, ele exclamou: "Lorde Northcliffe e o *Mail* não podem fazer alguma coisa?")[41]

Mas nem mesmo Northcliffe tinha clareza quanto ao papel que ele queria que a Grã-Bretanha desempenhasse na guerra. Ele tardou em avaliar a importância da crise balcânica em julho.[42] Quando a guerra começou, seus jornais não fizeram nenhuma tentativa de atenuar as implicações catastróficas. Até o *The Times* previu, em 3 de agosto, "a guerra mais terrível [na Europa] [...] desde a queda do Império Romano". Considerou "assustador pensar" "[...] [n]as perdas de vida humana e na riqueza acumulada de gerações que um conflito como este exigiria".[43] E foi só em 5 de agosto que Northcliffe surpreendeu seus altos executivos ao se manifestar veementemente contra o envio da Força Expedicionária Britânica. "Que história é essa de uma Força Expedicionária Britânica para a França?", indagou ao editor do *Mail*, Thomas Marlowe:

> É absurdo. Nem um único soldado deve sair deste país. Temos uma frota excelente, que dará toda a ajuda que estiver em seu poder, mas não apoiarei o envio de um único soldado britânico. E quanto à invasão? E quanto ao nosso próprio país? Coloque isso no editorial. Você me ouviu? Nem um único soldado irá sem o meu consentimento. Diga isso no jornal de amanhã.

Ele inclusive escreveu um editorial com esse fim, e só concordou em publicar a versão alternativa de Marlowe – defendendo o envio da Força Expedicionária Britânica – depois de um debate acalorado.[44]

Mesmo no fim de novembro de 1914, o *The Times* não via nenhuma razão para embelezar a verdade sobre o que estava acontecendo no front. "Todo o lado espetacular da guerra se foi, para jamais reaparecer", informou com tristeza seu correspondente:

> Trincheiras e mais trincheiras, e, dentro do alcance das armas escondidas, a invisibilidade é a lei suprema [...] Dia após dia, os anônimos são exterminados pelos invisíveis [...] A guerra se tornou estúpida [...] A pressão sobre a infantaria é enorme, e interminável [...] À custa de milhares de vidas, talvez se conquistem algumas poucas centenas de jardas, mas raramente [até mesmo] o ataque mais brilhante surte algum efeito [...] Novas tropas trazidas sob a proteção de um tremendo fogo de artilharia que se abre de surpresa podem abrir uma brecha [...] Mas só com grandes perdas um ataque como este pode ser realizado.[45]

Isso dificilmente foi calculado para alimentar a esperança de que os soldados britânicos estariam celebrando o Natal em Berlim.

E também não foi a única nota dissonante emitida por jornais conservadores. No fim de julho, o *Yorkshire Post* publicou um editorial declarando que

> não [estava] convencido de que, se a Rússia e a França esmagassem a Alemanha e a Áustria, a posição deste país seria melhor do que se a vitória estivesse do outro lado; acreditamos que, de uma forma ou de outra, a perturbação das condições existentes se mostraria extremamente desvantajosa para nós. Portanto, de maneira alguma somos da opinião de que o governo britânico deveria se apressar em se unir a uma guerra europeia, de um lado ou do outro.[46]

Em 1º de agosto, o *Pall Mall Gazette* anunciou que era "um golpe cruel do destino que [a Grã-Bretanha e a Alemanha] fossem colocadas cara a cara no momento em que a má vontade parece[parecia] ter diminuído", acrescentando:

> Acreditamos que o Imperador GUILHERME e seus conselheiros têm trabalhado arduamente pela paz. Se, como parece muitíssimo provável, seus esforços foram vencidos por forças além do seu controle, por que devemos lhes dirigir palavras de ódio? Nós não faremos isso. Embora condenados, com o coração pesado [...], a sacar a espada, lutaremos como cavalheiros, respeitando um nobre adversário.[47]

O editorial de Horatio Bottomley em *John Bull* para a semana de 8 de agosto foi ainda mais excêntrico: "QUE A SÉRVIA VÁ PARA O INFERNO", começava, acrescentando: "*A Sérvia deve ser eliminada.* Que a Sérvia seja removida do mapa da Europa". Este superou até os mais estridentes editoriais austríacos. Entretanto, prosseguiu Bottomley, o governo britânico deveria

> aproveitar a crise para se livrar de uma vez por todas da ameaça alemã [...] Na ausência de uma garantia satisfatória de modificação nos planos de nosso rival teutônico, o único curso de ação possível para estadistas patrióticos perspicazes seria aniquilar a frota alemã imediatamente [...]
>
> Uma vez mais – "QUE A SÉRVIA VÁ PARA O INFERNO!"
> DEUS SALVE O REI.[48]

Como bem ilustra essa estranha argumentação, a reação da imprensa ao início da guerra foi tudo menos uniforme.

Os governos também jamais conseguiram estabelecer certa uniformidade; de fato, não está nem um pouco claro se eles sequer tentaram fazê-lo. Para começar, não se tentou muita coisa além da censura para evitar a publicação de informações militares que poderiam ser úteis ao inimigo. Para isso, normalmente havia precedentes. Na Grã-Bretanha, onde já existia uma tradição de censura das artes a cargo do lorde chanceler, os jornais já haviam aceitado um sistema de autocensura em assuntos militares sob a égide de um Comitê Permanente Conjunto instaurado em 1912.[49] A Lei de Defesa do Reino (DORA, na sigla em inglês), aprovada em 8 de agosto de 1914 (e ampliada em seis ocasiões posteriores), aumentou de maneira drástica o poder do Estado nesse aspecto. O Regulamento 27 proibia explicitamente informes ou declarações "orais ou escritas, ou em qualquer jornal, periódico [...] ou outra publicação impressa" que tivessem "intenção ou possibilidade" de minar a lealdade ao rei, o recrutamento ou a confiança na moeda.[50] Os censores também baniram a publicação de notícias sobre a movimentação das tropas, ou mesmo a especulação a respeito, em 26 de setembro de 1914. Em março seguinte, a imprensa foi alertada a não exagerar o alcance do sucesso britânico, embora (como retorquiu um proprietário) tal otimismo exacerbado fosse a especialidade do próprio *sir* John French.⁵¹ As listas de baixas só começaram a ser publicadas em maio de 1915. A imprensa conseguiu resistir a tentativas de uma censura ainda mais estrita no outono de 1915, mas, ainda assim, permaneceu sob rígido controle durante toda a guerra. Os jornais também estiveram sujeitos à censura na maior parte do Império Britânico.⁵² Embora o sistema de "D-Notices" fornecesse informações sobre a guerra a editores de 40 publicações, estas deveriam ser tratadas como estritamente confidenciais; o que também se aplicava às abundantes informações internas fornecidas ao correspondente de guerra do *The Times*, Charles à Court Repington (ele próprio, um ex-coronel do Exército). Como o próprio Lloyd George admitiu: "O público só conhece metade da história"; a imprensa conhecia uns três quartos.⁵³

A DORA era para os escritores britânicos o que a "Anastasie" era para os escritores franceses: a personificação da censura em tempos de guerra.⁵⁴ Esta foi imposta com base nas leis do Estado de cerco de 1849 e 1878, que permitiam às autoridades militares proibirem qualquer publicação que fosse nociva à ordem pública. Em 3 de agosto, o Gabinete de Guerra instaurou um Departamento de Imprensa para fazer que isso fosse cumprido. Uma lei aprovada dois dias depois foi ainda mais longe, proibindo a imprensa de publicar informações relacionadas a operações militares, com exceção das especificadas pelo governo.⁵⁵ Em setembro, quando o ministro da Guerra Alexandre Millerrand tornou o controle ainda mais estrito, também estava proibida a publicação do nome dos mortos na guerra.⁵⁶

Na Alemanha, assim como na França, uma antiga lei do Estado de cerco (a de 1851) entrou em vigor quando as hostilidades começaram, suspendendo "o direito de expressar opiniões livremente por meio oral, impresso ou fotográfico" e autorizando os comandantes militares regionais a censurar ou proibir publicações. Para desencorajar ainda mais a publicação de "informações não confiáveis", o chanceler do Reich emitiu uma circular à imprensa listando 26 proibições específicas. Recomendações adicionais foram feitas pelo Ministério da Guerra em 1915, banindo, entre outras coisas, a publicação do total de mortes (nem mesmo os quadros de honra deveriam usar numeração consecutiva).⁵⁷ Ao todo, foram cerca de 2 mil regras de censura até o fim de 1916. Em decorrência de sua aplicação inconsistente por parte dos comandantes militares, entretanto, em fevereiro de 1915 foi instaurado um Gabinete Central de Censura (*Oberszensurstelle*), que se tornou o Departamento de Imprensa de Guerra (*Kriegspresseamt*) sete meses depois.[58] Na Áustria, a mesma função era desempenhada por um Departamento de Supervisão de Guerra (*Kriegsüberwachungsamt*).[59] Medidas similares foram implementadas na Itália, mesmo antes de o país entrar na guerra.[60]

A censura era um instrumento obtuso. Em 1915, o *The Times* e o *Labour Leader* foram multados por violar as regras. Em 14 de agosto, o *Figaro* foi censurado, para seu constrangimento, por uma reportagem sobre o Marrocos.[61] *L'Homme Libre*, de Clemenceau, foi suspenso por publicar uma história sobre o transporte de soldados feridos em condições tão precárias de higiene que os homens contraíram tétano; quando a publicação reapareceu como *L'Homme Enchaîné*, foi banida novamente.[62] Como Alfred Capus afirmou em 27 de setembro de 1914: "Conquanto não se mencionassem as autoridades, o governo, a política [...] os bancos, os feridos, as atrocidades alemãs [ou] o serviço postal, era possível expressar-se livremente com a permissão de dois ou três censores".[63] Entre os jornais alemães censurados ou suprimidos por revelarem informações militares estava o obscuro e inócuo *Tägliche Rundschau für Schlesien und Posen*.

Pouco a pouco, no entanto, todos os países foram além da censura de informações militares e usaram de sua influência em um sentido mais abertamente político. Na Grã-Bretanha, os jornais ou revistas suprimidos em um ou outro momento durante a guerra incluíam o *Irish Worker*, o *Irish Volunteer*, o *Irish Freedom* e o *Sinn Féin*, bem como o *Nation* e o pacifista *Tribunal*. Tomou-se cuidado, em particular, para evitar a exportação de qualquer coisa considerada potencialmente nociva aos "esforços de guerra". Compilaram-se listas detalhadas de material proibido: não só jornais de grupos socialistas, pacifistas e nacionalistas irlandeses, como também revistas escolares – que, por descuido, publicaram relatos muito detalhados sobre as atividades dos ex-alunos no front – e gazetas ferroviárias – que revelaram informações supostamente confidenciais sobre o sistema de transportes britânico. A revista da Associação Britânica dos Ex-Alunos de Heidelberg também foi vítima.[64] A DORA se propunha a assumir o papel do lorde chanceler como "babá literária" da nação. A versão em livro da obra teatral de Fenner Brockway, *O advogado do diabo*, foi banida em 1914. Quatro anos depois, Rose Allatini foi processada por seu romance (publicado sob um pseudônimo) *Despised and Rejected* [Desprezado e rejeitado], que girava em torno de um homossexual que se opunha a lutar na guerra: a editora foi multada e exemplares do livro foram destruídos.⁶⁵ Portanto, pouco a pouco a Grã-Bretanha se tornou, durante a guerra, uma espécie de Estado policial. Só em 1916, o Departamento de Imprensa, auxiliado pelo departamento de serviço secreto MI7(a), analisou mais de 38 mil artigos, 25 mil fotografias e nada menos que 300 mil telegramas particulares.⁶⁶ Metternich teria ficado com inveja. Como o *Nation* lamentou com razão em maio de 1916, era "uma tragédia nacional [o fato de] que o país que saiu em defesa da liberdade esteja perdendo suas liberdades uma a uma, e que o Governo que começou contando com a opinião pública como uma grande aliada agora tenha passado a temê-la e cerceá-la".⁶⁷

A mesma situação ocorreu em outros lugares. Em 1917, um tribunal francês determinou que a legislação de 1914 banindo a publicação de informações militares não autorizadas fosse usada para proibir a publicação de "manifestações de derrotismo".⁶⁸ Com base nisso, o pacifista *Bonnet Rouge* foi censurado nada menos que 1.076 vezes entre maio de 1916 e julho de 1917.⁶⁹

Na Alemanha, o *Vorwärts* foi banido entre 27 e 30 de setembro de 1914 e só foi autorizado a retomar suas publicações se não fizesse referências a "ódio entre classes e luta de classes"; uma proibição similar foi imposta em janeiro de 1918 quando o jornal defendeu uma greve geral.⁷⁰ Filmes estrangeiros foram banidos no começo da guerra, e o sistema existente de censura cinematográfica foi alterado para que apenas os filmes passíveis de "preservar o moral e promover o patriotismo" fossem aprovados.⁷¹ No início de 1915, os jornalistas foram alertados a não "questionar o sentimento e a determinação nacional de qualquer alemão"; curiosamente, também foram instados a desistir de suas "demandas repulsivas de que a guerra fosse conduzida com crueldade e de que os povos estrangeiros fossem aniquilados". Em novembro de 1915, proibiu-se que os objetivos de guerra da Alemanha fossem discutidos publicamente. A partir de 1916, entrevistas com generais, discussões sobre as relações entre a Alemanha e os Estados Unidos e referências ao Kaiser precisavam ser examinadas pelo Departamento de Imprensa de Guerra antes de serem publicadas. Além disso, os comandantes militares locais davam suas próprias ordens quando julgavam conveniente.⁷² O *Berliner Tageblatt* foi vítima dos preconceitos políticos do general responsável por censura na região de Marks quando foi temporariamente suspenso por *defender* Bethmann contra os ataques dos anexionistas!⁷³

Mas em nenhum país continental houve censura em uma escala totalitária. Os censores franceses, por exemplo, permitiram que o recém-fundado e perverso *L'Oeuvre* (cujo *slogan* era: "Os imbecis não leem o *L'Oeuvre*") publicasse em fascículos a obra *Le Feu* [O fogo], de Barbusse.[74] E os censores também não fizeram muito para controlar a revista satírica *Le Canard Enchaîné*, lançada em setembro de 1915 por Maurice Maréchal e seus amigos.[75] Na Alemanha, os debates na imprensa sobre os objetivos de guerra (depois que a proibição de novembro de 1916 foi suspensa) foram mais abrangentes do que se teria permitido na França. Ainda mais notável é o fato de que os censores alemães nunca tenham banido a publicação dos comunicados militares dos Aliados nos jornais alemães.[76]

Além do mais, a experiência europeia – e mesmo a britânica – tende a ser insignificante ao lado das medidas draconianas adotadas nos Estados Unidos: um reflexo, sem dúvida, da incerteza norte-americana com relação ao nível de patriotismo em uma população multiétnica. (14,5 milhões dos 100 milhões de norte-americanos em 1914 haviam nascido no exterior; em torno de 8 milhões de norte-americanos pertenciam à primeira ou à segunda geração de famílias alemãs.)[77] Depois que a Lei de Espionagem de 1917 foi ampliada pela Lei de Sedição de maio de 1918, até mesmo criticar a guerra em uma pensão se tornou ilegal. Mais de 2.500 norte-americanos foram indiciados sob essa legislação, dos quais aproximadamente cem receberam sentenças de prisão de 10 a 20 anos. O diretor de um filme supostamente patriótico chamado *The Spirit of '76* [O espírito de 1776] foi condenado a 15 anos de prisão porque (como muitos inferiram pelo título) era antibritânico.[78] Nem mesmo a Grã-Bretanha cerceou tanto a liberdade de expressão durante a guerra. Tais medidas tornavam risível a alegação das potências aliadas de estarem lutando por liberdade.

Instituições ativamente dedicadas à *supervisão* de notícias (sobretudo a cobertura da guerra em países neutros) precisaram ser improvisadas. Os primeiros comunicados militares britânicos foram simplesmente lidos em voz alta aos membros do Gabinete Paralelo por ministros em reuniões fechadas; foi só em setembro que o major Ernest Swinton recebeu a tarefa de transmitir mensagens à imprensa, que foram devidamente publicadas sob o crédito "Testemunha Ocular" (Max Aitken desempenhou um papel similar para as forças canadenses). Para informações mais detalhadas, *sir* George

Riddell, da Associação de Proprietários de Jornais, atuou como um representante da imprensa nos corredores do poder, transmitindo o que ouviu de Asquith, Churchill e outros a seus colegas proprietários e seus editores em coletivas semanais, um procedimento formalizado em março de 1915.[79] Foi só em novembro de 1915 que se implementou um sistema de correspondentes de guerra credenciados; seus informes, no entanto, eram submetidos a controle estrito.[80]

Os primeiros passos para coordenar uma propaganda britânica ativa no exterior foram dados quando Charles Masterman, chanceler do ducado de Lancaster, convidou um grupo seleto de importantes escritores de ficção e de não ficção à Wellington House [o Departamento de Propaganda de Guerra], no Buckingham Gate (o edifício que, antes da guerra, abrigava a Comissão de Seguridade Social, considerada uma boa "frente").[81] No fim de 1914, havia traduzido mais de 20 publicações para distribuição em países neutros; em junho de 1915, havia encomendado e publicado em torno de 2,5 milhões de livros. Também enviou um boletim informativo a cerca de 360 jornais norte-americanos e patrocinou uma série de filmes, em sua maioria documentários. Além disso, um Comitê Parlamentar dos Objetivos de Guerra, constituído às pressas, instaurou um Departamento de Imprensa sob direção do unionista F. E. Smith em agosto de 1914.[82]

Entretanto, em 1916, Lloyd George solicitou ao editor do *Daily Chronicle*, Robert Donald, que avaliasse o desempenho da Wellington House e, em virtude de suas críticas, instaurou-se um novo Departamento de Informação. Dois meses depois, em fevereiro de 1917, a administração do departamento foi confiada ao popular romancista e advogado – e, por vezes, administrador imperial – John Buchan.[83] Quando o departamento foi transformado em Ministério em julho de 1917, Buchan passou a ser, em teoria, subordinado ao líder unionista do Ulster, *sir* Edward Carson; mas a falta de interesse deste último levou o Conselho Consultivo de Imprensa a renunciar em protesto, forçando Lloyd George a criar um novo Ministério da Informação a cargo de Beaverbrook (fevereiro de 1918).[84] Isso incitou uma prolongada medida reacionária do ministro das Relações Exteriores, Balfour, visando manter o controle sobre a difusão da propaganda britânica no exterior.[85] Uma função interna paralela foi exercida pelo Comitê Nacional dos Objetivos de Guerra instaurado em junho de 1917, um organismo interpartidário que, entre setembro daquele ano e março do ano seguinte, organizou 1.244 comícios e, na primavera de 1919, havia distribuído 107 milhões de exemplares de suas publicações e alimentado 650 jornais com editoriais padronizados pró-governo.[86]

No continente europeu, o processo de formação das instituições não foi tão diferente quanto muitas vezes se afirma. Em outubro de 1914, o Exército francês instaurou uma Seção de Informação sob sua Divisão de Inteligência Militar, que no início apenas editava e publicava comunicados militares três vezes por dia, mas posteriormente passou a fornecer aos jornais informes mais ou menos anódinos da vida na frente de batalha. O general Nivelle mais tarde revitalizou essa seção como o Serviço de Informação para as Forças Armadas e, pela primeira vez, permitiu que jornalistas credenciados (em vez de oficiais do Exército) informassem o que se passava no front. Enquanto isso, o Ministério das Relações Exteriores instituiu seu próprio departamento de Imprensa e Informação (*Bureau de la presse et de l'information*). Foi só em janeiro de 1916 que uma Casa da Imprensa (*Maison de la Presse*) foi criada para coordenar a propaganda francesa no exterior.[87]

Na Alemanha, de 3 de agosto em diante um oficial do Estado-Maior enviava informes diários (às 11 horas da manhã) para os correspondentes, cujos sumários eram entregues à Wolff Telegraphisches Bureau [Agência de Telégrafos Wolff]; em setembro de 1915, o novo Departamento de Imprensa de Guerra acrescentou um segundo informe noturno e também produziu três novos boletins militares. Como na Grã-Bretanha, as informações eram às vezes disponibilizadas com a condição de que não fossem publicadas.[88] No início, houve certo dualismo institucional. O Ministério das Relações Exteriores tinha seu próprio Departamento de Notícias (*Nachrichtenabteilung*), responsável pela propaganda em países neutros. Em 1917, no entanto, o Comando Supremo instituiu um serviço de imprensa exclusivo, o Serviço de Notícias de Guerra Alemão (*Deutsche Kriegsnachrichtendienst*), parte da centralização geral do governo promovida por Ludendorff. Embora o novo chanceler Georg Michaelis houvesse tentado reafirmar o controle civil sobre a propaganda nomeando um chefe de imprensa no fim do verão de 1917, os generais mantiveram o controle até o fim.[89]

A Áustria também instituiu um Departamento de Imprensa de Guerra (*Kriegspressequartier*), que produziu boletins oficiais para consumo interno e externo.[90] Quando entraram na guerra, os norte-americanos fizeram mais ou menos a mesma coisa, criando um Comitê de Informação Pública em abril de 1917 que, no fim do conflito, havia produzido e distribuído nada menos que 75 milhões de exemplares de publicações pró-guerra.[91]

Além de tentar dominar a opinião pública, um importante objetivo de toda essa atividade era fortalecer as decisões internas. De particular importância era a necessidade de angariar fundos. Os filmes britânicos *You!* [Você!] e *For the Empire* [Para o império] (encomendados pelo Comitê de Empréstimos de Guerra para o Pequeno Investidor) encorajavam os espectadores a investirem em títulos de guerra; o último entrou em detalhes e mostrou "a quantidade de munições" que o investimento de 15 xelins e 6 *pence* viabilizaria.[92] A Alemanha contava ainda mais com a boa vontade de seus cidadãos para emprestar dinheiro ao governo; assim, produziu-se grande número de cartazes para encorajar o público a comprar títulos de guerra. O cartaz de Lucian Bernhard de 1917 retrata um oficial da Marinha explicando a um soldado enquanto eles observam um navio inimigo afundando: "É assim que o seu dinheiro o ajuda a lutar. Transformado em um submarino, ele o protege dos bombardeios do inimigo. Por isso, contribua com os empréstimos de guerra!".[93] Nos Estados Unidos, 2 milhões de cartazes foram distribuídos para a campanha do primeiro empréstimo Liberty [como foram denominadas as quatro primeiras emissões de títulos de guerra], e no terceiro empréstimo esse número havia aumentado para 9 milhões.[94]

Por outro lado, as tentativas de doutrinar os soldados com qualquer coisa além do *ethos* tradicional de obediência às ordens foram extremamente limitadas. E as tentativas de influenciar o pensamento dos soldados inimigos só vieram muito depois. Em julho de 1917, edições falsas de jornais alemães como o *Frankfurter Zeitung* foram infiltradas na Alemanha por agentes franceses.[95] O serviço secreto britânico estava pronto para o mesmo truque, embora a técnica só tenha vindo a público com a nomeação de Northcliffe ao Departamento de Propaganda do Ministério da Informação, conhecido como "Crewe House". Nos seis meses que se seguiram a junho de 1918, aproximadamente 20 milhões de panfletos foram lançados sobre as tropas alemãs em retirada, com títulos como "Olá, terra natal" ("*Grüße an die Heimat*") e detalhes sobre as baixas no Exército alemão e o colapso dos aliados da Alemanha.[96]

Os Impérios Centrais não fizeram nenhuma tentativa dessa magnitude. Os alemães preferiram tentar se infiltrar em jornais pacifistas por meio de subornos, na forma de investimentos feitos por "laranjas" em países neutros. Os casos notórios na França envolveram o *Le Journal,* que recebeu em torno de 10 milhões de francos de fontes alemãs, o *Le Pays,* o novo jornal fundado em 1917 para promover a ideia de Joseph Caillaux de uma paz negociada com a Alemanha, e o *Bonnet Rouge,* cujos diretor e editor foram presos e acusados de traição em julho de 1917 (um cometeu suicídio na prisão, o outro foi considerado culpado e executado).[97]

A autonomia da propaganda

Até aqui, assumiu-se que propaganda significa propaganda do governo. Na verdade, grande parte da propaganda durante a guerra não foi produzida por órgãos do governo, mas por organizações autônomas ou indivíduos, de modo que, na maior parte do tempo, o papel das instituições descritas acima foi meramente de coordenação.[98] Isso é bem ilustrado pelo caso do cinema – o mais caro de todos os meios de comunicação, portanto aquele em que se esperaria que o governo desempenhasse o papel mais importante. O Comitê Parlamentar de Recrutamento, por exemplo, era um órgão do governo? Na verdade, não – seu trabalho era feito voluntariamente por membros do Parlamento e por outras figuras públicas. Foi esse comitê, no entanto, e não o Gabinete de Guerra, que encomendou o longa-metragem *You!* [Você!] em 1915, que promovia o recrutamento.[99] É verdade que o Gabinete de Guerra havia começado a usar o cinema para atrair recrutas mesmo antes da guerra, encomendando o *The British Army Film* (1914) [O filme do Exército britânico].[100] Mas fez pouco além de tolerar as atividades do Comitê Britânico de Atualidades para Filmes de Guerra, um cartel de produtoras independentes que pagava ao Gabinete de Guerra pelo privilégio de filmar no front e então vendia ao governo a filmagem resultante para ser usada em propaganda. O primeiro longa-metragem produzido dessa maneira – *Britain Prepared* [Grã-Bretanha preparada] – foi exibido em dezembro de 1915. Foi seguido por *The Battle of the Somme* [A Batalha do Somme] (agosto de 1916) e *The German Retreat and the Battle of Arras* [A retirada alemã e a Batalha de Arras] (junho de 1917).[101] Longe de influenciar o estilo documental desses filmes, o Gabinete de Guerra tendeu a se distanciar deles. Os cineastas britânicos produziram em torno de 240 filmes entre 1915 e 1918, além do cinejornal quinzenal introduzido em maio de 1917. A proporção daqueles diretamente inspirados por departamentos do governo foi bem pequena – apesar de, na época, assim como hoje, os cineastas britânicos estarem sempre em busca de subsídios estatais.

Também na Alemanha, os chamados filmes *feldgrau*,* como *How Max Won the Iron Cross* [Como Max ganhou a Cruz de Ferro], *On the Field of Honour* [No campo da honra], *Miss Field-grey* [Senhorita *Feldgrau*] e *It Should be All of Germany* [Deveria ser tudo da Alemanha] foram produzidos pelo setor privado, com incentivo mínimo das autoridades.[102] A proibição de filmes estrangeiros ajudou, assim como as comissões secretas do Ministério da Guerra (a partir de 1916). Mas, essencialmente, o cinema de guerra alemão foi autopromovido. Foi o produtor cinematográfico Oskar Messter que, de maneira oportunista, abordou as autoridades militares com uma proposta de administrar a filmagem nos vários palcos de guerra. O cinejornal *Messter-Woche* rapidamente ocupou uma posição quase monopolista em virtude do controle oficial de Messter sobre as licenças para filmar no front, para insatisfação dos concorrentes. Foi só bem mais tarde que o Comando Supremo estabeleceu um controle burocrático sobre o cinema, começando em outubro de 1916 com a criação do Departamento Militar de Filmagem e Fotografia (*Militärische Film- und Photostelle*), que se tornou o Departamento Cinematográfico e Fotográfico (*Bild- und Filmamt*) em janeiro de 1917. Quando Ludendorff procurou incrementar a propaganda cinematográfica com um programa de "instrução patriótica" na segunda metade de 1917, esta foi confiada a uma nova empresa, a Universum-Film-AG (UFA), financiada em conjunto pelo Estado e pelo setor privado. Depois da guerra, esta emergiu rapidamente como a maior produtora de cinema particular da Europa.[103]

O menos interessado na participação do governo era o cinema norte-americano. Em grande parte por iniciativa própria, Hollywood fundou a Associação Nacional da Indústria Cinematográfica, responsável por filmes belicosos como *How the War Came to America* [Como a guerra chegou à

---

* A palavra alemã *feldgrau*, que significa literalmente "cinza-campo", refere-se à cor dos uniformes militares do Exército alemão na época. (N.T.)

América], *The Kaiserite in America* [O kaiserista na América] e *German War Practices* [Práticas de guerra alemãs].[104]

Além disso, um número considerável de "propagandas" não tão caras foi produzido, sem qualquer referência ao governo, por associações como o Fight for Right Movement [Movimento de Luta por Direitos], de *sir* Francis Younghusband, o Council of Loyal British Subjects [Conselho de Súditos Britânicos Leais], a Victoria League [Liga Vitória], a British Empire Union [União do Império Britânico] e o Central Council for National Patriotic Organisations [Conselho Central para Organizações Patrióticas Nacionais].[105] A mesma coisa pode ser dita com relação à Alemanha, onde a Liga Pangermânica e o novo Partido da Pátria desempenharam um papel independente similar. Nos Estados Unidos, a busca pelo inimigo interno foi conduzida não tanto pelo Departamento de Justiça, mas por grupos paramilitares como a American Patriotic League [Liga Patriótica Norte-Americana], a Patriotic Order of Sons of America [Ordem Patriótica dos Filhos da América] e os Knights of Liberty [Cavaleiros da Liberdade]. Organizações como essas foram responsáveis por centenas de incidentes de violência extralegal durante os anos de guerra, incluindo linchamentos de indivíduos suspeitos de simpatizar com o inimigo.[106]

Foi não só uma guerra da mídia, mas também uma guerra dos senhores da mídia. Em 4 de outubro de 1914, por sugestão do Ministério da Marinha, 93 acadêmicos, artistas e intelectuais alemães proeminentes (incluindo os cientistas Max Planck e Fritz Haber, o dramaturgo Gerhart Hauptmann e os economistas Lujo Brentano e Gustav Schmoller) publicaram um manifesto na imprensa alemã intitulado "Para o mundo da cultura!", que justificava as ações alemãs na Bélgica (inclusive o incêndio de Louvain) e denunciava a intervenção da Grã-Bretanha ao lado da Rússia, "bárbara" e "semiasiática". No fim de agosto, os famosos acadêmicos Ernest Hackel e Rudolph Eucken já haviam declarado em um manifesto similar: "É culpa da Inglaterra que esta guerra tenha se transformado em uma guerra mundial".[107] Esta foi seguida de uma declaração no mesmo estilo publicada pela Liga Cultural de Acadêmicos Alemães e de *Why We Are At War* [Por que estamos em guerra], dos historiadores Friedrich Meinecke e Hermann Oncken.

Os escritores, com efeito, reagiram mais depressa. Como é bem sabido, o contramanifesto de 52 "homens conhecidos de letras", publicado no *The Times* em 18 de setembro de 1914, foi resultado de uma reunião organizada por Masterman em 2 de setembro na Wellington House.¹⁰⁸ Mas os signatários não precisaram ser encorajados; a maioria já estava impaciente por isso. Entre os que vieram à Wellington House ou firmaram a "Declaração de Autores" do *The Times* estavam G. K. Chesterton, Arthur Conan Doyle, John Masefield, Rudyard Kipling e o editor da revista *Punch*, Owen Seaman – uma lista de escritores patrióticos, para não dizer *tories*. Thomas Hardy e o profeta da guerra (agora justificado) H. G. Wells também estavam presentes, e ávidos por ação verbal. Mais inesperadas foram as assinaturas dos romancistas Arnold Bennett e John Galsworthy, do classicista Gilbert Murray e do historiador G. M. Trevelyan, nenhum dos quais havia recebido a eclosão da guerra com muito entusiasmo.¹⁰⁹

Um exemplo especialmente notável de mobilização intelectual é o caso da Faculdade de História de Oxford. Trabalhando com velocidade pouco usual – talvez até sem precedentes – nos anais da universidade, cinco historiadores de Oxford liderados por H. W. C. Davies e Ernest Barker escreveram *Why We Are At War: Great Britain's Case* [Por que estamos em guerra: o caso da Grã-Bretanha] – às vezes também chamado de *The Red Book* [O livro vermelho] – que a University Press [a editora da universidade] conseguiu publicar já em 14 de setembro, apenas duas semanas depois de o original ter sido entregue.¹¹⁰ Mais tarde veio uma série de panfletos de Oxford para "o homem trabalhador inteligente". Historiadores das universidades "provinciais" também participaram, entre os quais D. J. Medley, de Glasgow, e Ramsay Muir, de Manchester. Houve palestras nas principais cidades para combater a possível crença "entre muitos de nossos trabalhadores [...] de que se a Alemanha ganhar a guerra eles não estarão em pior situação do que estão hoje".¹¹¹ Professores de outras faculdades deram contribuições similares. Além de assinar o manifesto dos "homens de letras", Gilbert Murray escreveu *How Can War Ever Be Right?* [Como pode uma guerra ser justa?] e *The Foreign Policy of Sir Edward Grey 1906-1915* [A política externa de *sir* Edward Grey, 1906-1915], um relato apologético publicado em junho de 1915 e descartado por Ramsay MacDonald (com razão) por considerá-lo um "exercício extraordinário de encobrimento e manipulação".¹¹²

Deve-se notar que foram poucos os autores consagrados dentre os mencionados acima que aceitaram pagamento por seus escritos durante a guerra: Galsworthy e Wells escreveram seus artigos para a Wellington House de graça, para apreensão de seus agentes literários.[113] Foi só bem mais tarde na guerra que os escritores mais assíduos, como Arnold Bennett, se tornaram funcionários do governo no Ministério da Informação de Beaverbrook. O mesmo aconteceu na França.[114]

Os poetas também se mobilizaram. O *The Times* estimou que recebia em torno de cem poemas por dia em agosto de 1914, a grande maioria de espírito romântico e patriótico. De acordo com uma estimativa, cerca de 50 mil poemas de guerra foram escritos na Alemanha naquele mesmo mês. Uma bibliografia da poesia de guerra britânica, majoritariamente patriótica, lista mais de 3 mil volumes; os 350 volumes contabilizados na Alemanha talvez sejam uma subestimação – ou talvez os *Denker* tenham superado os *Dichter** depois dos dias de agosto.[115] Sem dúvida, os poetas medíocres foram encorajados pelo governo: o jornalista Ernst Lissauer, por exemplo, recebeu a Cruz de Ferro por seu "Hino de ódio". Mas ele o escreveu por iniciativa própria. Da mesma maneira, os dramaturgos não precisaram de incentivo para escrever obras patrióticas para o teatro.[116]

Em todas as esferas da sociedade, a propaganda de guerra não precisou ser produzida pelos governos: acadêmicos, jornalistas, poetas amadores e pessoas comuns a criaram de maneira espontânea. Os negócios também a fabricaram. Possivelmente, nada ilustra isso tão bem quanto a produção de brinquedos e histórias em quadrinhos para crianças, um fenômeno discernível em quase todos os países combatentes.[117] Na Grã-Bretanha, foram produzidos tanques de brinquedo (disponíveis seis meses depois de terem sido usados pela primeira vez em batalha); na França, quebra-cabeças do navio *Lusitania* e uma versão militarizada do jogo *Monopoly* [Banco imobiliário]; na Alemanha, peças de artilharia em miniatura que atiravam grãos de ervilha.[118]

Como grande parte da propaganda não foi controlada pelo governo, esta muitas vezes adquiriu vida própria. Típico do modo como os grupos de pressão nacionalistas enfraqueceram Bethmann Hollweg foi o tratado escrito por Wolfgang Kapp, *Nationalist Circles and the Reich Chancellor* (1916) [Círculos nacionalistas e o chanceler do Reich], parte da implacável campanha (reco-

---

* Historicamente, a Alemanha é conhecida como *Das Land der Dichter und Denker* (a terra dos poetas e dos pensadores). (N.T.)

nhecidamente, com a conivência do Ministério da Marinha) para eliminar as restrições sobre a guerra submarina.[119] Um exemplo ainda melhor é a maneira extraordinária com que Northcliffe perseguiu sucessivos governos britânicos. Em certas ocasiões, Charles à Court Repington se referiu à imprensa leal ao governo como "imprensa governista"; mas às vezes a Grã-Bretanha parecia estar caminhando para um governismo da imprensa.[120] Northcliffe usou seus jornais para fazer campanha contra Haldane em 1914, contra Kitchener em 1915, contra Asquith em 1916 e finalmente contra Lloyd George e Milner, depois que a guerra terminou. Seus jornais conduziram uma sequência de campanhas visando intensificar os esforços de guerra britânicos: defendiam o confinamento de estrangeiros, a criação de um Ministério das Munições, a implementação de um registro nacional de homens capazes de portar armas, a instauração de um Conselho de Guerra Especial, a aquisição de mais metralhadoras e, é claro, a instituição do alistamento militar obrigatório. Essas intervenções foram tão perturbadoras que o conde de Rosebery, apoiado por Churchill, propôs que o *The Times* fosse nacionalizado; mas isso não foi feito.[121] Asquith viria a se arrepender. Embora Northcliffe não tenha sido o único a arquitetar sua queda como primeiro-ministro – Beaverbrook também fez sua parte –, não há dúvida de que os lordes da imprensa a precipitaram.[122]

Típica de Northcliffe foi sua instrução ao editor do *Daily Mail*, Tom Clarke, em dezembro de 1916: "Consiga uma foto sorridente de Lloyd George e, abaixo, ponha a legenda 'FAÇA AGORA'; obtenha a pior foto possível de Asquith e coloque 'ESPERE E VERÁ'".[123] Nas etapas finais da guerra (sobretudo depois de sua viagemególatra aos Estados Unidos)[124], Northcliffe estava evidenciando uma espécie de megalomania. "Diga ao chefe", disse ele a um dos funcionários de Haig no outono de 1917, "que se [Lloyd] George ousar fazer alguma coisa contra ele, eu o derrubo do gabinete".[125] Em 3 de outubro de 1918, ele chegou a ponto de dizer a Riddell: "Eu não proponho usar meus jornais e minha influência pessoal para apoiar um novo governo [...] a não ser que eu conheça com toda a certeza e por escrito, e aprove conscientemente, as pessoas que constituirão esse governo".[126]

Além disso, a relativa autonomia da imprensa muitas vezes pressionou os governos a adotarem objetivos de guerra mais ambiciosos. Embora o debate sobre os objetivos de guerra na Alemanha seja famoso graças a Fischer, houve um debate muito similar na Grã-Bretanha e, com efeito, em todos os Estados combatentes. Entre as opções mais extremas defendidas por jornalistas britânicos como objetivos de guerra estava, por exemplo, a dissolução do Reich alemão. Outras demandas – a destruição dos impérios Otomano e Habsburgo – só parecem menos fantasiosas do que suas equivalentes alemãs porque se concretizaram.[127]

Estilo baixo e elevado

Não precisamos nos deter muito no conteúdo das propagandas. Em todos os países, houve uma torrente do que Paul Fussell chamou de "estilo elevado": um amigo se tornou um "camarada", um cavalo se tornou um "corcel", um inimigo se tornou um "adversário".[128] Em *The Barbarism of Berlin* [O barbarismo de Berlim], G. K. Chesterton afirmou que a Grã-Bretanha estava "lutando pela confiança e pelo compromisso [...] pelo braço comprido da honra e da memória". A poesia era o veículo preferido para tais sentimentos. "A morte não é a morte para aquele que ousa morrer", entoou *sir* Henry Newbolt, não de maneira atípica, em seu "Sacramentum Supremum".[129] "Quem fica de pé se a liberdade cai?", perguntou Kipling em "For All We Have and Are" ["Por tudo o que temos e somos"]; "Quem morre se a Inglaterra vive?". Nenhum aspecto da guerra, por menos romântico que fosse, foi poupado dessa linguagem. Newbolt foi capaz de adotá-la mesmo ao escrever sobre um filme de guerra ("Ah, as imagens vivas dos mortos. Ah, as canções sem som [...]").[130] Alfred Noyes, outro poeta da velha escola, descreveu as trabalhadoras das fábricas de munição de Glasgow "colocando toda a paixão da maternidade" em sua "prole reluzente de munições [...] produzidas para proteger uma prole mais preciosa de carne e osso".[131] Gilbert Murray procurou justificar tais disparates, argumentando que

> a linguagem do romance e do melodrama agora se tornou [...] a linguagem de nossa vida normal [...] As velhas expressões [do tipo] [...] "a morte é melhor que a desonra" – que pensávamos serem adequadas para os palcos ou para as histórias infantis – são hoje as verdades cotidianas que pautam nossa vida.[132]

Tanto falou, que não convenceu. Uma crítica mais sóbria foi mais certeira quando ele se referiu ao estilo elevado como "maquiagem de palavras".[133]

Para a propaganda britânica, a violação da neutralidade belga era o ás no baralho, e este foi jogado exaustivamente. A Grã-Bretanha, conforme afirmavam os "homens de letras", estava lutando "para manter a soberania da justiça entre os povos civilizados [e] para defender os direitos das pequenas nações".[134] O *Livro vermelho* de Oxford contrastava a Grã-Bretanha, uma nação guiada pelo estado de direito, com a Alemanha, que não respeitava tratados. O "tratado solene renovado mais de uma vez" era, como afirmou Gilbert Murray em *How Can War Ever Be Right?* [Como pode uma guerra ser justa?], o argumento decisivo em favor do conflito.[135] Harold Spencer também assegurou aos liberais hesitantes que a Grã-Bretanha havia ido à guerra para fazer cumprir a lei e "somente por essa razão".[136] O autor Hall Caine publicou *King Albert's Book: A Tribute to the Belgian King and People* [O livro do rei Alberto: um tributo ao rei e ao povo belga], um "pacto [...] firmado sobre o altar dessacralizado da liberdade de uma pequena nação".[137] Galsworthy e o historiador Arnold Toynbee estavam entre os muitos que, em suas publicações, objetaram contra o "terror" alemão. Hardy até escreveu um poema sobre o assunto, intitulado "On the Belgian Expatriation" ["Da expatriação belga"], e os clérigos anglicanos mais devotos jamais se cansaram do tema.[138] Tampouco o Comitê Parlamentar de Recrutamento: com efeito, seu cartaz "The Scrap of Paper" ["O pedaço de papel"] reproduzia o selo e as assinaturas do tratado de 1839. Em comparação, pouquíssimas propagandas britânicas se referiram ao argumento estratégico – tão importante no Gabinete em 1914 e tão apreciado pelos germanófobos antes da guerra – de que a Bélgica e a França deveriam ser defendidas para evitar que a Alemanha construísse bases navais na costa do canal.[139]

Notoriamente, a propaganda da Entente exagerava as "atrocidades" infligidas pelos Exércitos alemães à população belga. Após a guerra, o pacifista liberal Arthur Ponsonby deu o famoso exemplo (mas, na verdade, falso) de uma reportagem do *Kölnische Zeitung* – "Quando se soube da queda da Antuérpia, os sinos das igrejas dobraram" – que, através de sucessivos jornais da Entente, supostamente fora transformada no seguinte: "Os bárbaros conquistadores da Antuérpia puniram os desafortunados padres belgas por sua heroica recusa em tocar os sinos das igrejas atando-os ao interior dos sinos de cabeça para baixo, como badalos vivos".[140]

Mas é verdade que fotografias de massacres russos anteriores à guerra foram reimpressas para "ilustrar" histórias de comportamento alemão na

Bélgica. O *Sunday Chronicle* foi um dos muitos jornais britânicos que afirmaram que os alemães haviam cortado as mãos de crianças belgas, enquanto o ex-alarmista William Le Queux relatou com prazer mal dissimulado "as orgias absurdas de sangue e devassidão" a que os alemães supostamente se entregavam, incluindo "a violação e o assassinato impiedosos de crianças em tenra idade, garotas e mulheres indefesas". Outros escritores se divertiram imaginando jovens de 16 anos "forçadas a beber" e então "violadas" no chão antes de terem os seios "perfurados [...] com baionetas". Outra imagem muito apreciada era a de um bebê enfiado numa baioneta. J. H. Morgan chegou a acusá-los de "[praticar] sodomia [...] com criancinhas". Pelo menos 11 panfletos sobre o assunto foram publicados na Grã-Bretanha entre 1914 e 1918, incluindo o relatório oficial de lorde Bryce, *Report ... on Alleged German Atrocities* (1915) [Relatório [...] sobre supostas atrocidades alemãs],[141] e a Wellington House, sob o comando de Masterman, assegurou que uma grande proporção desses fossem traduzidos e enviados a outros países. As atrocidades vendiam bem no exterior. Vários cartazes do empréstimo norte-americano Liberty usaram imagens de ninfas belgas parcamente vestidas à mercê de hunos símios e seduzindo os poupadores lascivos a comprarem títulos de guerra.[142]

Os escritores britânicos mais circunspectos procuraram discernir entre "os ideais livres e legalistas da Europa Ocidental" ou "da raça anglófona" e "o governo de 'sangue e ferro'" preferido pela "casta militar" da Alemanha.[143] Anthony Hope, autor de *O prisioneiro de Zenda*, zombou do militarismo alemão em paródias de Bernhardi, entre as quais *The German (New) Testament* [O (Novo) Testamento alemão]. Hardy também denunciou "os escritos de Nietzsche, Treitschke, Bernhardi etc.".[144] Essa linha de argumentação possibilitou que os liberais de consciência pesada no *Daily News* estabelecessem uma distinção entre o povo alemão, com quem, segundo afirmavam, não tinham nenhuma rixa, e a "tirania que os aprisionou em seu vício". Assim, a guerra podia ser retratada como "a última luta suprema entre a velha e a nova ordem".[145]

Outro tema da propaganda britânica, concebido especificamente para consumo norte-americano e adotado por H. G. Wells, foi a ideia de que a Grã-Bretanha estava travando uma guerra contra "o kruppismo [...] esta enorme máquina de guerra [...] este sórdido negócio gigantesco a serviço da morte".[146] Nos primeiros escritos de guerra de Wells, por mais improvável que pareça, aquela se tornou uma guerra em prol "do desarmamento e da paz em todo o mundo".¹⁴⁷ Dirigido de maneira ainda mais direta ao sentimento norte-americano foi seu influente panfleto *The War that Will End War* [A guerra que colocará fim às guerras], concluído às pressas em 14 de agosto, do qual derivou grande parte da retórica posterior de Woodrow Wilson.

Os propagandistas também gostavam de denegrir a cultura nacional do país inimigo. Parcialmente em resposta ao manifesto alemão "To the World of Culture" ["Ao mundo da cultura"], os escritores britânicos atacaram a "truculência e a erudição enfadonha" dos "docentes teutônicos".¹⁴⁸ Os acadêmicos britânicos, que durante décadas foram levados a se sentir inferiores devido ao rigor das universidades alemãs, se entusiasmaram. Até mesmo Gilbert Murray desdenhou dos acadêmicos alemães que "passaram a vida absortos em certos objetos [de estudo] [...] não tão importantes nem particularmente belos ou reveladores". Em Cambridge, *sir* Arthur Quiller-Couch declarou guerra às "inúteis críticas e pesquisas históricas [alemãs]".¹⁴⁹ "A era das notas de rodapé alemãs", declarou um otimista de Oxford, "está com os dias contados".¹⁵⁰ A verborrágica denúncia de Thomas Mann à "civilização" britânica como inferior à *Kultur* alemã (especialmente Wagner) também surgiu nesse mesmo momento, e mostrou que as notas de rodapé eram o que menos havia de errado na vida intelectual alemã.¹⁵¹ É difícil acreditar, mesmo sendo verdade, que homens inteligentes na Grã-Bretanha pensassem estar combatendo notas de rodapé e homens inteligentes na Alemanha pensassem estar defendendo acordes de mi bemol.

A contrapartida disso foi a afirmação de que a guerra teria um efeito purificador sobre a própria cultura nacional, como ilustram os comentários na *Poetry Review* em 1914, que ansiavam por "uma 'catarse'" das secreções mórbidas [que estavam] tão em evidência ultimamente".¹⁵² Edmund Gosse foi um notável defensor dessa visão na Grã-Bretanha, prevendo que a guerra, como um "desinfetante", limparia "as poças estagnadas e os canais obstruídos do intelecto"; em particular, ele esperava que ela livrasse o país do vorticismo.¹⁵³ Da mesma forma, o poeta alemão Richard Dehmel esperava que a guerra levasse os alemães a pensarem menos em "liberdade, igualdade e coisas do tipo" e mais "[n]as árvores crescendo".

O que tornou tão risíveis as afirmações mais pomposas de tais escritores foi precisamente a degradação cultural que a guerra pareceu causar. Longe de uma elevação do espírito nacional, houve um carnaval de vulgaridade. *Slogans* grosseiros como *Jeder Tritt ein Britt* ("Para cada passo, um britânico"), *Jeder Stoss ein Franzos* ("Para cada golpe, um francês") e *Jeder Schuss ein Russ* ("Para cada tiro, um russo") tiveram equivalentes em toda parte: "Enforquem o Kaiser", por exemplo. Cartões-postais humorísticos banalizavam a guerra: um cartão-postal alemão tentou fazer piada sobre um ataque de gás, enquanto os italianos procuraram ver o lado engraçado das atrocidades belgas.[154]

Essa banalização foi parte de um esforço maior de glamorizar, ou pelo menos higienizar, o combate propriamente dito. Nas reportagens que o próprio Northcliffe escreveu do front, a guerra era representada como uma espécie de férias alegres de verão: "A vida ao ar livre, a alimentação regular e abundante, o exercício e a ausência de preocupações e responsabilidades mantêm os soldados contentes e em extraordinária forma física". Um tema apreciado pelos britânicos era que a guerra era uma forma de esporte: "o grande jogo" ou "uma corrida rápida com os cães de caça".[155] Mesmo a morte era vista por esse prisma cor-de-rosa. O *The Times* citou Lloyd George: "O soldado britânico é um bom esportista [...] luta como um bom esportista [e], aos milhares, morre como um bom esportista". O cadáver britânico, de acordo com W. Beach Thomas no *Daily Mirror*, parecia ser "de uma fidelidade mais serena, de uma lealdade mais simples, do que outros [...] como se, ao morrer, tivesse tomado cuidado para que não houvesse [...] heroísmo em sua postura".[156] Eufemismos desse tipo eram usados com mais liberdade quando as baixas eram mais numerosas – como no caso da época do Somme. A imprensa francesa precisou usar as mesmas táticas na desastrosa fase inicial da guerra, assegurando aos leitores que as balas alemãs eram ineficazes, e mais uma vez em 1915, quando houve uma ênfase implausível no bom humor dos soldados franceses, "indo à batalha como se fossem a um banquete [...] Eles ansiavam pela ofensiva como se fosse uma festa. Estavam tão felizes! Eles riam! Faziam piadas!".[157]

Finalmente, os propagandistas procuraram encorajar seus cidadãos com a perspectiva de que a vitória pagaria os dividendos políticos nacionais. Para começar, os governos alardeavam a unidade nacional evocada pelo conflito: a França tinha sua *Union sacrée*; a Alemanha, sua *Burgfrieden*; e a Grã-Bretanha se esqueceu alegremente da Irlanda e voltou aos "negócios de sempre" (parte da relevância da frase reside no fato de que, em 1913-1914, os negócios não eram os de sempre). Lloyd George foi um dos primeiros estadistas a dar um giro político a essa linha de argumentação, dizendo à sua plateia no Queen's Hall em setembro de 1914 que ele viu

> entre todas as classes, altas e baixas, despindo-se de egoísmo, um novo reconhecimento de que a honra do país não depende meramente da manutenção de sua glória no campo de batalha, mas também de que seus lares sejam protegidos do sofrimento.[158]

Isso equivalia a uma promessa cifrada aos liberais que o apoiavam de que, como no caso dos encouraçados, os custos da guerra não seriam incompatíveis com as políticas sociais e a tributação progressiva. Mais tarde, é claro, a propaganda britânica fez promessas mais explícitas de que a guerra traria progresso material para a maioria dos britânicos – daí os "lares dignos de heróis".

O público

Mas a propaganda funcionou? As evidências necessárias para responder essa pergunta são escassas; mas temos o suficiente para arriscar um veredicto.

A censura provavelmente conseguiu alguma coisa; o próprio fato de os jornalistas reclamarem tanto dela fala a seu favor. Sem dúvida, manteve uma boa dose de segredo de um modo que se mostraria impossível durante a Segunda Guerra Mundial, quando as rádios particulares com alcance internacional minaram até mesmo o controle de Goebbels sobre a imprensa. A perda constrangedora do navio de guerra *Audacious* na costa da Irlanda em outubro de 1914 não foi informada na Grã-Bretanha, tampouco a Batalha da Jutlândia, até algum tempo depois de terminada a guerra. Os alemães não faziam ideia da quantidade de munições francesas em 1917; provavelmente, a maioria dos civis franceses também não.

A própria propaganda também pode ter conseguido alguma coisa. Certamente vendeu bem. O *Livro vermelho* de Oxford vendeu 50 mil exemplares, dos quais apenas 3.300 foram para o Ministério das Relações Exteriores para serem usados em outros países. Em setembro de 1915, 87 panfletos diferentes haviam sido publicados em Oxford, com uma tiragem total de 500 mil.

Com preços que iam de 1 a 4 *pence*, eles venderam bem: cerca de 300 mil até janeiro de 1915.¹⁵⁹ O relato insosso de John Masefield sobre o Somme, *The Old Front Line* [A velha linha de frente], vendeu 20 mil exemplares na Grã-Bretanha e quase 4 mil nos Estados Unidos. *A Statement of the British Case* [Uma exposição da causa britânica], de Arnold Bennett, vendeu 4.600 exemplares na Grã-Bretanha; *Foreign Policy of Sir Edward Grey* [A política externa de *sir* Edward Grey], de Gilbert Murray, também vendeu bastante.¹⁶⁰ O filme *For the Empire* [Para o império] foi um grande sucesso: foi visto por cerca de 9 milhões de pessoas até dezembro de 1916.¹⁶¹ No último ano da guerra, estimou-se que o Comitê Nacional dos Objetivos de Guerra atingiu mais de 1 milhão de leitores com sua enxurrada de publicações.¹⁶²

Por outro lado, parece improvável que o famoso cartaz de Kitchener criado por Alfred Leete tenha sido tão eficaz quanto sua fama depois da guerra parece indicar.¹⁶³ O filme *You!* [Você!] (que tinha o mesmo objetivo) foi um fracasso comercial.¹⁶⁴ Além disso, algumas obras que criticavam a guerra também foram sucessos comerciais. *Common Sense about the War* [Bom senso a respeito da guerra], de Shaw, vendeu 25 mil exemplares; o desiludido *Mr. Britling Sees it Through* [O sr. Britling percebe], de Wells, teve 13 edições antes do fim de 1916 e rendeu ao autor 20 mil libras em direitos autorais só nos Estados Unidos.¹⁶⁵ *Le Feu* [O fogo], de Barbusse, foi um *best-seller*.

Ainda mais ambíguos são os indícios da recepção de filmes como *The Battle of the Somme* [A Batalha do Somme]. É discutível, inclusive, até que ponto esse filme pode ser considerado propaganda de guerra. Não menos que 13% de seus 75 minutos de duração foram dedicados a cenas de mortos e feridos; no caso dos últimos 18 minutos de filme, mais de 40%. As legendas eram implacáveis: "Soldados britânicos resgatando um comandante sob uma chuva de balas. (Este homem morreu 20 minutos depois de chegar a uma trincheira.)". Mas o filme foi um grande sucesso. A *Kine Weekly* o declarou "o mais maravilhoso roteiro de filme de guerra já escrito". Em outubro de 1916, havia sido solicitado por mais de 2 mil cinemas em todo o país, quase metade do total de 4.500. Faturou em torno de 30 mil libras.¹⁶⁶

Por outro lado, nem todos gostaram do que viram. O *The Times* e o *Guardian* receberam cartas lamentando "um entretenimento que fere o coração e viola a própria santidade do luto" (nas palavras do reitor de Durham). E muitos dos que aprovaram o filme o fizeram precisamente porque ele levou os espectadores às lágrimas diante do horror da guerra.¹⁶⁷ Além do mais, pode-se questionar o que esses filmes proporcionaram de positivo ao serem exibidos para espectadores estrangeiros. Os informes dos diplomatas revelam (por exemplo) que os nicaraguenses ficaram entediados com as longas sequências de "destróieres [...] avançando em um mar nebuloso com uma imagem ocasional de um amuleto", ao passo que os espectadores de Cartum, no Sudão, queriam mais "alemães ou turcos mortos", e os que foram aos cinemas na China objetaram contra a escassez de cenas de combate.¹⁶⁸ Quando *The Battle of the Somme* [A Batalha do Somme] foi exibido em Haia, a Cruz Vermelha o viu como uma oportunidade perfeita para levantar fundos para sua liga antibélica. Nos Estados Unidos, como Buchan foi informado por seu agente em Nova York, foram "tantas [as] cartas de reclamação sobre os horrores dos filmes sobre o Somme, e tão desastrosos os seus efeitos, desestimulando o recrutamento e colocando as pessoas contra a guerra, que [...] recolhemos os filmes e os submetemos à rígida censura".¹⁶⁹ Isso, por si só, coloca em dúvida o mito do brilhantismo da propaganda de guerra britânica.

Em contrapartida, há boas razões para pensar que o modo como o cinema foi usado na Alemanha foi mais eficaz. Oskar Messter afirmou que 18 milhões de pessoas viram seus cinejornais na Alemanha e nos países aliados, e mais de 12 milhões em países neutros.¹⁷⁰ Se isso for verdade, os números são altíssimos. Uma diferença marcante entre os filmes de guerra alemães e os britânicos foi a preponderância de dramas sobre documentários: enquanto os alemães produziram numerosos filmes de aventura e romances *feldgrau*, na Grã-Bretanha *Hearts of the World* (1916) [Corações do mundo] foi uma exceção; observe-se, aliás, que o diretor era norte-americano. Há motivos para questionar se produtores britânicos como Geoffrey Malins estavam certos ao pensar que mostrar "a morte em toda a sua nudez assustadora" fortaleceria a determinação do público.¹⁷¹

Talvez a melhor medida de sucesso da propaganda da Entente no exterior seja o número de refutações que provocou do lado alemão. O Departamento Central Alemão para Serviços Externos produziu um documento oficial dedicado a negar as afirmações de que as tropas alemãs haviam cometido atrocidades. Os relatos sobre as crueldades também perturbaram muitos alemães fora do governo. Aby Warburg, historiador de arte de Hamburgo, passou grande parte da guerra reunindo obsessivamente indícios nos jornais para refutar as acusações.¹⁷² O que não está tão claro é até que ponto a propaganda foi capaz de influenciar a opinião neutra. Está claro, por exemplo, que a decisão norte-americana de intervir não se deveu, primordialmente – ou mesmo de maneira secundária –, à propaganda da Entente.¹⁷³ E é tentador concluir que ambos os lados desperdiçaram uma boa soma de dinheiro tentando comprar apoio jornalístico em países como a Itália e a Grécia.¹⁷⁴ Quanto ao efeito da propaganda dos Aliados sobre a opinião pública alemã, as provas são escassas: se é que se pode inferir alguma coisa com base no comportamento de alguns soldados (e, em particular, marinheiros) alemães em novembro de 1918 é que, nesse aspecto, os mais eficazes foram os bolcheviques.¹⁷⁵

Além do mais, mesmo que o jornalismo jingoísta fortalecesse o moral internamente, não está nem um pouco claro se os homens envolvidos no combate ficaram impressionados. Os soldados certamente liam a imprensa de Northcliffe: o *Daily Mail* era vendido por garotos franceses nos acessos para as trincheiras de comunicações, e mesmo no auge da Batalha do Somme os jornais chegavam de Londres apenas um dia após a publicação.¹⁷⁶ Como veremos, as histórias de atrocidades de fato influenciaram os soldados. Mas os relatos mais fantasiosos de vida e morte no front foram expostos ao ridículo. A "Testemunha Ocular" foi apelidada "Colírio", e o estilo jingoísta de Hilaire Belloc foi satirizado, como na paródia "Belary Hilloc" publicada no *Wipers Times* em fevereiro de 1916:

> Neste artigo, quero mostrar apenas que, nas condições existentes, tudo aponta para uma rápida desintegração do inimigo. Em primeiro lugar, tomemos o efeito da guerra sobre a população masculina da Alemanha. Comecemos considerando nossos números [de] 12 milhões como o total de alemães na guerra. Destes, 8 milhões foram mortos ou estão sendo mortos, e, portanto, temos 4 milhões restantes. Destes, 1 milhão não é combatente, sendo parte da Marinha. Dos 3 milhões restantes, podemos desconsiderar 2,5 milhões como inaptos para lutar, devido à obesidade e a outros males causados por um estilo de vida rude. Isso nos deixa com um efetivo total de 500 mil homens. Destes, sabe-se que 497.250 sofrem de doenças incuráveis [...] e, dos 600 restantes, 584 são generais e funcionários administrativos. Desse modo, concluímos que há 16 homens na Frente Ocidental. Esse número, eu garanto, não é suficiente para que eles tenham a mínima chance de resistir a mais quatro grandes ataques [...].¹⁷⁷

"Fight to the Finish" ["Luta até o fim"], de Siegfried Sassoon, expressa sua própria aversão aos "homens da imprensa marrom", que ele imagina sendo atravessados por baionetas pelos "rapazes" depois de seu desfile de vitória em Londres.[178] Os soldados franceses sentiam o mesmo com relação a seus jornais mais belicosos.[179] Os soldados saxões no Ypres em julho de 1915 até jogaram uma pedra na fileira inglesa com uma mensagem atada: "Enviem-nos um jornal inglês para que possamos saber a verdade".[180]

Os soldados britânicos preferiam produzir e ler seus próprios jornais nas trincheiras e cerca de metade deles foi editada.[181] A mesma coisa fizeram os franceses, que produziram uma série de "jornais de trincheira" – uns 400[182] – com títulos como *Le Rire aux Eclats* e, inevitavelmente, *Le Poilu*.* Uma das mais duradouras revistas satíricas francesas, *Le Crapouillot*, surgiu nas trincheiras em agosto de 1915.[183] Os soldados alemães eram igualmente céticos com relação à propaganda de seu próprio governo. Sem dúvida, muitos soldados instruídos (como o artista Otto Dix) carregavam as obras de Nietzsche na bagagem e acreditavam sinceramente que estavam "defendendo o sentimento alemão contra o barbarismo asiático e a indiferença latina".[184] Mas aquilo foi no começo. Quando um cinejornal intitulado *From the Front* [Do front] foi exibido às tropas em 1916, foi recebido com escárnio.[185]

Talvez a verdade cruel sobre a propaganda de guerra seja que esta teve maior influência no grupo social que menos se importava com o conflito: as crianças. Em *Os últimos dias da humanidade*, Karl Kraus retrata crianças vienenses trocando alegremente *slogans* de guerra. Hänschen cumprimenta Trudchen com o *slogan* "*Gott strafe England*" [Que Deus puna a Inglaterra], enquanto duas crianças discutem sobre seu "dever" de apoiar os empréstimos de guerra:

KLAUS: O modo como fomos cercados, toda criança sabe disso.

DOLLY: Inveja britânica, vingança francesa, rapacidade russa [...] a Alemanha queria um lugar ao sol.

KLAUS: A Europa era um barril de pólvora.

DOLLY: O tratado belga era um pedaço de papel.[186]

---

* O primeiro significa "A gargalhada", e o segundo é uma gíria para designar os soldados franceses da Primeira Guerra. (N.E.)

Há indícios de que este era apenas um pequeno exagero. Quando se perguntou a crianças em duas escolas de Londres sobre os tipos de filme de que elas mais gostavam, os filmes de guerra ficaram em segundo lugar; quando solicitadas a listar seus cinco filmes favoritos, a maioria colocou *The Battle of the Somme* [A Batalha do Somme] ou *The Battle of the Ancre* [A Batalha do Ancre] em primeiro lugar. A descrição de tirar o fôlego que um aluno fez deste último mostra como até mesmo as cenas de batalha mais realistas podiam ser reformuladas por uma mente impressionável exposta às obras de Buchan e similares a uma idade precoce:

> Agora soa o apito, e eles sobem no parapeito, rá, tá, tá, fazem as metralhadoras alemãs, mas nada assusta nossos soldados. Bang! E cai seu galante capitão. Isso leva os homens à fúria. Finalmente, eles chegam às linhas alemãs. A maioria dos alemães foge gritando "Camarada! Camarada!" etc. Agora os britânicos e alemães feridos são trazidos [...] Logo depois aparecem os prisioneiros alemães, uns patifes com cara de mau que eu não gostaria de encontrar numa noite escura [...].[187]

A caixa registradora da história

Um dos mais convincentes de todos os argumentos sobre o papel da imprensa durante a guerra foi apresentado pelo satirista vienense Karl Kraus na revista *Die Fackel* (que ele produzia sozinho) e em sua épica obra teatral sobre a guerra, *Os últimos dias da humanidade*.

Kraus ficou ao mesmo tempo fascinado e horrorizado pelo modo como os jornais tratavam a guerra – com uma mistura de cinismo consciente e ironia inconsciente – como a "boa história" definitiva. No começo de *Os últimos dias...*, são os repórteres que transformam bêbados xenófobos em multidões patrióticas, e um editor é quem confere ao funeral de Francisco Ferdinando o "clima" que nitidamente não existiu. Cinegrafistas conversam sobre mortes fotogênicas – "completamente naturais" – e execuções – "que pena que vocês não estavam lá". Quando 17 soldados austríacos são atingidos por um pedaço de projétil na presença dos repórteres, esse é "o maior reconhecimento que a imprensa já recebeu na guerra". Quando um soldado ferido implora para que um jornalista lhe dê dinheiro, este responde de mau humor: "Desculpe, o que você quer de mim, *eu* tive 80 linhas censuradas no jornal da última segunda-feira". Nos cinemas, um cinejornal documentando o naufrágio do *Lusitania* é precedido do seguinte anúncio: "É permitido fumar neste momento do programa". Um filme sobre o Somme é, ele próprio, "o maior acontecimento da guerra".

Entre os muitos jornalistas desprezíveis de *Os últimos dias...*, a mais importante é Alice Schalek, a correspondente de guerra para quem o sofrimento dos soldados é meramente "cor" para sua matéria. Para Schalek, a guerra não é diferente das obras de teatro sobre as quais ela escrevia em tempos de paz: as "performances" no front são "de primeira linha" e os oficiais são tratados nas entrevistas como se fossem estrelas no palco ("Como você se sentiu?" é sua pergunta predileta). Antecipando Hemingway, a própria Schalek experimenta usar uma arma e considera "interessante" quando (como lhe haviam alertado) o inimigo devolve fogo com vontade. Durante toda a obra, Kraus mostra como a linguagem jornalística distorce a guerra: "as massas" aos "milhares e mais milhares" (imbecis ameaçam estrangeiros); "com coragem genuína, Viena aceita a decisão fatídica [...] completamente despida de confiança exacerbada ou fraqueza" (mais imbecis ameaçam estrangeiros); "o líder de nosso Exército glorioso faz uma declaração importante" (um general senil resmunga de maneira incompreensível); "os soldados estão livres" (homens são obrigados por seus empregadores a ir à guerra). Além do mais, essa linguagem contagia a todos: as autoridades militares começam a usá-la e, como vimos, as crianças também. Uma garotinha se recusa a brincar com os amigos porque esporte é uma frivolidade inglesa, enquanto os alemães só trabalham. Contente, a mãe propõe enviar as "palavras de ouro" da filha para o *Berliner Abendzeitung*.

Isso não era mera consequência da guerra. Ao contrário: de acordo com Kraus, era a guerra que era consequência do empobrecimento da imaginação provocado pela imprensa de massa. "Durante décadas de prática", ele argumentou,

> o repórter de jornal nos trouxe a esse nível de empobrecimento da imaginação que nos permite travar uma guerra de aniquilação contra nós mesmos. Uma vez que a eficiência ilimitada de seu aparato nos privou de toda capacidade de experiência e de elaboração mental dessa experiência, ele pode agora implantar em nós a coragem diante da morte, de que precisamos para correr para a batalha [...] Seu abuso da linguagem embeleza o abuso da vida.[188]

O essencial para a guerra, então, era "a automutilação mental da humanidade por meio da imprensa". Seu argumento central no ensaio "In These Great Times" ["Nestes tempos grandiosos"] era o de que "não só os atos produzem reportagens, como as reportagens são responsáveis pelas ações", de modo que, "se o jornal publica mentiras sobre atrocidades, o resultado serão atrocidades". Kraus apresentou o mesmo argumento em *Os últimos dias...*: "O jornal queima e incendeia o mundo. As páginas dos jornais acenderam o pavio da conflagração mundial [...] A guerra teria sido possível sem a imprensa? Teria sido possível começá-la ou continuá-la?".

Mas a imprensa só estava atuando em interesse próprio: como afirma um dos jornalistas de Kraus, "o público deve ter seu apetite estimulado para a guerra e para o jornal, um é inseparável do outro". Multidões aclamam "a Áustria, a Alemanha e a *Neue Freie Presse*". "Aqueles são nossos homens?", um repórter perto da linha de frente pergunta a outro. "Você quer dizer do corpo de imprensa?", responde o outro. A única "internacional" que se beneficiou da guerra, argumenta o alter ego de Kraus, "the Grumbler" ["o Queixoso"], é "a internacional em branco e preto".[189]

Esse argumento certamente soa familiar aos leitores atuais, por antecipar ideias de analistas posteriores como Walter Benjamin, Marshall McLuhan e Jean Baudrillard. No mínimo, é um lembrete útil de que o poder dos meios de comunicação de massa não é algo recente, nem tampouco o entusiasmo dos jornais por guerras. Mas Kraus tinha razão? Decorre de seu argumento que a guerra impulsionou a circulação dos jornais e, portanto, também os lucros: de fato, ele denunciou Moritz Benedikt, o proprietário do *Neue Freie Presse*, como "o homem à frente da caixa registradora da história mundial".[190] Embora muito se tenha escrito sobre a propaganda de guerra, até o momento não houve nenhuma tentativa de avaliar o impacto da guerra sobre a imprensa europeia em termos de circulação e lucratividade.

À primeira vista, Kraus estava certo: há indícios notáveis de que a guerra realmente aumentou a venda de jornais. A circulação do *Daily Mail* saltou de 946 mil antes da guerra para pouco menos de 1,5 milhão durante as primeiras semanas de agosto de 1914, e permaneceu em 1,4 milhão até junho de 1916. Mesmo no fim da guerra, permaneceu acima do nível registrado antes do conflito (Figura 11).

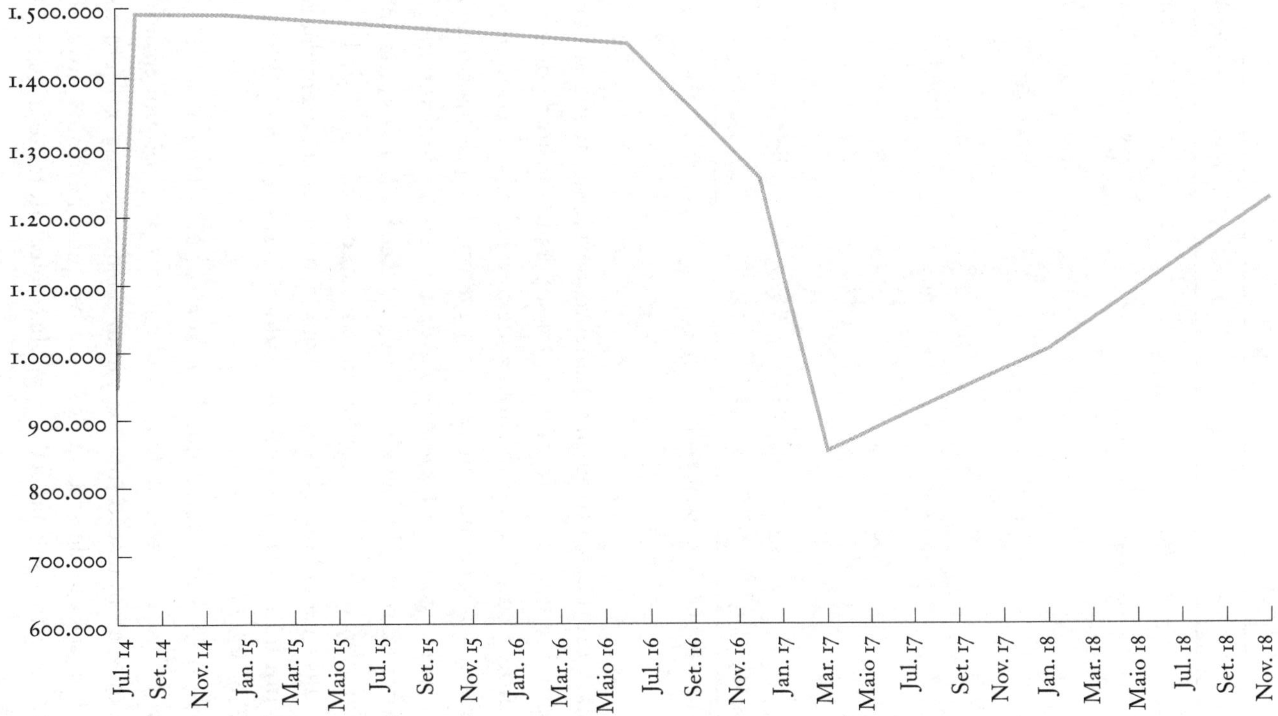

Figura 11   Circulação do *Daily Mail*, 1914-1918
Fonte: Grünbeck, *Presse*, vol. I, p. 150.

Tabela 19   Circulação de jornais britânicos selecionados, 1914-1918
(em milhares)

	1914	1915	1916	1917	1918
The Times	183		184	137	131
Daily Mail	946	1.105	1.172	938	973
Daily Express	295	373	434	450	579
Daily News	550	800			
Daily Chronicle	400		758		
Daily Mirror	1.000		1.307		
Daily Sketch	800	1.500		820	
Sunday Times	35				50
Observer	133	194	224	188	195
News of the World		2.000		2.750	

Fonte: McEwen, National Press, p. 468-483.

Um jornal noturno registrou um aumento de 144% em sua circulação em 3 de agosto de 1914; mas esse número foi superado em 16 de dezembro, quando estourou a notícia do primeiro ataque naval alemão à costa oriental. O *The Times* viu as vendas aumentarem para 278 mil em 4 de agosto de 1914 e 318 mil no mês seguinte. O *Evening News* também conquistou cerca de 900 mil leitores na segunda metade de 1914. O *Daily Express* praticamente dobrou sua circulação durante a guerra; ao passo que o *John Bull*, de Horatio Bottomley, estava vendendo nada menos que 2 milhões de exemplares no fim de 1918, um número que só foi superado pelo novo *Sunday Pictorial* e pelo *News of the World*.

Na França, o *Le Matin* viveu um *boom* similar. Na Alemanha, a circulação do *Berliner Tageblatt* cresceu de 220 mil em 1913 para 300 mil em 1918.[191] Entre 1913 e 1918, a circulação total de jornais alemães aumentou em torno de 70%.[192] Uma seleção de sete títulos para os quais há dados disponíveis indica um crescimento substancial do público leitor durante a guerra (ver Tabela 20).

Tabela 20   Circulação de jornais alemães selecionados, 1913-1918 (em milhares)

	1913	1914	1915	1916	1917	1918	1913-1918 (aumento %)
Berliner Tageblatt	228	230	238	245		300	31,6
Neue Augsburger Zeitung	38	40	38			58	52,6
Berliner Morgenpost	360	400	430			457	26,9
Cottbuser Anzeiger	16	17	17			28	71,9
Darmstädter Tageblatt	15	15				22	51,7
Jenauische Zeitung	6	7	7	8	8	8	30,6
Leipziger Neueste Nachrichten	142	182	205	196	207	215	51,5
Todos os jornais alemães	16.320					27.720	69,9

Fonte: Heenemann, Auflagenhöhe, p. 70-86.

Até mesmo a imprensa dos países neutros se beneficiou: a circulação do *Neue Zürcher Zeitung* dobrou durante a guerra, e a do *New York Times* cresceu 48% antes da entrada dos Estados Unidos.[193] Não há dúvida, portanto, de que a guerra vendeu jornais exatamente como Northcliffe havia previsto. Isso também é válido para o cinema. Antes da guerra, havia uma única série de cinejornais alemães; em setembro de 1914, o número havia crescido para sete. No fim da guerra, a quantidade de cinemas na Alemanha havia aumentado 27%; e o número de produtoras cinematográficas passou de 25 para 130.[194]

Mas é preciso fazer algumas ressalvas aos argumentos de Kraus. Como mostram os números para a imprensa britânica, nem todos os ganhos em circulação foram permanentes. No geral, o *The Times* perdeu leitores durante a guerra. Outros jornais conquistaram mais leitores e depois perderam; alguns estagnaram (o *Telegraph*, por exemplo). Alguns dos jornais que aumentaram sua tiragem já o haviam feito antes da guerra. Outros jornais não incrementaram as vendas durante a guerra, enquanto um número considerável (sobretudo jornais socialistas) perdeu leitores.[195] Além disso, houve várias desvantagens econômicas que impediram que uma maior circulação se traduzisse em lucros mais altos. A receita obtida com publicidade caiu em toda parte e, como outras indústrias do setor de serviços sem um papel direto na produção de armamentos, a imprensa perdeu mão de obra qualificada. Especialmente prejudicial foi a escassez de papel e a inflação geral dos preços causada pela guerra. Na Grã-Bretanha, um racionamento de papel foi implementado em 1918, reduzindo em 50% as alocações, embora os jornais tenham sido forçados a reduzir seu número de páginas muito antes por causa da queda na receita obtida com publicidade.[196] Na França, as publicações de periodicidade diária foram reduzidas a duas páginas a partir de agosto de 1914 e, embora esse limite tenha sido posteriormente aumentado para seis páginas em certos dias da semana, a escassez de papel as obrigou a reduzir novamente para quatro páginas, cinco dias por semana, em 1917.[197] Na Alemanha, o papel-jornal começou a ser racionado já em abril de 1916. O número de páginas nas edições, portanto, precisou ser reduzido: em 1916, os principais títulos de Berlim tinham em torno de metade do volume que tinham antes da guerra.[198] Em toda parte, o papel-jornal ficou mais caro: na França, mais que quintuplicou; e até nos Estados Unidos aumentou 75%.[199] O preço da tinta e de outros materiais também aumentou vertiginosamente: na Alemanha, quase quadruplicou durante a guerra.[200] Mas, com os jornais diminuindo de tamanho, era difícil aumentar o preço de capa tanto quanto o custo do papel-jornal e da tinta sem perder leitores. O preço do *The Times* subiu de 1 *penny* em março de 1914 para 1,5 *penny* em novembro de 1916 e depois para 2 *pence* em março de 1917, finalmente chegando a 3 *pence* em março de 1918. Northcliffe também foi forçado a dobrar o preço do *Mail*. Em consequência, a circulação caiu. Essa foi a norma em toda a Europa. A maioria dos jornais britânicos dobrou seu preço de capa durante a guerra.[201] Todos os jornais franceses foram obrigados a fazê-lo em setembro de 1917,[202] e, na Alemanha, 88% dos jornais haviam dobrado seu preço em 1918.[203] A mesma coisa aconteceu na Suíça, país neutro.[204] Assim, mesmo jornais consolidados que atraíam novos leitores tiveram suas finanças afetadas. Os lucros do *Le Matin* caíram drasticamente em 1914-1915 e só voltaram aos níveis de antes da guerra em 1918; e, quando se fazem os ajustes considerando a inflação, essa recuperação se mostra ilusória.[205]

Esses problemas econômicos ajudam a explicar por que a guerra viu uma redução significativa no número de jornais em uma série de países combatentes. Alguns simplesmente fecharam. Na França, por exemplo, o *Gil Blas*, o *L'Aurore*, o *L'Autorité* e o *Paris-Journal* estavam entre os nomes mais famosos a desaparecerem em 1914.²⁰⁶ Na Alemanha, em torno de 300 jornais deixaram de ser publicados no primeiro ano de guerra, e mais de 10 vezes esse número sofreu pelo menos uma interrupção na produção até 1918. Embora algumas publicações tenham conseguido voltar à ativa, no fim da guerra havia ao todo pelo menos 500 jornais a menos em circulação.²⁰⁷ O número total de jornais na Alemanha foi permanentemente reduzido de 4.221 em 1914 para 3.719 durante a guerra, uma redução de cerca de 12%.

Como se poderia esperar, foram principalmente os jornais menores que sofreram. Além disso, muitos dos que sobreviveram perderam sua independência comercial, já que os donos dos jornais maiores usaram os lucros acumulados durante a guerra para expandir seus impérios – o exemplo mais óbvio é o império construído pelo diretor da Krupp, Alfred Hugenberg, que assumiu o controle do grupo de August Scherl (incluindo o *Berliner Lokal-Anzeiger* e o *Der Tag*) em 1916. De acordo com uma estimativa, a chamada *Maternpresse* computava cerca de 905 jornais.²⁰⁸ Houve, no entanto, uma dimensão política inesperada à contração. Enquanto a proporção de jornais alemães que apoiavam os partidos liberais, o SPD ou o Partido do Centro cresceu entre 1914 e 1917 (de 28,2% para 31,4%), o percentual de jornais conservadores caiu de 22,6% para 16,8%.²⁰⁹ E o de Hugenberg era apenas um de três impérios da mídia, sendo que os outros dois permaneceram politicamente liberais: os dois grupos associados com os nomes Rudolf Mosse (*Berliner Tageblatt, Berliner Morgenzeitung*) e Leopold Ullstein (*Berliner Zeitung, Berliner Abendpost, Berliner Morgenpost* e *Vossische Zeitung*). Foram essas grandes empresas, e não a imprensa como um todo, que realmente se beneficiaram com a guerra.

Histórias reais

Há uma última consideração a ser feita. Como afirmou Alain, o satirista francês, houve duas guerras: a guerra lutada e a guerra contada. Mas a primeira foi a que valeu. Pedindo licença a Kraus, não teria havido propaganda de guerra sem guerra, não teria havido histórias de atrocidades sem atrocidades. Embora a imprensa da Entente tenha exagerado muitíssimo o que aconteceu na Bélgica, não há dúvida de que o Exército alemão realmente cometeu "atrocidades" no país em 1914. De acordo com os diários de soldados alemães e outras fontes confiáveis, todos os Exércitos invasores alemães executaram civis, incluindo mulheres e padres. Ao todo, cerca de 5.500 civis belgas foram deliberadamente assassinados pelo Exército alemão, a maioria no período de 11 dias de 18 a 28 de agosto de 1914; e pelo menos outros 500 na França.[210] Os alemães também usaram civis como escudos humanos e destruíram uma série de vilarejos. Em um caso, uma garota de 18 anos foi morta com uma baioneta. Houve também grande número de estupros na França ocupada.[211] Le Queux não estava fantasiando, afinal.

Sem dúvida, as questões de lei internacional levantadas por esses incidentes foram mais complicadas do que a propaganda da Entente permitia inferir. De fato, a Convenção de Haia de 1899 não foi muito precisa quanto ao modo como os civis deveriam ser tratados em um território invadido; certamente, não impediu a pena de morte para aqueles que continuassem a resistir depois que um país fosse derrotado e ocupado.[212] Os alemães lembravam-se das baixas infligidas a seus predecessores em 1870 por franco-atiradores, guerrilhas francesas que continuaram a retaliá-los depois que seu Exército havia sido derrotado. No pandemônio desencadeado pela invasão alemã em 1914, os recrutas, exaustos e prontos para a briga, tenderam a ver toda hostilidade por parte dos civis belgas como ameaçadora, especialmente porque as reservas da Guarda Civil belga usavam apenas o mais rudimentar dos uniformes (um casaco convencional e uma braçadeira). Com efeito, até mesmo tiros acidentais dos próprios alemães eram atribuídos a franco-atiradores fantasmas e, em certas ocasiões, levaram a represálias contra belgas completamente inocentes.[213]

Ainda assim, permanece o fato de que os alemães se comportaram muito pior na Bélgica do que os russos na Galícia ou na Prússia Oriental no começo da guerra, como os próprios alemães tiveram de admitir. Vale notar que nada menos que mil civis sérvios foram mortos pelos austríacos, em comparação com apenas 22 súditos dos Habsburgo mortos pelos russos na Galícia até fevereiro de 1915.[214] Da mesma maneira, não se pode negar que 1.198 passageiros (incluindo 80 crianças e 128 norte-americanos) morreram afogados quando o *Lusitania* naufragou em maio de 1915. Os alemães argumentaram, com razão, que o navio estava carregando munições para as potências da

Entente e que a Grã-Bretanha também era culpada por violar a liberdade dos mares ao impor seu bloqueio à Alemanha; mas nenhum navio foi afundado sem aviso, e nenhum cidadão de países neutros foi morto deliberadamente pela Marinha Real britânica.

Hitler acreditou que a lição a ser aprendida com a propaganda da Entente na Primeira Guerra Mundial era mentir repetidas vezes e em grande escala. Nisso, ele estava enganado. A verdadeira lição era que a propaganda mais eficaz era a que se baseava na verdade. Infelizmente para as potências da Entente, sua superioridade moral sobre os Impérios Centrais no que concerne aos países neutros e não combatentes era um dos poucos aspectos em que elas foram realmente superiores. Porém, em se tratando de guerrear, como veremos, foram muitíssimo inferiores – uma dura realidade que nenhuma propaganda seria capaz de compensar.

---

1. Coker, *War and the Twentieth Century*, p. 1.
2. Bruntz, *Allied Propaganda*, p. 3.
3. Marquis, Words as Weapons, p. 493.
4. Northcliffe foi dono *inter alia* do *Evening News* de Londres (desde 1894), do *Daily Mail* (fundado em 1896) e do *The Times* (adquirido em 1908). Junto com o irmão Harold, mais tarde lorde Rothermere, foi dono do *Daily Mirror* (adquirido do irmão em 1914), do *Sunday Pictorial*, do *Leeds Mercury* e de dois jornais de Glasgow, o *Daily Record* e o *Evening News*. Detalhes do império de Harmsworth, que controlava cerca de 40 títulos, de jornais de grande circulação a histórias em quadrinhos para crianças, em Gebele, *Die Probleme*, p. 420ss. Ver, em geral, S. Taylor, *Great Outsiders*.
5. Hansen, *Unrepentant Northcliffe*, p. 12. Ver também Grünbeck, *Die Presse Grossbritanniens*.
6. Gebele, *Die Probleme*, p. 27.
7. Hitler, *Mein Kampf*, p. 161.
8. Marquis, Words as Weapons, p. 493s.
9. Ver Dresler, *Geschichte*.
10. Sösemann, *Theodor Wolff: Tagebücher*, vol. I, p. 41.
11. Knightley, *First Casualty*, p. 109.
12. Gebele, *Die Probleme*, p. 45.
13. A. J. P. Taylor, *Beaverbrook*, p. 144.
14. Marquis, Words as Weapons, p. 493.

15. Gebele, *Die Probleme*, p. 45.
16. Marquis, Words as Weapons; A. Jackson, Germany, the Home Front, p. 568; Gebele, *Die Probleme*, p. 43.
17. Marquis, Words as Weapons, p. 479; Gebele, *Die Probleme*, p. 43.
18. Marquis, Words as Weapons, p. 488.
19. Becker, *Great War*, p. 59.
20. Sösemann, Medien, p. 196s.
21. Ibid., p. 203, 205, 209, 212.
22. Ibid., p. 204, 216.
23. Ibid., p. 223, 229.
24. Ibid., p. 198, 211.
25. Ibid., p. 213s.
26. Ibid., p. 210; Ferro, *Great War*, p. 41.
27. T. Wolff, *Vorspiel*, p. 276.
28. Mommsen, Domestic Factors in German Foreign Policy, p. 34.
29. Brock, Britain Enters the War, p. 146; Barnett, *Collapse of British Power*, p. 55.
30. Shannon, *Crisis of Imperialism*, p. 458.
31. A. Gregory, British Public Opinion, p. 15.
32. Carsten, *War against War*, p. 24; Koss, *Gardiner*, p. 148ss; Marquis, Words as Weapons, p. 468.
33. Lloyd George, *War Memoirs*, vol. I, p. 41.
34. Marwick, *Deluge*, p. 72.
35. Marquis, Words as Weapons, p. 469.
36. Esposito, Public Opinion, p. 17.
37. Ibid., p. 33.
38. Ibid., p. 40.
39. Pogge von Strandmann, Historians, p. 7.
40. Morris, *Scaremongers*, p. 359.
41. T. Clarke, *My Northcliffe Diary*, p. 63.
42. Ibid., p. 58s.
43. Bogacz, Tyranny of Words, p. 643.
44. T. Clarke, *My Northcliffe Diary*, p. 65-67.
45. Bogacz, Tyranny of Words, p. 651s.
46. Esposito, Public Opinion, p. 27.
47. A. Gregory, British Public Opinion, p. 8.
48. Ibid., p. 10.
49. Gebele, *Die Probleme*, p. 20.
50. Ibid., p. 24.
51. Ibid., p. 23.

52. Ver, e.g., Saad El-Din, *Modern Egyptian Press*, p. 13.
53. Marquis, Words as Weapons, p. 478.
54. Livois, *Histoire de la presse*, p. 399-402.
55. Bellanger et al., *Histoire générale*, p. 32, 409.
56. Becker, *Great War*, p. 47, 53.
57. Marquis, Words as Weapons, p. 471, 481.
58. H.-D. Fischer, *Pressekonzentration*, p. 226s; Koszyk, *Deutsche Presse*, p. 14ss. Ver, em geral, Koszyk, *Deutsche Pressepolitik*.
59. Morgenbrod, *Wiener Grossbürgertum*, p. 92.
60. Dresler, *Geschichte*, p. 53.
61. Becker, *Great War*, p. 50.
62. Manevy, *La Presse*, p. 150; Livois, *Histoire de la presse*, p. 402; Bellanger et al., *Histoire générale*, p. 417.
63. Manevy, *La Presse*, p. 149s.
64. PRO KV 1/46, MI5 G-Branch Report, Anexo, ss. 75-76. Ver também Gebele, *Die Probleme*, p. 435.
65. Hynes, *War Imagined*, p. 80s, 232s.
66. Gebele, *Die Probleme*, p. 20s.
67. Ibid., p. 21.
68. Bellanger et al., *Histoire générale*, p. 32.
69. Ibid., p. 440.
70. Koszyk, *Zwischen Kaiserreich und Diktatur*, p. 40-111.
71. Welch, Cinema and Society, p. 33.
72. Marquis, Words as Weapons, p. 471, 481-485.
73. T. Wolff, *Der Marsch*, p. 274.
74. Livois, *Histoire de la presse*, p. 402.
75. Ibid., p. 407s; Bellanger et al., *Histoire générale*, p. 439.
76. Koszyk, *Deutsche Presse*, p. 19, 21.
77. Nägler, Pandora's Box, p. 4.
78. Ibid., p. 27.
79. Marquis, Words as Weapons, p. 473.
80. Gebele, *Die Probleme*, p. 23s.
81. Ibid., p. 36ss.
82. Ibid., p. 20.
83. Bruntz, *Allied Propaganda*, p. 23.
84. Gebele, *Die Probleme*, p. 37s. Detalhes em A. J. P. Taylor, *Beaverbrook*, p. 137ss.
85. A. J. P. Taylor, *Beaverbrook*, p. 146-153. O veredicto de Taylor sobre as conquistas de seu herói como ministro da Informação é visivelmente tépido, p. 156.
86. Gebele, *Die Probleme*, p. 33s.

87. Bruntz, *Allied Propaganda*, p. 8s, 13ss; Albert, *Histoire de la presse*, p. 77; Bellanger et al., *Histoire générate*, p. 420-427.
88. Koszyk, *Deutsche Presse*, p. 20.
89. Ibid., p. 18. Cf. Marquis, *Words as Weapons*, p. 475; Prakke, Lerg e Schmolke, *Handbuch*, p. 105.
90. Morgenbrod, *Wiener Grossbürgertum*, p. 92.
91. Bruntz, *Allied Propaganda*, p. 31ss.
92. Hiley, British Army Film, p. 172ss.
93. Feldman, *Great Disorder*, p. 48.
94. Nägler, Pandora's Box, p. 15.
95. Bruntz, *Allied Propaganda*, p. 75.
96. Gebele, *Die Probleme*, p. 39s, 40s, para detalhes sobre os esforços similares, mas não celebrados, do MI$_7$(b). Ver, em geral, Bruntz, *Allied Propaganda*, p. 52, 85-129, 188--216; Fyfe, *Northcliffe*, p. 236-253.
97. Manevy, *La Presse*, p. 53s; Bellanger et al., *Histoire générale*, p. 432s, 439ss.
98. Sobre o caso britânico, ver os estudos biográficos em Messinger, *British Propaganda*.
99. Hiley, British Army Film, p. 169ss.
100. Ibid., p. 166ss.
101. Reeves, Film Propaganda, p. 466ss. Outros documentários na mesma linha incluem *The King Visits His Armies in the Great Advance* e *The Battle of the Ancre and the Advance of the Tanks*.
102. Welch, Cinema and Society, p. 33.
103. Ibid., p. 38s, 41ss.
104. Nägler, Pandora's Box, p. 15.
105. D. Wright, Great War, p. 78; Gebele, *Die Probleme*, p. 35. O último mencionado foi fundado por G. W. Prothero, editor do *Quarterly Review*, e Harry Crust, editor da *Pall Mall Gazette*, com líderes de partidos como testas de ferro.
106. Nägler, Pandora's Box, p. 17ss.
107. Hynes, *War Imagined*, p. 70.
108. D. Wright, Great War, p. 70.
109. Ibid., p. 72; Hynes, *War Imagined*, p. 26s.
110. Pogge von Strandmann, Historians, p. 16.
111. Ibid., p. 26.
112. D. Wright, Great War, p. 82s.
113. Ibid., p. 86.
114. Colin e Becker, Les Écrivains, p. 425-442.
115. Bogacz, Tyranny of Words, p. 647 e seguinte.
116. Hynes, *War Imagined*, p. 217ss.
117. Ver Audoin-Rouzeau, *La Guerre des enfants*.

118. Mosse, *Fallen Soldiers*, p. 128, 140s.
119. Koszyk, *Deutsche Presse*, p. 16.
120. Hynes, *War Imagined*, p. 221.
121. W. S. Churchill, *World Crisis*, vol. III, p. 246; Woodward, *Great Britain*, p. 48.
122. Detalhes em W. S. Churchill, *World Crisis*, vol. III, p. 244-251; Woodward, *Great Britain*, p. 80s; T. Clarke, *My Northcliffe Diary*, p. 74-106; A. J. P. Taylor, *Beaverbrook*, p. 101-127. De fato, a renúncia de Fisher foi realmente nociva. Com exceção da declaração devastadora de Repington no *The Times*, atribuindo os reveses militares à ausência de bombardeios, e do líder que o acompanhou, a maior parte da campanha na imprensa veio após 20 de maio, época em que a coalizão havia não só sido acordada como anunciada no Parlamento.
123. T. Clarke, *My Northcliffe Diary*, p. 107.
124. Fyfe, *Northcliffe*, p. 221-235.
125. Squires, *British Propaganda*, p. 63s.
126. Gebele, *Die Probleme*, p. 67.
127. Ibid., p. 61s.
128. Fussell, *Great War*, p. 21s.
129. D. Wright, Great War, p. 75.
130. Bogacz, Tyranny of Words, p. 662.
131. Ibid., p. 663.
132. Hynes, *War Imagined*, p. 69, 111. Cf. Marwick, *Deluge*, p. 85.
133. Bogacz, Tyranny of Words, p. 664s.
134. D. Wright, Great War, p. 72.
135. Marwick, *Deluge*, p. 85s.
136. Bentley, *Liberal Mind*, p. 19s.
137. D. Wright, Great War, p. 75.
138. Marwick, *Deluge*, p. 73.
139. Ibid., p. 70, 73.
140. Marquis, Words as Weapons, p. 487. O exemplo de Ponsonby foi, de fato, uma invenção alemã.
141. T. Wilson, Lord Bryce's Investigation, p. 374. Bryce não fez nenhuma tentativa séria de verificar as declarações de "testemunhas" que seu comitê recebeu; de fato, ele conseguiu superar os próprios relatórios oficiais dos belgas sobre as atrocidades (que tenderam a se concentrar em produtos confiscados).
142. Gullace, Sexual Violence, p. 714ss, 725ss, 734-739, 744ss.
143. D. Wright, Great War, p. 72.
144. Ibid., p. 92.
145. Barnett, *Collapse of British Power*, p. 57; Marwick, *Deluge*, p. 88.
146. Esposito, Public Opinion, p. 46.

147. Barnett, *Collapse of British Power*, p. 57.
148. Hynes, *War Imagined*, p. 71.
149. Ibid., p. 73.
150. Esposito, Public Opinion, p. 35.
151. Mann, *Betrachtungen eines Unpolitischen,* passim.
152. Bogacz, Tyranny of Words, p. 655 e seguinte.
153. Hynes, *War Imagined*, p. 12, 62s.
154. Mosse, *Fallen Soldiers*, p. 132-136.
155. Hynes, *War Imagined*, p. 118; Fussell, *Great War*, p. 26; Mosse, *Fallen Soldiers*, p. 61, 142.
156. Hynes, *War Imagined*, p. 117; Fussell, *Great War*, p. 87s.
157. Becker, *Great War*, p. 31, 37s, 164. Citações do *Petit Parisien* e do *Petit Journal*.
158. Marwick, *Deluge*, p. 89.
159. Pogge von Strandmann, Historians, esp. p. 31ss, 38s.
160. D. Wright, Great War, p. 77, 83.
161. Hiley, British Army Film, p. 177.
162. Gebele, *Die Probleme*, p. 34.
163. Hiley, Kitchener Wants You.
164. Hiley, British Army Film, p. 173.
165. D. Wright, Great War, p. 89.
166. Reeves, Film Propaganda, p. 468ss. Como as receitas diminuíram em 1917-1918, os filmes também foram exibidos em áreas sem cinemas usando "cinemotores", que semanalmente levavam documentários de guerra a um público de 163 mil.
167. Ibid., p. 485.
168. Ibid., p. 479.
169. Ibid., p. 486.
170. Welch, Cinema and Society, p. 41-45.
171. Mosse, *Fallen Soldiers*, p. 147-149.
172. Gombrich, *Aby Warburg*, p. 206.
173. Squires, *British Propaganda*, p. 64-68.
174. Cassimatis, *American Influence*, p. 15-28; Leontaritis, *Greece and the First World War*, esp. p. 102.
175. Bruntz, *Allied Propaganda*, p. 147.
176. Fussell, *Great War*, p. 65ss.
177. J. Winter, *Great War*, p. 287s.
178. Fussell, *Great War*, p. 87.
179. Becker, *Great War*, p. 43s.
180. Ashworth, *Trench Warfare*, p. 35.
181. Fuller, *Troop Morale*.
182. Bertrand, *La presse francophone*, esp. p. 90s.

183. Bellanger et al., *Histoire générale*, p. 439; Livois, *Histoire de la presse*, p. 407s. Sobre os outros jornais de trincheira franceses, ver p. 419-427 (ensaio do general Weygand).
184. Eksteins, *Rites of Spring*, p. xv, 196.
185. Welch, Cinema and Society, p. 40.
186. Kraus, *Die letzten Tage*, p. 404ss.
187. Reeves, Film Propaganda, p. 481, 486.
188. Timms, *Karl Kraus*, p. 276.
189. Kraus, *Die letzten Tage*, p. 50, 74ss, 148s, 154-159, 188s, 241-244, 256-261, 292, 304--307, 458s, 491.
190. Kraus, *In These Great Times*, p. 75.
191. Sösemann, *Theodor Wolff: Tagebücher*, vol. I, p. 39.
192. Heenemann, Die Auflagenhöhe, p. 70-86.
193. Cattani, *Albert Meyer*, p. 48; Berger, *Story of the New York Times*.
194. Welch, Cinema and Society, p. 43.
195. Ver e.g. Becker, *Great War*, p. 71.
196. Gebele, *Die Probleme*, p. 27; T. Clarke, *My Northcliffe Diary*, p. 67.
197. Bellanger et al., *Histoire générale*, p. 408, 411.
198. Marquis, Words as Weapons, p. 484. Ver também Stummvoll, *Tagespresse und Technik*, p. 48ss.
199. Bellanger et al., *Histoire générale*, p. 450; Innis, *Press*, p. 8.
200. Koszyk, *Zwischen Kaissereich und Diktatur*, p. 33.
201. T. Clarke, *My Northcliffe Diary*, p. 112; Koss, *Gardiner*, p. 153.
202. Bellanger et al., *Histoire générale*, p. 412.
203. Koszyk, *Deutsche Presse*, p. 23.
204. Huber, *Geschichte*, p. 36, 46s.
205. Bellanger et al., *Histoire générale*, p. 43.
206. Manevy, *La Presse*, p. 148; Bellanger et al., *Histoire générale*, p. 408.
207. Koszyk, *Deutsche Pressepolitik*, p. 250.
208. Ibid.
209. Koszyk, *Deutsche Presse*, p. 24; Prakke, Lerg and Schmolke, *Handbuch*, p. 107. Ver esp. H.-D. Fischer, *Handbuch*, p. 229.
210. J. Horne e Kramer, German "Atrocities", p. 1-33; J. Horne e Kramer, War between Soldiers and Enemy Civilians. As represálias coletivas, no entanto, foram proibidas.
211. R. Harris, Child of the Barbarian, p. 170-206.
212. Gullace, Sexual Violence, p. 731ss.
213. J. Horne e Kramer, German "Atrocities", p. 15-23.
214. J. Horne e Kramer, War between Soldiers and Enemy Civilians, p. 8ss.

9
Capacidade econômica: a vantagem desperdiçada

O grande desequilíbrio

Para o historiador econômico, o resultado da Primeira Guerra Mundial parece ter sido inevitável desde o momento em que a maioria do Gabinete liderado por Asquith refreou seus escrúpulos liberais e optou pela intervenção. Seria possível pensar que uma guerra que durou mais tempo do que a maioria das pessoas havia esperado e custou mais do que qualquer um havia previsto estava fadada a ser ganha por qualquer coalizão que tivesse a Grã-Bretanha a seu lado. Sem a Grã-Bretanha, a França e a Rússia tinham um Produto Nacional Bruto que, somado, era aproximadamente 15% menor que o da Alemanha e da Áustria-Hungria. Com a Grã-Bretanha, o jogo mais do que virou: a Tríplice Entente tinha um Produto Nacional Bruto 60% maior que o dos Impérios Centrais. Os Impérios Centrais eram responsáveis por 19% da produção das manufaturas do mundo em 1913; a Tríplice Entente, por 28%. Segundo os cálculos de Kennedy sobre o "potencial industrial", a vantagem da Entente era de aproximadamente 1,5 para 1.[1] Em número de trabalhadores, a vantagem parecia ainda maior. A população combinada dos Impérios Centrais (incluindo a Turquia e a Bulgária) quando a guerra começou era de aproximadamente 144 milhões; a do Império Britânico, da França, da Rússia, da Bélgica e da Sérvia somava 656 milhões – uma vantagem de 4,5 para 1. Ao todo, 25 milhões de homens lutaram pelos Impérios Centrais entre 1914 e 1918; o outro lado colocou mais de 32 milhões nos campos de batalha. É verdade que os Impérios Centrais conseguiram nocautear a populosa Rússia em 1917. Mas os novos aliados mais do que compensaram essa perda (ver Tabela 21).

Tabela 21   O desequilíbrio demográfico (em milhares)

	Total Impérios Centrais*	Total Entente em 1914†	Total Aliados em 1918‡
População c. 1910-1914	144.282	655.749	690.245
Total mobilizado, 1914-1918	25.100	32.080	30.580

Notas: * Alemanha, Áustria-Hungria, Turquia, Bulgária; † Grã-Bretanha, Império Britânico, França, Rússia, Bélgica, Sérvia; ‡ Grã-Bretanha, Império Britânico, França, Sérvia, Itália, Romênia, Grécia, Portugal, Estados Unidos, Japão.
Fonte: Parker, *The Times Atlas of World History*, p. 248s.

Também em termos financeiros, a Grã-Bretanha fez a diferença graças ao enorme estoque de capitais ultramarinos acumulados – grosso modo, três vezes mais do que a Alemanha (ver Tabela 4, Capítulo 2) – e à superioridade de seu sistema fiscal. Em 1913, o orçamento militar combinado da Rússia e da França não era muito maior que o da Alemanha e da Áustria-Hungria. A incorporação da Grã-Bretanha aumentou a diferença para cerca de 100 milhões de libras.[2]

Durante a guerra, nada aconteceu para diminuir essa lacuna. Pelo contrário: os Impérios Centrais sofreram com a contração econômica, enquanto as principais economias da Entente cresceram. A Tabela 22 fornece estimativas

Tabela 22   Estimativas do Produto Nacional Líquido/Bruto dos quatro principais países combatentes, 1913-1918 (1913 = 100)

	Alemanha	Grã-Bretanha	Rússia	Itália
1913	100	100	100	100
1914	88	101	101	97
1915	79	109	114	104
1916	78	109	122	111
1917	76	109	77	113
1918	73	107	n/d	107

Notas: Alemanha: Produto Nacional Líquido; Grã-Bretanha e Itália: Produto Interno Bruto; Rússia: renda nacional.
Fontes: Mitchell, *European Historical Statistics*, p. 409-416; Stone, *Eastern Front*, p. 209; Witt, *Finanzpolitik*, p. 424. Lyashchenko, *National Economy*, p. 697, fornece números menores para a Rússia.

do Produto Nacional Bruto ou Líquido, com os ajustes inflacionários, dos quatro principais países combatentes. Segundo os indicadores disponíveis, o Produto Nacional Líquido da Alemanha se contraiu em cerca de 25%.[3] A Áustria-Hungria provavelmente se saiu pior. Na Grã-Bretanha e na Itália, por sua vez, houve um crescimento real da ordem de 10% entre 1914 e 1917. Até o colapso revolucionário, a Rússia teve um desempenho ainda melhor: em 1916, a produção total era mais do que 20% maior do que em 1913.

Inevitavelmente, a interrupção do comércio e o desvio de fatores de produção para o trabalho de destruição geraram problemas para a indústria de ambos os lados. No entanto, o problema da queda na produção industrial foi particularmente grave na Alemanha (Tabela 23). O índice para a Grã-Bretanha mostra uma queda de cerca de 10% entre 1914 e 1917; para a Alemanha, o índice é de 25%.[4] A Rússia, por outro lado (e contrariando a opinião de que o tsarismo estava economicamente condenado ao fracasso), conseguiu aumentar a produção industrial em 17% entre 1914 e 1916.

Com exceção dos metais não ferrosos (que, tradicionalmente, a Alemanha importava), a produção de todas as principais indústrias alemãs caiu entre 1913 e 1918 – o carvão mineral, cerca de 17%, e o aço, cerca de 14%. Na Grã-Bretanha, em comparação, a produção de aço aumentou em torno de 25%, embora a produção de carvão mineral tenha diminuído pouco mais de 20%. Além disso, a Rússia havia conseguido um aumento de 16% na produção de carvão em 1916, bem como um aumento de 7% na produção de pe-

Tabela 23   Índices de produção industrial nos quatro principais países combatentes (1914 = 100)

	Alemanha	Grã-Bretanha	Rússia	Itália
1914	100	100	100	100
1915	81	102	115	131
1916	77	97	117	131
1917	75	90	83	117
1918	69	87	n/d	113

Fonte: Mitchell, *European Historical Statistics*, p. 181ss; Wagenführ, Industriewirtschaft p. 23; Stone, *Eastern Front*, p. 210 (novamente, Lyaschenko, *National Economy*, p. 761, fornece números menores para a Rússia).

tróleo (uma substância sempre escassa nos Impérios Centrais) e um aumento ínfimo na produção de aço. A produção de eletricidade alemã aumentou 62% entre 1913 e 1918; mas a Grã-Bretanha e a Itália conseguiram dobrar sua produção, e até mesmo a França alcançou um aumento de 50%.[5]

Nenhum dos golpes econômicos que os Impérios Centrais infligiram contra seus inimigos se mostrou fatal. É verdade que a França perdeu mais da metade de sua capacidade produtora de carvão mineral e dois terços de sua capacidade de produção de aço, que estava situada no norte do país, onde a defesa foi desastrosa.[6] Mas em 1917 a produção de carvão havia recuperado 71% do nível alcançado antes da guerra, e a de aço, 42%. A Bélgica ocupada também não foi uma fonte tão rica de carvão quanto se esperava: a produção total de carvão belga caiu 40% durante a guerra, e a de aço praticamente cessou. A Romênia também decepcionou: forneceu apenas 1,8 milhão de toneladas de comida e forragem no período entre a época de sua invasão em 1916 e julho de 1918 (6% da colheita anual alemã), pelo simples fato de que seu nível de produção de trigo durante a ocupação despencou para um quarto do nível anterior à guerra.[7] Sem dúvida, a revolução que irrompeu na Rússia em 1917 mais do que anulou os grandes avanços na produção alcançados desde 1914, mas a entrada dos Estados Unidos compensou com folga essa perda. Em termos de "potencial industrial", a vantagem dos Aliados agora apoiados pelos norte-americanos passou a ser de 2,6 para 1.[8] A produção de aço nos Estados Unidos teve um crescimento extraordinário de 235% entre 1913 e 1917.[9] Os alemães levaram os Estados Unidos à guerra ao apostar em um conflito armado irrestrito. Mas não conseguiram construir submarinos tão depressa quanto os Aliados substituíam os navios mercantes afundados. Em 1917, a produção dos estaleiros alemães havia caído para cerca de um quinto de seu nível anterior à guerra; em comparação, a do Império Britânico estava em 70%. Nos Estados Unidos, a construção de navios quadruplicou entre 1914 e 1917; no último ano da guerra, era 14 vezes maior.[10]

Paradoxalmente, a agricultura alemã teve certo sucesso ao impulsionar a produção de alguns produtos básicos. A produção de tabaco aumentou e a de vinho cresceu não menos que 170%, enquanto a produção de açúcar sofreu uma redução menor que a de ferro-gusa.[11] Infelizmente, os alemães não tiveram o mesmo sucesso ao produzir o sustento vital: o pão. A produção total de grãos despencou para quase a metade entre 1914 e 1917 (os dados para o trigo, na Tabela 24, atenuam um pouco a crise: a produção de aveia caiu 62%).[12] O declínio no rendimento por hectare de todos os principais cultivos se deu basicamente pela falta de fertilizantes importados em consequência do bloqueio britânico, cuja relevância havia sido totalmente subestimada pelo Ministério do Interior do Reich antes da guerra. O aumento no uso de potássio e de nitratos produzidos pelo processo Haber-Bosch não foi suficiente para compensar essa falta.[13] A produção de cerveja foi reduzida em todos os países combatentes europeus, mas foi mais notória nos Impérios Centrais: uma queda de dois terços na Alemanha em comparação com pouco mais de 50% na Grã-Bretanha.[14] Também houve quedas bruscas no número de porcos e galinhas na Alemanha e, em menor medida, mas ainda assim significativa, no número de bovinos, bem como uma redução no peso médio do gado de corte e nos rendimentos do gado leiteiro.[15] É preciso admitir que esses foram anos ruins para a maioria dos países por motivos climáticos. Na Áustria e na França, a situação foi ainda pior, e até mesmo os Estados Unidos sofreram um declínio de 28% em suas colheitas de trigo. Por outro lado, a Hungria e a Grã-Bretanha conseguiram aumentar a produção de trigo, e na Rússia e na Itália as quedas foram modestas.

O comércio trouxe ainda mais dificuldades para os Impérios Centrais, que não conseguiram importar dos países neutros tanto quanto seus adversários. A interrupção do comércio alemão por via marítima provocada pela ação naval britânica foi, sem dúvida, severa. A publicação alemã *Hansa*, especializada em navios, anteviu em 1º de agosto que, se a Grã-Bretanha entrasse na guerra, "a vida econômica [iria] sofrer um colapso sem precedentes na história".[16] Isso se revelou a pura verdade. A incapacidade dos na-

Tabela 24   Produção de trigo, 1914-1917 (em milhares de toneladas)

	Áustria	Hungria	Alemanha	Bulgária	Grã-Bretanha	França	Rússia	Itália
1914	1.376	2.864	4.343	632	1.772	7.690	68.864	4.493
1917	163	3.354	2.484	791	1.784	3.660	60.800	3.709
Variação percentual	-88,2	17,1	-42,8	25,2	0,7	-52,4	-11,7	-17,4

Fonte: Mitchell, *European Historical Statistics*, p. 108-125; Stone, *Eastern Front*, p. 295.

vios de superfície alemães de disputar o controle do mar do Norte significou que o transporte marítimo alemão pelos portos locais foi efetivamente confinado ao Báltico quando a guerra eclodiu, e assim permaneceu durante todo o conflito, com incursões esporádicas no mar do Norte.[17] O resultado foi que já em 1915 as importações alemãs haviam caído para cerca de 55% do montante que apresentavam antes do início da guerra. Não é de surpreender, portanto, que antigos anglófilos, como o armador Albert Ballin, clamaram contra os "métodos de mercadores mesquinhos" e "repugnantes" adotados pelos britânicos "com o único objetivo de excluir [os alemães] do mercado mundial".[18]

Dito isso, o bloqueio naval se revelou uma arma muito menos letal do que os navalistas britânicos haviam imaginado. No começo, nenhuma tentativa foi feita para impedir o fluxo de bens para os países neutros, de onde poderiam prosseguir para a Alemanha. De fato, nos primeiros nove meses de guerra, as exportações britânicas reexportadas pelos países neutros aumentaram de 10% para 24% do total.[19] A maior parte foi para a Alemanha. Levou tempo para que a Entente concebesse para os países neutros um sistema de compra exclusiva de mercadorias, que de outra forma poderiam acabar indo para o inimigo.[20] Além disso, foi só quando os Estados Unidos entraram na guerra que suas exportações para os vizinhos neutros dos Impérios Centrais sofreram uma queda significativa (de 267 milhões de dólares em 1915-1916 para apenas 62 milhões em 1917-1918).[21] Também é importante lembrar o quanto a coerção de navios neutros afetou negativamente as relações anglo-americanas, sobretudo em julho de 1916, quando o governo britânico publicou sua lista negra de empresas norte-americanas suspeitas de negociar com os Impérios Centrais (para piorar as coisas, a interrupção do comércio naval dos Estados Unidos coincidiu com a repressão da Revolta da Páscoa em Dublin).[22] Em comparação, os submarinos alemães conseguiram reduzir para 75% a importação de alimentos dos britânicos em 1917 e para 65% em 1918, tomando por base o ano de 1913.[23] Mas isso não foi suficiente: a introdução do sistema de comboio reduziu drasticamente o índice de eficácia dos *U-boots*; os estaleiros norte-americanos se mostraram mais rápidos para construir novos barcos do que os alemães para afundá-los; ao passo que o aumento da produção interna e a adoção do racionamento contribuíram para minimizar o problema da escassez de alimentos na Grã-Bretanha. Com todo o respeito a Liddell Hart, o poderio naval não decidiu a guerra.[24]

Portanto, embora, antes da guerra, quase a metade de suas importações (48%) viesse de países contra os quais entrou em conflito, a Alemanha foi capaz de encontrar fontes alternativas de importação, operando sobre uma balança deficitária de 15 bilhões de marcos com seus vizinhos continentais e escandinavos, o equivalente a 46% do total de suas importações durante a guerra.[25] No entanto, os números para a Rússia, a França e a Itália são significativamente maiores (ver Tabela 25). Algo ainda mais revelador é o fato de que, em média, o déficit na balança comercial da Alemanha durante a guerra foi equivalente a 5,6% do Produto Nacional Líquido; na Grã-Bretanha, foi o dobro disso (11,3%). Sem dúvida, a inferioridade alemã se deveu, em parte, ao bloqueio naval britânico, mas também – e talvez até mais – ao fato de que a Alemanha carecia das receitas invisíveis, as reservas de ativos ultramarinos e o crédito externo para financiar um grande déficit comercial. Durante a guerra, a Grã-Bretanha obteve 2,4 bilhões de libras esterlinas dos "invisíveis" (principalmente do transporte marítimo), vendeu ações totalizando 236 milhões de libras a investidores estrangeiros e tomou emprestado 1,285 bilhão de libras do exterior. A Alemanha não foi capaz de alcançar isso, especialmente por causa das medidas tomadas pelos inimigos, que foram, em muitos aspectos, mais eficazes do que o próprio bloqueio. Em 1914, os alemães haviam feito investimentos no exterior que valiam entre 980 milhões de libras e 1,37 bilhão de libras, a maioria em países que se tornaram seus inimigos. Em consequência da legislação da Inglaterra, da França, da Rússia e, mais tarde, dos Estados Unidos – a começar pelas primeiras leis restritivas ao inimigo externo de outubro de 1914 –, no mínimo 60% disso foi confiscado.[26] As casas de comércio alemãs com filiais em

Tabela 25   Média anual do déficit comercial durante a guerra como percentual das importações

Grã-Bretanha	41,5
França	63,0
Itália (desde 1915)	66,6
Rússia (até 1917)	58,3
Alemanha	45,8
Áustria-Hungria (até 1916)	55,7

Fonte: Eichengreen, *Golden Fetters*, p. 82s.

território britânico foram sumariamente expropriadas. As companhias marítimas foram as mais prejudicadas. Em decorrência de afundamento ou confisco, os estaleiros alemães perderam 639 navios com uma carga total de 2,3 milhões de toneladas brutas – surpreendentes 44% do total da frota mercante antes da guerra.[27] A Alemanha, portanto, praticamente não tinha receitas invisíveis, e fez bem em levantar 147 milhões com a venda de títulos estrangeiros. O governo também não contraiu muitos empréstimos no exterior, primeiro porque sentiu que não tinha necessidade, e mais tarde porque não podia. Por isso, para financiar o déficit de sua balança de pagamento, a Alemanha teve de contar com a venda de ouro no valor de 48 milhões de libras (o dobro dos britânicos) e créditos privados de curto prazo de fornecedores estrangeiros.[28]

Lebres e tartarugas

Tendo em vista a enorme vantagem com que contaram as potências da Entente durante a guerra, é um tanto misterioso que os historiadores tenham se preocupado por tanto tempo com os defeitos da organização econômica da Alemanha. Embora a discrepância de recursos econômicos possa parecer uma explicação suficiente para o fracasso dos Impérios Centrais em ganhar a guerra, os historiadores (assim como Hitler) sentiram a necessidade de culpar o governo alemão por errar na distribuição daqueles.

O consenso é que os alemães fizeram uma confusão ainda maior que a de seus oponentes ao mobilizar os recursos econômicos. Isso é improvável, uma vez que os políticos e empresários alemães estavam ideologicamente mais predispostos a aceitar uma intervenção estatal em grande escala na vida econômica do que seus equivalentes britânicos. De fato, os historiadores da época, e alguns mais recentes, procuraram retratar a economia de guerra alemã como um novo tipo de economia: "economia planejada", "socialismo de Estado", "economia comum", "capitalismo monopolista de Estado", "capitalismo organizado" – todos esses conceitos têm uma dívida para com a Alemanha na Primeira Guerra Mundial.[29] Mas a realidade ficou muito longe desses rótulos. De fato, a economia de guerra alemã foi minada pela incompetência burocrática e pela falta de realismo das lideranças militares, tipificada pelo *dirigisme* tosco e fracassado do Plano Hindenburg.[30]

Os historiadores britânicos tenderam a propagar uma visão complementar. É verdade que os britânicos começaram a guerra com uma animada ingenuidade, tipificada pela frase "*business as usual*" [os negócios de sempre] (cunhada por H. E. Morgan, da Smith's, e transformada em *slogan* de publicidade pela Harrods) – uma atitude que deve menos ao dogma do *laissez-faire* do que à presunção de que a Grã-Bretanha travaria uma guerra ao velho estilo naval. Os preços não seriam controlados, nem as exportações, nem o transporte marítimo.[31] Mas os embates de 1915 acordaram os britânicos. Liderados pela heroica figura de Lloyd George e organizados pelo Ministério das Munições, criado por ele, os britânicos se adaptaram de forma magnífica às exigências da guerra total – o único pecado que cometeram foi esquecer as lições que haviam aprendido tão logo a guerra acabou.[32] Daí a conclusão agradavelmente paradoxal: a Grã-Bretanha amadora tateou, titubeou e avançou aos tropeços para uma vitória improvisada contra a Alemanha profissional.[33] De fato, era essa a visão um tanto presunçosa do *Glasgow Herald* em junho de 1916:

> Somos incapazes de existir sob um sistema de ferro, com leis e regulações, como o que prevalece na Alemanha, e que é tão propenso a entrar em colapso quando submetido a pressão excessiva [...] É verdade que "improvisamos" com demasiada frequência, mas existe alguma outra nação capaz de fazer isso tão bem quanto nós e dar a volta por cima no fim?[34]

Até mesmo a política econômica da França pode ser retratada dessa maneira, com Etienne Clémentel no lugar de Lloyd George, impondo tardiamente a eficiência organizacional por meio do Ministério do Comércio.[35] Segundo Jay Winter, a Grã-Bretanha e a França tentaram "um experimento único e não planejado de capitalismo de Estado" que foi "relativamente bem-sucedido":

> Na Grã-Bretanha, o Estado em tempos de guerra nunca foi um Estado de "negócios". Ou seja, a produção de material de guerra foi garantida dentro de um marco que colocava os interesses nacionais acima dos interesses dos empresários [...] Para a maioria da população britânica [...] o Estado durante a guerra foi eficaz onde mais importava, isto é, na produção de bens, tanto para os homens de uniforme quanto para a população civil.

A Alemanha, ao contrário, adotou um sistema "corporativista", que

> deixou a gestão da economia para uma burocracia confusa, negociando com as grandes empresas e o Exército. O resultado foi o caos. A escassez de trabalho se tornou crônica, [enquanto] as grandes empresas se beneficiaram [...] Os lucros aumentaram [...] garantindo assim a aceleração progressiva da espiral inflacionária durante a guerra, a queda abrupta dos salários reais e uma crise de subsistência que acabou por minar o próprio regime. A economia de guerra alemã [...] foi um dos primeiros e menos eficazes exemplos de um "complexo militar-industrial" em ação. A solução "corporativista" para as dificuldades econômicas da Alemanha não foi solução alguma [...] Os líderes alemães jamais estabeleceram um controle político efetivo sobre a economia de guerra [...] Portanto, eles não podiam esperar conciliar as reivindicações por recursos escassos de setores que competiam entre si. O resultado [...] foi uma grande luta de todos contra todos. Com efeito, o Estado alemão se dissolveu sob a pressão da guerra industrial [...] A situação do outro lado foi diferente. Esse [...] é o contexto apropriado em que deve ser situada [...] a história do desfecho da guerra [...].[36]

Em outra ocasião, Winter chegou a afirmar que, se os trabalhadores alemães em 1917-1918 tivessem exigido o salário real de seus pares britânicos, e se suas famílias tivessem conseguido manter o nível nutricional [das famílias britânicas], o resultado da guerra poderia ter sido outro".[37] Na Alemanha, segundo argumentou (com base em um estudo detalhado sobre Berlim), havia uma carência de "cidadania". Enquanto

> em Paris e em Londres os direitos de cidadania ajudaram a preservar as comunidades em guerra, forçando uma distribuição mais equilibrada dos bens e dos serviços básicos entre as demandas da população civil e militar [...] em Berlim [...] a [população] militar teve privilégio, e a economia criada para atendê-la distorceu completamente o delicado equilíbrio econômico interno.

Em poucas palavras, o sistema dos Aliados era "mais equitativo e eficiente".[38]
Como a fábula da lebre e da tartaruga, à qual tanto se assemelha, esta é, também, uma fábula. Pois, se de fato as potências da Entente tivessem sido mais eficazes que os Impérios Centrais *e* mais dotadas de recursos, não haveria uma

guerra de 1914 a 1918 a respeito da qual escrever: a guerra teria acabado no inverno de 1916-1917, quando a miséria na Alemanha era pior do que nunca. A literatura sobre economia de guerra ilustra perfeitamente os perigos de escrever uma história nacional sem uma perspectiva comparativa adequada. Quando se adota tal perspectiva, fica claro que a hipótese da "organização deficiente" não passa de uma versão respeitável da *Dolchstosslegende* (a lenda da punhalada pelas costas) propagada pela extrema direita e pelas lideranças militares alemãs durante e depois da derrota da Alemanha. Simplesmente transferir a culpa dos "criminosos de novembro" (socialistas e judeus) aos líderes da Alemanha durante a guerra não torna verdadeiro que a guerra foi perdida pela "Frente Interna" (isto é, a população civil). Ao contrário, há boas razões para acreditar que, considerando os recursos limitados com que contavam, os alemães foram significativamente melhores ao mobilizar sua economia para a guerra do que as potências ocidentais.

Em parte, a visão negativa da mobilização alemã nasceu de expectativas frustradas na época. O pressuposto do pré-guerra fora de que as autoridades militares alemãs eram o grande modelo de eficiência. Em agosto de 1914, Albert Ballin foi capaz de "sentir certa satisfação com a magnífica disciplina e realização do Estado-Maior".[39] A experiência de outros departamentos do governo quase imediatamente destroçou suas ilusões. Em 6 de agosto, Ballin e Max Warburg foram levados a Berlim para discutir a questão da importação de alimentos com oficiais do Ministério do Interior, do Tesouro, do Ministério das Relações Exteriores e do Reichsbank. O caos da viagem (durante a qual foram parados várias vezes por civis armados à procura de espiões) coincidiu com a confusão do encontro, que naufragou devido à visão equivocada do representante do Ministério das Relações Exteriores de que a Alemanha, de alguma forma, seria capaz de fazer uso da Marinha mercante dos Estados Unidos.[40] Conforme a guerra avançava, Ballin foi ficando cada vez mais desanimado enquanto lutava para garantir alguma compensação econômica pelas imensas perdas de embarcações que sua empresa havia sofrido nas mãos dos Aliados. Ele ficou totalmente frustrado quando o governo o proibiu de vender navios que haviam sido abandonados em portos neutros. Dirigindo-se a deputados do Partido Nacional Liberal no Reichstag em fevereiro de 1918, Ballin denunciou "a noção perigosa de administrar, do campo de desfiles, a economia nacional e o comércio internacional", e exigiu "independência da economia planificada de Berlim".[41]

Ballin, é claro, era um comerciante de Hamburgo. Já Walther Rathenau, da gigante da engenharia elétrica AEG, foi um dos primeiros adeptos da crença de que a guerra demandaria uma transformação da economia alemã, de um sistema de livre mercado para um sistema quase socialista baseado em planejamento e estruturas corporativistas. Já em 14 de agosto de 1914, em seu memorando em que propunha a criação de um Departamento de Matérias-Primas do Ministério da Guerra, ele renunciava ao individualismo e a outros "deuses econômicos a quem, antes de agosto de 1914, o mundo orava".[42] Mais tarde, em seu livro *Things to Come* [Das coisas por vir] (1917), ele resumiu sua visão utópica de uma "economia comum" alemã (*Gemeinwirtschaft*). Mas quando conheceu Hindenburg em Kovno, em 1915, Rathenau ficou profundamente desapontado:

> Hindenburg é grande e tende a gordo, suas mãos são atipicamente rechonchudas e macias e a metade inferior de sua cabeça lembra os retratos [...] [mas] o nariz é muito delicado e indefinido, os olhos [são] inchados e inexpressivos [...] A conversa foi cordial e amigável, mas improdutiva. Seus comentários foram pouco interessantes e, perto do fim, quando falei da grande unanimidade do sentimento popular como não se via na Alemanha desde os tempos de Lutero e de Blücher, ele observou, à sua maneira despretensiosa e amigável, que não merecia tamanho entusiasmo, mas que provavelmente deveria temer que isso gerasse inveja e raiva contra ele no país. Fiquei bastante surpreso com essa apreensão e tentei desviar sua atenção; [mas] ele voltou ao assunto.[43]

Como outros homens de negócios, Rathenau transferiu sua veneração por Hindenburg ao segundo no comando, Ludendorff, mas ele também acabou se revelando um néscio. Em julho de 1917, Rathenau tentou persuadir Ludendorff de que, de um ponto de vista estritamente econômico, a Alemanha precisava quanto antes de uma reforma política interna e de uma paz negociada. Os "acordos de energia" do país, queixou-se Rathenau, eram "incrivelmente confusos":

> Os subsecretários de Estado não podem fazer nada porque o chanceler está lá. O chanceler não pode fazer nada sem a confirmação dos quartéis-generais. Nos quartéis-generais, Ludendorff é tolhido por Hindenburg. Este último, por sua vez, cede assim que o Kaiser lhe dá um tapinha nas costas. O próprio Kaiser acredita que deve governar constitucionalmente, e assim o círculo se fecha.

Não valia a pena insistir nas anexações para proteger a indústria alemã na região do vale do Ruhr, na Renânia: "Se a guerra continuar por mais dois anos, não teremos que nos preocupar com nossa indústria em Aachen porque não sabemos se, até lá, ainda haverá alguma indústria na região". Mas Ludendorff simplesmente não entendeu.[44]

Ballin e Rathenau não estavam sozinhos. Os empresários alemães – em especial aqueles que não eram de Berlim – reclamavam incessantemente do modo como a guerra estava sendo conduzida. O presidente da Câmara de Comércio de Hamburgo também desaprovou "a concentração de todas as transações comerciais [...] nas mãos das empresas de guerra [...] a distribuição quase exclusiva dos contratos do Exército para a indústria de Berlim [...] [e] os incontáveis decretos para inibir o comércio, sancionados pelo Bundestag".[45] Mesmo na área de indústria pesada havia vozes críticas no último ano da guerra, notadamente a de Hugo Stinnes.[46] Os agricultores alemães nunca pararam de se queixar da forma como o governo administrou a distribuição de alimentos.[47]

No entanto, os historiadores interpretaram essas queixas de forma muito literal (como também interpretaram os ataques ao militarismo alemão do pré-guerra). Se considerarmos a experiência das outras economias de guerra, fica claro que todas passaram por problemas muito similares e, considerando a base de recursos muito mais limitada com que contavam os alemães, o fato notável não é sua ineficiência, senão o contrário. Com efeito, as potências da Entente é que foram ineficientes, ou até perdulárias, na forma como mobilizaram suas economias. É claro que havia confusão burocrática na Alemanha; mas o ponto é que havia mais na Grã-Bretanha, na França e na Rússia. O fato de que a Alemanha acabou perdendo a guerra ocultou isso. Mas uma comparação adequada derruba o argumento de que sua derrota foi por causa de uma relativa ineficiência organizacional.

Aprovisionamento e matérias-primas

Em todos os países, demorou algum tempo até que alguém questionasse a hipótese fundamental de que as necessidades muito maiores das Forças Armadas deveriam ser atendidas mediante a celebração de contratos com empresas privadas, operando com a ideia de lucro. Foi típico dos problemas que afligiram os aprovisionamentos alemães durante a guerra que, para equilibrar os interesses conflitantes dos diferentes estados, o Ministério da Guerra recorresse à alocação de contratos seguindo uma base matricular (isto é, em proporção à população de cada estado) – um sistema evidentemente absurdo.[48] Mas os sistemas britânico e francês eram piores. O empresário George Booth não podia acreditar no modo confuso com que o Gabinete de Guerra organizou o aprovisionamento durante a primeira etapa da guerra e na desconfiança com que Asquith via este e outros empresários que se ofereceram para ajudar. Em um primeiro momento, não foram solicitados equipamentos suficientes; depois, solicitou-se uma quantidade excessiva a preços exorbitantes.[49] No fim, o Exército provavelmente contava com um excesso de vestimentas.[50] Quanto às munições, as dificuldades que afetaram os aprovisionamentos da Entente em 1914-1915 são bem conhecidas: a crise de munições britânica, que levou à criação do Ministério das Munições em junho de 1915, sua equivalente russa e as batalhas entre Albert Thomas e as empresas armamentistas francesas.[51] Mas as melhorias que se seguiram só impressionam quando comparadas com o que veio antes. A contribuição das fábricas nacionais britânicas poderia ter sido maior, bem como a pressão sobre as margens de lucro das empresas privadas.[52] A produção francesa de munições ultrapassou consideravelmente a britânica, o que indica que a Grã-Bretanha ainda não estava produzindo à plena capacidade; mas o esforço francês de expandir a produção estatal por meio da construção de um grande arsenal em Roanne, no fim de 1916, foi um dos maiores fiascos econômicos da guerra: custou 103 milhões de francos para ser construído, mas contribuiu apenas com produtos avaliados em 15 milhões de francos.[53]

Nada do que os alemães fizeram de errado pode ser comparado a isso. Os alemães nunca padeceram de escassez severa de munições (ver Tabela 26);[54] embora seja verdade que em 1918 os Aliados tinham uma superioridade de 30% em armas de todos os calibres e de 20% em aeronaves, essas diferenças não foram a razão pela qual a ofensiva de primavera de Ludendorff fracassou. A maior debilidade alemã era a falta de tanques e de veículos blindados (eles tinham apenas dez, contra os 800 dos Aliados) e de caminhões (23 mil contra 100 mil). Não está de todo claro se isso era consequência da falta de combustível (e de borracha) ou de um ludismo tecnológico do Alto-Comando: afinal, os tanques eram precisamente o tipo de coisa que a indústria alemã deveria ser boa em produzir.

Tabela 26   Produção britânica e alemã de armamentos: estatísticas selecionadas

		1914	1915	1916	1917	1918
Metralhadoras	Grã-Bretanha	300	6.100	33.500	79.700	120.900
	Alemanha	2.400	6.100	27.600	115.200	
Fuzis	Grã-Bretanha	100.000	600.000	1.000.000	1.200.000	1.100.000
	Alemanha	43.200		3.000.000		
Explosivos (toneladas)	Grã-Bretanha	5.000	24.000	76.000	186.000	118.000
	Alemanha	14.400	72.000	120.000	144.000	

Fontes: Hardach, *First World War*, p. 87; Herwig, *First World War*, p. 254ss. (considerando números mensais multiplicados por 12).

Os empresários tinham poder excessivo na economia de guerra alemã? Uma das principais inovações dos anos de guerra no que concerne aos suprimentos foi que o controle monopólico sobre a distribuição de matérias-primas passou a ser delegado a consórcios de consumidores industriais – as chamadas "corporações de guerra" –, os quais eram supervisados por um novo organismo oficial, o Departamento de Matérias-Primas (KRA) do Ministério da Guerra. No fim da guerra, havia 25 dessas corporações controlando a distribuição de tudo, de metal a tabaco. Embora tenha sido criado por um empresário, não há muito que se possa dizer contra esse procedimento. De fato, é significativo que a crítica mais veemente ao KRA tenha vindo de empresários hanseáticos que não gostavam de suas tendências centralizadoras – o que provavelmente deve ser interpretado como prova de que o sistema estava fazendo seu trabalho.[55] Mais aberta ao ataque foi a prática alemã de delegar o estabelecimento de certas metas de produção industrial a cartéis industriais como a Associação de Carvão Mineral da Renânia-Vestfália.[56] Esta possibilitou que os grandes negócios industriais e as entidades que os representavam não só regulassem a produção de matérias-primas essenciais como também controlassem seus preços. Não há dúvida de que isso tornou difícil para o governo controlar os preços dos produtos em escassez, e certamente ajudou a aumentar os lucros dos grandes negócios. Por fim, pode-se argumentar que se prestou demasiada atenção a associações empresariais como a Associação Central da Indústria Alemã e a Liga de Industrialistas, que, durante a guerra, formaram juntas um Comitê de Guerra da Indústria Alemã.

Mas qual era a outra opção além de confiar nos grandes negócios? Em todos os países, logo ficou claro que as pessoas mais capazes de enfrentar os problemas organizacionais da economia de guerra eram os empresários experientes das grandes corporações: comparativamente, a maioria dos funcionários públicos estava despreparada. Burocratas como William Beveridge podiam desdenhar da predominância de "amadores" no esforço de guerra britânico,[57] mas não deixa de ser significativo que as tentativas de um controle direto da produção por parte do Estado geralmente tenham sido fadadas ao fracasso, onde quer que tenham sido feitas. A questão é qual país foi mais capaz de encontrar um equilíbrio entre os interesses privados dos negócios e as necessidades da economia de guerra como um todo. O que quer que se chame de sistema alemão – e "corporativista" não é necessariamente um termo pejorativo durante a guerra –, pelo menos teve o mérito de institucionalizar as relações entre os empresários e o Estado, ainda que nenhum dos lados estivesse muito fascinado pela experiência.

Na França, ao contrário, os homens de negócios continuaram a considerar o Estado mais um cliente do que um parceiro, até relativamente tarde na guerra.[58] A campanha para expulsar Thomas depois do caso do arsenal de Roanne, que levou à nomeação do empresário Louis Loucheur como ministro de Armamentos em setembro de 1917, foi, em parte, um reflexo da hostilidade sentida por alguns setores de negócios em relação à ideia de um arsenal estatal.[59] Foi só no fim de 1917 que surgiram na França instituições apropriadas para coordenar a alocação de matérias-primas, e isso só foi feito para acalmar os ânimos dos aliados do país. Apesar das negações de Clémentel em junho de 1918, os consórcios franceses instaurados para alocar matérias-primas eram pouco diferentes das corporações alemãs; só surgiram posteriormente.[60] Nessa perspectiva, a velocidade comparativa com que um sistema "corporativista" foi desenvolvido na Alemanha era um sinal de força, não de fraqueza.

Na Grã-Bretanha, também houve algo de peculiar no modo como os empresários foram atraídos para o esforço de guerra. Em vez de criar mecanismos institucionais para a colaboração, Lloyd George preferiu afastar os empresários de seus negócios e lhes conceder departamentos do governo para administrar. Uma espécie de lenda gira em torno desse recrutamento de "homens de ação" para o setor público. Não há dúvida de que indivíduos como George Booth ou Alfred Mond eram bons no que faziam, embora funcionários públicos como Christopher Addison ficassem irritados com a maneira assistemática com que eles tinham de lidar com a papelada. Também não há dúvida de que eles tiveram o escrúpulo de distinguir o interesse público do privado quando aceitaram seus empregos como funcionários do governo. Mas é um erro considerar esses homens como, de alguma forma, típicos das relações entre o Estado britânico e os negócios durante a guerra. As grandes empresas britânicas que dominaram o mercado de armamentos não foram mais estritas em suas políticas de preços do que suas equivalentes alemãs.[61] Embora D. A. Thomas (mais tarde, lorde Rhondda) tenha defendido o controle público da indústria de carvão mineral desde o início, nem todos os proprietários de minas partilhavam de sua visão, e alguns continuaram a se opor ao controle até 1917.[62] É verdade que o carvão foi efetivamente submetido a controle direto quando a Controladoria de Carvão Mineral foi criada em 1917, mas há poucos indícios de que isso tenha contribuído para aumentar a produtividade. De fato, o sistema de controle de carvão foi descrito como nada mais que um sistema para garantir os lucros dos donos das minas.[63] Os empregadores nos setores de engenharia (sobretudo aqueles em Clydeside) também foram visivelmente lentos para abandonar o estilo confrontador que marcou as relações industriais antes da guerra. De tempos em tempos, funcionários civis tentando resolver disputas em Glasgow consideravam os empregadores tão teimosos quanto seus empregados.[64]

Em 1917-1918, os mesmos problemas surgiram nos Estados Unidos, que passaram por uma perturbação econômica surpreendentemente grave ao entrar na guerra. O Conselho das Indústrias de Guerra, criado em julho de 1917 a cargo do banqueiro Bernard M. Baruch, revelou-se totalmente inapto para a tarefa de mobilizar a economia para a participação direta na guerra. "Hoje", reclamou um de seus membros em janeiro de 1918, "não há ninguém [...] em nosso governo cuja função seja decidir o que deve ser feito".[65]

É interessante confrontar a experiência das potências ocidentais com a da Rússia, que, em termos de aumento absoluto na produção, teve a economia de guerra mais eficaz. Lá os grandes negócios ganharam a batalha contra o ministro da Guerra, Vladimir Sukhomlinov, que havia resistido à pressão de impulsionar a produção de armamentos no setor privado: ele não só foi demitido como preso em maio de 1915, e se instaurou um novo "Conselho Especial para a Investigação e a Consonância de Medidas Requeridas para a Defesa do País", com a indústria de Petrogrado bem representada. Assim como na Alemanha, outros grupos de negócios lamentaram a predominância de grandes empresas. Assim como na Alemanha, houve uma série de Comitês de Indústrias de Guerra e departamentos locais do governo, todos se intrometendo na alocação de matérias-primas e contratos. Assim como na Alemanha, os cartéis do período que antecedeu a guerra, como o *Prodameta*, de produtores de metal, exerceram grande influência sobre os preços. E, assim como na Alemanha (só que ainda mais), houve desperdício, lucros inflados e erros de conduta, como nos casos de Solodovnikov, dono da fábrica Revdinskoye nos Urais, e Putilov, em Petrogrado, os quais defraudaram o Estado em milhões.[66] Mas o sistema entregou os produtos, como atestam os números impressionantes para a produção de armamentos: a produção de artilharia russa chegou perto de superar a britânica e a francesa em 1916-1917 e, em novembro de 1918, havia acumulado uma enorme reserva de 18 milhões de munições.[67]

O único ponto óbvio de comparação internacional – o nível de lucros alcançados pelos negócios – certamente não serve para condenar os alemães por práticas irregulares. Há, é claro, exemplos notórios. Os lucros na Krupp AG subiram de 31,6 milhões de marcos para 79,7 milhões em 1916-1917.[68] Hugo Stinnes expandiu seu já imenso império de carvão, ferro e aço, comprando participações em companhias marítimas e outras empresas de transporte como parte de sua estratégia de "integração vertical". Entre os projetos prediletos de Rathenau para a AEG durante a guerra estavam investir em transporte aéreo e na construção de navios: as sementes da futura Lufthansa foram plantadas durante a guerra. A gigante do aço Gutehoffnungshütte também obteve lucros suficientes para investir em uma empresa de construção de navios totalmente nova, a Deutsche Werft. De fato, a construção de navios é um bom exemplo do desempenho da indústria alemã durante a guerra. Os lucros líquidos da Blohm & Voss (que recebeu pedidos para 97 submarinos durante a guerra) subiram gradativamente de 1,4 milhão de marcos em 1914-1915 para 2,7 milhões de marcos (13,5% do capital) em 1917-1918. A empresa foi capaz de expandir sua produção anual para cerca de 600 mil toneladas brutas, adquirindo uma nova doca e uma fábrica de maquinário de um estaleiro menor, além de aumentar seu capital social de 12 milhões de marcos para 20 milhões de marcos e expandir sua mão de obra de 10.250 para 12.555. Isso de forma alguma foi excepcional: entre 1914 e 1920, os três principais estaleiros alemães aumentaram seu capital em 120%. Enquanto o índice de emprego nos setores de engenharia de modo geral subiu apenas 6,6% durante a guerra, nos estaleiros aumentou 52%. O governo não tinha dúvida de que "a indústria da construção de navios se saiu [...] muito melhor durante a guerra do que nos anos precedentes"; e, com efeito, acusou os estaleiros de ocultarem o verdadeiro alcance de seus lucros, "fosse por permissões para depreciação ou por transferências de todo tipo".[69]

Mas isso talvez tenha exagerado os benefícios dos contratos em tempos de guerra: o principal motivo para expandir a mão de obra era a qualidade muito mais baixa dos trabalhadores disponíveis em consequência do recrutamento indiscriminado. Pode-se observar que os lucros da Blohm & Voss, se deflacionados para compensar a inflação, registraram não mais do que um crescimento moderado com relação à baixa de 1914 – como um percentual do capital, os lucros subiram apenas de 11,4% para 13,5% –, e a expansão do estaleiro foi, em muitos aspectos, uma aposta arriscada no *boom* da demanda por navios que se previa para o pós-guerra. Além disso, esses lucros estavam acima da média: para a indústria alemã em geral, os lucros como um percentual do capital e das reservas subiram de 8% em 1913-1914 para apenas 10,8% em 1917-1918. Considerada como um todo, a indústria alemã de ferro e de aço foi muito afetada,[70] e as cidades hanseáticas – com exceção dos estaleiros – se saíram ainda piores.[71] Um bom indício de como andavam os negócios foi a contração do capital social das sociedades anônimas em termos reais. O valor total das ações do Reich no capital social dessas empresas caiu 14% em termos reais durante a guerra; as ações de Hamburgo caíram mais de um terço.[72] As mais prejudicadas foram as grandes companhias marítimas e as pequenas casas de comércio, que sofreram mais perdas de capital durante a guerra do que qualquer outro setor: nos registros da Hapag no pós-guerra consta uma queda de 25% no valor real de seus ativos totais, subindo para 53% se forem considerados apenas os ativos físicos. Os ganhos também foram drasticamente reduzidos: os cálculos com base nos registros da Hapag no pós-guerra indicam que, ajustando para compensar a inflação, a empresa só foi capaz de ganhar 43,9 milhões de marcos durante os anos de guerra: uma queda de 84% nos ganhos anuais.

A situação era pouco diferente em outras economias. As empresas de armamentos da França, da Grã-Bretanha e especialmente da Rússia registraram aumentos vultosos nos lucros nominais, e é provável que estes tenham sido subestimados nos relatórios contábeis publicados.[73] Na Grã-Bretanha, os lucros da Nobels' Explosives foram três vezes maiores, mas a empresa química Brunner Mond só conseguiu um aumento de 50%, e os lucros com transporte subiram apenas um terço descontados os impostos. A mineração como um todo viu os lucros triplicarem durante a guerra; no caso de uma empresa como a Cardiff Collieries Ltd, 1916 foi o ano de pico, ainda que a imposição de controles provavelmente tenha feito os lucros caírem, em termos reais, para abaixo do nível em que se encontravam antes da guerra. A Courtaulds e a Lever Brothers registraram grandes aumentos na capitalização.[74] Os lucros na Rússia podem ter sido ainda maiores. Os lucros brutos na indústria metalúrgica russa subiram de 26% do capital em 1913 para 50% em 1916; os números equivalentes para as empresas de processamento de metais são 13,5% e 81%.[75] Até os agricultores britânicos tiveram lucros mais altos durante a guerra do que a indústria alemã: como um percentual do capital, os lucros dos agricultores subiram de 6,1% (1909-1913) para um pico de 14,3% em 1917.[76] E, assim como na Alemanha, as pequenas empresas na Grã-Bretanha, na França e na Rússia tiveram mau desempenho em termos relativos.[77]

Em muitos aspectos, portanto, todas as economias de guerra enfrentaram problemas similares. Isso pode ser visto claramente no caso do transporte ferroviário. Na Alemanha, a maior parte das ferrovias estivera sob controle estatal desde que foram construídas, de modo que submetê-las ao controle direto do Reich foi simplesmente uma questão de centralização administrativa; ao passo que os governos francês e britânico precisaram impor o controle sobre empresas que permaneceram formalmente no setor privado. Mas o efeito do controle durante a guerra foi essencialmente o mesmo. Em todos os casos, o volume do transporte de carga sofreu uma drástica redução – na Alemanha em 1917, para cerca de 59% dos níveis anteriores à guerra; e na França, para cerca de 66%. Mas o controle estatal garantiu que as linhas fossem mantidas em condições razoáveis para uso militar: o investimento alemão em locomotivas excedeu em 23% o que se havia investido antes da guerra.[78] A malha ferroviária russa também foi bem conservada – 2,5 bilhões de rublos foram investidos entre agosto de 1914 e setembro de 1917 –, embora tenha precisado lidar com quantidades significativamente maiores de transporte de carga e de passageiros devido à extraordinária expansão econômica que a guerra impulsionou no país.[79]

O caso do transporte marítimo, no entanto, foi muito diferente. Na Alemanha, não havia muito que o governo pudesse fazer para compensar economicamente as companhias marítimas pela tonelagem que perderam para o inimigo. Na Grã-Bretanha, o governo começou subsidiando o seguro, mas logo precisou criar um Comitê de Requisição para garantir que o fornecimento de alimentos tivesse prioridade, e a este se seguiu, em janeiro de 1916, a criação de um Comitê de Controle do Transporte Marítimo. Por fim, em dezembro de 1916, foi criado um Ministério do Transporte Marítimo.[80] A França basicamente dependia da Grã-Bretanha para a Marinha mercante.[81] O controle do comércio era muito mais simples para os Impérios Centrais, já que eles tinham menos comércio para controlar, e era relativamente fácil intimidar os austríacos (embora não os húngaros). Quando a guerra eclodiu, uma Corporação Imperial (mais tarde, Central) de Compras (*Einkaufsgesellschaft*) foi instaurada em Hamburgo para coordenar as importações.[82] Parecia não haver necessidade de restringir as exportações até janeiro de 1917, quando se implementou um sistema de licença de exportação para evitar que os produtores de ferro e de aço procurassem preços mais altos para produtos essenciais nos mercados estrangeiros aos quais eles ainda tinham acesso.[83]

Entretanto, as dificuldades das potências da Entente para gerenciar seu comércio conjunto – a chave para sua sobrevivência econômica – ilustram perfeitamente a debilidade organizacional de que padeciam. Na Grã-Bretanha, o controle do comércio havia começado com a restrição às importações de carvão impostas no verão de 1915. A essa medida se somou, no fim de 1916, a implementação de um sistema de licença de importação controlado pelo novo Departamento de Restrição de Importações da Junta de Comércio. Até esse momento havia uma espécie de vale-tudo no que se refere às importações dos Estados Unidos, com o Almirantado e o Gabinete de Guerra resistindo aos esforços do Ministério da Fazenda para subordiná-los ao banco J. P. Morgan, de Nova York. Exatamente por que o Ministério da Fazenda queria fazer isso é difícil dizer: comprar armamentos para exportar para a Grã-Bretanha não era o tipo de coisa que o grupo Morgan fazia (era especializado na emissão de obrigações), e o monopólio que se estava concedendo à empresa sobre as finanças das importações britânicas prometia lucros imensos – entre 1% e 2% de 18 bilhões de dólares, como se constatou mais tarde. A decisão de dar a Morgan essa função também não resolveu o problema de aprovisionamento transatlântico: atritos consideráveis continuaram existindo entre os diferentes negócios britânicos e os interesses do governo representados no Conselho de Munições instaurado na Grã-Bretanha em setembro de 1915.[84]

Inevitavelmente, por ter uma frota mercante maior e mais recursos financeiros, a Grã-Bretanha se tornou a responsável pelo aprovisionamento das potências da Entente, com o J. P. Morgan como seu banco.[85] Mas os britânicos acreditavam que os franceses estavam trapaceando ou pelo menos desperdiçando recursos.[86] Em consequência, procuraram impor controles aos franceses, retirando metade dos navios mercantes que haviam arrendado à França e ameaçando tomar o resto se a França não adotasse o sistema britânico. Quando Clemenceau incumbiu Clémentel dessa tarefa, houve protestos ruidosos por parte da imprensa e dos empresários franceses. Foi só em novembro de 1917 que se implementou um consórcio de transporte marítimo anglo-francês; e foi só no último ano da guerra, sob pressão dos norte-americanos, que se instaurou um Conselho Interaliado para Compras e Finanças da Guerra com a finalidade de coordenar todas as importações. Tentar conciliar a política comercial com os russos se mostrou ainda mais difícil, sobretudo quando inspetores russos rejeitaram, por considerá-los de má qualidade, produtos norte-americanos fabricados em massa pelos quais a Grã-Bretanha e a França haviam pagado.[87] Os italianos também não gostaram de ser tratados como mercenários pelos britânicos; embora, como assinalou Keynes, isso fosse, em termos financeiros, o que eles e os outros aliados da Grã-Bretanha tinham se tornado.

Mão de obra: o problema britânico

A alocação de mão de obra foi, talvez, o problema econômico mais difícil que os países combatentes enfrentaram. Em toda parte, revelou-se extremamente complicado encontrar o equilíbrio entre as necessidades das Forças Armadas e as necessidades de produção interna de alimentos e materiais. Muitos trabalhadores qualificados que estariam mais bem empregados em seus postos de trabalho anteriores à guerra se ofereceram ou foram recrutados para o combate. Se eram mortos, a economia sofria uma piora permanente; mas, mesmo se sobrevivessem, não estariam dando a contribuição ideal para o esforço de guerra.

No caso da Alemanha, o número de homens no Exército aumentou de 2,9 milhões no primeiro mês de guerra para 4,4 milhões no começo de 1915, e mais de 7 milhões em seu ápice, no início de 1918. Ao todo, 13 milhões de homens serviram o Exército.[88] Muitos dos que lutaram eram empregados do setor industrial. Em janeiro de 1915, empresas como a Blohm & Voss, que tinham contratos de guerra vultosos, estavam solicitando o regresso de trabalhadores qualificados que haviam sido convocados.[89] A Bosch, em Stuttgart, perdeu 52% de sua mão de obra nos primeiros meses da guerra; a empresa química Bayer perdeu quase metade de seus funcionários. Até dezembro, a empresa de mineração Hibernia havia perdido cerca de 30% dos 20 mil funcionários que tinha antes da guerra.[90] No entanto, os alemães agiram rapidamente para manter trabalhadores essenciais em seus postos de trabalho. No início de 1916, um total de 1,2 milhão de trabalhadores foi classificado como isento do serviço militar, dos quais 740 mil haviam sido considerados aptos para o serviço ativo. Dois anos depois, 2,2 milhões de trabalhadores foram isentos, dos quais 1,3 milhão era *kriegsverwendungsfähig*.[91] Para compensar a defasagem de mão de obra masculina, o emprego de mulheres aumentou (outras 5,2 milhões entraram no mercado de trabalho), cerca de 900 mil prisioneiros de guerra foram colocados para trabalhar e quase 430 mil trabalhadores estrangeiros foram importados, incluindo muitos belgas relutantes.[92] Em consequência, a mão de obra civil em julho de 1918 era apenas 7% menor do que havia sido em 1914.[93]

Isso não era ideal (embora seja difícil dizer o que teria sido: não há nenhuma fórmula para a alocação de mão de obra em tempos de guerra). Mas será que as potências da Entente foram melhores para alocar sua mão de obra? A resposta é: provavelmente não. O total de empregos civis na Grã-Bretanha caiu quase tanto quanto na Alemanha (6,5%), mas menos homens precisaram lutar: 4,9 milhões ao todo entraram para o Exército, menos da metade do número alemão. As vagas dos soldados foram ocupadas por 1,7 milhão de homens e 1,6 milhão de mulheres que entraram no mercado de trabalho.[94] Nota-se de imediato que os alemães fizeram muito mais uso da mão de obra feminina durante a guerra. Tanto na Grã-Bretanha quanto na França, as mulheres representavam em torno de 36%-37% da mão de obra industrial quando a guerra chegou ao fim, em comparação com 26%-30% antes de agosto de 1914. Na Alemanha, a proporção subiu de 35% para 55%.[95] Também devemos lembrar que o sistema de alistamento britânico atraiu não só egressos de Oxford e funcionários administrativos dispensáveis como também trabalhadores qualificados essenciais. No fim de 1914, 16% de todos os empregados de pequenas fábricas de armamentos haviam se alistado, e também cerca de 25% da mão de obra da indústria química e de explosivos, sobretudo porque muitos deles foram demitidos no primeiro mês caótico de guerra; 21% dos empregados da mineração e 19% dos empregados da indústria de metais haviam se alistado em julho de 1915.[96] Fazer o Gabinete de Guerra abrir mão de trabalhadores qualificados se mostrou excessivamente difícil, e mecanismos como as "dispensas em massa", a convocação de Voluntários para Munições de Guerra e a concessão de "medalhas" (implementada em 1915) não passaram de meias-medidas.[97] Como Lloyd George disse à Câmara dos Comuns, "conseguir homens dos regimentos [...] [era] como atravessar emaranhados de arame farpado com armas pesadas".[98] Quando um comitê do Gabinete procurou "coordenar [...] o esforço militar e financeiro" em janeiro de 1916, seu relatório reconheceu o problema das prioridades departamentais conflitantes:

> O método adotado pelo Comitê no início de sua investigação era obter do Gabinete de Guerra, do Ministério da Fazenda e da Junta de Comércio uma afirmação de suas respectivas aspirações com relação ao tamanho do Exército, ao gasto que pode ser dedicado a isso e ao número de homens que podem ser reservados para o serviço militar sem que isso implique resultados desastrosos para o comércio e a indústria do país. Os propósitos originalmente defendidos pelos departamentos não eram conciliáveis; o Ministério da Fazenda não teria conseguido o dinheiro, e a Junta de Comércio não teria fornecido os homens necessários para manter um Exército do tamanho proposto pelo Gabinete de Guerra.[99]

A fim de tranquilizar os temores da Junta de Comércio de que seria um "desastre para os negócios" se o recrutamento fosse indiscriminado, implementou-se um sistema de serviços essenciais,* mas seu alcance foi relativamente limitado.[100] Além disso, um programa implementado no fim de 1916

---

* No original, *system of reserved occupations*: refere-se aos postos de trabalho considerados essenciais, em que o empregado era impedido de prestar o serviço militar. (N.T.)

para conceder cartões de identificação a trabalhadores qualificados foi mais uma resposta aos sindicatos do que fruto de um planejamento governamental.[101] Trabalhadores agrícolas qualificados só receberam isenção em julho de 1917, mineradores ainda estavam sendo recrutados em janeiro de 1918 e, em abril, categorias inteiras de atividades protegidas foram canceladas no pânico induzido pela ofensiva de primavera alemã.[102] Também não se pode afirmar que o novo Ministério do Trabalho fez muito para melhorar as coisas, já que sua competência logo foi desafiada pelo Ministério das Forças Armadas.[103] O "orçamento de mão de obra" elaborado por Auckland Geddes, ministro do Trabalho, em outubro de 1917 apresentava uma análise lúcida da situação: o excedente de homens disponíveis projetado para 1918 era de apenas 136 mil.[104] Em abril daquele ano, Geddes reclamou para Lloyd George: "O Almirantado, o Gabinete de Guerra, o Ministério da Agricultura, o do Trabalho e o das Forças Armadas estão todos pescando no mesmo lago, e os empregadores e empregados estão nos colocando uns contra os outros".[105] Essa foi uma acusação chocante depois de três anos e meio de guerra.

Isso acarretava sérios problemas no curto e no longo prazo, devido ao fato de que a economia britânica dependia sobremaneira da mão de obra qualificada. No início da guerra, por exemplo, 60% dos trabalhadores britânicos nos setores de engenharia foram classificados como qualificados. Os historiadores econômicos argumentaram que esse foi um dos motivos pelos quais os empregadores britânicos não se apressaram em implementar novos maquinários ou técnicas de produção em massa: por um lado, os trabalhadores britânicos qualificados eram economicamente acessíveis; por outro, podiam transformar a vida dos empregadores num inferno se estes tentassem impor remunerações padronizadas por unidade de produção.[106] Essa também pode ser a razão pela qual a Primeira Guerra Mundial se destaca como o divisor de águas na história industrial britânica moderna.[107] A morte de uma proporção muito elevada de trabalhadores qualificados na Grã-Bretanha deixou um buraco que não foi tapado com tanta facilidade. "Diluição" foi precisamente o que acometeu a força de trabalho na Grã-Bretanha; o sangue foi o diluente.

A afirmação de Gregory, de que o sistema britânico de voluntários garantia uma distribuição mais equitativa de baixas do que o sistema de alistamento obrigatório, é, portanto, aberta a discussão; argumentar que isso "ajudou a salvaguardar a estabilidade política" parece ir longe demais.[108] A consequência mais importante do sistema britânico foi que ele matou trabalhadores qualificados que teriam sido mais bem empregados em seus postos de trabalho habituais. Essa "geração perdida" era a que importava; a mais comum, composta de membros da nobreza, alunos de escolas de elite e homens de Oxford e de Cambridge,[109] era substituída com muito mais facilidade, e provavelmente era mais útil ocupando cargos de oficiais do que em qualquer outra função. Angell havia alertado que a guerra promovia "a sobrevivência dos inaptos"; na Grã-Bretanha, entretanto, foram os não qualificados e não instruídos que sobreviveram.[110]

Na França, onde a oferta de mão de obra era mais estrita do que em qualquer outra economia combatente, o trabalho foi mal alocado por uma razão diferente: a forte pressão política por uma "igualdade de sacrifício". A visão popular era de que (como nos anos 1790) o imposto de sangue – *l'impôt du sang* – deveria ser assumido por todos, inclusive pelos trabalhadores qualificados. Aqueles que foram trazidos de volta do front para ajudar a remediar a escassez de munições em 1915 – os quais, no fim do ano, representavam cerca de metade do total da mão de obra que produzia munições – foram considerados desertores (*embusqués*).[111] Os que regressaram das frentes de batalha (com exceção dos feridos de guerra) corresponderam a apenas 30% do aumento na mão de obra francesa alocada na produção de armamentos durante a guerra.[112]

Em todas as economias combatentes, a escassez de mão de obra inevitavelmente criou problemas: os trabalhadores estavam em posição de negociar aumentos de salários e/ou diminuir a produtividade "desacelerando" o ritmo de trabalho ou ainda, se a chefia tentasse resistir às demandas por maiores salários, entrando em greve. A experiência de uma única empresa, não atípica, pode ilustrar como esses problemas se manifestaram na Alemanha. Primeiro, a alta gerência do estaleiro Blohm & Voss, de Hamburgo, tentou compensar a escassez de mão de obra aumentando a jornada e a intensidade do trabalho, aproveitando-se da debilidade dos sindicatos. Os chefes e gerentes operacionais às vezes levavam essas táticas a extremos: em março de 1916, foi preciso emitir instruções desencorajando "usar palavras como 'você vai direto para as trincheiras' ao se dirigir a trabalhadores insubordinados" (o que ilustra perfeitamente o argumento de Karl Kraus de que a "morte de um herói" era ao mesmo tempo uma honra e uma punição na retórica dos tempos de guerra). Um ano depois, jornadas com mais de 24 horas de duração foram declaradas excessivas.[113] Os trabalhadores reagiram de várias formas, na maioria das vezes recorrendo a atos individuais e espontâneos, em vez de greve coletiva.[114] Houve problemas recorrentes de indisciplina: os horários de almoço eram prolongados, o trabalho era feito sem entusiasmo, o absenteísmo era alto e os materiais eram roubados constantemente (quase sempre para serem usados como lenha). Acima de tudo, os trabalhadores tiravam vantagem da grande demanda por seus serviços para mudar de emprego com frequência: tradicionalmente elevada, a mobilidade da mão de obra alcançou níveis sem precedentes, de modo que 10 mil trabalhadores precisaram ser substituídos no ano depois de outubro de 1916 – um problema que a Lei do Exército Auxiliar de dezembro de 1916 exacerbou ao reconhecer o direito do trabalhador de mudar de emprego por um salário maior.[115] Em consequência, o acordo contra as greves, firmado em agosto de 1914, pouco a pouco desmoronou. Em outubro de 1916, quando a Blohm & Voss rejeitou o pedido de aumento salarial, ocorreu a primeira grande greve da guerra. Houve greves importantes no estaleiro da Vulkan quatro meses depois e novamente em maio de 1917 (um mês depois da grande greve de Berlim, cujo estopim foi uma redução na ração de farinha); e em janeiro de 1918 os estaleiros foram tomados por uma onda nacional de mobilizações que havia começado em Berlim. Essas greves costumam ser vistas como precursoras da revolução de novembro de 1918 – um sintoma, se não uma das causas, da inevitável derrota da Alemanha.[116]

Porém, mais uma vez, devemos perguntar se as coisas de fato foram melhores nas economias da Entente. Um teste importante, embora rudimentar, da eficiência da economia de guerra é quanto os salários aumentaram durante o conflito.[117] Para os historiadores sociais, é quase axiomático que um aumento nos salários reais seja algo positivo. Uma boa parte dos estudos tratou de mostrar que, nesse aspecto, a Grã-Bretanha se saiu "melhor" do que a Alemanha. No entanto, isso não faz sentido em termos econômicos: teria sido desastroso para a economia de guerra alemã se os salários houvessem subido tão depressa quanto na Grã-Bretanha. Em qualquer comparação, o único critério que deve ser aplicado é se os salários reais aumentaram no mesmo ritmo que a produtividade. Quanto mais os salários subiam, em termos reais, à frente da produtividade, *menos* eficiente era a economia, já que padrões de vida mais elevados para os trabalhadores braçais (embora, sem dúvida, os favorecessem) não eram a principal prioridade para a economia como um todo. Os números na Tabela 27 mostram que, por esse parâmetro, era a Grã-

Tabela 27   Produção industrial e salários reais na Alemanha e na Grã-
-Bretanha, 1914-1918

	Alemanha		Grã-Bretanha	
	Produção industrial	Salários reais	Produção industrial	Salários reais
1914	100	100	100	100
1915	81	88	102	87
1916	77	79	97	81
1917	75	65	90	81
1918	69	66	87	94

Fontes: Mitchell, *European Historical Statistics*, p. 33ss., 181ss.; Wagenführ, Industriewirtschaft, p. 23; Home, *Labour at War*, p. 395; E. Morgan, *Studies*, p. 285; Bry, *Wages*, p. 53, 331.

-Bretanha, e não a Alemanha, que tinha a economia de guerra menos eficiente. Mesmo admitindo que essas estimativas sejam um pouco grosseiras, parecem indicar que os salários dos trabalhadores britânicos aumentaram mais depressa do que a produtividade – isto é, significaram ganhos não merecidos –, ao passo que os salários alemães diminuíram em termos reais, em sintonia quase perfeita com a queda da produção industrial.

É claro que tais índices médios não nos dizem nada a respeito das diferenças de salário, que claramente mudaram bastante durante a guerra. Mais uma vez, os historiadores sociais costumam apontar para diferenças maiores como indícios de uma maior desigualdade, o que eles tendem a considerar algo ruim *per se*. Mas isso também é equivocado em termos econômicos. Novamente, a questão é se as diferenças nos salários refletiram com precisão a grande mudança na estrutura de demanda por trabalho ocasionada pela guerra. Quanto mais fizeram isso, melhor, porque um aumento relativo nos salários de trabalhadores não qualificados nas fábricas de munições teria o efeito de atrair indivíduos para esse setor vital.

Em todos os países, a escassez de mão de obra em setores estrategicamente cruciais deu poder de barganha a grupos que até então se encontravam na base inferior da escala de renda. Quatro brechas fundamentais tenderam a estreitar: entre trabalhadores de setores diferentes; entre não qualificados e qualificados; entre mulheres e homens; e entre mais jovens e mais velhos. Na

Alemanha, por exemplo, entre julho de 1914 e outubro de 1918, o valor da hora de um trabalhador médio do sexo masculino na Blohm & Voss aumentou 113% em termos nominais, enquanto um jovem empregado no mesmo estaleiro ganhava 85% a mais do que antes da guerra, e um trabalhador têxtil, 74% a mais. Em comparação, um auxiliar de escritório ganhava apenas 62% a mais; um contador, somente 37% a mais; e um chefe de caixa, meros 30% a mais. Os trabalhadores braçais, portanto, se saíram muito melhores do que os funcionários de colarinho-branco.[118] A diminuição das diferenças significou que, levando em conta a inflação, o trabalhador de um estaleiro perdeu muito menos em termos reais (9%) do que um funcionário público sênior (52%). Dito de outra forma, em 1914 a renda mensal de um funcionário público era cerca de cinco vezes a do trabalhador braçal; em 1918, era menos de três vezes.[119] Esses números também não levam em consideração os complementos de salários e os benefícios aos filhos pagos a certas categorias de trabalhadores, que, no fim da guerra, podiam representar até um terço da renda de um trabalhador não qualificado.[120]

É muito difícil dizer se as coisas foram significativamente diferentes em outros países, por causa da extrema dificuldade de fazer comparações entre as estatísticas de salário disponíveis. Sugeriu-se que as diferenças de salário em Londres diminuíram mais durante a guerra do que as de Berlim; mas os números apresentados na Tabela 28 pareceriam demonstrar justamente o contrário, embora se refiram apenas ao setor de construção nas três capitais.[121]

As variações nos níveis e nas diferenças salariais – para melhor e para pior – não foram determinadas por fatores externos: tiveram muito a ver com o poder relativo da mão de obra organizada. Em que país os trabalhadores tinham mais influência? Atentos aos acontecimentos de novembro

Tabela 28   Proporção entre os salários de trabalhadores qualificados e não qualificados no setor de construção nas três capitais, 1914-1918

	1914	1918	Variação percentual
Alemanha (valores por hora)	1,47	1,07	-27,3
França (valores por dia)	1,90	1,47	-22,6
Grã-Bretanha (valores por hora)	1,53	1,31	-14,2

Fonte: Manning, Wages, p. 262s.

de 1918, os historiadores alemães às vezes tendem a pressupor que seu movimento de trabalhadores foi excepcionalmente militante. No entanto, esse mérito parece, na realidade, ter correspondido à mão de obra britânica, que opôs firme resistência às tentativas de todos, empregadores ou governo, de manter intocados os salários nominais ou "diluir" o custo com mão de obra qualificada.[122] Em última instância, até mesmo Lloyd George foi incapaz de restringir a mobilidade dos trabalhadores, o motor crucial na espiral dos salários: o sistema de certificados de conclusão* concebido pela cláusula 7 da Lei de Munições de Guerra de 1915 foi um fracasso na prática, e por fim foi derrubado em agosto de 1917.[123] Depois de 1916, não é exagero dizer que os empregadores britânicos pouco a pouco perderam o controle sobre a concessão de salários, que eram determinados por uma combinação de pressão dos trabalhadores e decreto do Estado.[124]

Uma explicação possível para isso é que os sindicatos alemães foram mais atingidos do que seus equivalentes da Europa Ocidental. Outra forma de comparar as diferentes economias de guerra é considerar os números de afiliados aos sindicatos (ver Tabela 29). Não devemos ler coisas demais nessas estatísticas. Na Grã-Bretanha, na França e na Alemanha, os líderes de sindicatos ofereceram apoio ao esforço de guerra na esperança de defender sua posição em pé de igualdade com os empregadores; e em toda parte os afiliados se indispuseram diante das concessões feitas por seus líderes. Entretanto, não deixa de ser significativo que a afiliação aos sindicatos quase dobrou na Grã-Bretanha e na França durante a guerra, ao passo que na Alemanha diminuiu em mais de um quarto. Nos Estados Unidos também subiu em torno de 85%.[125]

Por fim, os números a respeito das greves mostram que, mais uma vez, a Alemanha não foi especialmente suscetível. Houve muito mais greves na Grã-Bretanha, onde as tentativas de substituí-las por arbitragem obrigatória (como a Lei de Munições de Guerra de 1915, concebida para "controlar as disposições" na indústria de armamentos) se mostraram impraticáveis. Ao entrar em greve e exigir que os homens demitidos recebessem os certificados

---

* O trabalhador só era autorizado a deixar seu emprego após o período estipulado em contrato, quando então o empregador lhe concedia o certificado de conclusão (*leaving certificate*). (N.T.)

Tabela 29   Filiação a sindicatos na Grã-Bretanha, na França e na Alemanha, 1913-1918

	Grã-Bretanha (Trades Union Congress)	França (departamentais e federações)	Alemanha (socialistas, liberais e cristãos)
1913	2.232.446	593.943	3.024.000
1914	n/d	493.906	2.437.000
1915	2.682.357	81.617	1.396.000
1916	2.850.547	183.507	1.199.000
1917	3.082.352	559.540	1.430.000
1918	4.532.085	1.175.356	2.184.000

Fontes: Petzina et al., *Sozialgeschichtliches Arbeitsbuch*, vol. III, p. 110-118; Home, *Labour at War*, p. 398.

de conclusão, os funileiros de Clyde ridicularizaram o Tribunal de Munições, que procurava impingir medidas de "diluição" em Glasgow.[126] Igualmente, as tentativas de Lloyd George de convencer os mineradores a aceitarem uma proibição da greve fracassaram quando os mineradores galeses foram às ruas em julho de 1915.[127] Como ele próprio admitiu, era "impossível intimar e julgar 200 mil homens"; e, quanto à nacionalização das minas, era precisamente o que os trabalhadores radicais queriam.[128] Nenhum político alemão teve de aturar o tipo de humilhação sofrido por Lloyd George pelos representantes dos sindicatos de Glasgow. Confrontá-los em 1916 (quando os jornais *Forward* e *Worker* foram banidos e líderes radicais foram presos e deportados da região) não adiantou muito para melhorar a produtividade; foi um confronto simbólico.[129] Nenhum sindicato alemão considerou "os privilégios dos trabalhadores qualificados quase um truísmo" como fez a Amalgamated Society of Engineers (ASE), associação que já então representava vários sindicatos de engenheiros na Grã-Bretanha.[130] A grande greve dos engenheiros em maio de 1917 terminou em uma vitória decisiva para a ASE: como lembrou Beveridge, a associação "obteve a concessão mais importante que havia solicitado [...] sem dar nada do que o governo havia pedido".[131] Surpreendentemente, 22 mil engenheiros entraram em greve em abril de 1918, quando os alemães estavam a menos de 80 quilômetros de Paris. A instrução do Gabinete de Guerra para seus negociadores foi sucinta: "Se uma guerra iminente parece

Tabela 30   Greves na Grã-Bretanha e na Alemanha, 1914-1918

	Grã-Bretanha		Alemanha	
	Número de grevistas	Dias perdidos	Número de grevistas	Dias perdidos
1914	326.000	10.000.000	61.000	1.715.000
1915	401.000	3.000.000	14.000	42.000
1916	235.000	2.500.000	129.000	245.000
1917	575.000	5.500.000	667.000	1.862.000
1918	923.000	6.000.000	391.000	1.452.000

Fontes: Wilson, *Myriad Faces*, p. 221; Home, *Labour at War*, p. 396; Petzina et al., *Sozialgeschichtliches Arbeitsbuch*, vol. III, p. 110-118.

ser inevitável, devem-se fazer todas as concessões solicitadas".[132] O contraste com a maneira como o governo alemão interrompeu, depois de uma semana, a greve de Berlim de janeiro de 1918 não podia ser maior.[133] Também digno de nota é o fato de que seis das sete demandas dos grevistas de Berlim eram políticas: eles queriam o fim da guerra, e não salários mais altos.

Em suma, a Grã-Bretanha teve sorte por Lloyd George estar errado quando descreveu a guerra em um discurso ao Trades Union Congress (a federação de sindicatos do Reino Unido) como "um conflito entre a mecânica da Alemanha e da Áustria de um lado e a mecânica da Grã-Bretanha e da França do outro".[134] Com exceção da Rússia, as relações de trabalho na Grã-Bretanha foram simplesmente as piores da guerra: nem na Alemanha, nem na Itália, nem na França ocorreram tantas greves.[135] Além disso, muitas das greves que assolaram a França no verão de 1917 afetaram a indústria de vestimentas (não essencial), e grande parte dos grevistas era composta de mulheres não sindicalizadas que voltaram a trabalhar quando obtiveram aumento de salário.[136] Um surto de greve mais politizada em maio de 1918 parece ter desaparecido diante das críticas públicas, sobretudo vindas de homens fardados.[137]

Fome, saúde e desigualdade

A fome levou a Alemanha à derrota? A ideia é uma das mais persistentes na historiografia europeia moderna.[138] Mas, muito provavelmente, é equivocada. Em seu conjunto, é claro, o alemão médio sofreu mais que o britânico médio, pela simples razão de que na Alemanha a renda *per capita* real diminuiu – em torno de 24% – durante a guerra, ao passo que na Grã-Bretanha ela aumentou.[139] Como vimos, o bloqueio certamente reduziu o fornecimento de comida à Alemanha, não só diminuindo as importações de alimentos como também, o que é ainda mais grave, cortando o fornecimento de fertilizantes. E não há dúvida de que grandes erros administrativos foram cometidos, principalmente a forma assistemática com que o Conselho Federal (*Bundesrat*) estipulou os preços máximos, o que gerou tetos mais baixos para os produtos em maior demanda e o abate contraproducente de 9 milhões de porcos (o notório *Schweinmord*) na primavera de 1915, com a suposta finalidade de liberar grãos e batatas para o consumo humano.[140]

Mas pode haver exagero nesse argumento. Como mostra a Tabela 31, o consumo de alimentos na Alemanha foi reduzido, mas na Grã-Bretanha também – e, em geral, os britânicos sofreram muito menos escassez graças à expansão da produção interna. Na verdade, de acordo com outras estimativas, o consumo *per capita* de batata e de peixe na Alemanha foi maior em 1918 do que em 1912-1913.[141] Houve muitas críticas ao sistema alemão de racionamento de comida durante a guerra; mas pelo menos se pode argumentar que o *laissez-faire* britânico foi mais dispendioso e ineficiente. Os alemães implementaram o racionamento em janeiro de 1915 e estabeleceram um Ministério de Alimentos de Guerra em maio de 1916. O Ministério de Alimentos britânico, por sua vez, só foi criado em dezembro de 1916 e foi notadamente ineficaz (apesar das queixas de William Beveridge) até junho de 1917, quando o ministro, lorde Davenport, foi substituído por lorde Rhondda. Alarmado com o surgimento de filas para obter alimentos em muitas cidades, o governo implementou o racionamento de açúcar e começou a montar um sistema de distribuição de comida local e regional; mas foi só em abril de 1918 que se implementou um sistema nacional de racionamento de carne, e demorou outros três meses para que todos os alimentos básicos fossem racionados.[142] Começando em meados de 1915, a França foi muito mais rápida para confiscar grãos e controlar a distribuição de alimentos, mas foi só sob pressão anglo-americana que se tomaram medidas efetivas em direção ao racionamento, e em outubro de 1918 houve um grande escândalo envolvendo especulação por parte do consórcio responsável por fornecer óleo vegetal.[143]

Tabela 31   Consumo de alimentos na Grã-Bretanha e na Alemanha, como um percentual do consumo em tempos de paz, 1917-1918

	Grã-Bretanha	Alemanha
Carne	25,3	19,8
Manteiga	37,4	21,3
Batata	100,0	94,2

Notas: Grã-Bretanha: consumo médio semanal das famílias da classe trabalhadora, de outubro de 1917 a maio de 1918; Alemanha: rações oficiais em Bonn, de julho de 1917 a junho de 1918.
Fontes: Winter, *Great War*, p. 219; Burchardt, *War Economy*, p. 43.

Os historiadores que inferem a inaptidão alemã com base em queixumes sobre os preços e a escassez de alimentos deveriam ler os queixumes idênticos que se ouviram na França em 1917.[144] Mas os alemães precisaram lidar com muito mais do que um déficit alimentício.

Os alemães certamente passaram fome. Em vez de salsichas e cerveja, precisaram se virar com produtos *ersatz* inferiores e vinho do Leste europeu. Eles emagreceram: o nutricionista R. O. Neumann perdeu 19 quilos em sete meses alimentando-se exclusivamente da ração oficial.[145] Mas não foram encontrados indícios de que alguém realmente tenha morrido de fome – muito menos o número fantástico de 750 mil ainda citado por alguns historiadores quase sempre sensatos.[146] É verdade, a mortalidade feminina subiu de 14,3 por mil em 1913 para 21,6 por mil, um aumento significativamente maior do que na Inglaterra (de 12,2 para 14,6 por mil).[147] De acordo com uma estimativa, em torno de um terço de toda a população dos hospitais psiquiátricos alemães antes da guerra morreu de fome, doença ou falta de cuidados.[148] Também houve aumento no número de pessoas mortas por doenças do pulmão (de 1,19 por mil para 2,46 por mil) e nítido aumento no número de mortes de mulheres em trabalho de parto.[149] Mas a taxa de mortalidade infantil claramente diminuiu (com exceção da Baviera, onde aumentou em 1918, e do caso excepcional de filhos ilegítimos nascidos em Berlim).[150] Nesse aspecto, as coisas eram muito piores na França, onde a taxa de mortalidade infantil em 1918 estava 21% acima dos níveis registrados entre 1910-1913.[151] Além disso, pode-se argumentar que Winter exagerou um pouco a melhoria na saúde da população civil britânica durante a guerra. Também houve um aumento de 25% nos casos de morte por tuberculose na Inglaterra e no País de Gales, e parece improvável que isso tenha sido, em parte, decorrência de má nutrição.[152] As populações continuaram a travar guerras, apesar de passar muito mais fome do que a sofrida pelos alemães em 1918: a União Soviética na Segunda Guerra Mundial é o caso mais notório.

O verdadeiro teste da economia de guerra foi a eficiência com que os recursos escassos foram distribuídos. Aqui, mais uma vez, argumenta-se que a Alemanha se saiu mal. No clássico estudo de Kocka, a economia de guerra é retratada como tendo aumentado o conflito de classes e outros tipos de divisão social, pavimentando o caminho para a revolução de novembro de 1918.[153] O Estado alemão na Primeira Guerra Mundial pareceu acirrar a desigualdade com suas intervenções, favorecendo alguns grupos sociais e penalizando outros. As relações entre as classes se tornaram menos importantes durante a guerra em comparação com as relações entre certos grupos de interesse e o Estado.

Porém, os indícios de que a Alemanha se tornou uma sociedade menos desigual entre 1914 e 1918 são confusos. Os cálculos do "coeficiente de Pareto" para a Prússia indicam que, em 1918, a distribuição de renda prussiana era mais desigual do que em qualquer outro momento desde 1850.[154] Mas esses números podem ser distorcidos pelas rendas elevadas de um número relativamente pequeno de empreendedores. Outros indícios apontam que as maiores quedas relativas nos padrões de vida foram sofridas não pelos trabalhadores, mas sim por outros grupos na vasta camada sociológica que denominamos classe média. A diminuição das diferenças nos salários nominais descrita acima fala por si: os funcionários públicos foram especialmente prejudicados por isso, e quanto mais alta a hierarquia, mais eles perderam. Além do mais, durante a guerra, os controles tenderam a favorecer os lares da classe trabalhadora à custa de vários estratos sociais detentores de propriedades. As leis contra os preços excessivos foram aprovadas às pressas nos primeiros meses de guerra, e os tetos aos preços foram estipulados pela primeira vez no começo de 1915. No entanto, foi só com o decreto do Bundesrat para a criação de Conselhos de Supervisão de Preços (*Preisprüfungstellen*), em setembro de 1915, que surgiu uma política coerente de controle de preços.[155] Apesar de terem criado uma série de crimes (por exemplo, "venda em cadeia", que

19. Imagens de morte, parte 7. "GUERRA!!!!!": do álbum de um soldado norte--americano. Para os soldados norte-americanos que chegaram à Europa em 1917--1918, os campos de batalha eram assombrosamente fascinantes.

20. Camaradagem, parte 1. "*East Yorks* marchando para as trincheiras antes do ataque": do álbum de Richard Harte Butler. Falsa alegria antes do massacre – ou será que os soldados realmente ansiavam pela batalha?

21. Camaradagem, parte 2. "Viagens realistas, nº 4: um atirador alemão importuna os *Seaforths*, que estão tirando um descanso com sua mascote"; reproduzida e provavelmente posada para uso em estereoscópios. Os regimentos das Terras Altas – "demônios de saia" – causavam especial aversão aos alemães, principalmente por sua relutância em fazer prisioneiros.

22. Camaradagem, parte 3. "Trazendo os feridos. Este homem está realmente sob fogo. Ele trouxe 20 feridos dessa maneira": do álbum de Richard Harte Butler. Os homens arriscavam a vida por seus amigos, mais do que por seu país.

23. Descanso… "Dormindo a 100 metros de Thiepval": do álbum de Richard Harte Butler. Esta não é uma imagem romântica. Soldados exaustos na linha de frente se acostumaram a tirar um cochilo quando podiam, embora dormir em serviço de guarda fosse considerado crime capital.

24. ...e diversão. "Cena de rua em Görz [Gorizia] recapturada, 1º de novembro de 1917": do álbum de um soldado no 16º *Korpscommando* austríaco. A maioria dos soldados consumia todo o álcool que estivesse a seu alcance.

25. Prisioneiros, parte 1. "Soldados britânicos com alemães feridos": do álbum de Richard Harte Butler. A estratégia de fazer prisioneiros foi crucial para o desfecho da guerra. Quando os soldados acreditavam que seriam bem tratados, rendiam-se mais facilmente. Infelizmente, tal confiança foi, às vezes, inapropriada; no calor da batalha, com frequência os homens que se rendiam eram assassinados. Isso encorajava seus camaradas a continuar lutando – daí o dilema do capturador.

26. Prisioneiros, parte 2. "Este homem conheceu Londres. Ele era garçom e está ansioso para voltar para lá." Fotografia oficial publicada pelo Press Bureau.

27. Prisioneiros, parte 3. "Batalha da Menin Road – Três alemães desconsolados: eles saíram da luta pela fazenda Vampire terrivelmente abalados por causa da tremenda barragem de artilharia britânica." Os britânicos sempre tinham a esperança de bombardear os alemães até que eles se rendessem. Fotografia oficial publicada pelo Press Bureau.

28. Prisioneiros, parte 4. "Um de nossos soldados sendo trazido. Ele tem as mãos erguidas e grita 'Eu não sou alemão'": do álbum de Richard Harte Butler. Observem-se os prisioneiros de guerra alemães atuando como carregadores de macas.

29. A guerra no ar, parte 1 (*próximas páginas*). "Bombas caindo. Leste de Courtrai, 31 de janeiro de 1918, 9 da manhã": do álbum de um piloto britânico. Como afirmou um piloto norte-americano, "do ar, muitas vezes é bem difícil distinguir onde estão as linhas ou saber o que está acontecendo" (Hynes, *Soldier's Tale*, p .13). Jogar bombas dessa altura certamente era uma prática sem sentido. Entretanto, o reconhecimento aéreo era importante.

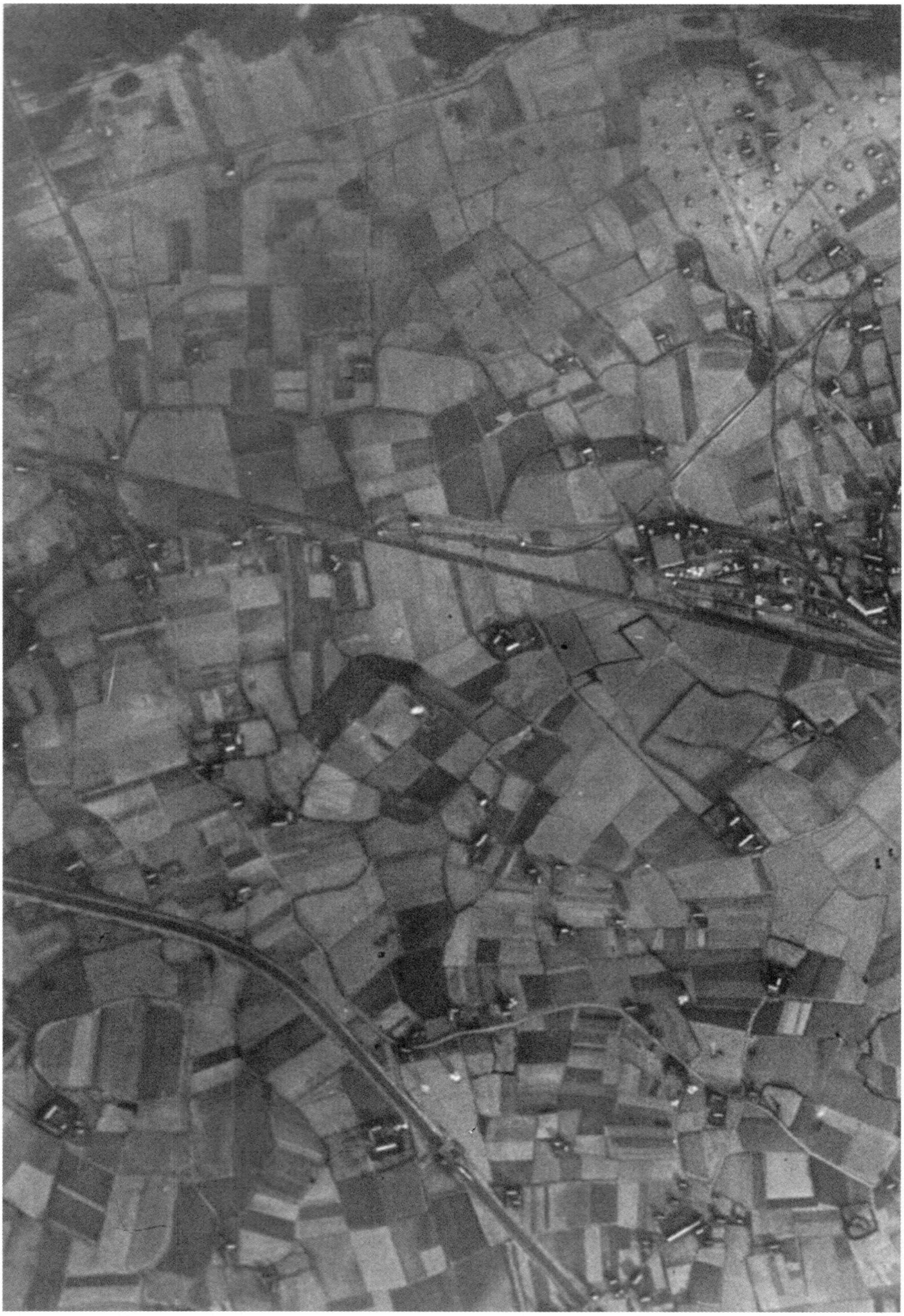

57. K. 1251.
29. I 13—34.
31. 1. 18.—9.

30. A guerra no ar, parte 2. Protesto de um piloto: um crânio com um capacete de voo e uma nota de 50 marcos, do álbum de um aviador alemão. Esta imagem se tornou uma espécie de ícone fotográfico da ideia de que a vida de um piloto valia pouco.

31. A guerra no ar, parte 3. Cartum que um aviador alemão fez de seu esquadrão como lebres malucas, *Armee Flugpark* "C", Páscoa de 1917. O contraste entre o modo como os pilotos se viam e como eram vistos pelos soldados nas trincheiras – como "cavaleiros do céu" – é impressionante. Observe-se a insinuação de que as bombas que eles estavam carregando não passavam de ovos de Páscoa.

32. Ah! Que guerra adorável, parte 1: do álbum de fotografias de Frank Hurley. Não era o musical dos anos 1960, mas um *concert party* da época da guerra, revelando que os soldados eram perfeitamente capazes de produzir sátiras de si mesmos.

33. Ah! Que guerra adorável, parte 2. "Poetas e atores no refeitório dos oficiais": do álbum de um oficial alemão (Frente Ocidental). Os alemães também tinham senso de humor.

34. Europa no pós-guerra. "O grande avanço britânico na Frente Ocidental: os alemães destruíram o belo *château* de Caulaincourt, que desabou no Somme, e nossos homens abriram uma passagem para a água": do álbum de Richard Harte Butler. A tática alemã de terra arrasada, empregada em 1918, fez pouco para impedir a vitória dos Aliados, mas acrescentou alguns milhões de francos à conta das reparações calculada depois do Tratado de Versalhes.

um inglês da era Tudor teria identificado como "regrating"*), em essência os Conselhos de Supervisão de Preços existiam para perseguir comerciantes que não respeitavam o preço máximo; o mesmo sistema foi adotado na Áustria.[156] Aquele instaurado em Hamburgo em outubro de 1916 é um bom exemplo de como funcionavam. Só em 1917 houve 1.538 processos bem-sucedidos, levando ao fechamento de 5.551 empresas, penas de prisão totalizando 12.208 dias e multas totalizando 92.300 marcos.[157] Com isso, os comerciantes se viram incapazes de continuar a aumentar os preços do varejo para seus consumidores. Algo similar aconteceu no interior, onde os controles se tornaram cada vez mais estritos em 1916-1917 (o chamado "inverno dos nabos"): aqui, os agricultores se viram sujeitos a buscas domiciliares e confiscos.[158]

Como é sabido, o controle dos preços não era estrito o bastante para evitar o surgimento de um grande mercado negro ao qual logo recorreram os habitantes da cidade com dinheiro sobrando e contatos no campo.[159] Mas quais citadinos tinham condições de pagar os preços do mercado negro (que às vezes chegavam a ser 14 vezes os preços oficiais)? Claramente, os trabalhadores na indústria de armamentos, em rápida expansão, estavam agora em melhor posição do que os funcionários públicos de baixo nível hierárquico. Sem dúvida, era esta a percepção que tinham as autoridades militares em Hamburgo:

> Frutas e vegetais frescos [...] são comprados pela classe alta e pelos trabalhadores hoje universalmente bem pagos, que não têm necessidade alguma de evitar os preços elevados. Mas a situação está se tornando cada vez mais difícil para a *Mittelstand* ou para os funcionários públicos [*Beamtentum*], que têm de arcar com os maiores ônus da guerra.[160]

Sacrifícios similares foram exigidos daqueles que haviam sido, antes da guerra, uma das mais poderosas forças políticas da Alemanha: os proprietários de imóveis urbanos. Apesar do êxodo de homens para o front, continuou a haver certa pressão sobre a disponibilidade de habitações por causa da suspensão quase completa da construção de moradias em decorrência da guerra:

---

* *Regrating* é a prática de comprar cereais e mantimentos com o intuito de revendê-los no mesmo mercado a um preço mais alto. (N.T.)

entre 1915 e 1918, apenas 1.923 novas casas foram acrescentadas ao mercado imobiliário de Hamburgo, em comparação com 17.780 nos dois anos antes do início do conflito.[161] Quanto mais pessoas se mudavam para as grandes cidades para trabalhar nas indústrias bélicas, mais crescia a demanda por moradia. Mas uma sucessão de leis controlando os preços dos aluguéis impediu os proprietários de imóveis de se beneficiarem. Ao contrário, os preços dos aluguéis foram congelados, de modo que, em termos reais, os valores diminuíram. A Associação de Proprietários de Imóveis de Hamburgo estimou em 80 milhões de marcos o custo da guerra para seus associados, em grande medida em virtude das reduções obrigatórias nos valores dos aluguéis, impostas sobre metade das propriedades existentes em Hamburgo naqueles anos. No fim de 1918, os preços mensais dos aluguéis haviam sido reduzidos a quase metade dos valores praticados em julho de 1914.[162] Obviamente, controles similares foram adotados na Grã-Bretanha, onde os preços dos aluguéis começaram a subir em 1914-1915 e, em consequência, houve falta de moradia.[163] Mas é quase certo que os proprietários de imóveis na Alemanha foram mais prejudicados, assim como as outras classes profissionais que, depois da guerra, lamentaram ruidosamente sua "proletarização".[164]

Diante de tudo isso, é tentador concluir que a guerra fez a balança do equilíbrio socioeconômico pender contra a classe média, e sobretudo a *Mittelstand* (as pequenas e médias empresas), em favor da classe trabalhadora e dos grandes negócios.[165] Os controles sobre os preços das mercadorias e dos aluguéis foram usados para subsidiar os padrões de vida da classe trabalhadora à custa dos varejistas e dos proprietários de imóveis; os salários dos funcionários públicos se mantiveram inalterados, ao passo que os salários nominais dos trabalhadores em setores estratégicos aumentaram. A experiência da família Schramm – uma família senatorial no cume do *Grossbürgertum* de Hamburgo – ilustra o trauma da privação burguesa. Para Ruth Schramm, a guerra significou mais do que mera privação física; foi uma época de humilhação moral e cultural. O "público hostil e lúgubre"; os que se aproveitavam da guerra para especular; a corrupção e a violência de 1917 – tudo isso representou uma zombaria grotesca dos ideais da *Burgfrieden* três anos antes. Ter de comer pasta de carne feita dos gansos de Alster era simbólico da degradação de Hamburgo; ter de comprar comida no mercado negro representava uma ruptura profunda com "os princípios aos quais me mantive fiel antes de

1914".¹⁶⁶ Quando seu irmão regressou do front para a residência da família em dezembro de 1918, viu que seus pais haviam sublocado o segundo andar e fechado o andar térreo para economizar na calefação. Embora ainda comessem com colheres de prata, ele imediatamente reconheceu "o fim do estilo de vida da grande burguesia".¹⁶⁷

Tal empobrecimento da alta sociedade, entretanto, não necessariamente levou a um colapso interno, muito menos a uma revolução. Pelo contrário: os grupos sociais mais prejudicados pela guerra em termos relativos foram precisamente os mais dispostos a apoiar os objetivos de guerra oficiais. Uma explicação da derrota alemã que enfatiza o colapso da "Frente Interna", portanto, simplesmente não serve. Em nenhum momento, incluindo o período de greves em abril de 1917 e janeiro de 1918, o moral dos alemães chegou perto de desmoronar como aconteceu na Rússia e quase aconteceu na França.¹⁶⁸ Em termos puramente cronológicos, foi a Frente Ocidental, não a "Frente Interna", que ruiu primeiro; e quando, em novembro de 1918, a revolução assolou os portos do norte e varreu a Alemanha em direção a Berlim e Munique, ao sul, foi uma revolução feita não pelos perdedores econômicos da guerra, mas por seus vencedores relativos: os soldados e os marinheiros, que haviam sido mais bem alimentados do que os civis, e os trabalhadores industriais, cujos salários reais haviam sido menos reduzidos.

O único argumento plausível que se pode apresentar a favor das economias de guerra alemã e russa é que estas foram eficazes *demais*: o estímulo da produção de armamentos a qualquer preço acabou exercendo pressão excessiva sobre os consumidores urbanos, levando à deterioração do moral. Como veremos, há, entretanto, problemas com essa tese; e, mesmo se fosse verdade, não seria uma boa prova das conquistas britânicas, francesas e norte-americanas. Se as potências ocidentais conseguiram melhor equilíbrio entre as necessidades civis e militares, foi por mero acaso. Além do mais, em termos militares, elas pagaram um preço alto por isso – com efeito, tão alto que estiveram a ponto de perder a guerra.

---

1. Kennedy, *Rise and Fall of the Great Powers*, p. 314, 333ss. Cf. Bairoch, Europe's Gross National Product, p. 281, 303.
2. J. M. Hobson, Military-Extraction Gap, p. 464s.

3. Witt, Finanzpolitik und sozialer Wandel im Krieg, p. 425.
4. Wagenführ, Die Industriewirtschaft, p. 23.
5. Mitchell, *European Historical Statistics*, p. 186ss, 199ss, 225ss, 290s; Hardach, *First World War*, p. 91.
6. Godfrey, *Capitalism at War*, p. 47; Kemp, *French Economy*, p. 31s.
7. Burchardt, Impact of the War Economy, p. 45.
8. Kennedy, *Rise and Fall of the Great Powers*, p. 350.
9. Glaser, American War Effort, p. 22.
10. Wagenführ, Die Industriewirtschaft, p. 23; Hardach, *First World War*, p. 45.
11. Calculado com base em Hoffman, Grumbach e Hesse, *Wachstum*, p. 358s, 383ss, 390-93; Wagenführ, Die Industriewirtschaft, p. 23ss; Feldman, *Iron and Steel*, p. 474s; Mitchell, *European Historical Statistics*, p. 141ss. O aumento na produção de vinho (algo também alcançado na Hungria e na Bulgária) significou a substituição de importações. A produção italiana e a francesa diminuíram um pouco.
12. Burchard, Impact of the War Economy, p. 42, 47. Cf. Bertold, Die Entwicklung.
13. J. Lee, Administrators and Agriculture, p. 232ss.
14. Mitchell, *European Historical Statistics*, p. 285s.
15. J. Lee, Administrators and Agriculture, p. 235.
16. *Hansard*, 1º de agosto de 1914.
17. Offer, *First World War*, p. 300-309; Hardach, *First World War*, p. 11-19. Cf. Vincent, *Politics of Hunger*.
18. Tirpitz, *Deutsche Ohnmachtspolitik*, p. 68.
19. Hardach, *First World War*, p. 19.
20. M. Farrar, Preclusive Purchases, p. 117-133.
21. Hardach, *First World War*, p. 30.
22. Burk, *Britain, America and the Sinews of War*, p. 41, 80.
23. Hardach, *First World War*, p. 124.
24. Liddell Hart, *British Way*, p. 29. Cf. Ferguson, Food and the First World War, p. 188-195.
25. Hardach, *First World War*, p. 33.
26. Ver as várias estimativas em Keynes, *Economic Consequences*, p. 161, 165 (estimativas alemãs anteriores à guerra); *Economist*, Reparations Supplement, 31 de maio de 1924, p. 6 (estimativa do Comitê McKenna); Hoffmann, Grumbach e Hesse, *Wachstum*, p. 262; Kindleberger, *Financial History*, p. 225.
27. Bundesarchiv [ex-Potsdam], Ministério Reichswirtschafts, 764/268-301, Verluste der deutschen Handelsflotte.
28. Eichengreen, *Golden Fetters*, p. 82ss. Para detalhes sobre o balanço de pagamentos alemão, ver Bresciani-Turroni, *Economics of Inflation*, p. 83-93; sobre o britânico, E. Morgan, *Studies in British Financial Policy*, p. 341.

29. Zunkel, *Industrie*; Ehlert, *Die wirtschaftsliche Zentralbehörde*; Feldman, Der deutsche organisierte Kapitalismus, p. 150-171.
30. O estudo clássico continua sendo Feldman, *Army, Industry and Labour*. Para repercussões desse estudo, ver e.g. W. Fischer, Die deutsche Wirtschaft; Bessel, Mobilising German Society.
31. D. French, *British Economic and Strategic Planning*, p. 6-27; Marwick, *Deluge*, p. 79.
32. Adams, *Arms and the Wizard*; Wrigley, Ministry of Munitions, p. 32-56; Beveridge, *Power and Influence*, p 117. Cf. Dewey, New Warfare; Chickering, World War.
33. Hurwitz, *State Intervention*, p. 62. Cf. McNeill, *Pursuit of Power*, p. 327.
34. Reid, Dilution, p. 61.
35. Kemp, *French Economy*, p. 28-57; Godfrey, *Capitalism at War*, p. 64, 104s, 289-296.
36. J. Winter, Public Health, p. 170ss.
37. J. Winter, *Great War*, p. 279ss, 305.
38. J. Winter, *Capital Cities*, p. 10s. Ver também Offer, *First World War*, passim.
39. L. Cecil, *Albert Ballin*, p. 212s.
40. Warburg, *Aus meinen Aufzeichnungen*, p. 34s.
41. Ferguson, *Paper and Iron*, p. 146.
42. Pogge von Strandmann, *Walther Rathenau*, p. 189.
43. Ibid., p. 200.
44. Feldman, War Aims, p. 22s.
45. Ibid., p. 145.
46. Feldman, *Iron and Steel*, p. 80.
47. Moeller, Dimensions of Social Conflict, p. 142-168.
48. Ferguson, *Paper and Iron*, p. 105.
49. Crow, *Man of Push and Go*, p. 69-85.
50. Dewey, New Warfare, p. 78s.
51. D. French, *British Economic and Strategic Planning*, p. 11-25; Adams, *Arms and the Wizard*, p. 14-69, 83, 90, 164-179; T. Wilson, *Myriad Faces*, p. 217-236; Wrigley, Ministry of Munitions, p. 34-38, 43-49; Wrigley, *David Lloyd George*, p. 83-84; Crow, *Man of Push and Go*, p. 86-92; Beveridge, *Power and Influence*, p. 124ss. Cf. Marwick, *Deluge*, p. 99. Sobre a Rússia, Stone, *Eastern Front*, p. 196s. Sobre a França, Godfrey, *Capitalism at War*, p. 45-48, 107, 184-210, 259s.
52. T. Wilson, *Myriad Faces*, p. 237; Wrigley, *David Lloyd George*, p. 85-89.
53. Godfrey, *Capitalism at War*, p. 186, 261-284.
54. McNeill, *Pursuit of Power*, p. 340.
55. Warburg, *Aus meinen Aufzeichnungen*, p. 92, 100.
56. Hardach, *First World War*, p. 58-61; Feldman, *Iron and Steel*, p. 67s; Feldman, *Great Disorder*, p. 52ss.
57. J. Harris, *William Beveridge*, p. 235.

58. Kemp, *French Economy*, p. 45; Godfrey, *Capitalism at War*, p. 49s; McNeill, *Pursuit of Power*, p. 320.
59. Godrey, *Capitalism at War*, p. 197s.
60. Ibid., p. 107-122.
61. Boswell e John, Patriots or Profiteers, p. 427-434; Alford, Lost Opportunities, p. 222s. Cf. Wrigley, Ministry of Munitions, p. 42s.
62. Boswell e John, Patriots or Profiteers, p. 435s; Hurwitz, *State Intervention*, p. 174--179. Cf. G. Holmes, First World War, p. 212-214.
63. Hurwitz, *State Intervention*, p. 179.
64. Ver Rubin, *War, Law and Labour*.
65. Glaser, American War Effort, p. 16.
66. Stone, *Eastern Front*, p. 197-209.
67. Ibid., p. 210s.
68. Hardach, *First World War*, p. 106.
69. Ferguson, *Paper and Iron*, p. 105ss.
70. Feldman, *Iron and Steel*, p. 11s.
71. Bresciani-Turroni, *Economics of Inflation*, p. 288.
72. Calculado com base em: *Vierteljahreshefte zur Statistik des Deutschen Reiches*, Ergänzungsheft II (1914), p. 11; (1915), p. 9; (1916), p. 9; (1917), p. 11; (1918), p. 11; (1920), p. 106.
73. Hardach, *First World War*, p. 106.
74. Boswell e John, Patriots or Profiteers, p. 443; Marwick, *Deluge*, p. 164; G. Holmes, First World War, p. 211; Alford, Lost Opportunities, p. 210-218.
75. Lyashchenko, *History of the National Economy*, p. 751. Ver também Stone, *Eastern Front*.
76. Dewey, British Farming Profits, p. 378.
77. Kemp, *French Economy*, p. 54.
78. Graham, *Exchange*, p. 307s; Petzina, Abelshauser e Foust, *Sozialgeschichtliches Arbeitsbuch*, vol. III, p. 82; Fontaine, *French Industry*, p. 455.
79. Stone, *Eastern Front*, p. 205, 297ss.
80. Hurwitz, *State Intervention*, p. 72; Burk, *Britain, America and the Sinews of War*, p. 24-38.
81. Godfrey, *Captalism at War*, p. 69-74.
82. L. Cecil, *Albert Ballin*, p. 216; Warburg, *Aus meinen Aufzeichnungen*, p. 34-37.
83. Feldman, *Iron and Steel*, p. 72-77.
84. Burk, *Britain, America and the Sinews of War*, p. 14-42. Cf. Ver também Burk, Mobilization of Anglo-American Finance, p. 25-42.
85. Hurwitz, *State Intervention*, p. 173; G. Holmes, First World War, p. 208ss; Godfrey, *Capitalism at War*, p. 72-80, 94-101.

86. Godfrey, *Capitalism at War*, p. 65-71.
87. Burk, *Britain, America and the Sinews of War*, p. 45-48; Godfrey, *Capitalism at War*, p. 68; G. Owen, Dollar Diplomacy in Default, p. 260-264; Crow, *Man of Push and Go*, p. 131, 143-147.
88. Bessel, *Germany*, p. 5, 73, 79.
89. Ferguson, *Paper and Iron*, p. 124.
90. Bessel, Mobilising German Society, p. 10.
91. A. Gregory, Lost Generations, p. 71.
92. A. Jackson, Germany, the Home Front, p. 569; Petzina, Abelshauser e Foust, *Sozialgeschichtliches Arbeitsbuch*, vol. III, p. 27.
93. Henning, *Das industrialisierte Deutschland*, p. 34s.
94. Dewey, Military Recruitment, p. 204-221; Dewey, New Warfare, p. 75; Hurwitz, State Intervention, p. 135.
95. J. Horne, *Labour at War*, p. 401; Henning, *Das industrialisierte Deutschland*, p. 34.
96. Dewey, Military Recruitment, p. 204; Chickering, World War I, p. 13. Cf. Hurwitz, *State Intervention*, p. 169; McNeill, *Pursuit of Power*, p. 326; Marwick, *Deluge*, p. 96.
97. Adams, *Arms and the Wizard*, p. 77, 93-97; Wrigley, *David Lloyd George*, p. 113s, 169; J. Harris, *William Beveridge*, p. 210.
98. Wrigley, *David Lloyd George*, p. 135s.
99. PRO CAB 37/141/38, Comitê do Gabinete sobre a coordenação de esforços militares e financeiros, janeiro de 1916.
100. Dewey, Military Recruitment, p. 215.
101. Wrigley, *David Lloyd George*, p. 171-189. Cf. Waites, Effect, p. 36s.
102. Wrigley, *David Lloyd George*, p. 226; Marwick, *Deluge*, p. 249; Grieves, Lloyd George.
103. Lowe, Ministry of Labour, p. 108-134.
104. J. Winter, *Great War*, p. 43s.
105. Wrigley, *David Lloyd George*, p. 228.
106. Leunig, Lancashire, p. 36-43; Zeitlin, Labour Strategies, p. 35-40.
107. Greasley e Oxley, Discontinuities, p. 82-100. Sou grato a Glen O'Hara por este tópico.
108. A. Gregory, Lost Generations, p. 83s.
109. P. Parker, *Old Lie*, p. 16.
110. Angell, *Great Illusion*, p. 174.
111. J. Horne, "*L'Impôt du sang*", p. 201-223. Ver também Godfrey, *Capitalism at War*, p. 49; Kemp, *French Economy*, p. 38-43; Becker, *Great War*, p. 26s, 126, 202.
112. McNeill, *Pursuit of Power*, p. 321s; Godfrey, *Capitalism at War*, p. 257.
113. Bieber, Die Entwicklung, p. 77-153. A ameaça do serviço militar obrigatório foi usada também pelos empregadores britânicos: Rubin, *War, Law and Labour*, p. 221, 225.

114. Ullrich, Massenbewegung, p. 407-418.
115. Hardach, *First World War*, p. 63-69, 179s.
116. Ullrich, Der Januarstreik 1918, p. 45-74.
117. Manning, Wages, p. 225-285.
118. Ferguson, *Paper and Iron*, p. 126. Cf. Kocka, *Facing Total War*, p. 17-22; Burchardt, Impact of the War Economy, p. 54s.
119. Ver, em geral, Zimmermann, Günther and Meerwarth, *Die Einwirkung*.
120. Manning, Wages, p. 276s.
121. J. Winter, *Great War*, p. 232ss; Manning, Wages, p. 2610-276. Ver também Phillips, Social Impact, p. 118s.
122. Além das obras já mencionadas, ver Harrison, War Emergency Workers' Committee; J. Horne, *Labour at War*.
123. Wrigley, *David Lloyd George*, p. 119s; J. Harris, *William Beveridge*, p. 208s; Beveridge, *Power and Influence*, p. 132. Em mais de um quarto dos casos em que os trabalhadores apelaram ao tribunal de Glasgow por certificados que seus empregadores lhes recusaram, os empregadores foram vencidos: Rubin, *War, Law and Labour*, p. 203.
124. J. Winter, *Great War*, p. 232.
125. Gerber, Corporatism, p. 93-127.
126. Ibid., p. 35, 41s, 73-76, 110-115, 187s, 208-211, 235s; J. Harris, *William Beveridge*, p. 218; Wrigley, *David Lloyd George*, p. 141s. Ver também Reid, Dilution, p. 51, 57.
127. Wrigley, *David Lloyd George*, p. 122-128; Beveridge, *Power and Influence*, p. 129; J. Holmes, First World War, p. 213.
128. T. Wilson, *Myriad Faces*, p. 228.
129. Wrigley, *David Lloyd George*, p. 155-163; J. Harris, *William Beveridge*, p. 219-226. Ver também Rubin, *War, Law and Labour*, p. 47s, 96-101, 106s, 131s; Reid, Dilution, p. 53. Em muitos aspectos, toda a questão da "diluição" foi exagerada. Não foram muitas as mulheres que acabaram trabalhando na indústria de engenharia; em sua maioria, elas foram para o setor de serviços, tomando o lugar dos escriturários: J. Winter, *Great War*, p. 46.
130. Wrigley, *David Lloyd George*, p. 147 (frase de Asquith).
131. Beveridge, *Power and Influence*, p. 129. Cf. Marwick, *Deluge*, p. 246.
132. Lowe, Ministry of Labour, p. 116.
133. Bailey, Berlin Strike, p. 158-174.
134. Wrigley, *David Lloyd George*, p. 137.
135. Ferro, *Great War*, p. 178s.
136. Becker, *Great War*, p. 203-219.
137. Ibid., p. 144, 253-259, 298-301, 313s.
138. Burchardt, Impact of the War Economy; Offer, *First World War*, passim. Cf. A. Jackson, Germany, the Home Front, p. 563-576.

139. Witt, Finanzpolitik und sozialer Wandel im Krieg, p. 424s; Bry, *Wages in Germany*, p. 233, 422-429, 440-445; Holtfrerich, *German Inflation*, p. 255.
140. Burchardt, Impact of the War Economy, p. 41s; Moeller, Dimensions of Social Conflict, p. 147s; A. Jackson, Germany, the Home Front, p. 567.
141. Holtfrerich, *German Inflation*, p. 255.
142. Beveridge, *Power and Influence*, p. 143s; D. French, *British Economic and Strategic Planning*, p. 19s; J. Harris, *William Beveridge*, p. 234-241; Wrigley, *David Lloyd George*, p. 180, 218; Dewey, British Farming Profits, p. 373, 381; Marwick, *Deluge*, p. 231-240.
143. Godfrey, *Capitalism at War*, p. 61, 66s, 79, 83s, 129ss.
144. Becker, *Great War*, p. 132-137, 145, 206-218, 233, 303.
145. Offer, *First World War*, p. 33.
146. Blackbourn, *Fontana History*, p. 475. Cf. A. Jackson, Germany, the Home Front, p. 575. Para Kraus, o número é 800 mil e a fonte é um "homem louco": Kraus, *Die letzten Tage*, p. 439. Para uma divertida paródia dos nomes de produtos *ersatz*, ver ibid., p. 398s.
147. Offer, *First World War*, p. 35.
148. Burleigh, *Death and Deliverance*, p. 11.
149. Offer, *First World War*, p. 32s, 155.
150. J. Winter e Cole, Fluctuations, p. 243.
151. Voth, Civilian Health, p. 291.
152. A tese foi apresentada pela primeira vez em seu *Great War*, esp. p. 105-115, 140, 148, 187s, e defendida em Public Health, p. 163-173; para duas críticas, ver Bryder, First World War, p. 141-157; e Voth, Civilian Health. Ver também Marwick, *Deluge*, p. 64s.
153. Kocka, *Facing Total War*.
154. Hoffmann, Grumbach e Hesse, *Wachstum*, p. 515. O coeficiente é uma medida aproximada da igualdade de renda.
155. Feldman, *Army, Industry and Labour*, p. 97-117, 471s; Hardach, *First World War*, p. 115, 129.
156. Ver Kraus, *Die letzten Tage*, p. 334s, para uma cena maravilhosa em que um lojista se opõe a ser processado por violar as regulamentações de preços argumentando que ele aderiu aos empréstimos de guerra e pagou seus impostos.
157. Ferguson, *Paper and Iron*, p. 132.
158. Moeller, Dimensions of Social Conflict, p. 157s.
159. Offer, *First World War*, p. 56s.
160. Ferguson, *Paper and Iron*, p. 134s.
161. Petzina, Abelshauser e Foust, *Sozialgeschichtliches Arbeitsbuch*, vol. III, p. 124.
162. Lyth, *Inflation*, p. 158.

163. J. Winter, *Great War*, p. 229, 242ss; Marwick, *Deluge*, p. 167, 243s; Harrison, War Emergency Workers' Committee, p. 233.
164. Para lamentações similares na Grã-Bretanha, ver Waites, Effect, p. 51.
165. Ver Kocka, First World War. Cf. Günther, *Die Folgen*.
166. Schramm, *Neun Generationen*, vol. II, p. 495.
167. Ibid., p. 501.
168. Becker, *Great War*, p. 226-231.

10
Estratégias, táticas e contagem líquida de corpos

Estratégias

Considerando-se a enorme desvantagem econômica a que estavam submetidos, mas também a relativa ineficiência de seus inimigos, os alemães poderiam ter ganhado a guerra? Poucos historiadores acreditam que sim. *Da guerra*, de Carl von Clausewitz (publicado pouco depois de sua morte em 1831), traz a famosa definição da guerra como "a continuação da política [*des politischen Verkehrs*] por outros meios [*mit Einmischung anderer Mittel*]". O grande erro dos líderes de guerra alemães, como muitas vezes se afirmou, foi que eles se esqueceram desse preceito. À medida que a Alemanha foi se convertendo em uma ditadura militar, os políticos se tornaram meramente um dos outros meios na atividade suprema da guerra. Em consequência, foram cometidos erros estratégicos que acabaram levando o país à derrota.

Desde o início, a estratégia alemã se caracterizou por uma incrível predisposição para fazer apostas de risco. Seria possível argumentar que era necessário ser assim, precisamente porque a sorte estaria contra eles: convencidos de sua relativa inferioridade no longo prazo, os alemães foram atraídos de maneira irresistível para estratégias arriscadas concebidas para obter a vitória no curto prazo. Ainda assim, não se pode negar que pelo menos algumas das apostas estratégicas da Alemanha foram imprudentes, isto é, baseadas em estimativas de custos e benefícios que, já naquela época, eram visivelmente irrealistas.

A mais criticada dessas apostas foi a de que a guerra submarina irrestrita, que implicava afundar sem aviso prévio navios suspeitos de carregar suprimentos de guerra à Grã-Bretanha, levaria os britânicos à derrota antes que os Estados Unidos pudessem dar uma contribuição efetiva à guerra. Essa estratégia foi tentada em três ocasiões: entre março e agosto de 1915, quando o *Lusitania* e o *Arabic* foram afundados; entre fevereiro e março de 1916; e finalmente a partir de 1º de fevereiro de 1917, quando o Almirantado alemão jurou que a Grã-Bretanha imploraria por paz "em cinco meses". Sendo justo com os estrategistas navais da Alemanha, devo dizer que os *U-boots* (submarinos alemães) de início superaram a meta original de afundar 600 mil toneladas por mês; de fato, destruíram 841.118 em abril. Mas, em todos os outros aspectos, seus cálculos estavam incorretos. Eles haviam subestimado:

1. a capacidade da Grã-Bretanha de expandir sua própria produção de trigo;
2. o tamanho normal da colheita de trigo norte-americana (1916 e 1917 foram anos excepcionalmente ruins);
3. a capacidade da Grã-Bretanha de realocar o uso de madeira, uma matéria-prima escassa, da construção de casas para as bases de sustentação das minas subterrâneas;
4. a tonelagem disponível para a Grã-Bretanha;
5. a capacidade do Estado britânico de racionar alimentos em escassez;
6. a eficácia dos comboios; e
7. a capacidade da Marinha Naval de desenvolver tecnologia contra submarinos.

Surpreendentemente, os alemães também superestimaram o número de submarinos que eles próprios tinham ou poderiam ter: entre janeiro de 1917 e janeiro de 1918, foram construídos cerca de 87 novos *U-boots*, mas 78 foram perdidos. A força total no início da última campanha era em torno de cem, dos quais não mais de um terço era capaz de patrulhar as águas britânicas simultaneamente.[1] Em 1918, o índice de perdas entre os comboios era menos de 1%; para os *U-boots*, mais de 7%.[2]

Mas esse não foi o único aspecto em que os alemães arruinaram a guerra no mar. Às vezes, afirma-se que a guerra naval foi inconclusiva, porque as frotas de superfície alemãs e britânicas nunca travaram uma batalha decisiva, já que a do banco Dogger e a da Jutlândia terminaram em empate. Mas isso não faz sentido. A Marinha Real britânica foi eficaz em sua tarefa de confinar a frota naval alemã ao mar do Norte, levando ou não em consideração uns poucos ataques militarmente insignificantes na costa leste inglesa: seria Tirpitz quem se beneficiaria de uma batalha marítima em larga escala, e não Jellicoe. De fato, toda a estratégia de Tirpitz antes da guerra dependia do ataque da frota britânica à Alemanha; nunca lhe ocorreu que, como já haviam dominado o alto-mar, os britânicos poderiam simplesmente esperar sentados em Scapa Flow.[3] Além disso, após perder a Batalha de Coronel, a Marinha Real ganhou a das ilhas Malvinas. Foi também muito eficaz ao neutralizar os navios mercantes alemães durante a primeira fase da guerra, um duro golpe no balanço de pagamentos alemão. É verdade que os pilotos alemães afundaram um bom número de navios mercantes britânicos e norte-americanos antes de Lloyd George conseguir intimidar o Almirantado para que este adotasse o sistema de comboios; mas a proporção afundada foi menor do que a proporção de navios mercantes alemães capturados ou afundados pelos britânicos (44%).

É impressionante como poucas vozes se levantaram na Alemanha contra a aposta em uma guerra submarina irrestrita. Max Warburg foi um dos poucos empresários alemães influentes que se opuseram à suspensão de restrições à guerra submarina, sob a justificativa de que, por maior que fosse o impacto sobre o suprimento de alimentos britânico, o risco de alienar os Estados Unidos era muito grande. "Se a América cortar relações com a Alemanha", ele afirmou em fevereiro de 1916, "isso significa uma redução de 50% na capacidade financeira alemã para a guerra e um aumento de 100% na capacidade financeira da Inglaterra e da França [...] Devemos fazer de tudo para evitar um rompimento com a América".[4]

> A guerra estará perdida se isso [um combate submarino irrestrito] continuar: financeiramente, porque já não haverá quem compre nossos empréstimos; e economicamente, porque já não teremos acesso ao grande volume de matérias-primas que continuamos a obter do exterior e sem o qual não conseguimos nos manter.[5]

Em 26 de janeiro de 1917, ele expressou pressentimentos que pareciam prescientes: "Se entrarmos em guerra com a América, estaremos diante de um inimigo com tamanha força moral, financeira e econômica que já não nos restará nada a esperar do futuro; esta é minha firme convicção".[6]

Warburg não foi ouvido (sobretudo porque, com dois irmãos morando nos Estados Unidos, sua opinião foi considerada tendenciosa): as restrições à guerra submarina foram suspensas, e em pouco mais de dois meses os Estados Unidos declararam guerra à Alemanha. Esse, segundo se afirma, é um exemplo clássico de decisão baseada em uma "racionalidade limitada": os alemães fizeram seus cálculos sobre o provável impacto de uma guerra irrestrita de *U-boots* sem levar em conta possibilidades e fatos inoportunos.[7] Por isso, acabaram sendo punidos com a derrota; pois, uma vez que os Estados Unidos entraram na guerra, os alemães já não podiam esperar vencer – é o que diz o argumento convencional.

Os alemães também podem ser acusados de ter feito apostas de risco na guerra que travaram em terra. Em agosto de 1914, eles apostaram na vitória em uma guerra em duas frentes, acreditando que, se esperassem mais, a Rússia e a França consolidariam uma superioridade inabalável. Ao mesmo tempo, apostaram que a Áustria-Hungria daria uma contribuição efetiva à guerra na Frente Oriental. Praticamente não houve nenhuma tentativa de verificar se poderiam contar com isso ou mesmo que forma assumiria a contribuição dos Habsburgo.[8] Nenhuma das apostas deu resultado. Se acreditarmos que se esperava que o Plano Schlieffen proporcionasse uma rápida vitória militar na Frente Ocidental, então foi um fracasso absoluto, predeterminado por deficiências logísticas no plano.[9] A aposta na aliança com a Áustria-Hungria também deu errado. De tempos em tempos, os alemães precisavam desviar homens para a Frente Oriental a fim de resgatar o Exército austro-húngaro: como em 1915, quando a ofensiva da Rússia na Galícia forçou Falkenhayn a contra-atacar em Gorlice, e novamente após a ofensiva de Brusilov em 1916.[10] Outra aposta criticada com frequência foi a decisão de Falkenhayn de tentar "exaurir o inimigo" em um "ponto decisivo": a fortaleza de Verdun, uma "moedora de carne". Isso acabou custando aos alemães quase tantos homens quanto aos franceses (respectivamente, 337 mil e 377 mil baixas), graças ao uso eficaz das artilharias e à rápida rotação das divisões a cargo do general Philippe Pétain; e o objetivo original se perdeu de vista quando os alemães passaram a acreditar que realmente precisavam conquistar a fortaleza.[11]

Por fim, Ludendorff foi acusado de cometer suicídio estratégico com a Operação Michael na primavera de 1918. Taticamente brilhante, fazendo os Aliados recuarem quase 65 quilômetros e conquistando 3 mil quilômetros quadrados de território, a ofensiva dos alemães estava, entretanto, fadada ao fracasso porque carecia das reservas e das estruturas de suprimento necessárias para consolidar suas conquistas. Ao expandir a linha de frente, os alemães levaram suas próprias forças ao colapso, de modo que a contraofensiva aliada tinha todas as chances de sucesso. Além disso, as ofensivas subsequentes contra Chemin des Dames e Reims no fim de maio praticamente esgotaram as reservas alemãs.[12]

De fato, é plausível afirmar que os alemães perderam a guerra precisamente porque estiveram a ponto de ganhá-la. Foi o enorme alcance da vitória contra a Rússia que deixou cerca de um milhão de tropas vagando sem rumo em meio ao caos da Europa Oriental pós-Brest-Litovsk, num momento em que precisavam estar na Frente Ocidental. Foi a distância sem precedentes abarcada pelos alemães na primavera de 1918 que os deixou expostos ao maior número de baixas desde 1914: mais de um quinto da força original de 1,4 milhão de homens foi perdida entre 21 de março e 10 de abril.[13] Além disso, a ofensiva na Frente Ocidental deixou os aliados da Alemanha fatalmente expostos no sul e no sudeste;[14] foi aqui que a derrota dos Impérios Centrais começou, com a solicitação da Bulgária por um armistício separado em 28 de setembro. Assim, a confissão de Ludendorff a Hindenburg aquela noite, de que um armistício era urgentemente necessário porque "a situação só poderia ficar pior", foi a admissão de uma derrota que, ao menos em parte, eles próprios provocaram.[15]

Relacionada com esses argumentos estratégicos está uma crítica à diplomacia alemã. Estados em posição mais forte do que a da Alemanha em 1917 procuraram negociar a paz em vez de arriscar uma derrota. No entanto, quanto mais longo o conflito e maiores os sacrifícios que exigia, mais altas se tornavam as expectativas de suas recompensas. A formulação dos objetivos de guerra, que começou como preliminar a possíveis negociações, logo adquiriu a proporção de um debate público envolvendo interesses econômicos e política interna tanto quanto – de fato, mais que – uma grande estratégia. Quanto mais esse debate se prolongava, mais divorciado da realidade tendia a se tornar. Ao mesmo tempo, os generais alemães reiteradas vezes interferiram na diplomacia – por exemplo, substituindo Jagow como ministro das Relações Exteriores em 1916 por Arthur Zimmermann, cujo nome sempre estará associado a uma das grandes gafes diplomáticas dos tempos modernos (o telegrama oferecendo ajuda ao México para recuperar o Novo México, o Texas e o Arizona dos Estados Unidos). A derrota da Alemanha pode, portanto, ser retratada como consequência de fatores políticos, e não materiais. Foi devido a uma falha na estratégia, e não na produção.

É claro que os alemães obtiveram vitórias inegáveis na Frente Oriental. Tentaram, já em 1915, conquistar o tsar com um acordo de paz separado;[16] se isso houvesse ocorrido, poderiam muito bem ter ganhado a guerra (e muito provavelmente a Rússia teria evitado o bolchevismo). Quando os russos rejeitaram essas propostas, os alemães prosseguiram, levando-os à derrota total. A magnitude dessa conquista não deve ser subestimada. A guerra havia sido iniciada pelo Estado-Maior Geral para evitar uma deterioração na posição estratégica da Alemanha com relação à Rússia. Em 1917, isso de fato havia sido alcançado. Também não foi totalmente fantasioso imaginar romper o domínio do tsar na Europa Oriental. Como afirmara Norman Stone, o tratado de Brest-Litovsk era, mais do que uma fantasia, algo que "poderia ter sido", e a Grã-Bretanha poderia ter se disposto a aceitar a hegemonia alemã na Europa Oriental como um reduto contra o bolchevismo se este houvesse sido o objetivo da Alemanha. Em 5 de novembro de 1916 – cerca de dois meses e meio antes de Woodrow Wilson fazer sua famosa conclamação a uma "paz sem vitória" com base na autodeterminação –, os alemães haviam saído na frente proclamando a independência da Polônia. Sob o tratado de Brest-Litovsk, a Finlândia e a Lituânia também ganharam a independência, ainda que a Látvia, a Curlândia, a Ucrânia e a Geórgia viessem a ser vítimas (nas palavras de Warburg) de "anexação mal dissimulada, com uma fachada demasiado óbvia proporcionada pelo direito de autodeterminação nacional".[17] Este foi um dos momentos em que os alemães deveriam ter sido aconselhados a procurar um armistício negociado na Frente Ocidental antes que as forças norte-americanas se tornassem numerosas o bastante para fazer pender de maneira irreversível a balança militar.

Mas praticamente desde o momento em que o programa de setembro de Bethmann Hollweg aventou a possibilidade de anexações de territórios da França e da Bélgica, essa opção foi descartada. Como vimos, alguns objetivos alemães para a Europa Ocidental não eram de todo inaceitáveis para a Grã--Bretanha: a ideia de um bloco comercial centro-europeu, por exemplo, era algo com que ela poderia ter convivido. Mas o desejo por territórios tanto no Ocidente quanto no Oriente se revelou o obstáculo fatal a uma paz negociada. Tirpitz, seu contra-almirante Paul Behncke e outros no Ministério da Marinha defenderam a anexação do território belga já em setembro de 1914, uma demanda repetida em numerosas ocasiões depois que Henning von Holtzendorff substituiu Tirpitz em 1916.[18] Começando com o memorando de Hermann Schumacher no outono de 1914, empresários da indústria pesada afirmaram que a Alemanha deveria reter uma parte considerável da Bélgica e da região de Briey-Longwy, na França, rica em minérios. Em maio de 1915, essas demandas foram incluídas na lista de objetivos de guerra enviada pelas seis associações econômicas, que também conceberam a anexação da região de Pas-de-Calais, das fortalezas de Verdun e de Belfort e de uma faixa da costa norte da França até a foz do Somme.[19] Poucos partilhavam da visão de Albert Ballin de que não deveria haver "anexação alguma", já que "a política inglesa não pode sacrificar a Bélgica em nosso nome"; e mesmo ele imaginou "dependência econômica e militar [...] especialmente para os portos".[20]

De tempos em tempos, a questão da Bélgica impedia que as negociações avançassem: por exemplo, em novembro de 1914, quando Falkenhayn, em uma atitude realista, alertou Bethmann de que a Alemanha não poderia esperar alcançar a paz com grandes anexações; novamente em janeiro de 1916, quando o coronel House propôs um armistício com base no *status quo ante*; em dezembro de 1916, quando Bethmann cogitou fazer concessões, mas Hindenburg o dissuadiu com ameaças; e em julho de 1917, quando o papa Benedito XV procurou mediar.[21] Como ministro das Relações Exteriores, Richard von Kühlmann defendeu que a Alemanha abrisse mão da Bélgica em setembro de 1917; mas os generais e os almirantes não desistiam. Quando Max Warburg (agindo conforme instruções do chanceler Hertling) foi à Bélgica para conversar extraoficialmente com o embaixador norte-americano na Holanda, em março de 1918, o governo alemão ainda estava insistindo em "cessões menores" do território belga "a fim de ter garantias [...] de que a Bélgica não seria usada como *pied à terre* [base temporária] pelos ingleses e pelos franceses".[22] Até as últimas semanas da guerra, Hugo Stinnes insistiu firmemente que a Alemanha deveria se empenhar em anexar territórios no Ocidente a fim de fornecer uma "área neutra" para a proteção das fábricas ocidentais de ferro e de aço que ela – ou melhor, ele – tinha. Ele também não teve escrúpulos ao propor a expropriação total das plantas industriais e a eliminação da "gestão belga" em qualquer território anexado, para não dizer a administração desse território "de maneira ditatorial por algumas décadas".[23]

Que ele continuasse a assumir essa postura mesmo depois do fracasso da ofensiva ocidental de Ludendorff ilustra perfeitamente o modo como o debate sobre os objetivos de guerra alemães se divorciou da realidade estratégica e diplomática. Stinnes não era o único; o capitão de fragata Von Levetzow propôs, ainda em 21 de setembro de 1918, que a Alemanha adquirisse Constantinopla, Valona, Alexandreta e Benghazi depois da guerra.[24]

Os proponentes da anexação subestimaram fatalmente as vantagens que a Alemanha teria sido capaz de conservar se, ao concordar em desocupar a Bélgica, tivesse conseguido garantir um fim negociado para a guerra antes de seu próprio colapso. Os planos alemães para adquirir colônias da Grã-Bretanha e da França – tipificados pelas numerosas "listas de desejos" das associações de negócios de Hamburgo – foram menos importantes, mas também atestam a falta de realismo que permeou o debate sobre os objetivos de guerra, tendo em vista a clara inferioridade marítima da Alemanha.[25] A mesma coisa pode ser dita dos devaneios dos almirantes alemães a respeito de bases em Valona (Albânia), Dakar e nas ilhas de Cabo Verde, Açores, Taiti e Madagascar; isso sem falar de seu imaginado *imperium* africano.[26]

Os defeitos na estratégia alemã tiveram origem em defeitos na estrutura política do Reich, que mesmo antes da guerra carecia de instituições capazes de coordenar a política entre os vários departamentos de Estado. Notoriamente, tanto a autoridade do chanceler quanto a do Kaiser diminuíram durante a guerra; os militares passaram a dominar, constituindo depois de 1916, sob o Comando Supremo de Hindenburg e de Ludendorff, uma ditadura militar "silenciosa" (isto é, não declarada).[27] Na prática, Ludendorff passou a ser o único soberano da estratégia alemã, e de muito mais. Em parte por essa razão, era inevitável que o debate sobre os objetivos de guerra se tornasse indissociável do debate sobre as disposições constitucionais da Alemanha. Aqueles que sentiam que oportunidades diplomáticas estavam sendo desperdiçadas questionavam não só o calibre do *Auswärtiges Amt* como também o nível de subordinação do chanceler do Reich aos militares. Aqueles que viam Bethmann como um "traidor" e um "criminoso contra a Pátria" desejavam, ao contrário, que o poder dos generais aumentasse. Os objetivos de guerra – quer fossem anexações, *Mitteleuropa*, o *status quo ante*, quer fosse uma paz revolucionária baseada na autodeterminação e na solidariedade da classe trabalhadora – passaram a ser identificados com objetivos nacionais – ditadura, um certo grau de parlamentarização ou revolução socialista. Os acontecimentos entre fevereiro e setembro de 1917 tornaram claras as alternativas. Depois da Revolução de Fevereiro na Rússia, a fundação do Partido Socialista Independente em Gota deu caráter organizacional à ideia de "paz por meio da democratização" e empurrou a maioria social-democrata na mesma direção. No Reichstag, o Partido Social-Democrata se alinhou com o do Centro e o Progressista para aprovar uma resolução conclamando à "paz sem cessões forçadas". Mas Bethmann, tendo persuadido o Kaiser a aceitar a democratização do sufrágio prussiano, foi afastado por Hindenburg e Ludendorff e substituído pelo insignificante Michaelis; uma manobra endossada pelo novo Partido da Pátria de Tirpitz e Wolfgang Kapp, que em julho de 1918 tinha 2.536 sucursais e 1,25 milhão de membros.[28]

A essa altura, os ditadores militares e seus apoiadores haviam ido muito além do conservadorismo monárquico tradicional. Um líder pangermânico, Konstantin von Gebsattel, alertou que, se nenhuma anexação fosse concretizada até o fim da guerra, haveria "decepção e ressentimento" popular: "O povo, desiludido depois de todas as suas conquistas, irá se insurgir. A monarquia será ameaçada, até mesmo derrubada". A política alemã se polarizou. Nessas circunstâncias, aqueles que defendiam uma paz negociada tinham pouca escolha senão abraçar a ideia de um certo grau de reforma interna, ainda que só para aumentar o poder do chanceler do Reich com relação ao dos militares e enfraquecer o *lobby* da indústria pesada. O problema era que esses elementos só ganharam força na Alemanha em outubro de 1918, depois de Ludendorff ter desperdiçado o que restava do poder de barganha militar alemão. Como lamentou o coronel bávaro Mertz von Quirnheim em julho de 1917:

> Que tremenda impressão causaria se o general Ludendorff (pela voz de Hindenburg) declarasse: "Sim, o OHL [o Comando Supremo do Exército] também é a favor do sufrágio universal para a Prússia, porque nossos soldados prussianos fizeram por merecer". Acredito que Ludendorff seria carregado em triunfo, toda ameaça de greves etc. desapareceria [...] Mas o general Ludendorff carece de sabedoria para explorar ideias políticas para o propósito da guerra.[29]

Assim, o ciclo da política interna à estratégia defeituosa e de volta à política interna parece completo; e só resta tirar a conclusão reconfortante de que as democracias guerreiam melhor do que as ditaduras.

Uma terceira área de fracasso alemão, talvez mais surpreendente que as anteriores, foi a relativa lentidão do Reich para explorar novas tecnologias militares. Sem dúvida, os alemães foram os pioneiros em fortificações de trincheira de alta qualidade, em balas revestidas de aço capazes de atravessar as trincheiras inimigas e em munições incendiárias para se livrar de balões de observação. Notoriamente, também foram o primeiro Exército a usar gás cloro no campo de batalha (em Ypres, em 22 de abril de 1915) – embora os franceses usassem granadas de bromoacetato de etila (em essência, gás lacrimogêneo) desde o começo, e os alemães já houvessem experimentado na Polônia "projéteis traçantes" contendo brometo de xilila.[30] Os lança-chamas também foram uma inovação alemã (usados pela primeira vez em Hooge, em julho de 1915); assim como os morteiros de trincheira (os temidos *Minenwerfer*) e os capacetes de aço.[31] Mas em três áreas cruciais eles ficaram para trás. Como afirmou Herwig, os alemães decepcionaram no que se refere a poder aéreo, apesar de que simplesmente contar o número de aeronaves disponíveis na primavera de 1918 (3.670 contra 4.500) é subestimar a eficácia das frotas de zepelins e dos bombardeiros Gotha para matar, ferir e aterrorizar civis britânicos, bem como para destruir propriedades.[32] Este também foi o caso dos transportes motorizados. Em 1918, eles tinham em torno de 30 mil veículos, em sua maioria com pneus de aço ou de madeira, contra 100 mil dos Aliados, quase todos com pneus de borracha. Por último, os alemães não fabricaram tanques suficientes. Produziram apenas 20 em 1918, e muitos destes quebraram; os Aliados, na época, tinham 800.[33] Daí o paradoxo de que o país com a mais renomada *expertise* técnica e indústria manufatureira antes da guerra não foi capaz de vencer a *Materialschlacht*. Outro lapso tecnológico foi a incapacidade dos alemães de se equipararem à espionagem britânica: em particular, os alemães não estavam cientes de que a maior parte de seus sinais para a frota era interceptada pelo Almirantado e decifrada na Room 40.[34]

Estratégia da Entente e dos Aliados

Há, no entanto, uma série de dificuldades com essa crítica à estratégia e à diplomacia alemã. Em primeiro lugar, seria possível argumentar que a estratégia das potências da Entente não foi muito melhor que a dos Impérios Centrais.³⁵ Liddell Hart, por exemplo, afirmou que a Alemanha poderia ter sido derrotada sem que a Grã-Bretanha se envolvesse em um impasse continental prolongado e sanguinário se mais tropas houvessem sido disponibilizadas para os ataques indiretos, como a invasão de Dardanelos.³⁶ Em *The Donkeys* [Os asnos], Alan Clark afirmou que a Grã-Bretanha poderia ter evitado usar forças terrestres, contando unicamente com seu poder naval para impor privações à Alemanha até que esta se rendesse.³⁷

Desde o historiador oficial Edmonds, nenhum historiador fez mais para refutar essas noções do que John Terraine, que durante mais de 40 anos defendeu que a Grã-Bretanha travou a guerra da melhor maneira possível naquelas circunstâncias. De acordo com Terraine, não havia alternativa a não ser enviar a Força Expedicionária Britânica; não havia alternativa a não ser iniciar as ofensivas no Somme e em Passchendaele; e, portanto, é "inútil procurar outras causas para a[s] [grandes] perda[s] britânica[s] que não a qualidade do inimigo [...] e o próprio caráter técnico da guerra".³⁸ Correlli Barnett esteve entre os que corroboraram essa visão, embora também argumente que a vitória não fez nada para evitar o declínio estratégico e econômico da Grã-Bretanha no longo prazo, que (por curiosa ironia) se deveu, em parte, à sua incapacidade de se tornar mais *similar* à Alemanha.³⁹

Sem dúvida, é difícil conceber uma alternativa plausível para que a guerra fosse ganha na Frente Ocidental. Em primeiro lugar, nada poderia ter tornado *mais* provável uma vitória alemã na França do que o comprometimento de um maior número de tropas britânicas em uma campanha prolongada contra a Turquia. E um triunfo britânico em Gallipoli também não teria significado muita coisa. A principal beneficiária estratégica teria sido a Rússia, que estaria mais perto de concretizar seu tão ansiado objetivo de controlar Constantinopla. A Grã-Bretanha simplesmente teria conquistado o direito de fornecer mais armamentos à Rússia por meio dos Estreitos por conta própria; está longe de ser uma certeza que este teria sido o uso ideal de recursos britânicos. Enquanto isso, sem soldados britânicos suficientes para resgatá-los, os franceses seriam aniquilados.⁴⁰ De fato, seria possível argumentar, inclusive, que empregar tropas britânicas em grande escala em qualquer outro lugar era estrategicamente perigoso: não só em Gallipoli, mas também na Mesopotâmia, em Salônica e na Palestina. Os ganhos obtidos em palcos de guerra fora da Europa se mostraram úteis quando se tratou de expandir o Império em negociações de paz; mas, se os alemães tivessem ganhado a guerra em Flandres e na França, todas as apostas no Oriente Médio teriam sido em vão.

Quanto à estratégia puramente naval, também não teria garantido a vitória sobre a Alemanha. Apesar do fato de a Alemanha ter perdido a guerra no mar, a estratégia naval da Grã-Bretanha não foi capaz de fazer que os civis alemães se rendessem em decorrência do bloqueio no fornecimento de alimentos como se havia previsto: conforme vimos, as principais vítimas alemãs do bloqueio estavam entre os grupos sociais que não eram cruciais para o esforço de guerra. Se a Grã-Bretanha houvesse combatido apenas no mar, só teria controlado os mares europeus; sem os exércitos reunidos por Kitchener, a Alemanha teria ganhado a guerra terrestre.

Portanto, a guerra precisava ser ganha na Frente Ocidental. Mas isso não significa que a principal estratégia adotada ali – travar uma guerra de exaustão – deve ser aceita como correta sem ressalvas.

As origens da exaustão possivelmente remontam a outubro de 1914, quando Kitchener disse a Esher que, "antes de a Alemanha desistir do combate, ela terá exaurido todos os suprimentos possíveis de homens [...]". No início, Kitchener tinha expectativa de enfrentar uma longa batalha, e construiu o Novo Exército com a ideia de intervir de maneira decisiva (*à la* Wellington) assim que os franceses houvessem concluído o trabalho mais sujo de desgastar os alemães. *Sir* Charles Callwell, diretor de Operações Militares, encheu todos de coragem em janeiro de 1915 redigindo um relatório que demonstrava que os alemães ficariam sem homens "em poucos meses". Cinco meses depois, o brigadeiro Frederick Maurice, sucessor de Callwell como diretor de Operações Militares, continuava prevendo com confiança que, sendo capaz de "manter distância das críticas [...], [o Exército] esgotará os alemães, e a guerra estará terminada em seis meses". A visão de Kitchener era de que a "exaustão" não acabaria com as reservas de homens da Alemanha até "mais ou menos o começo de 1917"; no entanto, ele defendia deixar que os alemães "se consumissem em ataques custosos para destruir nossas linhas" – daí a conversa de Balfour e de Churchill em julho de 1915 a respeito de uma "defesa ativa, infligindo ao inimigo tantas perdas quanto possível e atormentando-o e corroendo-o em toda a frente de batalha". O inimigo deveria ser "reduzido [...] até o ponto em que seja impossível continuar resistindo" (Selborne); ser "desgastado" e "exaurido" (Robertson e Murray); suas reservas deveriam ser "totalmente consumidas" (Robertson). Os generais começaram até mesmo a estipular metas: 200 mil baixas alemãs por mês foi uma delas (em dezembro de 1915).[41] Os franceses pensavam da mesma forma. Em maio de 1915, seu Estado-Maior concluiu que "o avanço seguido de exploração" não seria possível "enquanto o inimigo não estiver [...] tão esgotado que já não tenha mais reservas disponíveis para suprir as faltas".[42]

A "defesa ativa" logo se transformou em ataque. O plano inicial de *sir* Henry Rawlinson para o ataque do Somme era "matar tantos alemães quanto fosse possível com o mínimo de perdas para nós", conquistando pontos de importância tática e esperando que os alemães contra-atacassem.[43] "Estamos lutando primordialmente para exaurir os exércitos alemães e a nação alemã", escreveu *sir* John Charteris, brigadeiro-general, em seu diário em 30 de junho. Sem dúvida, Haig continuou a se aferrar à noção de que um avanço seria possível, temendo que, em uma batalha de exaustão, "nossas tropas não serão menos, mas, possivelmente, mais consumidas do que as do inimigo".[44] Isso era verdade, mas a opção preferida por Haig, um ataque maciço à linha alemã, era ainda mais custosa: com se sabe, no primeiro dia do Somme, o Exército britânico sofreu 60 mil baixas; a relevância total desse número torna-se clara quando se percebe que, para se defender, os alemães sofreram apenas 8 mil baixas. Quando o avanço não se concretizou, todos retomaram os argumentos a favor da exaustão, fantasiando: "Os alemães estão com os dias contados, com poucas reservas e duvidando – mesmo os oficiais prisioneiros – que conseguirão escapar da derrota".[45] A realidade era que, na melhor das hipóteses, se aceitarmos o número oficial britânico de 680 mil baixas alemãs, a Batalha do Somme foi um empate (os britânicos perderam 419.654 soldados; os franceses, 204.253). Se, o que é mais provável, a estimativa alemã estava correta (450 mil baixas em seu Exército), então a estratégia da exaustão foi autodestrutiva. Até mesmo Haig começou a inferir que, permanecendo na defensiva, eram os alemães que estavam conseguindo "cansar nossas tropas";[46] nada mostrou isso mais claramente do que a ofensiva suicida de Nivelle em abril de 1917, que jamais deveria ter sido feita depois da retirada alemã para a Linha Hindenburg. Em 15 de maio, os franceses haviam sofrido 187 mil perdas, e os alemães, 163 mil.

Porém, quando os franceses sucumbiram, Haig ordenou mais exaustão: quaisquer que tenham sido os ganhos obtidos pela ofensiva britânica em Arras (de abril a maio de 1917), estes não se equipararam à perda de 159 mil homens em apenas 39 dias. Em maio, Robertson e Haig ainda estavam defendendo em uníssono que se "desgastasse e exaurisse a resistência do inimigo"; mas o ataque em Messines no mês seguinte ainda custou 25 mil baixas britânicas contra 23 mil alemãs. A exaustão também foi invocada para justificar a Terceira Batalha de Ypres.[47] Haig ainda sonhava com um avanço, mas agora até mesmo Robertson admitia estar "aferrado" a essa estratégia: porque "não concebo nada melhor, e porque meus instintos me levam a me aferrar a ela", e não porque tivesse "algum argumento convincente que pudesse servir para defendê-la".[48] Nesse caso, ambos os lados sofreram em torno de 250 mil baixas. É difícil não concordar com o veredicto de Lloyd George: "Haig não se importa com quantos homens perde. Ele simplesmente desperdiça a vida desses rapazes".[49] A triste ironia do primeiro-ministro – "Quando olho para as assombrosas listas de baixas, às vezes desejo que não houvesse sido necessário ganhar tantas [grandes vitórias]" – foi direto ao ponto.[50] As maiores perdas sofridas pelo Exército alemão foram na primavera de 1918, quando Ludendorff iniciou *sua* ofensiva. O total de baixas alemãs no fim da Operação Michael era 250 mil, contra 178 mil britânicas e 77 mil francesas; no fim de abril, os números eram 348 mil, contra 240 mil e 92 mil. Considerando o total de baixas de cada lado, este foi mais um "empate", mas a Entente conseguiu absorver melhor as perdas, já que agora contava com o reforço dos norte-americanos. Só em junho de 1918 os comandantes britânicos admitiram que "combater e cansar" o inimigo só valia a pena se houvesse "suficiente deliberação e preparação de artilharia para garantir a economia de soldados".[51]

Segundo seus próprios critérios, portanto, os generais britânicos falharam. Como mostra a Tabela 32, o maior paradoxo da Primeira Guerra Mundial é que, apesar de estarem em absoluta desvantagem econômica, os Impérios Centrais foram muito mais eficazes para matar seus inimigos. De acordo com as melhores estimativas disponíveis sobre as mortes militares durante a guerra, cerca de 5,4 milhões de homens lutando em nome das potências da Entente e seus aliados perderam a vida, em sua esmagadora maioria mortos pelo inimigo. O total equivalente para os Impérios Centrais é de pouco mais de 4 milhões. A superioridade dos Impérios Centrais para matar foi, portanto, da

Tabela 32 Número total de baixas na Primeira Guerra Mundial

	Número oficial britânico de mortos	Número revisado de mortos	Homens considerados prisioneiros no fim da guerra	Feridos	Total de baixas
França	1.345.300	1.398.000	446.300	2.000.000	3.844.300
Bélgica	13.716	38.000	10.203	44.686	92.889
Itália	460.000	578.000	530.000	947.000	2.055.000
Portugal	7.222	7.000	12.318	13.751	33.069
Grã-Bretanha	702.410	723.000	170.389	1.662.625	2.556.014
Império Britânico	205.961	198.000	21.263	427.587	646.850
Romênia	335.706	250.000	80.000	120.000	450.000
Sérvia	45.000	278.000	70.423	133.148	481.571
Grécia	5.000	26.000	1.000	21.000	48.000
Rússia	1.700.000	1.811.000	3.500.000	1.450.000	6.761.000
Estados Unidos	115.660	114.000	4.480	205.690	324.170
Total – Aliados	*4.935.975*	*5.421.000*	*4.846.376*	*7.025.487*	*17.292.863*
Bulgária	87.500	88.000	10.623	152.390	251.013
Alemanha	1.676.696	2.037.000	617.922	4.207.028	6.861.950
Áustria-Hungria	1.200.000	1.100.000	2.200.000	3.620.000	6.920.000
Turquia	325.000	804.000	250.000	400.000	1.454.000
Total – Impérios Centrais	*3.289.196*	*4.029.000*	*3.078.545*	*8.379.418*	*15.486.963*
Total geral	*8.225.171*	*9.450.000*	*7.924.921*	*15.404.905*	*32.779.826*
"Contagem líquida de corpos"	**1.646.779**	**1.392.000**	**1.767.831**	**–1.353.931**	**1.805.900**
Diferença percentual	50	35	57	-16	12

Notas: Os números de mortos incluem morte por doença e por combate, o que infla os totais, sobretudo em palcos periféricos do conflito. Números para Portugal: nenhuma estimativa para feridos de Moçambique ou de Angola. O número de prisioneiros gregos inclui desaparecidos e, portanto, é provavelmente demasiado alto.

Fontes: War Office, *Statistics of the Military Effort*, p. 237, 352-357; Terraine, *Smoke and the Fire*, p. 44; J. Winter, *Great War*, p. 75.

ordem de 35%. As estatísticas britânicas oficiais publicadas logo depois da guerra fornecem uma margem ainda mais alta, de 50%, assim como as estimativas em uma série de livros modernos.[52] Em outras palavras, os Impérios Centrais tiveram um desempenho pelo menos um terço superior ao cometer assassinato em massa. A respeito da estratégia de exaustão, Elias Canetti afirmou: "Cada um dos lados quer constituir a multidão mais numerosa de combatentes sobreviventes e quer que o lado adversário constitua a maior pilha de mortos".[53] A julgar por essas medidas, os Impérios Centrais "ganharam" a guerra.

Havia uma discrepância ainda maior com relação a outro meio mais eficaz de incapacitar o inimigo: a captura de prisioneiros. Entre 3,1 e (no máximo) 3,7 milhões de soldados dos Impérios Centrais foram feitos prisioneiros durante a guerra, em comparação com entre 3,8 e (no máximo) 5,1 milhões de soldados da Entente e dos Aliados (ver Capítulo 13 para uma discussão sobre esses números). Aqui, a "contagem líquida de corpos" também indica grande vantagem dos Impérios Centrais, que conseguiram capturar entre 25% e 38% mais homens do que perderam como prisioneiros para o inimigo. Só em um aspecto a balança parece pender para as potências da Entente e dos Aliados: as estatísticas disponíveis indicam que 1,3 milhão a mais de soldados dos Impérios Centrais foram feridos em consequência de ação inimiga. No entanto, estes são, de todos os números, os menos confiáveis (por exemplo, os alemães não registraram pequenos ferimentos em suas estatísticas oficiais, mas os britânicos sim). De todo modo, ferir o inimigo era a forma menos eficaz de infligir dano, porque uma proporção substancial de soldados feridos – 55,5%, no caso dos britânicos[54] – foi capaz de voltar à ativa se não morreu em virtude dos ferimentos. Em parte por essa razão, as tentativas de estimar o total de baixas são cheias de dificuldades. Para serem precisas, as estimativas devem ser ponderadas para levar em consideração o fato de que matar o inimigo era melhor, tomá-lo como prisioneiro era quase tão bom quanto e talvez até melhor (um prisioneiro precisava ser alimentado e abrigado, o que consumia recursos, mas podia ser forçado a trabalhar), ao passo que feri-lo era o menos prejudicial dos três. A Tabela 33 resume os mínimos e máximos disponíveis e fornece o que parecem ser as melhores estimativas para as baixas. Veremos que, em geral, os Impérios Centrais tiveram uma margem de vantagem de mais de 10%. Se ignorarmos os números de feridos, a margem sobe para surpreendentes 44%. Os Impérios Centrais,

Tabela 33   Estimativas para o total de baixas (mortos, prisioneiros e feridos)

	Máximas	Mínimas	Melhores estimativas
França	6.100.000	3.791.600	3.844.300
Bélgica	92.889	68.605	92.889
Itália	2.190.000	1.937.000	2.055.000
Portugal	33.291	33.069	33.291
Grã-Bretanha e Império Britânico	3.305.000	3.190.235	3.202.864
Romênia	535.706	450.000	450.000
Sérvia	481.571	248.571	481.571
Grécia	48.000	27.000	48.000
Rússia	9.100.000	6.650.000	6.761.000
Estados Unidos	325.830	324.170	324.170
Total – Aliados	*22.212.287*	*16.720.250*	*17.293.085*
Bulgária	250.513	250.513	251.013
Alemanha	7.437.000	6.501.646	6.861.950
Áustria-Hungria	7.000.000	6.920.000	6.920.000
Turquia	2.290.000	970.000	1.454.000
Total – Impérios Centrais	*16.977.513*	*14.642.159*	*15.486.963*
Total geral	*39.189.800*	*31.362.409*	*32.780.048*
"Contagem líquida de corpos"	**5.234.774**	**2.078.091**	**1.806.122**
Diferença percentual	30,8	14,2	11,7

Fonte: idem Tabela 32.

em outras palavras, *incapacitaram permanentemente* 10,3 milhões de soldados inimigos, enquanto perderam apenas 7,1 milhões da mesma maneira. Estas são estatísticas notáveis.

Devemos admitir que simplesmente calcular a "contagem líquida de corpos" é uma medida um tanto elementar de eficácia militar; Michael Howard disse inclusive que "reduzir os critérios de eficácia militar a esse tipo de contagem de corpos é uma *reductio ad absurdum*".[55] Mas não é fácil conceber outra forma de avaliar o desempenho dos Exércitos na Primeira Guerra Mundial. Ao tentar avaliar a eficácia das ofensivas em termos de territórios conquistados, só se consegue provar o que qualquer estudante já sabe: que, durante a maior parte do período de 1915 a 1917, a guerra na Frente Ocidental foi um jogo de soma zero.

Além disso, como assinala Charles Maier, durante toda a guerra o número de alemães mortos pela Grã-Bretanha e por seus aliados jamais superou o dos que completavam 18 anos (Tabela 34). Se a exaustão realmente houvesse sido a maneira de ganhar a guerra, continuaria firme e forte em 1919, quando a coorte de novos recrutas alemães atingiu o nível mais alto desde 1914. Nas palavras de Stone, "o efetivo militar era, para todos os propósitos, inesgotável".[56]

É claro, seria possível argumentar que, em termos relativos, a estratégia da exaustão foi eficaz por causa da quantidade muito maior de homens à disposição dos generais da Entente. Em outras palavras, eles seriam capazes de absorver perdas maiores do que os Impérios Centrais: o que contava não era o número absoluto de soldados inimigos mortos ou capturados, mas sim a proporção de homens disponíveis. A Tabela 35 associa o número de mortes com o efetivo militar dos países combatentes. É visível que, em termos relativos, os Impérios Centrais foram realmente mais afetados pela guerra, perdendo 11,5% de seus homens adultos, contra apenas 2,7% do outro lado. Alguns diriam que isso, por si só, é uma explicação suficiente para a vitória dos Aliados. Mas os números dos Aliados são extremamente distorcidos pela grande quantidade de homens do lado da Entente e dos Aliados que não

Tabela 34   Efetivo militar disponível na Alemanha, 1914-1918

	Homens completando 18 anos de idade (aprox.)	Mortos na guerra	Excedente
1914	670.000	241.000	429.000
1915	674.000	434.000	240.000
1916	688.000	340.000	348.000
1917	693.000	282.000	411.000
1918	699.000	380.000	319.000
1919	711.000		

Fonte: Maier, Wargames, p. 266.

Tabela 35 Mortes de soldados como percentual do efetivo militar

País	Total de mortos como percentual do total mobilizado	Total de mortos como percentual da população masculina entre 15 e 49 anos	Total de mortos como percentual da população
Escócia	26,4	10,9	3,1
Grã-Bretanha e Irlanda	11,8	6,3	1,6
Canadá	9,7	2,6	0,8
Austrália	14,5	4,4	1,2
Nova Zelândia	12,4	5,0	1,5
África do Sul	5,1	0,4	0,1
Índia	5,7	0,1	0,0
Império Britânico (excluindo a Grã-Bretanha)	8,8	0,2	0,1
França	16,8	13,3	3,4
Colônias francesas	15,8	0,5	0,1
Bélgica	10,4	2,0	0,5
Itália	10,3	7,4	1,6
Portugal	7,0	0,5	0,1
Grécia	7,4	2,1	0,5
Sérvia	37,1	22,7	5,7
Romênia	25,0	13,2	3,3
Rússia	11,5	4,5	1,1
Estados Unidos	2,7	0,4	0,1
Total – Aliados	12,0	2,7	0,7
Alemanha	15,4	12,5	3,0
Áustria-Hungria	12,2	9,0	1,9
Turquia	26,8	14,8	3,7
Bulgária	22,0	8,0	1,9
Total – Impérios Centrais	15,7	11,5	2,6
Total geral	**13,4**	**4,0**	**1,0**

Fonte: J. Winter, Great War, p. 75.

serviu o Exército. Ao todo, apenas 5% da população total desses países foi de fato mobilizada, em comparação com 17% dos Impérios Centrais. Pode-se muito bem perguntar até que ponto esses homens não mobilizados estariam dispostos a lutar caso lhes houvesse sido solicitado. Isso se aplica sobretudo a grandes partes do Império Britânico, mas também poderíamos indagar quantos homens mais os norte-americanos teriam conseguido mobilizar se a guerra tivesse perdurado; como se veio a saber, a insubmissão ao recrutamento nos Estados Unidos chegou a 11% (337.649 casos ao todo).[57] Se considerarmos o diferencial mostrado na primeira coluna (número de mortos como um percentual de homens efetivamente mobilizados), a diferença diminui para 15,7% para os Impérios Centrais contra 12% para o lado inimigo.

Além disso, se considerarmos aquele que foi o país estrategicamente mais importante na guerra – a França –, fica claro que os alemães conseguiram infligir maiores perdas em todos os aspectos. Os franceses e os alemães mobilizaram mais ou menos a mesma proporção de sua população; mas os alemães mataram mais franceses do que o contrário. E, o que é ainda pior, a cada ano os franceses tinham menos homens jovens disponíveis para lutar do que os alemães. Todavia, o Exército francês não sucumbiu (embora tenha sofrido uma debilitante crise moral em 1917). Foi o Exército russo – cujas baixas foram relativamente poucas em proporção ao número de homens mobilizados, e ínfimas em proporção a todos os homens adultos – que sucumbiu primeiro. Como já vimos, os escoceses foram (depois dos sérvios e dos turcos) os soldados que sofreram o maior índice de mortes na guerra; mas os regimentos escoceses continuaram lutando até o fim. Portanto, uma explicação mecanicista para a derrota dos Impérios Centrais, como a defendida pelos proponentes da exaustão, não se aplica. De fato, diante das diferenças na contagem líquida de corpos aqui apresentadas, fica difícil entender como os alemães e seus aliados perderam a Primeira Guerra Mundial.

O estudo mais sofisticado sobre o número de baixas de ambas as Guerras Mundiais, de Trevor Dupuy, conclui que, em média, as tropas alemãs foram 20% mais eficazes do que as britânicas ou as norte-americanas. Dupuy estuda cinco batalhas da Primeira Guerra Mundial e atribui "pontuações" para "o número de baixas por dia, como um percentual dos soldados mobilizados", e então ajusta essas pontuações para levar em consideração "a vantagem operacional conhecida que é conferida pela postura defensiva" (1,3 para Defesa

Ligeira, 1,5 para Defesa Preparada e 1,6 para Defesa Fortificada). A "pontuação de efetividade" média para as forças alemãs é 5,51, ou 2,61 se omitirmos os prisioneiros russos (não há motivo real para fazê-lo); o número para os russos é 1,5; para os Aliados ocidentais, ainda mais baixo: 1,1.[58]

Essa linha de raciocínio pode ser mais explorada para explicar a decisiva Frente Ocidental. Os números oficiais de baixas mensais talvez não sejam a mais confiável das fontes históricas, mas não são tão inúteis a ponto de merecerem ser ignorados (como, em geral, têm sido pelos historiadores). Eles mostram claramente que, com exceção de oito dos 64 meses entre fevereiro de 1915 e outubro de 1918, os alemães conseguiram infligir um maior número de baixas à Grã-Bretanha no setor britânico da linha – e três daqueles oito meses foram bem no fim da guerra (de agosto a outubro de 1918) (ver Figura 12). Também devemos notar que, durante a maior parte da guerra, as baixas de oficiais foram muito mais numerosas do lado britânico que do lado alemão: em cada ano do conflito, os alemães mataram ou capturaram mais oficiais no setor britânico do que perderam.[59] A Figura 13 reúne os números disponíveis com relação à França, à Grã-Bretanha e à Alemanha para mostrar que, de agosto de 1914 a junho de 1918, não houve *nem um único mês sequer* em que os alemães não tenham matado ou capturado mais soldados da Entente do que eles próprios perderam. É verdade que durante todo esse período o Exército britânico na Frente Ocidental estava crescendo, de modo que a taxa proporcional de perda de oficiais e de soldados certamente estava diminuindo. Quando os números britânicos são somados aos franceses e comparados com o total de baixas alemãs na Frente Ocidental, a impressão é de que os exércitos da Entente de fato melhoraram. Entretanto, foi só no verão de 1918 que a contagem líquida de corpos virou em seu favor; e isso refletiu primordialmente o rápido aumento no número de alemães se rendendo, e não uma melhora significativa no número líquido de mortes infligido pelos Aliados (ver Capítulo 13). Com efeito, se considerarmos o número de mortes no setor britânico (que é um dado sabidamente incompleto, porque depois se descobriu que muitos dos listados como desaparecidos haviam sido mortos), é como se, ao fim da guerra, a contagem líquida de corpos estivesse mais uma vez a favor da Alemanha depois das perdas terríveis durante a ofensiva da primavera. Esses números indicam que em agosto, setembro e outubro de 1918 os alemães estavam alcançando um superávit de mortos sobre os britânicos que só encontrava equivalente no período da Batalha do Somme.

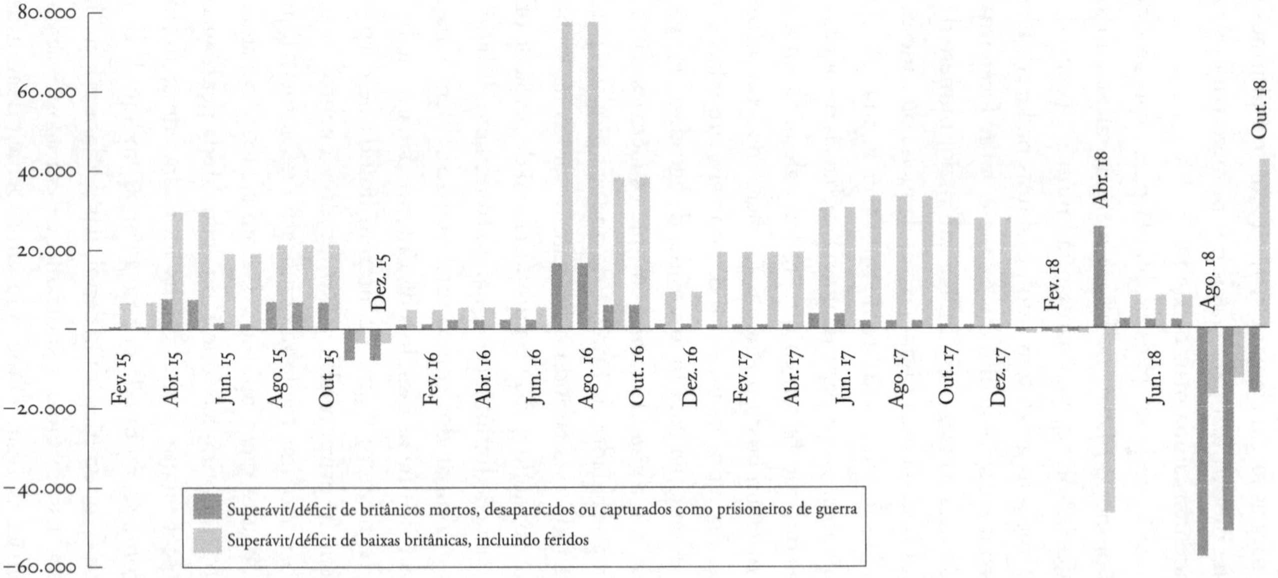

Figura 12 A "contagem líquida de corpos": baixas britânicas descontando-se as baixas alemãs no setor britânico da Frente Ocidental, 1915-1918

Nota: Os números nem sempre se referem a meses específicos, de modo que, em uma série de casos, são informadas as cifras médias mensais, o que pode subestimar o impacto de certas ações militares em determinados meses.
Fonte: War Office, *Statistics of the British Military Effort*, p. 358-362.

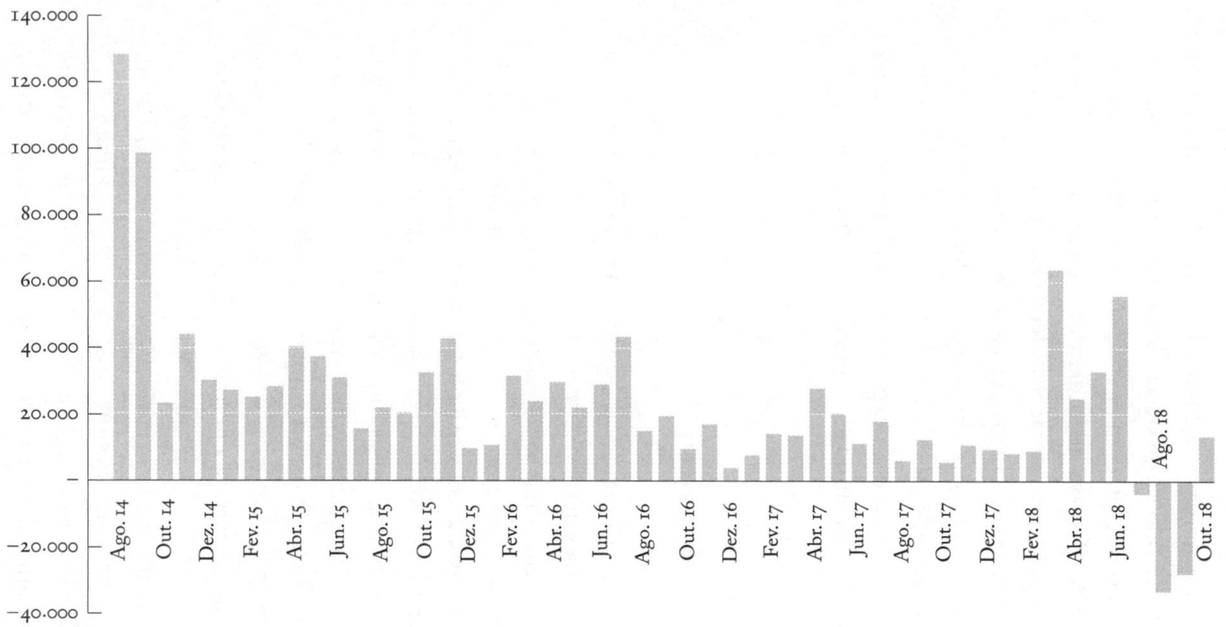

Figura 13 A "contagem líquida de corpos": número de baixas permanentes nos Exércitos britânico e francês descontando-se as do Exército alemão, agosto de 1914 a julho de 1918 (Frente Ocidental)

Nota: Para o período de agosto a outubro de 1918, os números de baixas permanentes se referem apenas ao setor britânico, portanto a desvantagem alemã é subestimada. Em geral, as estatísticas oficiais alemãs publicadas a partir dos anos 1930 omitem os meses depois de julho. Deist, Military Collapse, p. 203, fornece um total de 420 mil mortos e feridos e mais 340 mil prisioneiros e desaparecidos no período de meados de julho a 11 de novembro, o que implica uma média de 245 mil baixas mensais (de agosto a outubro), mais 15 mil em novembro. No entanto, os números acima também omitem as baixas permanentes norte-americanas, que totalizaram 110 mil mortos e 11.480 prisioneiros, a maioria das quais sofridas precisamente nesse período. Se estes fossem incluídos, o déficit alemão na contagem líquida de corpos no fim de 1918 seria reduzido.
Fontes: War Office, *Statistics of the British Military Effort*, p. 253-265; Reichswehrministerium, *Sanitätsbericht*, vol. I, p. 140-143; Guinard et al., *Inventaire*, vol. I, p. 213.

J. E. B. Seely, que comandou a brigada da Cavalaria Canadense, resumiu o absurdo da exaustão quando observou, em 1930: "Alguns tolos do lado aliado pensaram que acabariam com a guerra na Frente Ocidental exterminando os alemães. É claro que esse método só poderia funcionar se houvéssemos matado muito mais soldados do que perdemos".[60] E só se mostrou impossível quando, em consequência da ofensiva de Ludendorff, os britânicos foram obrigados a se defender. Suas próprias operações ofensivas, com pouquíssimas exceções, tenderam a infligir tantas baixas permanentes em suas próprias forças quantas nas do inimigo, se não mais. Em suma, os alemães alcançaram e mantiveram um nível mais elevado de eficácia militar no palco decisivo durante a maior parte da guerra. Diante do exposto, a possibilidade de uma vitória alemã, apesar de todas as probabilidades econômicas contrárias, parece muito menos fantasiosa.

Desculpas

Como podemos explicar a imensa discrepância de eficácia e eficiência entre a Entente e os Impérios Centrais na guerra decisiva em terra?

A explicação mais popular continua sendo a de que os generais da Entente eram "asnos", caracterizados, no caso britânico, por "uma mentalidade extremamente petulante e invejosa, uma psicologia obtusa [...] em consequência de sua educação estreita".[61] Como T. E. Lawrence afirmou de modo memorável: "Os homens eram, muitas vezes, nobres combatentes, mas, com igual frequência, seus generais entregaram com estupidez o que haviam obtido com ignorância".[62] Lloyd George foi outro que desdenhou do "cérebro [dos generais] [...] cheio de entulhos inúteis, ocupando cada dobra e nicho. Parte disso nunca foi limpa até o fim da guerra [...] exceto por ouvir dizer, eles não sabiam nada a respeito de travar uma batalha em condições modernas".[63] Tais visões continuam a influenciar escritores atuais como Laffin, para quem os generais britânicos eram reacionários "carniceiros e ineptos".[64] Recentemente, outros acadêmicos procuraram refinar as críticas. Segundo afirmam, os generais demoraram para compreender a natureza da guerra de trincheira; ordenaram ataques que não estavam suficientemente preparados ou apoiados por artilharia e careciam de objetivos claros; prosseguiram até muito depois de as chances de sucesso terem desaparecido; procuraram penetrar as linhas alemãs em vez de infligir o máximo de baixas; e trataram de ganhar terreno, independentemente de seu valor tático, ao mesmo tempo que foram incapazes de estimar a importância dos terrenos adequados para observação de artilharia. De acordo com Bidwell e Graham, o Exército no pré-guerra carecia de uma doutrina de guerra real e não soube se adaptar às táticas da nova tecnologia de guerra,[65] visão que foi endossada por Travers.[66]

Em defesa dos difamados oficiais de alta patente, uma série de explicações foi apresentada para as baixas relativamente numerosas sofridas pela Grã-Bretanha:

1. O Exército britânico tinha de atacar, ainda que os alemães (e, em Gallipoli, os turcos) fossem capazes de se defender. As armas de fogo modernas afastaram os soldados do campo de batalha e os conduziram às trincheiras e aos abrigos subterrâneos. Com artilharia e munição suficientes, era possível romper essas defesas, mas não havia como tirar vantagem disso. A mesma artilharia que criava a oportunidade também a eliminava, uma vez que a munição destruía o solo e, portanto, tornava extremamente difícil avançar com as armas a fim de retomar a ofensiva sob seu fogo protetor. Enquanto os ataques tendiam a ficar atolados, as reservas inimigas podiam avançar rapidamente por trem. Terraine associou o exército atacante a um lutador com uma perna de gesso: forte, mas lento.[67] Foi a mesma coisa quase em toda parte: nas palavras de Fuller, "em cada frente, o inimigo era a bala, a pá e o arame farpado".[68]

O outro problema técnico era a má qualidade do comando, do controle e das comunicações.[69] Em 1914, a Força Expedicionária Britânica ainda precisava desenvolver meios adequados para observação aérea, fotografia aérea e sinais de comunicação. Os mapas eram imprecisos. As redes de comunicação paravam na linha de frente, e assim que as tropas deixavam esse ponto sua posição era desconhecida. Durante a batalha, apesar de precauções elaboradas como enterrar cabos de telégrafo triplicados por diferentes rotas, era grande a probabilidade de que as comunicações fossem cortadas pelo fogo de artilharia do inimigo. Os generais, portanto, eram obrigados a confiar nos relatos fragmentados dos mensageiros.[70] Foi só em 1918 que os exércitos desenvolveram serviços de sinal sofisticados e tiveram acesso à radiotelegrafia. Essa falha nas tecnologias de comunicação é um fator muito significativo para explicar o grande número de baixas do lado agressor.[71] Como afirma Holmes, não foi primordialmente o aumento da capacidade de matar que conferiu à Frente Ocidental seu caráter único: foi o fato de que as comunicações sempre ficaram para trás com relação aos meios de defesa. Sempre foi mais fácil para um defensor, forçado a recorrer às suas próprias comunicações, superar suas fraquezas do que para um agressor, com suas comunicações expandidas pelos rincões inóspitos do campo de batalha, tirar proveito de suas vantagens.[72]

2. Os britânicos também foram, reiteradas vezes, obrigados a ofensivas prematuras por causa das exigências da guerra de coalizão. A Força Expedicionária Britânica não teria iniciado os ataques precoces de 1915 se não houvesse (nas palavras de Kitchener) "dúvidas de por quanto mais tempo [o Exército russo] seria capaz de suportar os golpes alemães".[73] Ele também alertou o Gabinete de que "não seria possível, sem que isso afetasse a Aliança de maneira grave e talvez irremediável, recusar a cooperação que Joffre esperava".[74] De acordo com Esher, em janeiro de 1915, "os franceses são esplêndidos, mas não conseguem suportar mais do que certa dose de pressão".[75] Não foi atípico que, quando os franceses cancelaram um ataque à Vimy Ridge que deveria coincidir com o ataque britânico à Neuve Chapelle em março de 1915, *sir* John French tenha seguido na frente de todo modo, para demonstrar sua disposição de "cooperar lealmente e da maneira mais cordial".[76] Da mesma forma, a data, a hora e o lugar da ofensiva no Somme foram decididos pelos franceses, e não por Haig, que preferia ter atacado em Flandres.

Isso continuou em 1917. A Terceira Batalha de Ypres foi justificada por Charteris por causa de um medo de que a França viesse a "desistir" se as tropas britânicas fossem desviadas para outro palco (desta vez, o Adriático, para apoiar a Itália), como Lloyd George queria.[77] Foi só em Messines (junho de 1917) que o Exército britânico foi capaz de tomar a iniciativa estratégica, isto é, decidir quando e onde atacar. Mas a independência de ação não era exatamente a maneira de ganhar a guerra. O necessário era uma efetiva coordenação dos esforços dos Aliados. Só diante das ofensivas alemãs de 1918 o Exército britânico aceitou as consequências de um compromisso continental: a unidade de comando sob os franceses.[78] Mesmo então, os problemas persistiram; os norte-americanos sob o comando de Pershing, por exemplo, resistiram firmemente à união sob Pétain, negando que a oportunidade fosse guiada por comandantes mais experientes.[79]

3. Ao contrário do Exército alemão, o Exército britânico não foi concebido para uma guerra continental. Em junho de 1919, Haig lembrou: "Entramos nesta guerra sem estar preparados para ela [...] Durante todo o conflito, estávamos nos esforçando desesperadamente para não ficar para trás".[80] Por exemplo: havia um único corpo de oficiais em tempos de paz, em parte por causa das restrições financeiras, mas sobretudo porque não havia intenção alguma de que existisse algum nível de comando entre o quartel-general e a Força Expedicionária Britânica.[81] Allenby, que estava no comando da Divisão de Cavalaria, percebeu que não contava com nenhum oficial do Estado-Maior permanente. Ele tinha outros, mas eram inexperientes.[82] Os generais britânicos, portanto, foram forçados a improvisar desde o início.

O problema era que – e aqui as desculpas devem cessar – toda a cultura do Exército britânico regular desfavorecia uma improvisação eficaz. A estrutura de comando se baseava na obediência a superiores e na desconfiança de subordinados; os homens ainda podiam progredir de acordo com suas conexões; e os comandantes ainda podiam ser "afastados" por disputas pessoais.[83] Isso podia ter graves repercussões: quando Haig questionou o plano original de Rawlinson para o Somme, este último se sentiu incapaz de defender sua posição, e, como resultado, Haig conseguiu insistir no objetivo suicida de avançar. Como afirmou Rawlinson, "perseguir uma ofensiva sem limites é uma aposta arriscada, mas D. H. quer isso, e estou preparado para assumir qualquer coisa razoável [sic]".[84] Um comandante do Exército não ousava corrigir o comandante-chefe, mesmo quando dezenas de milhares de vidas estavam em jogo.[85] Inibições similares existiram em todos os níveis. As ordens vinham de cima para baixo; havia pouca comunicação no sentido contrário. Em consequência, os oficiais, os suboficiais e os soldados se acostumaram a "aguardar ordens". Na batalha, como observou J. M. Bourne, "quando o bombardeio alemão interrompeu as comunicações, a paralisia se instalou". Para adaptar a linguagem não inadequada da organização industrial, isso era "administração de linha", e não fornecia mecanismo algum pelo qual a visão dos "gerentes de linha locais" pudesse ser transmitida à matriz.[86] Em parte por essa razão, os proponentes de uma abordagem mais tecnocrática fizeram poucos avanços em comparação com os que sustentavam a crença tradicional de que a guerra era uma disputa moral em vez de material.[87] Deu-se ênfase demasiada ao moral, à coragem e à disciplina e atenção insuficiente às táticas e ao poder de fogo.[88]

Mas esses problemas não diminuíram quando o velho Exército foi diluído com novos homens; muito ao contrário. Ser maior significou ser mais burocrático. Como afirma Charteris, o Exército se tornou responsável:

> pelo fornecimento de comida, pelo transporte rodoviário e ferroviário, pela lei e pela ordem, pela engenharia, pela prática médica, pela Igreja, pela educação, pelo serviço postal, até mesmo pela agricultura, e por uma população maior do que toda e qualquer unidade de controle (exceto Londres) na Inglaterra [...] Além disso, pelo lado puramente militar da questão [...] O incrível é que, com exceção do transporte e dos serviços postais, cada parte específica da organização é controlada por soldados regulares [...] Cada departamento está sob sua própria liderança, e todas as lideranças recebem ordens de um único homem – o Chefe. Ele não vê nenhum dos responsáveis por esses grandes departamentos mais do que uma vez ao dia, e muito raramente durante mais de meia hora em cada ocasião [...][89]

O próprio comando, como afirmou Martin van Creveld, tornou-se burocrático: "a condução da guerra no campo de batalha remontava à fábrica e ao gabinete" e, imperceptivelmente, "os métodos do gabinete e da fábrica" passaram a "dominar o campo de batalha".[90] De acordo com Dominic Graham, foi precisamente essa tendência organizacional que fez que a Força Expedicionária Britânica aprendesse tão pouco entre Neuve Chapelle e Cambrai.[91] Portanto, embora tenha aprendido a lutar de maneira decisiva, foi lenta em discernir o melhor momento para atacar, sendo incapaz de coordenar os diferentes exércitos à sua disposição, incapaz de dominar a interação entre fogo e movimento.[92] Ninguém se deu ao trabalho de especificar nos manuais o princípio básico de que "as táticas de tiro consistiam na ocupação progressiva de posições de disparo vantajosas e em seu uso efetivo por todas as tropas para infligir baixas ao inimigo", sem, é claro, incorrer em baixas comparáveis em si próprios.[93]

Além do mais, armamentos como tanques e artilharia tenderam a ser vistos como meros acessórios de infantaria, e não como partes de um mesmo sistema. Um exemplo clássico muitas vezes citado é o fato de que foram necessários 13 meses para que um protótipo de tanque fosse aceito pelo Gabinete de Guerra, outros sete meses para que os tanques fossem empregados em combate (em Flers-Courcelette, em setembro de 1916) e mais 14 meses para que se fizesse um ataque com um número significativo de tanques. Isso apesar do fato de os componentes do tanque – o revestimento blindado, o motor de combustão interna e o sistema de locomoção sobre lagartas (esteiras) – estarem todos disponíveis desde aproximadamente 1900, assim como o conceito de veículo blindado de combate. E mesmo quando os tanques se tornaram disponíveis, os comandantes do Exército tenderam a ignorar os conselhos de especialistas quanto ao modo como esses deveriam ser usados.[94] Mesmo depois de Amiens, Haig rejeitou a ideia de uma guerra mecânica, continuando a acreditar que a força humana era essencial para a vitória.[95] O conservadorismo no alto escalão foi agravado pelo fenômeno da "lealdade ao distintivo", que encorajava os oficiais e os soldados a se identificarem com seu batalhão, em vez de se identificarem com a brigada ou com a divisão.[96]

O uso que a Grã-Bretanha fez da artilharia fornece outro indício notável de deficiência; pois a artilharia foi, em muitos aspectos, o fator mais importante para uma guerra de grandes cercos.[97] De 1914 até a Batalha do Somme, os britânicos estavam simplesmente desarmados, carecendo de armas potentes o bastante e de estoques adequados de munição (em especial, havia escassez de explosivos detonantes).[98] A artilharia era primordialmente "observada", o que significa que os atiradores só tinham como acertar os alvos que eram capazes de ver (isso excluía tanto o tiro indireto quanto o de contrabateria); os mapas eram pouco usados, e as baterias eram desperdiçadas, o que tornava difícil o tiroteio concentrado. Na Batalha de Loos, em setembro de 1915, houve cerca de 60 mil baixas britânicas, quando a infantaria recebeu ordens de atacar sem ter apoio suficiente da artilharia. Só aos poucos se compreendeu que a artilharia e a infantaria precisariam coordenar seus esforços.

No fim de 1915, os atiradores britânicos haviam aprendido sobre tiro indireto, e o reconhecimento aéreo era usado pela primeira vez. Cada vez mais armas pesadas (especialmente obuses e armas de calibre maior) apareceram, assim como grandes quantidades de munição para lidar com as taxas cada vez mais altas de disparos. A artilharia era controlada centralmente para o bombardeio inicial. Foram feitos os primeiros experimentos com tiros de barragem. No entanto, esses poucos avanços se tornaram insignificantes diante das ineficiências que caracterizaram a ofensiva no Somme. Os comandantes da

Entente agora acreditavam que, como o objetivo da artilharia era destruir as defesas do inimigo, os bombardeios deveriam ser prolongados. Nas palavras de *sir* John French, "se houver munição suficiente, pode-se abrir caminho pela linha [inimiga]".[99] Ou, como afirmou Pétain, "hoje, a artilharia conquista uma posição e a infantaria a ocupa". Supunha-se que o peso da munição compensaria qualquer falta de precisão. Mas, com efeito, a decisão de Haig de bombardear tanto a primeira quanto a segunda linha alemã dividiu o peso do bombardeio. O que é ainda mais grave, a munição era defeituosa (cerca de 30% não explodiu), e um quarto das armas estava simplesmente gasto por excesso de uso. Também havia pouquíssimos explosivos detonantes, além de uma série de contratempos técnicos: a calibragem era uma questão de adivinhação, o levantamento topográfico era impreciso, a comunicação ruim impedia o tiro observado e a contrabateria era ineficaz. Além disso, o plano de tiro britânico era demasiado rígido.[100] E, o pior de tudo, os bombardeios de 1916 não só fracassaram em sua primeira tarefa de destruição (Haig subestimou a força das defesas alemãs), como também dificultaram o avanço subsequente da infantaria. A mesma coisa aconteceu em Arras em abril de 1917, onde a destruição foi muito mais eficiente e o sucesso inicial, muito maior, mas lá o solo estava tão arruinado que não havia como avançar com as armas suficientemente rápido, então a defesa conseguiu reparar a brecha. Ainda não se havia percebido a necessidade de bombardeios mais breves para garantir a surpresa, e a adesão a um plano de tiro rígido impedia que se tirasse proveito do sucesso inicial.[101] Messines viu outras melhorias técnicas, sobretudo a devastadora explosão de 19 minas ocupadas por alemães e a eficaz barreira progressiva; mas, como observamos acima, o Exército britânico ainda perdeu 2 mil homens a mais que o alemão. O bombardeio breve e concentrado antes do ataque com tanques em Cambrai foi outro passo na direção correta; porém, como tantas vezes, havia pouquíssimas reservas para resistir ao contra-ataque alemão.

Em comparação, o Exército alemão foi um modelo de proficiência tática e operacional. Michael Geyer afirmou que a reorganização do Exército alemão implementada por Ludendorff em 1916 foi o divisor de águas na reação militar à Primeira Guerra Mundial, deslocando "o consagrado controle hierárquico de um homem sobre outro em favor de uma organização funcional da violência".[102] Enquanto os britânicos meramente enxertaram novas armas em seus conceitos imutáveis e continuaram preocupados com a mão de obra, os alemães criaram táticas baseadas na nova tecnologia.[103] Os avanços clássicos alemães foram a "defesa em profundidade" (pirateada de um documento confiscado dos franceses);[104] a "barreira progressiva" e o bombardeio "furacão", desenvolvidos pelo coronel Georg Bruchmüller;[105] e as "tropas de assalto" (*Stosstrupps*), unidades especialmente treinadas, de grande mobilidade e armadas até os dentes cuja função era se infiltrar e romper as linhas inimigas. Vistos em sua plena forma na primavera de 1918, estes já existiam em agosto de 1915.[106]

Foi a defesa em profundidade que mais impressionou analistas do pós-guerra como G. C. Wynne. Em essência, os alemães substituíram o sistema de uma grande linha atirando de frente por pequenos grupos atirando pela lateral do invasor.[107] A linha de frente (que era o primeiro alvo para o fogo de artilharia inimigo) era débil, mas por trás dela havia uma zona de defesa contínua, de modo que a "linha" incluía postos avançados dispersos e posições de metralhadora, e a força era reservada para o contra-ataque. Quando a tática foi usada para repelir as ofensivas dos Aliados em 1917, o resultado foi impressionante.[108] Foi apenas no início de 1918 que os Aliados começaram a imitar a defesa em profundidade, e é possível afirmar que eles jamais a dominaram realmente. Um princípio similar, aplicado ao ataque, é a base da tática da tropa de assalto: mais uma vez, a ênfase era em pequenos grupos agindo com mobilidade e flexibilidade.

Essas forças táticas alemãs tinham raízes em uma cultura militar diferente. De acordo com Dupuy, as autoridades militares alemãs haviam "descoberto o segredo de *institucionalizar* a excelência militar".[109] Da mesma forma, Martin Samuels aponta para uma filosofia de combate marcadamente alemã, que reconhecia seu caráter essencialmente caótico.[110] Isso, por sua vez, influenciou o modo como as estruturas de comando evoluíram. Os alemães preferiam o "comando diretivo" (processo descentralizado de tomada de decisão, com foco na missão, e flexível em todos os níveis), ao passo que os britânicos preferiam o "controle restritivo", que deliberadamente desencorajava a iniciativa.[111] As diferenças no treinamento também decorreram logicamente disso. A "teoria do caos" alemã demandava um nível mais alto de treinamento para promover a adaptabilidade; o método britânico só exigia obediência. Além disso, o oficial alemão não parava de aprender ao obter sua patente; o corpo de oficiais era baseado na meritocracia e os oficiais inaptos eram eliminados sem piedade.[112]

Essa linha de argumentação foi mais tarde desenvolvida pelo estudo de Gudmundsson sobre a tática de tropas de assalto, cujo sucesso, segundo o autor, dependia da existência de um "corpo de oficiais autodidata".[113]

Antes da guerra, os críticos costumavam desdenhar do militarismo prussiano, afirmando que este inculcou nos soldados a *Kadavergehorsamkeit* – obediência cega. Lorde Northcliffe certa vez se gabou de que os soldados britânicos tinham mais senso de iniciativa do que os alemães, graças às tradições britânicas de individualismo e esportes em equipe. Nada poderia estar mais distante da verdade. Na realidade, era o Exército britânico, extremamente amador, que se caracterizava por rigidez excessiva em sua cultura de comando e uma cultura de obediência acrítica abaixo do nível dos suboficiais – e, quando os oficiais e os suboficiais eram despreparados, uma cultura de inércia acrítica ("Se você souber de um buraco melhor...").* Já os alemães, durante a guerra, encorajaram seus homens a tomar a iniciativa no campo de batalha, reconhecendo (como ensinara Clausewitz) que o "atrito" e as falhas de comunicação rapidamente tornariam obsoletos os planos detalhados de operações.

Não derrotados no campo de batalha?

Os defensores do esforço de guerra britânico invariavelmente nos lembram que a "Grã-Bretanha *ganhou* a guerra" (ou estava do lado vencedor). Pela mesma razão, poucos estudiosos que se dedicam à história da Alemanha têm paciência com a afirmação expressa por Friedrich Ebert – que logo seria o primeiro presidente da República de Weimar – de que seu exército não havia sido derrotado no campo de batalha.[114] Mas, diante das evidências anteriores, é fácil perceber por que tantos alemães acreditaram nisso.

Como, então, explicar a derrota alemã em 1918? De acordo com Paddy Griffith, há uma resposta satisfatória para essa pergunta: a de que a Força Expedicionária Britânica ganhou a guerra porque, no fim das contas, saiu-se

---

* No original, "If you know of a better 'ole...": a frase é do personagem Old Bill em uma das mais famosas charges humorísticas do cartunista britânico Bruce Bairnsfather, que retratam a vida nas trincheiras durante a Primeira Guerra Mundial. (N.T.)

melhor no combate. Em 1918, os britânicos finalmente haviam aprendido a usar tanques, aeronaves, veículos blindados, cavalaria e, acima de tudo, a coordenar a infantaria e a artilharia. Ao mesmo tempo, a infantaria havia aprendido novas táticas, como avançar em pequenos grupos em formação de losango ou atrás dos tanques, e havia incorporado novos tipos de armas de fogo portáteis (granadas de mão, morteiros de trincheira Stokes, granadas de fuzil e metralhadoras Lewis).[115]

A artilharia também melhorou. Finalmente se considerou que os ataques deveriam ser corroborados por uma barreira progressiva se quisessem dar resultado, e que seria necessário fazer mais uso de reconhecimento aéreo, pesquisa de campo e inteligência. Morteiros foram usados para cortar cabos, e foram introduzidas barreiras de metralhadoras. Planos de tiro elaborados tiraram melhor proveito de todas as armas disponíveis. As armas foram concentradas de maneira mais eficaz.[116] A importância do tiro de contrabateria também foi reconhecida, bem como o uso de munição de fumaça para proteger a infantaria. A calibragem precisa, o melhor posicionamento de armas, o levantamento topográfico e as técnicas de localização do inimigo com base na luz e no som emitidos por seus disparos possibilitaram um tiro de precisão sem precedentes, que antes havia servido como um mero prenúncio para os ataques pretendidos. Acima de tudo, o prolongado bombardeio impreciso foi substituído pelo bombardeio maciço em toda a profundidade da zona defensiva. Por fim, compreendeu-se que a principal tarefa da artilharia não era obliterar, mas sim neutralizar as defesas inimigas e armas por tempo suficiente para a infantaria avançar. Isso não só minimizou a destruição do terreno, como também restaurou o elemento-surpresa, que até então estivera totalmente ausente das ofensivas britânicas.

A culminação desses avanços, segundo se argumenta, foi o triunfo dos "Cem Dias" em 1918. Em ataques como os de Beaumont-Hamel e, acima de tudo, Amiens, os britânicos souberam combinar infantaria, artilharia, tanques e aeronaves de maneiras que, segundo os estudiosos de história militar, prefiguraram a Segunda Guerra Mundial. Bailey chegou a falar do "nascimento [...] do estilo de guerra moderno", uma mudança tão revolucionária "que, daí em diante, o desenvolvimento da blindagem e do poder aéreo e a chegada da Era da Informação não passam de complementos a ela".[117] Griffith a chamou de "uma verdadeira revolução na técnica".[118] Portanto,

Terraine parece ter razão: "O inimigo foi fundamentalmente superado pelo sistema de armas britânico".[119]

A possível falha nesse argumento é que a retirada alemã no verão de 1918 nunca se tornou um desastre. Pelo contrário: os alemães continuaram sendo extremamente eficazes para matar o inimigo. Sem dúvida, nos meses de agosto a outubro de 1918, a balança da contagem líquida de corpos pendeu contra os alemães pela primeira vez na guerra: ao todo, 123.300 alemães a mais do que britânicos foram registrados como mortos, desaparecidos ou feitos prisioneiros no setor britânico da Frente Ocidental durante aqueles meses. No entanto, uma grande proporção das baixas alemãs era de homens que se renderam. As estatísticas britânicas oficiais, embora imperfeitas, mostram que a contagem líquida de assassinatos ainda indicava uma vantagem dos alemães, de cerca de 35.300 homens. Por esse parâmetro, o pior momento para o Exército alemão não foi agosto, e sim abril de 1918, quando os britânicos estimaram que o número de alemães mortos excedia em 28.500 o de britânicos.

Devemos, é claro, tratar esses números com cuidado, já que muitos dos registrados como desaparecidos nos meses decisivos de 1918 na verdade haviam sido mortos. Mas as evidências parecem indicar que a chave para a vitória dos Aliados não foi uma melhoria em sua capacidade de matar o inimigo, mas, antes, um aumento repentino na disposição dos soldados alemães para se render. Como argumentaremos nos próximos dois capítulos, não se pode assumir com certeza que essa queda no moral alemão se deveu necessariamente às melhorias nas táticas britânicas descritas acima; há pelo menos uma possibilidade de que tenha sido um fenômeno endógeno. Uma afirmação similar pode ser feita sobre o colapso austro-húngaro no monte Grappa e no rio Piave. Entre 26 de outubro e 3 de novembro, os italianos capturaram 500 mil prisioneiros, mas infligiram apenas 30 mil baixas em batalha.[120] Isso teria ocorrido porque o marechal Diaz havia revolucionado as táticas italianas? Parece mais provável que tenha sido porque o moral austro-húngaro implodiu quando os soldados alemães deixaram de estar dispostos a lutar pelo império moribundo dos Habsburgo.

Estudos mais detalhados mostram os limites do sucesso militar dos Aliados contra os alemães. O estudo de Rawling sobre o Corpo Canadense revela, como era de esperar, que este sofreu o maior número relativo de baixas na Batalha de Ypres, em 1915, e na Batalha do Somme, em 1916 – em outras palavras, na base de sua curva de aprendizagem tática. No entanto, não houve avanços sustentados depois disso. O índice de baixas em Vimy Ridge em 1917 foi 16%; em Passchendaele, 20%; em Amiens, 13%; em Arras, 15%; e em Canal du Nort, 20% – exatamente o que havia sido em Passchendaele.[121]

Os indícios de perdas consideráveis em 1918 são ainda mais evidentes no caso da Força Expedicionária Norte-Americana, uma parte importante do efetivo dos Aliados, mas demasiado inexperiente para partilhar de sua suposta revolução tática. Muitas vezes se afirmou na época (e algumas pessoas ainda acreditam) que os norte-americanos "ganharam a guerra". Na realidade, a Força Expedicionária Norte-Americana sofreu baixas desproporcionalmente numerosas, sobretudo porque Pershing ainda acreditava em ataques frontais, desprezava o treinamento britânico e o francês por considerá-los excessivamente cautelosos e insistia em manter divisões descomunais e difíceis de manejar. As operações do Primeiro Exército Norte-Americano contra a Linha Hindenburg (a *Kriemhilde Stellung*) em setembro-outubro de 1918 eram ultrapassadas e dispendiosas. Foi só na última semana de outubro que as defesas alemãs finalmente foram penetradas, depois de uma sucessão de ataques frontais que custaram em torno de 100 mil baixas (muitas delas foram causadas por gás, algo com o que outros exércitos haviam aprendido mais ou menos a lidar). Trask concluiu que "o serviço mais importante da Força Expedicionária Norte-Americana" foi simplesmente "aparecer na França"; eles eram mais úteis para aliviar as tropas britânicas e francesas em setores tranquilos do front e para insinuar aos alemães que a reserva de homens dos Aliados era inesgotável.[122] Se foi isso o que fez os soldados alemães decidirem se render, dificilmente foi um triunfo de táticas revolucionárias.

O avanço dos Aliados estava, na verdade, desacelerando no fim de outubro de 1918; quando as tropas alemãs se aproximaram de sua própria *Heimat*, recuperaram sua determinação. Austen Chamberlain perguntou à esposa: "Quantos homens mais teremos perdido daqui a um ano?".[123] Haig também encarou com alívio a possibilidade de um armistício. Em 19 de outubro, ele disse a Henry Wilson: "Nosso ataque no dia 17 encontrou resistência considerável, e [...] o inimigo não estava pronto para uma rendição incondicional. Nesse caso, não haveria armistício, e a guerra continuaria por mais um ano".[124] Como lembrou Lloyd George, "o conselho militar que recebemos não nos encorajou a esperar o fim imediato da guerra. Todos os nossos planos e preparações [...] foram, portanto, feitos com base no pressuposto [...] de que a guerra certamente não terminaria antes de 1919".[125]

Portanto, não foi a superioridade tática dos Aliados que pôs fim à guerra: foi uma crise de moral alemã, e isso só em parte pode ser atribuído à influência exógena da infantaria e da artilharia dos Aliados. O ponto crucial a ser observado é que os alemães que continuaram lutando ainda se mostraram mais aptos para matar o inimigo. Foram os alemães que escolheram se render – ou desertar, evadir ou protestar – que acabaram com a guerra. Sem dúvida, sua decisão foi influenciada pela melhoria na capacidade de combate do inimigo; os acontecimentos de 8 de agosto fora de Amiens foram de fato "a maior derrota que o Exército alemão havia sofrido desde o início da guerra".[126] Mas o que tornou as coisas realmente sombrias foi a *admissão* de derrota por parte do Alto-Comando alemão. Em 10 de agosto, Ludendorff entregou ao Kaiser seu pedido de renúncia, admitindo que "o espírito guerreiro de algumas divisões deixa muito a desejar". Embora não tenha aceitado o pedido de Ludendorff, Guilherme II respondeu com atípico realismo: "Vejo que precisamos fazer um balanço, estamos à beira da [in]solvência. A guerra precisa acabar".[127] Três dias depois, Ludendorff

> reavaliou a situação militar, a condição do Exército e a posição de nossos Aliados, e explicou que já não era possível forçar o inimigo a implorar por paz por meio de uma ofensiva. A defensiva, por si só, dificilmente conseguiria atingir esse objetivo, de modo que o fim da guerra deveria ser alcançado por diplomacia [...] A conclusão lógica [era de] que negociações de paz eram essenciais.[128]

Se essa era a opinião tanto do soberano *de facto* quanto do soberano *de jure* da Alemanha, não é de admirar que seus soldados agora começassem a se render ou a desistir de lutar. Foi só em 2 de outubro que o Reichstag e a população alemã receberam a notificação formal de que o Alto-Comando queria um armistício. No entanto, é óbvio que os muitos soldados perceberam, mais de um mês antes, que seus líderes consideravam a guerra perdida.

Mas hoje está claro que Ludendorff, exausto e doente, estava reagindo de forma exagerada. Assim como a guerra da Alemanha havia começado com um ataque de nervos (o de Moltke), também terminava com um: o de Ludendorff. Cansado e enfermo depois do fracasso de suas ofensivas, Ludendorff concluiu, de maneira precipitada, que o Exército ruiria se ele não garantisse um armistício; parece mais provável que seu desejo de um acordo de paz causou a ruína. Haig acreditava que o Exército alemão era "capaz de se retirar para suas próprias fronteiras e defender essa linha".[129] Essa também era a visão de Julian Bickersteth, um experiente capelão da linha de frente do Exército, que escreveu em 7 de novembro (o dia em que o armistício foi assinado):

> O inimigo [...] está empreendendo uma inteligente ação de retaguarda, e não vejo como podemos esperar que ele se movimente com mais rapidez. As dificuldades em nossas comunicações à medida que avançamos são alarmantes – com pontes explodidas e estradas arruinadas, nosso progresso é, por necessidade, muito lento, e o inimigo tem tempo mais do que suficiente para recuar e formar novos postos de metralhadoras, infligindo baixas numerosas quando avançamos [...] Todos nós, exceto, talvez, os oficiais de Estado-Maior que não entendem nada do combate ou do moral dos alemães, prevemos pelo menos mais seis meses de guerra.[130]

Foi Ludendorff quem deu a punhalada fatal nos alemães, e foi pela frente, não pelas costas. Para adaptar a frase de Ernst Jünger (embora ele estivesse se referindo a Langemark, com um significado bem diferente): "Os alemães depararam com uma força superior: eles depararam consigo mesmos". [131]

Se novembro de 1918 houvesse testemunhado uma verdadeira vitória dos Aliados, os soldados britânicos, franceses e norte-americanos teriam marchado em triunfo pela avenida Unter den Linden. Isso, afinal, era o que Pershing, Poincaré e muitos outros queriam ver. O principal motivo pelo qual isso não aconteceu foi que Haig, Foch e Pétain duvidaram que seus Exércitos tivessem capacidade para tal. Os Aliados haviam, sem dúvida, derrotado os búlgaros, os austro-húngaros e os turcos: mas não haviam derrotado completamente os alemães. Em vez disso, foram as tropas alemãs que marcharam para Berlim, com tristeza, mas como tinha de ser.

A vitória perdida?

Em 31 de maio de 1918, *sir* John du Cane, encarregado da missão britânica no quartel-general de Foch, comunicou a *sir* Maurice Hankey seus consideráveis temores sobre o futuro [...] [Ele] está particularmente aflito com a ideia de termos 2,5 milhões de reféns no continente no caso de uma derrota francesa. Ele vislumbra a possibilidade de o Exército francês ser esmagado e separado de nós, de o inimigo exigir, como condição para a paz, a entrega de todos os portos de Ruão e Havre a Dunquerque e, diante de uma recusa, de sermos impiedosamente atacados pelo Exército alemão. Ele não acredita que possamos retirar nosso exército e considera que, se quiséssemos prosseguir com a guerra, teríamos de encarar a possibilidade de mais de um milhão de prisioneiros na França.[132]

Essas não eram as visões de uma Cassandra isolada. Cinco dias depois, *sir* Maurice Hankey, *sir* Henry Wilson e lorde Milner se reuniram no número 10 da Downing Street para discutir "a proposta de evacuação de Ypres e de Dunquerque" e "a possibilidade de retirar todo o Exército da França se os franceses falharem". Ainda em 31 de julho, a opinião de Milner era de que "jamais se deve bater nos Boch".[133]

Os acontecimentos mostram que essas visões eram demasiado pessimistas, mas atestam o fato de que uma vitória alemã na Primeira Guerra Mundial parecia não ser uma possibilidade irrealista. Os Impérios Centrais haviam derrotado a Sérvia (em 1915), a Romênia (em 1916) e a Rússia (em 1917). Também haviam chegado perto de derrotar a Itália. Portanto, a derrota da França e da Grã-Bretanha em 1918 estava longe de ser inconcebível; afinal, os alemães chegaram a 65 quilômetros de Paris naquele mês de maio. E tudo isso apesar da enorme inferioridade em recursos econômicos. Essa conquista se deveu primordialmente à excelência tática do Exército alemão.

Diante das críticas batidas à estratégia alemã, é, portanto, tentador formular outra pergunta contrafatual. Depois que a guerra eclodiu, houve alternativas estratégicas que a Alemanha poderia ter adotado para alcançar a vitória? Várias se revelam.

Alguns historiadores insinuam que o antigo plano *Ostaufmarsch* para uma concentração inicial em derrotar a Rússia em 1914 teria sido preferível ao Plano Schlieffen. No entanto, seria possível argumentar que o Plano Schlieffen não foi concebido para conquistar um *Blitzkrieg*, mas meramente para dar à Alemanha a posição defensiva mais forte possível para uma guerra prolongada;[134] nesses termos, foi relativamente bem-sucedido. Também devemos lembrar que os alemães foram muito eficazes para matar franceses durante os primeiros meses da guerra: poucos Exércitos na história sofreram tantas baixas em tão poucas semanas e sobreviveram.

Mais digno de crédito é o argumento de que Falkenhayn errou ao atacar Verdun: teria sido melhor manter uma postura defensiva no Ocidente e se concentrar na Rússia. Mas, uma vez que os britânicos e os franceses intensificaram sua produção de armas e munições, a defesa se revelou não muito menos custosa do que o ataque. Não está nada claro se os alemães teriam se saído melhor se houvessem sentado e esperado que os britânicos e franceses cometessem suicídio atacando. Os historiadores que ridicularizam o "culto" à ofensiva durante o pré-guerra tendem a negligenciar o fato de que defender, como os alemães precisaram fazer no Somme, era genuinamente mais desmoralizante do que atacar, e não muito menos custoso em termos de vidas e amputações.[135] Em todo caso, a vitória sobre a Rússia em 1917-1918 criou quase tantos problemas quanto resolveu. Para ter garantido a máxima concentração de força no Ocidente, os alemães teriam precisado resistir à tentação à qual sucumbiram em 1918: tentar a expansão em larga escala na Europa Oriental.

De maneira similar, os argumentos contra o uso de guerra submarina irrestrita negligenciaram o fato de que, sem ela, os britânicos teriam sido capazes de importar ainda *mais* produtos e munições do outro lado do Atlântico. E este só foi um erro se for possível demonstrar que os alemães poderiam ter ganhado a guerra antes de os norte-americanos terem chegado à França em número suficiente para garantir uma vitória dos Aliados.

Portanto, a questão crucial talvez seja: Ludendorff deveria ter resistido à tentação de atacar na primavera de 1918? Hoje, é fácil argumentar que sim. Mas não havia nada de errado com seu diagnóstico em 11 de novembro de 1917: "Nossa situação geral requer que ataquemos quanto antes, se possível no fim de fevereiro ou no começo de março, antes que os norte-americanos possam enviar forças em grande escala. Precisamos derrotar os britânicos".[136] Havia apenas 287 mil norte-americanos na França em março de 1918, dos quais apenas três divisões estavam na linha. Em novembro de 1918, havia 1,944 milhão. Por outro lado, o Exército francês havia encolhido de 2,234 milhões em julho de 1916 para 1,668 milhão em outubro de 1918, embora os alemães também estivessem bem abaixo de sua capacidade máxima. Sem dúvida, Ludendorff errou ao desviar seu ataque para o sul a fim de separar os britânicos e os franceses; talvez dois ataques convergentes em Flandres e em Péronne tivessem sido melhores. Entretanto, os verdadeiros erros vieram depois que Ludendorff percebeu que não seria capaz de fragmentar completamente a resistência inimiga (em 5 de abril).

Aquele era o momento de renunciar à Bélgica em nome de uma paz negociada, não de tentar ainda mais ofensivas.[137] E, quando estas falharam (e estavam fadadas a isso), Ludendorff não deveria ter procurado um armistício com tanta pressa; em vez de atacar em Reims em 15 de julho, os alemães deveriam ter se retirado para a Linha Hindenburg.[138]

Finalmente, foi um erro de cálculo endossar os Catorze Pontos de Woodrow Wilson, como os alemães fizeram ao apelar para ele pelo fim das hostilidades. Tanto em casa quanto no *front*, é bem provável que o moral dos alemães teria se elevado se eles soubessem que os nacionalistas radicais, os industrialistas e os líderes militares franceses solicitaram repetidas vezes que a separação da margem esquerda do Reno, se não o completo desmembramento do Reich, fosse um objetivo de guerra da França. Isso não era nenhum segredo; tais propostas apareceram nas páginas de jornais de direita como o *Echo de Paris* e o *Action Française*: por exemplo, Charles Maurras pedia a completa dissolução do Reich em uma série de artigos neste último, no fim de 1916. Suas propostas lembravam muito o plano traçado para Joffre no mesmo ano pelo coronel Dupont, um oficial sob seu comando, que imaginava não só a devolução da Alsácia-Lorena à França como também a anexação da bacia de carvão de Saar e duas porções de Baden (em Kehl e Germersheim); a separação da Renânia e sua conversão em um satélite, ou grupo de satélites, francês; a expansão da Bélgica, que deixaria de ser neutra e passaria a depender da França; o desmembramento da Prússia; e a dissolução do Reich em nove pequenos Estados. A Áustria-Hungria também seria desmembrada. Até mesmo o programa mínimo adotado pelo governo de Aristide Briand em outubro de 1916 concebia a separação e a neutralização da Renânia.[139] Para impedir isso, parece haver poucas dúvidas de que os soldados alemães teriam continuado lutando; o que eles se recusavam a fazer era continuar lutando enquanto seus senhores barganhavam um armistício.

1. Herwig, How "Total" was Germany's U-Boat Campaign, passim.
2. Herwig, Dynamics of Necessity, p. 104.
3. Kennedy, Britain in the First World War, p. 48, 54, 57s, 60s; Herwig, Dynamics of Necessity, p. 90s, 98.
4. Ferguson, *Paper and Iron*, p. 138.
5. Haupts, *Deutsche Friedenspolitik*, p. 119.
6. Ferguson, *Paper and Iron*, p. 139.
7. Offer, *First World War*, p. 15-18. Cf. Simon, Alternative Visions of Rationality, p. 189-204.
8. Herwig, Dynamics of Necessity, p. 89.
9. Ibid., p. 93s.
10. Ver, mais recentemente, Herwig, *First World War,* passim.
11. Herwig, Dynamics of Necessity, p. 95. Ao todo, 65 divisões francesas lutaram em Verdun, em comparação com 47 divisões alemãs, de modo que o número de baixas entre os franceses foi mais distribuído. As divisões alemãs foram, em média, mais exauridas. Ver também Millett et al., Effectiveness, p. 12.
12. Deist, Military Collapse, p. 186-207.
13. Ibid., p. 197.
14. Ibid., p. 190.
15. Johnson, *1918*, p. 141, 145.
16. Maier, Wargames, p. 266s.
17. Ferguson, *Paper and Iron*, p. 138.
18. Herwig, Admirals *versus* Generals, p. 212-215, 219, 224, 228. Uma das propostas mais pitorescas de Holtzendorff foi que a Bélgica fosse dividida entre os Hohenzollern e os Bourbon, que, segundo imaginou, retornariam ao trono francês.
19. Além de Fischer, *Germany's War Aims*, ver Gatzke, *Germany's Drive to the West*, e o definitivo Soutou, *L'Or et le sang*.
20. L. Cecil, *Albert Ballin*, p. 261-266, 269s; Schramm, *Neun Generationen*, vol. II, p. 491.
21. Herwig, Admirals *versus* Generals, p. 219.
22. Warburg, *Aus meinen Aufzeichnungen*, p. 58.
23. Feldman, War Aims, p. 5-12, 18.
24. Herwig, Admirals *versus* Generals, p. 231.
25. Kersten, Kriegsziele, passim.
26. Herwig, Admirals *versus* Generals, p. 215ss.
27. Kitchen, *Silent Dictatorship,* passim.
28. Wehler, *German Empire*, p. 215ss; Stegmann, *Erben Bismarcks*, p. 497-519.
29. Deist, Military Collapse, p. 194.

30. Trumpener, Road to Ypres, p. 460-480. Ver também H. Harris, To Serve Mankind, p. 31s.
31. Herwig, Dynamics of Necessity, p. 96.
32. Ferro, Great War, p. 93s; Banks, Military Atlas, p. 281-301. Os bombardeios por zepelins e aviões mataram 1.413 britânicos e feriram 3.409; as vítimas alemãs em decorrência de bombardeamento aéreo foram 740 mortos e 1.900 feridos.
33. Herwig, Dynamics of Necessity, p. 85, 94.
34. Andrew, Secret Service, p. 139-194.
35. Para uma avaliação favorável da estratégia adotada pela Grã-Bretanha, ver Kennedy, Britain in the First World War, p. 37-49; Kennedy, Military Effectiveness, esp. p. 344s.
36. Liddell Hart, British Way, p. 12s, 29s.
37. Clark, Donkeys, passim.
38. Ver Terraine, Douglas Haig; Terraine, Western Front; Terraine, Road to Passchendaele; Terraine, To Win a War; Terraine, Smoke and the Fire; Terraine, First World War.
39. Barnett, Swordbearers.
40. Howard, British Grand Strategy, p. 36.
41. D. French, Meaning of Attrition, p. 385-405.
42. Edmonds, Short History, p. 94.
43. D. French, Meaning of Attrition, p. 403.
44. Terraine, First World War, p. 122.
45. T. Wilson, Myriad Faces, p. 331.
46. Terraine, First World War, p. 172.
47. Guinn, British Strategy, p. 230; Woodward, Great Britain, p. 276ss.
48. J. Gooch, Plans of War, p. 31.
49. T. Wilson, Myriad Faces, p. 441.
50. Ibid., p. 547.
51. Edmonds, Short History, p. 335. Palavras do tenente-general Godley, comandante do 21º Corpo de Exército.
52. G. Parker, Times Atlas of World History, p. 248s; Bullock, Hitler and Stalin, Apêndice II; Davies, Europe, p. 1328.
53. Coker, War and the Twentieth Century, p. 93.
54. War Office, Statistics of the Military Effort, p. 246. Cf. T. Wilson, Myriad Faces, p. 559.
55. Howard, Crisis of the Anglo-German Antagonism, p. 14.
56. Stone, Eastern Front, p. 266.
57. Nägler, Pandora's Box, p. 14.
58. Dupuy, Genius for War, esp. p. 328-332.
59. Simpson, Officers, p. 63-98; Strachan, Morale, p. 389.

60. D. French, Meaning of Attrition, p. 386.
61. Cruttwell, *History of the Great War*, p. 627.
62. T. E. Lawrence, *Seven Pillars*, p. 395.
63. Terraine, *Smoke and the Fire*, p. 171.
64. Laffin, *British Butchers*, passim.
65. Bidwell e Graham, *Fire-Power*, p. 2s.
66. Ver esp. Travers, *Killing Ground*, esp. p. 66, 250.
67. Terraine, *White Heat*, p. 93.
68. Fuller, *Conduct of War*, p. 161.
69. Terraine, *Smoke and the Fire*, p. 179.
70. Edmonds, *Official History: Military Operations*, vol. I, p. 355; Terraine, *Smoke and the Fire*, p. 118.
71. Terraine, *White Heat*, p. 148.
72. Holmes, Last Hurrah, p. 284.
73. Maier, Wargames, p. 267.
74. R. Williams, Lord Kitchener, p. 118.
75. Ibid., p. 122. Cf. Terraine, *Douglas Haig*, p. 154; Philpott, *Anglo-French Relations*, passim.
76. Edmonds, *Short History*, p. 89.
77. Maier, Wargames, p. 269.
78. Philpott, *Anglo-French Relations*, p. 163s.
79. Trask, *AEF and Coalition Warmaking*, passim.
80. Hussey, Without an Army, p. 76, 81.
81. Edmonds, *Official History: Military Operations*, vol. I, p. 7.
82. Terraine, British Military Leadership, p. 48.
83. Travers, *Killing Ground*, p. xx, 23.
84. T. Wilson, *Myriad Faces*, p. 309.
85. Prior e Wilson, *Command on the Western Front*, p. 150s.
86. Bourne, *Britain and the Great War*, p. 171.
87. Travers, *Killing Ground*, p. 5s.
88. Ibid., p. 49.
89. Creveld, *Command in War*, p. 156s.
90. Ibid., p. 186; também p. 262.
91. D. Graham, Sans Doctrine, p. 75s.
92. Bidwell e Graham, *Fire-Power*, p. 3.
93. Ibid., p. 27.
94. Travers, *Killing Ground*, p. 73; ver também p. 62, 75.
95. Travers, *How the War Was Won*, p. 175-180. Cf. Travers, *Killing Ground*, p. 111.
96. Griffith, *British Fighting Methods*, p. 6.

97. Terraine, Substance of the War, p. 8.
98. Edmonds, *Official History: Military Operations*, vol. I, p. 313.
99. Kennedy, Britain in the First World War, p. 50.
100. Prior e Wilson, *Command*, p. 153, 163-166. Sulzbach, *With the German Guns*, mostra que só mais tarde, na guerra, Sulzbach começou a se sentir vulnerável ao fogo de contrabateria do outro lado.
101. Cf. Farndale, *History of the Royal Regiment of Artillery*, p. 178.
102. Geyer, German Strategy, p. 541.
103. Strachan, Morale, p. 383.
104. Herwig, Dynamics of Necessity, p. 95.
105. Ver esp. Griffith, *Forward into Battle*, p. 78.
106. O relato clássico, embora romantizado, é Jünger, *Storm of Steel*.
107. Wynne, *If Germany Attacks*, p. 5.
108. Travers, *How the War Was Won*, p. 176.
109. Dupuy, *Genius for War*, p. 5.
110. Samuels, *Command or Control?*, p. 3.
111. Ibid., p. 5.
112. Ver, em geral, Samuels, *Doctrine and Dogma*, p. 175.
113. Gudmunsson, *Stormtroop Tactics*, p. 172ss.
114. Bessel, Great War, p. 21.
115. Griffith, Tactical Problem, p. 71.
116. Farndale, *History of the Royal Regiment of Artillery*, p. 158.
117. Bailey, First World War and the Birth of the Modern Style of Warfare, p. 3.
118. Griffith, *British Fighting Methods*, p. xii. Cf. Griffith, *Battle Tactics*.
119. Prior e Wilson, *Command*, p. 339.
120. Wawro, Morale in the Austro-Hungarian Army, p. 409.
121. Rawling, *Surviving Trench Warfare*, p. 221.
122. Trask, *AEF and Coalition Warmaking*, p. 171-174.
123. Maier, Wargames, p. 273.
124. Johnson, *1918*, p. 166.
125. Ibid., p. 167.
126. Ibid., p. 94.
127. Ibid., p. 109.
128. Ibid., p. 112.
129. Strachan, Morale, p. 391.
130. Bickersteth, *Bickersteth Diaries*, p. 295.
131. Coker, *War and the Twentieth Century*, p. 120.
132. J. Johnson, *1918*, p. 189.
133. Ibid., p. 189s.

134. Ver Förster, Dreams and Nightmares.
135. Kennedy, Military Effectiveness, p. 343.
136. Edmonds, *Short History*, p. 281.
137. Herwig, Dynamics of Necessity, p. 102.
138. Howard, *Crisis of the Anglo-German Antagonism*, p. 17.
139. Prete, French Military War Aims, p. 888-898.

I I
"Máximo massacre ao menor custo": finanças de guerra

Finanças e guerra

Certa vez, Bertrand Russell definiu o objetivo da economia de guerra como "máximo massacre ao menor custo". Também por esse parâmetro, é tentador afirmar que os Impérios Centrais "ganharam" a Primeira Guerra Mundial.

Para compreender toda a dimensão da superioridade dos Impérios Centrais na guerra, é necessário considerar não só a eficiência militar, mas também a eficiência econômica. O Capítulo 9 seguiu historiadores econômicos anteriores ao considerar as economias de guerra dos países combatentes de maneira mais ou menos isolada do negócio da destruição propriamente dita. Isso, é claro, desvia o foco da questão central. Como afirmou Russell, o objetivo final de toda atividade econômica durante a guerra era a matança do inimigo. Toda tentativa de avaliar a eficiência econômica nesse período deve, portanto, levar em conta os assassinatos, assim como toda tentativa de avaliar a eficiência militar deve levar em conta as despesas incorridas. Para tanto, precisamos nos debruçar sobre as finanças de guerra.

Como vimos, apesar dos esforços fragmentados para alocar recursos físicos por decreto, a maioria dos Estados, mesmo no fim da guerra, ainda estava gerenciando suas economias principalmente por meio do mercado e contando com a regulação dos preços para controlar suas distorções mais graves. Em nenhum lugar o Estado agiu como se fosse dono de materiais, empresas ou mão de obra (como fez a União Soviética na Segunda Guerra Mundial): tudo tinha um preço. Isso significa que as finanças de guerra tradicionais eram tão cruciais para a mobilização econômica quanto qualquer um dos mecanismos mais ou menos burocráticos para a alocação de recursos que discutimos no Capítulo 9.

Afirmara-se, muitas vezes, antes de 1914, que uma guerra entre as grandes potências europeias seria impraticável em termos econômicos; qualquer tentativa nessa direção simplesmente acabaria em colapso financeiro. Quando a guerra eclodiu, o impacto econômico imediato pareceu confirmar essas previsões (ver Capítulo 7). Em 10 de agosto de 1914, Keynes explicou entusiasmado para Beatrice Webb que

> tinha quase certeza de que a guerra não poderia durar mais de um ano [...] O mundo, segundo explicou, era riquíssimo, mas felizmente sua riqueza era de um tipo que não se podia perceber rapidamente para os propósitos do conflito: estava na forma de bens de capital para fabricar coisas que eram inúteis para travar uma guerra. Quando toda a riqueza disponível tivesse sido usada – o que ele acreditava que demoraria cerca de um ano –, as potências teriam de fazer as pazes.[1]

Tal pensamento destituído de rigor era lugar-comum em Londres em 1914. Asquith garantiu a George Booth que a guerra estaria terminada "em poucos meses".[2] *Sir* Archibald Murray, chefe do Comando-Geral da Força Expedicionária Britânica, garantiu a Escher que a guerra duraria "três meses, se tudo corresse bem, e talvez oito meses, se as coisas não saíssem como esperado. Por mais tempo que isso, ele considera impossível alimentar os exércitos no campo de batalha e as populações envolvidas, e a pressão financeira seria maior do que a Europa poderia suportar".[3] Era como se todos tivessem lido Bloch e Angell.

É desnecessário dizer, entretanto, que a crise financeira de agosto de 1914 não impossibilitou a Primeira Guerra Mundial. Um inteligente diplomata norte-americano chamado Lewis Einstein havia previsto isso já em janeiro de 1913. Em seu artigo "The Anglo-German Rivalry and the United States" [A rivalidade anglo-germânica e os Estados Unidos], publicado na *National Review*, ele argumentou com astúcia contra a visão de que o colapso financeiro logo colocaria um fim à guerra:

> Uma possibilidade mais provável seria um confronto muito prolongado [...] no qual nenhum [dos lados] conseguiria obter uma vantagem decisiva. Apesar das demonstrações teóricas de que uma guerra demorada é hoje uma impossibilidade econômica, não há indícios concretos que corroborem essa teoria, e há eco-

nomistas notáveis que acreditam que o sistema de crédito moderno é adaptado de maneira peculiar para facilitar o prolongamento da guerra.[4]

Isso era certo. Kitchener apresentou o mesmo argumento em agosto de 1914, para espanto de seus colegas mais panglossianos. A guerra, segundo advertiu a Esher, poderia durar "pelo menos dois ou três anos", porque "nenhuma pressão financeira jamais interrompeu uma guerra em andamento".[5] Por mais sem precedentes que fossem os custos da guerra em termos nominais, os contribuintes europeus e, o que é mais importante, os mercados financeiros e o capital internacional eram perfeitamente capazes de sustentar uns três anos de massacre antes que o tipo de colapso previsto por Bloch finalmente ocorresse.

Mas a Alemanha, como tantas vezes se afirma, percebeu isso? Sem dúvida, os historiadores econômicos há muito retratam as finanças de guerra da Alemanha entre 1914 e 1918 em uma perspectiva longe de ser favorecedora, culpando-a pela inflação "galopante".[6] A principal crítica é que o governo não aumentou suficientemente a tributação direta e dependia muitíssimo de formas inflacionárias de empréstimo.[7] Até mesmo Theo Balderston, em uma reveladora comparação das finanças britânicas e alemãs, ainda parte do pressuposto de que é a incapacidade da Alemanha de controlar a inflação o que precisa ser explicado. De modo convincente, Balderston argumenta que, de fato, em comparação com a Grã-Bretanha, a Alemanha não financiou uma parcela significativamente menor dos gastos públicos durante a guerra por meio de tributação. Mas sua conclusão está mais preocupada com uma deficiência alemã mais sutil: foi (entre outras coisas) a incapacidade relativa dos mercados financeiros alemães de absorver dívidas públicas de curto prazo o que levou a um excesso de liquidez muito maior na Alemanha do que na Grã-Bretanha.[8] Não parece implausível associar esse excesso de liquidez com o suposto problema de ineficiência administrativa alemã, discutido no capítulo anterior. A inflação contida – só freada com um sistema complexo de controle de preços – levou ao desenvolvimento de um mercado negro. Isso, segundo se argumenta, piorou um problema já existente de má alocação de recursos, contribuindo para a suposta queda na eficiência da economia alemã como um todo.

Portanto, a história das finanças de guerra da Alemanha pode ser contada nos seguintes termos sombrios. A guerra custou mais do que até mesmo os pessimistas haviam previsto. Incluindo as comunas e o sistema de seguridade social, o gasto público total aumentou de cerca de 18% do Produto Nacional Líquido antes da guerra para 76% em seu pico em 1917.⁹ Só uma proporção limitada desse gasto foi viabilizada com a arrecadação de impostos.¹⁰ A incapacidade do governo de impor tributação direta mais alta confirma a influente posição política dos negócios; pois foram os negócios, e sobretudo a indústria, que obtiveram os maiores ganhos de renda e riqueza durante a guerra. Típica foi a resistência ao imposto sobre o volume de negócios (*Umsatzsteuer*), a alíquota fixa implementada em junho de 1916 que incidia sobre todas as atividades operacionais. Em vez disso, a maior parte dos gastos foi financiada com empréstimos; e, como a Alemanha só conseguiu obter uma quantia limitada no exterior, o ônus dos empréstimos recaiu preponderantemente sobre o mercado de capitais alemão. Entretanto, com o aumento cumulativo do déficit do setor público, o nível de empréstimos excedeu a boa vontade da população para emprestar ao governo e receber no longo prazo. Em novembro de 1918, a dívida flutuante do Reich havia alcançado 51,2 bilhões de marcos, 34% da dívida total do Reich.¹¹ O volume elevado de empréstimos públicos, por sua vez, levou à rápida expansão monetária depois da suspensão (ilegal) de pagamentos em dinheiro pelo Reichsbank em 31 de julho de 1914. Em 4 de agosto, a legislação criou o potencial para um crescimento monetário ilimitado por meio de uma série de modificações às regras de reservas do Reichsbank.¹² Depois disso, o dinheiro em circulação cresceu a uma média anual de 38%.¹³ A expansão monetária, por sua vez, levou à inflação, embora, graças aos controles sobre os preços, esta tenha sido mais baixa do que se poderia esperar.¹⁴ No entanto, os controles sobre os preços distorceram o mercado quando criaram variações artificiais,¹⁵ levando ao surgimento de mercados negros para produtos com grande demanda e exacerbando as carências no mercado oficial.¹⁶ Esse excedente cada vez maior de poder de compra frustrado reduziu a eficiência econômica, levando a Alemanha a uma espiral descendente em direção ao colapso interno e à derrota.

A outra face desse argumento é a alegação de que a superioridade financeira da Grã-Bretanha garantiu sua vitória. Esta era certamente a visão de Lloyd George. Como ministro da Fazenda, ele começara a guerra com um medo terrível quando, como vimos, as instituições de aceite estiveram prestes a quebrar e os bancos de compensação tentaram obrigar o Banco da Inglaterra a suspender a plena conversibilidade do ouro. (Isso teria lhes permitido fornecer liquidez aos clientes a uma taxa inferior à do banco.) A decisão de impor uma moratória e um feriado bancário prolongado salvou as instituições de aceite, mas, apesar das súplicas dos bancos de compensação, o Tesouro e o Banco da Inglaterra preferiram seguir o que se convencionou em 1844 e evitar a todo custo a suspensão do padrão-ouro. O compromisso alcançado foi que a conversibilidade deveria ser mantida e a taxa do banco reduzida em mais 1%. Uma semana depois, o mercado de aceite foi tranquilizado com a decisão de que o banco descontaria todas as letras de câmbio aceitas antes de 4 de agosto à nova taxa inferior. Isso foi um sucesso que elevou muitíssimo a autoconfiança de Lloyd George.

Como em 1909, quando a City havia previsto um colapso se o Orçamento do Povo fosse aprovado, Lloyd George levou a melhor com os banqueiros. Uma passagem de seu famoso discurso no Queen's Hall, algumas semanas depois, dá uma ideia do excesso de confiança que isso inspirou: "Vocês têm alguma nota de cinco libras? (risos e aplausos) [...] Se vocês as queimarem; elas não passam de pedaços de papel [...] Do que são feitas? De papel [...] Quanto valem? Todo o crédito do Império Britânico (aplausos ruidosos)".[17] O pressuposto geral era de que todo o crédito do Império garantia a vitória. "Penso", ele disse a outra plateia naquele mês de setembro, "que o dinheiro importará muito mais do que podemos imaginar no momento".[18] Até Keynes, que mais tarde se tornou o maior pessimista em relação a esse assunto, mostrava o mesmo otimismo no início da guerra. Em janeiro de 1915, ele garantiu aos amigos Leonard e Virginia Woolf: "Estamos fadados a ganhar – e em grande estilo, já que, no último minuto, dedicamos todo o nosso intelecto" – ele se referia a si próprio – "e riquezas a resolver a questão".[19]

O custo de matar

Mas aqui se apresenta o já conhecido problema. Se as finanças de guerra da Alemanha eram tão falhas, por que as potências da Entente, apoiadas pelo sistema financeiro superior da Grã-Bretanha, levaram tanto tempo para ganhar a guerra?

O aspecto mais impressionante de todo o financiamento da Primeira Guerra Mundial é que custava muito mais – quase o dobro – ganhá-la do que perdê-la. Houve várias tentativas de computar o custo da guerra em dólares a todos os países combatentes. De acordo com um dos cálculos, o total dos "gastos de guerra" (isto é, o aumento no gasto público com relação à "norma" do período anterior) foi de 147 bilhões de dólares para os Aliados (França, Grã-Bretanha, Império Britânico, Itália, Rússia, Estados Unidos, Bélgica, Grécia, Japão, Portugal, Romênia e Sérvia), em comparação com 61,5 bilhões de dólares para os Impérios Centrais (Alemanha, Áustria-Hungria, Turquia e Bulgária).[20] Outra estimativa chega a 140 bilhões e 83 bilhões de dólares.[21] Meus próprios cálculos aproximados – resumidos na Tabela 36 – confirmam essas ordens de grandeza: mais uma vez, a Grã-Bretanha (45 bilhões de dólares) gastou quase 50% mais que a Alemanha (32 bilhões de dólares).[22]

Ao contar principalmente com empréstimos para obter essas quantias vultosas, a Alemanha não estava agindo de forma diferente dos outros países beligerantes. Como mostrou Balderston, quando os orçamentos dos Estados são somados aos do Reich – como devem ser ao ser comparados com Estados não federais como a Grã-Bretanha, a França e a Rússia –, as grandes diferenças identificadas por Knauss e outros são bastante reduzidas.[23] A Alemanha financiou entre 16% e 18% do gasto público durante a guerra por meio de impostos, um percentual não muito menor do que o da Grã-Bretanha (23%-26%).

Tabela 36   Gastos totais, 1914-1918 (em milhões de dólares)

	Alemanha	*Grã-Bretanha*	*França*	*Rússia*	*Itália*	*Estados Unidos*
1914-1915	2.920	2.493	1.994	1.239	979	761
1915-1916	5.836	7.195	3.827	3.180	1.632	742
1916-1917	5.609	10.303	6.277	4.585	2.524	2.086
1917-1918	8.578	12.704	7.794	2.774	3.012	13.791
1918-1919	9.445	12.611	10.116		4.744	18.351
Total	*32.388*	*45.307*	*30.009*	*11.778*	*12.892*	*35.731*

Notas: A estimativa russa para 1914 se refere apenas aos últimos cinco meses; para 1917, só aos oito primeiros meses. Considerou-se que o ano terminou em 30 de junho para as estimativas referentes à Itália e aos Estados Unidos, e em 31 de março para as dos demais países. Os valores em dólares foram obtidos, usando-se uma média das taxas de câmbio correspondentes.
Fontes: Balderston, War Finance, p. 225; Bankers Trust Company, *French Public Finance*, p. 119-123; Apostol, Bernatzky e Michelson, *Russian Public Finance*, p. 217.

A política fiscal britânica também não foi significativamente mais progressiva do que a alemã: a alíquota efetiva do imposto de renda subiu de maneira mais ou menos igual para as faixas de renda superiores e médias durante a guerra, e na Grã-Bretanha os impostos sobre ganhos extraordinários incidiam apenas sobre os negócios (ao passo que na Alemanha incidiam também sobre os indivíduos).[24] Em média, 13,9% dos gastos alemães durante a guerra foram viabilizados por tributação direta; na Grã-Bretanha, foram 18,2% –, longe de ser uma diferença de grande impacto.[25] Aliás, a política fiscal alemã se compara de maneira favorável à francesa, à italiana e à russa. De fato, a Prússia, bem como a maioria dos Estados alemães maiores, tinha um imposto de renda vigente antes de a guerra começar, ao passo que o imposto de renda finalmente aprovado na França às vésperas da guerra só entrou em vigor em 1916, e rendeu relativamente pouco.[26] O imposto francês sobre os ganhos era, de certo modo, leve e fácil de evitar.[27] Em média, os franceses viabilizaram apenas 3,7% do total dos gastos de guerra por meio de tributação direta, um número ainda pior do que o da Itália (5,7%).[28] De maneira similar, o caráter ilusório da receita proveniente do imposto alemão de 1917 sobre o carvão mineral (que, em grande parte, foi pago com o orçamento extraordinário do Reich) foi um problema menor se comparado com as confusões da política fiscal russa durante a guerra. Como vimos, uma das principais fontes de receita do regime tsarista era o monopólio sobre a vodca; mas o governo baniu o comércio de bebidas alcoólicas naqueles anos, e por isso o dinheiro (ao contrário do povo) secou. O imposto de renda e o imposto sobre os ganhos extraordinários, implementados em 1916, renderam, ao todo, 186 milhões de rublos: "insuficiente para bancar até mesmo um fim de semana de guerra".[29] Em suma, todos os Estados beligerantes incorreram em déficits vultosos, aumentando de maneira considerável suas respectivas dívidas nacionais (ver Tabela 37).

Mais uma vez, o fato notável não é tanto que os déficits alemães fossem um pouco maiores do que os das potências da Entente em proporção aos gastos, mas sim quanto as potências da Entente precisaram tomar emprestado em termos absolutos. A Tabela 38 mostra que, em termos nominais, a dívida nacional francesa quintuplicou, a alemã (considerando o Reich e os Estados) se multiplicou por oito e a britânica aumentou 11 vezes entre 1914 e 1919. Na Itália, o fator equivalente é cinco; nos Estados Unidos, 19. Entre agosto de 1914 e outubro de 1917, a dívida da Rússia quadruplicou.[30] Tais números, no entanto, são um pouco enganosos, em parte porque alguns países (como os Estados Unidos) começaram a guerra com dívidas relativamente baixas, e em parte porque algumas dívidas foram expressas em moedas mais fracas. Por essa razão, computei, no fim da tabela, o valor total líquido acrescido à dívida nacional em dólares no fim da guerra. Isso mostra que o aumento real na dívida nacional da Alemanha foi menos da metade do aumento na Grã-Bretanha.

Tabela 37   Déficits públicos como um percentual dos gastos totais, 1914-1918

	Hungria	Alemanha	Bulgária	Grã-Bretanha	França	Rússia	Itália	Romênia	Grécia	EUA
1914	-38,4	-73,5	-23,0	-61,3	-54,8	-57,0	-6,1	1,0	-55,0	-0,1
1915	-72,4	-94,4	-37,9	-79,8	-79,4	-63,0	-45,3	n/d	-41,0	-8,4
1916	-81,4	-92,7	-59,4	-75,0	-86,6	-67,0	-64,9	-63,0	5,0	6,7
1917	-74,6	-90,8	-65,3	-76,1	-86,1	-55,0	-69,6	-76,0	-26,0	-43,7
1918	-59,1	-93,8	-56,2	-69,2	-80,0	n/d	-70,2	-75,0	n/d	-71,2

Fontes: Eichengreen, *Golden Fetters*, p. 75; Mitchell, *European Historical Statistics*, p. 376-380, E. Morgan, *Studies in British Financial Policies*, p. 41; Apostol, Bernatzky e Michelson, *Russian Public Finance*, p. 220.

Tabela 38   Dívida nacional em milhões (moedas nacionais), 1914-1919

	Alemanha (Reich e Estados, marcos)	Grã-Bretanha (libras)	França (francos)	Itália (liras)	EUA (dólares)
1914	22.043	650	32.800	15.719	1.338
1915	34.323	1.098	40.008	18.707	1.344
1916	57.477	2.124	58.465	26.146	1.225
1917	87.119	4.025	82.504	38.449	2.976
1918	125.523	5.802	114.200	59.518	12.244
1919	179.050	7.280	171.353	79.348	25.482
Diferença (1919-1914)	157.007	6.630	138.553	63.629	24.144
Diferença em dólares	*15.135*	*30.432*	*25.423*	*7.364*	*24.144*

Nota: Os números para a França se referem a 1º de janeiro de cada ano; para a Alemanha e a Grã-Bretanha, a 31 de março; para a Itália e os Estados Unidos, a 30 de junho. Os valores em dólares foram obtidos, usando-se as taxas mensais correspondentes.
Fonte: Balderston, War Finance, p. 227; Schremmer, *Taxation and Public Finance*, p. 470; Bankers Trust Company, *French Public Finance*, p. 139.

Todos os países, portanto, confiaram plenamente na boa vontade de seus cidadãos para emprestar dinheiro ao esforço bélico por meio da compra de títulos de guerra. Como vimos, conservar essa boa vontade veio a ser um dos principais objetivos da propaganda de guerra. O cartaz alemão discutido no Capítulo 8 teve seus equivalentes em todos os países beligerantes. Os dizeres a seguir, do filme de guerra britânico *For the Empire* [Para o Império], falam por si.

Um encouraçado custa 2 milhões de libras, mas precisamos ganhar a guerra. Esqueça o custo.

Três coisas são essenciais: dinheiro, homens e munição.

Só há duas alternativas: ou você dá seu dinheiro ou dá seu sangue.

Dane-se o custo, precisamos ganhar esta guerra.[31]

Em 1917, William Gibbs McAdoo, secretário do Tesouro norte-americano, fez uma memorável declaração: "Um homem que não pode emprestar a seu governo 1,25 dólar a uma taxa de juros de 4% não é digno de ser um cidadão norte-americano.[32] Além do mais, não havia muito o que escolher entre os aspectos práticos das emissões dos títulos de guerra. Na Grã-Bretanha, houve três empréstimos de guerra, em 1914, 1915 e 1917, seguidos de um empréstimo da vitória" em 1919.[33] Na França, houve quatro empréstimos da Defesa Nacional.[34] Na Rússia, foram seis empréstimos de guerra no regime do tsar e um sétimo "empréstimo da liberdade" no governo provisório;[35] os Estados Unidos também preferiram o rótulo "empréstimos da liberdade" ("Liberty loans"), já que encorajava os cidadãos a aplicar seu dinheiro pelo prazo determinado. Os nove empréstimos dos alemães foram mais numerosos do que os da Entente, mas não há nenhuma razão para pensar que tiveram um desempenho significativamente pior.[36] Em todos os países, foi preciso seduzir os investidores com rendimentos um pouco mais altos à medida que a guerra avançava, sobretudo quando estava indo mal: o declínio no volume de empréstimos negociados na França no fim de 1917 é um exemplo disso.[37] O sistema alemão pelo qual os títulos de guerra podiam ser usados como garantia para os empréstimos concedidos pelos bancos de empréstimos estatais

(*Darlehnskassen*) – de modo que, na prática, não absorvessem liquidez – teve um paralelo exato na Rússia.[38] Algo muito parecido aconteceu na França.[39]

Mais uma vez, não havia nada de atípico no fato de que a Alemanha só podia financiar uma proporção limitada de seu empréstimo vendendo títulos de longo prazo. O fato de que, em média, 32% da dívida alemã era flutuante (de curto prazo) entre março de 1915 e março de 1918, ao passo que, para a Grã-Bretanha, a proporção era de apenas 18%, reflete,[40] como afirmou Balderston, diferenças estruturais na natureza dos mercados financeiros de Berlim e de Londres; mas também reflete o fato de que o Tesouro britânico fez grandes emissões de títulos de médio prazo. Em torno de 31% da dívida nacional britânica em dezembro de 1919 era composta de obrigações cujos prazos para resgate variavam de um a nove anos.[41] Aliás, em comparação com a França, as autoridades alemãs foram eficazes ao vender obrigações de longo prazo: apenas 19% da quantia obtida por meio de empréstimos durante a guerra veio da venda de *rentes* de longo prazo, provavelmente porque a dívida de longo prazo da França já era relativamente alta antes de a guerra começar.[42] Em média, 37% da dívida francesa durante a guerra era de curto prazo (em comparação com 32% da Alemanha); em março de 1919, a dívida francesa de curto prazo era maior do que a alemã em termos relativos (44% do total, em oposição a 42%). A Rússia também dependia mais do que a Alemanha de empréstimos de curto prazo: em 23 de outubro de 1917, cerca de 48% de sua dívida total era na forma de letras do Tesouro de curto prazo.[43] Só os Estados Unidos foram capazes de financiar seus déficits de guerra quase exclusivamente por meio da venda de obrigações de longo prazo.[44]

O susto do dólar

Muitas vezes, presume-se que os empréstimos estrangeiros fizeram uma diferença decisiva para o resultado da Primeira Guerra Mundial. Isso se deve, em parte, à histeria em torno das negociações financeiras britânicas com os Estados Unidos, sobretudo no período entre novembro de 1916 e abril de 1917, o que pode ter levado alguns autores a exagerar a importância econômica do dinheiro norte-americano para o esforço de guerra dos Aliados.[45] A origem dos exageros possivelmente remonta a John Maynard Keynes, que se tornou um dos mais influentes conselheiros do Tesouro britânico durante a guerra. Keynes, como já observamos, no começo estava otimista com relação às perspectivas britânicas. Mas seu estado de ânimo logo mudou, sobretudo por causa da pressão que sofria de seus amigos de Bloomsbury, que desaprovavam a guerra de modo mais visceral do que ele. Embora seu trabalho no Ministério da Fazenda o fizesse sentir-se importante, a guerra propriamente dita deixava Keynes profundamente infeliz. Até mesmo sua vida sexual entrou em declínio, talvez porque os rapazes que ele gostava de conquistar em Londres entraram todos para o Exército.[46] Em setembro de 1915, apenas oito meses depois de prever que as finanças alemãs estavam "desmoronando", Keynes alertou que, a não ser que se alcançasse a paz em abril do ano seguinte, haveria uma "catástrofe", já que "os gastos dos próximos meses rapidamente tornariam nossas dificuldades insuportáveis". Quando nenhuma catástrofe ocorreu – apesar das ameaças alarmantes de que Wilson proibiria os empréstimos em decorrência da criação de listas negras de empresas norte-americanas que vendiam para os Impérios Centrais[47] –, Keynes reagendou sua profecia. No fim de 1916, ele redigiu um memorando para o ministro da Fazenda, Reginald McKenna, alertando que "até junho, ou antes disso, o presidente da República norte-americana estará em posição de impor suas próprias condições sobre nós, se assim o desejar".[48]

É verdade que havia motivos para preocupação no fim de 1916, sobretudo por causa da oposição crescente dos germanófilos no conselho do Federal Reserve ao modo como a Grã-Bretanha estava financiando seus saques a descoberto nos Estados Unidos, cada vez mais vultosos; isso culminou em um "alerta" aos investidores norte-americanos para que estes não investissem nas letras do Tesouro britânico.[49] Entretanto, um autoproclamado objetor de consciência, Keynes tinha interesse em apoiar os esforços de Woodrow Wilson para conduzir a guerra a uma paz negociada; e (como assinalou *sir* Edward Grey em 28 de novembro) a pressão financeira era claramente uma forma de fazer isso.[50] Em fevereiro de 1917, depois que a Grã-Bretanha conseguiu frear a grande demanda pelas reservas de ouro do Banco da Inglaterra, Keynes tentou novamente, afirmando que o país só tinha recursos suficientes para continuar lutando por quatro semanas. Mesmo depois que os norte-americanos entraram na guerra, ele não desistiu. Em 20 de julho, redigiu um memorando para Bonar Law, ameaçando que "todo o tecido financeiro da aliança" iria "entrar em colapso em uma questão não de meses, mas de dias".⁵¹ O próprio Wilson concluiu, no dia seguinte, que a Inglaterra e a França logo estariam "financeiramente em nossas mãos".⁵²

Não há dúvida de que isso ajudou a Grã-Bretanha a ser capaz de comprar suprimentos de guerra essenciais nos Estados Unidos a uma taxa de câmbio supervalorizada, amparada por empréstimos obtidos em Wall Street. Teria sido não só constrangedor, mas também inflacionário, se a libra esterlina houvesse caído para muito menos de 4,70 dólares.⁵³ Mas é um exagero afirmar que um enfraquecimento da libra esterlina, fixada em aproximadamente 4,76 dólares (2% abaixo da paridade) durante a maior parte do conflito, teria sido tão fatal para o esforço de guerra britânico quanto Keynes afirmava. Deve-se lembrar que, embora a Grã-Bretanha tenha emprestado mais de 5 bilhões de dólares dos Estados Unidos durante a guerra, quando esta chegou ao fim, ela era, em termos líquidos, não uma devedora, mas sim uma credora. Em março de 1919, as dívidas externas da Grã-Bretanha, principalmente com os Estados Unidos, totalizavam 1,365 bilhão de libras; mas, ao todo, os países Aliados, os domínios e as colônias lhe deviam 1,841 bilhão de libras, deixando um saldo líquido de aproximadamente meio bilhão.⁵⁴ Tudo que aconteceu foi que a Grã-Bretanha havia usado sua própria classificação de crédito boa (baseada inicialmente nos haveres em dólares dos súditos britânicos) para obter empréstimos em Nova York, que, então, emprestava para seus aliados muito menos dignos de crédito. A França também havia contraído empréstimos com a Grã-Bretanha e os Estados Unidos, enquanto emprestava para a Rússia e para outros países.⁵⁵ Também não se deve presumir que os Impérios Centrais foram de certo modo "cortados" do mercado de capitais internacional pelo poder de J. P. Morgan.⁵⁶ De acordo com uma estimativa, em torno de 35 milhões dos 2,16 bilhões de dólares emprestados pelos Estados Unidos aos países combatentes antes de abril de 1917 foram para os Impérios Centrais.⁵⁷ Em se tratando de conduzir a guerra, importava menos quantos títulos de guerra podiam ser vendidos em Wall Street do que o tamanho do déficit comercial que poderia ser financiado de alguma forma, e nesse aspecto os alemães se saíram surpreendentemente bem, apesar das restrições do bloqueio. Um volume mais elevado de finanças externas certamente ajudou a Grã-Bretanha e a França a gastarem mais na guerra do que a Alemanha e a Áustria-Hungria. O próprio fato de que, no fim do conflito, cerca de 18%

da dívida de guerra britânica estava nas mãos de estrangeiros fala por si só. Mas as finanças externas não eram nenhuma garantia de vitória; basta observar a derrota e a insolvência da Rússia, apesar de dever aos Aliados um total acumulado de 7,788 bilhões de rublos (824 milhões de libras): não menos de 30% do total de empréstimos do país durante a guerra.[58]

Porém, o mais notável é que o esforço de guerra da Entente – ao menos na visão de Keynes – tivesse passado a *depender* dos empréstimos norte-americanos, quando, como vimos, a Entente havia iniciado a guerra com tamanha vantagem financeira. A guerra havia exposto os limites do poder imperial britânico: as grandes acumulações de ativos ultramarinos com os quais a Grã-Bretanha entrou na guerra se mostraram um colchão financeiro muito menos firme do que se havia esperado, sobretudo porque (como observou George Booth): "Quando alguém é obrigado a vender, é um vendedor mais fraco, e a posição do vendedor tenta o comprador a tirar o máximo proveito da situação. Foram feitas muitas vendas [de ativos ultramarinos] a preços que depois se revelaram ridiculamente baixos".[59] Em contrapartida, em 1916 os britânicos ocupavam, com relação a Wall Street, a notável posição de vantagem de que o grande devedor sempre desfruta. No começo de 1917, J. P. Morgan estava tão comprometido com a Grã-Bretanha e com a libra esterlina que uma crise real era praticamente impensável; pode-se imaginar o "estado de euforia" no gabinete de Morgan quando se anunciou que os Estados Unidos estavam cortando relações diplomáticas com a Alemanha:[60] foi Morgan, tanto quanto a Grã-Bretanha, que foi resgatado em 1917. Depois disso, a ameaça de uma crise da libra esterlina foi não mais do que um porrete com que os norte-americanos procuraram obrigar os britânicos a aceitar os objetivos diplomáticos dos Estados Unidos.[61] Como afirmou Wilson, a graça de ter alavancagem financeira com relação à Grã-Bretanha e a França era que, "quando a guerra acabar, podemos coagi-los ao nosso modo de pensar".[62]

Papel-moeda e preços

A Alemanha foi singular ao permitir que sua oferta monetária tivesse um rápido crescimento durante a guerra? Certamente não. Todos os países combatentes alteraram as regras monetárias do período anterior à guerra, seja suspendendo de maneira informal a conversibilidade do ouro (Rússia e Alemanha), restringindo as importações de ouro (Rússia, Alemanha, Grã-Bretanha e França), impondo moratórias temporárias a certas formas de dívida e então monetizando-as (Grã-Bretanha), ou criando novas formas de curso forçado de papel-moeda (Grã-Bretanha e Alemanha).[63] O objetivo inicial dessas mudanças era evitar uma contração monetária catastrófica. Mas, assim que a confiança foi retomada, o efeito – junto com o grande volume de empréstimos de curto prazo contraídos pelo governo e as limitações da nova tributação – foi injetar liquidez em grande escala. A oferta monetária deixou de estar significativamente relacionada com as reservas em ouro do Banco Central. O aumento resultante da circulação de papel-moeda (indicadores monetários mais sofisticados estão indisponíveis para certos países combatentes) certamente foi maior na Alemanha do que na Grã-Bretanha, na França e na Itália. Na Alemanha, a moeda em sentido amplo cresceu 285% entre 1913 e 1918, em comparação com 110% na Grã-Bretanha. Considerando as médias anuais para a circulação de papel-moeda do Banco Central no mesmo período, o aumento na Alemanha foi da ordem de 600%, comparação com cerca de 370% na Itália e 390% na França. Entretanto, os aumentos na circulação de papel-moeda foram substancialmente maiores na Áustria-Hungria e na Rússia (ver Tabela 39).

Inevitavelmente, considerando a escassez de certos produtos que coincidiu com essa expansão monetária, a inflação foi um problema universal. Mais uma vez, a experiência alemã durante a guerra esteve longe de ser uma exceção. Os preços do atacado subiram menos na Alemanha entre 1914 e 1918 (105%) do que na Grã-Bretanha (127%), na França (233%) ou na Itália (326%), embora os índices disponíveis para o custo de vida revelem que os preços ao consumidor subiram mais ou menos o dobro na Alemanha (204%), em comparação com a Grã-Bretanha (110%) e a França (113%). Ainda assim, a situação foi melhor do que na Áustria, onde os preços subiram 1.062% (ver Tabela 40).

Mas foi tão ruim permitir que os preços aumentassem durante a guerra? Não necessariamente. Como muitas vezes se demonstrou, a inflação (em particular nesse nível e ao longo desse período) funciona como uma forma de imposto, recolhido facilmente e, em geral, não reconhecido como tal. Um efeito da depreciação da moeda foi reduzir o ônus real da dívida nacional

Tabela 39   Oferta monetária: moeda em sentido amplo e moeda em circulação, em milhões (moeda nacional)

	Moeda em sentido amplo (31 de dezembro)		Moeda em circulação (média anual)					
	Alemanha (marcos)	Grã--Bretanha (libras)	Alemanha (marcos)	Áustria (coroas)	Grã--Bretanha (libras)	França (francos)	Itália (liras)	Rússia (rublos)
1913	17.233	1.154	1.958	2.405	29	5.665	1.647	
1914	19.514	1.329	2.018	2.405	36	7.325	1.828	2.321
1915	23.175	1.434	5.409	6.249	34	12.280	2.624	2.946
1916	29.202	1.655	6.871	8.352	35	15.552	3.294	5.617
1917	43.801	1.939	9.010	12.883	40	19.845	4.660	9.097
1918	66.359	2.429	13.681	24.566	55	27.531	7.751	27.900
Aumento percentual 1913-1918	285	110	599	921	91	386	371	1.102

Notas: Moeda em sentido amplo: para a Alemanha, usei a definição de M3 de Holtfrerich em seu *German Inflation*; para a Grã-Bretanha, Capie e Webber, *Survey of Estimates*. Moeda em circulação: números para a Áustria, média mensal de julho; para a Rússia, dados de 1º de agosto de 1914 e 1º de janeiro de 1915-1918.
Fontes: Balderston, War Finance, p. 237; Kindleberger, *Financial History*, p. 295; Bordes, *Austrian Crown*, p. 46s; Carr, *Bolshevik Revolution*, vol. II, p. 144s; Bresciani, *Economics of Inflation*, p. 164; Apostol, Bernatzky e Michelson, *Russian Public Finance*, p. 372.

Tabela 40   Índices dos custos de vida (1914 = 100)

	Áustria-Hungria	Alemanha	Grã-Bretanha	França	Rússia	Bélgica	EUA
1914	100	100	100	100	100	100	100
1915	158	125	125	120	146	156	98
1916	336	165	161	135	199	328	109
1917	671	246	204	163	473	746	143
1918	1.162	304	210	213		1.434	164

Fontes: Maddison, *Capitalist Development*, p. 300s; E. Morgan, *Studies in British Financial Policy*, p. 284; Fontaine, *French Industry*, p. 417; Stone, *Eastern Front*, p. 287.

e, portanto, os custos do pagamento de juros para os contribuintes. Essa é, sem dúvida, uma explicação importante para o custo mais baixo da guerra, em dólares, para a Alemanha e a Áustria, cujas moedas sofreram uma depreciação significativa com relação ao dólar – sobretudo na segunda metade de 1918, quando a derrota dos Impérios Centrais parecia iminente. Entretanto, é importante não exagerar o alcance dessa depreciação: as moedas russa e italiana se saíram piores (Figura 14).

Considerando todos os fatores, portanto, as finanças de guerra alemãs dificilmente foram tão "desastrosas" ou "patéticas" quanto muitas vezes se afirma. Pelo contrário, é admirável que a Alemanha tenha sido capaz de sustentar seu esforço de guerra por tanto tempo quando seus recursos financeiros eram muito mais limitados do que os dos inimigos.

O preço por morte

Em 1917, ao lhe perguntarem quando ele achava que a guerra terminaria, Charles à Court Repington, correspondente de guerra do *The Times*, respondeu:

> Visto que as nações contavam dinheiro como quem conta grãos de areia, e todas, de uma forma ou de outra, provavelmente repudiariam a guerra quando esta acabasse, pareceria não haver razão para parar, sobretudo quando tantas pessoas estavam ficando mais ricas com a guerra; as senhoras gostavam de estar sem os maridos, e todos temiam os ajustes que viriam depois – industriais, políticos, financeiros e domésticos.[64]

Para Repington, a única forma de terminar a guerra era infligir uma derrota militar decisiva aos Impérios Centrais. Isso era absolutamente correto. Apenas a vitória no campo de batalha serviria. Considerando a imensa superioridade econômica das potências da Entente, no entanto, estava longe de ser fácil explicar por que em 1917 isso ainda não havia sido alcançado. De fato, muitos observadores norte-americanos começaram a pensar, no decurso daquele ano, que isso jamais aconteceria. Os historiadores, como Keynes, tenderam a se concentrar na taxa de câmbio ao analisar as relações

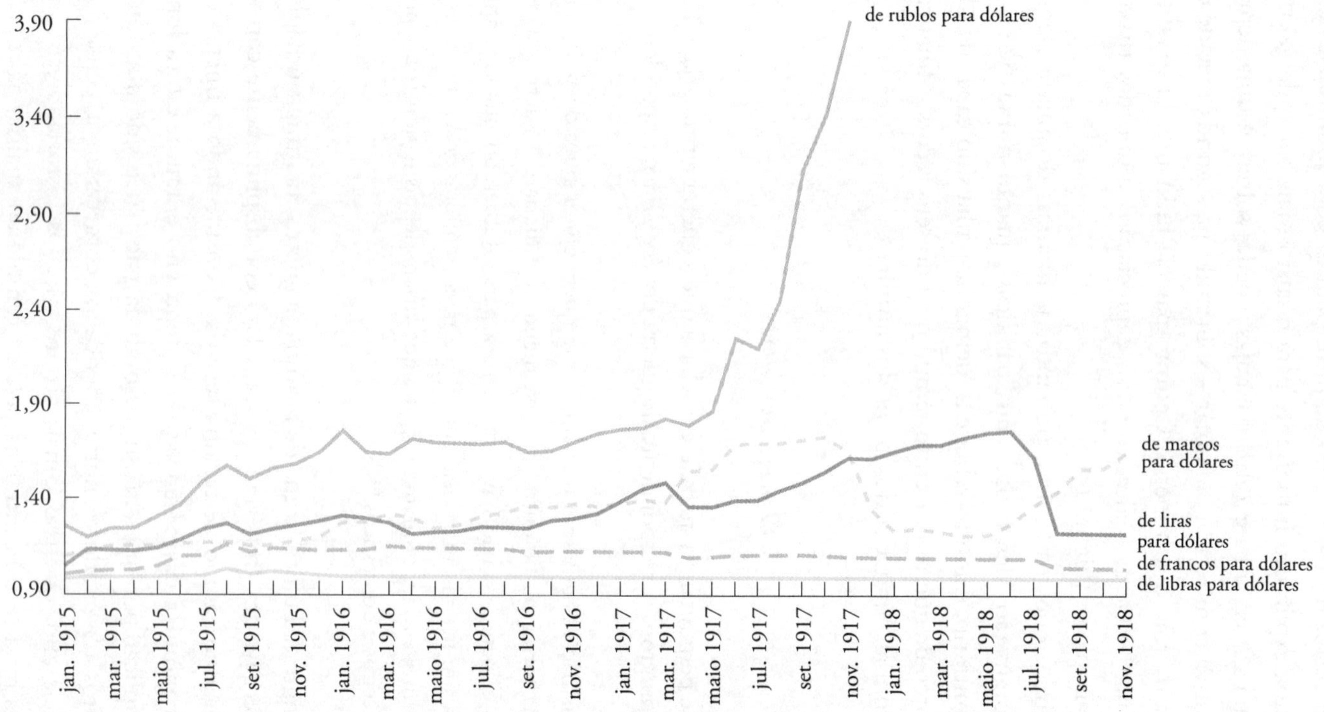

Figura 14 Taxas de câmbio do dólar, 1915-1918 (1913 = 1)

Nota: Preços de Londres, com exceção do marco (Nova York).

Fontes: E. Morgan, *Studies in British Financial Policy*, p. 345-349; Statistisches Reichsamt, *Zahlen zur Geldentwertung*, p. 6; Bordes, *Austrian Crown*, p. 114.

financeiras transatlânticas. Mas, se considerarmos os rendimentos das obrigações – um indicador, como vimos, de importância muito maior no mundo pré-guerra –, o quadro é diferente. Uma vez que a Grã-Bretanha e a França começaram a emitir obrigações em Nova York, ficaram expostas precisamente ao exame atento de investidores ao qual outros países estiveram expostos antes da guerra, quando contraíram empréstimos em Paris e em Londres. Os números para os rendimentos de uma das emissões mais importantes durante a guerra, o empréstimo anglo-francês de 1915 (um empréstimo de 500 milhões de dólares para a Grã-Bretanha e a França),[65] revelam a magnitude da crise de confiança no esforço de guerra dos Aliados (Figura 15). É fascinante notar que o momento em que a confiança dos norte-americanos no esforço de guerra dos Aliados esteve mais em baixa foi em dezembro de 1917 – e não na primavera de 1918, como se poderia ter esperado.

Ainda mais surpreendente é o fato de que esta foi uma crise de confiança na França e na Grã-Bretanha, e não no esforço de guerra dos Estados Unidos. A Figura 16 mostra que, no fim de 1917, houve um brusco aumento na diferença entre os rendimentos dos títulos anglo-franceses e norte-americanos: em 14 de dezembro, chegou a um máximo de 3,8%. Isso não foi uma peculiaridade do mercado de Nova York: o rendimento dos consolidados em Londres durante a guerra alcançou um pico de 4,92 em novembro de 1917.[66]

Os investidores tinham boas razões para estar preocupados com as potências da Europa Ocidental. A Sérvia e a Romênia haviam sido derrotadas; a Itália estava cambaleando depois de Caporetto (outubro de 1917). Na Rússia, a Revolução Bolchevique em novembro proclamou a vitória completa da Alemanha na Frente Oriental. Na França, o moral estava em seu pior momento na segunda metade de 1917: menos de 30% das cartas examinadas pelos censores em Bordeaux naquele mês de setembro expressavam apoio à paz com base na vitória direta; mais de 17% defendiam explicitamente uma paz negociada.[67] Sem dúvida, o Exército britânico finalmente fizera uso efetivo de tanques em Cambrai, mas o sucesso se mostrou efêmero e decerto não compensou as perdas sofridas em Passchendaele. Os norte-americanos tinham confiança em si mesmos; mas seu Exército ainda era embrionário e, no fim de 1917, eles estavam a ponto de perder a confiança na capacidade de seus próprios aliados para continuar lutando. Talvez tenha sido a carta de lorde Lansdowne, defendendo uma paz negociada (publicada pelo *Daily*

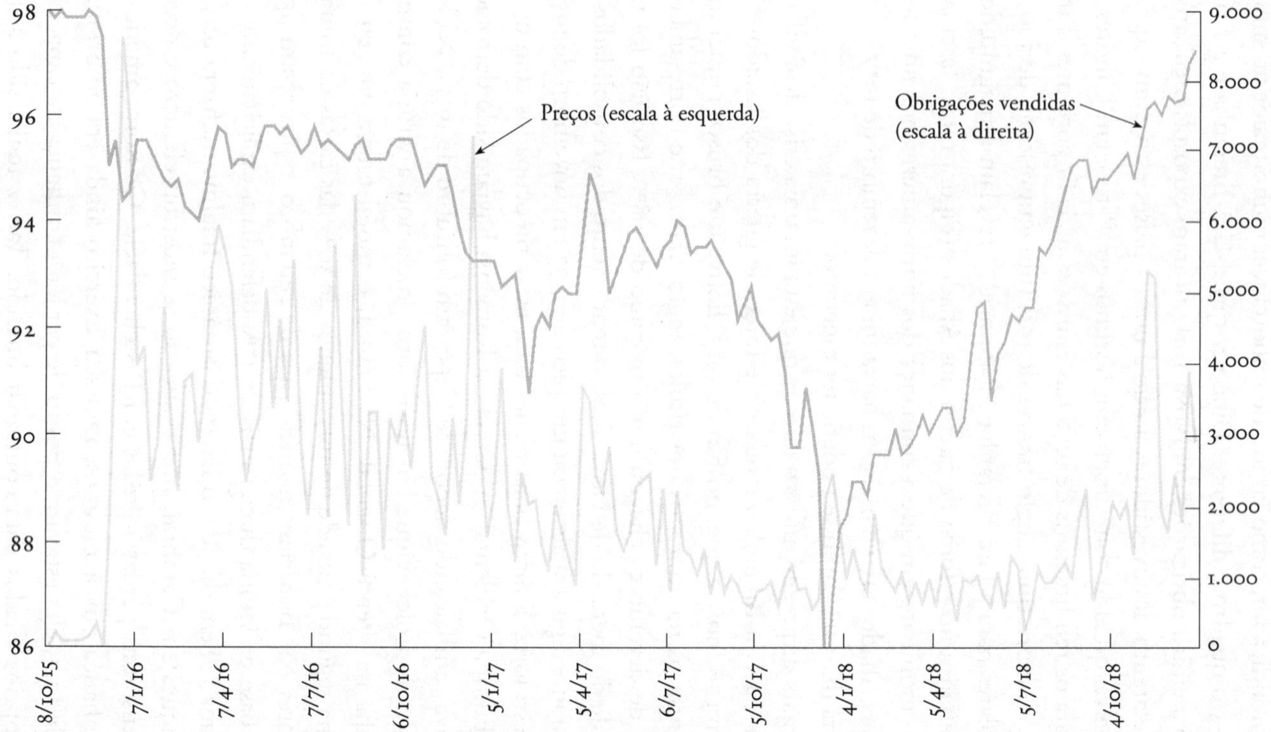

Figura 15 Preços e volume de comercialização das obrigações anglo-francesas com rendimento de 5%, 1915-1918
Fonte: *Commercial and Financial Chronicle*, 1915-1918.

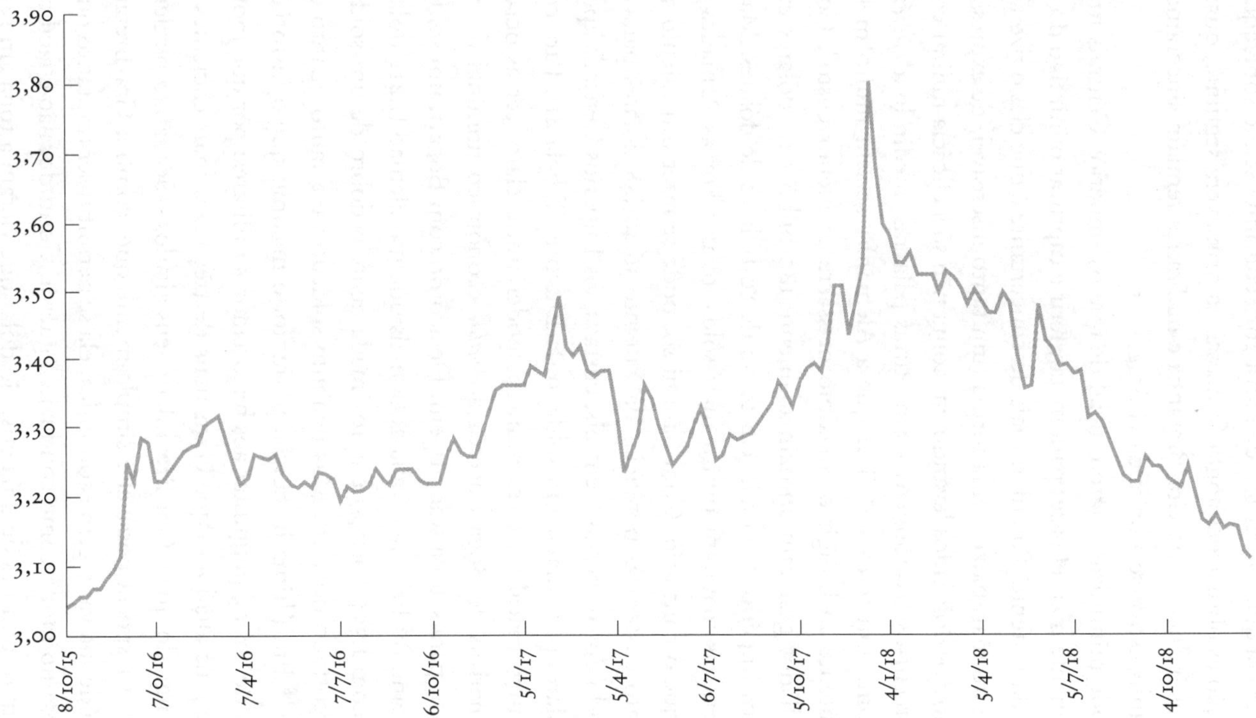

Figura 16 Diferença nos rendimentos anglo-franceses e norte-americanos, 1915-1918
Fonte: *Commercial and Financial Chronicle*, 1915-1918.

Telegraph em 29 de novembro), o que gerou nervosismo em Wall Street. O surpreendente era que o mercado de Nova York continuasse tão superaquecido com relação às obrigações anglo-francesas na primavera seguinte, quando muitas figuras influentes na Grã-Bretanha e na França temiam sinceramente que a Alemanha estivesse à beira da vitória.

 Nada pode minimizar o fato crucial de que os Impérios Centrais foram significativamente mais eficazes para matar, ferir e capturar o inimigo do que as potências da Entente. Porém, o mais desconcertante é que eles o fizeram a um custo muito mais baixo. Uma forma (um tanto insensível) de expressar a diferença entre os dois lados levando em conta não só a eficácia militar como também os recursos econômicos – em outras palavras, medindo a *eficiência* da guerra como um todo – é dizer que a Alemanha se saiu muito melhor do que a Entente ao infligir o "máximo massacre ao menor custo". Como vimos, os Aliados gastaram aproximadamente 140 bilhões de dólares entre 1914 e 1918; os Impérios Centrais, em torno de 80 bilhões de dólares. Mas os Impérios Centrais mataram muito mais soldados das Forças Armadas dos Aliados do que o contrário. Com base nisso, pode-se fazer um cálculo simples: enquanto custava às potências da Entente 36.485,48 dólares para matar um soldado dos Impérios Centrais, custava aos Impérios Centrais apenas 11.344,77 dólares para matar um soldado da Entente (Tabela 41). Para completar o balanço macabro, esses números poderiam, é claro, ser associados com as estimativas de Bogart acerca do *valor* econômico nominal de cada soldado morto para seu país de origem. De acordo com Bogart, um soldado norte-americano ou britânico valia 20% mais que um alemão (1.414 dólares, comparado com 1.354 dólares) e aproximadamente o dobro de um soldado russo ou turco (700 dólares). Mas nenhum soldado valia tanto quanto custava matá-lo.[68] Em última instância, portanto, o máximo que o historiador financeiro pode fazer é perguntar aos historiadores militares: por que motivo os alemães e seus aliados – que eram mais de três vezes mais eficientes em matar o inimigo do que a Grã-Bretanha e seus aliados – acabaram perdendo a guerra? Uma resposta possível é simplesmente que, como a Grã-Bretanha tinha certeza de sua vantagem econômica, ela se permitiu ser um tanto quanto dispendiosa no modo como conduziu a guerra. Contudo, não é fácil conciliar isso com os temores de uma crise do dólar que vieram à tona em 1916 e 1917 e deveriam ter encorajado a austeridade. Talvez, como Keynes afirmou

Tabela 41   O custo de matar: gastos de guerra e mortes

	"Gastos de guerra" (em bilhões atuais)	Mortes
Grã-Bretanha	43,8	723.000
Império Britânico (com exceção da Grã-Bretanha)	5,8	198.000
França	28,2	1.398.000
Rússia	16,3	1.811.000
Itália	14,7	578.000
Estados Unidos	36,2	114.000
Outros	2,0	599.000
Entente e potências aliadas	*147,0*	*5.421.000*
Alemanha	47,0	2.037.000
Áustria-Hungria	13,4	1.100.000
Bulgária e Turquia	1,1	892.000
Impérios Centrais	*61,5*	*4.029.000*
Total geral	**208,5**	**9.450.000**

Fontes: Hardach, *First World War*, p. 153; J. Winter, *Great War*, p. 75.

para Beatrice Webb em março de 1918, fosse o governo britânico, não o alemão, que "habitualmente colocava as finanças por último em todas as considerações importantes e acreditava que a ação, por mais perdulária que fosse, era preferível à cautela e à crítica, por mais justificada".[69]

Uma forma de responder a essa pergunta é analisar se a Grã-Bretanha se tornou mais eficiente no decurso da guerra. Isso não é fácil, mas, para chegar a uma hipótese um tanto rudimentar e provisória, calculei as proporções entre os assassinatos e os gastos britânicos e alemães, usando o número de baixas permanentes no setor britânico da Frente Ocidental e os gastos totais anuais convertidos em dólares. Os números indicam que, no momento em que os gastos da Grã-Bretanha mais excederam os da Alemanha (em uma proporção de 1,8 para 1), a Alemanha estava alcançando sua mais formidável contagem líquida de corpos no setor britânico (1,4 para 1). Isso foi em 1916, ano em que a Grã-Bretanha fez ofensivas caras, porém autodestrutivas. Entretanto, a superioridade continuada (embora um pouco reduzida) da Grã-

-Bretanha em termos financeiros (1,3 para 1) talvez ajude a explicar a subsequente deterioração na contagem líquida de corpos alemã, que foi apenas 0,7 para 1 em 1918, o ano da ofensiva de Ludendorff e das rendições em massa dos alemães. Isso pareceria indicar uma melhora relativa da eficiência militar do lado britânico: em 1917 e 1918, os alemães estavam diminuindo a lacuna comercial, mas na contagem líquida de corpos a situação acabou se tornando desfavorável para eles.[70] Entretanto, ainda falta explicar exatamente como a superioridade financeira dos Aliados esteve associada (se é que esteve) à deterioração do moral alemão, que culminou no fim da guerra.

---

1. Harvey, *Collision of Empires*, p. 279.
2. Crow, *Man of Push and Go*, p. 69.
3. Harvey, *Collision of Empires*, p. 279.
4. Seligmann, Germany and the Origins, p. 321s.
5. D. French, Meaning of Attrition, p. 387s.
6. Ver e.g. Berghahn, *Modern Germany*, p. 48; Manning, Wages and Purchasing Power, p. 260, 284s. Para uma visão geral, Zeidler, Deutsche Kriegsfinanzierung, p. 415-34.
7. Ver, e.g., Kindleberger, *Financial History*, p. 291s; Holtfrerich, *German Inflation*, p. 118ss.
8. Balderston, War Finance, p. 222-244.
9. Witt, Finanzpolitik und sozialer Wandel im Krieg, p. 425. Ver também Lotz, *Die deutsche Staatsfinanzwirtschaft*, p. 104; Roesler, *Finanzpolitik*, p. 197ss; Bresciani--Turroni, *Economics of Inflation*, p. 47; F. Graham, *Exchange*, p. 7.
10. Roesler, *Finanzpolitik*, p. 196-201; Hardach, *First World War*, p. 157s.
11. Roesler, *Finanzpolitik*, p. 206s; Holtfrerich, *German Inflation*, p. 117.
12. Feldman, *Great Disorder*, p. 26-51.
13. Roesler, *Finanzpolitik*, p. 208ss, 216; F. Graham, *Exchange*, p. 216.
14. Feldman, *Army, Industry and Labour*, p. 97-117, 471s.
15. Roesler, *Finanzpolitik*, p. 225-227; Bresciani-Turroni, *Economics of Inflation*, p. 442.
16. Holtfrerich, *German Inflation*, p. 79-94.
17. Gullace, Sexual violence, p. 722.
18. Adams, *Arms and the Wizard*, p. 17s.
19. Skidelsky, *John Maynard Keynes*, vol. II, p. 302.
20. Hardach, *First World War*, p. 153.
21. Bankers Trust Company, *French Public Finance*, p. 11.
22. Calculado com base em números de Balderston, War Finance, p. 225.

23. Knauss, *Die deutsche, englische und französische Kriegsfinanzierung*. Cf. Eichengreen, *Golden Fetters*, p. 75ss.
24. Balderston, War Finance, p. 225, 230-237. Cf. Kirkaldy, *British Finance*; Mallet e George, *British Budgets*; Grady, *British War Finance*; Stamp, *Taxation during the War*; E. Morgan, *Studies in British Financial Policy*.
25. Calculado com base em números de Roesler, *Finanzpolitik*, p. 196, 201; E. Morgan, *Studies in British Financial Policy*, p. 41; Balderston, War Finance, p. 225. Para informações detalhadas sobre a tributação britânica em tempos de guerra, ver Mallet e George, *British Budgets*, p. 394-407.
26. Kemp, *French Economy*, p. 46s. Cf. Truchy, *Finances de guerre*; Jèze, *Dépenses de guerre*.
27. Godfrey, *Capitalism at War*, p. 215s.
28. Bankers Trust Company, *French Public Finance*, p. 120, 187. Sobre as finanças de guerra na Itália, ver Fausto, Politica fiscale, p. 4-138.
29. Stone, *Eastern Front*, p. 289s. Ver também Lyashchenko, *History of the National Economy*, p. 768s.
30. Hardach, *First World War*, p. 167. Cf. Carr, *Bolshevik Revolution*, vol. III, p. 144s.
31. Hiley, British War Film, p. 175.
32. Nägler, Pandora's Box, p. 14.
33. Detalhes em Kirkaldy, *British Finance*, p. 125-149.
34. Bankers Trust Company, *French Public Finance*, p. 18.
35. Apostol, Bernatzky e Michelson, *Russian Public Finance*, p. 249, 252, 263.
36. Detalhes em Roesler, *Finanzpolitik*, p. 206.
37. Becker, *Great War*, p. 147s. (citando o exemplo dos trabalhos de Le Creuset).
38. Stone, *Eastern Front*, p. 290s.
39. Kemp, *French Economy*, p. 47.
40. Calculado com base em números da Bankers Trust Company, *French Public Finance*, p. 138s; Balderston, War Finance, p. 227.
41. E. Morgan, *Studies in British Financial Policy*, p. 140. Cf. Bankers Trust Company, *English Public Finance*, p. 30.
42. Hardach, *First World War*, p. 162; Bankers Trust Company, *French Public Finance*, p. 18; Schremmer, Taxation and Public Finance, p. 398.
43. Apostol, Bernatzky e Michelson, *Russian Public Finance*, p. 282.
44. Hardach, *First World War*, p. 167ss.
45. Ver e.g. Burk, *Britain, America and the Sinews of War*. Ver também Burk, Mobilization of Anglo-American Finance, p. 25-42.
46. Moggridge, *Maynard Keynes*, ilustração 9. Entre 1906 e 1915, Keynes manteve uma contagem de seus encontros sexuais, registrando o número de "x", "b" e "p" que ele conseguiu a cada trimestre. Tipicamente, ele também tinha um sistema de pontos, a fim de calcular um índice ponderado de sua gratificação sexual. O ano de agosto

de 1914 a agosto de 1915 foi marcadamente pior que o ano anterior, e 14% inferior aos quatro trimestres anteriores.
47. Burk, *Britain, America and the Sinews of War*, p. 80.
48. Skidelsky, *John Maynard Keynes*, vol. II, p. 314s.
49. Burk, *Britain, America and the Sinews of War*, p. 83ss.
50. Ibid., p. 88.
51. Skidelsky, *John Maynard Keynes*, vol. II, p. 340. Ver também Burk, *Britain, America and the Sinews of War*, p. 203.
52. Burk, Mobilization of Anglo-American Finance, p. 37.
53. Burk, *Britain, America and the Sinews of War*, p. 64.
54. E. Morgan, *Studies in British Financial Policy*, p. 317, 320s. Cf. Kirkaldy, *British Finance*, p. 175-183; Mallet e George, *British Budgets*, tabela XVIII.
55. Bankers Trust Company, *French Public Finance*; Hardach, *First World War*, p. 148; Eichengreen, *Golden Fetters*, p. 72f, 84s.
56. Eichengreen, *Golden Fetters*, p. 84.
57. Born, *International Banking*, p. 203.
58. Apostol, Bernatzky e Michelson, *Russian Public Finance*, p. 320ss.
59. Crow, *Man of Push and Go*, p. 121s. Detalhes sobre vendas e depósitos de valores mobiliários em Kirkaldy, *British Finance*, p. 183-197.
60. Crow, *Man of Push and Go*, p. 149.
61. Ver e.g. Burk, *Britain, America and the Sinews of War*, p. 198s.
62. Burk, Mobilization of Anglo-American Finance, p. 37.
63. Eichengreen, *Golden Fetters*, p. 68-71; Hardach, *First World War*, p. 140.
64. Hynes, *War Imagined*, p. 289.
65. Detalhes em Kirkaldy, *British Finance*, p. 176; Burk, *Britain, America and the Sinews of War*, p. 74s.
66. E. Morgan, *Studies in British Financial Policy*, p. 152.
67. Becker, *Great War*, p. 224ss.
68. Bogart, *Direct and Indirect Costs*. Cf. discussão em Milward, *Economic Effects*, p. 12s.
69. Skidelsky, *John Maynard Keynes*, vol. I, p. 348.
70. Os números são os seguintes (consultar fontes na Figura 12 e na Tabela 36):

	Proporção entre soldados britânicos e alemães permanentemente incapacitados no setor britânico da Frente Ocidental	*Proporção entre o gasto público total britânico e o alemão, em dólares*
1915	1,39	1,23
1916	1,44	1,84
1917	1,09	1,48
1918	0,73	1,34

12
O instinto de morte: por que os homens lutavam

A vida no inferno

Ao contrário do que afirma a teoria da exaustão, não se conquista a vitória unicamente matando o inimigo: tão importante quanto matá-lo é levá-lo a desertar, rebelar-se ou render-se. Portanto, a chave para compreender a vitória alemã sobre os russos em 1917 reside nisso, não nas estatísticas de russos mortos. O mesmo é válido para as derrotas alemã e austro-húngara em 1918.

É claro que há uma tentação natural de concluir que existe uma relação causal direta entre os dois fatos: quanto maior o número de mortes infligidas, maior a probabilidade de que os soldados desistissem de lutar. Mas esse não foi o caso; com efeito, um autor afirmou inclusive que "o índice elevado de baixas pode ter ajudado a prolongar a guerra", porque a alta rotatividade das tropas evitou que a fadiga e o desespero se disseminassem.[1] Se matar houvesse sido o fator essencial, os alemães teriam ganhado a guerra pelas razões discutidas no capítulo anterior. De fato, o índice elevado de baixas não tem correlação consistente com a queda no moral. Alguns dos regimentos mais confiáveis de ambos os lados foram aqueles que sofreram o maior número de baixas. A 29ª Divisão britânica sofreu baixas equivalentes a sete vezes seu efetivo original durante a guerra, mas ainda assim foi considerada a tropa de elite da Força Expedicionária Britânica.[2] A resiliência dos regimentos escoceses é outro bom exemplo. Isso nos leva a uma conclusão que, à primeira vista, parece estranha: os generais que haviam sido tão ridicularizados por acreditar que a guerra seria decidida não por uma superioridade *matériel* e sim moral – "o fator humano", ou a "determinação", como chamou *sir* John Robertson – na verdade estavam certos.[3]

Isso nos conduz ao cerne da questão: o que levou os homens a continuar lutando? E, além de ser mortos ou feridos, o que os fez parar? Quando a chance de uma vitória rápida foi enormemente superada pela chance de ser morto, como podemos explicar a predisposição de milhões de homens para continuar lutando?

Na cabeça do leitor de hoje, lutar na Primeira Guerra Mundial era puro horror e sofrimento: "Um milhão de homens, indo uns em direção aos outros", como descreveu Ford Madox Ford em 1916, "impelidos por uma força moral invisível para um inferno de medo que certamente não teve paralelo neste mundo".[4] Sem dúvida, não era nada fácil. O massacre de soldados franceses na fase inicial da guerra não foi superado no restante do conflito: 329 mil mortos, num intervalo de dois meses, e meio milhão antes do fim do ano. O maior número de soldados que os alemães perderam em um único período de dois meses foi 68.397 em março-abril de 1918. Os dois piores meses para a Força Expedicionária Britânica na França foram julho e agosto de 1916, quando "apenas" 45.063 homens e oficiais foram mortos. De acordo com um oficial francês, que descreveu a experiência do combate em 1914, os homens eram enviados para a morte de maneira absurda: "O dia todo eles ficam lá, sendo dizimados, sendo mortos ao lado dos corpos dos que morreram antes".[5] Metralhadoras – e fuzis capazes de atirar 18 balas por minuto – simplesmente ceifaram os *poilus* quando eles se empenharam em implementar o insano Plano XVII. Quase dois anos depois, os britânicos ainda não haviam aprendido a simples lição de que avançar em linha era uma forma de suicídio em massa. Mesmo após a adoção das trincheiras, os soldados (inclusive quando não estavam partindo para o ataque) continuaram vulneráveis a metralhadores e franco-atiradores, que, em 1916, estavam posicionados mais ou menos a cada 20 metros ao longo da linha britânica.[6] Quando Edwin Campion Vaughan levou sua unidade "D" à ação em Passchendaele, perdeu 75 de seus 90 homens:

> O pobre Pepper se foi – atingido nas costas por um estilhaço de bomba; duplamente enterrado enquanto jazia moribundo em um buraco, seu corpo defunto explodiu e se perdeu depois que Willis o levou de volta a Vanheule Farm. Ewing [foi] atingido por balas de metralhadora [...] Chalk [...] foi visto perfurado de balas; e então ele também foi atingido por uma granada.[7]

Nessas grandes ofensivas – batalhas tão apreciadas pela história militar tradicional –, não só os soldados eram mortos. As patrulhas rotineiras em terra de ninguém e a prática de fazer "incursões" na linha inimiga para coletar informações, simular um ataque ou causar destruição aumentaram o número de baixas de ambos os lados, mesmo em períodos "tranquilos". Entre dezembro de 1915 e junho de 1916, cerca de 5.845 soldados britânicos morreram em tais "operações menores nas trincheiras".[8]

O pior de tudo eram os bombardeios. Embora os soldados experientes aprendessem a distinguir as direções e os tipos de munição do inimigo, em bombardeios maciços no front as possibilidades de evasão praticamente inexistiam, e eram poucos os abrigos profundos e resistentes o bastante para proteger de maneira efetiva contra um ataque direto. A absoluta sensação de vulnerabilidade que isso provocava foi, muito provavelmente, a pressão psicológica mais torturante que a guerra exerceu. Como afirmou um jornal de trincheiras francês (*Le Saucisse*):

> Não há nada mais horrível em uma guerra do que ser bombardeado. É uma forma de tortura em que o soldado não consegue ver o fim. De repente, ele tem medo de ser enterrado vivo [...] Ele encarna a agonia atroz [...] Fica quieto em seu poço, aguardando desesperado, esperando por um milagre.[9]

Ernst Jünger conhecia bem essa sensação:

> É como se você estivesse atado a um poste e sendo ameaçado por um homem balançando uma marreta. Agora a marreta é erguida para o golpe, agora avança novamente e, errando por pouco seu crânio, mais uma vez arranca pedaços do poste [...] O cérebro associa cada som separado de zunido metálico com a ideia de morte, e desse modo os nervos são expostos, sem proteção e sem descanso, à sensação de ameaça absoluta [...] Horas como essas foram, sem dúvida, as mais terríveis de toda a guerra.[10]

Qualquer um inclinado a pensar que as tropas defensoras não enfrentaram dificuldades no Somme deveria se deter na descrição que Jünger faz, em seu diário, da linha de frente alemã em Guillemont em agosto de 1916: "Entre os vivos, jaziam os mortos. À medida que cavávamos [nossas trincheiras], nós os encontrávamos em camadas, empilhados uns sobre os outros. Uma companhia militar depois da outra fora empurrada para o tiroteio e gradativamente aniquilada". Foi essa experiência, segundo escreveu, que o "tornou ciente dos efeitos avassaladores da guerra material (*Materialschlacht*)". Se a granada que caiu a seus pés não houvesse explodido, ele não teria escrito mais nada: ele só escapou da aniquilação de sua unidade por causa de uma perna ferida.[11] Em março de 1918, outra companhia liderada por Jünger foi diretamente atingida por um projétil enquanto avançava em direção a Cagnicourt, na véspera da grande ofensiva: 63 dos 150 homens foram mortos. Jünger, um oficial cuja bravura era quase psicopática, fugiu do local, horrorizado, e depois desabou e chorou diante dos sobreviventes.[12] Não é de admirar que tantos homens de ambos os lados tenham sofrido "traumas de guerra", um termo usado para descrever uma série de transtornos mentais decorrentes do estresse do combate. Após a guerra, em torno de 65 mil ex-soldados britânicos estavam recebendo pensão por invalidez por causa de "neurastenia" – 6% do total –, dos quais 9 mil continuavam hospitalizados.[13] Um estudo de 758 casos estimou que pouco mais de 39% voltaram ao "normal" depois da guerra, e isso não significou uma recuperação completa e assintomática.[14] Os soldados alemães manifestaram sintomas similares e, como na Grã-Bretanha, houve uma tendência tanto a punir quanto a tratar as vítimas com choques elétricos e outros "remédios" igualmente dolorosos. Se houve um equivalente alemão do dr. William H. R. Rivers, que ao menos tinha uma forma humana de fazer que os homens retomassem sua função de matar, suas ações passaram despercebidas.[15] E, se um homem como Jünger se deixou abalar, ainda que por um breve período, parece correto supor que poucos soldados (se é que houve algum) não sentiram pânico em um bombardeio. Siegfried Sassoon tinha em comum com Jünger a coragem: seu poema "Repression of War Experience" [Repressão da experiência de guerra] dá uma ideia assustadora do impacto psicológico dos bombardeios:

Escutem! Tum, tum, tum – bem suave [...] elas nunca cessam –
Aquelas armas sussurrantes – Ah, Jesus, eu quero sair
E gritar para elas pararem – Estou ficando louco;
Estou ficando completamente louco por causa das armas.[16]

Isso foi escrito enquanto ele estava convalescendo em Kent.

Durante as batalhas, os homens também sofriam de fadiga intensa. A descrição do soldado raso John Lucy acerca da retirada de Mons nos dá uma ideia disso – "Nossa mente e nosso corpo gritavam por sono [...] Cada célula [...] implorava por descanso, e esse único pensamento era o mais persistente na cabeça dos homens marchando" –, mas incontáveis outros exemplos podem ser citados das obras de Aldington, Barbusse, Jünger e outros.[17] De fato, Jünger acreditava não ser "o perigo, por mais extremo [...], o que deprime o espírito do homem, mas sim o excesso de fadiga e as condições miseráveis". Em sua primeira missão perto de Orainville, ele só dormia duas horas por noite.[18]

Certamente, as condições eram, muitas vezes, miseráveis. Ainda que (como Barnett há muito observou) os homens dos cortiços de Glasgow estivessem acostumados a chuva, frio, piolhos, ratos e violência,[19] seria absurdo fingir que as trincheiras não eram piores: os cortiços eram ruins, mas não eram feitos de barro, e os católicos não bombardeavam os protestantes. "O inferno não é o fogo", declarou o jornal de soldados franceses *La Mitraille*. "O verdadeiro inferno é o barro." O *Le Crapouillot* se permitiu discordar: o pior era o frio.[20] Jünger às vezes pensava que "o frio e a umidade" prejudicavam mais a resistência das tropas do que a artilharia.[21]

Mesmo quando não estavam sujos, molhados e com frio, os homens nas trincheiras sofriam. Eles (sobretudo os novatos) sentiam pesar pelos amigos mortos.[22] E, contrariando as histórias de Northcliffe sobre uma vida saudável ao ar livre, adoeciam com frequência (embora o índice de casos fatais fosse mais baixo em comparação com guerras anteriores). As estatísticas alemãs mostram que, durante a guerra como um todo, uma média de 8,6% do efetivo total do Exército em combate ficou doente, e esse percentual aumentou de maneira brusca no verão de 1918; não foi culpa de Ludendorff que seu Exército tenha sido acometido pela epidemia mundial de influenza naquele verão.[23]

Também do ponto de vista psicológico, era difícil eles ficarem contentes estando cercados de "arame farpado enferrujado", "terra revirada" e "árvores fantasmagóricas [...] cheias de marcas de balas" – embora, mais uma vez, a aversão ao cenário se restringisse primordialmente aos recrutas.[24]

E, por tudo isso, o soldado recebia, em termos comparativos, uma ninharia (para a maioria dos homens, um desgosto muito maior do que a feiura dos arredores). Os soldados britânicos que ganhavam 1 xelim por dia em 1917 reagiram com indignação quando entraram em contato, atrás das linhas de combate, com tropas coloniais que ganhavam cinco ou seis vezes esse valor (daí a expressão "fuckin' five bobbers",* um termo pejorativo para os soldados dos domínios britânicos); ainda mais triste era ver os oficiais bebendo às escondidas enquanto seus homens não conseguiam comprar um copo de vinho (um subalterno ganhava 7 xelins e 6 *pence* por dia, um subsídio de 2 xelins para alojamento e um subsídio de campanha de 2 xelins e 6 *pence*).[25] As memórias de George Coppard estão cheias de referências à sensação de pobreza dos soldados britânicos;[26] e ainda assim eles eram mais bem pagos do que a maioria dos conscritos franceses, que precisavam se virar com míseros 25 centavos por dia. Todos os Exércitos que haviam iniciado a guerra se sentiram mortificados diante da riqueza dos norte-americanos quando eles entraram em cena: em Brest, houve batalhas inflamadas entre os *poilus* e os recém-chegados, desencadeadas pela vantagem injusta destes últimos de levar mulheres para a cama.[27]

Considerando as condições terríveis que os soldados tinham de enfrentar, possivelmente o fato mais surpreendente é que a disciplina militar não tenha sido quebrada com muito mais frequência, ou muito mais cedo, do que foi. Dedicou-se desproporcional atenção às famosas tréguas de Natal de 1914, quando soldados britânicos e alemães "confraternizaram" uns com os outros em terra de ninguém;[28] e ainda mais ao chamado sistema "viva e deixe viver", que surgiu em certos setores da Frente Ocidental em 1914 e 1915. Em essência, havia um acordo tácito de cessar-fogo durante as refeições, ou enquanto os feridos eram resgatados; desenvolveu-se um sistema de "olho por olho" em que cada tiro não provocado seria devolvido em retaliação.[29] As patrulhas noturnas rivais se evitavam mutuamente. Os franco-atiradores pararam de atirar para matar, se é que atiravam. Mais tarde, quando vieram as ordens oficiais para retomar o combate, a violência foi apenas "ritualizada".[30] Esses fenômenos foram citados por cientistas sociais e até mesmo por biólogos darwinistas como indícios, respectivamente, da prontidão dos seres

---

* Isto é, "malditos que ganham cinco xelins" (sendo o termo "bob" uma gíria para "xelim"). (N.T.)

humanos para cooperar[31] e da determinação dos genes egoístas dos indivíduos para evitar serem aniquilados.[32]

Para infortúnio dessas teorias elegantes, tais comportamentos não perduraram. Se a Primeira Guerra Mundial realmente lembrou o famoso Dilema do Prisioneiro iterado,[33] durante a maior parte do jogo ambos os lados insistiram em escolher a traição.[34] Membro do regimento britânico, Gordon Highlander falou por muitos soldados quando regressou das tréguas de Natal manuseando sua adaga e ponderando: "Não confio nesses canalhas".[35] Hitler, portanto, não foi o único que não gostou das tréguas.[36] Jünger descreve exatamente como estas tenderam a fracassar:

> Os que ocupavam as trincheiras de ambos os lados foram obrigados a sair [por causa da chuva terrível] e agora havia um intenso tráfego e intercâmbio de bebidas alcoólicas, cigarros, botões de uniformes etc. em frente ao arame farpado [...] De repente, houve um ruído surdo e um de nossos companheiros caiu morto na lama.

No dia de Natal de 1915, mais um de seus homens foi morto por um tiro de flanqueamento. "Imediatamente depois, os ingleses tentaram uma aproximação amigável e puseram uma árvore de Natal em seu parapeito. Mas nossos camaradas estavam tão amargurados que atiraram [na árvore] e a derrubaram. E isso, por sua vez, foi revidado com granadas de fuzil."[37] Em vez de aumentar, a confiança diminuiu. Não é convincente apenas atribuir a culpa do fim do sistema de "viva e deixe viver" aos oficiais agressivos, que queriam uma "frente ativa" em prol de suas próprias perspectivas de promoção.[38] As ordens de não confraternizar (como as que foram dadas à 16ª Divisão em fevereiro de 1917) foram obedecidas com grande disposição. George Coppard gostou de metralhar a linha alemã no Natal: "O antigo sentimento de 'boa vontade para com todos os homens' não significava nada para nós".[39]

Se a cooperação não se tornou a regra, e quanto a outro tipo de traição – a deserção? Apesar dos mitos de um exército de desertores vagando em terra de ninguém, houve, de fato, relativamente poucas deserções de ambos os lados da Frente Ocidental. Logo no começo da guerra, conscritos e recrutas camponeses de ambos os lados muitas vezes tentaram ir para casa em época de colheita; e, no fim do conflito, o moral alemão despencou. Em novembro de 1917, 10% das tropas estavam usando trens de transporte para desertar, algo que se tornou mais fácil após a queda dos russos; no verão de 1918, 20% das tropas substitutas se dispersaram a caminho do grupo de exércitos comandado pelo príncipe Rodolfo.[40] Mas, durante a maior parte da guerra, o nível de deserção foi tão baixo que não diminuiu a eficácia militar: no Exército britânico, o número de homens fuzilados por deserção foi de apenas 266.[41] Entre 1914 e 1917, houve uma média anual de 15.745 soldados franceses registrados como ausentes sem permissão; grande parte desse número se refere mais a atrasos em voltar da licença do que a deserções.[42] Nas tropas austro-húngaras tampouco houve tanta deserção quanto se poderia esperar, considerando a elevada proporção de eslavos; a Itália, etnicamente homogênea, foi só um pouco menos propensa a desertar, sobretudo entre os provenientes do *Mezzogiorno* que consideravam os oficiais do norte não menos estrangeiros que o inimigo. Até as últimas etapas da guerra, foram os russos que desertaram em grande número, ainda mais quando se inteiravam de ofensivas iminentes. Entretanto, foi só no fim de 1917 que as deserções russas alcançaram as centenas de milhares – e até milhões.[43]

Os motins também eram escassos. As 49 divisões francesas que se amotinaram no verão de 1917[44] e as unidades de Saxon e Württemberg que o fizeram em escala menor naquele mesmo verão são a exceção que confirma a regra de uma notável ausência de perturbações na Frente Ocidental.[45] É claro que nem mesmo os motins franceses tinham um propósito tão revolucionário quanto o comando superior francês temia: sobretudo, refletiam a perda de confiança dos *poilus* na estratégia militar de Nivelle. Certamente não significavam uma intenção de deixar os alemães ganharem a guerra. Ainda assim, o desacato às ordens por parte de 30 mil a 40 mil homens em uma etapa tão crucial da guerra era algo grave. Nada desse tipo aconteceu no Exército britânico. A única quebra significativa de disciplina (na detestada base de Étaples, em setembro de 1917), envolvendo homens da 51ª Divisão de Infantaria (Terras Altas), fuzileiros de Northumberland e australianos, foi dirigida principalmente contra a polícia militar, depois que mataram um soldado regular há muito tempo em serviço por tentar atravessar uma ponte na cidade vizinha.[46] Quando muito, os soldados britânicos da classe trabalhadora recorriam a técnicas de protesto dos tempos de paz quando estavam insatisfeitos com seu treinamento. Algumas unidades da 25ª Divisão se reuniram em massa para protestar contra os alojamentos precários em 1916;[47] já o Conselho de Trabalhadores e Soldados instaurado em Tunbridge Wells em junho de 1917 formulou suas reclamações como um comitê de greve: deveria haver um aumento nos subsídios para acompanhar o preço dos alimentos, e os soldados não deveriam ser usados como "fura-greve" para fazer trabalhos civis.[48] Foi típico da disciplina britânica que a ordem desobedecida com mais frequência perto do fim da guerra tenha sido a de se separar em novas unidades.[49] Mas quando os soldados britânicos foram convocados para lutar em condições terrivelmente adversas na Terceira Batalha de Ypres, seu moral continuava "incrivelmente elevado" na visão de *sir* Hubert Gough, que comandava o Quinto Exército: "Nossos soldados rasos [...] só sabiam que foram requisitados para lutar em condições impossíveis, cercados de morte por todos os lados [...] Era absolutamente admirável que os homens fossem capazes de suportar tamanha pressão".[50] Considerando que eles vieram do país que contava com menos experiência em recrutamento em massa, ele tinha razão.

Varas

Então por que os homens continuaram lutando? Há, é claro, a possibilidade de que tenham sido obrigados a fazê-lo. Certamente, a guerra testemunhou um grande aumento no alcance do poder do Estado para coagir seus cidadãos. Uma parte substancial do elevado gasto público entre 1914 e 1918 foi com estruturas administrativas cada vez maiores empregando milhares de pessoas cujo trabalho era forçar seus concidadãos a lutar. Essa expansão da burocracia precedeu a guerra e ocorreu não só no setor público como também na esfera dos negócios e das associações voluntárias: nunca os homens haviam estado tão bem organizados quanto em 1914. Grandes grupos industriais empregavam dezenas de milhares de homens e eram administrados por sua própria burocracia gerencial. Os sindicatos tinham grandes números de afiliados. Quando tais estruturas foram incumbidas da tarefa de assassinato em massa, estas foram notadamente eficazes.

Além disso, é no mínimo discutível se o Exército britânico foi mais impiedoso ao fazer uso de coerção para manter a disciplina militar do que os Exércitos que acabaram sendo destruídos. Os membros da No Conscription

Fellowship [Sociedade pelo Direito ao Não Alistamento Militar] que se recusaram a fazer trabalhos de guerra evitaram pouquíssimas execuções por autoridades militares, e, dos 1.540 pacifistas condenados a dois anos de trabalho forçado, 71 morreram em decorrência de maus-tratos.[51] Notoriamente, 3.080 soldados britânicos foram condenados à morte por deserção, covardia, motim ou outros crimes – dos quais 346 infelizes foram executados (mais do que os franceses e cerca de sete vezes os alemães, embora menos de metade do número de italianos fuzilados por seus próprios homens).[52] As listas de executados eram, então, lidas em voz alta nas paradas militares *pour encourager les autres* [para encorajar os outros]: George Coppard ficou chocado e ao mesmo tempo impressionado com isso. Max Plowman ficou quase tão chocado quanto ao ver um homem com os braços e as pernas atados a uma roda: uma punição que remonta à época do duque de Wellington e que só foi abolida em 1923.[53] Havia um policial militar para cada 291 soldados britânicos em 1918, em comparação com um para cada 3.306 no início da guerra.[54] O Exército britânico também tinha uma proporção muito mais alta de oficiais do que o alemão: 25 por batalhão, sendo que no Exército alemão o número era oito ou nove.[55] Considerando a falta de experiência militar da maioria esmagadora dos soldados britânicos antes da guerra, o Exército acabou sendo uma organização incrivelmente disciplinada. De fato, como vimos, inculcou um nível muito maior de obediência cega do que o Exército alemão.[56] John Lucy lembrou-se de um homem ferido na cabeça que pediu licença antes de abandonar sua posição.[57] Mais comumente observado no baixo escalão do Exército britânico foi um espírito de passividade e até mesmo de apatia: os homens não levantavam um dedo sem receber ordens.[58] Com efeito, essa estrutura hierárquica e submissa – essa dependência das ordens de um oficial superior – foi identificada como uma fonte de debilidade no Exército britânico em comparação com a cultura alemã, que encorajava os homens a mostrar iniciativa na ausência de comandos claros vindos de cima.[59]

Mas devemos lembrar que os homens só foram obrigados a lutar até certo ponto. O número de soldados fuzilados por covardia foi um percentual mínimo do total (5,7 milhões) dos que serviram o Exército britânico durante a guerra. Aliás, muitos destes (inclusive uma proporção significativa dos que foram fuzilados) estavam sofrendo de trauma de guerra – como o pobre soldado Harry Farr, do Regimento de West Yorkshire, que encarou um esquadrão de fuzilamento em outubro de 1916.⁶⁰ Ele não havia se recusado a lutar de maneira consciente; simplesmente não conseguiu continuar, e Haig dificilmente estava certo ao pensar que eles perderiam a guerra se esses poucos indivíduos aflitos fossem perdoados. Na realidade, a disciplina militar em tempo de guerra era muito mais sutil do que mais tarde viria a ser no Exército Vermelho de Trótski (se prosseguir, você tem uma chance de sobreviver; se desistir, definitivamente será fuzilado). Durante a guerra, a disciplina teve muito mais a ver com o nível de respeito que os soldados sentiam pelos suboficiais e oficiais. Este variou muitíssimo: os oficiais russos eram extremamente cruéis (tratando seus homens como servos, abstendo-se durante os combates)⁶¹ e os italianos não ficavam muito atrás. Os oficiais franceses estavam em uma posição intermediária.⁶² Pode ser que, em 1918, os renomados oficiais alemães também tenham começado a perder o respeito de seus homens, embora esta tenha se tornado uma questão politicamente tão delicada durante a revolução que é difícil distinguir o mito da realidade.⁶³

Continua sendo discutível quão boas eram, de fato, as relações entre os oficiais e os soldados no Exército britânico. Houve, é claro, uma grande mudança na composição social dos corpos de oficiais durante a guerra: 43% dos cargos permanentes foram concedidos a suboficiais, em comparação com apenas 2% antes da guerra; e em torno de 40% dos oficiais temporários vinham da classe trabalhadora ou da classe média baixa.⁶⁴ Para os oficiais do antigo Exército regular, isso era algo difícil de engolir: é estarrecedor escutar oficiais no Regimento de Manchester dizendo a seus homens para "calar a boca" e "dar o fora".⁶⁵ Por outro lado, essa "diluição" social reduziu sobremaneira a distância que um dia existira entre oficiais e soldados (em contraste com o Exército alemão, que só promovia suboficiais até o posto de *Feldwebelleutnant*).⁶⁶ Por sua parte, muitos dos novos oficiais tenderam a retratar as relações com seus homens em uma perspectiva cor-de-rosa ao escrever suas memórias. Alguns lembravam "a camaradagem [...] que era o desespero dos autocratas de sangue azul".⁶⁷ Outros foram ainda mais longe: vêm à mente a ode apaixonada de Herbert Read à companhia militar a que pertencia ("Ah, homens belos, Ah, homens que amei [...]"), a declaração igualmente fervorosa de Guy Chapman à "lealdade" dos soldados sob seu comando, ou a afirmação extremamente afeminada de Robert Graves de que um pelotão de homens "ter[ia] uma queda por [...] um jovem oficial galante e bem-apessoado": "É um vínculo romântico muito, muito forte".[68] Em 4 de junho de 1918, Siegfried Sassoon escreveu em seu diário: "Afinal, não sou nada além daquilo que o general de brigada chama de 'possível assassino de alemães (hunos)'. Ah, Deus, o que devo fazer? *Eu não sou*. Só estou aqui para *cuidar* de alguns homens". Cinco meses depois, Wilfred Owen garantiu à mãe que havia ido para "ajudar esses rapazes – diretamente, conduzindo-os da melhor forma que um oficial pode conduzir, e indiretamente observando seus sofrimentos para falar em seu favor como um bom advogado de defesa faria".[69] Sem dúvida, às vezes havia uma dimensão erótica nas relações que surgiam entre oficiais homossexuais como estes e seus soldados. T. E. Lawrence admitiu em *Os sete pilares da sabedoria*:

> As mulheres públicas dos raros assentamentos que encontramos em nossos meses de perambulação não teriam sido nada para nossos números, tampouco sua carne gasta teria sido palatável para um homem de partes saudáveis. Em horror a tal comércio sórdido, nossos jovens começaram, desinteressadamente, a saciar as parcas necessidades uns dos outros em seus próprios corpos limpos – uma conveniência indiferente que, em comparação, parecia assexuada e até mesmo pura. Mais tarde, alguns começaram a justificar esse processo estéril e juraram que os amigos vibrando juntos na areia macia, com as partes íntimas extasiadas em um abraço supremo, encontraram, escondido na escuridão, um coeficiente sensual da paixão mental que unia nossa alma e nosso espírito em um único esforço ardente.[70]

Isso, entretanto, possivelmente não passava de fantasia: parece improvável que muitas dessas "paixões" entre egressos de Oxford, de Cambridge e de outras escolas de elite tenham se consumado. No período de 1914 a 1919, 22 oficiais e 270 suboficiais foram levados à corte marcial por "indecência" com outro homem. Em geral, entre os homossexuais, os oficiais dormiam com oficiais e os soldados, com soldados: como Lawrence observou timidamente, "a cabana 12" havia lhe mostrado "a verdade por trás de Freud".[71]

Para George Coppard, os oficiais eram seres remotos que se comunicavam indiretamente por meio dos suboficiais: o abismo podia se estreitar quando as unidades estavam nas trincheiras, mas ainda era um abismo em termos materiais e sociais.[72] Até onde é possível generalizar, os homens gostavam não da boa aparência em um oficial, mas sim de sua disposição para "enfiar o pé na lama". Com frequência, os oficiais que despertavam comentários positivos eram os que "cavavam e enchiam sacos de areia [...] como o resto", mostravam "coragem [...] em uma trincheira" e "manuseavam uma pá".[73] Como observou o poeta e soldado raso Ivor Gurney, uma dose de leniência também era bem-vinda. "Você acha que poderia se arrastar por ali, Gurney: há um buraco", um dos oficiais lhe disse certa vez. "Temo que não, *sir*", Gurney se sentiu capaz de responder.[74] Por outro lado, outros oficiais (incluindo Guy Chapman em outra ocasião) admitiram que mal sabiam o nome dos soldados sob seu comando, já que a rotatividade era muito alta,[75] e às vezes era exatamente assim que os soldados se sentiam com relação aos oficiais, que eram mortos a uma taxa ainda mais elevada (sobretudo por tentar conquistar o respeito de seus homens).[76]

De todo modo, parece claro que o moral dos soldados dependia apenas em parte da disciplina – e, de fato, podia ser minado quando a disciplina adquiria a forma de um treinamento exaustivo (como em Étaples) ou consistia em polir inutilmente os botões dos uniformes quando os homens haviam vivenciado a ação real. Como Westbrook argumentou, a motivação militar depende das cenouras* da remuneração e do reconhecimento tanto quanto das varas da disciplina; e depende mais disso do que dos laços morais e sociais que unem o Exército.[77]

Cenouras

Os melhores relatos da vida militar durante a Primeira Guerra Mundial enfatizam a importância de coisas um tanto triviais para manter os homens motivados. O conforto imediato era escasso e valioso. A seguir, uma lista simples dos confortos e desconfortos que mais importavam:

1. *Roupas quentes e cômodas*. Em setembro de 1915, professoras francesas em Doubs enviaram 4.403 balaclavas tricotadas à mão como parte de sua contri-

---

* Referência ao termo "carrot and stich" (traduzido literalmente como "cenoura e vara"), que remete ao uso de punições ("vara") e recompensas ("cenoura") em determinada abordagem. O título desta seção e o da próxima também se refere a isto. (N.E.)

buição para o esforço de guerra; no inverno, elas devem ter sido extremamente bem-vindas.[78] Embora os oficiais britânicos usassem roupas feitas sob medida, os soldados eram providos de uniformes grosseiros que quase nunca serviam – e este era o mais bem-vestido de todos os Exércitos. Os uniformes alemães eram muito mais baratos, e botas boas eram um objeto de desejo (ver *Nada de novo no front*), ao passo que o Exército russo carecia tanto de calçados em 1914 que muitos homens foram para a batalha descalços. Os regimentos escoceses tinham grande orgulho de usar o *kilt* (com um avental cáqui por cima), mas este era, em muitos aspectos, um obstáculo na guerra de trincheiras, e finalmente precisou ser abandonado quando se percebeu que o gás mostarda queimava as partes do corpo mais suadas, com consequências desastrosas.[79]

2. *Acomodação decente*. Em geral, as trincheiras alemãs eram muito mais bem construídas do que as britânicas; era raro um soldado britânico escrever para casa elogiando o abrigo onde se encontrava, ao passo que os alemães (ver foto 17 no caderno de imagens) ficaram surpresos com o estado deplorável da linha inimiga quando capturaram parte dela. Já os soldados britânicos ficaram "perplexos ao ver o padrão elevado das trincheiras alemãs" em comparação com seus próprios "buracos infestados e caóticos".[80] Também devemos mencionar as latrinas: os soldados alemães tinham uma obsessão escatológica por suas "privadas portáteis", ao passo que os britânicos, mais pudicos, muitas vezes precisavam recorrer a fossas.[81]

3. *Alimento*. Praticamente todas as memórias de guerra deixam claro que o moral dependia muitíssimo de boas rações. Este é, em muitos aspectos, o tema central de *Nada de novo no front*. O cheiro de bacon pela manhã animava homens de ambos os lados (incluindo Jünger e Liddell Hart); por sua vez, como lembrou George Coppard, "uma pequena deficiência nas rações provocava resmungos revoltosos".[82] Se a experiência de Jünger era típica, o racionamento no Exército alemão começou a deteriorar acentuadamente na segunda metade de 1917 ("sopa rala ao meio-dia [...] um terço de pão [...] presunto meio mofado"), com importantes consequências: quando os alemães romperam a linha dos Aliados na primavera do ano seguinte, perderam um tempo precioso em pilhagens. O coronel-general Von Einem lamentou que seu 3º Exército houvesse degenerado em um "bando de ladrões".[83] Mas não devemos ler coisas demais nessa afirmação: o desejo de saquear também pode servir como fonte de motivação. De todo modo, as cartas dos soldados

franceses estão cheias de queixas sobre comida ruim ou insuficiente: "Tínhamos nove refeições seguidas de carne em conserva e arroz de Saigon", reclamou um deles em junho de 1916. "Eles devem achar que somos galinhas."[84]

4. *Drogas*. Sem álcool, e talvez também sem tabaco, a Primeira Guerra Mundial não teria sido possível. Quando o sargento Harry Finch, do Regimento Real de Sussex, avançou para a terra de ninguém à véspera da ofensiva de Passchendaele (31 de julho de 1917), ficou impressionado com o fato de que, em sua maioria, os homens de sua unidade "logo caíam no sono" enquanto estavam deitados esperando para atacar. Isso era efeito não só do cansaço, mas também do consumo de rum.[85] "Se não fosse pelo rum", declarou mais tarde um oficial médico, "não acredito que teríamos ganhado a guerra".[86] Isso é uma meia verdade, visto que não menciona as enormes quantidades de bebida que os homens consumiam quando não estavam na linha de frente. Os soldados ficavam bêbados em toda oportunidade; nas palavras de um oficial da Infantaria Ligeira das Terras Altas, eles tinham um "incrível talento" para isso.[87] O ápice da miséria para George Coppard era ter de "vagar por um vilarejo solitário sem dinheiro para uma bebida" enquanto "os oficiais [tomavam] seu uísque isento de impostos". Do mesmo modo, quando o vinho era escasso, muito caro ou de má qualidade, o moral das unidades francesas tendia a despencar.[88] Um soldado poeta escreveu no jornal de trincheira *Aussie*, em junho de 1918:

> Você diz que somos loucos quando atacamos a cerveja;
> mas se tivesse de aturar o frio intenso
> com os rapazes que trazem de volta os feridos
> atravessando a terra de ninguém, onde não há trilhas,
> você não leria salmos para os homens que lutam,
> mas beberia para esquecer a visão
> de membros arrancados e olhos cegados,
> ou da morte de um companheiro.[89]

Os alemães não eram diferentes: Jünger se refere repetidas vezes às orgias de bebedeira: "Embora dez dos 12 tenham sucumbido, os últimos dois, sem sombra de dúvida, seriam encontrados na primeira noite de descanso [debruçados] sobre a garrafa, bebendo à saúde silenciosa de seus 'companheiros' mortos":

Nós [...] bebíamos muito até [...] que tratávamos o mundo inteiro como não mais do que um fantasma risível que circundava nossa mesa [...] Toda a devastação à nossa volta era vista com humor e em um estado de êxtase, por mais passageiro que fosse, e finalmente se perdia por completo na [...] alegre independência do tempo [...] Nós atravessávamos o tempo [...] e, por uma ou duas horas, nos divertíamos em um mundo sem limites.[90]

5. *Descanso*. Durante três quintos do tempo, um soldado de infantaria estava na retaguarda, e não nas linhas de frente. O 7º Batalhão do Regimento Real de Sussex era típico: entre 1915 e 1918, passou 42% de seu tempo na linha de frente ou dando apoio direto.[91] Muitas vezes, um soldado servia menos que isso se ficasse doente ou sofresse um ferimento grave o suficiente para enviá-lo de volta para casa, que foi o que aconteceu com Harry Finch, para sua sorte, no primeiro dia do Somme: seu diário dá uma boa ideia da infrequência dos períodos de combate realmente horrendos.[92] Guy Carrington passou apenas cerca de um terço de 1916 sob fogo, sendo apenas 65 dias na linha de frente.[93] E é claro que alguns setores da linha eram tranquilos: estar perto de Festubert depois de 1915 era infinitamente mais seguro do que perto de Ypres, por exemplo.[94] Alguns soldados desempenhavam funções "fáceis": mais de 330 mil homens se ocupavam exclusivamente de fornecer suprimentos à Força Expedicionária Britânica.[95] Na maioria das vezes, "áreas de descanso" significavam qualquer coisa menos descanso (era preciso cavar, fazer reparos, carregar e descarregar), mas o soldado raso era um "vagabundo" consumado, sempre tratando de fazer o mínimo de trabalho aceitável.[96] Mais grave era a evasão, quando os homens procuravam evitar o combate propriamente dito: segundo uma estimativa do número de alemães que evadiram (*Drückeberger*) no verão de 1918, eles chegavam a 750 mil; isso equivalia a uma "greve militar encoberta", em que esses soldados inclusive gritavam "fura-greve" para os que se dirigiam ao front.[97]

6. *Lazer*. Os homens brincavam: como afirmou um jornal de trincheira britânico, "se não fosse pelo espírito de alegria e cordialidade, seria difícil seguir em frente".[98] Os nomes cômicos com que os soldados britânicos batizavam as coisas à sua volta dão uma ideia do tom às vezes negro do humor nas trincheiras: um cemitério virou "acampamento de descanso", ao passo que partir para o ataque virou "pular o saco" [em referência aos sacos de areia dos parapeitos] e a comuna francesa Foncquevillers virou "Funky Villas" [vilas em

pânico].⁹⁹ Os homens liam e escreviam cartas, ainda que só preenchessem o *Field Service Post Card** (*Formulário A* 2042, também conhecido como "Quick Firer"), que normalmente era enviado com qualquer coisa assinalada, exceto "Estou muito bem". Como afirmou Fussell, os eufemismos da língua inglesa eram bem adequados para as trincheiras.¹⁰⁰ Os homens colecionavam suvenires, incluindo distintivos, botões, baionetas e capacetes do inimigo.¹⁰¹ Eles se entretinham com concertos profissionais e amadores.¹⁰² Viam filmes nos cinemas dos campos militares.¹⁰³ Jogavam futebol; no caso britânico, de maneira obsessiva e encorajados pelos oficiais: um fato significativo é que oficiais e soldados jogavam juntos e em pé de igualdade, como faziam os "gentlemen" e os "jogadores" em tempos de paz, ainda que a familiaridade cessasse com o apito final. Também havia beisebol para os canadenses e até corrida de cavalos para os australianos.¹⁰⁴ E, é claro, havia sexo, uma boa parte com prostitutas, a julgar pelas memórias¹⁰⁵ e pelo número de casos de doenças venéreas: 48 mil entre as tropas britânicas em 1917 e 60 mil incluindo as tropas dos domínios do Reino Unido em 1918. Após a guerra, houve afirmações alarmistas de que um em cada cinco soldados tinha sífilis; de fato, a taxa anual para o Exército britânico era 4,83%, uma pequena melhora com relação ao período anterior à guerra, embora os índices para as tropas dos domínios fossem muito mais altos: no caso dos soldados britânicos em 1915, não menos de 28,7%.¹⁰⁶ Fora isso, sempre havia pornografia, masturbação e, para alguns, sodomia.

7. *Licença*. Os soldados naturalmente ansiavam por sua licença para voltar à terra natal; os *poilus* em particular, segundo se afirma, encontravam conforto na esperança de voltar para casa e para a família.¹⁰⁷ Eles não regressavam com frequência: embora os soldados franceses supostamente tivessem direito a sete dias de licença para cada três meses de serviço, poucos de fato a obtiveram.¹⁰⁸ Os soldados britânicos tinham permissão para voltar para casa com frequência ainda menor: durante a maior parte da guerra, eles tiveram,

---

* Trata-se de um cartão do serviço postal das Forças Armadas em que o remetente só tinha a possibilidade de escolher entre algumas poucas opções de mensagem, como: "Estou muito bem", "Dei entrada no hospital [doente/ferido] e [estou me recuperando/espero ter alta em breve]". No topo do cartão, constava a advertência de que, se algo mais fosse acrescentado ao cartão, este seria destruído. (N.T.)

em média, apenas dez dias de licença para cada 15 meses de serviço; no verão de 1917, 100 mil não haviam tirado nem um dia sequer de licença em 18 meses, e quatro vezes esse número havia servido de forma ininterrupta durante um ano.[109] Para os australianos, obviamente, a licença estava mais ou menos fora de cogitação.[110] Mas está claro que para muitos soldados o prazer de voltar para casa estava maculado por um sentimento de hostilidade para com os civis, cujas experiências pareciam tão amenas em comparação com as suas e cujo conhecimento das condições na linha de frente se baseavam em matérias jornalísticas que amenizavam os fatos. Em suas memórias e em outros lugares, Robert Graves e Siegfried Sassoon aludiram a esse sentimento repetidas vezes. Como Graves relatou mais tarde, "o engraçado era que você ia para casa com uma licença de seis semanas ou de seis dias, mas a ideia de estar e ficar em casa era terrível, porque você estava com pessoas que não entendiam o que vinha a ser tudo isso".[111] Depois de se recuperar dos ferimentos sofridos no Somme, R. H. Tawney, mais tarde um eminente historiador econômico, fulminou "seus jornais e [...] suas conversas": "Vocês escolheram fazer de si mesmos uma imagem da guerra, não como ela é, mas de um tipo que [é] pitoresco [...] porque vocês [...] não conseguem suportar [...] a verdade".[112] Na realidade, os civis provavelmente estavam menos deslumbrados do que os soldados imaginavam: os relatórios da Cruz Vermelha sobre os feridos e os desaparecidos eram só um pouco atenuados antes de serem comunicados aos parentes.[113] Muitos *Frontschwein* se sentiam igualmente alienados. Os soldados alemães, como Hitler, ficaram chocados com o espírito de derrotismo que encontraram ao regressar do front em 1918; outros, no entanto, captaram o clima e o trouxeram de volta consigo.[114]

O corolário dessa sensação de alienação foi um forte espírito de camaradagem entre os soldados. Foi isso que os homens recordaram com nostalgia como a "experiência do front": "o amor, que excede o amor às mulheres, de um camarada por sua unidade", a amizade profunda entre homens que lutaram lado a lado.[115] Como escreveu mais tarde um soldado raso britânico, era o desejo de não "desapontar os outros", mais do que o "medo dos Redcaps"* o que o impedia de virar as costas.[116] O historiador francês Marc Bloch con-

---

* A Polícia Real Militar britânica, assim chamada por usar quepe vermelho. (N.T.)

cordava.[117] Desenvolveu-se toda uma teoria de coesão de "grupo primordial" que argumenta que é esse o segredo da eficácia militar.[118] Mas não devemos superestimar a importância dos "camaradas". Nitidamente, muitos dos oficiais literatos cujas experiências tanto interessaram a Fussell encontraram no isolamento da leitura tanto prazer quanto nas amizades. Além disso, o fato de as unidades tenderem a entrar em ação logo depois de formadas ou de as amizades serem muitas vezes interrompidas pela morte significou que, no fim das contas, tais maneiras introspectivas e individualistas de lidar com o combate provavelmente tiveram igual importância, se não mais. Ao mesmo tempo, os soldados muitas vezes se identificavam com as unidades organizacionais maiores às quais pertenciam. Cuidadosamente cultivadas, as tradições de identidade regimental foram concebidas para estabelecer laços de lealdade em um nível menos íntimo, laços que pudessem sobreviver até mesmo à dizimação. Embora o crescimento do Exército tenha feito muito para enfraquecer esses laços regimentais, o grande remanejamento de batalhões em 1918 foi muito impopular entre os soldados, alguns dos quais se recusaram a obedecer as ordens de se mudar para seus novos "lares".[119]

Também se pode argumentar que uma lealdade fundamental para com seu próprio país motivou os soldados (ainda que, com frequência, eles desconhecessem os objetivos estratégicos precisos do governo). Clausewitz afirmou que a força militar dependia do moral: "Um Exército que mantém a coesão sob o fogo mais letal", escreveu, "[...] que é ciente de todos os [seus] deveres e qualidades graças à ideia poderosa da honra de seus homens – tal Exército é imbuído do verdadeiro espírito militar". Para Clausewitz, a mobilização do sentimento nacional havia sido um dos fatores essenciais para manter elevado o moral do Exército francês sob o comando de Napoleão; muitos analistas atuais concordariam que essa é a chave para a resiliência de um exército.[120] Também na Primeira Guerra Mundial, os homens lutaram por *la patrie*, bem como pelo Império e por *das Vaterland*. No caso francês, isso talvez tenha sido mais evidente: o fato de o inimigo estar em solo francês, combinado com as memórias populares dos anos 1790, criou um forte sentimento patriótico.[121] Uma sensação mais sutil de superioridade britânica provavelmente também serviu como fator de coesão.[122] Mas aqui também é necessário fazer algumas ressalvas. Embora predominantemente inglesa, a Força Expedicionária Britânica era multinacional. Os escoceses, em particular, tinham um profundo senso de identidade própria, ávidos por mostrar, enquanto marchavam atrás das gaitas de fole: "nós – NÓS – estamos ganhando a guerra".[123] Do mesmo modo, os irlandeses, embora menos entusiasmados com a guerra que os escoceses, deram origem a regimentos com uma cultura distinta, mesmo quando foi preciso alistar ingleses para manter os números: de fato, tão distinta que os altos oficiais ingleses tenderam a subestimar sua capacidade bélica por puro preconceito.[124] Embora grande parte dos soldados canadenses e australianos que lutaram fosse de origem britânica, eles também tinham identidades muito bem definidas; em particular, os "*diggers*" – como eram chamados os soldados australianos – preocupavam os generais britânicos por sua insubmissão, uma característica que parece atraente aos olhos de hoje, mas que nem sempre foi uma vantagem.[125] Do lado alemão também havia uma diferença perceptível entre as tropas prussianas e as do sul da Alemanha: os saxões, em especial, eram considerados oponentes mais "inofensivos" do que os prussianos. E, é claro, a identidade nacional importava pouco no Exército austro-húngaro – ou, aliás, no russo, onde muitos camponeses conscritos concebiam a si mesmos como oriundos "de Tambov", e não da Rússia, que para eles era equivalente ao "mundo". Mas ambos os Exércitos lutaram sem crises internas durante quase tanto tempo quanto os Exércitos franceses, mais homogêneos (que, de todo modo, tinham seus próprios problemas de divisão regional: um oficial teve de liderar um grupo de soldados bretões que falavam quatro dialetos diferentes, e poucos entendiam francês).[126]

Já vimos que os soldados não se impressionaram com a propaganda jingoísta dos jornais. No entanto, uma fonte "oficial" de motivação alternativa que oferecia maneiras mais sutis de lidar com os massacres era a religião. Para os homens na Frente Ocidental, em sua esmagadora maioria cristãos, seus próprios sofrimentos podiam facilmente ser interpretados em uma retórica de sacrifício oriunda da Paixão de Cristo. (Fussell cita muitos exemplos desse tipo de identificação na literatura e nas cartas escritas por oficiais no front: "The Redeemer" [O redentor], de Sassoon; Cristo sendo ensinado a "carregar a cruz com indiferença", em Owen, e as várias analogias com os cristãos em *O peregrino*, de Bunyan.) Havia até mesmo uma história repetida em toda parte sobre um soldado canadense ferido a quem os alemães crucificaram diante de seus camaradas. A guerra também foi uma época de aparições. Os soldados imaginavam que viam anjos pairando sobre Mons; assim como três crianças portuguesas analfabetas viram a Virgem Maria lamentando a Revolução Russa nos arredores do vilarejo de Fátima em maio de 1917, os soldados na Bélgica e no norte da França também acreditaram ter ouvido palavras proféticas das madonas em santuários em beiras de estrada. O espiritualismo prosperou nas trincheiras, onde muitos homens exaustos acreditavam ter visto ou ouvido fantasmas. Os soldados franceses que cresceram com as *images d'Epinal* passaram a acreditar que os alemães haviam sido expulsos por *poilus* fantasmas em Bois-Brûlé em 1916.[127] A visão mais impressionante da Virgem foi, na verdade, real: a Virgem coberta de ouro no alto da basílica de Notre Dame des Brebieres, em Albert, que pendeu para a frente em consequência dos bombardeios e por pouco não caiu: dizia-se que a guerra terminaria quando a estátua finalmente despencasse (não terminou).[128] A cruz de Saarburg – uma estátua do Cristo crucificado que uma granada perdida libertou da cruz – foi outra imagem ambivalente da guerra: em parte sagrada, em parte profana.

Mas a ideia da Primeira Guerra Mundial como uma guerra religiosa tem seus limites. Robert Graves, por exemplo, ficou impressionado com a falta de sentimento religioso entre os soldados britânicos. Além do mais, era óbvio até mesmo para o soldado menos esclarecido que havia uma diferença entre o ensinamento do Sermão da Montanha e o do instrutor de treinamento sobre o uso da baioneta. Os 8 mil padres católicos que participaram da guerra de ambos os lados tiveram de lidar com o constrangimento da oposição de Bento XV ao conflito, mais visível quando, em 1º de agosto de 1917, ele apelou para o fim das hostilidades suicidas: isso não foi capaz de impressionar os cristãos mais galicanos na França e na Bélgica. Os sentimentos quanto aos 3.480 capelães do Exército britânico também eram mistos. "Woodbine Willie" – o reverendo G. A. Studdert Kennedy – personificava um tipo de cristianismo vigoroso, para não dizer sanguinário, que nem todos consideravam atraente: ele fazia sermões depois que a congregação havia sido exposta a exibições de luta, de boxe e de briga com baionetas.[129] Como afirmou o jornal de trincheira *Mudhook*, um capelão como o da 63ª Divisão tinha um papel estranhamente esquizoide a desempenhar:

Eu não quero feri-lo
Mas (*Bang*!) sinto que devo.

Matar você
É uma virtude cristã
Você – (*Zip*! Essa bala o acertou)
Está bem melhor morto.
Sinto muito por ter atirado –
Agora, deixe-me segurar sua cabeça.[130]

Por outro lado, outros capelães tinham a reputação de evitar o perigo.[131] Haig declarou memoravelmente que "um bom capelão era tão valioso quanto um bom general". Como veredicto, isso pode ser lido em um sentido diferente daquele que ele pretendeu.

A alegria da guerra?

Há outra possibilidade que recebeu pouquíssima atenção na historiografia da Primeira Guerra Mundial, pela simples razão de que não é muito palatável. É a tese de que os homens continuaram lutando porque queriam.

No ensaio "Reflexões para os tempos de guerra e morte", publicado durante a guerra, Sigmund Freud argumentou que a guerra significava a reafirmação de instintos primitivos que a sociedade reprimira. "Quando o conflito frenético desta guerra houver sido concluído", escreveu,

> cada um dos combatentes vitoriosos regressará alegremente à casa, à esposa e aos filhos, inquestionado e imperturbado por qualquer pensamento acerca dos inimigos que matou [...] A julgar pelos desejos em nosso inconsciente, somos, como o homem primitivo, simplesmente um bando de assassinos [...] nosso inconsciente é tão [...] propenso ao assassinato de estranhos, tão dividido ou ambivalente com relação aos entes queridos quanto foi o homem em seus primórdios [...] A guerra [...] nos despoja dos acréscimos posteriores da civilização e põe a nu o homem primitivo que há em cada um de nós.

Ao mesmo tempo, no entanto, Freud também detectou uma "perturbação em nossa atitude com relação à morte". Antes da guerra, segundo argumenta, havia "uma tendência inconfundível a 'engavetar' a morte, eliminá-

-la da vida. Tentamos suprimi-la [...] A escola psicanalítica poderia arriscar a afirmação de que, no fundo, ninguém acredita em sua própria morte [...] No inconsciente, todos estamos convencidos de nossa própria imortalidade". Freud condenava isso, argumentando que a descrença na morte tinha o efeito de "empobrecer a vida". A guerra, segundo ele, tornou a vida "interessante novamente" porque eliminou esse "modo convencional de lidar com a morte".[132]

Depois da guerra, Freud desenvolveu essa linha de raciocínio em seu ensaio *Além do princípio do prazer* (1920), em que afirmava que, "além do instinto preservando a substância orgânica e combinando-a em unidades cada vez maiores, deve haver outro em antítese a este, que procuraria dissolver essas unidades e restabelecer seu estado inorgânico anterior; isto é, o instinto de morte bem como o de Eros". Era a interação entre o instinto de morte e o instinto erótico que ele agora via como a chave para entender a psique humana:

> A tendência à agressão é, no homem, uma disposição instintiva independente e inata, e [...] constitui o maior obstáculo à cultura [...] Eros [...] trata de unir indivíduos, e então famílias, tribos, raças e nações em uma só grande unidade, a humanidade. Por que isso precisa ser feito é algo que não sabemos; é simplesmente obra de Eros. Essas massas de homens devem estar atadas umas às outras libidinosamente; só a necessidade, as vantagens do trabalho comum, não os manteria unidos.
>
> O instinto natural da agressividade no homem, a hostilidade de cada um de nós contra todos e de todos contra cada um, se opõe ao programa da civilização. O instinto de agressão é o produto e o principal representante do instinto de morte que encontramos junto com Eros, partilhando de seu domínio sobre a terra. E agora, ao que me parece, o significado da evolução da cultura já não é um enigma para nós. Deve nos apresentar a luta entre Eros e a Morte, entre os instintos de vida e os instintos de destruição.[133]

Embora hoje esteja em voga desdenhar de Freud, há algo a ser dito em defesa dessa interpretação — pelo menos com relação ao comportamento dos homens na guerra. O atual determinismo genético neodarwinista pode ser mais respeitável do que a mistura de psicanálise e antropologia amadora proposta por Freud, mas esta última parece ser mais capaz de explicar a prontidão de milhões de homens para passar quatro anos e três meses matando e sendo mortos. (Certamente, é difícil entender como a morte de tantos homens que ainda não haviam se casado nem tido filhos poderia ter servido aos propósitos dos "genes egoístas" de Dawkins.) Em particular, há uma necessidade de levar a sério a supressão do desejo de matar – do "instinto destrutivo" – proposta por Freud e a falta de desejo de não ser morto – a aspiração de "todo ser vivo [...] de provocar sua ruína e reduzir a vida a seu estado primordial de matéria inerte".

Há evidências que corroboram a tese de Freud. Em junho de 1914 – antes de começar a guerra em que ele lutaria –, o artista "vorticista" Wyndham Lewis escreveu: "Matar alguém deve ser o maior prazer da existência: ou matar a si mesmo, sem a interferência do instinto de autopreservação, ou exterminar o próprio instinto de autopreservação".[134]

Em agosto de 1914, Arthur Annesley, um londrino de meia-idade, foi levado a cometer suicídio por "sentir que não seria aceito no serviço militar": ele escolheu a morte porque não podia matar.[135] Robert Graves também teve uma mania autenticamente freudiana: por superstição, preservou a própria castidade durante todo o conflito, estabelecendo precisamente o tipo de vínculo feito por Freud entre Eros e Tânato.[136] Ao suprimir seu impulso sexual, Graves procurou repelir o impulso suicida. Em seu "Two Fusiliers" [Dois fuzileiros], os soldados epônimos teriam "encontrado Beleza na Morte".[137] Para muitos, a proximidade da morte era excitante: "Se eu nunca tivesse visto um projétil vindo em minha direção", exclama um dos personagens de Ernest Raymond em *Tell England* [Conte à Inglaterra], "nunca teria conhecido a emoção abrupta da morte iminente – uma sensação maravilhosa e imperdível".[138] No outro extremo, um jornal de trincheira francês aludia ao modo como a depressão tornou os soldados "cansados de viver".[139] Sinais de morte eram uma preocupação constante entre os soldados nas trincheiras: à véspera da batalha, Jünger ficou preocupado com um "sonho confuso em que aparecia uma caveira".[140] Mas, ao mesmo tempo, admitiu ter se fascinado com os primeiros cadáveres que encontrou em uma trincheira francesa capturada:

> Um jovem companheiro está deitado de costas, os olhos petrificados e os dedos fixados em seu último alvo. Foi uma sensação estranha olhar para aqueles olhos mortos e indagadores [...] Sem dúvida, o horror era parte daquela atração irre-

sistível que nos trouxe à guerra [...] Entre as questões que nos ocupavam [antes da guerra], estava esta: qual será a sensação quando há [homens] mortos ao redor? [...] E agora, quando vimos o horror pela primeira vez, [não conseguimos] entender nada. Tanto que precisamos olhar de novo e de novo para essas coisas que jamais tínhamos visto, sem ser capazes de lhes dar significado [...] Olhávamos para todos esses mortos com os membros fora de lugar, os rostos desfigurados e as cores repugnantes da putrefação como se caminhássemos em um sonho por um jardim repleto de plantas estranhas.[141]

Nem todos sentiram aversão aos cadáveres como sentiu Wilfred Owen. A. P. Herbert confessou a mesma "fascinação horrenda" experimentada por Jünger.[142] Outro poeta, W. S. Littlejohn, escreveu versos que pareciam ilustrar perfeitamente a tese de Freud, exceto que o instinto de morte de Littlejohn parece ter se tornado um desejo consciente de morte:

> E, em meu coração, só há uma alegre canção fúnebre enquanto subo penosamente para as trincheiras, onde só precisarei de sete palmos de terra com uma cruz simples de madeira em cima – deixem a Deus o resto de mim.[143]

Por fim, houve, depois da guerra, a sensação de culpa entre os sobreviventes, como o personagem em *The Emperor's Tomb* [O túmulo do imperador], de Joseph Roth, que se descobriu "inapto para a morte".[144] Bom wagneriano que era, o veredicto de Thomas Mann sobre a Alemanha guilhermina do pós-guerra era que sua cultura estivera excessivamente atada à morte: *Todesverbundenheit* era seu vício fatídico; a guerra, seu *Liebestod* culminante.[145]

Outra possibilidade, talvez ainda pior, é que os homens tenham lutado simplesmente porque lutar era divertido. Martin van Creveld (não freudiano) escreveu sobre o mesmo assunto com grande discernimento:

> A guerra [...], longe de ser meramente um meio, há muito é considerada um fim – uma atividade muitíssimo atrativa para a qual nenhuma outra é capaz de fornecer um substituto adequado [...] só a guerra oferece aos homens a oportunidade de empregar todas as suas faculdades, colocando tudo em risco e testando seu valor contra um oponente tão forte quanto ele [...] Por mais desagradável que seja este fato, o motivo real pelo qual travamos guerras é que os homens gostam de lutar.[146]

Na análise final, esta pode ser a melhor explicação de todas para a continuação do conflito: Ah, que guerra adorável,* literalmente. Julian Grenfell, o arquetípico cavaleiro da elite, é muitas vezes tido como excepcional por considerar a guerra uma grande diversão:

> Quatro de nós estávamos falando e rindo na estrada quando uma dúzia de balas veio zunindo. Todos corremos para a porta mais próxima, que por acaso era um banheiro, e caímos uns em cima dos outros, *gritando* e rindo [...] Eu *adoro* a guerra. É como um grande piquenique sem a falta de propósito de um piquenique. Nunca me senti tão bem nem tão feliz.[147]

Mas tais sentimentos eram comuns. À véspera de sua morte em Loos, Alexander Gillespie disse ao pai: "Será uma grande luta, e, mesmo quando penso em você, não desejaria estar fora disso".[148] Quando o capitão W. P. Nevill do 8º East Surreys liderou sua companhia ao ataque no começo da ofensiva no Somme, ele só teve tempo de chutar uma bola de futebol em direção às linhas alemãs antes de ser morto com um tiro: o esporte e a guerra se fundiram fatalmente em seus pensamentos.[149] Outros viam a guerra como uma extensão da caça (como, de fato, se esperava que fizessem os oficiais de cavalaria): Sassoon, de forma mais nítida, mas a analogia aflora em toda parte. As últimas palavras de Francis Grenfell para seu comandante na Segunda Batalha de Ypres foram: "Os cães de caça estão correndo um bocado!".[150] Um atirador escocês computou "sete tiros certeiros" e outro, quatro tiros possíveis em um único dia de "boa caçada".[151] Os alemães também tiveram as suas: Jünger descreve os escoceses em fuga massacrados por seus homens em março de 1918 como "caça abatida".[152] O caráter compulsivo da guerra como esporte é bem captado por alguns versos do poema "The Assault" [O assalto], de Robert Nichols:

"Veja, *sir*! Veja!"
Ha! Ha! Um punhado de vultos à espera.

---

* No original: *Oh! What a Lovely War*, alusão ao musical britânico sobre a Primeira Guerra Mundial. (N.T.)

Revólver apontado, depressa!
Bang! Bang! Vermelho como sangue.
Alemães. Alemães.
Bom! Muito bom! Uma loucura.[153]

A guerra, como lembrou um soldado raso canadense, era "*a maior aventura da minha vida*, cujas memórias permanecerão comigo para o restante de meus dias, e eu não a teria perdido por nada"; para um carregador de macas inglês, "tudo que aconteceu depois [da guerra] foi um anticlímax".[154] Para Guy Chapman, a guerra era uma "amante": "Depois de tê-la nos braços, você não pode admitir nenhuma outra". Ele mais tarde confessou sentir falta da "sensação fugaz, inestimável, de viver com cada nervo e célula do corpo e com cada impulso sinistro da mente".[155] O padre francês Pierre Teilhard de Chardin ecoou isso quando descreveu a exaltação que havia sentido como carregador de macas: "Você [...] vê surgindo de *dentro de si* um fluxo latente de claridade, energia e liberdade que dificilmente será encontrado em outra parte na vida cotidiana".[156]

Nenhum homem pode ter gostado mais da guerra do que Ernst Jünger. Para ele, a batalha era um "narcótico cujo efeito imediato é estimular os nervos, embora o efeito seguinte seja aniquilá-los". Uma incursão quase desastrosa era um "breve e agradável interlúdio" e um "bom tônico para os nervos"; mais tarde, ele ponderou que a guerra havia sido "uma escola incomparável para o coração". Mas Jünger não estava sozinho; ele detectou a mesma atitude entre seus homens:

Com frequência [...] é bem divertido. Muitos de nós encaram a tarefa com um interesse esportivo. [Os] mais impetuosos estão sempre pensando nas melhores formas possíveis de arremessar bombas com catapultas caseiras [...] Ou então sobem a trincheira em surdina e amarram um sino no arame farpado, e a este uma corda comprida que pode ser puxada a fim de provocar os ingleses. Mesmo a guerra é uma brincadeira para eles.[157]

As mulheres que se aproximaram da ação também gostaram. "Eu não teria perdido isso por nada neste mundo", foi o comentário de May Sinclair em seu diário, referindo-se ao período em que trabalhou em uma ambulância belga; ela recordou os "momentos intensos de extremo perigo". Vera Brittain e Violetta Thurstan, que também se tornaram enfermeiras, gostavam da "emoção" e da "grande diversão" da vida perto do front. Em "Miss Ogilvy Finds Herself" [As descobertas da srta. Ogilvy], escrita pela lésbica Radclyffe Hall depois da guerra, a experiência da heroína em uma unidade totalmente feminina é descrita como "gloriosa".[158]

O que tornava a guerra divertida para alguns era precisamente o fato de que era perigosa. Inconscientemente, Van Creveld reproduz o pensamento de Freud quando escreve: "A verdadeira essência da guerra consiste não em um grupo matando outro, mas na prontidão de seus membros para serem mortos, se necessário". Matar e morrer coexistiam na mente do soldado.

Então, se não por causa de algum desejo inconsciente de morrer, por que os homens queriam matar o inimigo sob o risco de perder a própria vida? Uma motivação forte era a revanche. Foi isso o que motivou John Lucy em Aisne em setembro de 1914 e em Neuve Chapelle – uma chance de "dar o troco" aos alemães depois da terrível retirada de Mons e da morte de seu irmão:

> Eles tiveram o que mereciam. Atacamos com tudo. Eles caíram às dezenas, às centenas, a coluna em marcha definhando sob nosso fogo rápido. Os grupos se desfaziam, e nenhum homem foi capaz de aturar por mais de cinco minutos. Os poucos sobreviventes entraram em pânico e tentaram bater em retirada. Atiramos neles pelas costas. Cinco minutos de sangue [...] Pagamos com a moeda da vingança o dia em que fomos torturados com bombas.[159]

No Somme, os soldados do 9º Batalhão galês eram motivados pelo mesmo desejo de acertar as contas por suas perdas em Loos.[160] Um trabalhador agrícola francês de Puy-de-Dôme contou aos pais que sentia "um ódio terrível contra esse povo bárbaro". E completou: "Eu teria prazer em dar de cara com um bom número deles. Garanto que não restaria nenhum vivo. Tenho orgulho quando os vejo cair no campo de batalha".[161] Jünger observou o mesmo espírito entre seus homens. Quando um membro de um grupo entrincheirado foi morto no forte de Altenburg, "seus camaradas ficaram esperando um bom tempo atrás do parapeito para se vingar. Eles choravam de raiva. É digno de nota o modo como eles raramente veem a guerra como algo objetivo. Parecem considerar o inglês que deu o tiro fatal um inimigo pessoal. Eu compreendo". Quando ele conduziu seus homens à ação em 21 de março de 1918, eles passaram de contar "piadas grosseiras" a dizer:

> "Agora vamos mostrar o que a 7ª Companhia é capaz de fazer."
> "Eu já não me importo com nada."
> "Vingança para a 7ª Companhia."
> "Vingança para o capitão Von Brixen."[162]

Observem-se as palavras "Eu já não me importo com nada": o desejo de vingança muitas vezes estava associado com uma desconsideração pela própria vida. É impossível ler o relato de Sassoon sobre suas experiências no inverno de 1915-1916 sem detectar a satisfação que ele sentia ao matar alemães, mas também sua própria prontidão para morrer. Do momento em que seu grande amigo Dick foi morto, ele embarcou em uma sucessão de incursões imprudentes nas trincheiras alemãs, buscando ao mesmo tempo vingança e morte:

> Eu fui para as trincheiras com a intenção de tentar matar alguém [...] Era esse sentimento que me levava a patrulhar as crateras das minas sempre que havia uma oportunidade [...] Eu estava mais ou menos convencido de morrer porque, naquelas circunstâncias, não parecia haver mais nada a ser feito.

Entretanto, muitos homens simplesmente tinham prazer em matar. Julian Grenfell registrou em seu diário um episódio "entusiasmante" em outubro de 1914, quando ele entrou na terra de ninguém e avistou um alemão "rindo e falando": "Vi seus dentes cintilarem na mira da minha arma e puxei o gatilho com firmeza. Ele só deu um gemido e caiu".[163] Os australianos em Gallipoli tinham orgulho de sua habilidade com o fuzil e com a baioneta, em parte para "se vingar", mas em parte para fazer um "belo" trabalho.[164] Esse tipo de distanciamento profissional contrasta com o ódio violento pelos "*Boche*" expresso por outros soldados. Aos olhos de dois oficiais do Regimento Real de Berkshire, os alemães eram "pragas inomináveis"; "Eles [os soldados] não têm nenhuma espécie de comiseração ou escrúpulo por eles [os alemães]", observou um de seus colegas; "quanto mais eles matam, melhor".[165] O ódio floresceu também entre os subalternos. Quando um prisioneiro perguntou sua opinião sobre os alemães, um suboficial britânico simplesmente respondeu: "Olhamos para vocês como se fossem vômito".[166] Poucos sentiam um remorso do tipo sentido pelo personagem Jaretzki em *Os sonâmbulos*, de Hermann Broch, que acredita que a perda de seu braço esquerdo é uma punição por ele ter "jogado uma granada de mão entre as pernas de um francês". Mas ele pondera:

> quando você deliberadamente matou alguns [...] bem, parece-me que você não tem necessidade alguma de consultar um livro pelo resto da vida [...] é uma sensação que eu tenho [...] você alcançou tudo [...] e é também por essa razão que a guerra nunca vai terminar.[167]

Ao matar, todos esses homens estavam, ao mesmo tempo, arriscando morrer. Essa disposição para correr risco de morte talvez não tenha sido consequência de um desejo inconsciente de morrer; talvez fosse simplesmente por que os homens não conseguiam (ou preferiam não) calcular suas próprias chances de sobrevivência. O soldado britânico médio que serviu na França tinha pouco mais de uma chance em duas de ser morto, ferido ou capturado; entre os homens que realmente estavam na linha de frente, sobretudo durante as ofensivas, a probabilidade era muito mais alta. A situação era ainda pior para os *poilus* franceses. "A morte está sempre à espera, principalmente antes de um ataque", escreveu um soldado no periódico *L'Argonaute* em 1917.[168] Embora os homens não tivessem como saber suas chances precisas de sobrevivência (o número total de baixas era mantido em sigilo absoluto), não era difícil arriscar um palpite com base na experiência. Alguns homens tinham plena consciência de suas próprias chances de serem mortos. Norman Gladden lembrou-se das "últimas horas torturantes antes de uma batalha": "Eu não conseguia encontrar uma razão válida pela qual, mais uma vez, escaparia à mutilação ou à morte".[169]

Mas tais pensamentos parecem ter contribuído pouco para desencorajar os homens de lutar durante a maior parte da guerra. Isso porque eles se convenceram de que as probabilidades não se aplicavam a eles próprios. Quanto mais tempo um soldado sobrevivia ileso, mais homens ele via morrer, e mais acentuada se tornava essa sensação de que havia uma exceção às leis da probabilidade. Jünger observou o modo como os homens usavam a estrada desprotegida que saía do forte de Altenburg, apesar do risco que representavam os atiradores: esta era "a velha indiferença do velho soldado ao risco de uma bala. Normalmente estava tudo bem, mas todos os dias havia uma ou duas vítimas". Os homens também eram negligentes com relação a bombas e granadas que não explodiam. Quando Jünger viu seu próprio irmão ser levado em uma maca sob o fogo denso, ficou mais preocupado com o irmão que consigo mesmo. "Isso pode ser explicado, em parte, pela confiança que todos temos na própria sorte. A crença de que nada pode acontecer conosco nos leva a subestimar o perigo." Ao mesmo tempo, sabendo que sua vida poderia ser perdida ou salva pela trajetória imprevisível de um projétil, os homens se tornaram fatalistas. "Graças a Deus só morremos uma vez", exclamaram os homens de Jünger enquanto avançavam para a chuva de aço na primavera de 1918.[170] "Lá no campo aberto da morte", escreveu Patrick McGill do *London Irish*, "minha vida não estava em minhas mãos".[171] Como observou Cruttwell, "praticamente todos os soldados se tornam fatalistas enquanto estão na ativa; acalma seus nervos acreditar que sua chance será favorável, ou o contrário. Mas seu fatalismo depende da crença de que ele tem uma chance".[172] Às vezes, esse fatalismo se manifestava em uma aparente frieza para com a morte de outros homens. Inúmeras testemunhas oculares comentaram o modo como soldados experientes mal reagiam quando um de seus camaradas era morto ou ferido: um homem morto subitamente se tornava "não uma questão de horror, mas de substituição": "os homens passam a ser considerados mera matéria".[173] Em suma, cada homem (como o próprio Freud observou) acreditava que ele, como indivíduo, não seria morto:

> Nenhum instinto que temos está preparado para uma crença na [nossa própria] morte. Este talvez seja o segredo do heroísmo. A explicação racional para o heroísmo é que este consiste na decisão de que a vida pessoal não pode ser tão preciosa quanto certos ideais gerais abstratos. Porém, mais frequente, em minha opinião, é aquele heroísmo instintivo e impulsivo que [...] despreza o perigo, no espírito de [...] "nada pode acontecer *comigo*".[174]

Ou, como cantavam os soldados britânicos a caminho do front: "The Bells of hell go ting-a-ling-a-ling/ For you but not for me" [Os sinos do inferno tocam / para você, mas não para mim]. Eles cantavam com ironia, mas lutavam acreditando nisso.

Crucial para tais prognósticos deturpados foi a distorção do horizonte temporal dos soldados. Muitos deles passaram a quase acreditar que a guerra jamais terminaria. Becker mostrou como as expectativas dos soldados franceses quanto à duração da guerra foram ficando cada vez mais pessimistas até que, em 1917, o fim já não era previsível. Mesmo em agosto de 1918, André Kahn foi um dos muitos soldados que previram que o conflito duraria mais um ano.[175] Já em 1916, os oficiais colegas de Siegfried Sassoon faziam piadas sobre ir de trem da Inglaterra ao front, como se estivessem indo para um emprego civil em um escritório. Um ano depois, um oficial calculou que levaria 180 anos para chegar ao Reno se o ritmo dos avanços no Somme, em Vimy e em Messines fosse mantido. Havia gracejos sobre como seria o front em 1950. Mesmo nos anos 1930, Sassoon ainda sonhava em ter de voltar para lá. Ivor Gurney morreu em um hospital psiquiátrico em 1937, ainda convencido de que a guerra não havia terminado.[176]

Porém, no calor da batalha, o tempo se voltava para dentro: quando um ataque começava, os homens que haviam passado a noite anterior temendo a morte deixavam de pensar em qualquer coisa além de no futuro imediato. (Como afirma Graves, "eu não queria morrer – ao menos, não antes de haver terminado *The Return of the Native* [O retorno do nativo]".) E aquilo fazia da ação um alívio: conforme observou um soldado francês, "o ataque nos libertava da terrível angústia da espera, que desaparece assim que a ação começa".[177] Incontáveis memórias de soldados dão testemunho disso e do caráter anestésico do combate. Como lembrou um soldado raso do Corpo de Fuzileiros Reais do País de Gales acerca de sua participação no ataque em Mametz Wood:

> Era a vida, e não a morte, que desaparecia na distância, à medida que eu entrava em um estado de não pensar, não sentir, não ver. Eu passava por árvores, por outras coisas; os homens passavam por mim, carregando outros homens, alguns gritando, alguns praguejando, alguns em silêncio. Eles eram todos sombras, e eu não era mais do que eles. Vivos ou mortos, eram todos irreais [...] O passado e o futuro eram equidistantes e inatingíveis, não estendendo nenhuma ponte de desejo entre a brecha que me separava do *eu* que guardo em minha memória e de tudo o que eu esperava compreender.[178]

Tais sentimentos, ao mesmo tempo exaltados e mórbidos, ajudam a explicar por que os soldados nas posições mais expostas raramente foram aqueles que tiveram seu moral abalado. Para que o moral desmoronasse, os homens precisavam de tempo para avaliar suas chances de sobrevivência. No combate, não havia oportunidade de fazer isso. Em vez de uma avaliação racional das chances de sobrevivência, os homens agiam por impulso: normalmente lutavam, acreditando que, como indivíduos, teriam sorte.

---

1. Citado em Fuller, *Troop Morale*, p. 30.
2. Ibid.
3. Mesmo alguém tão convencido da "máquina de guerra" como Pétain havia se convertido à primazia do moral em dezembro de 1917: Strachan, Morale, p. 385.
4. Hynes, *War Imagined*, p. 106.
5. Audoin-Rouzeau, French Soldier, p. 225.
6. Ashworth, *Trench Warfare*, p. 57s, 116.
7. Hynes, *Soldier's Tale*, p. 95.
8. D. Winter, *Death's Men*, p. 92ss; Fuller, *Troop Morale*, p. 65. Cf. Axelrod, *Evolution*, p. 82s.
9. Audoin-Rouzeau, French Soldier, p. 222s.
10. Jünger, *Storm of Steel*, p. 81, 179s.
11. Ibid., p. 92ss, 106s.
12. Ibid., p. 244.
13. Englander e Osborne, Jack, Tommy and Henry Dubb, p. 599; E. Brown, Between Cowardice and Insanity, p. 323-345; Bogacz, War Neurosis, p. 227--256; Talbott, Soldiers, p. 437-454.
14. Leese, Problems Returning Home, p. 1055-1067.
15. Eckart, Most Extensive Experiment.
16. Hynes, *War Imagined*, p. 176.
17. T. Wilson, *Myriad Faces*, p. 56; D. Winter, *Death's Men*, p. 42; Hynes, *War Imagined*, p. 204.
18. Jünger, *Storm of Steel*, p. 6-9, 60.
19. Barnett, Military Historian's View. Ver também Bourne, British Working Man in Arms, p. 341s: "Em certo sentido, o soldado de 1918 até se vestia como um operário [...]".
20. Audouin-Rouzeau, French Soldier, p. 224.
21. Jünger, *Storm of Steel*, p. 182.
22. Dallas e Gill, *Unknown Army*, p. 30.

23. Reichswehrministerium, *Sanitätsbericht*, p. 140-143.
24. Cooke, American Soldier, p. 250.
25. Englander e Osborne, Jack, Tommy and Henry Dubb, p. 601; Fuller, *Troop Morale*, p. 76; K. Simpson, Officers, p. 77.
26. Coppard, *With a Machine Gun*, p. 17s, 24, 77, 134s.
27. Englander, French Soldier, p. 57s.
28. M. Brown e Seaton, *Christmas Truce*; Ashworth, *Trench Warfare*, p. 32; D. Winter, *Death's Men*, p. 220s.
29. Jünger, *Storm of Steel*, p. 63: "Quando se trata de explosivos, a retaliação sempre foi, no mínimo, na proporção de dois para um" (9 de abril de 1916).
30. Ashworth, *Trench Warfare*, esp. p. 19, 24-48, 99-115.
31. Axelrod, *Evolution*, p. 73-86.
32. Dawkins, *Selfish Gene*, p. 225-228.
33. Na versão mais simples do Dilema do Prisioneiro, dois prisioneiros mantidos separadamente precisam decidir entre cooperar um com o outro negando sua culpa ou trair o outro em troca de imunidade. Se ambos cooperarem, eles têm o melhor resultado coletivo. Mas, se um deles confessar e o outro não, o traidor se sai ainda melhor do que se houvesse decidido cooperar. Nisso consiste o incentivo para confessar. Mas, se *ambos* confessam, ambos perdem: é o pior resultado possível. Esse é o incentivo para cooperar. Na versão clássica descrita por Axelrod (*Evolution*), o jogo é mais parecido com um jogo de cartas, com um banqueiro pagando $300 a ambos os jogadores se eles cooperarem entre si; $500 ao traidor e $100 ao "tolo" se apenas um deles defraudar o outro; e $10 a cada um se ambos defraudarem. Axelrod descreveu uma série de "torneios" entre programas de computador concorrentes no estilo do dilema do prisioneiro iterado. O programa que se saiu melhor se chamava TIT FOR TAT (TT). Nunca defraudou primeiro, só o fez depois de haver sido traído, e apenas na mesma medida, retornando em seguida à cooperação. Em um jogo simples de 200 jogadas (com três pontos como a recompensa para a cooperação), o TT ganhou cinco de seis dos torneios que Axelrod realizou, com sua combinação de "benevolência, retaliação, perdão e absolvição". Em economia, essa linha de raciocínio gerou a teoria da escolha racional e o equilíbrio de Nash (em oposição ao equilíbrio de Pareto da economia clássica, com seus indivíduos egoístas, sempre em busca do maior lucro): Coleman, Rational Choice Perspective, p. 166-180.
34. Essa aparente "irracionalidade" não é exclusiva da Primeira Guerra Mundial. Uma pesquisa feita entre estudantes de economia na Cornell University mostrou que 58% deles defraudariam o colega no Dilema do Prisioneiro mesmo se tivessem *certeza* de que ele iria cooperar: Frank, Gilovich e Regan, Does Studying Economies, p. 159-171.

35. Spiers, Scottish Soldier, p. 326.
36. Kershaw, *Hitler*, p. 93.
37. Jünger, *Storm of Steel*, p. 51-54.
38. Ashworth, *Trench Warfare*, p. 90, 105; Fuller, *Troop Morale*, p. 64.
39. Coppard, *With a Machine Gun*, p. 108s.
40. Deist, Military Collapse, p. 195, 201; Strachan, Morale, p. 394.
41. Englander e Osborne, Jack, Tommy and Henry Dubb, p. 595; Simkins, Everyman at War, p. 300.
42. Englander, French Soldier, p. 54.
43. Stone, *Eastern Front*, p. 240s.
44. Englander, French Soldier, p. 53ss. O estudo clássico Pedroncini, *Les Mutineries*.
45. Westbrook, Potential for Military Disintegration, p. 244s; Strachan, Morale, p. 387.
46. Dallas e Gill, *Unknown Army*, p. 67-76; Fuller, *Troop Morale*, p. 1s, 161s.
47. Hughes, New Armies, p. 108s.
48. Englander e Osborne, Jack, Tommy and Henry Dubb, p. 604.
49. Fuller, *Troop Morale*, p. 24, 51s.
50. Ibid., p. 67.
51. Carsten, *War against War*, p. 205.
52. Hynes, *War Imagined*, p. 214; Englander, French Soldier, p. 54. Cerca de 10% de todos os soldados britânicos feridos foram condenados por assassinato.
53. Hynes, *War Imagined*, p. 465; Hynes, *Soldier's Tale*, p. 18.
54. Englander e Osborne, Jack, Tommy and Henry Dubb, p. 595.
55. K. Simpson, Officers, p. 87.
56. D. Winter, *Death's Men*, p. 44.
57. T. Wilson, *Myriad Faces*, p. 60.
58. D. Winter, *Death's Men*, p. 40; Englander e Osborne, Jack, Tommy and Henry Dubb, p. 227.
59. Simkins, Everyman at War, p. 299.
60. Davies, *Europe*, p. 911.
61. Figes, *People's Tragedy*, p. 264s.
62. Englander, French Soldier, p. 55, 59, 67.
63. Deist, Military Collapse, p. 192s.
64. K. Simpson, Officers, p. 71, 81; Sheffield, Officer – Man Relations, p. 416.
65. Beckett, Nation in Arms, p. 21.
66. Strachan, Morale, p. 389.
67. Ibid., p. 414.
68. P. Parker, *Old Lie*, p. 172; Fussell, *Great War*, p. 165.
69. Hynes, *War Imagined*, p. 186.
70. T. E. Lawrence, *Seven Pillars*, p. 28.

71. Hynes, *War Imagined*, p. 225, 366.
72. Coppard, *With a Machine Gun*, p. 69.
73. Spiers, Scottish Soldier, p. 320; K. Simpson, Officers, p. 85; Sheffield, Officer – Man Relations, p. 418.
74. Bourne, British Working Man in Arms, p. 345.
75. Fuller, *Troop Morale*, p. 54s.
76. Ibid., p. 55.
77. Westbrook, Potential for Military Disintegration, p. 244-278.
78. Becker, *Great War*, p. 159; Marwick, *Deluge*, p. 78.
79. Spiers, Scottish Soldier, p. 317s.
80. Coppard, *With a Machine Gun*, p. 83-87.
81. Numerosas fotografias e memórias atestavam o entusiasmo dos alemães por defecação: ver e.g. Remarque, *All Quiet*, p. 6s. Para os britânicos, isso era prova de que os alemães eram "um bando de bastardos imundos": Coppard, *With a Machine Gun*, p. 90s.
82. D. Winter, *Death's Men*, p. 56. Cf. Jünger, *Storm of Steel*, p. 8s, 14; Ashworth, *Trench Warfare*, p. 25; Englander e Osborne, Jack, Tommy and Henry Dubb, p. 600; Fuller, Troop Morale, p. 59ss, 81s.
83. Jünger, *Storm of Steel*, p. 239; Strachan, Morale, p. 391.
84. Englander, French Soldier, p. 56.
85. Finch, Diary, 31 de julho de 1917.
86. Fussell, *Great War*, p. 46s.
87. Spiers, Scottish Soldier, p. 321. Ver também Hughes, New Armies, p. 104.
88. Coppard, *With a Machine Gun*, p. 55, 78; Englander, French Soldier, p. 56.
89. Fuller, *Troop Morale*, p. 75.
90. Jünger, *Storm of Steel*, p. 112s, 140, 227-233.
91. Fuller, *Troop Morale*, p. 6, 58; Bond, British "Anti-War" Writers, p. 824s.
92. Finch, Diary, 30 de junho de 1916.
93. D. Winter, *Death's Men*, p. 81.
94. Ibid., p. 82.
95. Dallas e Gill, *Unknown Army*, p. 63.
96. Fuller, *Troop Morale*, p. 47s, 77s; Bourne, British Working Man in Arms, p. 345; Englander e Osborne, Jack, Tommy and Henry Dubb, p. 598.
97. Deist, Military Collapse, p. 204.
98. Fuller, *Troop Morale*, p. 64, 144-153.
99. Fussell, *Great War*, p. 178s. Cf. Coppard, *With a Machine Gun*, p. 62, sobre a importância de piadas obscenas.
100. Fussell, *Great War*, p. 159, 162ss.
101. Coppard, *With a Machine Gun*, p. 88.

102. Simkins, Everyman at War, p. 301s; Fuller, *Troop Morale*, p. 95-98.
103. Fuller, *Troop Morale*, p. 110-113.
104. Englander e Osborne, Jack, Tommy and Henry Dubb, p. 595; Fuller, *Troop Morale*, p. 85-93; Dallas e Gill, *Unknown Army*, p. 20.
105. Coppard, *With a Machine Gun*, p. 56.
106. Buckley, Failure to Resolve, p. 71ss. Cf. Beckett, Nation in Arms, p. 19; Cooke, American Soldier, p. 247s; D. Winter, *Death's Men*, p. 99; Hynes, *War Imagined*, p. 371.
107. Becker, *Great War*, p. 155; Audouin-Rouzeau, French Soldier, p. 226; Englander, French Soldier, p. 63s.
108. Englander, French Soldier, p. 57.
109. Fuller, *Troop Morale*, p. 72.
110. Ibid., p. 23.
111. Fussell, *Great War*, p. 170. Ver também P. Parker, *Old Lie*, p. 197; Hynes, *War Imagined*, p. 116s, 206; J. Winter, *Great War*, p. 293ss.
112. Hynes, *War Imagined*, p. 117.
113. Schneider, British Red Cross, p. 296-315.
114. Remarque, *All Quiet*, p. 114-133; Strachan, Morale, p. 387, 393.
115. D. Winter, *Death's Men*, p. 55-57. Para alguns dos muitos outros exemplos, ver Spiers, Scottish Soldier, p. 318; P. Parker, *Old Lie*, p. 177; J. Winter, *Great War*, p. 299.
116. Fuller, *Troop Morale*, p. 22s.
117. Coker, *War and the Twentieth Century*, p. 156.
118. Janowitz e Shils, Cohesion and Disintegration. Para uma discussão crítica, ver Westbrook, Potential for Military Disintegration, p. 251-260.
119. Fuller, *Troop Morale*, p. 45, 70. Cf. Dallas e Gill, *Unknown Army*, p. 39s; Cooke, American Soldier, p. 246.
120. Westbrook, Potential for Military Disintegration, p. 254ss.
121. Audoin-Rouzeau, French Soldier, p. 228.
122. Fuller, *Troop Morale*, p. 35ss.
123. Spiers, Scottish Soldier, p. 323.
124. Perry, Maintaining Regimental Identity, p. 5-11. Ver Kipling, *Irish Guards*.
125. Fuller, *Troop Morale*, p. 23, 50, 171; Englander e Osborne, Jack, Tommy and Henry Dubb, p. 601; Dallas e Gill, *Unknown Army*, p. 31; Simkins, Everyman at War, p. 306ss. Quarenta e dois por cento das tropas canadenses e cerca de 18% das australianas eram nascidas na Inglaterra. Como demonstrou L. L. Robson, o maior grupo social na Força Imperial Australiana era, de fato, composto de trabalhadores industriais; a imagem de "escavador" era, em certa medida, uma invenção.
126. Englander, French Soldier, p. 55.

127. J. Winter, *Sites of Memory*, p. 64-69, 91s, 127ss, 206.
128. Fussell, *Great War*, p. 40s, 116s, 131s, 137s. Ver também Mosse, *Fallen Soldiers*, p. 74s.
129. Robbins, *First World War*, p. 155ss. Cf. Moynihan, *God on Our Side*.
130. Fuller, *Troop Morale*, p. 156.
131. Kellet, *Combat Motivation*, p. 194.
132. Freud, Thoughts, p. 1-25.
133. Freud, Civilization, p. 26-81. Ver também seu Why War, p. 82-97.
134. Hynes, *War Remembered*, p. 8s.
135. Fussell, *Great War*, p. 19, 27.
136. Graves, *Goodbye*, p. 151.
137. J. Winter, *Great War*, p. 292.
138. P. Parker, *Old Lie*, p. 199.
139. Audoin-Rouzeau, French Soldier, p. 225.
140. Jünger, *Storm of Steel*, p. 18.
141. Ibid., p. 22s.
142. J. Winter, *Great War*, p. 296; Hynes, *War Imagined*, p. 201.
143. Ellis, *Eye-Deep in Hell*, p. 167.
144. Coker, *War in the Twentieth Century*, p. 67.
145. Ibid., p. 34.
146. Creveld, *Transformation of War*, p. 218-233.
147. T. Wilson, *Myriad Faces*, p. 10; Hynes, *Soldier's Tale*, p. 39.
148. Fussell, *Great War*, p. 168s.
149. Ibid., p. 27.
150. Hynes, *Soldier's Tale*, p. 38. Ver também p. 33 para o comentário do major-general M. F. Rimington antes da guerra, de que "a raça do homem caçador" dava um bom oficial de cavalaria, já que "ele se arrisca porque ama o perigo".
151. D. Winter, *Death's Men*, p. 91.
152. Jünger, *Storm of Steel*, p. 276.
153. Ellis, *Eye-Deep in Hell*, p. 168.
154. Macdonald, *They Called It Passchendaele*, p. xiii.
155. J. Winter, *Great War*, p. 292; Bond, British "Anti-War" Writers, p. 826.
156. Coker, *War in the Twentieth Century*, p. 162.
157. Jünger, *Storm of Steel*, p. xii, 41, 43, 91, 209.
158. S. Gilbert, Soldier's Heart, p. 216ss.
159. T. Wilson, *Myriad Faces*, p. 57-64.
160. D. Winter, *Death's Men*, p. 210.
161. Audoin-Rouzeau, French Soldier, p. 227.
162. Jünger, *Storm of Steel*, p. 48s, 258ss.

163. Hynes, *Soldier's Tale*, p. 40.
164. Gammage, *Broken Years*, p. 90.
165. A. Simpson, *Hot Blood*, p. 168.
166. D. Winter, *Death's Men*, p. 211.
167. Broch, *Sleepwalkers*, p. 444s.
168. Audoin-Rouzeau, French Soldier, p. 222.
169. Fussell, *Great War*, p. 171.
170. Jünger, *Storm of Steel*, p. 55s, 171s, 207, 244.
171. Ellis, *Eye-Deep in Hell*, p. 100.
172. Hynes, *Soldier's Tale*, p. 56s.
173. Ibid., p. 294; D. Winter, *Death's Men*, p. 82s; Audoin-Rouzeau, French Soldier, p. 223.
174. Freud, Thoughts, p. 22.
175. Becker, *Great War*, p. 107-111.
176. Fussell, *Great War*, p. 71-74.
177. Audoin-Rouzeau, French Soldier, p. 222.
178. Ellis, *Eye-Deep in Hell*, p. 98-101.

13
O dilema do capturador

A lógica da rendição

Houve, entretanto, outro motivo pelo qual os homens continuaram lutando; e foi por que eles não viram nenhuma possibilidade mais interessante. Como disse Norman Gladden a respeito da véspera da Terceira Batalha de Ypres: "Se ao menos houvesse uma alternativa. Mas eu sabia que não tinha escolha". Mas seria verdade? Isso nos leva ao ponto crucial. Havia, é claro, uma alternativa. O capítulo anterior só considerou as opções mais difíceis: a deserção, da qual era difícil sair impune (especialmente para soldados britânicos monoglotas como Eric Partridge, que "não teve sequer a coragem de desertar");[1] ou o motim, a forma mais difícil de resistência à autoridade militar. Também se poderiam acrescentar as técnicas de atirar no próprio pé e, até mesmo, suicidar-se; ambas extremamente difíceis de executar, tendo em vista que a dor provocada em si próprio, certa e imediata, raras vezes parece preferível à dor futura e talvez evitável infligida por outros. Por essa razão, o número de suicídios e ferimentos autoinfligidos nunca foi muito alto.

Mas havia outra opção: render-se.

A rendição foi o fator essencial para o desfecho da Primeira Guerra Mundial. Apesar das longuíssimas listas de óbitos, mostrou-se impossível alcançar os objetivos ideais da doutrina alemã antes da guerra, "a aniquilação do inimigo": a composição demográfica garantia que, a cada ano, houvesse novos recrutas em número mais ou menos suficiente para preencher as lacunas criadas pela exaustão. Por esse motivo, a "contagem líquida de corpos" em favor dos Impérios Centrais não foi suficiente para levá-los à vitória. No entanto, o que de fato se mostrou possível foi fazer o inimigo se render em tal número que sua capacidade de lutar foi fatalmente diminuída.

Na época, as pessoas sabiam que grandes capturas de tropas inimigas eram um bom sinal. Em torno de 10% do filme britânico *A Batalha do*

Somme é dedicado a imagens de prisioneiros de guerra alemães. Curiosamente, há uma sequência no fim da Parte III em que um soldado britânico ameaça um prisioneiro de guerra, embora, em outras, "prisioneiros alemães feridos e emocionalmente abalados" sejam vistos recebendo bebidas e cigarros.[2] Os fotógrafos oficiais eram encorajados a retratar tais cenas. Os alemães também produziram cartões-postais e cinejornais mostrando prisioneiros de guerra estrangeiros sendo conduzidos por cidades alemãs.[3] A importância da rendição nunca foi mais visível do que na Frente Oriental em 1917; pois a chave para a derrota militar da Rússia foi o grande número de soldados que se entregaram naquele ano. Ao todo, mais da metade do total de baixas russas correspondia a homens que eram feitos prisioneiros. A Áustria e a Itália também perderam grande parte de seus homens dessa maneira: respectivamente, 32% e 26% de todas as baixas. Mas, durante a maior parte da guerra, os índices de rendição dos Exércitos britânico, francês e alemão foram muito mais baixos. Apenas 12% das baixas francesas, 9% das alemãs e 7% das britânicas corresponderam à captura de prisioneiros.

Foi só bem no fim da guerra, como mostra a Figura 17, que os soldados alemães passaram a se entregar em grande número, começando em agosto de 1918. De acordo com uma estimativa, 340 mil alemães se renderam entre 18 de julho e o armistício.[4] Entre 30 de julho e 21 de outubro – menos de três meses –, os britânicos, sozinhos, capturaram 157 mil alemães. Durante todo o restante da guerra, eles haviam capturado pouco mais do que isso (190.797). Só na última semana, 10.310 se renderam.[5] Esse era um sinal concreto de que a guerra estava chegando ao fim. De fato, o número de homens *mortos* conta uma história completamente diferente. Nos últimos três meses de combate, 4.225 oficiais e 59.311 soldados britânicos foram mortos, em comparação com 1.540 e 26.688 do Exército alemão (entre os que combateram no setor britânico).[6] Em outras palavras, em termos de assassinato, os perdedores na guerra ainda foram duas vezes mais eficazes do que os vencedores. Porém, em termos de captura de prisioneiros, não há dúvida de que os alemães estavam sendo derrotados. Para explicar isso, não basta simplesmente dizer que os alemães estavam "cansados da guerra", desmoralizados ou, ainda, com frio e com fome. Também é necessário examinar suas atitudes em relação ao inimigo a quem estavam se rendendo; e o modo como esse inimigo reagia à rendição.

Tabela 42   Prisioneiros de guerra, 1914-1918

País de origem dos prisioneiros de guerra	Mínimo	Máximo	Percentual de prisioneiros com relação ao total de baixas
França	446.300	500.000	11,6
Bélgica	10.203	30.000	11,0
Itália	530.000	600.000	25,8
Portugal	12.318	12.318	37,2
Grã-Bretanha	170.389	170.389	6,7
Império Britânico	21.263	21.263	3,3
Romênia	80.000	80.000	17,8
Sérvia	70.423	150.000	14,6
Grécia	1.000	1.000	2,1
Rússia	2.500.000	3.500.000	51,8
Estados Unidos	4.480	4.480	1,4
Total – Aliados	*3.846.376*	*5.069.450*	*28,0*
Bulgária	10.623	10.623	4,2
Alemanha	617.922	1.200.000	9,0
Áustria-Hungria	2.200.000	2.200.000	31,8
Turquia	250.000	250.000	17,2
Total – Impérios Centrais	*3.078.545*	*3.660.623*	*19,9*
Total de prisioneiros	**6.924.921**	**8.730.073**	**24,2**
Contagem de prisioneiros	767.831	1.408.827	
Diferença percentual	25	38	

Notas: As estimativas para os prisioneiros gregos incluem desaparecidos e, portanto, provavelmente superestimam o número de prisioneiros de guerra. As estimativas para os romenos são bem aproximadas.
Fontes: War Office, *Statistics of the Military Effort*, p. 237, 352-237; Terraine, *Smoke and the Fire*, p. 44.

Há uma boa razão para essa relutância dos soldados em se renderem na Frente Ocidental – e não é apenas a superioridade moral e disciplinar. A rendição era perigosa; com efeito, durante grande parte da guerra a maioria dos soldados sentiu que os riscos que um homem corria ao se entregar eram maiores do que aqueles que corria ao continuar lutando.

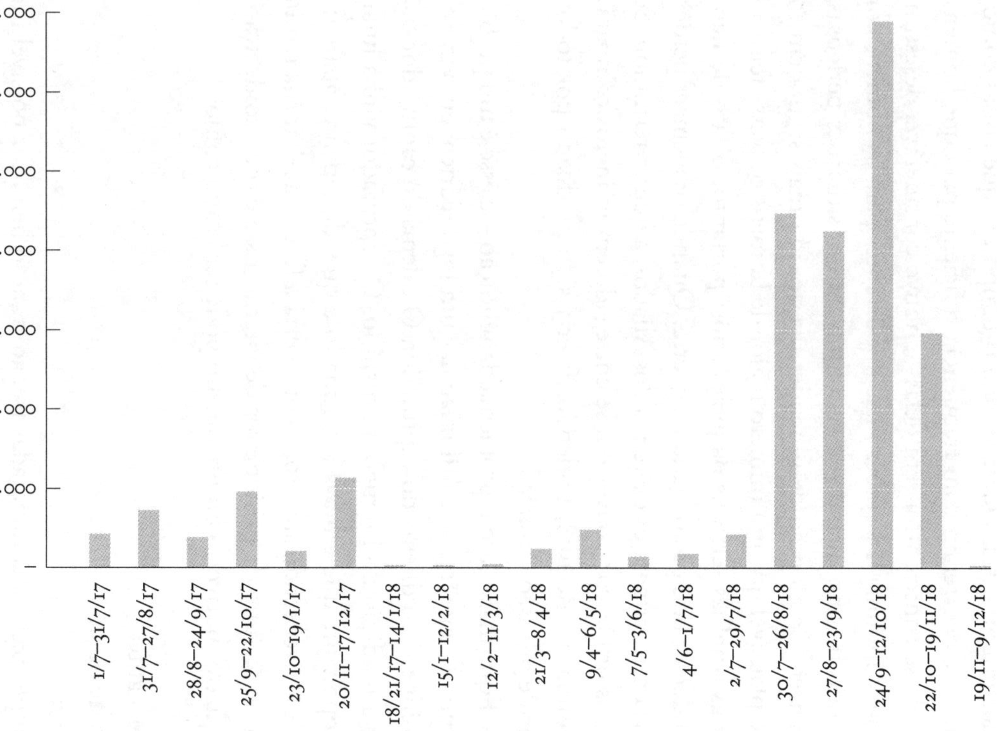

Figura 17   Prisioneiros alemães capturados pelo Exército britânico na França, julho de 1917 a dezembro de 1918
Fonte: War Office, *Statistics of the Military Effort*, p. 632.

Por que a rendição era perigosa? A resposta é que, em várias ocasiões, de um lado e de outro soldados eram mortos não só quando tentavam se render como também depois de terem se rendido. Estas são, pode-se dizer, as "atrocidades" esquecidas da Primeira Guerra Mundial, mas, provavelmente, foram as mais importantes. Durante todo o tempo em que coisas como essas ocorreram – e ocorreram com frequência suficiente para que homens de ambos os lados se conscientizassem delas –, houve considerável desestímulo à rendição. Essa foi uma das razões mais importantes para os homens continuarem lutando mesmo quando se encontravam em situações perigosas, se não irremediáveis. Se a opção de se render tivesse sido mais segura em 1917-1918, parece plausível que um número maior de homens o tivesse feito a fim de escapar das batalhas terríveis daqueles anos; portanto, o fato de não ser seguro se render acabou prolongando a guerra. Quando os alemães perderam o medo de se entregar para os exércitos dos Aliados, a guerra terminou. Se os franceses ou os britânicos houvessem se entregado em números comparáveis durante a primavera de 1918, Ludendorff teria sido perdoado por todos os seus pecados de omissão estratégica.

Para que fique mais claro o problema da rendição – e esse é um problema constante durante a guerra –, é útil imaginar um jogo teórico: em vez do dilema do prisioneiro, o dilema do capturador. O dilema do capturador é simples: aceitar a rendição do inimigo ou matá-lo. O capturador vinha lutando contra um oponente que tentava assassiná-lo e que, de repente, aparenta se render. Se ele estiver sendo sincero, a coisa certa a fazer é aceitar sua rendição e enviá-lo a um campo de prisioneiros de guerra. Esse é o curso de ação racional por quatro motivos. Um prisioneiro pode ser usado como:

1. informante;
2. mão de obra;
3. refém;
4. exemplo para seus camaradas (se, ao tratá-lo bem, for possível induzi-lo a convencer os demais a se entregarem também).

Desses quatro pontos, o primeiro e o segundo foram considerados especialmente importantes durante a Primeira Guerra Mundial. Os alemães capturados eram submetidos a interrogatórios que tinham por finalidade obter informações sobre o inimigo, e Haig confiou firmemente nos resultados de tal procedimento.[7] Além disso, os prisioneiros de guerra eram uma fonte útil de mão de obra barata num momento em que esta era escassa. Embora, no início, Haig tenha se oposto ao uso de alemães capturados na França para esse propósito, acabou sendo vencido pelo Gabinete. Em novembro de 1918, os prisioneiros de guerra alemães representavam 44% da mão de obra da Força Expedicionária Britânica. Tecnicamente, sob a Convenção de Haia, eles não poderiam receber tarefas associadas com operações militares, mas essa foi uma distinção quase impossível de se manter, e o termo "trabalho de preparação" veio a ser interpretado de forma bastante flexível (os franceses usaram prisioneiros de guerra até mesmo para cavar trincheiras).[8] De fato, o uso de prisioneiros de guerra em áreas a menos de 30 quilômetros da linha de frente deu origem a um protesto por parte do governo alemão em janeiro de 1917, acompanhado de represálias que consistiram em trasladar os prisioneiros britânicos para as proximidades das linhas alemãs na França e na Polônia.[9] Os prisioneiros também foram usados como reféns: os alemães colocaram prisioneiros em campos em Karlsruhe, Freiburg e Stuttgart para atuar como "para-raios", na esperança de deter os bombardeios dos Aliados.[10] Entretanto, prestou-se menos atenção ao quarto argumento a favor da captura de soldados inimigos, visto que pouco foi feito para divulgar o fato de que os prisioneiros estavam sendo relativamente bem tratados.

Quais são, no dilema do capturador, os argumentos contra a captura de prisioneiros? Um deles é que o suposto capturado pode estar blefando. De tempos em tempos durante a Grande Guerra, os soldados eram alertados por seus comandantes acerca de tais estratagemas: um homem aparentava se entregar, os atacantes afrouxavam seus esforços de vigilância e, então, forças inimigas ocultas abriam fogo. Típica foi a experiência das tropas britânicas em Aisne, em setembro de 1914, assassinadas quando aceitaram um gesto falso de rendição.[11] Da mesma forma, o tenente Louis Dornan, do Corpo de Fuzileiros de Dublin, foi morto no Somme quando alguns alemães que aparentemente haviam se rendido "lhe deram um tiro no coração".[12] Em outras ocasiões, não se tentou fraude alguma: enquanto alguns membros de um grupo de soldados se entregavam, outros continuavam lutando. Em Bullecourt, em 1917, um oficial australiano chamado Bowman ordenou que seus homens se rendessem e, em seguida, ele próprio se entregou. "Dois soldados alemães estavam escoltando o oficial quando nossos camaradas atiraram em ambos. Eles também ameaçaram atirar no tenente Bowman".[13] Poderia muito bem ter sido o contrário, como no caso do tenente-coronel Graham Seton Hutchison, que, segundo dizem, atirou em 38 de seus próprios homens por tentarem se entregar, e em seguida retomou a guerra contra os alemães.[14]

Em outras palavras, aceitar a rendição é, portanto, arriscado.[15] Também pode ser bem difícil transportar um prisioneiro – na Primeira Guerra Mundial, o Exército estipulava uma proporção de um ou dois soldados para escoltar dez prisioneiros[16] –, e qualquer um incumbido dessa função tinha de ser subtraído da força de ataque. O problema aumenta se o soldado que se entrega está ferido e incapaz de caminhar sem auxílio. A solução simples é atirar no prisioneiro e esquecê-lo; se ele continuasse lutando, esse teria sido seu destino de qualquer modo, e enquanto esteve em combate ele provavelmente infligiu baixas no exército inimigo. Mas a prática de atirar no prisioneiro, embora resolvesse um problema imediato, era ilegal segundo as leis militares nacionais e internacionais: para ser preciso, o Regulamento 23 (c) da Convenção de Haia determinava que era proibido matar ou ferir um prisioneiro que havia baixado as armas em rendição, e o Regulamento 23 (d) proibia que se desse a ordem de inclemência.[17] Além do mais, na prática, matar prisioneiros tinha consequências negativas, porque encorajava a resistência por outras tropas inimigas que, não fosse por isso, poderiam ter se entregado. Daí o dilema do capturador: aceitar um inimigo que se entrega, com todos os riscos pessoais que isso implica, ou atirar nele, com a probabilidade de que a resistência se torne mais firme, aumentando assim os riscos para o seu próprio exército como um todo.

Acusações e contra-acusações

Na realidade, foram os alemães que começaram a prática ilegal e, em última instância, irracional de não fazer prisioneiros. Assim, o soldado Fahlenstein, do 34º Corpo de Fuzileiros, registrou em seu diário que, em 28 de agosto de 1914, cumpriram-se ordens de matar prisioneiros franceses feridos. Mais ou menos na mesma época, o suboficial Göttsche, do 85º Regimento de Infantaria, recebeu ordens de seu capitão perto do forte de Kessel, nas proximidades da Antuérpia, de não fazer prisioneiros. De acordo com o diário de um médico alemão, os franceses feridos foram assassinados com baionetas por uma companhia de sapadores alemães em 31 de agosto. Um jornal silesiano inclusive relatou (sob a manchete "Um dia de honra para nosso regimento") que prisioneiros franceses foram executados no fim de setembro.[18] É quase certo que os soldados estavam seguindo ordens verbais como as que foram dadas aos regimentos 112º (Baden) e 114º. De acordo com o diário de um soldado alemão em 27 de agosto, "os prisioneiros franceses feridos foram todos mortos a tiros porque mutilaram e maltrataram nossos feridos"; isso, no entanto, foi o que lhe disseram seus superiores. Outro recruta, chamado Dominik Richert, confirmou que seu regimento (a 112ª Infantaria) recebeu ordens de matar prisioneiros; curiosamente, ele observou que a ordem desagradou à maioria dos soldados – ainda que não a todos.[19]

Tal comportamento continuou durante toda a guerra. Em março de 1918, Ernst Jünger descreveu como um subordinado na companhia de outro oficial atirou em "uma dúzia ou mais" de prisioneiros ingleses que estavam "correndo com os braços para cima em meio à primeira onda de tropas de assalto rumo à retaguarda". Os sentimentos de Jünger eram ambivalentes: "matar um homem indefeso", escreveu, "é uma ruindade. Nada na guerra era mais repulsivo para mim do que aqueles heróis das mesas de refeitório que costumavam repetir, com uma risada estúpida, o velho conto [sic] dos prisioneiros trazidos: 'Você ficou sabendo do massacre? Hilário!'". Mas ele sentia que não podia "culpar os homens por sua conduta sanguinária".[20]

É tentador meramente acrescentar esses episódios à ficha de acusações do *Schrecklichkeit* (terror) alemão. Mas isso não basta. Pois parece claro que as potências da Entente não demoraram para responder na mesma moeda. Karl Kraus mostrou isso em *Os últimos dias da humanidade*. No Ato V, cena 14, oficiais alemães são vistos ordenando a seus homens que matem prisioneiros franceses em Saarburg. Na cena seguinte, entretanto, oficiais franceses discutem o assassinato de 180 prisioneiros alemães à baioneta perto de Verdun.[21] Como na maioria das vezes, quanto mais grotesca uma cena na peça de Kraus, mais próxima da verdade ela se revela.

Em 1922, August Gallinger, um ex-médico do Exército e, desde 1920, professor de filosofia na Universidade de Munique, publicou um livro intitulado *Countercharge* [Contra-acusação], no qual listou uma série de alegações de que soldados aliados haviam cometido atrocidades contra prisioneiros alemães.[22] A maioria dos historiadores estaria inclinada a descartar tal obra por julgá-la mero pleito especial, uma tentativa débil por parte de um alemão de provar que "um erro justifica o outro" em resposta às alegações de atrocidades alemãs durante a guerra. Entretanto, as acusações de Gallinger merecem consideração.

O próprio Gallinger serviu no Exército bávaro e foi um dos muitos alemães capturados no fim da guerra (pelos franceses, em setembro de 1918). Ele não gostou muito do tratamento que recebeu, embora fosse honesto o bastante para admitir que não presenciou nenhum incidente de morte de prisioneiros. Mas, como veremos, provavelmente houve menos de tais incidentes a essa altura da guerra (e talvez tenha sido por isso que tantos alemães estiveram dispostos a se render).

Depois da guerra, Gallinger começou a reunir declarações de outros ex-prisioneiros. Ler seus depoimentos é de arrepiar. Sem dúvida, alguns descrevem incidentes do tipo que acontece na maioria dos conflitos no calor da batalha. Mas outros descrevem atos que só podem ser definidos como assassinato a sangue-frio. Com frequência, esses prisioneiros eram homens feridos a quem os franceses simplesmente liquidaram. Karl Alfred, de Mehlhorn, descreveu como, depois que a trincheira de sua companhia foi atacada, "os soldados franceses apareceram de ambos os lados e mataram brutalmente os feridos com a coronha dos fuzis ou com as baionetas. Os que estavam deitados a meu lado foram mortos um após outro por baionetas enfiadas na cabeça. Eu fingi estar morto, e por isso escapei".[23] "Johann Sch.", de Dortmund, descreveu que "reservistas franceses marchando para a frente de batalha enfileiraram cinco ou seis alemães gravemente feridos e tiveram prazer em atirar nesses pobres indefesos. O oficial da companhia, entre outros, foi morto com dois golpes na cabeça".[24] De acordo com Gallinger, esse tipo de comportamento não era necessariamente espontâneo: a 151ª Divisão francesa incumbiu *nettoyeurs* da tarefa específica de matar inimigos feridos sob a justificativa de que "os soldados alemães, depois de erguer os braços em sinal de rendição, com frequência atiravam em seus capturadores pelas costas".[25] Mas não só os feridos foram assassinados. John Böhmm, de Fürth, relatou: "Um sargento francês veio e nos perguntou a que nação pertencíamos. O primeiro homem questionado respondeu 'Baviera'; tomou um tiro na cabeça e caiu morto no mesmo instante. O sargento fez a mesma coisa com os outros".[26] Em outubro de 1914, de acordo com a declaração juramentada do sargento Feilgenhauer, "150 homens da 140ª Infantaria foram exterminados atrás da trincheira, e apenas 36 escaparam, todos na presença de um oficial [francês]".[27] Outra testemunha descreveu que levou um tiro de um oficial francês quando ele e outros prisioneiros eram conduzidos pelas linhas francesas.[28] Max Emil Richter, de Chemnitz, recordou que ele e seus camaradas receberam ordens dos capturadores franceses de "desamarrar os braços e descer para uma pequena trincheira", acrescentando: "mas, enquanto fazíamos isso, nossos adversários atiraram em nós, de modo que caímos uns por cima dos outros. Aqueles que mostraram sinais de vida foram derrubados com coronhadas ou esfaqueados com baionetas [...] Eu mesmo levei um tiro no pulmão e outro no couro cabeludo [...]".[29] Adolf K., de Düsseldorf, relatou como, em setembro de 1915, ele e outros 39 homens receberam ordens do comandante para se entregar quando sua trincheira foi capturada pelos franceses: "Por ordens de algum superior [...], os franceses abriram fogo contra nós. Todos nos dispersamos e eu caí num buraco de granada, com um tiro no joelho. De lá, pude ver os franceses matarem o resto quando eles caíam no chão, usando as botas e a coronha dos fuzis". Ele foi o único sobrevivente.[30] Em maio de 1916, Julius Quade, que serviu na 2ª Companhia da 52ª Infantaria, foi capturado em Douamont:

> Uns 50 ou 60 metros atrás da trincheira inimiga havia um oficial francês que atirou em seis ou sete dos meus camaradas que estavam desarmados, e alguns deles até feridos. Eu mesmo levei um tiro na coxa. Sob seu comando, fomos obrigados a passar por ele em fila, e ele atirou em cada homem à queima roupa.[31]

Embora muitas das histórias de Gallinger sejam sobre o Exército francês, seu livro trata da maioria dos Exércitos e palcos de guerra. Há histórias de horror sobre africanos, marroquinos e "hindus" cortando cabeças e cometendo outras atrocidades, bem como relatos de romenos assassinando prisioneiros.[32] Não faltam acusações contra as tropas britânicas. Estas também, segundo Gallinger, "atiravam sem dó" em prisioneiros que estavam machucados demais para ser levados para a retaguarda.[33] E, além disso, assassinaram prisioneiros de guerra saudáveis a sangue-frio. Um homem de

Magdeburg assinou uma declaração juramentada que descrevia como, em Pozieres, em julho de 1916, "quatro prisioneiros pertencentes à 27ª Infantaria levaram tiros de soldados ingleses e depois foram atravessados por baionetas".[34] Em maio de 1917, de acordo com o testemunho do sargento Drewenick, de Posen, "cerca de 30 homens da 98ª Infantaria Reserva, que foram detidos em uma trincheira e se entregaram para um sargento inglês, foram mortos enquanto eram levados dali".[35] Quatro meses depois, segundo alegou o soldado de infantaria Oberbeck, de Hanover, 40 ou 50 homens da 77ª Infantaria Reserva capturados em St. Julien foram "enviados para uma casa de concreto perto da segunda linha inglesa. A maioria deles foi morta por granadas de mão e tiros de revólver".[36] No mesmo mês, o soldado de infantaria Stöcken, também de Hanover, testemunhou a "matança sistemática dos feridos por grupos de três ou quatro homens após o fim da batalha" em Ypres.[37] Os soldados ingleses também podiam ser violentos ao saquear os prisioneiros. De acordo com Hugo Zimmermann, "um homem que, por nervosismo, demorou para tirar o cinto foi esfaqueado em todo o corpo" em novembro de 1918.[38] Friedrich Weisbuch, de Ettenheimmünster, descreveu que estava "500 metros atrás da linha inimiga quando um homem foi morto e dois foram feridos por três soldados ingleses, embora tenham erguido os braços em sinal de rendição".[39] Mais uma vez, Gallinger afirma que, em alguns casos, os homens estavam cumprindo ordens. Ele cita uma declaração de um tal Jack Bryan, do "2º Regimento Escocês", de que "a ordem de 'não fazer prisioneiros' [fora] transmitida de soldado em soldado a toda a companhia".[40] Ele também cita incidentes envolvendo tropas dos domínios do Reino Unido. De acordo com o sargento médico Eller, da 17ª Infantaria Reserva da Baviera, os canadenses em Messines haviam recebido "ordens [...] de não fazer nenhum prisioneiro, mas matar todos os alemães. Porém, tantos haviam sido capturados que isso se tornava inviável".[41] O sargento Walter, de Stuttgart, testemunhou que "um oficial canadense [em Miramont] matou sem motivo dois prisioneiros, o soldado de infantaria Mahl e o tenente Kübler, ambos da 120ª Infantaria Reserva".[42]

Estas seriam meras ficções? Certamente, é possível encontrar, entre os Aliados, quem negasse explicitamente que tais coisas tivessem acontecido. *Sir* John Monash, tenente-general, ao narrar a campanha do Exército australiano na França em 1918, afirmou: "Nenhum caso de brutalidade ou desumanidade para com os prisioneiros chegou a meu conhecimento".[43]

Porém, corroborando seu argumento, Gallinger foi capaz de citar também fontes inglesas. Em sua memória de guerra *A Private in the Guards* [Um soldado raso na guarda], Stephen Graham conta que um instrutor lhe disse: "O segundo soldado com baioneta mata os feridos [...] Você não pode se dar ao luxo de se encarregar dos inimigos feridos caídos a seus pés. Não seja melindroso. O Exército lhe fornece um bom par de botas; você sabe como usá-las". Mais tarde, Graham descreveu como

> a ideia de capturar inimigos se tornou muito impopular. Um bom soldado era aquele que não fazia prisioneiros. Se convocado para escoltar prisioneiros à cela, sempre era justificável matá-los no caminho e dizer que eles tentaram escapar [...] O capitão C., que em Festubert atirou em dois prisioneiros oficiais alemães com quem teve uma discussão, era quase um herói, e, quando um homem contou a história, os ouvintes disseram, satisfeitos: "Isso é o que eles merecem".

Graham também se referiu a soldados britânicos que "juraram jamais fazer prisioneiros", e acrescentou: "A opinião cultivada no Exército com relação aos alemães era de que eles eram uma espécie de praga, como ratos que deveriam ser exterminados". Além disso, Graham relatou uma história que outros lhe haviam contado:

> Um sargento experiente se dirige a seu oficial – que, por acaso, era um poeta; escreveu alguns versos realmente encantadores e era um grande apreciador de arte – e bate continência: "Permissão para atirar nos prisioneiros, *sir*?" "Para que você quer atirar neles?", pergunta o poeta. "Para vingar a morte do meu irmão", diz o sargento. Suponho que o poeta lhe diz para seguir em frente. Ele esfaqueia os alemães um após o outro; alguns dos companheiros dizem "Bravo!" e, em outros, o sangue corre frio.[44]

Gallinger também foi capaz de citar uma história parecida de *Now It Can Be Told* [Agora se pode contar], de Philip Gibbs, tal como relatada originalmente pelo coronel Ronald Campbell, exímio no manejo de baionetas e reconhecidamente sanguinário:

Uma multidão de alemães foi capturada em um abrigo subterrâneo. O sargento havia recebido ordens de iniciar seus homens no assassinato, e durante o massacre ele se virou e perguntou: "Onde está Harry? [...] Harry ainda não teve a vez dele".

Harry era um rapaz tímido, que fugia do trabalho de carniceiro, mas foi convocado e lhe designaram um soldado para matar. E, depois disso, Harry era como um tigre devorador de homens em seu desejo por sangue alemão.

Outra história de Campbell citada por Gibbs era a seguinte: "Você talvez encontre um alemão que diga 'Tenha piedade! Eu tenho dez filhos!'. Mate-o! Ele pode vir a ter outros dez".[45] Gallinger também citou um autor francês chamado Vaillant-Courturier, que rememorou "oficiais que se orgulhavam de atirar em prisioneiros alemães para testar seus revólveres [...] [e] oficiais que atiraram em companhias de prisioneiros capturados e desarmados e foram promovidos por essas atrocidades.[46]

É claro que nada disso pode ser tratado como prova absoluta; de fato, as citações inglesas devem ser lidas com um senso de humor que evidentemente Gallinger não tinha. Se houvessem sido escritas mais cedo, ele também poderia ter citado as reminiscências de Norman Gladden:

> A maioria de nossos compatriotas do norte [isto é, escoceses] era contra [fazer prisioneiros], para nossa consternação. Fritz não capturou nenhum – insistiam –, então por que deveríamos? Eu não acreditava neles, se bem que, é claro, em tal anarquia tudo era possível. Contaram-se histórias apavorantes de prisioneiros alemães que não conseguiram chegar às celas por um ou outro motivo. A favorita era a de um bando de Gurkhas guerreiros que estavam extremamente irritados por terem sido designados para a inútil tarefa de conduzir um grupo de prisioneiros para a retaguarda. Eles encontraram uma solução mais rápida e as autoridades fizeram vista grossa. Se é verdade ou não, a história foi recebida com satisfação como um exemplo de justiça bruta.[47]

O tenente A. G. May relatou uma história semelhante depois da Batalha de Messines, tendo visto dois soldados ingleses passarem com um grupo de prisioneiros e, em seguida, voltarem sem eles:

Depois de muito questionados, soube-se que os dois homens haviam matado os prisioneiros. "Tudo bem", disse o capitão do Estado-Maior, "vocês serão julgados por isso na corte marcial". "Eu não ligo, nós já esperávamos." "E por que vocês os mataram?" "Eles mataram minha mãe em um bombardeio aéreo", disse um. "Quando bombardearam Scarborough, mataram minha amada", respondeu o outro.[48]

Em 16 de junho de 1915, Charles Tames, um soldado raso na Honorável Companhia de Artilharia, descreveu um incidente após um ataque em Bellewaarde, perto de Ypres:

> Estávamos sob o fogo dos projéteis fazia oito horas, era mais como um sonho para mim, devíamos estar completamente loucos na época, alguns dos camaradas pareciam mesmo insanos quando o ataque terminou; assim que entramos nas trincheiras alemãs, centenas de alemães foram encontrados destruídos por nosso fogo de artilharia, um grande número veio pedir clemência, nem é preciso dizer que atiramos neles no mesmo instante, pois era a melhor clemência que podíamos dar. Os Royal Scots capturaram uns 300 prisioneiros, seus oficiais lhes disseram para partilhar sua ração com os prisioneiros e considerar que os oficiais não estavam do seu lado, os escoceses imediatamente atiraram em todo o bando e gritaram "morte e inferno para todos vocês" – e em cinco minutos o solo estava inundado de sangue alemão [...]".[49]

Gallinger também talvez tivesse apreciado as histórias de Somerset Maugham sobre a violência francesa contra prisioneiros que ele ouviu em um caso testemunhado em 1914. Um oficial da cavalaria cossaca que servia no Exército francês descreveu como,

> depois de ter feito prisioneiro um oficial alemão, ele o levou a seu alojamento. Lá, ele lhe disse: "Agora vou lhe mostrar como tratamos prisioneiros e cavalheiros", e lhe deu uma xícara de chocolate; quando o prisioneiro terminou de beber, ele disse: "Agora vou lhe mostrar como vocês os tratam". E lhe deu um tapa na cara. "O que ele disse?", perguntei. "Nada, ele sabia que se abrisse a boca eu o mataria." Ele conversou comigo sobre os senegaleses. Eles insistiam em cortar a cabeça dos alemães: "Assim você tem certeza de que estão mortos – *et ça fait une bonne soupe*".[50]

Em *Goodbye to All That* [Adeus a tudo aquilo], Robert Graves relata mais episódios: "Algumas divisões, como os canadenses e uma seção da Divisão das Terras Baixas, [...] saíam de seu caminho para liquidar [inimigos feridos]".[51] Ele não tinha dúvida de que "verdadeiras atrocidades, significando [...] violações pessoais do código de guerra", ocorriam frequentemente "no intervalo entre a rendição de prisioneiros e sua chegada (ou não) aos quartéis-generais":

> Com demasiada frequência, tirou-se vantagem dessa oportunidade. Praticamente todo instrutor envolvido na ação sabia citar exemplos específicos de prisioneiros que foram assassinados no caminho [...] Em todos os casos, os capturadores informavam nos quartéis-generais que um projétil alemão havia matado os prisioneiros; e não se faziam perguntas. Tínhamos todos os motivos para acreditar que a mesma coisa acontecia do lado alemão, onde os prisioneiros [eram considerados] bocas inúteis para alimentar em um país já carente de rações.[52]

Tais histórias, a maioria delas um tanto exageradas – se não totalmente inventadas – não servem para corroborar o testemunho alemão de Gallinger, embora atestem a *crença* disseminada no assassinato de prisioneiros. O major F. S. Garwood afirmou ter ficado espantado quando um oficial alemão capturado na Primeira Batalha de Ypres "declarou que lhe haviam dito que atirávamos em nossos prisioneiros"; isso, segundo Garwood, "mostra as mentiras que os alemães espalham entre suas tropas".[53] Herbert Sulzbach teve exatamente a mesma reação quando prisioneiros franceses lhe contaram "histórias sobre assassinatos de prisioneiros [perpetrados por alemães]"; eles expressaram uma "agradável surpresa de que isso não estivesse acontecendo".[54] Entretanto, está claro que de ambos os lados tais "histórias" se basearam em fatos.

Nesse contexto, é importante tentar distinguir entre o assassinato ocorrido no calor do combate e o assassinato a sangue-frio, longe do campo de batalha. O diário de Harry Finch para o primeiro dia da Terceira Batalha de Ypres fornece um bom exemplo da dificuldade de estabelecer essa distinção: "Enviamos multidões de prisioneiros", escreveu ele. "Eles estavam completamente assustados. Alguns dos pobres-diabos foram mortos a sangue-frio por nossos homens, que estavam muito agitados."[55] Nesse caso, o sangue dos soldados responsáveis (homens do Regimento Real de Sussex) não estava nem um pouco "frio": isso foi típico do tipo de confusão no campo de batalha que John Keegan descreveu tão bem, em que os soldados atacantes consideravam impossível suprimir seu desejo de matar o inimigo diante de um gesto de rendição. Em 20 de setembro de 1917, para dar mais um exemplo, as tropas australianas cercaram uma casamata alemã de dois andares e persuadiram os homens do andar debaixo a se entregar:

> O cerco de australianos logo assumiu uma atitude complacente, e os prisioneiros estavam saindo quando houve tiros, e um dos australianos foi morto. O tiro veio do andar de cima, onde não se sabia nada a respeito da rendição dos homens no andar de baixo, mas as tropas ao redor estavam exaltadas demais para perceber isso. Para eles, o ato foi uma traição, e eles imediatamente mataram os prisioneiros com golpes de baioneta. Um deles, prestes a matar um alemão, viu que sua baioneta não estava no fuzil. Embora o pobre homem lhe implorasse por clemência, ele a acoplou com obstinação e o matou.[56]

Isso foi feito a sangue-frio ou quente? Pode-se fazer a mesma pergunta acerca do outro exemplo da Grande Guerra citado por Keegan: a história, relatada por Chapman, de um sargento no Somme que atirou em um oficial alemão que havia dito explicitamente "Eu me rendo", e que inclusive entregou seus binóculos. A opinião de Chapman era que o homem provavelmente estava "um tanto alterado quando entrou na trincheira. Não acho que ele sequer tenha pensado no que estava fazendo. Se você aciona o ímpeto assassino de um homem, não pode simplesmente pará-lo como se fosse um motor".[57] Um veterano do Somme lembrou-se de ter matado alemães que se entregavam, quase como um ato reflexo: "Alguns dos alemães estavam saindo das trincheiras, as mãos para o alto em sinal de rendição; outros estavam correndo de volta para suas trincheiras de reserva. Para nós, eles tinham de ser mortos".[58] No mesmo espírito, o Batalhão Otago da Nova Zelândia não fez nenhum prisioneiro quando atacou Crest Trench.*[59] Quando esse tipo de coisa *não* acontecia, era motivo de comentário. Em setembro de 1916, um tenente irlandês na 16ª Divisão em Ginchy ficou

---

* Nome dado a uma trincheira alemã situada no alto de uma colina, no Somme. (N.T.)

impressionado com o fato de que "nenhum" dos 200 "hunos" "envolvidos até o último minuto na matança de nossos homens houvesse sido morto" após a rendição. "Não vi nem um único caso de um prisioneiro ser assassinado a tiro ou golpe de baioneta", acrescentou. "Considerando que nossos homens chegaram a tal nível de arrebatamento, esse ato supremo de clemência para com os inimigos é, sem dúvida, eterno motivo de orgulho".[60] O fato de que tenha ficado tão impressionado com isso indica que essa foi a exceção, não a regra.

Seria fácil listar muitos casos similares de violência formalmente "imprópria" que, no entanto, estava fadada a acontecer de vez em quando em confrontos diretos; provavelmente, uma série de casos enumerados por Gallinger foi desse tipo, mais do que suas narrativas indicam. Em *Nada de novo no front*, Remarque faz um relato vívido das decisões tomadas em uma fração de segundo que determinaram o destino dos homens que se rendiam:

> Perdemos todos os sentimentos pelos demais; mal reconhecemos uns aos outros quando alguém mais entra em nossa linha de visão, de tão agitados que estamos. Somos homens mortos sem nenhum sentimento e, por algum truque, alguma mágica perigosa, somos capazes de continuar correndo e matando.
>
> Um jovem francês fica para trás, nós o alcançamos, ele ergue as mãos e ainda tem um revólver em uma delas – não sabemos se quer atirar ou se render. Um golpe com uma pá de mão parte seu rosto em dois. Um segundo francês vê isso e tenta escapar, e uma baioneta é cravada em suas costas. Ele voa para longe e então cai, os braços abertos e a boca escancarada em um grito, a baioneta pendendo em suas costas. Um terceiro joga o fuzil no chão e se encolhe com as mãos cobrindo os olhos. Ele fica para trás com outros poucos prisioneiros de guerra para ajudar a carregar os feridos.[61]

O próprio Ernst Jünger admitiu:

> A força defensora, depois de atirar na força atacante a uma distância de cinco passos, deve arcar com as consequências. Um homem não pode mudar seus sentimentos novamente no último segundo com um véu de sangue diante dos olhos. Ele não quer fazer prisioneiros, mas sim matar. Ele já não tem escrúpulos; só resta o ímpeto de instinto primitivo.[62]

No entanto, Jünger também citou um incidente em que prisioneiros alemães atiraram em seu capturador e outro em que um oficial britânico foi capturado ao tentar fazer prisioneiros alguns alemães.[63] Esse era precisamente o tipo de coisa que levava homens como os de Norfolk na 18ª Divisão, sob o comando de Ivor Maxse no Somme, a não fazer prisioneiros. Como lembrou um subalterno:

> Vi grupos de alemães durante o ataque atirarem em nossos companheiros até quando estavam a poucos metros deles; então, assim que perceberam que não havia esperança para eles, jogaram suas armas e avançaram correndo para apertar as mãos dos nossos homens. A maioria conseguiu o que queria e não foi feita prisioneira. Alguns dos alemães feridos atiraram em nossos homens pelas costas depois de terem sido enfileirados por eles. Eles são imundos – acredite em mim –, vi essas coisas acontecerem com meus próprios olhos.[64]

Era particularmente gratificante matar um homem que aparentava estar se rendendo e que então deixava antever que sua intenção era assassinar. "Deitado de bruços, ele levantou a cabeça e pediu clemência", escreveu um soldado,

> mas seus olhos diziam assassinato. Enfiei a baioneta na parte de trás de seu coração, e ele desabou com um gemido. Eu o virei. Havia um revólver em sua mão direita, embaixo de sua axila esquerda. Ele estivera tentando atirar em mim por sob seu corpo. Quando tirei a baioneta, apertei o gatilho e lhe dei um tiro, para ter certeza.[65]

Mas a desconfiança não era a única justificativa que os homens apresentavam para matar prisioneiros. Graves citou como "motivos mais comuns [...] a vingança pela morte de amigos ou parentes, a inveja porque o prisioneiro seria enviado a uma prisão confortável na Inglaterra, o entusiasmo militar, o medo de ser subitamente dominado pelos prisioneiros ou, simplesmente, a impaciência com a tarefa de escoltá-los".[66] Às vezes, bastava a ameaça de uma contraofensiva: em outubro de 1917, o 2º Corpo das Forças Armadas da Austrália e da Nova Zelândia (Anzac, na sigla em inglês), segundo se afirma, matou um grande número de prisioneiros ao saber que "os *Boche* estavam se concentrando para contra-atacar".[67] Com mais frequência, os homens eram motivados pelo desejo de vingança, que, como já vimos, era também um motivo para lutar: observem-se os homens descritos por May, que estavam retaliando os alemães pela morte da mãe de um e da amada do outro em bombardeios aéreos. Provavelmente mais usual era o desejo de vingar um camarada morto: o tenente John Stamforth descreveu como três "rapazes" do 7º Batalhão do Regimento de Leinster mataram seis prisioneiros depois do ataque em Vermelles em junho de 1916, quando eles "caíram sobre o corpo de um de nossos oficiais" enquanto eram levados da linha de frente.[68] Ocasionalmente, um homem era motivado por vingança pessoal: depois de levar um tiro no pé durante um ataque alemão em uma galeria subterrânea perto de Loos, em dezembro de 1916, o soldado raso O'Neill, do 2º Batalhão do Regimento de Leinster, precisou ser contido quando tentou matar um prisioneiro alemão capturado em seguida.[69] O clássico exemplo do modo como era alimentado o ciclo de violência é fornecido por George Coppard, que lembrou "um truque baixo dos prussianos" no forte de Hohenzollern:

> Três centenas deles atravessaram a terra de ninguém fingindo se render, sem fuzis nem equipamentos, as mãos para o alto, mas com os bolsos cheios de granadas de mão. Logo antes de alcançar nosso arame farpado, eles se jogaram no chão e arremessaram uma chuva de bombas na trincheira da Companhia "B", provocando muitas baixas. O golpe foi tão duro que os remanescentes da companhia foram incapazes de uma verdadeira retaliação. O resto do batalhão ficou irritado e furioso com o truque e chamou os prussianos de canalhas malditos. Muitos juraram uma revanche sombria quando capturassem algum prisioneiro. A maioria dos metralhadores jurou uma vingança pessoal. Daí em diante, o avanço de uma multidão de *Jerries* [soldados alemães] com as mãos para cima era um sinal para atirar.[70]

De fato, quando Coppard teve a chance de concretizar sua vingança em Arras, dando "tratamento extremo" a alguns dos alemães que se entregaram do outro lado do rio Scarpe, "o tenente W. D. Garbutt *decidiu* que eles não deveriam fazer prisioneiros". Compreensivelmente, os alemães relutaram em obedecer quando receberam ordens de atravessar o canal, temendo serem massacrados assim que chegassem.[71]

Entretanto, às vezes a vingança era provocada por atos alemães mais remotos, incluindo atrocidades que os soldados não haviam testemunhado.

"Alguns [alemães que se renderam] rastejavam de joelhos", lembrou outro soldado britânico,

> segurando a foto de uma mulher ou de uma criança, com as mãos erguidas acima da cabeça, mas todos foram mortos. A agitação se foi. Matamos a sangue-frio, porque era nosso dever matar o máximo que pudéssemos. Pensei muito no *Lusitania*. Eu havia rezado para que esse dia [de revanche] chegasse e, quando chegou, matei tantos quantos eu tinha esperado que o destino me permitisse matar.[72]

Outro homem se lembrou de como um amigo precisou ser impedido de matar um piloto alemão capturado:

> Ele tentou descobrir se o piloto esteve [em Londres] atirando bombas. Disse: "Se esteve *lá*, eu vou matá-lo! Ele não vai sair impune". Ele teria feito isso. A vida não significava nada para você. A vida estava em risco e, quando você capturava uma porção de *Jerries* imundos, você não tinha muita simpatia por seu *Kamerad** e toda essa coisa de subserviência.[73]

Um soldado australiano descreveu, em agosto de 1917, como um oficial atirou em dois alemães, um deles ferido, em uma cratera de bomba:

> O alemão pediu que ele desse uma bebida ao companheiro. "Sim", disse nosso oficial, "vou dar uma bebida – tome isto", e descarregou o revólver nos dois. Essa é a única maneira de tratar um huno. O motivo pelo qual nos alistamos foi para matar hunos, esses assassinos de criancinhas.[74]

Observe-se aqui a influência de atrocidades fictícias (o assassinato de bebês belgas) gerando atrocidades reais: Kraus tinha razão. Claramente, alguns soldados de fato acreditavam no que haviam lido na imprensa de Northcliffe.

---

* Grito de rendição dos soldados alemães. (N.T.)

Ordens

Mais controverso é saber se os homens estavam obedecendo ordens ao atirar em prisioneiros. Há, é claro, muitos exemplos de altos oficiais exortando seus homens a "matar hunos". O comandante da 24ª Divisão instou seus soldados, em dezembro de 1915, a "matar todo alemão armado em toda ocasião possível"; mas ele especificou *armado*.[75] O major John Stewart, da Guarda Negra, disse à esposa que seu batalhão "FEZ POUQUÍSIMOS PRISIONEIROS" em Loos em 1915, acrescentando que "a coisa mais importante a fazer é matar muitos HUNOS com o menor número de perdas possível do nosso lado". Mas esta era uma carta particular e não prova que ele tenha dado ordens para que seus homens matassem todos os inimigos.[76]

No entanto, há indícios inequívocos da ordem de "não fazer prisioneiros" na Batalha do Somme, tradicionalmente retratada como o grande martírio do Exército britânico. Um soldado no Regimento de Suffolk escutou quando um brigadeiro (provavelmente, Gore) disse, à véspera da batalha: "Vocês podem capturar prisioneiros, mas eu não quero vê-los". Um soldado da 17ª Infantaria Ligeira das Terras Altas rememorou a ordem de "não mostrar clemência para com o inimigo e não fazer nenhum deles prisioneiro".[77] Em suas notas sobre as "lutas recentes" do II Corpo de Exército, datadas de 17 de agosto, o general *sir* Claud insistiu que nenhum soldado inimigo deveria ser feito prisioneiro, já que eles dificultavam as operações de limpeza do terreno.[78] O tenente-coronel Frank Maxwell, condecorado com a Cruz da Vitória, ordenou a seus homens da 18ª Divisão do 12º Batalhão do Regimento de Middlesex que não fizessem prisioneiros ao atacar Thiepval em 26 de setembro, justificando: "Todos os alemães devem ser exterminados".[79] Em 21 de outubro, Maxwell deixou a seu batalhão uma mensagem de adeus que foi divulgada junto com as ordens de seu sucessor. Na mensagem, ele elogiava seus homens por terem

> começado a aprender que a única forma de tratar os alemães é assassiná-los [...] Mal sei como é um prisioneiro, e um dos motivos para isso é que este batalhão sabe como cuidar de suas almas sedentas [...] Lembrem-se, no 12º "Die-Hards",*

---

* Como eram chamados os homens do Regimento de Middlesex. (N.T.)

MATEM [e] NÃO FAÇAM PRISIONEIROS, A NÃO SER QUE ESTEJAM FERIDOS.⁸⁰

O capitão Christopher Stone era da opinião de que "um *Boche* vivo não tem nenhuma utilidade para nós nem para o mundo".⁸¹

Indícios similares também podem ser encontrados com relação a 1917. Antes de Passchendaele, o comandante do soldado Hugh Quigley disse a seus homens:

> Não atirem em prisioneiros como tais – isto é, matem-nos em suas próprias linhas; não matem feridos se eles estiverem indefesos e em situação desesperada. Se houver prisioneiros em seu caminho, vocês têm autorização para se desfazer deles como quiserem. Do contrário, não!⁸²

Estas foram, para dizer o mínimo, diretrizes flexíveis. Típica da atitude de muitos oficiais na linha de frente é a seguinte conversa entre três oficiais no refeitório do Regimento Real de Berkshire:

> L: Ouvi uma história muito podre sobre a incursão da noite passada.
> R&F: O que houve?
> L: Bem, eles capturaram um oficial alemão e o estavam levando de volta para nossas linhas; ele tinha as mãos atadas atrás das costas, e uma bala acidental acertou um dos soldados na escolta, por isso o mataram.
> R: Não vejo nada de errado nisso [...] Quanto mais alemães matarmos, melhor.
> L: Mas [...] ele era um *prisioneiro*, e foi só uma bala perdida que acertou o soldado na escolta, e suas mãos estavam atadas atrás das costas; ele não tinha como se defender; eles simplesmente o mataram, assim como estava.
> R: E fizeram um bom trabalho.⁸³

Como demonstra essa conversa, os oficiais tinham opiniões diferentes sobre o assunto. Anthony Brennan, do Regimento Real Irlandês, descreveu o caso de "um de nossos anspeçadas que [...] deliberadamente deu um tiro fatal em um alemão que vinha em sua direção com as mãos para o alto". Brennan e seus colegas oficiais "ficaram muito insatisfeitos com isso e dirigiram todo tipo de blasfêmia contra o assassino".[84] Por outro lado, Jimmy O'Brien, do 10º Corpo de Fuzileiros de Dublin, lembrou que seu capelão (um clérigo inglês chamado Thornton) lhe contou: "Bem, rapazes, partiremos para a ação amanhã, e se vocês fizerem alguém prisioneiro, sua ração será cortada pela metade. Não capturem nenhum inimigo. Matem-nos! Do contrário, eles terão de ser alimentados com a ração de vocês. A solução é: não façam prisioneiros".[85]

Entretanto, não é correto afirmar que o chefe do Estado-Maior de Haig, o tenente-general *sir* Lancelot Kiggell, encorajou esse tipo de coisa.[86] Sua ordem de 28 de junho de 1916 simplesmente alertou os oficiais acerca dos estratagemas dos alemães (o uso de palavras de ordem britânicas, a camuflagem de metralhadoras), e declarou:

> É dever de todos nós continuarmos a usar nossas armas contra as tropas combatentes do inimigo, a não ser que, para além de qualquer dúvida, eles não só tenham cessado toda resistência, como também, havendo jogado suas armas no chão de maneira voluntária ou não, tenham abandonado definitivamente toda esperança ou intenção de continuar resistindo. No caso de uma rendição aparente, cabe ao inimigo provar sua intenção para além da possibilidade de ser mal interpretada, antes que a rendição possa ser aceita como genuína.[87]

Isso era fazer as coisas conforme as regras.

Os fatos, portanto, parecem claros: às vezes, e com o encorajamento de alguns comandantes, os homens iam para a batalha com a intenção de não mostrar clemência. E, mesmo quando sua intenção não era essa, eles consideravam difícil fazer prisioneiros – arriscando cair em uma cilada –, quando tinham a chance de matá-los. É claro, houve relativamente poucos incidentes em comparação com os milhares de capturas que prosseguiram sem percalços do campo de batalha ao posto misto de barragem, à cela da divisão, ao quartel-general da unidade para interrogatório, ao acampamento, e finalmente de volta para casa quando a guerra havia terminado (em geral, muitos meses depois). Atrás das linhas, o prisioneiro alemão deixava de ser objeto de ódio e se tornava objeto de curiosidade (como animais no zoológico ou "hunos em cafés-concerto") e até de compaixão;[88] assim como os prisioneiros russos meio famintos despertaram a compaixão do herói em *Nada de novo no front*[89] – ainda que, mesmo quando estavam nos acampamentos, os prisioneiros nem sempre estivessem seguros. O próprio Somerset Maugham viu um grupo de *gendarmes* franceses atirarem gratuitamente em um grupo de prisioneiros alemães. Isso ocorreu a 25 quilômetros do front.[90]

Mas o número de incidentes não é tão importante quanto a impressão que eles causaram na cultura das trincheiras. Os homens exageravam esses episódios, que passaram a fazer parte da mitologia das trincheiras. E, quanto mais esses mitos eram repetidos, mais relutantes ficavam os soldados em se render. Keegan, portanto, erra ao considerar tais incidentes "absolutamente insignificantes [...] em termos de vitória e derrota", pois as decisões *futuras* sobre a rendição não podiam deixar de ser afetadas pela percepção de que o outro lado não estava capturando prisioneiros ou, pelo menos, tinha dificuldade de fazê-lo.

Só nos últimos três meses do conflito os soldados alemães começaram a se render em tão grande número que a guerra já não tinha como continuar. Essa foi a chave para a vitória dos Aliados. Mas está longe de ser fácil explicar por que, de repente, os alemães ficaram dispostos a se entregar. A explicação mais comum é a de que o fracasso da ofensiva de primavera de Ludendorff, após seu sucesso inicial, finalmente convenceu grande quantidade de soldados de que a guerra não poderia ser vencida.[91] Outra possibilidade é de que a chegada de tropas norte-americanas à Frente Ocidental encorajou os alemães a se render porque os norte-americanos tinham uma reputação de tratar bem os prisioneiros. Há poucas evidências que corroborem essa hipótese. Quando Elton Mackin, do 21º Batalhão do 5º Regimento da Marinha, encontrou metralhadores alemães mortos enquanto avançava em direção ao rio Mosa, em 7 de novembro de 1918, ele ficou perplexo:

> O inimigo havia fugido antes de nós, deixando metralhadoras Maxim dispersas aqui e ali para retardar nosso avanço. Suas equipes, com bravura desesperada, fizeram o melhor que puderam e morreram.
>
> Nunca entendemos realmente esses homens. As equipes eram pequenas, raras vezes mais do que dois ou três soldados, e sempre jovens. Os jovens ficavam e morriam porque cumpriam ordens. Os mais velhos teriam usado a cabeça – gritariam "*Kamerad*" antes que as armas se inflamassem e os homens fossem tomados por fria crueldade.[92]

No entanto, os números mostram claramente que só uma minoria dos alemães – em torno de 43 mil – se rendeu aos norte-americanos na última fase da guerra, em comparação com 330 mil capturados pelos britânicos e franceses.⁹³ É mais provável que tenha sido a *ideia* de reforços norte-americanos cada vez mais numerosos, e não sua presença real, o que contribuiu para o colapso do moral alemão. Em todo caso, está claro que os fuzileiros navais dos Estados Unidos estavam tão prontos para não fazer prisioneiros quanto as tropas britânicas e francesas, mais experientes. O próprio Mackin lembrou-se do que lhe disse o major-general Charles P. Summerall, comandante do V Corpo da Força Expedicionária Norte-Americana: "Lá em cima, para o norte, há um entreposto ferroviário [...] Vá cortá-lo para mim. E, quando cortar, você vai passar fome se tentar alimentar os prisioneiros que capturar [...] Agora eu digo, e lembre-se disso, naqueles três morros não faça nenhum prisioneiro".⁹⁴ Mackin descreve pelo menos uma ocasião em que não se capturou nenhum soldado, e outra em que apenas um alemão ferido foi poupado "por alguma razão que os companheiros mais jovens não compreenderam [...] Ele foi o único prisioneiro feito – ou devo dizer, 'aceito' – lá".⁹⁵

Uma explicação geral para a rendição em massa de alemães no fim de 1918 continua obscura. Dizer que os alemães "sabiam" que haviam perdido a guerra provavelmente implica maior compreensão do "grande cenário" estratégico do que muitos soldados na linha de frente tinham. As decisões sobre lutar ou se render tinham muito mais que ver com cálculos pessoais imediatos do que com grande estratégia. Por que, por exemplo, Ernst Jünger se recusou a se entregar quando sua situação era francamente irremediável nas semanas que precederam o armistício? Ao se recusar a se render junto com seus homens, ele quase foi morto. Sua motivação parece ter sido a honra individual; como o alemão mortalmente ferido que recusou assistência médica britânica porque queria "morrer sem ser capturado".⁹⁶ Por que os jovens metralhadores vistos por Mackin continuavam lutando inutilmente em novembro de 1918?

Em 8 de julho de 1920, Winston Churchill declarou na Câmara dos Comuns:

> Repetidas vezes vimos oficiais e soldados britânicos atacarem trincheiras sob fogo pesado, com metade de seus homens sendo mortos antes de entrarem na

posição do inimigo, a certeza de um dia longo e sanguinário pela frente, um tremendo bombardeio irrompendo em toda parte – nós os vimos nessas circunstâncias [...] mostrarem não só clemência, como também bondade para com os prisioneiros, sendo comedidos no tratamento dispensado a eles, punindo os que mereciam ser punidos pelas duras leis da guerra e poupando os que poderiam reivindicar o direito à clemência do conquistador. Nós os vimos se empenhando para mostrar compaixão e ajudar os feridos, mesmo por sua conta e risco. Eles fizeram isso milhares de vezes.[97]

Milhares de vezes, talvez; mas não sempre. Se ambos os lados houvessem sido capazes de fazer mais para encorajar o inimigo a se render – em vez de permitir que a cultura de "não fazer prisioneiros" infectasse certas unidades, gerando impressões exageradas de ambos os lados quanto aos riscos da rendição –, a guerra poderia ter acabado mais cedo; e não necessariamente com uma derrota alemã. Por outro lado, se mais homens houvessem optado por não fazer prisioneiros, a guerra poderia ter continuado indefinidamente. E talvez tenha sido isso o que aconteceu.

Guerra sem fim

Muitas vezes, afirma-se que os homens se rendiam porque estavam "cansados da guerra". Um bávaro chamado August Beerman, que se rendeu em Arras, disse aos capturadores: "Estávamos cansados do gás, cansados das bombas, cansados do frio e cansados de não ter comida. Já não tínhamos disposição para lutar. Nosso espírito estava destruído".[98] Sem dúvida, ele falou por muitos. Mas há outro paradoxo: embora estivessem cansados da guerra, os homens não pareciam ter se cansado da violência. Karl Kraus alertou, em *Os últimos dias da humanidade*:

> Ao regressar, os combatentes invadirão as terras do interior e, lá, começarão a guerra de verdade. Eles irão se apropriar dos sucessos que não tiveram [no front], e a essência da guerra – o assassinato, a pilhagem e o estupro – será brincadeira de criança em comparação com a paz que agora surgirá. Que o deus das batalhas nos proteja das ofensivas que haverá pela frente! Uma atividade medo-

nha, libertada das trincheiras, já não submetida a comando nenhum, buscará as armas e a gratificação em cada situação, e no mundo haverá mais morte e doença do que a própria guerra demandou.[99]

D. H. Lawrence concordava. "A guerra não acabou", disse ele a David Garnett na noite do armistício:

> O ódio e a maldade são hoje maiores do que nunca. Muito em breve, a guerra irromperá novamente e os devastará [...] Mesmo que o combate termine, o mal será maior, porque o ódio estará estancado no coração dos homens e se revelará de todas as formas, o que será pior do que a guerra. Independentemente do que aconteça, não pode haver Paz na Terra.[100]

Isso se mostrou uma grande verdade. Hermann Hesse estava absolutamente certo quando escreveu, logo depois da guerra: "A revolução nada mais é do que guerra, [assim] como a guerra é uma continuação da política por outros meios".[101]

A guerra se alastrou por toda parte no mundo "pós-guerra". Os *Freikorps* alemães, compostos de veteranos e estudantes jovens demais para lutar, disputaram com poloneses e outros nas novas e contestadas fronteiras da Alemanha.[102] Herbert Sulzbach ficou impressionado quando alguns de seus camaradas entraram para a "Guarda da Fronteira Oriental" (*Grenzschutz Ost*): "Imagine só, soldados que estiveram no combate intenso durante anos estão se oferecendo como voluntários imediatamente, milhares e milhares deles [...] Poderia haver prova mais esplêndida de força e convicção do que isso?". Outras unidades irregulares combateram "centenas" de espartaquistas e comunistas nas grandes cidades alemãs: houve tentativas de *putsch* por parte da direita ou da esquerda todos os anos entre 1919 e 1923. A Maioria Socialista usou unidades *Freikorps* contra a extrema esquerda em 1919; um ano depois, eles precisaram mobilizar um "Exército Vermelho" de trabalhadores no Ruhr para impedir um golpe de conservadores militares conduzido por Wolfgang Kapp, o líder do extinto Partido da Pátria. Em 1921, os comunistas realizaram a "Ação de Março" em Hamburgo; em 1922, houve uma torrente de assassinatos por extremistas de direita (entre as vítimas, estava Walther Rathenau); e, em 1923, tanto a esquerda quanto a direita tentaram golpes

Tabela 43   Número de baixas na Guerra Civil Russa, 1918-1922

Número total de convocados, 1918-1920	6.707.588
Número máximo do efetivo de todas as Forças Armadas, novembro de 1920	5.427.273
Número médio do efetivo de todas as Forças Armadas, 1918-1920	2.373.137
Perdas irrecuperáveis (assassinados, desaparecidos, prisioneiros, mortos), 1918-1920	701.647
Doentes e feridos, 1918-1920	4.322.241
Número médio do efetivo de todas as Forças Armadas, 1921-1922	1.681.919
Perdas irrecuperáveis (assassinados, desaparecidos, prisioneiros, mortos), 1921-1922	237.908
Doentes e feridos, 1921-1922	2.469.542
Total de perdas irrecuperáveis (assassinados, desaparecidos, prisioneiros, mortos)	939.755
Total de doentes e feridos	6.791.783

Fonte: Krivosheev, *Soviet Casualties*, p. 7-39.

(respectivamente, o *Aufstand* de Hamburgo e o *Putsch* de Munique). O nível de violência nas áreas urbanas da Alemanha é difícil de quantificar: basta dizer que, em 1920, estimava-se que havia 1,9 milhão de fuzis e 8.452 metralhadoras em situação de posse ilegal; a desmobilização não havia incluído o desarmamento.[103]

O egomaníaco poeta italiano Gabriele D'Annunzio capturou Fiume (hoje Rijeka) em setembro de 1919 para evitar que a cidade fosse cedida à Iugoslávia; essa incursão efêmera atraiu o apoio de *arditi* (tropas de choque) dispersas e insatisfeitas, cujas camisas negras logo se tornaram o emblema do novo movimento político de tendência violenta conhecido como fascismo. Combates esporádicos também ocorreram na Albânia; e outras tropas italianas aportaram em Adália (hoje Antália), no sul da Anatólia. Embora o governo italiano tenha desistido de Fiume e da Albânia em 1920, isso só trouxe a violência para dentro da Itália. Na Romanha e na Toscana, o fenômeno do *esquadrismo* floresceu quando proprietários de terra e socialistas tomaram as armas uns contra os outros: o arquetípico ex-soldado protofascista era Italo

Balbo, de Ferrara. A fascista "Marcha sobre Roma" (26-30 de outubro) foi, sem dúvida, uma impostura: os 25 mil fascistas pouco armados que se reuniram ao redor de Roma poderiam facilmente ter se dispersado se o rei italiano não houvesse entrado em pânico e convocado Mussolini ao poder; mas, com seus uniformes e saudações, os fascistas estavam seguindo um roteiro mais ou menos baseado na guerra.[104]

Também nos Bálcãs, a "paz" significou guerra no interior, sobretudo no norte da Croácia; houve o primeiro sinal de que os sérvios usariam a força para impor sua dominação sobre as minorias étnicas no novo "reino dos servos, croatas e eslovenos": de acordo com um informe, mil homens muçulmanos foram mortos e 270 vilarejos foram saqueados na Bósnia em 1919.[105] A Turquia parecia debilitada em 1918, finalmente pronta para ser trinchada pela França, pela Grã-Bretanha e pela Itália. Os três países imediatamente começaram a disputar os saques. Encorajados por Lloyd George, os gregos enviaram uma força rival a Esmirna.[106] Eles subestimaram os turcos, que, sob a liderança de Mustafa Kemal, os expulsaram em 1921.

A violência também era endêmica no Império Britânico. Na Irlanda, os "Black and Tans" e os "Auxies" – veteranos do Exército britânico – foram empregados contra os republicanos; quando os britânicos desistiram, os nacionalistas mataram uns aos outros em uma guerra civil que ceifou pelo menos 1.600 vidas.[107] No Oriente Médio, o governo recém-instaurado da Grã-Bretanha foi abalado por rebeliões no Egito em 1919, além de revoltas na Palestina e no Iraque em 1920.[108] As tropas britânicas mostraram violência extrema ao reprimir esses motins: cerca de 1.500 egípcios foram mortos no intervalo de oito semanas, enquanto, no Iraque, o general *sir* Aylmer Haldane até cogitou usar gás venenoso.[109] Em 11 de abril de 1919, em uma das atrocidades mais marcantes da história do Império Britânico, os soldados mataram 379 pessoas em um encontro político em Amritsar. O brigadeiro-general Reginald Dyer, que deu a ordem de atirar, teria matado ainda mais se houvesse conseguido usar veículos blindados com metralhadoras.[110] Assim, os homens exportaram as técnicas de assassinato em massa que haviam sido patenteadas na Frente Ocidental.

Em outras palavras, o mundo não estava cansado da guerra, só estava cansado da Primeira Guerra Mundial. Para muitos homens que haviam lutado, a violência se tornou um vício; e, quando a violência cessou na Frente

Ocidental, eles a buscaram em outros lugares. Isso incluía homens que haviam sido feitos prisioneiros durante a guerra: a Legião Checa, na Rússia, é o exemplo clássico. E os veteranos encontraram cúmplices em homens como bolcheviques, estudantes alemães e republicanos irlandeses que não haviam lutado, mas estavam sedentos de sangue.

O caso extremo foi, sem dúvida, a Rússia. Foi o Exército russo que ruiu primeiro, e foi o soldado russo que esteve mais pronto para se render do que para continuar lutando. E em nenhum lugar a violência foi mais prolongada depois do suposto fim da guerra do que na Rússia. Mais russos perderam a vida durante a Guerra Civil Russa do que durante a Primeira Guerra Mundial. Entre outubro de 1917 e outubro de 1922, algo em torno de 875.818 homens que serviram nas Forças Armadas soviéticas foram assassinados ou morreram em decorrência de ferimentos ou doenças (por volta de 13% de todos os convocados); a melhor estimativa disponível para a mortalidade no Exército Branco é 325 mil. Esse total (1,2 milhão) deve ser comparado com o número total de soldados russos mortos durante a guerra (1,8 milhão).

No entanto, esses números para a Guerra Civil omitem uma grande quantidade de pessoas que morreram nas centenas de rebeliões camponesas ou levantes antissoviéticos que também ocorreram nesse período, mas que não foram parte do esforço de guerra do Exército Branco: por exemplo, em torno de 250 mil pessoas provavelmente foram assassinadas nas várias "Guerras do Pão", quando os camponeses tentavam resistir ao confisco de grãos. Uma estimativa do número de vítimas do "Terror Vermelho" dirigido pela polícia secreta (a *Cheka*) contra oponentes políticos do regime chega a 500 mil, das quais 200 mil foram oficialmente executadas; o número pode, de fato, ser ainda maior.[111] Possivelmente, 34 mil pessoas morreram dentro ou a caminho dos campos de concentração e de trabalhos forçados instaurados depois de julho de 1918.[112] Também não devemos esquecer os inúmeros massacres perpetrados tanto pelo Exército Branco quanto pelo Exército Vermelho contra os judeus: um informe de 1920 menciona um total de "mais de 150 mil mortes registradas".[113] Finalmente, cerca de 5 milhões de pessoas morreram de fome, e outros 2 milhões de doença. Por todos esses motivos, o número de mortos durante a Guerra Civil quase se equipara ao de pessoas de todas as nações que morreram durante a Primeira Guerra Mundial: uma estimativa para a perda demográfica total no período da Guerra Civil chega a 8 milhões; em torno de 40% dessas mortes podem ser atribuídas às políticas bolcheviques.[114]

Em um aspecto, a tese de Kraus, de que os soldados regressando da guerra desencadeariam uma guerra civil, estava errada. O Exército Branco, liderado por generais tsaristas experientes, sem dúvida foi responsável por um grande número de atrocidades contra civis,[115] assim como as unidades do Exército Vermelho lideradas por ex-oficiais do Império igualmente tarimbados (no fim, três quartos dos altos comandantes do Exército Vermelho eram ex-oficiais tsaristas; entre os maiores "nomes" estava Brusilov). No entanto, a violência peculiarmente extrema da Guerra Civil deveu muito à sede de sangue de homens que não deram um tiro sequer durante a guerra contra a Alemanha. Em particular, há algo de sinistro no modo como Lênin e Trótski se orgulharam de estabelecer novos padrões de brutalidade militar: dois intelectuais verborrágicos que haviam assistido à guerra daquele que Volkogonov chamou de "grande círculo de exilados russos";[116] que haviam chegado ao poder em 1917 denunciando o Governo Provisório por prolongar a guerra; que haviam prometido trazer paz à Rússia; que haviam se mostrado dispostos a entregar a maior parte das possessões da Rússia na Europa para pôr um fim à guerra contra a Alemanha. Mas Lênin só queria transformar a guerra imperialista em uma guerra civil contra a burguesia de seu próprio país. Em sua busca por esse objetivo, e em sua resistência aos esforços do Exército Branco e de outros oponentes da revolução, ele e Trótski procuraram resolver, por meio do terror, o problema da rendição e da deserção que havia arruinado o Exército tsarista. Embora tivessem ficado distantes dos campos de batalha durante a guerra imperialista, sua imaginação – estimulada por um vasto conhecimento da história da França jacobina – esteve mais do que à altura da tarefa de conceber novas regras de guerra que, em sua brutalidade, excederam muitíssimo até mesmo as que vieram a prevalecer na Frente Ocidental em 1917.

Depois de reintroduzir o serviço militar obrigatório em maio de 1918, os bolcheviques precisaram lidar com níveis de deserção maiores até mesmo que os que haviam arruinado o esforço de guerra tsarista. Em 1920, 20.018 homens desertaram das tropas na linha de frente, incluindo 59 comandantes; mas a taxa de deserção logo após a convocatória chegou a 20%. Ao todo, cerca de 4 milhões de homens desertaram do Exército Vermelho em 1921; muitos desertores camponeses formaram seus próprios Exércitos "Verdes" para resistir ao serviço obrigatório.[117] Os bolcheviques reagiram implementando uma disciplina draconiana: uma Comissão Central Temporária para o Combate à Deserção foi instaurada em dezembro de 1918. Apenas em sete meses de 1919, 95 mil homens foram considerados culpados de deserção em circunstâncias agravadas, dos quais 4 mil foram condenados à morte e 600 efetivamente fuzilados.[118] Em 1921, em torno de 4.337 homens foram executados na Rússia e na Ucrânia por tribunais militares.[119] Aqui, foi Trótski quem ditou o ritmo. "Repressão" era sua palavra de ordem: em novembro de 1918, ele exigiu "punição impiedosa para os desertores e fugitivos que estão minando a determinação do 10º Exército [...] Nenhuma clemência para desertores e fugitivos". "É impossível manter a disciplina sem um revólver", declarou em 1919.[120] As famílias dos oficiais deveriam ser presas em caso de deserção. Acima de tudo, foi Trótski quem, em dezembro de 1918, ordenou a formação de "unidades de bloqueio" equipadas com metralhadoras, cujo papel era simplesmente atirar em soldados da linha de frente que tentassem escapar. Assim nasceu a regra elementar de que, se os soldados do Exército Vermelho avançassem, eles poderiam ser mortos – mas, se fugissem, certamente o seriam.[121]

Com efeito, Lênin foi ainda mais envenenado pelas possibilidades de terror. Em agosto de 1918, ele telegrafou a Trótski: "Deveríamos dizer [aos comandantes do Exército Vermelho] que, de agora em diante, estamos aplicando o modelo da Revolução Francesa e levando a julgamento, e até mesmo executando, os altos comandantes se eles hesitarem e falharem em suas ações". Ao mesmo tempo, ele instou o chefe do partido em Saratov a "atirar em conspiradores e hesitantes sem pedir a permissão de ninguém nem de nenhuma burocracia idiota".[122] Sua carta aos bolcheviques de Penza naquele mesmo mês dá uma boa ideia do novo espírito de violência contra cidadãos que caracterizou o período da Guerra Civil:

> Camaradas! O levante do *kulak* [camponês rico] em [seus] cinco distritos deve ser reprimido sem piedade. Os interesses de toda a revolução exigem isso, pois agora se disputa a "batalha final e decisiva" contra os *kulaks* em toda parte. Deve-se dar um exemplo. 1) Enforcar (e digo enforcar para que *as pessoas possam ver*) não menos de cem kulaks conhecidos, homens ricos, sanguessugas. 2) Publicar o nome deles. 3) Confiscar *todos* os seus grãos. 4) Identificar os reféns [...]

Façam isso para que, em um raio de centenas de quilômetros, as pessoas possam ver, estremecer, saber e gritar: eles estão matando e continuarão a matar os *kulaks* sanguessugas [...].

Abraço, Lênin.
P. S. Encontrem pessoas mais valentes.¹²³

Por incrível que pareça, os líderes bolcheviques impuseram um limite ao assassinato de prisioneiros: Trótski o proibiu explicitamente em uma ordem de 1919.¹²⁴ Mas o fato de a ordem precisar ser dada indica que a prática de atirar em soldados capturados do Exército Branco era comum. Em agosto daquele ano, o comandante-chefe do Exército Vermelho, S. S. Kamenev, ordenou que "nenhum soldado [fosse] feito prisioneiro" ao reprimir um ataque de cossacos do rio Don:

> Oficiais [do Exército Branco] feridos ou capturados não só eram liquidados e fuzilados, como também torturados de todas as formas possíveis. Pregos eram enfiados nos ombros dos oficiais de acordo com o número de estrelas em suas dragonas; medalhas eram entalhadas em seu peito e listras em suas pernas. Os órgãos genitais eram cortados e enfiados na boca deles.¹²⁵

Figes reproduz a imagem de um oficial polonês, capturado pelo Exército Vermelho em 1920, pendurado nu de cabeça para baixo e espancado até a morte.¹²⁶ Esse tipo de comportamento bárbaro pode ter se mostrado eficaz contra aqueles do Exército Branco – indisciplinados, dispersos e em menor número; contra os poloneses, no entanto, só fez endurecer a resistência. A Guerra Civil, portanto, representou um grande aprimoramento das táticas de terror da guerra mundial que a precedeu. A próxima grande guerra na Frente Oriental seria travada sob essas novas "regras": morte para os desertores, violência exemplar contra os civis e nenhuma clemência para os prisioneiros. Esta foi, verdadeiramente, a guerra "total": e, para Hitler e Stálin, os quais deram ordens para esse fim, pareceu a conclusão lógica a ser tirada da derrota alemã e russa na Primeira Guerra Mundial. Sem dúvida, não haveria melhor forma de fazer desta uma guerra de violência sem precedentes, em que homens de ambos os lados lutaram até o fim porque já não lhes restava alternativa.

1. Hynes, *Soldier's Tale*, p. 48.
2. Reeves, Film Propaganda, p. 469.
3. Welch, Cinema and Society, p. 34, 39.
4. Deist, Military Collapse, p. 203.
5. Sheffield, *Redcaps*, p. 56.
6. War Office, *Statistics of the Military Effort*, p. 358-362.
7. Hussey, Kiggell and the Prisoners, p. 46.
8. Scott, Captive Labour, p. 44-52.
9. R. Jackson, *Prisoners*, p. 77-82.
10. Ibid., p. 78s.
11. Ibid., p. 48.
12. Dungan, *They Shall Not Grow Old*, p. 137.
13. Noble, Raising the White Flag, p. 75.
14. Fussell, *Great War*, p. 177.
15. Keegan, *Face of Battle*, p. 48ss.
16. Hussey, Kiggell and the Prisoners, p. 47; Sheffield, *Redcaps*, p. 56.
17. Hussey, Kiggell and the Prisoners, p. 48. Estes foram explicitamente incorporados no *British Manual of Military Law*.
18. J. Horne e Kramer, German "Atrocities", p. 8, 26.
19. Ibid., p. 28, 32s.
20. Jünger, *Storm of Steel*, p. 262s.
21. Kraus, *Die letzten Tage*, p. 579-582.
22. Gallinger, *Countercharge*.
23. Ibid., p. 40.
24. Ibid., p. 39.
25. Ibid., p. 42.
26. Ibid., p. 40.
27. Ibid., p. 48.
28. Ibid., p. 39.
29. Ibid., p. 38.
30. Ibid., p. 38.
31. Ibid., p. 39.
32. Ibid., p. 29, 41s, 45s.
33. Ibid., p. 49.
34. Ibid., p. 48.
35. Ibid., p. 48.
36. Ibid., p. 48s.
37. Ibid., p. 49.

38. Ibid., p. 26ss.
39. Ibid., p. 49.
40. Ibid., p. 47.
41. Ibid., p. 47.
42. Ibid., p. 48.
43. Monash, *Australian Victories*, p. 209-213.
44. Gallinger, *Countercharge*, p. 45.
45. Ibid., p. 46s. Cf. Gibbs, *Realities*, p. 79.
46. Ibid., p. 37.
47. Hussey, Kiggell and the Prisoners, p. 47.
48. M. Brown, *Imperial War Museum Book of the Western Front*, p. 176.
49. Ibid., p. 177s.
50. Maugham, *Writer's Notebook*, p. 86.
51. Graves, *Goodbye*, p. 112.
52. Ibid., p. 153.
53. M. Brown, *Imperial War Museum Book of the Western Front*, p. 31.
54. Sulzbach, *With the German Guns*, p. 187.
55. Finch, Diary, 31 de julho de 1917.
56. Keegan, *Face of Battle*, p. 49. Cf. Bean, *Australian Imperial Force*, p. 772.
57. Keegan, *Face of Battle*, p. 49s. Cf. A. Simpson, *Hot Blood*, p. 169.
58. Kellett, *Combat Motivation*, p. 190.
59. Ibid., p. 104.
60. Dungan, *They Shall Not Grow Old*, p. 137.
61. Remarque, *All Quiet*, p. 83.
62. Jünger, *Storm of Steel*, p. 263.
63. Ibid., p. 218s.
64. Liddle, *1916 Battle*, p. 42.
65. D. Winter, *Death's Men*, p. 214.
66. Graves, *Goodbye*, p. 153.
67. M. Brown, *Imperial War Museum Book of the Western Front*, p. 178s.
68. Ibid., p. 178.
69. Dungan, *They Shall Not Grow Old*, p. 136.
70. Coppard, *With a Machine Gun*, p. 71.
71. Ibid., p. 106s. Grifo meu.
72. D. Winter, *Death's Men*, p. 210.
73. Macdonald, *Somme*, p. 290.
74. Keegan e Holmes, *Soldiers*, p. 267.
75. Ashworth, *Trench Warfare*, p. 93.
76. Spiers, Scottish Soldier, p. 326.

77. Hussey, Kiggell and the Prisoners, p. 47.
78. Griffith, *Battle Tactics*, p. 72.
79. Ibid.
80. M. Brown, *Imperial War Museum Book of the Somme*, p. 220.
81. Griffith, *Battle Tactics*, p. 72.
82. A. Simpson, *Hot Blood*, p. 168.
83. Ibid.
84. Dungan, *They Shall Not Grow Old*, p. 137.
85. Ibid., p. 136.
86. Conforme inferido por Macdonald, *Somme*, p. 228s.
87. Hussey, Kiggell and the Prisoners, p. 46.
88. D. Winter, *Death's Men*, p. 215.
89. Remarque, *All Quiet*, p. 136ss.
90. Maugham, *Writer's Notebook*, p. 87.
91. Deist, Military Collapse.
92. Mackin, *Suddenly*, p. 246.
93. Trask, *AEF and Coalition Warmaking*, p. 177.
94. Mackin, *Suddenly*, p. 227s.
95. Ibid., p. 201s.
96. D. Winter, *Death's Men*, p. 212.
97. M. Gilbert, *First World War*, p. 526.
98. Nicholls, *Cheerful Sacrifice*, p. 101.
99. Kraus, *Die letzten Tage*, p. 207.
100. Hynes, *War Imagined*, p. 266.
101. Coker, *War and the Twentieth Century*, p. 11.
102. A misoginia era apenas uma das características detestáveis do *Freikorps*: ver Theweleit, *Male Fantasies*.
103. Bessel, *Germany*, p. 81, 261.
104. Mack Smith, *Italy*, p. 333-372.
105. Malcolm, *Bosnia*, p. 162.
106. Fromkin, *Peace to End All Peace*, p. 393.
107. Foster, *Modern Ireland*, p. 512, cita um número de 800 mortos no lado do Free State e "muito mais republicanos". Mas também foram poucos os que estiveram envolvidos na guerra contra "os britânicos": os membros do "serviço ativo" do Exército Republicano Irlandês eram cerca de 5 mil em 1920-1921; o número total de policiais, incluindo a Polícia Real Irlandesa e os *Black and Tans*, era 17 mil: ibid., p. 502.
108. Fromkin, *Peace to End All Peace*, p. 415ss.
109. L. James, *Rise and Fall of the British Empire*, p. 389, 400.
110. Ibid., p. 417.

111. Rummel, *Lethal Politics*, p. 39.
112. Ibid., p. 41.
113. Figes, *People's Tragedy*, p. 679.
114. Rummel, *Lethal Politics*, p. 47.
115. Figes, *People's Tragedy*, p. 563s.
116. Volkogonov, *Lenin*, p. 103.
117. Figes, *People's Tragedy*, p. 599s.
118. Krovosheev, *Soviet Casualties*, p. 24s.
119. Volkogonov, *Trotsky*, p. 181.
120. Ibid., p. 175s.
121. Ibid., p. 178ss.
122. Volkogonov, *Lenin*, p. 201s.
123. Ibid., p. 68s.
124. Volkogonov, *Trotsky*, p. 185.
125. Pipes, *Russia*, p. 86. Ver também p. 134s.
126. Figes, *People's Tragedy*, imagem oposta p. 579.

14
Como (não) pagar pela guerra

Consequências econômicas

Imagine um país que, em decorrência da Primeira Guerra Mundial, perdeu efetivamente 22% de seu território nacional; contraiu dívidas equivalentes a 136% do Produto Nacional Bruto, devendo um quinto desse montante a potências estrangeiras; viu a inflação e o desemprego atingirem níveis que não se viam há mais de um século; e foi acometido por uma onda de disputas trabalhistas também sem precedentes. Imagine um país cujo novo regime político democrático produziu um sistema de governo de coalizão em que o destino da nação não é determinado por eleições, mas sim por acordos partidários selados entre quatro paredes. Imagine um país em que a pobreza dos soldados regressando da guerra, e a de sua família, contrastava de maneira grotesca com o consumo ostensivo de uma elite hedonista e decadente; um país que um conservador indignado considerou

> uma nação sem normas, que conserva a saúde não por meio de exemplos a serem seguidos, mas sim de memórias que vão se apagando. Ainda marchamos ao som da música fúnebre das grandes tradições, mas não há capitão nenhum no comando de nossa civilização. De fato, quase deixamos de ser um Exército marchando com confiança em direção ao inimigo para nos tornarmos uma multidão libertando-se ansiosamente da disciplina e dos ideais do passado [...] Somos [...] [uma] nação de pessoas pouco instruídas, e é característico dos pouco instruídos serem céticos, apáticos, inconstantes e sem imaginação.[1]

A classe média foi a que mais sentiu os efeitos da inflação, como lamentou vividamente outro escritor do pós-guerra:

Todo um conjunto de cidadãos decentes [está] escorregando para o abismo devido às inexoráveis leis de Deus ou do homem ou do diabo: como se uma mesa fosse subitamente inclinada e todas as bonequinhas e marionetes deslizassem para o chão [...] Toda a massa, apesar da resistência, está sendo varrida do mapa.

Aqui [...] há uma completa e impressionante transformação de valores; não uma mudança gradativa, e sim imposta de modo repentino e quase brutal à vida de milhões de pessoas, por causas que fogem totalmente a seu controle [...][2]

Os porta-vozes da classe média lamentaram a nova aliança "corporativista" entre capital e mão de obra que a guerra havia forjado – uma análise das consequências da guerra que daí em diante é endossada por historiadores.[3]

Esse país não era a Alemanha – como o leitor, em um equívoco perdoável, talvez tenha presumido –, mas sim a Grã-Bretanha, a suposta vencedora da Primeira Guerra Mundial, nos anos que se seguiram a 1918. O território perdido consistiu nos 26 condados da Irlanda do Sul, onde a revolta em Dublin, incipiente na Páscoa de 1916, havia se transformado em uma guerra civil nos anos 1920 e onde a partilha *de facto* de 1922 havia se tornado, em 1938, uma secessão *de jure* sob a constituição da República da Irlanda.[4] As dívidas externas eram devidas principalmente aos antigos Aliados, com a maior fatia correspondendo aos Estados Unidos (pouco mais de 1 bilhão de libras em março de 1919). Em novembro de 1920, o custo de vida chegou a quase o triplo do nível registrado antes da guerra, e a inflação anual beirou os 22%; o índice de desemprego chegou a 11,3% no ano seguinte, mais alto do que em 1930, e o pior desde que os registros começaram. Em torno de 2,4 milhões de trabalhadores britânicos participaram de greves em 1919, 300 mil a mais do que na Alemanha revolucionária. Em 1921, 86 milhões de dias foram perdidos em disputas industriais; o número na Alemanha foi 22,6 milhões.[5] O eleitorado britânico aumentou de 7,7 milhões para 21,4 milhões pela Lei de Representação do Povo de 1918, o que equivalia mais ou menos ao direito a voto de que gozavam os alemães desde 1871 (o sufrágio universal masculino).[6] Lloyd George, que havia chegado ao poder em 1916 como resultado de uma coalizão de bastidores, convocou uma eleição imediata três dias depois que o armistício foi assinado. Sua coalizão venceu, mas ele foi expulso do Gabinete em outubro de 1922, quando membros conservadores do Parlamento, reunidos no Carlton Club, aniquilaram a coalizão. Para escritores como Harold Begbie e Charles Masterman – os autores das passagens citadas anteriormente –, a Grã-Bretanha parecia doente, apesar da vitória.

Mas o grande paradoxo era – e continua sendo – a crença de que a Alemanha estava em situação pior. Sem dúvida, isso seria o esperado, considerando que ela perdeu a guerra. Mesmo nesse caso, seria difícil explicar a simpatia dos britânicos pelo inimigo derrotado. Mas, em muitos aspectos, a Alemanha saiu da guerra não pior do que a Grã-Bretanha, e, em alguns casos, até melhor. O único quesito em que a Alemanha do pós-guerra estava muito pior era na inflação completamente fora do controle, de modo que o Reichsmark não valia praticamente nada no fim de 1923 (ver Figura 18). No pior momento, em dezembro de 1923, o índice de custo de vida chegou a 1,25 trilhão de vezes o nível registrado antes da guerra (1,247 trilhão). Uma fatia de pão custava 428 bilhões de marcos; um dólar, 11,7 trilhão. Embora a maioria dos países combatentes tenha padecido de um certo nível de inflação e poucos tenham sido capazes de recuperar a paridade ouro do pré-guerra, este foi o pior caso. A Polônia se saiu melhor, apesar de precisar travar uma guerra: seu índice de preços aumentou 1,8 milhão de vezes; nem mesmo os preços russos superaram os 50 bilhões de vezes o nível do pré-guerra antes de a moeda ser reformada.[7] Como veremos, os alemães atribuíram suas dificuldades monetárias às duras condições que lhes foram impostas para o armistício; estranhamente, os britânicos mais instruídos na época parecem ter acreditado neles. Em março de 1920, a Oxford Union debateu a moção "O Tratado de Paz é um desastre econômico para a Europa": foi aprovada por uma maioria de 20%. Três meses depois, votou-se pelo "restabelecimento imediato de relações cordiais" com a Alemanha, com 70 votos contra e 80 a favor. As moções da Oxford Union em assuntos estrangeiros nesse período são como uma crônica da gênesis do apaziguamento. Em fevereiro de 1923, a Oxford Union decidiu, por 192 votos contra 72, "condenar a política atual da França" de ocupar a região do Ruhr porque os alemães não haviam pagado as reparações de guerra. Em março, realizou-se uma moção que declarava "a derrota esmagadora da Alemanha um infortúnio para a Europa e para este país". Dois meses depois, uma maioria de 25% dos membros da Câmara concordou que "o egoísmo das políticas francesas desde 1918 condenou a humanidade a outra guerra".[8]

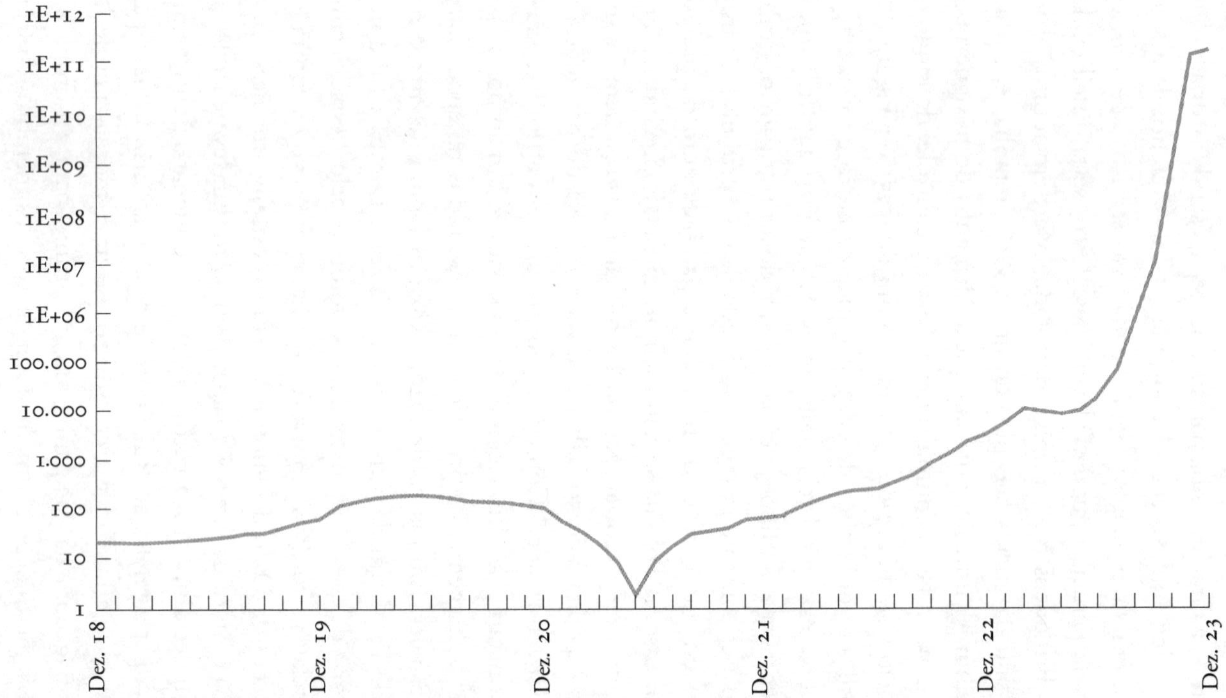

Figura 18 Índice de inflação anual na Alemanha (custo de vida, escala logarítmica), 1918-1923

Fonte: Statistisches Reichsamt, *Zahlen zur Geldentwertung*.

Na realidade, as condições do acordo de paz não foram atipicamente severas, e a hiperinflação alemã se deveu sobretudo às políticas fiscais e monetárias irresponsáveis adotadas pelos próprios alemães. Eles acreditaram que poderiam conquistar a paz por meios econômicos. Na mente dos britânicos, eles conquistaram. Os alemães também se saíram melhor do que qualquer outro país ao decretar a moratória de suas dívidas, inclusive das reparações exigidas pelos Aliados. No entanto, essa vitória teve um preço muito alto: foi conquistada por políticos democráticos à custa da democracia e do seu próprio poder.

Não pode pagar

A ideia de que o Tratado de Versalhes imposto à Alemanha em 1919 foi muito severo era uma verdade universalmente aceita entre os próprios alemães; no entanto, jamais poderia ter ganhado tanto crédito fora da Alemanha, e sobretudo na Grã-Bretanha, se não fosse por John Maynard Keynes, cujo panfleto *As consequências econômicas da paz* (ao lado de *Eminent Victorians* [Vitorianos eminentes], de Lytton Strachey) foi um dos *best-sellers* de 1919.

Como vimos, Keynes havia se tornado uma voz influente no Tesouro britânico, graças a suas declarações, à maneira de Cassandra, sobre as finanças de guerra do país. Portanto, era lógico que ele participasse das negociações para a paz quando ficou claro que a Alemanha queria um armistício. A questão das reparações havia sido objeto de debate mesmo antes do fim da guerra.[9] Keynes logo surgiu como o principal defensor de uma indenização relativamente leve, argumentando, já em outubro de 1918, que 20 bilhões de marcos-ouro era um montante realista para as reparações.[10] Embora ele tenha dobrado esse número no memorando que redigiu em dezembro de 1918, "Sobre a indenização a ser paga pelas potências inimigas para reparações e outras demandas", foi cuidadoso ao enfatizar os problemas que surgiriam com a imposição de tamanho ônus. O memorando do Tesouro reconhecia, desde o início, que, mesmo "se todas as casas e fábricas e campos cultivados, todas as estradas e rodovias e canais, todas as minas e florestas no Império Alemão pudessem ser tomados, expropriados e vendidos por um bom preço a um comprador disposto, não pagariam metade do custo somado da guerra e da reparação".¹¹ O que é mais importante, o memorando de Keynes antecipou um argumento que se tornaria central para o debate subsequente, ao distinguir entre "duas eventualidades" que poderiam decorrer do pagamento de reparações:

> A primeira, em que o comércio usual não é gravemente perturbado pelo pagamento, sendo o total mais ou menos equivalente à soma que corresponderia ao país pagador no exterior de todo modo, e que teria sido investida no exterior se não fosse pela indenização; a segunda, em que o valor envolvido é tão alto que não pode ser pago sem [...] um grande estímulo às exportações do país pagador [...] [o que] necessariamente deve interferir no comércio exterior dos outros países [...] Conquanto este país receba a indenização, o prejuízo é enormemente compensado. Mas, se a indenização parar em outras mãos, não haverá tal compensação.

Por essa razão, Keynes defendia a política de "obter toda propriedade que possa ser transferida imediatamente ou dentro de um prazo de três anos, impondo sua contribuição de maneira implacável e cabal, a fim de arruinar totalmente, durante anos, o desenvolvimento ultramarino da Alemanha e seu crédito internacional; mas, tendo feito isso [...] exigir apenas um pequeno tributo durante anos".¹² No entanto, ele também alertou que uma crise fiscal alemã poderia levar ao não pagamento da dívida ou ao colapso do Reich.¹³ Em suma, as reservas intelectuais de Keynes com relação a reparações excessivas já existiam, em grande medida, antes de ele chegar à França para o armistício e as negociações de paz.

No entanto, não há dúvida de que uma série de encontros com um dos representantes alemães em Versalhes acrescentou uma dimensão emocional ao posicionamento de Keynes. Carl Melchior era o braço direito de Max Warburg no banco M. M. Warburg & Co., de Hamburgo: um advogado judeu com um histórico notável na guerra, tanto no campo de batalha quanto na elaboração de políticas econômicas. É possível que a declaração subsequente de Keynes, de que ele "passou a amar" Melchior durante as negociações do armistício em Trier e Spa, tenha sido uma alusão indireta a uma atração sexual. Como vimos, Keynes era um homossexual ativo nessa época. No entanto, parece mais provável que ele simplesmente estivesse cativado pelo som de seu próprio pessimismo – produto de dúvidas antigas sobre a moralidade da guerra – sendo articulado por outro.[14] Melchior (como Keynes mais tarde lembrou) pintou um retrato obscuro de uma Alemanha à beira de uma revolução ao estilo da russa:

> A honra, a organização e a moralidade alemã estavam desmoronando; ele não via luz em parte alguma; previa que a Alemanha ruiria e que a civilização se tornaria obscura; deveríamos fazer o que pudéssemos; mas havia forças sombrias sobre nós [...] A guerra, para ele, havia sido uma guerra contra a Rússia; e o que mais o obcecava era a ideia de forças sombrias que poderiam vir do Oriente.[15]

A implicação era clara: os Aliados corriam o risco de desencadear o bolchevismo na Europa Central se fossem muito duros com o inimigo derrotado. Esses argumentos ecoaram profundamente em Keynes. Como observou o oficial Kurt von Lersner, do Ministério das Relações Exteriores da Alemanha, depois que Lloyd George pareceu mudar de ideia sobre a questão de financiar a importação de alimentos para a Alemanha: "Graças à clara explicação do dr. Melchior, *Herr* Keynes percebeu que há um perigo para os Aliados em prolongar [a questão], e está tentando encontrar um denominador comum conosco".[16] É significativo que, logo depois da conferência, Keynes tenha alertado que "uma reaproximação imediata entre a Alemanha e a Rússia" talvez fosse "a única chance [...] [de] a Europa Central conseguir se alimentar".[17]

A exposição mais detalhada – e, para Keynes, influente – do ponto de vista alemão veio nas contrapropostas elaboradas em maio por instigação de Warburg, em resposta às condições dos Aliados.[18] O tema central (desenvolvido em um "Suplemento sobre questões financeiras") era que as condições dos Aliados significavam "a completa destruição da vida econômica alemã", condenando politicamente a Alemanha ao "destino da Rússia".[19] Considerando-se as restrições econômicas sendo impostas pela paz – em particular, a perda de capacidade industrial, colônias, ativos ultramarinos e Marinha mercante –, a Alemanha não poderia pagar pelos prejuízos de guerra tal como definido pelos Aliados; tentar forçá-la a isso teria consequências desastrosas. Por outro lado, pagar reparações com a receita pública exigiria que "os gastos com o pagamento de juros sobre os empréstimos de guerra e com as pensões dos soldados alemães incapacitados e dos dependentes dos soldados falecidos fossem suspensos ou reduzidos, bem como os gastos com cultura, escolas, educação superior etc.". Isso simplesmente "destruiria" a democracia alemã: "toda capacidade e disposição para pagar impostos desapareceria, e a Alemanha enfrentaria décadas ininterruptas de lutas de classe do tipo mais cruel". Financiar as reparações por meio de empréstimos, por outro lado, apresentava problemas igualmente graves:

> No futuro imediato, será impossível para o Estado alemão obter grandes empréstimos, seja no mercado interno, seja no externo, de modo que a compensação [para os proprietários de ativos expropriados para as reparações] só poderá ser feita por meio de grandes emissões de papel-moeda. A inflação, já excessiva, *aumentará constantemente se o tratado de paz for levado adiante conforme proposto*. Além disso, grandes suprimentos de produtos naturais só podem acontecer se o Estado reembolsar os produtores por seu valor; isso significa mais emissão de notas. Enquanto durarem esses suprimentos, não haverá possibilidade de estabilização da moeda alemã nem mesmo no nível atual. *A depreciação do marco continuaria. A instabilidade da moeda, no entanto, afetaria não só a Alemanha, mas todos os países envolvidos na exportação, pois a Alemanha, com sua moeda constantemente depreciada, seria um elemento perturbador e se veria obrigada a inundar o mercado mundial com produtos a preços ridiculamente baixos.*[20]

As reparações só poderiam ser pagas se os Aliados deixassem a Alemanha com seus territórios, colônias e frota mercante intactos.[21] Nessas condições, os alemães ofereciam pagar juros mais amortização sobre obrigações no valor de 20 bilhões de marcos-ouro entre 1919 e 1926; e amortização só sobre as obrigações até um máximo de 80 bilhões de marcos-ouro, sendo que as anuidades "não [deveriam] exceder um percentual fixo das receitas estatais e imperiais da Alemanha".[22]

Independentemente de seu significado para a história da política externa alemã,[23] o que chama a atenção nesse documento é o modo como prenuncia as críticas posteriores de Keynes ao tratado. Isso talvez não seja de surpreender. Sabemos que Keynes ficou impressionado com a recusa da delegação alemã em assinar o tratado de paz sem emendas.[24] De fato, ele praticamente repetiu as profecias apocalípticas dos alemães:

A indústria alemã [...] estará condenada à estagnação [...] A Alemanha sofrerá um colapso econômico [...] e milhões de alemães morrerão em conflitos civis ou serão forçados a emigrar [...] O resultado será um "Bálcãs econômico" no cerne da Europa, o que criará turbulências intermináveis e o perigo constante de se espalhar para o resto do mundo.²⁵

Essa foi a versão alemã. A de Keynes é:

A Paz é ultrajante e impossível, e só trará infortúnios [...] Eles não terão como cumprir o acordo, e em toda parte haverá agitação e desordem geral [...] A anarquia e a revolução são a melhor coisa que pode acontecer [...] Os termos do acordo [...] para a Europa a perturbam economicamente e devem despovoá-la em milhões de pessoas.²⁶

Keynes também não estava em dissonância com os alemães durante o período em que preparava suas próprias profecias para publicação. Em outubro de 1919, participou de uma pequena conferência de banqueiros e economistas em Amsterdã a convite de Paul, o irmão norte-americano de Warburg.²⁷ Nesse período, ele e Warburg redigiram em conjunto um apelo à Liga das Nações que, com efeito, conclamava a uma redução nas reparações, o cancelamento das dívidas de guerra e um empréstimo à Alemanha.²⁸ No entanto, na época em que a versão final do memorando foi publicada, em janeiro de 1920, já não tinha importância. Havia sido completamente ofuscado pela aparição de *As consequências econômicas*, um rascunho do que Keynes havia lido para Melchior e Warburg em Amsterdã.²⁹

Dizer que o argumento de Keynes nesse livro era o mesmo apresentado pelos especialistas financeiros alemães na conferência seria um exagero. Mas as semelhanças são muitas; e o próprio Keynes não negou que foi influenciado por eles.³⁰ Como eles, Keynes culpava os franceses pelas provisões econômicas "cartagineses" do Tratado e denunciava a Comissão de Reparações, acusando-a de ser "um instrumento de opressão e pilhagem".³¹ Como eles, insistiu que a Alemanha "não havia se rendido incondicionalmente, mas em termos acordados quanto ao caráter geral da paz" (os Catorze Pontos e as notas norte-americanas posteriores).³² E, como eles, enfatizou que a perda da Marinha mercante, dos ativos ultramarinos, dos territórios ricos em carvão mineral e da soberania em matéria de políticas comerciais limitava drasticamente a capacidade da Alemanha de pagar as reparações. Os Aliados exigiam compensação por danos e pensões que somavam em torno de 160 bilhões de marcos-ouro, que uma Alemanha privada de ativos só poderia esperar pagar com os ganhos obtidos com exportações. Mas transformar o tradicional déficit comercial alemão em um superávit colocaria uma pressão sobre os negócios dos Aliados, e ao mesmo tempo demandaria reduções intoleráveis no consumo alemão. Mesmo deixando a Alemanha com seus ativos essenciais (incluindo os campos de carvão silesianos), 41 bilhões de marcos-ouro eram o máximo que se podia esperar que ela pagasse, três quartos na forma de anuidades sem juros ao longo de 30 anos.[33] Keynes também não omitiu as advertências apocalípticas que escutara de Melchior em Versalhes, prevendo uma crise malthusiana na Alemanha e a destruição do capitalismo na Europa Central:

> A política de reduzir a Alemanha à servidão durante uma geração inteira, de degradar a vida de milhões de seres humanos e de privar toda uma nação da felicidade [irá] [...] semear a decadência de toda a vida civilizada da Europa [...] "Aqueles que assinarem este tratado assinarão a sentença de morte de muitos milhões de homens, mulheres e crianças alemãs." Não conheço uma resposta adequada para essas palavras [...] Ouso prever que, se almejarmos deliberadamente o empobrecimento da Europa Central, a vingança é certa. Nada poderá postergar por muito tempo a guerra civil derradeira entre as forças da Reação e as convulsões desesperadas da Revolução, diante da qual os horrores da última guerra alemã serão insignificantes, e que, independentemente de quem seja o vencedor, destruirá a civilização e o progresso da nossa geração.[34]

Somente "uma grande fogueira saneadora" das dívidas internacionais e um programa de reconstrução econômica liderado pela Alemanha na Europa Oriental, segundo Keynes, evitaria essa catástrofe.[35]

A estipulação do montante final das reparações – postergada em Versalhes por causa do dissenso dos Aliados – levou a novas críticas acaloradas por parte de Keynes. Em abril de 1921, depois de muita barganha e prevaricação, chegou-se a um valor total definitivo de 132 bilhões de marcos-ouro, reforçado pela ameaça de que o vale do Ruhr seria ocupado se os alemães não se sujeitassem. Esse "Ultimato de Londres" exigia que, começando no fim de maio de 1921, a Alemanha pagasse juros e amortização sobre as chamadas obrigações "A" e "B", totalizando 50 bilhões de marcos-ouro na forma de uma anuidade de 2 bilhões. Também especificava que, começando em novembro de 1921, deveria ser feito um pagamento igual a 26% do valor das exportações alemãs; isso implicava um pagamento anual total de cerca de 3 bilhões de marcos-ouro. Quando as exportações alemãs tivessem atingido um nível suficiente para liquidar as obrigações "A" e "B", seriam emitidas obrigações "C" sem incidência de juros, no valor nominal de 82 bilhões de marcos-ouro.[36]

A resposta de Keynes ao cronograma de Londres envolveu alguns cálculos grosseiros. Ele estimou que as reparações correspondiam a algo entre um quarto e metade da renda nacional, o que, em termos exclusivamente fiscais, ele considerava absurdamente oneroso. "Os chicotes e azorragues de qualquer governo da história teriam sido potentes o bastante para extrair quase metade da renda de um povo em tal situação?", perguntou aos leitores do *Sunday Times*.[37] Em dezembro de 1921, ele propôs que 21 bilhões de marcos-ouro eram o máximo que poderia ser pago.[38] Mas continuou cético quanto à possibilidade de algum pagamento em moeda forte enquanto a Alemanha fosse incapaz de conseguir um superávit na balança de pagamentos: isso era o que ele mais tarde chamaria de "problema da transferência". Keynes duvidava que a Alemanha viesse a obter um empréstimo do exterior para facilitar as coisas: na época da conferência de Gênova, em abril de 1922 (que "cobriu" para o *Manchester Guardian*), ele considerou a proposta alemã para um empréstimo internacional "uma ilusão [tão grande] como reparações em grande escala".[39] Ele também não acreditava que pagamentos na forma de matérias-primas (como Walther Rathenau havia concebido) aliviariam a situação.[40] Além disso, ele não via nenhuma possibilidade de um superávit na balança comercial da Alemanha, tendo em vista seu grande apetite por importações no pós-guerra. De todo modo, ele já havia argumentado, em 1919, que

> [mesmo] se a Alemanha pudesse alcançar o volume de exportações contemplado nas propostas de Paris, só conseguiria fazer isso expulsando dos mercados do mundo parte dos comércios essenciais da Grã-Bretanha [...] Não espero ver o sr. Lloyd George disputar uma eleição geral apoiando-se na questão de manter um Exército para obrigar a Alemanha, a ponta de baioneta, a arruinar nossas manufaturas.[41]

Em outras palavras, o cronograma de pagamentos era impraticável. No curto prazo, a Alemanha só seria capaz de viabilizar os pagamentos mensais vendendo marcos-papel nos mercados de câmbio internacionais; mas isso inevitavelmente levaria a uma redução da taxa de câmbio, até que o processo se tornasse insustentável.

Foi em agosto de 1922 que a influência de Keynes sobre a questão das reparações alcançou seu ápice, quando ele foi convidado para se pronunciar em uma reunião de políticos e executivos na "Semana Internacional" de Hamburgo – com efeito, uma conferência não oficial sobre a política externa alemã – logo após o discurso do presidente francês Raymond Poincaré exigindo "promessas frutíferas" em Bar-le-Duc em 21 de agosto.[42] A resposta de Keynes cinco dias depois foi extraordinária. Apresentado como "o homem mais responsável pela mudança de atitude do mundo anglófono para com a Alemanha", ele foi recebido com uma salva de palmas; e é tentador imaginar até que ponto os aplausos influenciaram o conteúdo de seu discurso. Nele, Keynes fez uma previsão fatídica:

> Não acredito [...] que a França possa levar adiante sua ameaça de recomeçar a guerra [...] Há um ou dois anos, a França poderia ter agido assim com a necessária convicção interna. Mas não agora. A confiança dos franceses na política oficial de reparações está completamente minada [...] No fundo, eles sabem que é irreal. Por vários motivos, estão relutantes em admitir os fatos. *Mas estão blefando.* Eles sabem perfeitamente que atos ilegais de violência de sua parte os levarão a um isolamento em termos morais e sentimentais, arruinando suas finanças e não lhes trazendo vantagem alguma. O sr. Poincaré [...] pode fazer discursos severos e dirigir insultos menores e estéreis [...] mas ele não tomará nenhuma medida em grande escala. De fato, seus discursos são uma alternativa, e não um prelúdio para a ação. Quanto mais ele fala, menos fará [...]

Para coroar isso, ele desprezou a ideia de que a inflação estava causando "a desintegração da vida alemã":

> Não devemos perder de vista o outro lado da balança [...] O ônus da dívida interna foi eliminado. Até agora, todos os pagamentos da Alemanha para os Aliados [...] foram totalmente liquidados à custa das perdas de especuladores

estrangeiros. Não acredito que a Alemanha tenha pagado um centavo por esses itens com recursos próprios. Os especuladores estrangeiros também pagaram todas essas dívidas, e mais.[43]

Sua conclusão equivalia a uma repetição das demandas alemãs, agora familiares, por uma moratória, por um empréstimo e por alguma redução no ônus das reparações.[44]

É verdade que, a portas fechadas, Keynes era muito menos imprudente. Mas foram as observações públicas que tiveram o maior impacto, sobretudo porque ele estava dizendo aos alemães o que eles queriam ouvir. O blefe de Poincaré deveria ser posto à prova: essa era a mensagem transmitida ao governo em Berlim.[45] Mas esse não era o único aspecto importante do discurso. A previsão de Keynes, no mesmo discurso, de que "o dia de habilidade científica, administrativa e executiva estava chegando [...] não neste ano, mas no próximo", ecoava desejos anteriores de Warburg e seus associados de que "os homens de negócios [tivessem] precedência sobre os diplomatas e políticos em todas as questões do mundo econômico".[46] Esses desejos foram atendidos no início de novembro quando Wilhelm Cuno, sucessor de Albert Ballin como presidente da companhia marítima Hamburg-Amerika, foi nomeado chanceler.[47] Keynes, na Inglaterra, ficou entusiasmado, instando o novo chanceler a "desafiar [os franceses] [...] em alto e bom tom", e confessou "invejar Cuno por seu cargo".[48]

Seria absurdo, é claro, atribuir unicamente a Keynes a culpa pela ocupação francesa do Ruhr e do colapso final e irreparável da moeda alemã. Mas não há dúvida de que ele teve influência sobre ambos. Ele tampouco ficou consternado com a revelação de que Poincaré, afinal, não estava blefando. Durante as primeiras semanas da ocupação francesa no Ruhr, ele encorajou os alemães a "resistirem até o limite" e o governo a "manter a calma".[49] Foi só em maio de 1923, quando o controle francês sobre o Ruhr não mostrava sinais de ceder e a economia alemã se precipitava cada vez mais fundo no abismo hiperinflacionário, que Keynes admitiu que a estratégia havia falhado.[50]

Este não é o lugar para descrever os eventos que levaram à queda de Cuno nem o processo demorado pelo qual a resistência passiva foi concluída.[51] Basta dizer que o relato do próprio Keynes em seu *Tract on Monetary Reform* [Tratado sobre reforma monetária], publicado em dezembro de 1923, foi um tanto rude, considerando que ele esteve intimamente envolvido nas decisões de confrontar Poincaré e opor resistência passiva:

> É necessário admitir que, por sua incapacidade de não controlar a incompetência no Tesouro e no Reichsbank, Cuno estava fadado a cair. Durante esse período catastrófico, os responsáveis pelas políticas financeiras da Alemanha não tomaram nenhuma medida sensata, tampouco demonstraram a mínima compreensão do que estava acontecendo.[52]

É difícil escapar à conclusão de que, aqui, Keynes estava sendo sensato depois do ocorrido – mas foi insensato durante. Pois, curiosamente, as soluções contra a inflação que ele agora defendia – a restrição monetária e um imposto sobre o capital – estiveram ausentes de seus conselhos aos alemães antes de dezembro de 1923. De fato, em uma série de ocasiões, Keynes parabenizara os alemães pela expropriação em grande escala de riqueza estrangeira produzida pela inflação. E, no fim das contas, ao que parece, ele não resistiu a considerar a inflação um sucesso em termos de diplomacia econômica:

> A experiência notável da Alemanha durante esse período [ele escrevia em junho de 1929] pode ter sido necessária para convencer os Aliados do fracasso de seus métodos anteriores para obter reparações e foi, possivelmente, um prelúdio inevitável do Plano Dawes.[53]

Conforme declarou em um discurso em Hamburgo em 1932 (exatamente dez anos depois de sua aparição na Semana Internacional): "Muitas vezes tive dúvidas, ao longo dos últimos anos, quanto ao bom senso do que vocês chamam de Política de Conformidade. Se eu fosse um economista ou estadista alemão, acho que provavelmente teria sido contra".[54]

Não quer pagar

O homem que Keynes "passou a amar" em Versalhes chamou *As consequências econômicas da paz* de "magnetizante" e "uma referência para um novo avanço na [...] história do pós-guerra".[55] Nisso, Melchior certamente tinha razão.

O ataque de Keynes ao Tratado de Versalhes contribuiu sobremaneira para o sentimento de culpa por ter prejudicado a Alemanha que tanto inibiu a diplomacia britânica no período entreguerras. Mesmo hoje, a ideia de que as reparações foram culpadas pela hiperinflação na Alemanha continua a gozar de amplo apoio no meio acadêmico. O orçamento alemão já estava muito desequilibrado, argumentou Haller, mas a demanda dos Aliados por reparações em dinheiro tornou as coisas ainda piores.[56] Por causa de um déficit estrutural no balanço de pagamentos, a Alemanha não tinha outra opção a não ser comprar moeda forte por meio da venda de marcos-papel, o que levou a uma queda na taxa de câmbio, elevando os preços das importações e, em consequência, o nível de preços doméstico.[57] Barry Eichengreen foi direto ao ponto: as reparações foram "as grandes responsáveis pela inflação" porque, sem reparações, não teria havido déficit orçamentário.[58] Uma conclusão a que se chega com frequência é que o governo alemão – que, na expectativa dos Aliados, deveria elevar os impostos para pagar reparações que eram impopulares – não teve alternativa a não ser procurar evitar o pagamento. A maneira mais óbvia de fazer isso foi permitir que a inflação continuasse, pois, nas palavras de Graham, era "perfeitamente justificada [a visão de] que uma melhoria nas finanças públicas levaria a extorsões ainda mais severas".[59] Supostamente, também fazia sentido, em termos políticos, permitir que a depreciação da moeda continuasse sem controle, já que isso tinha o efeito de impulsionar as exportações alemãs.[60] Isso deve ter exercido pressão sobre a economia dos Aliados, forçando-os a aceitar que as reparações só poderiam ser pagas à custa de sua própria indústria. A depreciação era, portanto, de acordo com Holtfrerich, "de interesse nacional" – a forma mais eficaz de "persuadir o resto do mundo da necessidade de reduzir o ônus das reparações".[61] Com efeito, a estratégia tinha uma dupla vantagem: uma vez que grande parte do dinheiro emprestado à Alemanha no período nunca foi paga, um historiador chegou a falar em "reparações norte-americanas à Alemanha".[62] Em seu estudo definitivo sobre a inflação alemã, Feldman é inequívoco: os termos de paz dos Aliados "fizeram exigências impossíveis e promoveram escolhas intoleráveis"; as reparações eram "um desincentivo à estabilização".[63] Estes são os argumentos de Keynes, que continuam vivos e fortes mais de 80 anos depois. Mas os historiadores foram incapazes de reconhecer quanto Keynes foi manipulado por seus amigos alemães; e quanto ele errou em sua análise sobre as consequências da paz.

Os envolvidos na delegação de paz do governo alemão em 1919 estavam bem cientes de que enfrentavam uma paz difícil. Afinal, eles teriam imposto uma paz difícil ao outro lado se houvessem ganhado a guerra. Não estava muito errado o diplomata norte-americano que, durante a guerra, escreveu:

> Os alemães querem alguém para roubar – para pagar suas grandes contas militares. Eles roubaram a Bélgica e continuam roubando cada centavo em que conseguem pôr as mãos. Eles roubaram a Polônia e a Sérvia [...] Tentaram roubar a França e [...], se chegassem a Paris, em uma semana os bens móveis restantes não valeriam nem 30 centavos, e eles cobrariam multas de um milhão de francos por dia.[64]

Ao ponderar sobre as crescentes dívidas de guerra de seu país em agosto de 1915, o ministro de Finanças alemão Karl Helfferich declarou: "Os instigadores desta guerra ganharam esse peso morto de bilhões [...] Desfazer-se dessa dívida será o maior problema desde o início dos tempos".[65] Até mesmo Warburg, comparativamente liberal, havia aceitado esse argumento: em novembro de 1914, ele propôs 50 bilhões de marcos como um nível de reparações apropriado para a Alemanha impor, presumindo uma guerra com duração de apenas quatro meses; em maio de 1918, ele continuava imaginando impor aos Aliados uma indenização de 100 bilhões de marcos.[66] Um acordo financeiro complementar assinado em 27 de agosto de 1918 havia imposto à Rússia uma indenização de 6 bilhões de marcos, apesar da declaração no Tratado original de Brest-Litovsk, de março de 1918, de que não haveria reparação alguma.[67] Isso, além de enormes cessões de território: a Finlândia e a Ucrânia se tornaram independentes, enquanto a Polônia e os Estados Bálticos da Lituânia, Estônia, Curlândia e Livônia se tornaram satélites da Alemanha. (Na atmosfera surreal de 1918, os príncipes alemães brigavam para ver quem deveria governá-las: o duque de Urach queria ser rei da Lituânia; o arquiduque austríaco Eugen demandava a Ucrânia; Friedrich Karl von Hesse, cunhado do Kaiser, estava de olho na Finlândia; ao passo que o próprio Kaiser cobiçava a Curlândia.)[68] O território em questão representava 90% da capacidade de carvão mineral do Império Russo e 50% de sua indústria.[69] Em comparação com isso, os termos do Tratado de Versalhes com relação aos territórios eram relativamente leves. Além de suas colônias, a Alemanha perdeu em torno de nove porções periféricas de território do próprio Reich;[70] mas estas representavam apenas 13% de sua área antes da guerra, e 46% da população dessas áreas não era alemã. Os alemães lamentaram a perda de 80% de seu minério de ferro, 44% de sua capacidade de ferro-gusa, 38% de sua capacidade de aço e 30% de sua capacidade de carvão mineral; mas os russos haviam perdido mais em 1918, enquanto os austríacos, húngaros e turcos se saíram ainda piores em termos de território (os húngaros perderam 70% da área que tinham antes da guerra) e talvez também em termos de recursos econômicos sob seus respectivos tratados de paz. A perda das colônias da Alemanha abalou seu prestígio, mas, embora extensas (pouco menos de 3 milhões de quilômetros quadrados) e populosas (12,3 milhões de pessoas), elas tinham pouco valor econômico.

Apesar de seus protestos angustiados quando os Aliados apresentaram suas condições, os alemães já sabiam o que esperar. "As condições da Entente", Warburg comentou quando foi convidado a se unir à delegação alemã, "sem dúvida seriam extremamente severas".[71] Eugen Schiffer, o novo ministro de Finanças, e Carl Bergmann, o especialista em reparações no Ministério das Relações Exteriores, falaram em 20 bilhões de marcos e 30 bilhões de marcos; mas Warburg os alertou a se prepararem para um número "absurdamente alto". Como ele disse ao conde Ulrich von Brockdorff-Rantzau, ministro das Relações Exteriores, no início de abril: "Devemos estar preparados para condições duríssimas".[72] De fato, Warburg supôs que a Alemanha estaria condenada a reparações por um período de 25 a 40 anos.[73] A única forma de suportar esse fardo, argumentou, era por meio de um empréstimo internacional à Alemanha, que lhe possibilitaria pagar uma soma de capital fixo em anuidades por um período de 25 a 40 anos.[74] Em abril, ele estava prevendo um empréstimo de 100 bilhões de marcos-ouro.[75]

O melhor argumento para justificar tal tratamento relativamente generoso, acreditavam os alemães, era que sem isso a Alemanha cairia no bolchevismo, cumprindo a etapa seguinte do plano de Trótski para a revolução mundial. Como observou Franz Witthoefft, amigo de Warburg, logo depois de ter concordado em fazer parte da delegação alemã a Versalhes:

> Pão e paz são as precondições para ordem e trabalho; do contrário, estamos fadados ao bolchevismo, e esse seria o fim da Alemanha. Mas detecto, nesse

próprio perigo de bolchevismo, uma certa válvula de segurança com relação aos esforços da Entente para nos dar um xeque-mate. Se esse mal se espalhar da Hungria à Alemanha, nem a França nem a Inglaterra estarão imunes; e isso significa o fim de toda a Europa.

Durante uma reunião com ministros em Berlim no fim de abril, Melchior argumentou que "inclinações para com a Rússia" devem ser consideradas uma futura estratégia diplomática para a Alemanha; uma visão que foi endossada pelo presidente do Reich, Friedrich Ebert.[76] Esse era um tom muito diferente do tom apocalíptico que ele adotou com Keynes. Sem dúvida, Melchior estava genuinamente preocupado com a situação política da Alemanha quando encontrou Keynes pela primeira vez: afinal, sua terra natal estava sob o controle de um Conselho de Trabalhadores e Soldados, e estava longe de ser óbvio que a revolução de novembro de 1918 terminaria em um compromisso entre os sociais-democratas moderados, os partidos "burgueses" mais liberais e as velhas elites econômicas, militares e políticas. Entretanto, parece claro que ele fez tudo que estava a seu alcance para exagerar a ameaça bolchevique a fim de tirar proveito de Keynes. Os sucessos do Exército Vermelho no fim de 1919 e início de 1920 e a contínua convulsão social na Alemanha desencadearam novas profecias de Melchior acerca de "uma espécie de Liga dos Derrotados [...] entre a Rússia e a Alemanha".[77] Melchior não foi sincero em nada do que disse; de fato, ele e Warburg ficaram estarrecidos quando Rathenau fez um acordo com os russos sobre as reparações durante a Conferência de Gênova de 1922 (o Tratado de Rapallo).[78]

Ao mesmo tempo, os alemães não fizeram nenhum esforço sério para equilibrar seu orçamento, que seria a única forma de pagar as reparações sem um empréstimo internacional. Certamente, como ministro de Finanças, Mathias Erzberger fez mudanças consideráveis no sistema tributário alemão, aumentando a capacidade fiscal do governo central. Ele também tentou um aumento drástico na tributação direta antes de sair do ministério em março de 1920: o "Imposto de Emergência do Reich" (*Reichsnotopfer*) incidia sobre as propriedades com alíquotas que chegavam a 65%, enquanto o imposto de renda do Reich tinha uma alíquota máxima de 60%. Mas isso não foi suficiente para reduzir o déficit (que, em média, ficou em torno de 15% do Produto Nacional Líquido entre 1919 e 1923). Em primeiro lugar, havia um nível considerável de evasão, grande parte dentro da lei. Por exemplo, o "Imposto de Emergência" podia ser pago em parcelas por períodos que chegavam a 47 anos, com taxas de juros de apenas 5% após dezembro de 1920.[79] Enquanto a inflação se mantivesse acima dos 5%, o pagamento a longo prazo era claramente vantajoso. Da mesma forma, aqueles cujas rendas não eram pagas como salários (dos quais os impostos eram deduzidos na fonte) podiam facilmente adiar o pagamento do novo imposto de renda do Reich.[80]

Isso não foi acidental: a reforma tributária foi deliberadamente malfeita, em decorrência do desejo de evitar reparações. Como o próprio chanceler Joseph Wirth declarou ao argumentar contra um imposto sobre a propriedade (ou "confisco de valores reais", no bordão da época): "O objetivo de toda a nossa política deve ser o desmantelamento do Ultimato de Londres. Portanto, seria um erro se, ao iniciar um confisco dos valores reais neste momento, nós [com efeito] declarássemos que o Ultimato é 80% possível".[81] O debate interno sobre a reforma financeira entre maio de 1921 e novembro de 1922 foi, portanto, um debate falso, já que nem o próprio chanceler estava sendo sincero. Programas como o imposto sobre a propriedade precisavam ser discutidos a fim de apaziguar a Comissão de Reparações, mas eles nunca tinham a intenção de "tapar o buraco no orçamento".[82] Da mesma forma, a ideia de um empréstimo compulsório de 1 bilhão de marcos-ouro foi concebida primordialmente em resposta à demanda dos Aliados por um plano de reforma financeira em Cannes; o ministro de Finanças estipulou a um nível tão baixo o multiplicador para converter o marco em ouro que a taxa rendeu apenas 5% do valor almejado.[83] David Fischer, secretário de Estado, captou o estado de ânimo prevalente quando descreveu o "desejo" da Comissão de Reparações "por mais um aumento nos impostos", implicando um "desejo pela destruição econômica da Alemanha".[84] Com efeito, a receita real proveniente da arrecadação de impostos caiu na segunda metade de 1921 e cresceu só um pouco na primeira metade de 1922.[85]

Keynes estava demasiado confiante. Em novembro de 1921, respondendo à afirmação de que os alemães estavam deliberadamente exacerbando a inflação para evitar pagar reparações, ele escreveu: "Não acredito em uma palavra das histórias idiotas de que o governo alemão poderia ser tão ousado ou tão insano a ponto de planejar, de propósito, o que no fim das contas será uma catástrofe para seu próprio povo".[86] Infelizmente, aquelas "histórias idiotas" estavam corretas. Os alemães acreditavam que, por meio de déficits constantes e da contínua depreciação da moeda, eles seriam capazes de aumentar suas exportações; e estas iriam, nas palavras de Melchior, "arruinar o comércio com a Inglaterra e a América, de modo que os próprios credores virão até nós para requerer modificações".[87] Quando o marco despencou novamente com relação ao dólar, de 14 marcos para 99 marcos entre junho de 1919 e fevereiro de 1920, depois da suspensão do controle alemão sobre as taxas de câmbio,[88] o ministro da Economia Robert Schmidt foi explícito quanto ao que ele esperava que isso alcançasse: "O despejo de produtos alemães no exterior a preços assassinos [...] levará a Entente a permitir que coloquemos em ordem nossa taxa de câmbio".[89] Como afirmou Felix Deutsch, da gigante de engenharia elétrica AEG: "Nossa sorte em meio a toda a desgraça é nossa moeda fraca, que nos permite exportar em grande escala".[90] A fim de preservar essa sorte, o ministro da Economia tomou a medida de intervir *contra* o marco entre março e junho de 1920, comprando quantias substanciais de moeda estrangeira para limitar a valorização do marco.[91] Warburg tornou um tanto explícita a lógica da estratégia em um discurso que redigiu em outubro de 1920:

> Mesmo correndo o risco de às vezes vender nossos próprios produtos a um preço excessivamente baixo no exterior [...], o mundo deve ser levado a entender que é impossível onerar um país com dívidas e ao mesmo tempo privá-lo dos meios de pagá-las [...] Não se pode evitar [...] o colapso absoluto da moeda [...] se o tratado de paz for mantido em sua forma atual.[92]

Poderia ter pagado?

A realidade era que as consequências econômicas do Tratado de Versalhes foram muito menos severas para a Alemanha do que alegaram Keynes e os alemães. Com exceção dos Estados Unidos, todos os países combatentes haviam saído da guerra com grandes perdas em sua balança de capital. As somas devidas aos possíveis destinatários das reparações aos Estados Unidos já equivaliam a cerca de 40 bilhões de marcos-ouro.[93] De maneira similar, não era só a Alemanha que havia perdido suas remessas: a perda total de remessas mundiais durante a guerra (a maior parte provocada pela Alemanha) somava mais de 15 milhões de toneladas. De todo modo, não devemos exagerar a importância desses ativos perdidos: as remessas, em particular, foram rapidamente substituídas. Em pouco tempo a economia mundial prosperou, à medida que os executivos se apressaram em substituir as fábricas e as reservas destruídas durante a guerra e foram sendo restauradas as relações comerciais que haviam sido interrompidas por linhas de frente, navios de guerra e submarinos. Em 1920, o comércio internacional havia se recuperado para 80% do nível em que se encontrava antes da guerra. A expansão monetária gerada pelas finanças de guerra alimentou esse crescimento. O Produto Nacional Líquido da Alemanha cresceu em torno de 10% em 1920 e 7% em 1921.[94] Embora a agricultura do país continuasse a minguar, os indicadores de produção industrial mostraram uma nítida tendência ascendente: um aumento de 46% em 1920 e de 20% em 1921, com certas indústrias (em especial, a de construção de navios e a de carvão mineral) passando por um crescimento notadamente rápido.[95]

De um ponto de vista estrangeiro, essa combinação de rápido crescimento e taxa de câmbio desfavorável parecia contraditória e convidava à especulação. Em consequência, o déficit comercial alemão em 1919-1920 foi financiado não por empréstimos estrangeiros em grande escala, mas sim por inúmeras vendas de marcos-papel ao mercado externo em pequena escala. Os depósitos estrangeiros nos sete grandes bancos de Berlim subiram de 13,7 bilhões de marcos em 1919 para 41,6 bilhões de marcos em 1921, e representaram quase um terço do total de depósitos.[96] As compras de marcos em Nova York totalizaram 60 milhões de marcos-ouro entre julho de 1919 e dezembro de 1921.[97] Keynes tinha certa consciência disso. "A especulação", conforme observou no início de 1920, alcançava "uma escala gigantesca e era, de fato, a maior já vista".[98] Mas ele negligenciou totalmente o possível impacto que isso teria sobre a taxa de câmbio. Em março de 1920, o marco subitamente deixou de se desvalorizar com relação ao dólar e se recuperou, passando de 99 marcos para um pico de 30 marcos em junho. Nos meses seguintes, todas as tendências dos oito meses anteriores foram revertidas. Os preços no mercado interno alemão caíram em torno de 20% entre março e julho de 1920 (quando registraram, respectivamente, seu ponto mais alto e mais baixo), e então, até o verão de 1921, flutuaram em torno de um índice que era 13 vezes o registrado antes da guerra. Em maio de 1921, o índice de inflação anual registrou uma baixa de 2% no pós-guerra. Ao mesmo tempo, a distância entre os preços alemães e os do mercado mundial diminuiu de forma abrupta.[99] Isso não só impediu as exportações alemãs de entrarem nos eixos.[100] Também custou a Keynes mais de 20 mil libras (sendo a maior parte disso, embora não tudo, recursos próprios), que ele investira supondo que as consequências econômicas da paz corresponderiam às suas previsões.[101] Foi só algum tempo depois que ele entendeu completamente o que havia acontecido:

> [De] judeus itinerantes nas ruas das capitais [...] [a] ajudantes de barbeiros nos vilarejos mais remotos da Espanha e da América do Sul [...] o argumento era o mesmo [...] A Alemanha é um país grande e forte; algum dia vai se recuperar; quando isso acontecer, o marco também vai se recuperar, o que deve trazer lucros vultosos. Tão pouco de história e economia sabem os banqueiros e as criadas.[102]

De fato, a desaceleração da inflação não foi mero reflexo de especulação mal informada. Essa foi uma época de deflação internacional, quando as autoridades fiscais e monetárias da Grã-Bretanha e dos Estados Unidos tomaram as primeiras medidas para liquidar as contas acumuladas durante a guerra e pôr um fim à inflação, elevando as taxas e restringindo o crédito. Em 1921, ocorreram quedas bruscas nos preços em ambos os países, e essa deflação tendeu a se espalhar para seus parceiros comerciais.[103]

Também não se pode sustentar que o total de reparações estipulado em 1921 constituiu um ônus intolerável. Oitenta e dois dos 132 bilhões de marcos-ouro eram, em certa medida, "nominais", no sentido de que as obrigações "C" nesse valor só seriam emitidas em uma data futura inespecífica, quando a recuperação econômica da Alemanha estivesse suficientemente avançada.[104] Isso lançava uma sombra sobre o futuro e certamente limitava a capacidade do Reich de obter empréstimos no mercado internacional, mas significava que as obrigações imediatas da Alemanha em 1921 eram menos de 50 bilhões de marcos-ouro – com efeito, apenas 41 bilhões (considerando o que fora pago depois de 1919). Essa foi a soma que o próprio Keynes considerou pagável em *Consequências econômicas da paz*. Além disso, a inflação já havia reduzido substancialmente o valor real da dívida interna do Reich em meados de 1921 para cerca de 24 bilhões de marcos-ouro; portanto, como uma proporção da renda nacional, o total de dívidas do Reich incluindo as obrigações "A" e "B" ficava em torno de 160%. Isso certamente era um ônus mais severo do que aquele que recaiu sobre a França depois da Guerra Franco-Prussiana: se somarmos as indenizações exigidas por Bismarck (5 bilhões de francos) e a dívida nacional francesa existente (11,179 bilhões de francos), a dívida total é equivalente a cerca de 84% do Produto Nacional Líquido de 1871. Entretanto, o ônus da dívida alemã em 1921 era, com efeito, um pouco *menor* do que a proporção entre o total da dívida nacional britânica (interna e externa) e o Produto Nacional Bruto naquele mesmo ano (165%). A proporção entre a dívida e a renda nacional havia sido ainda maior para a Grã-Bretanha em 1815: quase 200%. Mas a Grã-Bretanha havia se tornado a economia mais próspera do século XIX – e seu Estado mais estável –, apesar desse ônus.

Tampouco era excessivo o pagamento anual que estava sendo exigido da Alemanha. Como vimos, o cronograma de reparações definido pelo Ultimato de Londres implicava uma anuidade total de cerca de 3 bilhões de marcos-ouro. Pelo menos 8 bilhões e, talvez, 13 bilhões de marcos-ouro foram efetivamente pagos no período de 1920 a 1923: entre 4% e 7% do total da renda nacional. No ano mais difícil, 1921, a cifra foi de apenas 8,3% (ver Figura 19). Isso era muito menos do que o palpite de Keynes (entre 25% e 50% da renda nacional).[105] Sem dúvida, essa era uma proporção muito maior da renda nacional do que a que posteriormente foi paga sob o Plano Dawes (em seu ápice, em torno de 3%) e ultrapassa muitíssimo os ônus impostos sobre os países em desenvolvimento pela dívida internacional nos anos 1980, sem falar das somas pagas atualmente por países ocidentais na forma de auxílio ao Terceiro Mundo.[106] Mas entre junho de 1871 e setembro de 1873, a França pagou à Alemanha 4,993 bilhões de francos: em torno de 9% do Produto Nacional Líquido no primeiro ano, e 16% no segundo.

Por fim, não era de todo fantasioso esperar que a Alemanha pagasse um ônus anual mais baixo por um período mais longo do que nos anos 1870. O relatório do Comitê Young de 1929 é muitas vezes ridicularizado por propor que a Alemanha continuasse a pagar reparações até 1988. Mas, desde 1958, a Alemanha pagou mais de 163 bilhões de marcos ao resto da Europa na forma de contribuições líquidas ao orçamento da Comunidade Econômica Europeia/União Europeia. Sem dúvida, as somas anuais envolvidas representavam uma proporção muito pequena da renda nacional; mas, no fim das contas, o total em termos nominais é muito maior do que aquele que foi solicitado nas reparações depois do Tratado de Versalhes; esta foi precisamente a transferência em longo prazo, quase imperceptível, que o Plano Young almejou.

Keynes estava certo em um ponto: as reparações implicavam um grave conflito internacional de interesses.[107] Para que a Alemanha alcançasse um superávit comercial de 3 bilhões de marcos, teriam sido necessárias uma drástica contração das importações e uma expansão das exportações. Mas quais dos parceiros comerciais da Alemanha pagariam o preço por isso? Os representantes de negócios britânicos e franceses argumentaram repetidas vezes que, depois da guerra, medidas deveriam ser tomadas "para evitar que a Alemanha, que continuará sendo um inimigo econômico extremamente perigoso, inunde nossos mercados".[108] Um relatório da Junta de Comércio sobre o comércio do pós-guerra discerniu, em janeiro de 1916,

> um temor geral de que, imediatamente depois da guerra, este país seja inundado com produtos alemães e austro-húngaros, vendidos praticamente a qualquer preço, e que a competição de preços que havia antes da guerra seja acentuada, resultando em graves dificuldades para todos os fabricantes de produtos expostos a essa competição, e sem dúvida um desastre para os fabricantes que foram encorajados a expandir suas operações ou a se envolver em novos ramos industriais visando conquistar o comércio até então praticado por países inimigos.[109]

A questão da discriminação contra o comércio da Alemanha no pós-guerra foi discutida na conferência anglo-francesa em Paris em junho do ano seguinte, e adotaram-se resoluções limitadas.[110] Um comitê de investigação sobre a política econômica do pós-guerra concluiu, em dezembro de 1917, que "os atuais países inimigos não devem ser autorizados, pelo menos por um tempo, a prosseguir com o comércio com o Império Britânico da mesma maneira irrestrita que antes da guerra, ou em termos iguais aos acordados com os países aliados ou neutros".[111] Tais resoluções se manifestaram depois da guerra na forma de impostos especiais sobre as importações alemãs: os alemães as batizaram de "deduções de ódio".[112]

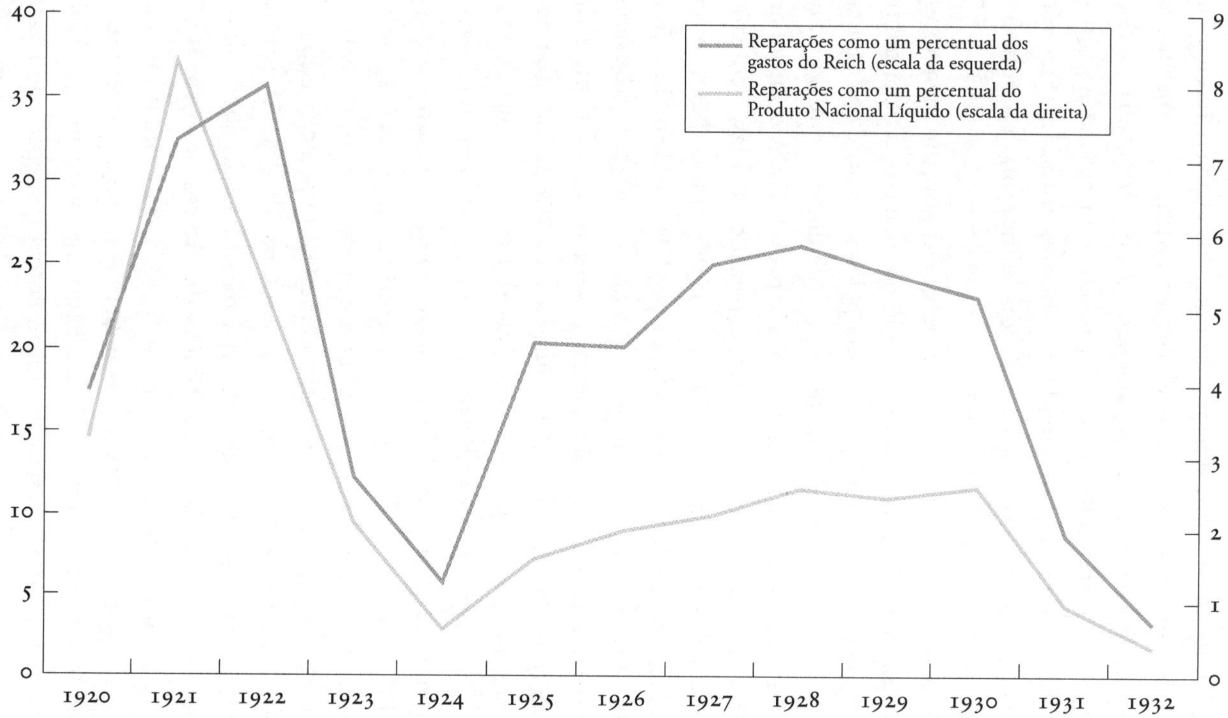

Figura 19 O ônus das reparações, 1920-1932
Fonte: Ferguson, *Paper and Iron*, p. 477.

Se as reparações fossem financiadas por empréstimos à Alemanha, quais reivindicações teriam prioridade – as dos destinatários das reparações ou as dos novos credores? Conforme afirmou Schuker, os alemães receberam, na forma de empréstimos do exterior que jamais foram pagos, no mínimo tanto quanto eles próprios pagaram em reparações.[113] Entre 1919 e 1932, a Alemanha pagou, ao todo, 19,1 bilhões de marcos-ouro em reparações; no mesmo período, recebeu, principalmente de investidores privados, 27 bilhões de marcos-ouro em influxo líquido de capitais, que nunca foram devolvidos em consequência dos calotes de 1923 e 1932.

Mas isso não quer dizer necessariamente que o governo alemão estava certo ao não *tentar* pagar as reparações. A questão não é se o pagamento era sustentável, mas sim se a estratégia adotada pelos alemães e endossada por Keynes era a melhor maneira de convencer os Aliados do contrário. Supostamente, o "revisionismo econômico" deveria pressionar as economias dos Aliados ao provocar uma enxurrada de exportações alemãs. Sem dúvida, isso foi o que aconteceu em 1919; mas não durou muito. Nem mesmo a abrupta depreciação do marco com relação ao dólar entre maio e novembro de 1921 ocasionou uma repetição da "grande liquidação" (*Ausverkauf*) ocorrida imediatamente depois da guerra. É verdade, as estatísticas disponíveis para as exportações indicam um aumento de 35% no valor das exportações mensais em marcos-ouro no ano que se seguiu a maio de 1921, ao passo que os números anuais indicam um aumento de dois terços em termos de volume de exportações.[114] Os cálculos de Graham para 43 categorias de commodities também indicam um aumento nas exportações.[115] Mas, ao mesmo tempo, as importações cresceram ainda mais depressa. Isso foi de vital importância, já que só um *superávit* comercial teria alcançado o efeito pretendido de exercer pressão econômica sobre os Aliados. As estimativas anuais apontam para um déficit comercial da ordem de 690 milhões de marcos-ouro em 1921 e mais de 2,2 bilhões de marcos-ouro em 1922, em comparação com um ínfimo superávit em 1920.[116] As estimativas mensais fornecem um registro mais preciso: o déficit comercial aumentou entre maio e setembro de 1921 estreitou até registrar um pequeno superávit em dezembro de 1921 e então aumentou novamente até chegar a um pico em julho de 1922. Os dados para os volumes comercializados contam a mesma história, mas indicam um aumento ainda mais drástico do déficit depois de fevereiro de 1922, apesar do fato de que, a essa altura, a proporção de produtos semiacabados e acabados havia subido para um terço de todas as importações.[117] E, com efeito, esses números podem subestimar a magnitude do déficit comercial. Embora os oficiais do Ministério da Economia continuassem a afirmar que as exportações estavam sendo subestimadas e que o déficit de 1922 era irrisório (afirmações que confundiram historiadores posteriores), havia um "consenso absoluto" no Gabinete Estatístico do Reich "de que o déficit da balança comercial estava sendo subestimado de maneira significativa".[118]

Em outras palavras, contrariando as previsões dos proponentes do revisionismo econômico, o déficit comercial aumentou nos períodos em que a depreciação da taxa de câmbio nominal foi mais rápida e diminuiu quando o marco se estabilizou.[119] Precisamente quando a Alemanha deveria estar exercendo pressão sobre os destinatários das reparações ao inundar seus mercados com produtos baratos, ela estava, de fato, aliviando a pressão, ao fornecer um mercado dinâmico para as exportações *deles*.[120] Isso pode ter sido muito bom para a economia mundial, ajudando-a a sair de uma recessão que, não fosse por isso, poderia ter se tornado uma depressão;[121] mas foi totalmente contraproducente do ponto de vista da diplomacia alemã.

As razões para o déficit comercial inesperadamente grande da Alemanha são claras. A hostilidade para com as exportações alemãs no exterior pode ter sido um fator, mas o verdadeiro problema foi que, embora em termos nominais o marco tenha sofrido uma nítida depreciação com relação às outras principais moedas, em termos reais – levando em conta as mudanças nos preços relativos – não houve melhoria significativa na competitividade alemã.[122] Isso era um reflexo do baixo nível dos preços britânicos e norte-americanos, da contínua especulação estrangeira sobre o marco e do ajuste mais rápido dos preços e dos salários alemães.

A ideia de que a depreciação contínua ajudaria a Alemanha a evitar pagar reparações era, portanto, fundamentalmente mal concebida. Quando muito, teve o efeito oposto. Inevitavelmente, isso nos leva à pergunta: uma política de estabilização não teria sido mais eficaz em exercer pressão sobre os Aliados ao frear a demanda alemã por importações? A experiência do período pós-1930, quando severas políticas deflacionárias reduziram de forma drástica as importações alemãs, indica que sim. Afinal, as reparações sobreviveram à crise de 1923 e foram restabelecidas – reagendadas, mas não reduzidas – em 1924; mas estavam mortas e enterradas depois da Moratória Hoover em 1931. Essa foi a vitória extremamente cara da política externa da República de Weimar: o momento em que a dívida externa de guerra da Alemanha – cujo valor nominal era em torno de 77 bilhões de dólares em 1931 – foi, com efeito, cancelada à custa de seus ex-inimigos (ver Tabela 44). Considerando que o valor total das reparações de fato pagas pela Alemanha não pode ter excedido 4,5 bilhões de dólares, a conclusão parece clara. O que a hiperinflação fez para a dívida de guerra interna, a depressão fez para o ônus externo imposto na forma de reparações. Depois de ter travado a Primeira Guerra Mundial gastando o mínimo, o Reich alemão finalmente conseguiu evitar pagar a maior parte do custo financeiro da guerra.

Tabela 44   Dívidas de guerra e reparações não pagas em 1931 (em milhares de libras)

	Recebimentos suspensos	Pagamentos suspensos	Perda (-) ou ganho líquido
Estados Unidos	53.600		-53.600
Grã-Bretanha	42.500	32.800	-9.700
Canadá	900		-900
Austrália	800	3.900	3.100
Nova Zelândia	330	1.750	1.420
África do Sul	110		-110
França	39.700	23.600	-16.100
Itália	9.200	7.400	-1.800
Bélgica	5.100	2.700	-2.400
Alemanha		77.000	77.000
Hungria		350	350
Áustria		300	300
Bulgária	150	400	250

Fonte: Eichengreen, *Golden Fetters*, p. 178.

Não consegue cobrar

O verdadeiro problema com o acordo de paz não é que ele foi muito duro, mas sim que os Aliados não foram capazes de fazer que ele fosse cumprido: não foi tanto "não quer pagar" e sim "não consegue cobrar". Em 1870-1873, os alemães haviam ocupado grandes extensões do norte da França e condicionado sua retirada ao pagamento das indenizações: quanto mais rápido os franceses pagassem, mais depressa os alemães sairiam. Em 1919, ao contrário, os Aliados impuseram o total de reparações em 1921 depois que já haviam suspendido o bloqueio naval, mantendo um exército mínimo na Renânia. Em vez de usar a ocupação como um incentivo para encorajar o pagamento das reparações, os Aliados – ou melhor, os franceses – procuraram usar a ameaça de uma ocupação maior como sanção para desencorajar o calote. Isso foi mal concebido em termos psicológicos, já que encorajou os alemães a apostar (como Keynes sugeriu, de modo imprudente, em 1922) que os franceses estavam blefando. O curso de ação alternativo era – com efeito – pagar voluntariamente as reparações; não é de surpreender que políticos eleitos democraticamente tenham relutado tanto em aprovar a arrecadação de impostos para esse propósito. A dificuldade que enfrentavam os políticos da República de Weimar – mesmo aqueles poucos que acreditavam sinceramente que a Alemanha deveria cumprir o acordo de paz – era simples: eles precisavam conciliar as demandas conflitantes sobre o orçamento do Reich, que vinham, por um lado, de seus próprios eleitores e, por outro, dos ex-inimigos da Alemanha. Dito de forma simples: os Aliados podiam querer reparações pelos danos que lhes foram causados durante a guerra, mas os eleitores alemães se sentiam no direito de receber "reparações" pelas agruras que tiveram de aturar desde 1914.

De acordo com as estimativas orçamentárias da Alemanha, o gasto real sob os termos do Tratado de Versalhes de 1920 a 1923 totalizou entre 6,54 e 7,63 bilhões de marcos-ouro. Isso representava apenas 20% do gasto total do Reich e 10% do gasto público total. Em outras palavras, as reparações correspondiam a um quinto do déficit do Reich em 1920 e a mais de dois terços em 1921.[123] Mas mesmo se subtrairmos o pagamento das reparações, o gasto público total continuava em torno de 33% do Produto Nacional Líquido, em comparação com aproximadamente 18% antes da guerra.[124] E embora, sem as reparações, a inflação pudesse ter sido mais baixa e as receitas, portanto, mais altas, ainda é concebível que tivesse havido déficits. Não podemos presumir que o gasto doméstico não teria aumentado se as reparações houvessem sido magicamente abolidas.

Além dos custos reais cada vez menores do pagamento da dívida consolidada, as reparações alemãs aos alemães – que é como esses gastos domésticos podem ser considerados – incluíam gastos mais elevados em salários do setor público, auxílio para os desempregados (sendo metade pago pelo Reich), subsídios para a construção de moradias e subsídios para manter baixos os preços dos alimentos.[125] Também havia o custo de pagar pensões a mais de 800 mil feridos, 533 mil viúvas e 1,2 milhão de órfãos de guerra.[126] O "rombo" mais notório no orçamento, entretanto, foi o déficit dos sistemas ferroviário e postal: o déficit no Reichsbahn equivalia a cerca de um quarto do déficit total do Reich entre 1920 e 1923. Em parte, isso foi consequência da compra de novo material rodante e de uma incapacidade de manter o valor real dos preços das passagens e dos fretes.[127] Mas também se deveu à preocupação do governo em manter os níveis de emprego, o que levou a uma situação crônica de excesso de mão de obra.[128] A situação era semelhante no sistema de correios, telégrafos e telefones.[129] Além disso, o custo de reconstruir a Marinha mercante alemã (com o objetivo de manter empregos na indústria da construção naval) correspondeu a 6% dos gastos totais do Reich em 1919 e 1920.[130] Tais "reparações domésticas" foram mais importantes para a origem do déficit fiscal alemão do que as reparações reais.

É claro que todos os países que haviam participado da guerra enfrentaram o mesmo problema: um ônus da dívida tão elevado que o pagamento de juros impossibilitava gastos generosos em bem-estar, do tipo que havia sido usado para seduzir eleitores durante a guerra. A "lista de compras" redigida em fevereiro de 1918 pelo ministro da Reconstrução da Grã-Bretanha, Christopher Addison, é um exemplo típico:

> Um programa adequado de habitação [...] envolvendo a compra de materiais e a aquisição de terras em grande escala [...] uma transferência considerável de terras agrícolas a autoridades públicas para os propósitos de pequenos empreendimentos, assentamentos de soldados, reflorestamento e recuperação [...] a reconstrução de rodovias e o reparo de ferrovias e seus equipamentos [...] o

financiamento estatal de certas indústrias essenciais, no todo ou em parte, por um tempo [...] a ampliação do seguro-desemprego para enfrentar a desarticulação industrial que é esperada durante o período de transição [...] um sistema de saúde aprimorado, tanto no centro quanto localmente.[131]

Addison se opôs à "visão de que tudo deve estar subordinado ao pagamento da dívida", argumentando, em vez disso, que a Grã-Bretanha deveria estar "preparada para incorrer em gastos essenciais a fim de estabelecer, o mais rápido possível, a plena capacidade de produtividade nacional". Isso não foi tão diferente dos argumentos ouvidos na Alemanha do pós-guerra. A diferença foi que, na Grã-Bretanha, os proponentes da amortização e do pagamento da dívida ganharam; ao passo que, na Alemanha, ganharam os que defendiam os gastos em bem-estar. Foi por isso que a inflação deu origem à deflação na Grã-Bretanha em 1921, enquanto na Alemanha as máquinas de impressão continuaram funcionando até o colapso final da moeda.

Já em 1922, a dívida nacional alemã havia sido tão reduzida pela inflação que, em termos de dólares, era quase exatamente o que havia sido em 1914 (1,3 bilhão, comparado com 1,2 bilhão às vésperas da guerra). A dívida da Grã-Bretanha, por sua vez, era quase dez vezes o que havia sido antes da guerra, e a dos Estados Unidos era mais de cem vezes maior (ver Tabela 45). Seis anos depois, após a hiperinflação alemã e o retorno britânico à paridade do pré-guerra, a diferença era ainda mais pronunciada. Somadas, a dívida do Reich e a dos estados haviam sido equivalentes a cerca de 40% do Produto Nacional Bruto em 1913. Em 1928, equivaliam a meros 8,4%. Já a dívida nacional britânica aumentou de 30,5% do Produto Nacional Bruto em 1913 para esmagadores 178% em 1928.[132] Apesar dos protestos dos defensores da plena "revalorização" na Alemanha, o ministro de Finanças, Hans Luther, havia conseguido cancelar efetivamente a dívida de guerra alemã. Ao elaborar o terceiro Decreto de Imposto de Emergência de fevereiro de 1924, que prometia uma modesta revalorização (10% a 15%) das hipotecas e das debêntures privadas, ele negou explicitamente um tratamento similar para os 60 milhões de marcos em obrigações de guerra ainda em circulação (até que as reparações houvessem sido pagas). A previsão de Georg Reimann durante a guerra de que a *seisachtheia* de Sólon se repetiria na Alemanha havia se concretizado.[133]

A escolha entre inflação e deflação teve importantes implicações macroeconômicas e, portanto, sociais. Em seu *Tract on Monetary Reform* [Tratado sobre a reforma monetária], Keynes as apresentou de forma mais ou menos direta: por um lado, um governo que equilibrasse seu orçamento e restaurasse sua moeda à paridade do pré-guerra corria o risco de reduzir a produção econômica agregada e o índice de emprego; por outro lado, um governo que continuasse a financiar o déficit e, portanto, a inflação aumentaria a produção e o nível de empregos, embora à custa de obrigacionistas e outros investidores com ativos financeiros. Assim, na Grã-Bretanha a guerra foi paga – e mais, já que, com efeito, o valor real da dívida de guerra cresceu – com a imposição da inflação e, por conseguinte, com o desemprego da classe trabalhadora; já na Alemanha (e, é claro, na Rússia), foram os obrigacionistas que pagaram.

Mas qual era preferível? Em seu tratado, Keynes afirmou que, embora a inflação fosse "pior" do que a deflação "por alterar a *distribuição* de riqueza", a deflação era "mais prejudicial" por "retardar a *produção* de riqueza". Embora expressasse simpatia pela classe média, "da qual surgiam a maioria das coisas boas", ele preferia a inflação, "porque é pior, em um mundo empobrecido, gerar desemprego do que decepcionar o rentista".[134] De fato, Keynes identificou explicitamente como sendo uma exceção a essa regra "as inflações exageradas como as da Alemanha"; entretanto, essa ressalva importante tendeu a ser esquecida. Nas palavras de Frank Graham, por exemplo, "a balança de perdas e ganhos materiais" na inflação alemã pendia para "o lado dos ganhos".[135] Essa linha de raciocínio foi desenvolvida nos anos 1960 por Laursen e Pedersen, entre outros. Segundo eles, não só a produção aumentou em 1920, 1921 e 1922, como também o investimento, criando um potencial para crescimento sustentado que só as condições de recessão do período pós-1924 impediram que se concretizasse.[136] Um indício fundamental, nesse caso, é o fato de que, nos anos 1920-1922, os níveis de emprego na Alemanha foram atipicamente altos para os padrões internacionais[137] – isso é o que Graham tinha em mente quando escreveu que "a Alemanha realizou o processo de transição da guerra para uma estrutura monetária estável no pós-guerra a um custo real mais baixo" do que a Grã-Bretanha e os Estados Unidos.[138] A maioria dos recentes manuais de história econômica se esforçou para enfatizar essas vantagens relativas da inflação, sobretudo para o período que antecedeu a hiperinflação.[139] Disso decorre que uma política alternativa teria levado a menos crescimento, menos investimentos e mais desemprego.

Tabela 45   Dívidas nacionais em dólares, 1914 e 1922

	1914	1922	1922 como um percentual de 1914
Estados Unidos	1.338	23.407	1.749
Grã-Bretanha	3.440	34.251	996
França	6.492	27.758	428
Itália	3.034	8.689	286
Alemanha (Reich)	1.228	1.303	106

Fonte: Bankers Trust Company, *French Public Finance*, p. 137.

Para explicar as diferentes escolhas políticas em cada país, os historiadores recorreram a uma mescla de sociologia e cultura política. Desse modo, afirmou-se que, na Grã-Bretanha, alguns grupos sociais cujos interesses materiais foram de fato prejudicados pela deflação apoiaram, mesmo assim, a "sabedoria convencional" da moeda estável por razões economicamente irracionais, equiparando a ortodoxia gladstoniana a uma retidão moral.[140] Na França, adotou-se um caminho intermediário, com a depreciação moderada da dívida nacional – um reconhecimento do poder relativo, mas não absoluto, do *rentier* na sociedade francesa. Na Itália, o conflito da distribuição se mostrou impossível de solucionar em um sistema parlamentar, de modo que a estabilização da moeda teve de ser assumida pela ditadura de Mussolini. Na Alemanha, por sua vez, uma parte crucial da burguesia – os empreendedores e a elite gerencial dos negócios – bandeou para o lado da classe trabalhadora, apoiando políticas inflacionárias em busca de uma rápida expansão física da indústria alemã, mas à custa de acionistas, obrigacionistas e bancos. Embora os relatos anteriores retratassem os grandes negócios como os únicos beneficiários da inflação, colhendo os benefícios de taxas de juros reais reduzidas, impostos baixos e desvalorização da moeda, agora se argumenta que os trabalhadores também se saíram relativamente bem.[141] A inflação foi, portanto, o resultado não planejado de um "consenso inflacionário" tácito entre a indústria, a mão de obra organizada e outros grupos sociais avessos à deflação.[142] Quem perdeu foi o rentista; mas o efeito geral foi fazer que a sociedade como um todo estivesse mais igualitária e em melhor situação econômica do que se os governantes houvessem optado pela deflação.[143] Essa linha de argumento tem implicações políticas. Em um artigo influente, Hans Haller estimou que o nível de impostos precisaria ter excedido 35% da renda nacional para equilibrar o orçamento sem que o governo precisasse contrair novos empréstimos; um nível de arrecadação que hoje consideraríamos modesto, mas que, de acordo com Haller, teria sido politicamente intolerável no início dos anos 1920. A inflação, portanto, teria "assegurado a forma parlamentar de governo durante o período da República de Weimar", já que qualquer tentativa de estabilização monetária e fiscal teria levado a uma crise política.[144]

De fato, todas essas justificativas para a inflação têm origem no debate político da época. Em uma reunião com o embaixador norte-americano em Berlim em junho de 1922, Rathenau (então ministro das Relações Exteriores da Alemanha) e o industrial Hugo Stinnes ofereceram duas justificativas diferentes, mas complementares, para a política alemã:

> [Rathenau] opinou [...] que a inflação não era pior, do ponto de vista econômico, do que controlar os arrendamentos, e afirmou que só tirava dos que tinham e dava aos que não tinham, o que, em um país pobre como a Alemanha, era totalmente apropriado. Stinnes [...] declarou que a escolha havia sido entre a inflação e a revolução e, entre as duas, ele preferia a primeira.[145]

Para Stinnes, a inflação era "a única forma de dar à população um emprego regular, o que era necessário para assegurar a vida da nação".[146] Conforme disse mais tarde a Houghton, "era politicamente necessário empregar 3 milhões de homens que voltavam da guerra. Era [...] uma questão de nosso dinheiro ou nossa vida".[147] Melchior apresentou um argumento similar:

> Foi política e socialmente necessário na época, e [...] se pudesse ter sido controlado, não teria ocorrido nenhum dano permanente. Não foi planejado [...] Passou a ser parte da criação de novo capital para possibilitar que a indústria contratasse os soldados que regressavam da guerra.[148]

Em outras ocasiões, ele argumentou que o enorme déficit nas ferrovias estatais era necessário "para evitar que [...] 100 mil empregados dispensáveis [...] fossem empurrados para o seguro-desemprego e, com isso, entregues ao radicalismo político".¹⁴⁹ Escrevendo em novembro de 1923, Warburg enfatizou: "Foi sempre uma escolha entre parar a inflação e desencadear uma revolução".¹⁵⁰ Tais visões não foram peculiares aos homens de negócios. O sindicalista Paul Umbreit argumentou essencialmente a mesma coisa quando se manifestou contra os cortes em gastos sociais. "Se os efeitos sociais e econômicos são colocados em oposição um ao outro, então os interesses sociais devem ter prioridade."¹⁵¹

Há, no entanto, boas razões para duvidar do bom senso desses argumentos. A inflação teve custos muito mais altos do que Graham ou Laursen e Pedersen estimaram. O economista italiano Costantino Bresciani-Turroni, que escreveu um dos primeiros estudos sérios sobre o assunto em 1931, os enumerou: queda na produtividade; má alocação de recursos; "profundo desequilíbrio no organismo econômico"; "a maior expropriação de algumas classes da sociedade já ocorrida em tempos de paz"; e deterioração da saúde pública e da moralidade:

> Aniquilou a prosperidade [ele prosseguiu] [...] Destruiu [...] os valores morais e intelectuais [...] Envenenou o povo alemão ao disseminar em todas as classes o espírito da especulação e ao desvirtuá-las do trabalho próprio e regular, e foi a causa de incessantes perturbações políticas e morais [...] [Além disso,] ao reforçar a posição econômica das classes que formavam a espinha dorsal dos partidos "de direita", isto é, os grandes industriais e financistas, encorajou a reação política contra a democracia.¹⁵²

Embora tenha ficado do lado da inflação, o próprio Keynes expressou opiniões similares em outras ocasiões. Em seu *Consequências econômicas*, endossou a visão (que atribuiu a Lênin) de que "a melhor forma de destruir o sistema capitalista era corromper a moeda":

> Por um processo contínuo de inflação, os governos podem confiscar, em segredo e sem serem notados, uma parte importante da riqueza de seus cidadãos. Por esse método, não só confiscam, mas confiscam *arbitrariamente*; e, enquanto o processo empobrece muitos, enriquece alguns. Essa realocação arbitrária de riquezas atinge não só a segurança, como também a confiança na equidade da distribuição de riquezas existente. Aqueles a quem o sistema traz bonança [...]

tornam-se "especuladores", sendo objeto de ódio da burguesia, a quem o inflacionismo empobreceu não menos que ao proletariado. À medida que a inflação prossegue [...] todas as relações permanentes entre devedores e credores, que formam a base do capitalismo, tornam-se tão absurdamente desordenadas que quase perdem o significado [...] Não há meios mais sutis nem mais certos de subverter a base existente da sociedade [...] Na Rússia e na Áustria-Hungria, esse processo chegou a tal ponto que, para os propósitos do comércio externo, a moeda é praticamente sem valor [...] Lá, as misérias da vida e a desintegração da sociedade são demasiado notórias para requerer uma análise; e esses países já estão experimentando a realidade de algo que, para o resto da Europa, ainda está na esfera das previsões.[153]

As pesquisas mais recentes corroboraram esses argumentos. Em particular, a afirmação de que a inflação estimulou os investimentos foi posta em dúvida pela obra de Lindenlaub, cujo estudo detalhado de empresas de engenharia indica que, com efeito, o aumento dos preços (ou, para ser preciso, a incerteza quanto aos preços futuros) desencorajou os investimentos. O ano dos preços estáveis – 1920 – foi quando as empresas empreenderam novos projetos de capital, e muitos desses tiveram de ser abandonados quando a inflação voltou em 1921.[154] Em uma perspectiva mais geral, parece difícil negar que, quaisquer que tenham sido os benefícios conferidos pela inflação em 1921 e 1922, esses foram anulados por quedas bruscas na produção e no emprego depois que a hiperinflação se instalou. Balderston também argumentou, de modo persuasivo, que, por causa de seus efeitos nocivos sobre o sistema bancário e sobre o mercado de capitais, a inflação foi indiretamente responsável pelo início e pela severidade peculiar da Recessão de 1929-1932 na Alemanha.[155] Economicamente, portanto, os custos da inflação parecem ter sido maiores que os benefícios.

As explicações sociológicas para as divergências nos resultados das políticas econômicas em cada país são demasiado simplistas, pois tendem a negligenciar o fato de que, em termos fiscais, o conflito que realmente importava era entre os detentores de dívidas públicas e os contribuintes; os quais estavam longe de ser grupos distintos. Em toda parte, o número de obrigacionistas havia aumentado muitíssimo em decorrência da guerra. Se somarmos o número total de adesões aos nove empréstimos de guerra alemães, pouco menos de metade foram por valores de apenas 200 marcos ou menos; para os quatro últimos empréstimos de guerra, a proporção de tais contratos de baixo valor foi, em média, 59%.[156] Em 1924, em torno de 12% da dívida nacional interna britânica estava nas mãos de pequenos investidores.[157] Às vezes, também se esquece que muitos dos maiores detentores de títulos de guerra não eram indivíduos, e sim investidores institucionais – empresas de seguros, caixas econômicas e assim por diante –, cujas grandes compras durante a guerra foram feitas em nome de pequenos investidores. Por exemplo, 5,5% da dívida britânica em 1924 estava nas mãos de empresas de seguros e 8,9%, nas mãos de bancos de compensação.

Ao mesmo tempo, houve aumento no número de pessoas pagando impostos diretos. Na Grã-Bretanha, o número de contribuintes do imposto de renda mais do que triplicou, de 1,13 milhão em 1913-1914 para 3,547 milhões em 1918-1919, enquanto a proporção de assalariados subiu de 0% para 58%. Sem dúvida, os assalariados só representavam em torno de 2,5% da receita líquida proveniente do imposto de renda, mas dificilmente seriam indiferentes às 3,72 libras que, em média, cada um deles pagava em 1918-1919.[158] Na Alemanha, os impostos deduzidos dos salários na fonte representavam uma proporção cada vez maior da receita total do imposto direto, já que os contribuintes de classe média atrasavam o pagamento de seus impostos devidos, deixando que a inflação os reduzisse em termos reais. Os contribuintes da classe trabalhadora alemã estavam, portanto, ainda mais preocupados com a tributação direta. Também é importante recordar as mudanças ocorridas após a guerra no sufrágio eleitoral, que antes havia sido, na maioria dos países, restrito por critérios de riqueza ou de renda: seria de esperar que a democratização aumentasse a representação política de eleitores que não eram obrigacionistas nem contribuintes diretos. Na Grã-Bretanha, entretanto, a proporção entre eleitores e contribuintes do imposto de renda efetivamente caiu de 6,8 para 1 antes da guerra para 6 para 1 em 1918 – o número de contribuintes havia aumentado mais do que o número de eleitores (em 214%, comparado com 177%).

Portanto, a análise de classes do tipo preferido pela sociologia simplesmente não funciona, porque os grupos cruciais – obrigacionistas, contribuintes e eleitores – haviam sido muitíssimo alterados pela guerra e se sobrepunham de maneiras que desafiam os velhos modelos baseados em classes.

Os que eram favorecidos em um aspecto podiam, ao mesmo tempo, ser desfavorecidos em outro: nisso, os camponeses alemães não foram exceção.[159] Portanto, os sacrifícios feitos pela elite rica na Grã-Bretanha antes de 1914 (na forma de impostos de renda adicionais e impostos sobre a herança) e durante a guerra foram, em certa medida, compensados depois da guerra na forma de um aumento real no valor de seus ativos financeiros e da renda que geravam. Por sua vez, os ricos na Alemanha, que antes, durante e depois da guerra foram tão vitoriosos ao se opor ao aumento na tributação direta ou evadir seu pagamento, acabaram sendo penalizados com o pagamento de um oneroso imposto inflacionário sobre seus valores mobiliários denominados em marcos. Em certo sentido, a "escolha" para a classe média europeia foi receber renda na forma de juros sobre os títulos de guerra, mas perdê-la ao pagar impostos mais elevados, ou evitar a tributação, mas perder os rendimentos dos títulos de guerra para a inflação.

Não há dúvida de qual era o caminho politicamente mais nocivo. Na Grã-Bretanha, os eleitores de classe média podiam reclamar do "problema das criadas" e outros sinais de seu relativo empobrecimento desde 1914, mas eles permaneceram firmemente leais ao conservadorismo parlamentar. Na Alemanha, em contrapartida, o respeito da classe média pela política parlamentar sofreu um golpe fatal com a experiência da expropriação inflacionária: como previu corretamente o ministro da Justiça prussiano, Hugo am Zenhoff, em novembro de 1923, "tal fracasso do ordenamento jurídico deve levar a um grave abalo do sentimento de justiça e da confiança no Estado".[160] A desintegração dos "partidos burgueses" na Alemanha provavelmente data das eleições de 1924; seis anos depois, muitos dos eleitores que haviam se separado para formar grupos provisórios, como o Partido Econômico, se converteram ao nacional-socialismo.[161]

A atitude de Hitler a respeito da inflação sempre foi dura. Já em 1922 ele denunciou "esta república débil [que] desperdiça seu dinheiro a fim de permitir que os funcionários de seu partido [...] se alimentem da recessão". O manifesto do Partido Nazista em 1930 – o ano de seu maior avanço eleitoral – afirmava: "Os outros partidos podem concordar com a roubalheira da inflação, podem admitir a república fraudulenta, [mas] o nacional-socialismo trará os ladrões e traidores à justiça". "Eu garanto que os preços permanecerão estáveis", Hitler prometeu aos eleitores. "É para isso que servem minhas tropas de assalto."¹⁶² Embora a propaganda nazista tenha feito do "Soldado Desconhecido" a própria experiência de Hitler na guerra (e do piloto de guerra, a de Goering) – inclusive usando desfiles de veteranos incapacitados nas campanhas eleitorais¹⁶³ –, o movimento foi, de fato, apenas um produto indireto da "experiência do front". Afinal, em torno de 38% dos que votaram no Partido Nazista em 1933 tinham 16 anos ou menos quando a guerra acabou, e as maiores associações de veteranos do pós-guerra haviam sido fundadas pelo Partido Social-Democrata.¹⁶⁴ Foi a crise econômica do pós-guerra, e não a guerra, o que semeou o nazismo; e, com ele, a guerra seguinte.

Alternativas à hiperinflação

Permanece a questão: a calamidade da hiperinflação poderia ter sido evitada?

Claramente, qualquer tentativa de restaurar a paridade do marco ao padrão britânico do pré-guerra estava fora de cogitação; parece correto afirmar que uma queda na produção de aproximadamente 5% e um índice de desemprego de mais de 10% (o efeito das políticas deflacionárias da Grã-Bretanha em 1920-1921) teriam sido insustentáveis do ponto de vista político. Mas o marco não poderia ter se estabilizado, por exemplo, a 50 marcos por dólar, ou 8% de seu valor antes da guerra? Tal estabilização (não diferente da que ocorreu na Iugoslávia, na Finlândia, na Checoslováquia e na França) não teria acarretado uma recessão ao estilo britânico.¹⁶⁵

O primeiro passo em direção a uma estabilização alemã duradoura em 1920 teria sido uma redução maior (embora – devemos enfatizar – não total) no déficit orçamentário.¹⁶⁶ Como uma proporção do Produto Nacional Líquido estimado, o déficit caiu de 18% em 1919 para 16% em 1920 e 12% em 1921. Era possível ter feito mais. Uma reforma tributária mais bem concebida poderia ter gerado mais receita: Webb calculou que, se as receitas provenientes do imposto de renda não tivessem sido corroídas por um novo aumento na inflação depois de meados de 1921, o déficit real (excluindo o serviço da dívida) para o período de julho de 1920 a junho de 1921 teria sido apenas 4% do Produto Nacional Líquido).¹⁶⁷ Em termos mais práticos, se Erzberger também tivesse aumentado a tributação sobre o consumo, seu pacote tributário poderia não ter parecido tanto uma "socialização fiscal" aos olhos da classe média. Sob as reformas de Erzberger, a proporção da receita fiscal do Reich proveniente de tributação direta subiu para cerca de 60% em 1920--1921 e 75% em 1921-1922, em comparação com apenas 14,5% (incluindo impostos de selo) antes da guerra.[168] Isso era muito elevado. Além do mais, impostos mais altos sobre o consumo – embora vistos pela esquerda como politicamente retrógrados – teriam sido mais fáceis de arrecadar. Também poderiam ter sido feitos alguns cortes correspondentes em gastos públicos. Para reduzir à metade o déficit de 1920, teria sido necessário um aumento de aproximadamente 1,5 bilhão de marcos-ouro em impostos arrecadados e uma redução da mesma ordem nas despesas.

É claro que a política fiscal por si só não é capaz de explicar o fracasso de uma estabilização duradoura. Embora a política monetária tenha sido em grande parte influenciada pela monetização da dívida pública, estava longe de depender totalmente desta. O problema pode ser colocado de forma simples. Em termos de moeda em circulação, o índice de crescimento monetário foi, de fato, mais alto em 1920 do que em 1919 ou 1921.[169] Essa expansão se deveu apenas em parte à continuação dos déficits públicos, já que havia uma proporção cada vez maior das letras do tesouro fora do Reichsbank no mesmo período.[170] Isso refletia, acima de tudo, a alta liquidez dos mercados financeiros e a política de taxa de desconto fixa do Reichsbank, que manteve os índices de juros do mercado em aproximadamente 3,5%, e a taxa de desconto em cerca de 5% até 1922.[171] Embora o Reichsbank ameaçasse parar de descontar letras do tesouro em 1919,[172] não fez nenhuma tentativa de restringir as condições de crédito para o setor privado. De fato, ao primeiro sinal de tal restrição, interveio descontando letras comerciais a fim de manter a liquidez dos negócios.[173]

Mas havia uma política monetária alternativa. Os requerimentos tradicionais de reserva do Reichsbank permaneceram formalmente em vigor até maio de 1921. Deve-se admitir que essas regras foram um tanto diluídas pela decisão de tratar o *Darlehnskassenscheine* (papel-moeda complementar emitido durante a guerra) como equivalente ao ouro na reserva. Mas, no fim de 1920, o volume total de tais cédulas havia caído 12,5% em comparação com o ano anterior, ao passo que a reserva em ouro do Reichsbank estava quase exatamente em seu nível de 1913, a 1,092 bilhão de marcos-ouro – 19% do valor real da moeda em circulação, comparado com 18% em 1913.[174] Portanto, uma estabilização *de facto* da política monetária poderia ter sido empreendida em 1920 sem necessariamente causar uma contração monetária real significativa. Para evitar o atoleiro jurídico de uma reforma monetária interna (com todos os protestos por parte dos credores que isso teria provocado mesmo em 1920), a maneira mais fácil de fazer isso teria sido fixar a taxa de câmbio do marco-papel com relação ao dólar em aproximadamente 5 ou 10 centavos de marco-ouro.

Por que isso não foi feito? Alguns historiadores tenderam a enfatizar a baixa qualidade da teoria econômica alemã nesse período; e, sem dúvida, houve muitos economistas que se opuseram de maneira explícita a políticas de estabilização com base em justificativas absolutamente espúrias.[175] Mas os políticos estavam cientes dos riscos que corriam ao permitir que a inflação ficasse fora de controle. Em 28 de junho de 1920, o chanceler Konstantin Fehrenbach instou os representantes do Reichstag a "promover a reforma das finanças do Reich com a máxima urgência":

> O aumento implacável de nossa dívida flutuante diminui o poder de compra de nosso dinheiro, restringe nosso crédito e eleva os preços a níveis fraudulentos. O volume de papel-moeda não é nenhum sinal de prosperidade, (*Tem toda a razão!*), mas uma medida de empobrecimento cada vez maior. (*Novamente, de acordo.*) E, quanto mais o valor do dinheiro despenca, mais violentas se tornam as disputas por remunerações e salários, que, apesar de tudo, raramente são capazes de acompanhar o aumento dos preços. Uma cadeia ininterrupta! Apresenta a maior ameaça possível ao comércio e ao transporte, à mão de obra e a cada ramo da indústria. Esse perigo deve ser contido com todos os meios disponíveis se quisermos proteger nosso povo do temeroso sofrimento de um colapso não só das finanças do Estado, como também da economia da nação. Que Deus não permita que nosso povo só venha a compreender toda a magnitude de nosso apuro atual em consequência de [tal] colapso![176]

As expressões de concordância com que seus comentários foram recebidos mostram claramente que os políticos alemães entendiam os riscos do déficit financeiro e sabiam o que precisavam fazer para estabilizar a moeda.

Quais foram os argumentos da época contra tal estabilização? Houve quem se manifestasse especificamente contra a desvalorização. Por exemplo, argumentou-se que as empresas e os indivíduos com dívidas em moeda estrangeira da época da guerra seriam privados da possibilidade teórica de uma recuperação do marco no longo prazo. Mais importante, no entanto, foi o temor de uma crise de liquidez doméstica ou "escassez creditícia". Mesmo sem uma política de estabilização, em 1921 houve cerca de 2,5 vezes o número de bancarrotas ocorrido na primeira metade de 1920.[177] É claro que não eram as bancarrotas *per se* que eram temidas, e sim o aumento do desemprego que viria em consequência. Mas o pressuposto de que as políticas de retração econômica teriam desencadeado uma "segunda revolução" merece uma nova análise.

Não há dúvida de que a estabilização teria aumentado o desemprego no curto prazo. Ao acabar com a especulação estrangeira sobre o marco e dissuadir investimentos futuros nos ativos denominados em marco alemão, a desvalorização também teria evitado a expansão do déficit comercial alemão que ocorreu em 1921 e 1922, estipulando, assim, um teto para o consumo interno. Por outro lado, há boas razões para acreditar que a estabilidade dos preços e uma moeda desvalorizada teriam encorajado os negócios a continuarem com os programas de investimento que eles estavam começando em 1920, mas posteriormente cancelaram. Também não há motivo algum para pensar que os empréstimos estrangeiros teriam cessado de forma permanente. Afinal, estes foram rapidamente retomados em 1924, apesar das perdas muito maiores do que uma desvalorização em 1920 teria acarretado. Parece razoável presumir que qualquer crise de estabilização em 1920-1921 teria sido menos severa do que a contração sofrida em 1923-1924, quando, em circunstâncias de absoluto colapso monetário, o Produto Nacional Líquido caiu cerca de 10% e o desemprego aumentou para um pico de 25% dos membros dos sindicatos, sem incluir mais de 40% ocupados em trabalhos temporários. Tais níveis de desemprego não foram vistos novamente na Alemanha até 1931. Em comparação, o desemprego em 1920 só excedeu 5% em dois meses (julho e agosto); para o ano como um todo, a média foi de apenas 4,1%. A experiência da França, onde se adotou uma estratégia do tipo aqui sugerido, indica que, no máximo, o desemprego teria dobrado no caso de uma estabilização. Uma taxa de desemprego de cerca de 10% dos membros de sindicatos teria representado uma "aterrissagem" significativamente "mais suave" do que a de 1923-1924.

Os temores dos políticos da República de Weimar com relação às consequências políticas de tal desemprego foram exagerados. Sem dúvida, houve uma série de manifestações em pequena escala por parte dos desempregados à época da relativa estabilização do marco em 1920. Tendo em vista que essas manifestações surgiram logo após a greve geral anti-Kapp e coincidiram com protestos esporádicos de consumidores contra os preços altos, não é de surpreender que tenham causado angústia. Mas havia uma certa falta de lógica em agrupar essas várias demonstrações de insatisfação popular como uma única ameaça potencialmente revolucionária. Pois uma política de estabilização teria tendido a reduzir o radicalismo da mão de obra organizada e a insatisfação dos consumidores precisamente por meio da estabilização dos preços, diminuindo o incentivo a que se fizessem greves por salários mais altos e inclusive acrescentando um desincentivo, por aumentar os níveis de desemprego. Ao contrário, a política governamental de subsídio aos trabalhadores em setores cruciais, como o de transportes, só conseguiu comprar o tipo mais ilusório de paz social; pois expandir os números e os salários de tais trabalhadores só serviu para reforçar a posição de elementos mais radicais nos conselhos e nos sindicatos, indispor empregadores e, com isso, exacerbar o atrito no setor industrial.

Na prática, é claro, havia uma série de interesses específicos sendo demasiado bem representados nas muitas instituições conflitantes na República de Weimar para que uma política minimamente deflacionária tivesse alguma chance de sucesso. Mesmo em 1923-1924, quando os piores temores de Fehrenbach haviam se concretizado à vista de todos, só era possível reformar a moeda usando o poder emergencial do presidente para governar por decreto. Este, é claro, foi precisamente o instrumento usado após 1930 para enfraquecer o sistema de Weimar. Mas talvez tivesse sido melhor se a Alemanha houvesse recorrido a um governo mais autoritário dez anos antes. Se eles tivessem conseguido estabilizar o marco em 1920, em vez de permitir que caísse no abismo da hiperinflação, a história alemã poderia ter tomado um rumo menos desastroso nos anos 1930. Nessas circunstâncias, Keynes logo precisou começar a pensar em como pagar a guerra seguinte.[178]

---

1. Hynes, *War Imagined*, p. 319s.
2. Ibid., p. 359s. Na realidade, foram os ricos (aqueles com riqueza acima de 100 mil libras e renda acima de 3 mil libras), e não a grande classe média, que sofreram uma

queda relativa em sua participação na renda nacional: Milward, *Economic Effects*, p. 34, 42; Phillips, Social Impact, p. 112.
3. Waites, Class and Status, p. 52. Ver, em geral, Middlemas, *Politics*, p. 371-376, e a crítica em Nottingham, Recasting Bourgeois Britain, p. 227-247.
4. Foster, *Modern Ireland*, p. 477-554.
5. Dowie, 1919-20, p. 429-450.
6. Com duas diferenças: todos os homens acima de 21 anos obtiveram direito a voto, mas todos os homens nas Forças Armadas e todas as mulheres acima de 32 anos, no antigo sistema de qualificação de propriedade, já eram eleitores de governos locais ou esposas de eleitores dos governos locais. Enquanto isso, os alemães estavam dando um passo além, ao conceder direito a voto a todas as mulheres adultas em 1919.
7. Bresciani-Turroni, *Economics of Inflation*, p. 23s, 161-165.
8. T. Weber, Stormy Romance, p. 24s.
9. Ver, em geral, Bunselmeyer, *Cost of the War*; Kent, *Spoils of War*; Dockrill e Gould, *Peace without Promise*; Trachtenberg, Reparation at the Paris Peace Conference, p. 24-55.
10. Keynes, *Collected Writings*, vol. XVI, p. 338-343. Em nome da clareza, todos os números relacionados com reparações são citados em "marcos-ouro", i.e. marcos de 1913 (2,43 marcos-ouro = 1 libra).
11. Ibid., p. 382s. Cf. Moggridge, *Maynard Keynes*, p. 291ss.
12. Moggridge, *Maynard Keynes*, p. 293.
13. Keynes, *Collected Writings*, vol. XVI, p. 379.
14. Harrod, *Life of John Maynard Keynes*, p. 231-234, 315, 394; Skidelsky, *John Maynard Keynes*, vol. I, p. 358-363; Moggridge, *Maynard Keynes*, p. 301.
15. Keynes, Dr. Melchior, p. 415.
16. Haupts, *Deutsche Friedenspolitik*, p. 340.
17. Keynes, *Collected Writings*, vol. XVII, p. 119.
18. Texto em Luckau, *German Peace Delegation*, p. 306-406.
19. Ibid., p. 319, 377-391; Burnett, *Reparation at the Paris Peace Conference*, vol. II, p. 78-94.
20. Luckau, *German Peace Delegation*, p. 384. Grifo do original.
21. Ibid., p. 388s.
22. Ibid., p. 389s.
23. Haupts, *Deutsche Friedenspolitik*, p. 15s.
24. Keynes, Dr. Melchior, p. 428; Harrod, *Life of John Maynard Keynes*, p. 238; Moggridge, *Maynard Keynes*, p. 308, 311. De forma reveladora, ele escreveu para Duncan Grant em 14 de maio: "Sem dúvida, se eu estivesse no lugar dos alemães, preferiria morrer a assinar um tratado de paz".
25. Luckau, *German Peace Delegation*, p. 492.

26. Moggridge, *Maynard Keynes*, p. 308s.
27. Ferguson, *Paper and Iron*, p. 225ss.
28. Ibid., p. 225.
29. Keynes, *Collected Writings*, vol. XVII, p. 3-23.
30. Keynes, *Economic Consequences*, p. 3: "Aqueles conectados com o Supremo Conselho Econômico [...] tomaram conhecimento, da boca dos representantes financeiros da Alemanha e da Áustria, de indícios irrefutáveis da terrível exaustão de seus países".
31. Ibid., p. 25, 204.
32. Ibid., p. 51.
33. Ibid., p. 102-200, 249s.
34. Ibid., p. 209, 212, 251.
35. Ibid., p. 270-276. Surpreendentemente, Keynes defendeu que a Alemanha se voltasse para os países do leste, argumentando que só "a iniciativa e a organização alemã" seriam capazes de reconstruir a Rússia: o "lugar [da Alemanha] na Europa" era "como criador e organizador de riqueza para seus vizinhos ao leste e ao sul".
36. Maier, *Recasting Bourgeois Europe*, p. 241s; Kent, *Spoils of War*, p. 132-138; Marks, Reparations Reconsidered, p. 356s. Os 12 bilhões de marcos-ouro que continuavam em aberto dos 20 bilhões de marcos-ouro solicitados em Versalhes foram tacitamente incluídos nesse total, ao passo que as somas devidas à Bélgica não, de modo que a soma final em aberto era entre 123 e 126,5 bilhões de marcos-ouro. Webb afirma que 4 bilhões de marcos-ouro eram o ônus real anual por causa desses custos de ocupação e da "conciliação" de pagamentos: *Hyperinflation*, p. 104s.
37. Keynes, *Collected Writings*, vol. XVII, p. 242-249.
38. Keynes, *Revision of the Treaty*.
39. Keynes, *Collected Writings*, vol. XVII, p. 398-401; vol. XVIII, p. 12-31, 32-43.
40. Ibid., vol. XVII, p. 282s.
41. Ibid., vol. XVII, p. 207-213, 234, 249-256.
42. Ferguson, *Paper and Iron*, p. 358ss.
43. Keynes, *Collected Writings*, vol. XVIII, p. 18-26. Grifo meu.
44. A importância desse discurso não é reconhecida pelos biógrafos de Keynes: ver Harrod, *Life of John Maynard Keynes*, p. 316, 325; Skidelsky, *John Maynard Keynes*, vol. II, p. 115.
45. Ferguson, *Paper and Iron*, p. 359.
46. Ibid., p. 357s.
47. Rupieper, *Cuno Government*, p. 13s; Maier, *Recasting Bourgeois Europe*, p. 300s.
48. Skidelsky, *John Maynard Keynes*, vol. II, p. 121s. Cf. Bravo, In the Name, p. 147-168.
49. Ferguson, *Paper and Iron*, p. 369; Keynes, *Collected Writings*, vol. XVIII, p. 119s.
50. Keynes, *Collected Writings*, vol. XVIII, p. 134-141; Skidelsky, *John Maynard Keynes*, vol. II, p. 121-125.

51. Ver Feldman, *Great Disorder*, p. 695ss, 720-750, 823-835.
52. Keynes, *Tract on Monetary Reform*, p. 51s.
53. Keynes, *Collected Writings*, vol. XI, p. 365.
54. Ibid., vol. XXI, p. 47s.
55. Ibid., vol. X, p. 427s.
56. Haller, Rolle der Staatsfinanzen, p. 137s. Ver também Holtfrerich, *German Inflation*, p. 137-155; Webb, *Hyperinflation*, p. 54, 104, 107.
57. F. Graham, *Exchange*, p. 134, 117-149, 153-173.
58. Eichengreen, *Golden Fetters*, p. 141.
59. F. Graham, *Exchange*, p. 4, 7-9, 11, 30-35, 248, 321.
60. Ibid., p. 174-197, 209, 214-238, 248.
61. Holtfrerich, Die deutsche Inflation, p. 327.
62. Schuker, American "Reparations" to Germany, p. 335-383.
63. Feldman, *Great Disorder*, p. 255-272.
64. Seligmann, Germany and the Origins, p. 327.
65. Kindleberger, *Financial History*, p. 292s.
66. Ferguson, *Paper and Iron*, p. 148.
67. Wheeler-Bennett, *Brest-Litovsk*, p. 345ss, 439ss.
68. Ibid., p. 325s.
69. Herwig, *First World War*, p. 382ss.
70. Posen e a Prússia Ocidental para a Polônia, junto com parte da Alta Silésia depois de um plebiscito; Danzig, que se tornou uma "cidade livre"; Memel, reivindicada pela Lituânia; Hultschin para a Checoslováquia; North Schleswig para a Dinamarca; Alsácia-Lorena para a França; e Eupen-Malmédy para a Bélgica. Além disso, a Renânia seria ocupada militarmente por 15 anos e o território da bacia do Sarre seria confiado à Liga das Nações durante o mesmo período, depois do qual seria realizado um plebiscito.
71. Warburg, *Aus meinen Aufzeichnungen*, p. 64.
72. Schwabe, *Deutsche Revolution und Wilson-Frieden*, p. 526; Krüger, *Reparationen*, p. 82, 119; Haupts, *Deutsche Friedenspolitik*, p. 341.
73. Krüger, Rolle der Banken, p. 577.
74. Warburg, *Aufzeichnungen*, p. 75; Krüger, Rolle der Banken, p. 577; Krüger, *Deutschland und die Reparationen*, p. 119.
75. Haupts, *Deutsche Friedenspolitik*, p. 337-340; Krüger, *Deutschland und die Reparationen*, p. 128s.
76. Ferguson, *Paper and Iron*, p. 210.
77. Ibid., p. 225.
78. Ibid., p. 347ss.
79. Webb, *Hyperinflation*, p. 33s.
80. Witt, Tax Policies.

81. Specht, *Politische und wirtschaftliche Hintergründe*, p. 75.
82. Ibid., p. 69-71.
83. Bresciani-Turroni, *Economics of Inflation*, p. 57ss.
84. Ferguson, *Paper and Iron*, p. 320.
85. Calculado com base em Webb, *Hyperinflation*, p. 33, 37, e Witt, Finanzpolitik und sozialer Wandel im Krieg, p. 425s.
86. Keynes, *Collected Writings*, vol. XVIII, p. 10.
87. D'Abernon, *Ambassador of Peace*, vol. I, p. 193s.
88. Matthews, Continuity of Social Democratic Economic Policy, p. 485-512.
89. Webb, *Hyperinflation*, p. 91.
90. Specht, *Politische und wirtschaftliche Hintegründe*, p. 30, 43s.
91. Webb, *Hyperinflation*, p. 31.
92. Ferguson, *Paper and Iron*, p. 310.
93. Henning, *Das industrialisierte Deutschland*, p. 45.
94. Witt, Finanzpolitik und sozialer Wandel im Krieg, p. 424.
95. Calculado com base em Wagenführ, Die Industriewirtschaft, p. 23-28; Bresciani--Turroni, *Economics of Inflation*, p. 193s; F. Graham, *Exchange*, p. 287, 292; Hoffmann, Grumbach e Hesse, *Wachstum*, p. 358s, 383-385, 388, 390-393.
96. Holtfrerich, *German Inflation*, p. 288.
97. Webb, *Hyperinflation*, p. 57.
98. Keynes, *Collected Writings*, vol. XVII, p. 130s, 176.
99. Bresciani-Turroni, *Economics of Inflation*, p. 200, 248, 446s.
100. Feldman, Political Economy, p. 180-206.
101. Keynes, *Collected Writings*, vol. XVII, p. 131; Harrod, *Life of John Maynard Keynes*, p. 288-295; Skidelsky, *John Maynard Keynes*, vol. II, p. 41.
102. Keynes, *Collected Writings*, vol. XVIII, p. 48.
103. Eichengreen, *Golden Fetters*, p. 100-124.
104. Marks, Reparations Reconsidered, passim; Maier, *Recasting Bourgeois Europe*, p. 241s.
105. Holtfrerich, *German Inflation*, p. 148s; Webb, *Hyperinflation*, p. 54, 104; Eichengreen, *Golden Fetters*, p. 129s. Cf. Maier, Truth about the Treaties, p. 56-67.
106. Webb, *Hyperinflation*, p. 107.
107. Para mais detalhes sobre este ponto, ver Ferguson, Balance of Payments Question.
108. PRO CAB 37/141/15, de Granville para Grey, 14 de setembro de 1915; PRO CAB 37/141/15, de Bertie para Grey, 15 de janeiro de 1916. Ver também PRO CAB 37/141/15, *sir* John Pilter [Pres. Hon. da Câmara de Comércio Britânica, Paris]: "Um programa pós-guerra para uma união alfandegária", 1º de setembro de 1915.
109. PRO BT 55/1 (ACCI 5), Comércio britânico após a guerra: relatório de um subcomitê do comitê consultivo à Junta de Comércio sobre inteligência comercial com

relação a medidas para garantir a posição de certos ramos da indústria britânica após a guerra, 28 de janeiro de 1916. Ver também PRO BT 55/32 (FFT 2), Financial Facilities for Trade Committee [Comitê de Instrumentos Financeiros para o Comércio]: observações sobre políticas comerciais pós-guerra, com especial referência à penalização do comércio alemão, sem data, 1916; PRO RECO 1/356, memorando do Ministério de Bloqueio sobre "guerra comercial", 27 de junho de 1917.
110. Bunselmeyer, *Cost of the War*, p. 39-43.
111. PRO RECO 1/260, Relatório final do comitê sobre políticas comerciais e industriais após a guerra [Comitê Balfour de Burleigh], 3 de dezembro de 1917.
112. Balderston, *German Economic Crisis*, p. 82ss.
113. Schuker, American "Reparations" to Germany.
114. Números de Bresciani-Turroni, *Economics of Inflation*, p. 194, 235; Wagenführ, Die Industriewirtschaft, p. 26.
115. F. Graham, *Exchange*, p. 214-238, 261.
116. Ferguson, *Paper and Iron*, p. 325ss.
117. Dados sobre a estrutura do comércio em Hentschel, Zahlen und Anmerkungen, p. 96; Laursen e Pedersen, *German Inflation*, p. 99-107; Bresciani-Turroni, *Economics of Inflation*, p. 194.
118. Feldman, *Great Disorder*, p. 484s.
119. Bresciani-Turroni, *Economics of Inflation*, p. 83-92, 100-154.
120. Holtfrerich, *German Inflation*, p. 213s.
121. Ibid., p. 206-220. Holtfrerich estima que, se a Alemanha houvesse adotado políticas deflacionárias, as importações dos Estados Unidos teriam sido reduzidas em 60%; e as importações do Reino Unido, em 44%.
122. Isso havia sido previsto pelo socialista Rudolf Hilferding: "Com o aumento da emissão [de notas], a balança comercial necessariamente se torna negativa. Com efeito, as emissões aumentaram os preços internos, e isso estimulou as importações e impediu as exportações"; Bresciani-Turroni, *Economics of Inflation*, p. 44s; Maier, Recasting Bourgeois Europe, p. 251.
123. Ver estimativas em Bresciani-Turroni, *Economics of Inflation*, p. 437s; F. Graham, *Exchange*, p. 44s; Holtfrerich, *German Inflation*, p. 148.
124. Calculado com base em números de Webb, *Hyperinflation*, p. 37; Witt, Finanzpolitik und sozialer Wandel im Krieg, p. 425s.
125. Feldman, *Great Disorder*, p. 214-239.
126. Bessel, *Germany*, p. 73, 79.
127. Paddags, Weimar Inflation, p. 20-24. Ver também Bresciani-Turroni, *Economics of Inflation*, p. 71s.; Webb, *Hyperinflation*, p. 33, 37.
128. Paddags, Weimar Inflation, p. 38.
129. Números em *Deutschlands Wirtschaft, Währung und Finanzen*, p. 107-110.

130. Ver Ferguson, *Paper and Iron*, p. 280ss.
131. PRO RECO 1/775, documento de Addison, Reconstruction finance [Finanças da reconstrução], 10 de fevereiro de 1918.
132. Calculado com base em números de Hoffmann, Grumbach e Hesse, *Wachstum*, p. 789s; Mitchell e Deane, *British Historical Statistics*, p. 401s.
133. Feldman, *Great Disorder*, p. 46s, 816-819.
134. Keynes, *Tract on Monetary Reform*, p. 3, 29, 36.
135. F. Graham, *Exchange*, esp. p. 321, 324.
136. Laursen e Pedersen, *German Inflation*, p. 95-98, 124ss.
137. Graham, *Exchange*, p. 278s, 317s; Laursen e Pedersen, *German Inflation*, p. 77, 123.
138. Graham, *Exchange*, p. 289; 318-321.
139. Ver por exemplo Henning, *Das industrialisierte Deutschland*, p. 63-83.
140. McKibbin, Class and Conventional Wisdom, p. 259-348.
141. Holtfrerich, *German Inflation*, p. 227-262.
142. Maier, *Recasting Bourgeois Europe*, p. 114, 228-231.
143. Holtfrerich, *German Inflation*, p. 265-278.
144. Haller, Rolle der Staatsfinanzen, p. 151.
145. Ferguson, *Paper and Iron*, p. 8. Cf. Feldman, *Great Disorder*, p. 447ss.
146. H. James, *German Slump*, p. 42.
147. Ferguson, *Paper and Iron*, p. 8.
148. Ibid.
149. Ibid., p. 8s.
150. Ibid., p. 9.
151. Feldman, *Great Disorder*, p. 249, 253.
152. Bresciani-Turroni, *Economics of Inflation*, p. 183, 215, 261s, 275, 286, 314s, 330ss, 404.
153. Keynes, *Economic Consequences*, p. 220-233.
154. Lindenlaub, *Maschinebauunternehmen*, passim.
155. Balderston, *German Economic Crisis*, passim.
156. Roesler, *Finanzpolitik*, p. 207.
157. E. Morgan, *Studies in British Financial Policy*, p. 136.
158. Balderston, War Finance, p. 236.
159. Moeller, Winners as Losers, p. 263-275.
160. Feldman, *Great Disorder*, p. 813.
161. Ver, em geral, L. Jones, Dying Middle; L. Jones, Inflation; L. Jones, *German Liberalism*, passim.
162. Feldman, *Great Disorder*, p. 574s, 855; H. James, German Slump, p. 353.
163. Diehl, Victors or Victims, p. 705-736.
164. A Liga dos Feridos de Guerra, Veteranos de Guerra e Sobreviventes de Guerra do Reich, que tinha 830 mil membros em 1922: Bessel, *Germany*, p. 257s.

165. Cf. Aldcroft, *Twenties*, p. 126s, 145-149.
166. Ferguson, Constraints and Room for Manoeuvre, p. 653-666.
167. Webb, *Hyperinflation*, p. 52ss. Ver também Eichengreen, *Golden Fetters*, p. 139-142.
168. Números calculados com base em Witt, Tax Policies, p. 156s. Números do período anterior à guerra em Witt, *Finanzpolitik*, p. 379.
169. Calculado com base em Holtfrerich, *German Inflation*, p. 50s.
170. Ibid., p. 67s.
171. Taxas de juros para os anos 1919, 1920 e 1921 em Holtfrerich, *German Inflation*, p. 73; Petzina, Abelshauser e Foust, *Sozialgeschichtliches Arbeitsbuch*, vol. III, p. 71.
172. Specht, *Politische und Wirtschaftliche Hintergründe*, p. 28, 51s; Holtfrerich, *German Inflation*, p. 165; Feldman, *Great Disorder*, p. 158s.
173. Graham, *Exchange*, p. 64.
174. Holtfrerich, *German Inflation*, p. 50; Bresciani-Turroni, *Economics of Inflation*, p. 448; Kroboth, *Finanzpolitik*, p. 494.
175. Ver, em geral, Krohn, *Wirtschaftstheorien als politische Interessen*.
176. Paddags, Weimar Inflation, p. 45.
177. F. Graham, *Exchange*, p. 280; Webb, *Hyperinflation*, p. 99.
178. Keynes, *How to Pay for the War*.

Conclusão: alternativas ao Armagedom

No fim do livro *Crime e castigo*, o assassino niilista Raskolnikov tem um sonho febril e claramente alegórico em que "o mundo inteiro [...] é acometido por uma praga terrível, sem paralelo e sem precedentes":

> Os infectados eram afetados imediatamente e ficavam loucos. Mas as pessoas nunca se consideravam tão inteligentes e cobertas de razão quanto se consideravam as que foram contagiadas. Elas nunca haviam confiado tanto em seus preceitos, em suas conclusões científicas, em suas convicções morais e em suas crenças. Assentamentos inteiros, cidades e nações inteiras foram contaminados e enlouqueceram. Estavam todos em um estado de alerta, e ninguém entendia ninguém; cada um acreditava ser dono da verdade, e ficava agoniado quando olhava para os demais; batia no peito; chorava e se contorcia de angústia. Eles não sabiam quem levar a julgamento ou como julgá-los; não chegavam a um acordo quanto ao que era o mal e o que era o bem. Não sabiam a quem condenar nem a quem absolver. As pessoas matavam umas às outras com fúria sem propósito. Exércitos inteiros eram reunidos uns contra os outros, mas, assim que se colocavam em marcha, subitamente começavam a se separar. As fileiras se dispersavam; os soldados se lançavam uns contra os outros, golpeavam e esfaqueavam, comiam e devoravam uns aos outros. Nas cidades, os sinos tocavam o dia inteiro. Todos eram chamados, mas ninguém sabia por quem ou para quê, e ficavam todos tensos. Os negócios mais cotidianos foram abandonados, porque todos propunham suas próprias ideias, e faziam suas próprias críticas, e não conseguiam chegar a um acordo. A agricultura foi interrompida. Em alguns lugares, grupos de pessoas se reuniam, chegavam a um acordo mínimo, e juravam não se separar; mas, mal conseguiam isso, acontecia alguma coisa completamente diferente do que haviam proposto. Elas começavam a acusar umas as outras, a brigar entre si e a se esfaquear até a morte. O fogo tomou conta; a fome se instalou. Tudo e todos padeceram destruição e ruína.[1]

Essa visão quase se concretizou na Europa entre 1914 e 1918.

O que se conseguiu com esse Armagedom – se é que se conseguiu alguma coisa? As tropas alemãs desocuparam a Bélgica e o norte da França; e também a Romênia, a Polônia, a Ucrânia e os Países Bálticos. Os impérios alemão, russo e turco diminuíram; o austríaco foi totalmente destruído. A Hungria encolheu, assim como a Bulgária e a Grã-Bretanha – que, aos poucos, perdeu grande parte da Irlanda. Novos Estados se formaram: a Áustria e a Hungria seguiram caminhos separados; os sérvios alcançaram seu objetivo de um estado eslavo do sul – que, depois de 1929, foi denominado "Iugoslávia" – junto com os croatas e os eslovenos (bem como os bósnios muçulmanos); a Checoslováquia, a Polônia, a Lituânia, a Letônia, a Estônia e a Finlândia se tornaram independentes. A Itália cresceu, embora menos do que seus líderes haviam esperado, adquirindo o Tirol do Sul, a Ístria, parte da Dalmácia e as ilhas do Dodecaneso (em 1923). A França reclamou a Alsácia e a Lorena, perdidas em 1871. A França e a Grã-Bretanha também expandiram seus impérios coloniais na forma de "mandatos" de antigas possessões inimigas: a Síria e o Líbano para a França, o Iraque e a Palestina para a Grã-Bretanha, que havia se comprometido com a criação de um Estado nacional judaico nesta última. Camarões e Togolândia também foram divididos entre os dois vencedores. Além disso, o Sudoeste Africano Alemão foi para a África do Sul; a Samoa Alemã foi para a Nova Zelândia, e a Nova Guiné Alemã foi para a Austrália. A Grã-Bretanha também se apoderou da África Oriental Alemã, para desgosto da Bélgica e de Portugal (que foram obrigados a se contentar com territórios africanos menos desejáveis). Sassoon estava certo, afinal, em julho de 1917: aquela havia se tornado "uma guerra de [...] conquista"; o mapa, como disse Balfour, tinha ainda "mais vermelho".[2] Na última reunião do Gabinete de Guerra britânico antes da Conferência de Versalhes, Edwin Montagu havia comentado, com ironia, que gostaria de ouvir alguns argumentos *contrários* a que a Grã-Bretanha anexasse o mundo inteiro.[3] Os Estados Unidos, no entanto, disputaram com a Grã-Bretanha o papel de banco mundial e estiveram à beira de conquistar a supremacia econômica global. E a visão do presidente Wilson de "uma nova ordem mundial" baseada em uma Liga das Nações e em leis internacionais se concretizou, embora não exatamente à maneira utópica de seus sonhos. Pouca atenção foi dada às pretensões do Japão, que reivindicou Shandong, outra relíquia alemã, como sua parte dos espólios. Tampouco houve sérias objeções quando, rompendo o Tratado de Sèvres, a Turquia e a Rússia partilharam, por um breve período, a Armênia independente.[4]

Talvez de forma mais notável, os Romanov, os Habsburgo e os Hohenzollern foram derrubados (e o sultão otomano não durou muito mais tempo); repúblicas tomaram o lugar deles. Nesse aspecto, a Primeira Guerra Mundial acabou sendo uma reviravolta no conflito de longa data entre o monarquismo e o republicanismo; um conflito que teve suas origens na América e na França do século XVIII e, com efeito, ainda antes, na Grã-Bretanha do século XVII. Embora duas monarquias houvessem caído em 1911 – a chinesa e a portuguesa –, o republicanismo ainda era relativamente débil em 1914; alguns conservadores acreditaram que a guerra poderia ajudá-los a exterminá-lo de uma vez por todas. Na prática, a guerra deu um golpe fatal nas três maiores monarquias da Europa e abalou gravemente uma série de outras. Às vésperas da guerra, descendentes e outros parentes da rainha Vitória haviam ocupado não só o trono da Grã-Bretanha e da Irlanda, como também o da Áustria-Hungria, da Rússia, da Alemanha, da Bélgica, da Grécia e da Bulgária. Na Europa, só a Suíça, a França e Portugal haviam se tornado repúblicas. Apesar das rivalidades imperiais da diplomacia do pré-guerra, as relações pessoais entre os próprios monarcas permaneceram cordiais e até amigáveis: as cartas trocadas entre "George", "Willy" e "Nicky" atestam que continuou havendo uma elite real cosmopolita e poliglota com, no mínimo, um senso de interesse coletivo. E, apesar dos constantes insultos ao Kaiser por parte dos propagandistas de guerra britânicos (e, daí em diante, repetidos por muitos historiadores), Guilherme II não foi pessoalmente responsável pelo início da guerra em 1914; de fato, ele tentou, em vão, limitar a Áustria à ocupação de Belgrado quando se soube que a Grã-Bretanha apoiaria a França e a Rússia em uma guerra geral. O tsar também parecia ter inclinações excessivamente pacíficas aos olhos de seu próprio Chefe de Estado-Maior Geral: daí a conversa sobre quebrar telefones. Embora o poder do monarca com relação aos soldados e políticos profissionais variasse, todos hesitaram em travar uma guerra em escala global uns com os outros, pressentindo que, como Bethmann havia previsto em maio de 1914, "a guerra derrubaria muitos tronos". No fim das contas, a posição dos monarcas estava fadada a ser ameaçada por uma guerra que mobilizou milhões de homens: em sua raiz, a Primeira Guerra Mundial foi democrática.

Portanto, quando o peso da guerra começou a se fazer notar, foi a monarquia que esteve entre as primeiras instituições estabelecidas a perder sua legitimidade, e a guerra levou a um triunfo do republicanismo que seria impensado até mesmo nos anos 1790. Em julho de 1918, Nicolau II e sua família foram assassinados em Ecaterimburgo, e os corpos foram jogados em uma mina (onde permaneceram por 80 anos); o Kaiser se exilou na Holanda, cujo governo resistiu aos pedidos de que ele fosse extraditado como criminoso de guerra; o último imperador dos Habsburgo, Carlos I, foi para a Suíça e depois para a ilha da Madeira; o último sultão otomano foi levado às pressas de Constantinopla para um navio britânico que o aguardava. É verdade, a monarquia sobreviveu na Grã-Bretanha, na Bélgica, na Romênia, na Bulgária, na Itália, na Iugoslávia, na Grécia e na Albânia, e também na Holanda e na Escandinávia, que ficaram de fora da guerra; e novas monarquias foram instauradas nas ruínas do Império Otomano. No entanto, o mapa da Europa no pós-guerra viu o surgimento de repúblicas na Rússia, na Alemanha, na Áustria, na Hungria, na Checoslováquia, na Polônia e nos três Países Bálticos, bem como em Belarus, na Ucrânia Ocidental, na Geórgia, na Armênia e no Azerbaijão (que foram absorvidos à força pela União das Repúblicas Socialistas Soviéticas em 1919-1921) e finalmente na Irlanda do Sul. Provavelmente esta foi uma das consequências menos intencionais da guerra. Na Rússia, além do mais, a nova república foi uma tirania muito mais sanguinária e não liberal do que o regime dos tsares. A deflagração de uma guerra civil na Rússia talvez fosse vista como a conquista do objetivo inicial da Alemanha na guerra: eliminar a ameaça militar no Oriente. Mas todos os outros países combatentes (e inclusive os alemães) vieram a lamentar o triunfo de Lênin. Embora houvesse manifestações revolucionárias de Glasgow a Pequim, de Córdoba a Seattle, os temores de que o bolchevismo se espalhasse pelo mundo como a gripe espanhola se mostraram exagerados.[5] Mas, pouco a pouco, percebeu-se que a Rússia soviética tinha o potencial de ser um poder militar ainda maior que a Rússia imperial, ainda que só nos anos 1940 a magnitude da resiliência do novo regime tenha se tornado evidente para uma nova geração de soldados alemães.

Os vitoriosos da Primeira Guerra Mundial pagaram um preço excessivo por todos os seus ganhos; de fato, tão excessivo que eles logo se veriam totalmente incapazes de manter a maioria deles. Ao todo, a guerra cobrou mais de 9 milhões de vidas de ambos os lados – mais de 1 em cada 8 dos 65,8 milhões de homens que lutaram. Em quatro anos e três meses de carnificina mecanizada, foram mortos, em média, cerca de 6.046 homens por dia. O número total de fatalidades para o Império Britânico como um todo foi em torno de 921 mil: o iniciador da Imperial War Graves Commission, *sir* Fabian Ware, calculou que, se os mortos marchassem lado a lado pela Whitehall, o desfile em frente ao cenotáfio duraria três dias e meio.[6] Em 1919, Ernest Bogart tentou calcular o valor de capitalização dos mortos; estimou o custo total em 7 bilhões de dólares para a Alemanha, 4 bilhões para a França e 3 bilhões para a Grã-Bretanha.[7] A realidade demográfica era que os mortos (embora nem sempre suas habilidades) eram rapidamente substituídos. Foram mortos durante a guerra menos homens britânicos do que os que haviam emigrado na década anterior.[8] Embora a taxa de natalidade na Alemanha tenha caído de forma acentuada desde 1902 (de mais de 35 por mil para 14 por mil em 1917), não houve escassez de homens jovens no período imediatamente posterior à guerra; muito pelo contrário. Com relação à população como um todo, os homens entre 15 e 45 anos de idade aumentaram de 22,8% em 1910 para 23,5% em 1925.[9] Na Inglaterra e no País de Gales, o número de homens entre 15 e 24 anos também era mais alto em 1921 do que fora em 1911; como uma proporção da população total, caiu só um pouco (de 18,2% para 17,6%).[10]

Um problema maior foram aqueles, entre os 15 milhões de feridos durante a guerra, que sofreram invalidez permanente. Dos 13 milhões de homens alemães que "serviram" em algum momento, 2,7 milhões ficaram permanentemente incapacitados em decorrência dos ferimentos sofridos, dos quais 800 mil receberam pensão por invalidez.[11] Eram estes os mutilados patéticos retratados por Otto Dix: os ex-heróis do front reduzidos a mendigos na sarjeta.[12] Havia pelo menos 1,1 milhão de feridos de guerra na França, dos quais 100 mil eram totalmente incapacitados.[13] Mais de 41 mil soldados britânicos tiveram membros amputados em consequência da guerra; dois terços deles perderam uma perna e 28% perderam um braço; outros 272 mil sofreram lesões que não exigiram amputação. No fim dos anos 1930, 220 mil oficiais e 419 mil soldados continuavam recebendo pensão por invalidez.[14] Além disso, há os que ficaram transtornados em decorrência da guerra: 65 mil ex-soldados britânicos receberam pensão por invalidez por causa de "neurastenia"; muitos, como o poeta Ivor Gurney, foram hospitalizados pelo resto da vida.

E também havia o luto. Recentemente, os historiadores voltaram sua atenção para as inúmeras formas com que os sobreviventes – pais, esposas, irmãos e amigos – procuraram lidar com a perda dos que morreram. Sem dúvida, como Jay Winter argumentou, muitos encontraram algum consolo nos auxílios simbólicos ao luto proporcionados pelos memoriais de guerra. Certamente a religião – incluindo a prática em voga, embora pouco ortodoxa, de se comunicar com o "espírito" dos mortos – também ajudou. Os povos europeus haviam perdido mais pessoas para a guerra do que as que foram posteriormente assassinadas no Holocausto; com efeito, a elite social britânica perdeu uma geração. Mas a maneira com que morreram e a existência de uma linguagem tradicional de sacrifício cristão significaram que os sobreviventes ficaram menos traumatizados do que os judeus que sobreviveram a 1945.[15] Porém, nenhum símbolo – nem a Trincheira das Baionetas em Verdun, nem as estátuas agonizantes de pais enlutados de Käthe Kollwitz, nem os 73.367 nomes de mortos em Thiepval, nem mesmo o simples *pathos* do cenotáfio em Whitehall – podia fazer mais do que proporcionar um foco para a angústia pessoal. Quando muito, o verdadeiro propósito de tais memoriais foi transmitir a dor dos que foram afortunados o bastante para não sofrer nenhuma perda imediata: era essa a finalidade da sugestão do sul-africano Percy Fitzpatrick de que toda a Grã-Bretanha fizesse dois minutos de silêncio às 11 horas do dia 11 de novembro de cada ano. O testemunho dos que perderam filhos – Asquith, Bonar Law, Rosebery, Kipling, *sir* Harry Lauder – confirma a verdade universal de que nenhuma dor se iguala à dor de perder um filho.[16] Kipling encontrava na escrita o meio sublime de expressá-la: seu relato sobre o regimento do filho John é um dos memoriais mais admiráveis da guerra, maravilhoso por seus eufemismos,[17] ao passo que seus poemas sobre o assunto ("When you come to London town/ (Grieving – grieving!)" [Quando você vier a Londres/ (Sofrendo – Sofrendo!)]) têm uma beleza melancólica. Mas a dor não era diminuída pela lembrança. O soldado David Sutherland foi morto durante um ataque surpresa em 16 de maio de 1916. O comandante de seu pelotão, o tenente Ewart Mackintosh, que o trouxe de volta inutilmente pela terra de ninguém, escreveu um poema que é impossível ler sem ficar comovido:

CONCLUSÃO: ALTERNATIVAS AO ARMAGEDOM

Você era o pai de David,
E ele era o seu único filho
E as turfas recém-cortadas estão apodrecendo
E o trabalho está por fazer,
Por causa do choro de um velho
Apenas um velho que sofre,
Por David, seu filho David,
Que não vai voltar.[18]

Além de assassinato, mutilação e luto, a guerra – em sentido literal e metafórico – destruiu as conquistas de um século de avanços econômicos. Como vimos, de acordo com uma estimativa, o custo da guerra chegou a 208 bilhões de dólares; isso atenua de maneira brutal o dano econômico causado. A miséria econômica das décadas que se seguiram ao conflito – uma época de inflação, deflação e desemprego em razão de crises monetárias, contração do comércio e não pagamento de dívidas – não poderia ter contrastado mais com a prosperidade sem precedentes que havia caracterizado os anos 1896-1914, um período de rápido crescimento e pleno emprego com base na estabilidade dos preços, no comércio crescente e no livre fluxo de capitais. A Primeira Guerra Mundial desfez a primeira era de ouro de "globalização" econômica. Os homens se admiravam de que, depois de tanto massacre, pudesse haver desemprego; depois de tanta destruição, tão pouco trabalho – ainda que apenas trabalho de reparação – a ser feito. Além da rápida recuperação demográfica, o problema era recuperar a estabilidade fiscal e monetária. Em retrospecto, os keynesianos podem criticar os governos por se empenharem em equilibrar os orçamentos em vez de contraírem empréstimos para financiar a geração de empregos; mas as potências combatentes já haviam contraído empréstimos até o limite, e é bem duvidoso que os benefícios de incorrer em novos déficits tivessem superado os custos. Eichengreen argumentou que os problemas da economia mundial no período entreguerras se deveram, em grande parte, à tentativa quixotesca de tentar restabelecer o agora inapropriado padrão-ouro.[19] Os parlamentos democráticos resistiram à implementação das velhas regras do padrão-ouro. A rigidez no mercado de trabalho – a recusa da mão de obra sindicalizada em aceitar reduções nos salários nominais – condenou milhões ao seguro-desemprego.

Mas qual era a alternativa? Os países que trataram de evadir suas dívidas de guerra permitindo que suas moedas se depreciassem acabaram se saindo pior, em termos econômicos, do que aqueles que dolorosamente voltaram ao padrão-ouro. É duvidoso que um sistema de taxas de câmbio flutuantes tivesse funcionado melhor.

Na época, os críticos da paz negociada em Paris lamentaram suas condições financeiras, insistindo que o ônus das reparações sobre a Alemanha condenava a Europa a uma nova guerra. Isso, como vimos, era incorreto. A economia da República de Weimar não foi destruída pelas reparações; ela se autodestruiu. Também não se deve dar demasiada importância ao fracasso dos programas franceses para uma cooperação econômica franco-germânica na região do vale do Ruhr, na Renânia; embora interessantes para os historiadores por terem sido precursores da integração europeia após 1945, tais programas foram irrelevantes no período entreguerras. Os verdadeiros defeitos do tratado de paz são outros: a crença ingênua de que o desarmamento bastaria para erradicar o militarismo (com o Exército restrito a 100 mil homens, o Reichswehr foi meramente reestruturado por Versalhes) e, o que é ainda mais grave, a invocação do princípio de "autodeterminação".

Já em dezembro de 1914, Woodrow Wilson havia argumentado que qualquer acordo de paz "deveria servir aos interesses das nações europeias consideradas povos, e não para que uma nação imponha sua vontade governamental sobre povos estrangeiros".[20] Em 27 de maio de 1915, ele foi ainda mais longe em um discurso à League to Enforce Peace [Liga para Impor a Paz], afirmando de maneira inequívoca que "todo povo tem o direito de escolher a soberania sob a qual deseja viver".[21] Em 22 de janeiro de 1917, Wilson reafirmou esse princípio: "Todo povo deve ser livre para determinar suas próprias políticas";[22] e, nos pontos cinco a 13 de seus Catorze Pontos de 8 de janeiro de 1918, detalhou as implicações dessa afirmação, que a essa altura havia sido adotada (com graus variados de hipocrisia) pelos bolcheviques, pelos alemães e por Lloyd George.[23] Tal como concebida por Wilson, a Liga das Nações não só garantiria a integridade territorial de seus Estados-membros, como também poderia facilitar acordos futuros "conforme o princípio da autodeterminação".[24]

Além do repúdio do Senado norte-americano ao Tratado de Versalhes, houve um problema fatal com isso: a heterogeneidade étnica da Europa Central e

Oriental – e, em particular, a existência de uma grande diáspora alemã fora dos limites do Reich. A Tabela 46 fornece uma análise aproximada da distribuição da população germanófona na Europa Central e Oriental por volta de 1919. O ponto principal é que havia pelo menos 9,5 milhões de alemães fora dos limites do Reich após a Primeira Guerra Mundial – em torno de 13% do total da população germanófona. Esses números seriam ainda maiores se fossem considerados os alemães na Alsácia-Lorena e na União Soviética (os chamados "alemães volga"); e não incluem comunidades autodeclaradas alemãs fora da Europa continental. (De fato, a Associação para os Alemães no Exterior estima que o número total de alemães fora do Reich após 1918 era de quase 17 milhões; mais tarde, a propaganda nazista inflou essa estimativa para 27 milhões.)

A adoção da "autodeterminação" como princípio norteador da paz foi fatal porque não podia ser aplicada à Alemanha sem expandi-la para muito além do território ocupado pelo Reich antes de 1919. A escolha era entre uma hipocrisia sistematizada, que negava aos alemães o direito de autodeterminação concedido a outros, ou um irresistível revisionismo, que terminaria conceden-

Tabela 46   População alemã nos Estados europeus, c. 1919

	Alemães	População total	Percentual
Reich	61.211.000	62.410.000	98,1
Áustria	6.242.000	6.500.000	96,0
Dinamarca	40.000	3.260.000	1,2
Checoslováquia	551.000	4.725.000	11,7
Itália	199.000	38.700.000	0,5
Iugoslávia	505.000	11.900.000	4,2
Romênia	713.000	18.000.000	4,0
Polônia	1.059.000	27.100.000	3,9
Estônia	18.000	1.100.000	1,6
Letônia	70.000	1.900.000	3,7
Lituânia	29.000	2.028.000	1,4
Total	70.637.000	177.623.000	39,8

do aos alemães uma parte considerável dos objetivos de anexação de 1914-1918. Desde o início, houve inconsistência: nenhuma *Anschluss* do restante da Áustria para o Reich, mas plebiscitos para determinar o destino de Schleswig, do sul da Prússia Oriental e da Alta Silésia. Philip Gibbs disse que era a "desconsideração para com as fronteiras raciais [e] a criação de ódios e vinganças" por parte dos tratados de paz o que "levaria, com toda a certeza, a uma nova guerra".[25] Ele estava quase certo; na verdade, foi o fato de os pacificadores invocarem a autodeterminação, um princípio que não poderia ser aplicado na Europa Central e Oriental sem que houvesse mais violência. O primeiro exemplo surgiu nos Bálcãs e na Anatólia, onde 1,2 milhão de gregos e meio milhão de turcos foram "repatriados" – isto é, expulsos de sua terra natal. A população da Grécia aumentou em um quarto, alterando totalmente o equilíbrio étnico da Macedônia grega.[26] Transferências similares de população aconteceram em toda a Europa, impostas com mais ou menos autoritarismo: 770 mil germanófonos haviam saído dos "territórios perdidos" para o Reich em 1925, mais de um quinto dos quais viviam neles em 1910.[27] Os critérios no caso grego foram, de fato, religiosos; futuras expulsões em massa seriam baseadas em categorias raciais menos precisas. Especialmente vulneráveis eram os cerca de 2 milhões de refugiados tecnicamente "apátridas", a maior parte deles refugiados da Guerra Civil Russa, muitos dos quais judeus fugindo dos massacres dos Exércitos Branco e Vermelho.[28] Não é difícil imaginar o que os alemães poderiam ter feito se houvessem ganhado a guerra. Até mesmo Max Warburg defendeu, no decurso de 1916, a criação de "colônias" alemãs nos territórios bálticos da Letônia e da Curlândia:

> Os letões seriam facilmente evacuados. Na Rússia, o reassentamento não é considerado cruel em si mesmo. As pessoas estão acostumadas a isso [...] Os povos estrangeiros [isto é, não russos] que têm ascendência alemã e hoje são tão maltratados podem ter autorização para se mudar para essas áreas e fundar colônias. [Estas] não precisam ser integradas à Alemanha; devem apenas ser afiliadas, ainda que com firmeza, a fim de eliminar a possibilidade de que voltem para o lado dos russos.[29]

Para os judeus da Europa Oriental, entretanto, ser conquistados por uma Alemanha Imperial comparativamente filo-semita teria sido preferível a ser conquistados pela Rússia bolchevique; a conquista pelo Terceiro Reich se mostrou fatal.

CONCLUSÃO: ALTERNATIVAS AO ARMAGEDOM

Algumas conclusões

Este livro trata de responder a dez perguntas sobre a Grande Guerra:

1. A guerra era de fato inevitável, seja por causa do militarismo, do imperialismo, da diplomacia secreta ou da corrida armamentista?
2. Por que os líderes alemães apostaram na guerra em 1914?
3. Por que os líderes britânicos decidiram intervir quando a guerra eclodiu no continente?
4. A guerra foi realmente recebida com entusiasmo popular, como muitas vezes se afirma?
5. A propaganda, e especialmente a imprensa, mantiveram a guerra em curso, como acreditava Karl Kraus?
6. Por que a enorme superioridade econômica do Império Britânico não foi suficiente para derrotar os Impérios Centrais mais rapidamente e sem a intervenção norte-americana?
7. Por que a superioridade do Exército alemão não foi capaz de derrotar os Exércitos britânico e francês na Frente Ocidental, como fez com a Sérvia, a Romênia e a Rússia?
8. Por que os homens continuavam lutando quando as condições no campo de batalha eram, como contam os poetas da guerra, tão deploráveis?
9. Por que os homens deixaram de lutar?
10. Quem ganhou a paz?

A resposta à última pergunta já foi apresentada anteriormente. As respostas que tentei dar às outras nove podem ser resumidas da seguinte maneira:

1. Nem o militarismo, nem o imperialismo, nem a diplomacia secreta tornaram a guerra inevitável. Em toda parte na Europa, em 1914, o antimilitarismo estava em ascensão política. Os homens de negócios – até mesmo os "mercadores da morte" como Krupp – não tinham nenhum interesse em uma grande guerra europeia. A diplomacia, secreta ou não, foi capaz de resolver conflitos imperiais entre as potências: em questões imperiais e até mesmo em questões navais, a Grã-Bretanha e a Alemanha conseguiram acertar suas diferenças. A principal razão pela qual as relações entre a Grã-Bretanha

e a Alemanha não produziram uma Entente formal foi que a Alemanha, ao contrário da França, da Rússia, do Japão ou dos Estados Unidos, não parecia representar uma grave ameaça ao Império Britânico.

2. A decisão alemã de arriscar uma guerra europeia em 1914 não foi baseada em excesso de confiança: não havia nenhuma concorrência pelo poder mundial. Em vez disso, os líderes da Alemanha agiram guiados por uma sensação de vulnerabilidade. Primeiramente, esta derivou de sua incapacidade de vencer a corrida armamentista no mar ou em terra. A proporção entre a tonelagem dos navios de guerra britânicos e alemães à véspera da guerra era de 2,1 para 1; a proporção de soldados em uma guerra que colocou a Rússia, a França, a Sérvia e a Bélgica contra a Alemanha e a Áustria-Hungria era de 2,5 para 1. Essa diferença definitivamente não se deveu à escassez de recursos econômicos, mas sim a restrições políticas e, sobretudo, fiscais: a combinação de um sistema federal relativamente descentralizado com um Parlamento nacional democrático tornava quase impossível para o governo do Reich equiparar os gastos com defesa de seus vizinhos mais centralizados. Além disso, em 1913-1914, estava se tornando cada vez mais difícil para o Reich contrair mais empréstimos, depois de uma década e meia em que a dívida nacional havia crescido 150%. Por conseguinte, a Alemanha gastou com defesa apenas 3,5% de seu Produto Nacional Bruto em 1913-1914, em comparação com 3,9% na França e 3,6% na Rússia. Paradoxalmente, se a Alemanha houvesse sido, na prática, tão militarista quanto a França e a Rússia, teria tido menos motivos para se sentir insegura e apostar em um ataque preemptivo "enquanto fosse mais ou menos capaz de passar no teste", na reveladora frase de Moltke.

3. A decisão da Grã-Bretanha de intervir foi consequência de um plano secreto de seus generais e diplomatas, que remontava ao fim de 1905. Formalmente, a Grã-Bretanha não tinha nenhum "compromisso continental" com a França; isso foi afirmado repetidas vezes por Grey e por outros ministros no Parlamento e na imprensa entre 1907 e 1914. Tampouco o governo liberal se sentiu obrigado, pelo tratado de 1839, a respeitar a neutralidade da Bélgica; se a Alemanha não a houvesse violado em 1914, a Grã-Bretanha o teria feito. O fundamental foi a convicção de uma minoria de generais, diplomatas e políticos de que, no caso de uma guerra continental, a Grã-Bretanha deveria enviar um exército para apoiar a França. Isso se baseou em uma interpretação equivocada das intenções da Alemanha, que os proponentes da intervenção

imaginavam ser de escala napoleônica. Os responsáveis foram culpados em outros aspectos: conduziram mal a Câmara dos Comuns, mas, ao mesmo tempo, não fizeram praticamente nada para preparar o Exército britânico para a estratégia concebida. Quando chegou o momento da decisão em 2 de agosto de 1914, estava longe de ser uma certeza que a Grã-Bretanha interviria contra a Alemanha; a maioria dos ministros estava hesitante, e acabou concordando em apoiar Grey em parte por medo de ser expulsa do cargo, dando lugar aos *tories*. Foi um desastre histórico – embora não para sua própria carreira – que Lloyd George não tenha apoiado os oponentes da intervenção nesse momento crucial; pois "ficar de fora" teria sido preferível a uma intervenção que não poderia ser conclusiva na ausência de um Exército britânico muito maior. Os objetivos alemães, se a Grã-Bretanha tivesse ficado de fora, não teriam apresentado uma ameaça direta ao Império; a redução do poder da Rússia na Europa Oriental, a criação de uma união aduaneira na Europa Central e a aquisição de colônias francesas – eram todos objetivos complementares aos interesses britânicos.

 4. A Grã-Bretanha também não foi arrastada para a guerra por uma onda de entusiasmo popular pela "Pequena Bélgica"; uma razão pela qual tantos homens se ofereceram como voluntários nas primeiras semanas de combate foi que o desemprego atingiu níveis altíssimos por causa da crise econômica desencadeada pelo conflito armado. A crise financeira de 1914 é, de fato, o maior indício do pessimismo da guerra. Para muitos povos na Europa, a guerra não era motivo de celebração, mas de apreensão: imagens apocalípticas eram empregadas com tanta frequência quanto a retórica patriótica. As pessoas percebiam o Armagedom.

 5. A guerra foi certamente uma guerra midiática: a propaganda foi não tanto o resultado do controle do governo quanto de mobilização espontânea por parte da imprensa, bem como de acadêmicos, cinegrafistas e escritores profissionais. No início, os jornais prosperaram com a guerra, que trouxe grande aumento na circulação para muitas publicações. Entretanto, os problemas econômicos surgidos durante o conflito significaram que o período acabou sendo financeiramente prejudicial para a maioria dos jornais. Além disso, grande parte do envilecimento do inimigo e da mitificação da *casus belli* a que os jornais e outros propagandistas se entregaram não foi levada a sério por aqueles que lutaram; a eficácia da propaganda de guerra foi in-

versamente proporcional à proximidade do front. Só quando se baseou na verdade, como no caso das atrocidades cometidas contra os belgas ou do naufrágio do *Lusitania,* a propaganda de guerra foi eficaz em reforçar a disposição para o combate.

6. As potências da Entente gozavam de imensa superioridade econômica sobre os Impérios Centrais: uma renda nacional combinada 60% maior, 4,5 vezes mais pessoas e 28% mais homens mobilizados. Além disso, a economia britânica cresceu durante a guerra, ao passo que a alemã se contraiu. A disputa econômica não foi capaz de compensar essas grandes disparidades. Mas é um mito que os alemães tenham administrado mal a economia de guerra. Levando em consideração as diferenças em recursos, foi o outro lado – e especialmente a Grã-Bretanha e os Estados Unidos – que travou guerra de maneira ineficiente. Em particular, a alocação de mão de obra na Grã-Bretanha foi desastrosa, gerando o alistamento de uma grande proporção de trabalhadores qualificados dos quais dependia sua indústria manufatureira – e muitos deles acabaram mortos ou feridos. Ao mesmo tempo, aqueles que permaneceram nas fábricas ou foram contratados recebiam salários mais altos em termos reais do que seria justificado em termos de produtividade. Isso foi um reflexo do maior poder dos sindicatos, cujo número de afiliados quase dobrou na Grã-Bretanha e na França durante a guerra; na Alemanha, o número de membros dos sindicatos diminuiu em mais de 25%. Entre 1914 e 1918, houve em torno de 27 milhões de dias úteis perdidos em decorrência de greves na Grã-Bretanha; na Alemanha, 5,3 milhões. Por fim, é implausível argumentar que a má distribuição de renda e a escassez de alimentos minaram o esforço de guerra alemão, já que os grupos mais afetados tinham relativamente pouca importância: proprietários de terras, funcionários públicos com anos de serviço, mulheres, insanos e filhos ilegítimos. Eles não perderam a guerra, tampouco fizeram uma revolução.

7. Os Impérios Centrais foram muito mais eficazes em matar o inimigo do que os Exércitos da Entente e dos Aliados; eles mataram pelo menos 35% mais soldados do que perderam. Também conseguiram fazer prisioneiros de 25% a 38% mais homens do que os que foram capturados pelo outro lado. Os Impérios Centrais incapacitaram de forma permanente 10,3 milhões de soldados inimigos; perderam 7,1 milhões. Sem dúvida, os Impérios Centrais tinham Exércitos menores, mas sua taxa de mortalidade foi apenas 15,7% dos

homens mobilizados, pouco mais do que o número equivalente para o outro lado (12%). De qualquer modo, taxas elevadas de mortalidade não explicam o resultado da guerra: do contrário, a França, e não a Rússia, teria ruído, e os regimentos escoceses teriam se amotinado. Isso significa que as potências da Entente perderam a guerra de exaustão. Em uma palavra, sua principal estratégia foi um fracasso – quase um fracasso tão grande quanto sua segunda estratégia mais importante: forçar os alemães a se render fazendo que passassem fome por meio do bloqueio naval. Entre agosto de 1914 e junho de 1918, os alemães mataram ou capturaram mais soldados britânicos e franceses do que perderam. Mesmo quando a maré virou no verão de 1918, teve mais a ver com erros de estratégia alemã do que com melhorias do lado dos Aliados. A magnitude do sucesso alemão e do fracasso dos Aliados é ainda mais evidente quando são combinadas estimativas militares e financeiras: custou aos Impérios Centrais apenas 11.345 dólares para matar um soldado inimigo; o número equivalente para a Entente e os Aliados é de 36.485 dólares, mais do que o triplo.

8. Por que, então, os homens continuaram lutando? Sem dúvida, as condições no front eram deploráveis. Morte e ferimento eram distribuídos diariamente por metralhadoras, fuzis, projéteis, baionetas e os demais instrumentos de carnificina. Além da dor de serem "atingidos", os homens sentiam medo, horror, pesar, fadiga e desconforto: as trincheiras eram mais úmidas, mais sujas e inclusive mais infestadas de parasitas do que os piores cortiços. Mas havia relativamente pouca confraternização com o inimigo; a deserção foi comparativamente rara durante a maior parte da guerra, sobretudo na Frente Oriental; os motins foram escassos.

Seria reconfortante, em muitos aspectos, se pudéssemos provar que os homens lutavam porque foram coagidos a fazê-lo pelas grandes burocracias estatais geradas antes e durante o conflito. Sem dúvida, alguns homens o foram, mas as evidências mostram claramente que aqueles que precisaram ser coagidos a lutar foram uma minoria. A disciplina militar não consistia em impelir os homens a lutar – e sim em encorajá-los –, daí a importância das relações entre os oficiais e os soldados.

Seria menos reconfortante, mas ainda tolerável, se pudéssemos demonstrar, como Kraus propôs, que os homens lutavam por causa da propaganda jingoísta de uma imprensa cínica ou censurada. Mas mesmo essa hipótese, apesar de toda a sua ressonância contemporânea, parece pouco persuasiva. Alguns homens certamente acreditavam estar lutando pelas causas informadas por seus governantes. No entanto, muitos soldados ou não entendiam os argumentos políticos a favor da guerra, ou não acreditavam neles. Suas razões para continuar lutando eram outras.

O moral dependia de confortos e desconfortos cotidianos: roupa adequada, alojamentos habitáveis, comida, álcool, tabaco, descanso, lazer, sexo e períodos de licença. A camaradagem no interior das unidades também era um elemento importante. É improvável que a guerra tenha prosseguido graças a suas conotações homoeróticas, embora alguns oficiais que estudaram em escolas de elite não fossem indiferentes a elas. A natureza dos laços entre os homens nas trincheiras é mais bem expressa por palavras que ainda retêm um espírito daquela época: os homens defendiam seus camaradas ou companheiros. Tal camaradagem, no entanto, era encontrada em toda parte. Identidades coletivas mais abrangentes (regimentais, regionais e nacionais) foram importantes porque eram mais pronunciadas em alguns Exércitos do que em outros – os soldados franceses se sentiam mais franceses do que os russos se sentiam russos. Também há alguns indícios de que a religião ajudou a motivar os Exércitos oponentes. Os motivos da guerra sagrada e do autossacrifício cristão empregados por clérigos de ambos os lados possibilitaram aos soldados racionalizar o massacre que perpetravam e sofriam, apesar do fato de que os dois lados na Frente Ocidental eram pouco diferentes em seu caráter religioso.

Mas o ponto crucial é que os homens lutavam porque não se importavam de lutar. Aqui discordo da ideia de que a guerra foi totalmente um "horror", no sentido de Wilfred Owen (isto é, uma desgraça, um grande sofrimento), e de que os homens que a travaram foram dignos de pena. Para a maioria dos soldados, matar e arriscar ser morto era muito menos intolerável do que em geral supomos hoje em dia. Esta é, em muitos aspectos, a afirmação mais chocante que se pode fazer a respeito da guerra, dada a influência da poesia de Owen. Mas até os escritores de guerra mais famosos fornecem indícios de que o assassinato e a morte não eram coisas que desagradavam os soldados na guerra. Matar provocava pouca repugnância, e o medo da morte era suprimido, ao passo que ferimentos não fatais, mas graves o suficiente para mandá-los para casa, eram inclusive cobiçados. Freud estava certo ao afirmar que uma espécie de "instinto de morte" estava em ação durante a guerra. Para alguns, a revanche era uma motivação. Outros, sem dúvida, sentiam prazer em matar: para aqueles intoxicados por violência, esta talvez parecesse, com efeito, "uma guerra adorável". Ao mesmo tempo, os homens subestimavam suas próprias probabilidades de serem mortos. Embora as chances de um soldado britânico na França ser morto fossem de 50%, a maioria dos homens presumia que os sinos do inferno não dobrariam por eles como indivíduos, e eles se tornaram, em certa medida, habituados a presenciar mortes repentinas (o que causava agonia era assistir a um homem morrer lentamente). Os horizontes temporais foram distorcidos: no combate, os homens viviam de segundo em segundo, aliviados por estarem livres da longa espera da noite anterior. E quando começou a parecer que a guerra não teria fim, o fatalismo tomou conta.

9. Isso nos conduz à questão final e mais difícil: por que, se a guerra era suportável, os homens pararam de lutar? A melhor resposta a essa pergunta reside no cálculo complexo da rendição; pois foi a rendição em massa, e não o assassinato em massa, o que determinou a vitória em todas as frentes. O colapso alemão começou em agosto de 1918, com um grande aumento no número de alemães feitos prisioneiros. Essa mudança drástica não é explicada facilmente; mas a chave pode estar no fato de que se render (e, com efeito, fazer prisioneiros) era perigoso. De ambos os lados, houve muitos incidentes de assassinato de prisioneiros, incluindo um número desconhecido em que prisioneiros eram assassinados a sangue-frio, longe da área imediata de combate. Isso, apesar do valor dos prisioneiros como fonte de informação e mão de obra barata. Em parte, o assassinato de prisioneiros foi um subproduto da cultura sanguinária do front descrita anteriormente: alguns homens matavam prisioneiros por revanche. Mas também há indícios de que alguns oficiais encorajavam uma política de "não fazer prisioneiros" para aumentar a agressividade de seus homens. É possível que tais incidentes tenham se tornado menos frequentes em 1918, mas isso parece improvável. É mais provável que uma queda no moral em decorrência do fracasso notório da ofensiva de primavera iniciada por Ludendorff, somada a seu pedido de armistício e ao problema cada vez maior de doenças, tenha encorajado os soldados alemães a atribuírem um custo mais alto ao combate do que haviam feito em 1917. No entanto, seria incorreto considerar essa disposição para se render como um

cansaço da violência em geral. Embora a luta tenha cessado na Frente Ocidental em novembro de 1918, a guerra prosseguiu sem descanso na Europa Oriental e em outros lugares; e foi travada pelos Exércitos Branco e Vermelho na Guerra Civil Russa com ferocidade ainda maior.

Outras memórias

À luz de tudo isso, vale reexaminar criticamente o pressuposto discutido na Introdução deste livro de que a memória da guerra na literatura e na arte foi de horror absoluto. Mesmo alguns dos mais famosos poetas de guerra foram menos "antibélicos" do que normalmente se considera. Dos 103 poemas na edição-padrão das obras completas de Owen, apenas 31 (segundo meus cálculos) podem realmente ser classificados como antibélicos.[30] Quanto a "O beijo", de Sassoon – dirigido a "Brother Lead and Sister Steel" [Irmão chumbo e irmã aço] –, é no mínimo ambivalente quanto ao combate corpo a corpo em que o poeta (conhecido no front como "Mad Jack") era tão bom:

> Querida irmã, conceda isto a teu soldado:
> Que, em sua fúria, ele possa sentir
> O corpo em que ele pisa
> Se retrair do flechaço do teu beijo.[31]

A denúncia mais famosa que Sassoon faz da guerra, como uma guerra "de agressão e conquista", agradou um pequeno grupo de pacifistas; mas seus amigos e superiores a viram como um sintoma de "neurastenia". Em vez de julgá-lo em corte marcial, eles o enviaram para Dottyville, o hospital psiquiátrico em Craiglockhart.[32] Depois de serem tratados por Rivers, ele e Owen voltaram ao serviço ativo por vontade própria. Outros "poetas de guerra" foram, em vez de hostis para com a guerra, quando muito ambivalentes: um bom exemplo é Charles Hamilton Sorley, cujo "When You See Millions of the Mouthless Dead" [Quando você vê milhões de mortos sem voz] (1915) é solene, mas não "antibélico". Apollinaire também não foi um poeta antibélico: ele nunca duvidou de que "o progresso material, artístico e moral [...] [tivesse] de ser defendido [da Alemanha] a todo custo".[33] Ungaretti também não: embora de estilo vagamente moderno, poemas como "Rivers" [Rios] e "Italy" [Itália] são de um patriotismo comovedor.³⁴

Também vale lembrar que muitos poemas famosos nesse cânone foram, de fato, escritos por não combatentes: Thomas Hardy tinha 78 anos quando escreveu "And There Was a Great Calm" [E houve uma grande calma], com seu desesperador "Por quê?" final; "Hugh Selwyn Mauberley (Life and Contacts)", de Ezra Pound (1920), não é um poema de guerra, e sim uma paródia de um, feita por um escritor que jamais chegou perto de uma trincheira:

> Morreram alguns, pela pátria,
> nem "doce" nem "honorável" [...]
> caminharam no fundo do inferno
> acreditando nas mentiras dos velhos, e depois desacreditando [...]

Entre as condenações mais marcantes à guerra na poesia alemã estão *As elegias de Duíno*, de Rilke; mas, embora tenha sido convocado e tenha servido por um breve período no 1º Regimento Reserva de Fuzileiros, Rilke não lutou.³⁵ Em sua segunda edição revisada, *The Penguin Book of First World War Poetry* [O livro Penguin de poesia da Primeira Guerra Mundial] inclui obras de Hardy, Rudyard Kipling, D. H. Lawrence, Ford Madox Ford e, em consideração à sensibilidade feminista, nove poetisas. Nenhum deles participou do combate. Também há vários poemas que são mais ou menos entusiásticos a respeito da guerra, notadamente as obras de Brooke – sem dúvida, o mais popular de todos os poetas de guerra³⁶ –, Julian Grenfell, John McCrae e Edward Thomas, muitas vezes considerado um mártir arquetípico de uma guerra sem sentido, cujo "This is No Case of Petty Right or Wrong" [Não se trata de certo nem errado] é, de fato, uma apologia da guerra. De todo modo, nunca é demais enfatizar que tais seleções estão longe de ser representativas. A esmagadora maioria do grande número de poemas escritos durante a guerra, tanto por combatentes como por não combatentes, foi de hinos patrióticos.³⁷

Também há dificuldades com a noção de prosa antibélica. Como observou Hugh Cecil, embora *Nada de novo no front* tenha sido, e provavelmente continue sendo, o mais lido de todos os livros inspirados na Primeira Guerra Mundial, é uma obra um tanto atípica com relação às cerca de 400 obras de ficção de guerra publicadas na Grã-Bretanha entre 1918 e 1939.[38] Durante a guerra, o tom patriótico predominou. *The First Hundred Thousand* [Os primeiros cem mil], de Ian Hay (1915), é marcado pelo entusiasmo do início da guerra. As obras de ficção jingoístas da época da guerra incluem *The Red Planet* [O planeta vermelho] (1916) e *The Rough Road* [O caminho difícil] (1918), de William J. Locke, e *The Curtain of Fire* [A cortina de fogo] (1916), de Joseph Hocking. Mesmo depois da guerra, o clima não era totalmente de desencanto. O próprio *Disenchantment* [Desencanto] não foi um grande sucesso de vendas: em 1927, havia vendido pouco mais de 9 mil exemplares na Grã-Bretanha.[39] *Medal Without Bar* [Medalha sem barretas], embora admirado pelos ex-soldados que o leram por sua precisão, vendeu 10 mil.[40] Esses eram, sem dúvida, números respeitáveis; mas fez muito mais sucesso o livro escrito pelo ex-capelão do Exército Ernest Raymond, o açucarado *Tell England* [Diga à Inglaterra], que só tinha uma coisa em comum com *Nada de novo no front*: todos os amigos jovens que entram para o Exército em 1914 acabam mortos. Esse "grande romance da juventude gloriosa" foi reimpresso 14 vezes em 1922.[41] Embora o personagem principal em *The Way of Revelation* [O caminho da revelação] (1921), de Wilfred Ewart – outro *best-seller* –, tenha de lidar com uma namorada que sucumbe à decadência na frente interna, suas críticas à guerra propriamente dita foram veladas.[42]

Da mesma forma, nem todas as memórias de guerra tiveram um tom de absoluto desencanto. Há, na verdade, muito menos sentimento antibélico nas obras de Sassoon, Blunden e Graves do que às vezes se afirma; com efeito, Graves ficou surpreso quando seu livro *Goodbye to All That* [Adeus a tudo aquilo] foi considerado "um tratado violento contra a guerra".[43] Ele, de fato, explica de maneira brilhante como os homens "calculavam" suas próprias chances de sobrevivência:

> Para tirar uma vida, corríamos um risco, digamos, de 20%, em particular se havia um objetivo maior do que meramente reduzir o número de soldados inimigos; por exemplo, interceptar um franco-atirador conhecido [...] Uma única vez eu me abstive de atirar em um alemão que vi [...] Talvez um risco de 5% para trazer um alemão ferido à segurança seria considerado justificável [no Corpo dos Fuzileiros Reais do País de Gales] [...] Quando estávamos exaustos e queríamos ir rapidamente de um ponto a outro nas trincheiras sem sucumbir, nós

às vezes tomávamos um atalho por cima do parapeito [...] Na pressa, corríamos um risco de 1 em 200; quando muito cansados, um risco de 1 em 50.[44]

Graves também descreve como "o espírito regimental sobrevivia persistentemente a todas as catástrofes"; ao passo que "o batalhão se importava tão pouco com o sucesso ou os infortúnios de nossos Aliados quanto com as origens da guerra".[45] Ele cita como evidência da cultura violenta dos escalões inferiores os dois homens do Corpo de Fuzileiros Reais do País de Gales julgados em corte marcial e fuzilados por terem assassinado um de seus próprios sargentos; e observa que "era surpreendente que houvesse tão poucos choques entre os britânicos e os franceses locais – que retribuíam nosso ódio".[46] Graves tampouco omite o fato de que "as bases hospitalares para doenças venéreas estavam sempre lotadas". Nada disso tem a intenção de escandalizar; ele simplesmente, e com certo humor negro, explica. *Undertones of War* [Nuances da guerra], de Blunden, tem sua parcela de horror, mas também mostra a fascinação do soldado comum pela morte (observe-se o modo como os homens olhavam para as sepulturas abertas em um cemitério de igreja bombardeado), e sua arte do eufemismo: "'Nunca fiz um bombardeio como este', disse ele. Foi exatamente como se estivesse falando de um novo recorde de Willie Smith [no bilhar] ou da arte pela arte".[47] Quanto às memórias parcamente ficcionalizadas de Sassoon, os soldados lembram-se, imperturbáveis, de terem "subido as trincheiras com a intenção de matar alguém" para vingar um amigo morto;[48] e, mais tarde, de terem ficado "exaltados diante da perspectiva de uma batalha [...], como se partir para o ataque fosse uma espécie de experiência religiosa". Como afirma Sassoon: "Não acreditei nem um pouco nas denúncias absurdas da Guerra [...] Em 1917, eu estava apenas começando a aprender que a vida para a maioria da população é uma luta detestável contra probabilidades injustas, culminando em um funeral barato".[49] Ele também reconhece o instinto de morte: "O instinto semissuicida que me assombrava sempre que eu pensava em voltar para a linha [...] um desejo insidioso de ser morto".[50]

Até mesmo Remarque (como Barbusse) reconhece o papel redentor da camaradagem no front: o hábito de defecar em grupo, as brincadeiras grosseiras, a obsessão com comida que resulta no hilário roubo de um ganso, a capacidade de esquecer um camarada morto e herdar suas botas.[51] *Peter Jackson, Cigar Merchant* [Peter Jackson, mercador de charutos] (1920), de Gilbert Frankau, expressa críticas à má administração do Exército e até mesmo à corrupção, mas só porque isso inibe a execução efetiva da guerra.[52] Memorialistas menos conhecidos, como Ronald Gurner, William Barnet Logan e Edward Thompson, repudiaram a noção de desencanto.[53] Além disso, até mesmo alguns daqueles que se sentiram, de alguma forma, desencantados – homens como Montague e Edmonds – se decepcionaram mais com a paz do que com a guerra.[54] O historiador militar Douglas Jerrold não foi uma voz isolada quando publicou, em 1930, seu panfleto *The Lie about the War: A Note on Some Contemporary War Books* [A mentira a respeito da guerra: uma nota sobre alguns livros de guerra contemporâneos], acusando 16 autores (entre os quais, Remarque e Barbusse) de "negar a dignidade do drama trágico da guerra em benefício da propaganda". Seu colega Cyril Falls concordou em seu *The War Book: A Critical Guide* [O livro da guerra: um guia crítico] (1930): era absolutamente incorreto, argumentou, insinuar que "os homens que morreram [na guerra] foram conduzidos ao massacre como bestas, e morreram como bestas [...]". Como era de prever, os poucos altos oficiais que pararam para ler Remarque foram desdenhosos.[55] Muitos soldados comuns também partilhavam do desagrado de Sidney Rogerson por livros que "empilhavam um cadáver sobre outro, tratando com leviandade o terror".[56] Como muitas vezes se observou, as memórias dos anos 1920 e 1930 foram, em sua grande maioria, obra de homens educados em universidades de elite com pouca vivência em situações adversas, muito menos em guerra. Sua desilusão estava fundada nas ilusões da juventude privilegiada;[57] e pouco do desconforto do qual reclamavam era novidade para os suboficiais e os soldados.[58] Um excelente exemplo da visão otimista do soldado britânico é a memória de Coppard, que ilustra perfeitamente como os homens eram sustentados por uma combinação de fatalismo – "se tem seu maldito número, não há nada que você possa fazer a respeito" –, vício em nicotina – "tão importante quanto a munição" – e ódio – "Os inimigos eram sempre canalhas infames". Coppard admite até mesmo que não teria se recusado a fuzilar um homem condenado em corte marcial se houvesse recebido ordens para isso.[59]

Também é um grande erro imaginar que havia um tom uniforme nos escritos do pós-guerra sobre o conflito. Um dos melhores livros inspirados diretamente no esforço de guerra dos Impérios Centrais é *The Good Soldier Švejk* [O bom soldado Švejk] (1921-1923), de Jaroslav Hašek.[60] É um dos livros mais divertidos já escritos. No outro extremo, estão os romances de guerra de Ernst Jünger. Para Jünger, como vimos, a guerra foi um teste revigorante da capacidade dos indivíduos de dominar o medo em nome da honra; apesar de reconhecer os desconfortos e os terrores das trincheiras, ele reitera constantemente a satisfação que sentiu em sua época como oficial de tropas de assalto.[61] "O combate é uma das experiências verdadeiramente grandiosas", escreveu em *Combat as Inner Experience* [O combate como experiência interna] (1922), "e ainda estou para encontrar alguém para quem o momento da vitória não tenha sido de grande euforia". Na guerra, "o verdadeiro ser humano compensa, em uma orgia embriagada, tudo que vinha negligenciando. Então, suas paixões, há tanto tempo estancadas pela sociedade e suas leis, tornam-se mais uma vez dominantes e sagradas, e a razão suprema". Quando chamou a guerra de "uma grande escola" e "a bigorna onde o mundo será moldado em novas fronteiras e novas comunidades", Jünger estava ecoando o que os darwinistas sociais haviam escrito antes da guerra: longe de invalidar o militarismo, a guerra o tornou mais atraente para muitos alemães. Houve uma série de memórias de guerra publicadas durante o período da República de Weimar que expressaram sentimentos similares em uma prosa menos exaltada: por exemplo, *Vom Kriege* [Da guerra] (1924), de Rudolf Binding, *Soldat Suhren* [Soldado Suhren] (1927), de Georg von der Vring, e *Trommelfeuer um Deutschland* (1929) e *Gruppe Bösemuller* (1930), de Werner Beumelburg.[62] As memórias dos soldados que continuaram a lutar em *Freikorps* irregulares depois do armistício expressam, além de sua hoje notória misoginia, uma sede de sangue um tanto impenitente.[63] Também na Itália o advento do regime fascista em 1922 garantiu que a guerra fosse glorificada na literatura, apesar da experiência dolorosa do país durante o conflito. De fato, esse processo começou mesmo antes de 1922, graças a D'Annunzio.[64] Na União Soviética, é claro, o regime bolchevique encorajou os escritores a condensarem os acontecimentos antes de outubro de 1917 em um mero prelúdio para a revolução. É significativo que no livro favorito de Stálin, *A guarda branca*, de Mikhail Bulgákov, a história comece com os Exércitos alemães fugindo da Ucrânia e termine com os bolcheviques chegando para conter a anarquia da Guerra Civil. Ainda assim, não houve nenhuma tentativa nos anos 1920 de abominar a violência como tal; pelo contrário, esta foi celebrada como uma ferramenta necessária na luta de classes.

Tampouco se pode dizer que o teatro inspirado pela guerra tenha sido sempre antibélico. Embora se passe em um abrigo subterrâneo perto de Saint-Quentin à véspera da grande ofensiva de primavera de Ludendorff, *Journey's End* [O fim da jornada] (1928), de R. C. Sherriff, não é uma obra pacifista. O alto oficial bebe, outro perde a coragem, e dois colegas morrem em um ataque fatídico; mas a obra é marcada pela compostura característica das escolas de elite.[65] O dramaturgo britânico que mais criticou a guerra foi George Bernard Shaw; mas seu jornalismo panfletário e antibélico praticamente não obteve apoio popular, e as indiretas a respeito da guerra em *Heartbreak House* [A casa dos corações partidos], bem como no prefácio de *Back to Methuselah* [De volta a Matusalém], são inócuas em comparação com a obra-prima de Kraus.[66] As músicas compostas sobre a guerra também desafiam uma categorização simples. *The Tigers* [Os tigres] (iniciada em 1916), de Havergal Brian, pode ser classificada como uma "ópera satírica antiguerra"; mas e quanto à pomposa *A World Requiem* [Um réquiem mundial] (1918-1921), de John Foulds, executada por quatro anos consecutivos no Dia do Armistício em uma cerimônia comemorativa patrocinada pela Legião Britânica? Como "uma mensagem de consolo para os enlutados de todos os países", esta dificilmente era uma obra antibélica.[67] *L'Histoire du Soldat* [A história do soldado], de Stravinsky, tampouco pode ser caracterizada dessa maneira, nem mesmo *Jonny spielt auf* [Jonny começa a tocar] (apresentada pela primeira vez em 1927), a ópera com influência de jazz de Ernst Krenek; o uso de uma sirene de ataque aéreo para abafar o último refrão é, quando muito, um toque cômico.

Os filmes mais famosos inspirados na guerra foram, é claro, *Nada de novo no front* e seu correspondente alemão, *Westfront 1918* [Frente Ocidental, 1918]. Dos cinco filmes de guerra lançados em 1930, *Nada de novo no front* é um dos que continuam sendo exibidos na Grã-Bretanha; e ninguém que o tenha visto esquecerá a cena (que não aparece no livro, menos sentimental) em que, perto do fim da guerra, o jovem herói leva um tiro enquanto estende o braço para tocar numa borboleta em um parapeito. Possivelmente ainda mais angustiante é a imagem dos mortos se levantando dos túmulos em *Eu acuso*, de Abel Gance, o maior filme francês antibélico ao lado de *A grande ilusão*, de Jean Renoir. Mas não devemos esquecer que foram lançados, no mesmo ano que *Nada de novo no front*, uma versão cinematográfica de *Journey's End* [O fim da jornada] e mais duas aventuras situadas no mais romântico de todos os palcos de guerra – o ar. Os anos 1920 também haviam presenciado o lançamento de seis filmes de guerra feitos por britânicos: *The Battle of Jutland* [A Batalha da Jutlândia], *Armageddon* [Armagedom] (sobre a guerra na Palestina), *Zeebrugge, Ypres, Mons* e *Battles of the Coronel and the Falkland Islands* [Batalhas do coronel e as Ilhas Malvinas]. Um crítico exasperado os descreveu como "cheios do tipo de sentimentalismo que nos faz estremecer", apresentando a guerra "*totalmente* da perspectiva de um livro de aventuras de um rapaz romântico".[68] Mas não era disso que mais gostava o público de cinema do período entreguerras?

E qual arte era a verdadeira "arte de guerra"? Nos livros de história da arte de tendência mais *whig* se costumava dizer que os horrores da guerra, de certo modo, aceleraram a evolução do modernismo, por desacreditar as convenções românticas da representação; isso é controverso. O imaginário romântico sobreviveu à guerra praticamente intacto: observe-se *Vision of St. George over the Battlefield* [Visão de São Jorge sobre o campo de batalha] (1915), de John Hassall, *Forward the Guns!* [Avante as armas!] (1917), de Lucy Kemp, ou *Edith Cavell* (1918), de George Bellow, e sua extraordinária sequência de telas retratando as atrocidades belgas, que remetem a *Flaying of Marsyas* [A punição de Mársias], de Ticiano.[69] O desdobramento mais radical do modernismo entre 1914 e 1918 – o dadaísmo – foi, em grande parte, obra de artistas como Hugo Ball e Richard Huelsenbeck, que haviam levantado acampamento rumo a um país neutro: a Suíça.[70] Para os que lutaram, a guerra proporcionou temas geométricos para aqueles pintores (como Wyndham Lewis, Fernand Léger ou Oscar Schlemmer) que já haviam sido expoentes do vorticismo ou do cubismo; temas explosivos para aqueles (como Otto Dix) já atraídos pelo expressionismo; e temas grotescos para aqueles (como George Grosz) já tomados por misantropia. Sem dúvida, nenhum desses artistas parece, aos olhos de hoje, ter glorificado a guerra. Mas o número de artistas que, como Paul Nash, viram sua obra servir a uma função didática antibélica foi relativamente pequeno. Pouquíssimas das cerca de 30 gravuras que Grosz publicou durante e após a guerra em coleções como os dois *Mappen* (1917), *Im Schatten* [Na sombra] (1921), *Die Räuber* [Os ladrões] (1923), *Ecce Homo* (1923) e *The Marked Men* [Os homens marcados] (1930) aludem à guerra de maneira explícita. Embora ele tenha retratado veteranos incapacitados nas ruas violentas e decadentes de Berlim, praticamente todas as caricaturas são de civis. Apenas os dois cartuns de 1915, "Battlefield with Dead Soldiers" [Campo de batalha com soldados mortos] e "Captured" [Capturados], e os nove cartuns em *Gott mit uns* [Deus está conosco] (1920) dão algum indício de que Grosz vivenciou o combate na própria pele. O mesmo pode ser dito de suas pinturas: até mesmo *Explosion* [Explosão] (1917), que poderia ser interpretada como um ataque aéreo imaginado sobre Berlim, foi diretamente inspirada em uma obra anterior à guerra: *Burning City* [Cidade em chamas] (1913), de Ludwig Meidner. Foi só em 1928 (com *Hintergrund* [Pano de fundo]) que Grosz produziu uma série de cartuns explicitamente antibélicos.[71]

Além disso, muitos dos artistas modernos apreciavam a estética da guerra total. Tendo elogiado a guerra antes de 1914, o futurista italiano Filippo Marinetti dificilmente poderia fazer o contrário quando o conflito terminou. Mas não foram só os futuristas que viram a guerra de uma perspectiva favorável. Léger e Dix foram, no mínimo, ambivalentes com relação aos horrores que testemunharam. Lewis, que havia instado seus colegas vorticistas a jamais "ficarem de fora de uma guerra", mais tarde escreveu com notável ambiguidade sobre

> os esqueletos sorridentes em seus uniformes militares, o crânio ainda protegido pelo capacete de metal: aqueles festões de arame empastados de lama; as cadeias montanhosas em miniatura, de terra cor de açafrão; e árvores que parecem forcas – estes eram os atributos exclusivos dos elencos gigantescos de atores moribundos e traumatizados pela guerra, que carregavam esse palco com *uma eletricidade romântica*.[72]

Léger ficou "estarrecido ao ver a abertura traseira de um canhão calibre 75 em plena luz do dia, confrontado com o jogo de luzes sobre o metal branco".[73] A guerra, escreveu, proporcionou-lhe uma revelação repentina da "*profundidade* do dia presente":

> A visão de enxames de esquadrões. O habilidoso soldado raso. E então, repetidas vezes, novos exércitos de trabalhadores. Montanhas de matérias-primas, de objetos manufaturados [...] motores norte-americanos, escavadoras malaias,

granadas inglesas, tropas de todos os países, produtos químicos alemães [...] tudo carregando a marca de uma grande unidade.⁷⁴

Seu *The Card Game* [O jogo de cartas] (1917) era, como um crítico comentou, "um grito de ódio contra [o fato de] a guerra impor aos homens a terrível uniformidade mecânica dos robôs e, ao mesmo tempo, um hino à força dos homens que criaram essas máquinas, cujo ritmo exalta o poder controlador do homem".⁷⁵ Se, como Willett afirmou, Franz Jung foi o autor do Manifesto Dadaísta de Berlim de abril de 1918, parece razoável associar sua linguagem belicosa com sua experiência como recruta na Batalha de Tannenberg:

> A maior arte será aquela [...] que nos permita ficar perplexos diante das explosões da última semana, que está constantemente se recompondo do choque do dia anterior. Os melhores [...] artistas serão aqueles que estão sempre recolhendo os pedaços de seu corpo em meio ao caos dos cataclismos da vida, enquanto se aferram ao intelecto da época com as mãos e o coração sangrando.⁷⁶

Os artistas russos também produziram mais arte pró-guerra do que antiguerra. *Disabled Veterans* [Veteranos incapacitados] (1926), de Y. Pimenov, chama a atenção por sua dívida para com artistas alemães como Grosz e Dix; mas *Death of Commissar* [A morte do comissário], de K. Petrov-Vodkin, concluída no mesmo ano, ilustra mais uma vez a necessidade bolchevique de estabelecer a distinção entre a perversa guerra imperialista e a heroica Guerra Civil.⁷⁷

O mais impressionante dos exemplos contrários é, possivelmente, o de Otto Dix. Ele, que lutou durante todo o conflito, tanto na Frente Ocidental como na Oriental, considerava a guerra uma "ocorrência natural", e horrorizou seu amigo Conrad Felixmüller ao descrever o prazer de "enfiar uma baioneta nas vísceras de alguém e retorcê-la". Muitas vezes mal interpretadas como denúncias da guerra – talvez porque o agente de Dix procurou aproveitar a onda pacifista da Alemanha nos anos 1920 –, pinturas grotescas como *The Trench* [A trincheira] (1923, posteriormente desaparecida) ou o tríptico *War* [Guerra] (1929-1932) e as 50 gravuras de guerra (1924) de fato se devem muito ao desejo do artista, quando um jovem voluntário, de "experimentar na própria pele todas as profundezas insondáveis e medonhas da vida". Conforme ele explicou mais tarde, "precisava sentir como alguém ao meu lado de repente cai e está morto, e a bala o atingiu em cheio. Eu precisava vivenciar isso em primeira mão. Eu queria isso". "A guerra era uma coisa horrível", recordou, "mas também tinha algo de extraordinário."[78] Um leitor ávido de Nietzsche antes e durante a guerra, Dix, mais do que qualquer outro artista, foi inspirado pela estética da destruição e do assassinato em massa. Segundo escreveu em um dos esboços de cartão-postal que enviou à amiga Helen Jakob: "Nas ruínas de Aubérive – os buracos de munição nos vilarejos estão cheios de energia elementar [...] É uma beleza rara e singular que nos diz muito".[79] Um artista-soldado alemão muito menos sofisticado também pintou e desenhou vilarejos bombardeados: o clima dessas obras pouco conhecidas de Adolf Hitler, que então era cabo no 16º Regimento de Infantaria Reserva da Baviera, só pode ser descrito como sereno.[80]

Parte da arte britânica posterior inspirada na guerra partilha dessa ambivalência: Stanley Spencer falou, a respeito de seu *Resurrection of the Soldiers* [Ressureição dos soldados] em Burghclere – em certos aspectos, estilisticamente similar à obra de Dix no pós-guerra –, que ele desejava comunicar "uma sensação de alegria e expectativa esperançosa".[81] Mesmo quando, durante a guerra, pediram que ele pintasse os letreiros diferenciando os banheiros dos sargentos dos banheiros dos soldados, ele procurou edificar, decorando o S de Sargento com uma coroa de rosas.[82] A *Ressurreição* de Burghclere dificilmente é uma obra alegre, mas sua reconfiguração da guerra em iconografia cristã visa ao consolo, não à ira; nisso, Spencer lembrava Georges Rouault, cujo ciclo de 58 gravuras, *Miserere*, é, possivelmente, a tentativa suprema de tornar a guerra inteligível em termos religiosos.[83]

E se?

Em 1932, com as reparações e as dívidas de guerra congeladas e o mundo submerso na Depressão, o escritor J. C. Squire publicou uma coleção interessante (embora hoje praticamente esquecida) do que chamou de "lapsos na história imaginária". Três de seus 11 colaboradores escolheram reescrever a história de modo que a Primeira Guerra Mundial fosse "evitada". André Maurois fez isso imaginando que a Revolução Francesa não aconteceu.

Como explica seu onisciente "arcanjo", o mundo imaginário depois de mais um século e meio de governo dos Bourbon na França "é dividido de maneira um pouco diferente. Os Estados Unidos não se separaram da Inglaterra, mas se tornaram tão vastos que agora dominam o Império Britânico [...] O Parlamento Imperial fica na cidade de Kansas [...] A capital dos Estados Unidos da Europa [...], em Viena". Não houve nenhuma "guerra de 1914-1918".[84] Winston Churchill alimentou uma fantasia similar ao imaginar uma vitória dos Confederados em Gettysburg e o subsequente surgimento, em 1905, de uma "Associação Anglófona" reunindo a Grã-Bretanha, a Confederação e os Estados Unidos do Norte:

> Uma vez que os perigos de 1914 foram evitados e o desarmamento da Europa acompanhou o já realizado pela Associação Anglófona, a ideia de um "Estados Unidos da Europa" estava fadada a ocorrer. O magnífico espetáculo da grande união de povos anglófonos, sua segurança garantida, seu poder sem limites, a rapidez com que a riqueza era criada e distribuída no interior de suas fronteiras, a sensação de dinamismo e esperança que parecia permear populações inteiras; tudo isso assinalava, aos olhos dos europeus, um moral que só os mais tolos poderiam ignorar. Se o imperador Guilherme II conseguirá realizar o projeto de unidade europeia impulsado por mais uma etapa importante na Conferência Pan-europeia que acontecerá em Berlim em 1932, ainda é assunto para a profecia [...] Se esse prêmio couber à Sua Majestade Imperial, ele talvez reflita sobre a facilidade com que sua carreira poderia ter sido destruída em 1914 com a eclosão de uma guerra que poderia ter lhe custado o trono, e teria devastado seu país.[85]

Em um tom um pouco mais realista, Emil Ludwig propôs que, se o imperador alemão Frederico III não houvesse morrido de câncer em 1888 (depois de apenas 99 dias no trono), a política na Alemanha poderia ter tomado um rumo mais liberal: nesse mundo alternativo, Frederico viveria o bastante para parlamentarizar a Constituição e concluir uma aliança anglo-germânica, morrendo satisfeito em 1º de agosto de 1914, aos 83 anos de idade.[86] Hilaire Belloc foi o único que imaginou um desfecho contrafatual ainda pior do que a realidade histórica. Como Maurois, Belloc eliminou a Revolução Francesa; mas desta vez a queda da França como potência é acelerada, permitindo que o Sacro Império Romano-Germânico se transformasse em uma federação europeia que "se estende do Báltico à Sicília e de Königsberg a Ostend". Desse modo, quando eclode a guerra contra essa Grande Alemanha em 1914, é a Grã-Bretanha que perde, terminando como uma "Província da Comunidade Europeia".[87]

Além da preocupação comum com a ideia de unificação europeia – que, conforme vimos, foi de fato um objetivo da Alemanha em 1914 –, o que chama a atenção em todos esses ensaios é quanto os autores sentiram que precisavam recuar no tempo a fim de encontrar um ponto de inflexão em que a história europeia poderia ter seguido outro rumo factível. Porém, 80 anos depois do armistício de 1918, narrativas contrafatuais menos remotas parecem mais plausíveis. E se a Alemanha houvesse adotado uma estratégia menos arriscada, investindo mais em suas defesas em tempos de paz em vez de apostar tudo no Plano Schlieffen? E se a Grã-Bretanha houvesse ficado de fora da guerra em 1914?

Se a Primeira Guerra Mundial jamais houvesse ocorrido, por um lado, a pior consequência teria sido algo como uma Primeira Guerra Fria, em que as cinco grandes potências continuariam a manter grandes aparatos militares, mas sem impedir seu próprio crescimento econômico sustentado. Por outro lado, se a guerra houvesse sido travada sem a Grã-Bretanha e os Estados Unidos, os alemães, vitoriosos, poderiam ter criado uma versão da União Europeia oito décadas antes.

Se a Força Expedicionária Britânica nunca houvesse sido enviada, não há dúvida de que os alemães teriam ganhado a guerra. Mesmo se houvessem sido detidos no Marne, eles quase certamente teriam conseguido destruir o Exército francês se este não tivesse contado com reforços britânicos substanciais. E, mesmo se a Força Expedicionária Britânica *tivesse* chegado, só que uma semana depois ou em um local diferente em consequência de uma crise política em Londres, Moltke ainda poderia ter repetido o triunfo de seu antecessor. No mínimo, ele teria sido menos inclinado a se retirar para Aisne. Mas e depois? Sem dúvida, os argumentos a favor da intervenção britânica para conter as ambições alemãs teriam continuado – especialmente com Bonar Law como primeiro-ministro. Mas só teria sido concebível uma intervenção de tipo bem diferente. A Força Expedicionária teria se tornado obsoleta com a derrota da França; se houvesse sido enviada, o *dénouement* provavelmente teria sido uma evacuação similar à de Dunquerque. Os velhos planos dos navalistas para aportar na costa alemã também teriam sido descartados, como de fato foram. É possível que alguma versão da invasão de Dardanelos ainda tivesse surgido como a maneira mais aceitável de empregar o Exército (especialmente se Churchill houvesse permanecido no Almirantado, o que é muito provável). Além desse empreendimento arriscado – que poderia, é claro, ter se saído melhor se toda a Força Expedicionária Britânica houvesse sido disponibilizada –, o máximo que a Grã-Bretanha poderia ter feito seria usar seu poder naval para travar o tipo de guerra marítima contra a Alemanha que Fisher sempre defendera: capturar os navios mercantes alemães, perturbando o comércio dos países neutros com o inimigo e confiscando os ativos ultramarinos alemães.

Tal estratégia dupla certamente teria irritado Berlim. Mas não teria ganhado a guerra. Pois há sólidas evidências de que o bloqueio não levou a Alemanha à submissão, como seus defensores esperaram que ela faria. Tampouco uma vitória sobre a Turquia teria enfraquecido de maneira significativa a posição de uma Alemanha vitoriosa na Frente Ocidental, embora sem dúvida teria beneficiado os russos ao concretizar suas intenções históricas sobre Constantinopla. Sem a guerra de exaustão na Frente Ocidental, o efetivo militar britânico, sua economia e seus recursos financeiros imensamente superiores não teriam sido suficientes para garantir a vitória contra a Alemanha. Um resultado muito mais provável teria sido um acordo diplomático (do tipo que lorde Lansdowne defendeu), por meio do qual a Grã-Bretanha cessaria as hostilidades em troca de garantias alemãs quanto à integridade e à neutralidade da Bélgica. Esse, afinal, havia sido o objetivo de Bethmann o tempo todo. Com a França derrotada e a oferta alemã de restaurar a Bélgica ao *status quo ante* ainda em discussão, é difícil conceber como algum governo britânico poderia ter justificado a continuidade de uma guerra naval e, talvez, no Oriente Médio, de duração imprevista. Para quê? É possível imaginar liberais ressentidos ainda clamando, como fizeram, por uma guerra contra a "casta militar" da Alemanha; mas teria sido difícil sustentar esse argumento (que tinha pouca importância para Haig) se, como parece provável, Bethmann tivesse prosseguido com a política de colaboração com os sociais-democratas, que começou com os impostos de 1913 e deu frutos com o voto a favor dos créditos de guerra.[88] Mas uma guerra para preservar o controle russo sobre a Polônia? Para entregar Constantinopla para o tsar? Embora

Grey às vezes parecesse pronto a travar tal guerra, ele certamente teria sido vencido por aqueles como *sir* William Robertson, que continuava defendendo, em agosto de 1916, a preservação de "uma potência central europeia [...] forte [...] teutônica" como forma de deter a Rússia.[89] Teria sido difícil recusar a proposta alemã de uma união aduaneira na Europa Central.

Portanto, se a Grã-Bretanha tivesse ficado de fora – ainda que por uma questão de semanas –, a Europa continental poderia ter se transformado em algo não muito diferente da União Europeia que conhecemos hoje – mas sem a grande contração no poder ultramarino britânico acarretada pela participação em duas guerras mundiais. Talvez isso também tivesse evitado que a Rússia sucumbisse aos horrores da guerra civil e do bolchevismo. Apesar de continuar havendo grandes problemas de tumulto rural e urbano, uma monarquia constitucional adequada (depois da abdicação provavelmente inevitável de Nicolau II) ou uma república parlamentar tivesse tido mais chance de sucesso após uma guerra mais breve. E simplesmente não teria ocorrido a grande incursão do poder militar e financeiro dos Estados Unidos em questões europeias, que marcou de maneira decisiva o fim da supremacia financeira britânica no mundo. É verdade, ainda poderia ter havido fascismo na Europa nos anos 1920; mas teria sido na França, não na Alemanha, que os nacionalistas radicais teriam soado mais persuasivos. Isso não seria surpresa alguma: a direita francesa foi muito mais ruidosamente antissemita do que a alemã antes de 1914 – observe-se o Caso Dreyfus. E, talvez, se não fossem as tensões econômicas de uma guerra mundial, as inflações e as deflações do início dos anos 1920 e início dos anos 1930 não teriam sido tão graves.

Com o Kaiser triunfante, Adolf Hitler poderia ter ganhado a vida como um pintor medíocre de cartões-postais e um soldado veterano satisfeito em uma Europa Central dominada pela Alemanha, da qual ele teria encontrado poucos motivos para reclamar. E Lênin poderia ter prosseguido com seus rabiscos rancorosos em Zurique, para sempre desejando a queda do capitalismo – e para sempre decepcionado. Foi, afinal, o Exército alemão que proporcionou a Hitler não só sua adorada "experiência do front", como também sua iniciação na política e nos discursos públicos imediatamente depois da guerra. Também foi o Exército alemão que enviou Lênin de volta a Petrogrado para minar o esforço de guerra russo em 1917. Em última instância, foi por causa da guerra que ambos os homens foram capazes de ascender para estabelecer despotismos bárbaros que perpetraram ainda mais assassinatos em massa. Ambos viram isso como uma prova conclusiva de suas teorias conflitantes, mas complementares: que os judeus pretendiam destruir a raça ariana; que o capitalismo estava fadado à autodestruição.

Na análise final, portanto, o historiador é obrigado a perguntar se a aceitação de uma vitória alemã no continente teria sido tão nociva aos interesses britânicos quanto Grey e outros germanófobos afirmaram na época, e como a maioria dos historiadores aceitou posteriormente. A resposta proposta aqui é que não. A pergunta de Eyre Crowe sempre foi: "Se a guerra vier, e a Inglaterra ficar de fora [...] [e] a Alemanha e a Áustria ganharem, destruindo a França e humilhando a Rússia, qual será então a situação de uma Inglaterra sem amigos?".[90] A resposta do historiador é: melhor do que a de uma Inglaterra exaurida em 1919.

Immanuel Geiss argumentou recentemente:

> Não havia nada de errado com a conclusão [...] de que a Alemanha e a Europa continental a oeste da Rússia só seriam capazes de manter sua posição [...] se a Europa se unisse. E uma Europa unida cairia, quase automaticamente, sob a liderança da maior potência – a Alemanha [...] [Mas] a liderança alemã sobre uma Europa unida a fim de fazer frente aos blocos gigantes de poder econômico e político que estavam por vir teria de superar a suposta relutância dos europeus à dominação por qualquer um de seus pares. A Alemanha teria de persuadir a Europa a aceitar a liderança alemã [...] deixar claro que o interesse geral da Europa coincidia com o interesse iluminado da Alemanha [...] a fim de alcançar, nos anos após 1900, algo que se assemelhasse a sua posição atual como República Federal.[91]

Embora seus pressupostos reflitam, talvez de modo inconsciente, o excesso de confiança da era pós-reunificação, em um sentido ele tem toda razão: teria sido infinitamente preferível se a Alemanha pudesse ter alcançado sua posição hegemônica no continente sem duas guerras. Não foi só por culpa da Alemanha que isso não aconteceu. Foi a Alemanha que forçou a guerra continental de 1914 sobre uma França relutante (e uma Rússia não tão relutante). Mas foi o governo britânico que decidiu transformar a guerra continental em uma guerra mundial, um conflito que durou o dobro e custou muito mais vidas do que teria custado a primeira "aposta [alemã] em uma

União Europeia", se houvesse saído conforme o planejado. Ao combater a Alemanha em 1914, Asquith, Grey e seus colegas ajudaram a garantir que, quando a Alemanha finalmente conquistou a supremacia no continente, a Grã-Bretanha já não era forte o bastante para detê-la.

Portanto, o título deste livro, *O horror da guerra*, é ao mesmo tempo uma sincera alusão à frase de Wilfred Owen e um eco da linguagem atenuada do soldado raso comum nas trincheiras. A Primeira Guerra Mundial foi um horror na dupla acepção do termo: no sentido do poeta, de algo que causa pena e pesar, e no sentido de atrocidade – algo condenável, execrável. Foi pior do que uma tragédia, que é algo que somos ensinados pelo teatro a considerar, em essência, inevitável. Foi nada menos que o maior *erro* da história moderna.

---

1. Dostoiévsky, *Crime and Punishment*, p. 555s.
2. M. Gilbert, *First World War*, p. 509.
3. Ver Goldstein, *Winning the Peace*.
4. M. Gilbert, *First World War*, p. 528, 530. Conforme afirma Gilbert com razão, nenhum povo sofreu mais na Primeira Guerra Mundial do que os armênios: entre 800 mil e 1,3 milhão foram massacrados pelas forças otomanas no primeiro ano de guerra. Genocídios não foram exclusividade da Segunda Guerra Mundial.
5. Hobsbawm, *Age of Extremes*, p. 65s.
6. Cannadine, War and Death, p. 197.
7. Bogart, *Direct and Indirect Costs*.
8. Cannadine, War and Death, p. 200.
9. Petzina, Abelshauser e Foust, *Sozialgeschichtliches Arbeitsbuch*, vol. III, p. 28.
10. Mitchell, *European Historical Statistics*, p. 62.
11. Bessel, Germany, p. 5, 73, 79. Cf. Whalen, *Bitter Wounds*.
12. Ver seus Pragerstrasse: Cork, *Bitter Truth*, p. 252.
13. Kemp, *French Economy*, p. 59.
14. Bourke, *Dismembering the Male*, p. 33.
15. J. Winter, *Sites of Memory*, passim. Para uma crítica esclarecedora, ver a análise de Thomas Laqueur, The Past's Past, *London Review of Books*, 19 de setembro de 1996, p. 3ss. Ver também Mosse, *Fallen Soldiers*.
16. Cannadine, War and Death, p. 212-217.
17. Kipling, *Irish Guards*, esp. vol. II, p. 28: "Estavam faltando os segundos-tenentes Clifford e Kipling [...] Foi uma média justa para o primeiro dia e lhes ensinou alguma coisa para o futuro".

18. M. Gilbert, *First World War*, p. 249.
19. Eichengreen, *Golden Fetters*, passim.
20. Knock, *To End all Wars*, p. 35.
21. Ibid., p. 77.
22. Ibid., p. 113.
23. Ibid., p. 143ss.
24. Ibid., p. 152.
25. Hynes, *War Imagined*, p. 291.
26. Mazower, *Dark Continent*, p. 61.
27. Petzina, Abelhauser e Foust, *Sozialgeschichtliches Arbeitsbuch*, vol. III, p. 23.
28. Hobsbawm, *Age of Extremes*, p. 51.
29. Ferguson, *Paper and Iron*, p. 137.
30. W. Owen, *Poems*.
31. Sassoon, *War Poems*, p. 29.
32. Os eventos estão descritos em Sassoon, *Complete Memoirs*, p. 471-557.
33. Willett, *New Sobriety*, p. 30.
34. Silkin, *Penguin Book of First World War Poetry*, p. 265-268.
35. Coker, *War and the Twentieth Century*, p. 58ss.
36. *1914* contabilizava 28 impressões em 1920; os *Collected Poems*, 16 impressões em 1928: Hynes, *War Imagined*, p. 300.
37. Bogacz, Tyranny of Words, p. 647s.
38. H. Cecil, British War Novelists, p. 801. Cf. Roucoux, *English Literature of the Great War*.
39. Grieves, Montague, p. 55.
40. H. Cecil, British War Novelists, p. 811, 813.
41. Hynes, *War Imagined*, p. 332ss.
42. Ibid., p. 331s.
43. Cecil, British War Novelists, p. 810.
44. Graves, *Goodbye*, p. 112s.
45. Ibid., p. 78, 116. Também p. 152.
46. Ibid., p. 94.
47. Blunden, *Undertones*, p. 56, 218.
48. Sassoon, *Memoirs of a Fox-Hunting Man*, p. 304.
49. Sassoon, *Memoirs of an Infantry Officer*, p. 134, 139.
50. Sassoon, *Complete Memoirs*, p. 559.
51. Remarque, *All Quiet*, passim.
52. H. Cecil, British War Novelists, p. 803.
53. Ibid., p. 804.
54. Bond, British "Anti-War" Writers, p. 817-830.

55. Hynes, *War Imagined*, p. 450ss.
56. Bond, British "Anti-War" Writers, p. 826.
57. P. Parker, *Old Lie*, p. 27. Ver também Mosse, *Fallen Soldiers*, p. 68; Simkins, Everyman at War, p. 311s.
58. Barnett, Military Historian's View, p. 8ss.
59. Coppard, *With a Machine Gun*, p. 26, 44, 48.
60. Hašek, *Good Soldier Švejk*.
61. Jünger, *Storm of Steel*.
62. Craig, *Germany*, p. 492s.
63. Theweleit, *Male Fantasies*, vol. I.
64. Ver Pertile, Fascism and Literature, p. 162-184.
65. Barnett, Military Historian's View, p. 6; Hynes, *War Imagined*, p. 441s; Bond, British "Anti-War" Writers, p. 822.
66. Holroyd, *Bernard Shaw*, vol. II, p. 341-382; Hynes, *War Imagined*, p. 142s, 393.
67. Hynes, *War Imagined*, p. 243, 275.
68. Ibid., p. 443-449.
69. Cork, *Bitter Truth*, p. 76, 128, 189ss.
70. Na verdade, Huelsenbeck recebera permissão para estudar medicina em Zurique pelo Exército, e Hans Richter fora ferido na Frente Oriental e estava em Zurique para tratamento médico. Tristan Tzara, que se tornou o porta-voz do movimento Dada, era um judeu suíço (seu nome verdadeiro era Sami Rosenstock): Willett, New Sobriety, p. 27.
71. Kranzfelder, *George Grosz*, p. 9-24; Schuster, *George Grosz*, esp. p. 325, 452-487; Willett, *New Sobriety*, p. 24. Cf. Cork, *Bitter Truth*, p. 100.
72. Gough, Experience of British Artists, p. 852 (grifo meu).
73. Cork, *Bitter Truth*, p. 163.
74. Willett, *New Sobriety*, p. 31.
75. Marwick, War and the Arts. Cf. Cork, *Bitter Truth*, p. 165.
76. Willett, *New Sobriety*, p. 30.
77. B. Taylor, *Art and Literature*, p. 14, 19.
78. J. Winter, *Sites of Memory*, p. 159-163; J. Winter, Painting Armageddon, p. 875s. Cf. Eberle, *World War I and the Weimar Artists*.
79. Whitford, Revolutionary Reactionary, p. 16ss; O'Brien Twohig, Dix and Nietzsche, p. 40-48.
80. Hitler, *Aquarelle*: ver especialmente Fromelles, Verbandstelle 1915.
81. Hynes, *War Imagined*, p. 462. Cf. J. Winter, Painting Armageddon, p. 867s.
82. Gough, Experience of British Artists, p. 842.
83. J. Winter, Painting Armageddon, p. 868ss.
84. Squire, *If It Had Happened Otherwise*, p. 76s.

85. Ibid., p. 195.
86. Ibid., p. 244, 248.
87. Ibid., p. 110ss.
88. Guinn, *British Strategy*, p. 122, 171, 238; J. Gooch, *Plans of War*, p. 30, 35, 278. É importante observar que uma vitória alemã sobre a França, ao contrário do que muitas vezes se presume, não teria feito a política da Alemanha pender para a direita. Os pangermânicos e o Kaiser talvez tenham pensado que sim; mas, conforme vimos, Bülow e Bethmann sabiam muito bem que o preço da guerra, saíssem vitoriosos ou não, seria mais um passo em direção a uma democracia parlamentar.
89. Woodward, *Great Britain*, p. 227s. Robertson tinha suspeitas similares com relação às ambições italianas e francesas.
90. K. Wilson, *Policy of the Entente*, p. 79.
91. Geiss, German Version of Imperialism, p. 114s.

Bibliografia

ADAMS, R. J. Q. *Arms and the Wizard*: Lloyd George and the Ministry of Munitions, 1915-1916. Londres, 1978.
AFFLERBACH, H. *Falkenhayn*: Politisches Denken und Handeln im Kaiserreich. Munique, 1994.
ALBERT, P. *Histoire de la presse*. Paris, 1990.
ALBERTINI, L. *The Origins of the War of 1914*. 3 vols. Oxford, 1953.
ALDCROFT, D. H. *The Twenties*: from Versailles to Wall Street, 1919-1929. Harmondsworth, 1987.
ALFORD, B. W. E. Lost Opportunities: British Business and Businessmen during the First World War. In: MCKENDRICK, N. (Org.). *Business Life and Public Policy*: Essays in Honour of D. C. Coleman. Cambridge, 1986.
AMERY, J. L. *The Life of Joseph Chamberlain*. vol. IV: 1901-1903. Londres, 1951.
ANDIC, S.; J. VEVERKA. The Growth of Government Expenditure in Germany since the Unification. *Finanzarchiv*, 1964.
ANDREW, C. The Entente Cordiale from its Origins to 1914. In: WAITES, N. (Org.). *Troubled Neighbours*: Franco-British Relations in the Twentieth Century. Londres, 1971.
_____. Secret Intelligence and British Foreign Policy 1900-1939. In: ANDREW, C.; NOAKES, J. (Orgs.). *Intelligence and International Relations, 1900-1945*. Exeter, 1987.
_____. *Secret Service*: the Making of the British Intelligence Community. Londres, 1985.
ANGELL, N. *The Great Illusion*: a Study of the Relation of Military Power to National Advantage. Londres, 1913.
ANÔNIMO (Org.). *Documents diplomatiques secrets russes, 1914-1917*: D'après les archives du Ministère des Affaires Étrangères à Petrograd. Paris, 1926.
APOSTOL, P. N.; BERNATZKY, M. W.; MICHELSON, A. M. *Russian Public Finances during the War*. New Haven, 1928.

ARMSTRONG, E. *The Crisis of Quebec.* Nova York, 1937.
ASHWORTH, T. *Trench Warfare 1914-18*: the Live and Let Live System. Londres, 1980.
ASPINALL-OGLANDER, C. F. (Org.). *Gallipoli.* 2 vols. Londres, 1919-32.
ASQUITH, H. H. *The Genesis of the War.* Londres, 1923.

_____. *Memories and reflections, 1852-1927.* Londres, 1928.

AUDOIN-ROUZEAU, S. The French Soldier in the Trenches. In: CECIL, H.; LIDDLE, P. H. (Orgs.). *Facing Armageddon*: the First World War Experienced. Londres, 1996.

_____. *La Guerre des enfants (1914-1918)*: Essai d'histoire culturelle. Paris, 1993.

_____; BECKER, A. Vers une histoire culturelle de la Première Guerre mondiale. *XXe. Siècle*, 1994.

AUSWÄRTIGES, A. *German White Book Concerning the Responsibility of the Authors of the War.* Nova York, 1924.

AXELROD, R. *The Evolution of Co-operation.* Londres, 1984.

BAILEY, J. B. A. *Field Artillery and Firepower.* Oxford, 1989.

_____. The First World War and the Birth of the Modern Style of Warfare. *Strategic and Combat Studies Institute,* 1996.

BAILEY, S. The Berlin Strike of 1918. *Central European History,* 1980.

BAIROCH, P. Europe's Gross National Product: 1800-1975. *Journal of European Economic History,* 1976.

BALCON, J. (Org.). *The Pity of War*: Poems of the First World War. Walwyn, 1985.

BALDERSTON, T. *The German Economic Crisis, 1923-1932.* Berlim, 1993.

_____. War Finance and Inflation in Britain and Germany, 1914-1918. *Economic History Review,* 1989.

BANKERS TRUST COMPANY. *English Public Finance.* Nova York, 1920.

_____. *French Public Finance.* Nova York, 1920.

BANKS, A. *A Military Atlas of the First World War.* Londres, 1989.

BARKER, P. *The Ghost Road.* Londres, 1995.

BARNES, H. E. *The Genesis of the World War.* Nova York, 1925.

BARNETT, C. *The Collapse of British Power.* Londres, 1973.

_____. A Military Historian's View of the Great War. *Transactions of the Royal Historical Society,* 1970.

_____. *The Swordbearers.* Londres, 1963.

BARRACLOUGH, G. *From Agadir to Armageddon*: Anatomy of a Crisis. Londres, 1982.

BARTH, B. *Die deutsche Hochfinanz und die Imperialismen*: Banken und Aussenpolitik vor 1914. Stuttgart, 1995.
BEAN, C. E. W. *The Australian Imperial Force in France 1917*. Sydney, 1933.
BEAVERBROOK, Lorde. *Men and Power, 1917-1918*. Londres, 1956.
_____. *Politicians and the War*. 1928-s.d. 2 vols.
BECKER, J.-J. *The Great War and the French People*. Leamington Spa, 1985.
_____. *1914*: Comment les Français sont entrés dans la guerre. Paris, 1977.
_____. That's the death knell of our boys... In: FRIDENSON, P. (Org.). *The French Home Front*. Oxford, 1992.
_____; AUDOIN-ROUZEAU, S. (Orgs.). *Les Sociétés européennes et la Guerre de 1914-1918*. Paris, 1990.
_____ et al. (Orgs.). *Guerre et Cultures, 1914-1918*. Paris, 1994.
BECKETT, I. The Nation in Arms, 1914-1918. In: BECKETT, I.; SIMPSON, K. (Orgs.). *A Nation in Arms*: a Social Study of the British Army in the First World War. Manchester, 1985.
BELLANGER, C. et al. (Orgs.). *Histoire générale de la presse française*. vol. III: De 1871 à 1940. Paris, 1972.
BENTLEY, M. *The Liberal Mind, 1914-29*. Cambridge, 1977.
BERGER, M. *The Story of the New York Times, 1851-1951*. Nova York, 1951.
BERGHAHN, V. R. *Germany and the Approach of War in 1914*. Londres, 1973.
_____. Das Kaiserreich in der Sackgasse. *Neue Politische Literatur*, 1971.
_____. *Militarism*: The History of an International Debate, 1861-1979. Leamington Spa, 1981.
_____. *Modern Germany*: Society, Economics and Politics in the Twentieth Century. Cambridge, 1982.
_____. Politik und Gesellschaft im wilhelminischen Deutschland. *Neue Politische Literatur*, 1979.
BERNHARDI, General F. von. *Germany and the Next War*. Londres, 1912.
BERNSTEIN, G. L. *Liberalism and Liberal politics in Edwardian England*. Londres, 1986.
BERTOLD, R. Die Entwicklung der deutschen Agrarproduktion und der Ernährungswirtschaft zwischen 1907 und 1925. *Jahrbuch für Wirtschaftsgeschichte*, 1974.
BERTRAND, F. *La Presse francophone de tranchée au front belge, 1914-1918*. Bruxelas, 1971.
BESSEL, R. *Germany after the First World War*. Oxford, 1993.

_____. The Great War in German Memory: The Soldiers of the First World War, Demobilization and Weimar Politics Culture. *German History*, 1988.

_____. Mobilising German Society for War. Artigo apresentado na conferência sobre guerra total, em Münchenwiller, 1997.

BETHMANN HOLLWEG, T. von. *Betrachtungen zum Weltkrieg*. 2 vols. Berlim, 1919-21. Traduzido ao inglês como *Reflections on the World War*. Londres, 1920.

BEVERIDGE, W. H. *British food Control*. Londres, 1928.

_____. *Power and Influence*. Londres, 1953.

BICKERSTETH, J. *The Bickersteth Diaries, 1914-1918*. Londres, 1995.

BIDWELL, S.; Graham, D. *Fire-Power*. Londres, 1982.

BIEBER, H.-J. Die Entwicklung der Arbeitsbeziehungen auf den Hamburger Grosswerften (Blohm & Voss, Vulcanswerft) zwischen Hilfsdienstgesetz und Betriebsrätegesetz. In: MAI, G. (Org.). *Arbeiterschaft in Deutschland 1914-1918; Studien zu Arbeitskampf und Arbeitsmarkt im Ersten Weltkrieg*. Düsseldorf, 1985.

BITTNER; LUDWIG; HANS ÜBERSBERGER (Orgs.). *Österreich-Ungarns Aussenpolitik von der bosnischen Krise 1908 bis zum Kriegsausbruch 1914*. 9 vols. Viena, 1930.

BLACKBOURN, D. *Class, Religion and Local Politics in Wilhelmine Germany*: the Centre Party in Württemberg before 1914. New Haven/Londres, 1980.

_____. *The Fontana History of Germany, 1780-1918*: the Long Nineteenth Century. Londres, 1997.

_____; ELEY, G., *The Peculiarities of German History*: Bourgeois Society and Politics in Nineteenth-Century Germany. Oxford, 1984.

BLOCH, I. S. *Is War Now Impossible? Being an Abridgment of "The War of the Future in its Technical, Economic and Political Relations"*. Londres, 1899.

BLUNDEN, E. *Undertones of War*. Londres, 1982.

BOGACZ, T. "A Tyranny of Words": Language, Poetry and Antimodernism in England in the First World War. *Journal of Modern History*, 1986.

_____. War Neurosis and Cultural Change in England, 1914-1922. *Journal of Contemporary History*, 1989.

BOGART, E. L. *Direct and Indirect Costs of the Great World War*. Oxford, 1920.

BOGHITCHEVITCH, M. (Org.). *Die auswärtige Politik Serbians, 1903-1914*. 3 vols. Berlim, 1928-1931.

BOND, B. British 'Anti-War' Writers and their Critics. In: CECIL, H.; LIDDLE, P. H. (Orgs.). *Facing Armageddon*: the First World War Experienced. Londres, 1996.

_____. Editor's Introduction. In: Bond, B. (Org.). *The First World War and British Military History*. Oxford, 1991.

_____. *War and Society in Europe, 1870-1970*. Londres, 1984.

BORDES, W. de. *The Austrian Crown*: its Depreciation and Stabilisation. Londres, 1924.

BORN, K. E. *International Banking in the Nineteenth and Twentieth Centuries*. Leamington Spa, 1983.

BOSWELL, J.; JOHN, B. Patriots or Profiteers? British Businessmen and the First World War. *Journal of European Economic History*, 1982.

BOSWORTH, R. J. B. *Italy and the Approach of the First World War*. Londres, 1983.

BOURKE, J. *Dismembering the Male*: Men's Bodies, Britain and the Great War. Londres, 1996.

BOURNE, J. M. *Britain and the Great War, 1914-1918*. Londres, 1989.

_____. The British Working Man in Arms. In: CECIL, H.; LIDDLE, P. H. (Orgs.). *Facing Armageddon*: the First World War Experienced. Londres, 1996.

BRAVO, G. F. "In the Name of our Mutual friend": the Keynes-Cuno Affair. *Journal of Contemporary History*, 1989.

BRESCIANI-TURRONI, C. *The Economics of Inflation*: a Study of Currency Depreciation in Post-War Germany. Londres, 1937.

BROCH, H. *The Sleepwalkers*. Londres, 1986.

BROCK, M. Britain Enters the War. In: EVANS, R. J. W.; POGGE VON STRANDMANN, H. (Orgs.). *The Coming of the First World War*. Oxford, 1988.

_____; BROCK, E. (Orgs.). *H. H. Asquith, Letters to Venetia Stanley*. Oxford, 1982.

BROOKE, R. *Poetical Works*. Londres, 1946.

BROWN, E. D. Between Cowardice and Insanity: Shell Shock and the Legitimation of the Neuroses in Great Britain. In: MENDELSOHN, E.; SMITH, M. R.; WEINGART, P. (Orgs.). *Science, Technology and the Military*. Nova York, 1988.

BROWN, G. *Maxton*. Edimburgo, 1986.

BROWN, M. *The Imperial War Museum Book of the Somme*. Londres, 1996.

_____. *The Imperial War Museum Book of the Western Front*. Londres, 1993.

_____; SEATON, S. *Christmas Truce*: the Western Front, December 1914. Londres, 1984.

BRUCH, R. vom. Krieg und Frieden: Zur Frage der Militarisierung deutscher Hochschullehrer und Universitäten im späten Kaiserreich. In: DÜLFFER, J.; HOLL, K. (Orgs.). *Bereit zum Krieg*: Kriegsmentalität im wilhelminischen Deutschland 1890-1914. Belträge zur historischen Friedensforschung. Göttingen, 1986.

BRUNTZ, G. G. *Allied Propaganda and the Collapse of the German Empire in 1918*. Stanford/Oxford, 1938.

BRY, G. *Wages in Germany, 1871-1945*. Princeton, 1960.

BRYDER, L. The First World War: Healthy or Hungry? *History Workshop Journal*, 1987.

BUCHAN, J. *A Prince of the Captivity*. Edimburgo, 1996.

BUCHHEIM, C. Aspects of Nineteenth-Century Anglo-German Trade Policy Reconsidered. *Journal of European Economic History*, 1981.

BUCHOLZ, A. *Moltke, Schlieffen and Prussian War Planning*. Nova York/Oxford, 1991.

BUCKLEY, S. The Failure to Resolve the Problem of Venereal Disease among the Troops of Britain during World War I. In: *War and Society*. 1977.

BULLOCK, A. *Hitler and Stalin*: Parallel Lives. Londres, 1994.

BÜLOW, P. von. *Memoirs, 1903-1909*. Londres, 1931.

BUNSELMEYER, R. *The Cost of the War, 1914-1918*: British Economic War Aims and the Origins of Reparations. Hamden, 1975.

BURCHARDT, L. The Impact of the War Economy on the Civilian Population of Germany during the First and Second World Wars. In: DEIST, W. (Org.). *The German Military in the Age of Total War*. Leamington Spa, 1985.

BURK, K. *Britain, America and the Sinews of War, 1914-1918*. Londres, 1985.

_____. John Maynard Keynes and the Exchange Rate Crisis of July 1917. *Economic History Review*, 1979.

_____. The Mobilisation of Anglo-American Finance during World War I. In: DREISZIGER, N. F. (Org.). *Mobilization for Total War*: the Canadian, American and British Experience, 1914-1918, 1939-1945. Waterloo, 1981.

_____. The Treasury: from Impotence to Power. In: BURK, K. (Org.). *War and the State*. Londres, 1982.

BURLEIGH, M. *Death and Deliverance*: Euthanasia in Germany, c. 1900-1945. Cambridge, 1994.

BURNETT, P. M. *Reparation at the Paris Peace Conference*. 2 vols. Nova York, 1940.

BUSE, D. K. Ebert and the Coming of World War I: a Month from his Diary. *Central European History*, 1968.
BUTLER, D.; BUTLER, G. *British Political Facts, 1900-1994*. Londres, 1994.
BUTTERFIELD, H. Sir Edward Grey in July 1914. *Historical Studies*, 1965.
CAIN, P. J. *Economic Foundations of British Overseas Expansion, 1815-1914*. Londres, 1980.
_____; HOPKINS, A. G. *British Imperialism*. vol. I: Innovation and Expansion, 1688-1914. Londres, 1993.
CALLEO, D. *The German Problem Reconsidered*: Germany and the World Order, 1870 to the Present. Cambridge, 1978.
CAMMAERTS, E. *The Keystone of Europe*: History of the Belgian Dynasty. Londres, 1939.
CANETTI, E. *Crowds and Power*. Londres, 1962.
_____. *The Tongue Set Free*. Londres, 1989.
CANNADINE, D. *G. M. Trevelyan*: a Life in History. Londres, 1992.
_____. War and Death, Grief and Mourning in Modern Britain. In: WHALEY, J. (Org.). *Mirrors of Mortality*: Studies in the Social History of Death. Londres, 1981.
CAPIE, F.; WEBBER, A. *A Survey of Estimates of UK Money Supply and Components*: 1870-1982. Londres, 1984.
CARR, E. H. *The Bolshevik Revolution*. vol. III. Londres, 1983.
CARSTEN, F. L. *War against War*: British and German Radical Movements in the First World War. Londres, 1982.
CASSIMATIS, L. P. *American Influence in Greece, 1917-1929*. Kent, 1988.
CATTANI, A. *Albert Meyer*: Chefredaktor der Neuen Zürcher Zeitung von 1915 bis 1930, Bundesrat von 1930 bis 1938. Zurique, 1992.
CECIL, H. British War Novelists. In: CECIL, H.; LIDDLE, P. H. (Orgs.). *Facing Armageddon*: the First World War Experienced. Londres, 1996.
_____; LIDDLE, P. H. (Orgs.). *Facing Armageddon*: the First World War Experienced. Londres, 1996.
CECIL, L. *Albert Ballin*: Business and Politics in Imperial Germany. Princeton, 1967.
CÉLINE, L.-F. *Voyage au bout de la nuit*. Paris, 1932.
CHALLENER, R. D. *The French Theory of the Nation in Arms*. Londres, 1955.
CHICKERING, R. Die Alldeutschen erwarten den Krieg. In: DÜLFFER, J.; HOLL, K. (Orgs.). *Bereit zum Krieg*: Kriegsmentalität im wilhelminischen

Deutschland 1890-1914. Belträge zur historischen Friedensforschung. Göttingen, 1986.

_____. *Imperial Germany and a World without War*. Princeton, 1975.

_____. *Imperial Germany and the Great War, 1914-1918*. Cambridge, 1998.

_____. *We Men Who Feel Most German*: a Cultural Study of the Pan-German League, 1886-1914. Londres, 1984.

_____. World War I and the Theory of Total War: Reflections on the British and German Cases, 1914-1915. Artigo apresentado na conferência sobre guerra total, em Münchenwiller, 1997.

CHILDERS, E. *The Riddle of the Sands*. Londres, 1984.

CHURCHILL, R. S. *Winston S. Churchill*. vol. II: Companion, parte III: 1911--1914. Londres, 1969.

CHURCHILL, W. S. *The World Crisis, 1911-1918*. 5 vols. Londres, 1923-1929.

CLARK, A. *The Donkeys*. Londres, 1961.

CLARKE, I. F. (Org.). *The Great War with Germany, 1890-1914*. Liverpool, 1997.

_____ (Org.). *The Tale of the Next Great War, 1871-1914*. Liverpool, 1995.

_____. *Voices Prophesying War, 1763-1984*. Londres/Nova York, 1992.

CLARKE, T. *My Northcliffe Diary*. Londres, 1931.

CLAUSEWITZ, C. von. *On War*. Editado por Anatol Rapaport. Londres, 1968.

CLINE, D. Winding Down the State. In: BURK, K. (Org.). *War and the State*. Londres, 1982.

COETZEE, M. S. *The German Army League*: Popular Nationalism in Wilhelmine Germany. Oxford/Nova York, 1990.

COKER, C. *War and the Twentieth Century*: the Impact of War on Modern Consciousness. Londres/Washington, 1994.

COLEMAN, J. S. A Rational Choice Perspective on Economic Sociology. In: SMELSER, N.; SWEDBERG, P. *The Handbook of Economic Sociology*. Princeton, 1994.

COLIN, G.; BECKER, J.-J. Les Écrivains, la guerre de 1914 et l'opinion publique. *Rélations Internationales*, 1980.

COLLIER, B. *Brasshat: a Biography of Field Marshal Sir Henry Wilson*. Londres, 1961.

COMMISSION de publication des documents relatifs aux origines de la guerre de 1914. *Documents diplomatiques français, 1871-1914*. 41 vols. Paris, 1929-1959.

COOK, C.; PAXTON, J. *European Political Facts, 1900-1996*. Londres, 1998.

COOKE, J. The American Soldier in France, 1917-1919. In: CECIL, H.; LIDDLE, P. H. (Orgs.). *Facing Armageddon*: the First World War Experienced. Londres, 1996.
COPPARD, G. *With a Machine Gun to Cambrai*: the Tale of a Young Tommy in Kitchener's Army, 1914-1918. Londres, 1969.
CORBETT, Sir J.; NEWBOLT, Sir H. (Orgs.). *Naval Operations*. 5 vols. Londres, 1920-1931.
CORK, R. *A Bitter Truth*: Avant-Garde Art and the Great War. New Haven/Londres, 1994.
CRAIG, G. A. *Germany, 1866-1945*. Oxford, 1981.
_____. *The Politics of the Prussian Army, 1640-1945*. Oxford, 1955.
CREVELD, M. van. *Command in War*. Cambridge, Massachusetts, 1985.
_____. *Supplying War*: Logistics from Wallenstein to Patton. Londres, 1977.
_____. *The Transformation of War*. Nova York, 1991.
CROTHERS, C. G. *The German Elections of 1907*. Nova York, 1941.
CROW, D. *A Man of Push and Go*: the Life of George Macaulay Booth. Londres, 1965.
CRUTTWELL, C. R. M. F. *A History of the Great War, 1914-18*. Oxford, 1964.
CUNNINGHAM, H. The Language of Patriotism, 1750-1914. *History Workshop Journal*, 1981.
D'ABERNON, V. *An Ambassador of Peace*. 2 vols. Londres, 1929.
DAHLMANN, D. Russia at the Outbreak of the First World War. In: BECKER; A.-R. (Orgs.). *Les Sociétés européennes et la Guerre*.
DALLAS, G.; GILL, D. *The Unknown Army*. Londres, 1985.
DANCHEV, A. Bunking and Debunking: The Controversies of the 1960s. In: Bond, B. (Org.). *The First World War and British Military History*. Oxford, 1991.
DANGERFIELD, G. *The Strange Death of Liberal England*. Londres, 1935.
DAVIDSON, R. The Board of Trade and Industrial Relations. *Historical Journal*, 1978.
DAVIES, N. *Europe*: a History. Oxford, 1996.
DAVIS, L. E.; HUTTENBACK, R. A. *Mammon and the Pursuit of Empire*: the Political Economy of British Imperialism, 1860-1912. Cambridge, 1986.
DAVIS, R. *The English Rothschilds*. Londres, 1983.
DAWKINS, R. *The Selfish Gene*. Oxford, 1989.

DEGROOT, G. J. *Blighty*: British Society in the Era of the Great War. Londres/ Nova York, 1996.

DEIST, W. The Military Collapse of the German Empire: the Reality behind the Stab-in-the-Back Myth. *War in History*, 1996.

DELARME, R.; ANDRÉ, C. *L'État et l'économie*: un Essai d'explication de l'évolution des dépenses publiques en France. Paris, 1983.

DEMETER, K. *Das deutsche Offizierkorps in Gesellschaft und Staat 1650-1945*. Frankfurt am Main, 1965.

Deutschlands Wirtschaft, Währung und Finanzen. Berlim, 1924.

DEWEY, P. British Farming Profits and Government Policy during the First World War. *Economic History Review*, 1984.

_____. Military Recruitment and the British Labour Force during the First World War. *Historical Journal*, 1984.

_____. The New Warfare and Economic Mobilisation. In: TURNER, J. (Org.). *Britain and the First World War*. Londres, 1988.

DIEHL, J. M. Victors or Victims? Disabled Veterans in the Third Reich. *Journal of Modern History*, 1987.

DOCKRILL, M. L.; GOULD, J. D. *Peace without Promise*: Britain and the Peace Conference, 1919-1923. Londres, 1981.

D'OMBRAIN, N. *War Machinery and High Policy*: Defence Administration in Peacetime Britain. Oxford, 1973.

DOSTOEVSKY, F. *Crime and Punishment*. Tradução de David Magarshack. Londres, 1978.

DOWIE, J. A. 1919-20 is in Need of Attention. *Economic History Review*, 1975.

DRESLER, A. *Geschichte der italienischen Presse*. vol. III: Von 1900 bis 1935. Munique, 1934.

DROZ, J. *Les Causes de la premiere guerre mondiale*: Essai d'historiographie. Paris, 1973.

DÜDING, D. Die Kriegsvereine im wilhelminischen Reich und ihr Beitrag zur Militarisierungder deutschen Gesellschaft. In: DÜLFFER, J.; HOLL, K. (Orgs.). *Bereit zum Krieg*: Kriegsmentalität im wilhelminischen Deutschland 1890-1914. Belträge zur historischen Friedensforschung. Göttingen, 1986.

DUGDALE, B. E. C. *Arthur James Balfour, 1st Earl of Balfour, 1906-1930*. 2 vols. Londres, 1936.

DUGDALE, E. T. S. (Org.). *German Diplomatic Documents, 1871-1914*. 4 vols. Londres, 1928.

DUKES, J. R. Militarism and Arms Policy Revisited: the Origins of the German Army Law of 1913. In: DUKES, J. R.; REMAK, J. (Orgs.). *Another Germany*: a Reconsideration of the Imperial Era. Boulder, 1988.

_____; REMAK, J. (Orgs.). *Another Germany*: a Reconsideration of the Imperial Era. Boulder, 1988.

DÜLFFER, J.; HOLL, K. (Orgs.). *Bereit zum Krieg*: Kriegsmentalität im wilhelminischen Deutschland 1890-1914. Belträge zur historischen Friedensforschung. Göttingen, 1986.

DUNGAN, M. *They Shall Not Grow Old*: Irish Soldiers and the Great War. Dublin, 1997.

DUPUY, T. N. *A Genius for War*: the German Army and Staff, 1807-1945. Londres, 1977.

EBERLE, M. *World War I and the Weimar Artists*: Dix, Grosz, Beckmann, Schlemmer. New Haven, 1985.

ECKARDSTEIN, F. von. *Lebenserinnerungen*. 3 vols. Leipzig, 1919-1920.

ECKART, W. U. "The Most Extensive Experiment That Imagination Can Produce": Violence of War, Emotional Stress and German Medicine, 1914-1918. Artigo apresentado na conferência sobre guerra total, em Münchenwiller, 1997.

Economist, The, Britain in Figures, 1997. Londres, 1997.

_____. *Economic Statistics, 1900-1983*. Londres, 1981.

EDELSTEIN, M. *Overseas Investment in the Age of High Imperialism*. Londres, 1982.

EDMONDS, Sir J. (Org.). *Official History*: Military Operations, France and Belgium. 14 vols. Londres, 1922-1948.

_____. *A Short History of World War I*. Londres, 1951.

EGREMONT, M. *Balfour*. Londres, 1980.

EHLERT, H. G. *Die wirtschaftlichen Zentralbehörde des Deutschen Reiches, 1914-1919*: das Problem der Gemeinwirtschaft in Krieg und Frieden. Wiesbaden, 1982.

EICHENGREEN, B. *Golden Fetters*: the Gold Standard and the Great Depression, 1919-1939. Nova York/Oxford, 1992.

_____; FLANDREAU, M. The Geography of the Gold Standard. *International Macroeconomics*, outubro de 1994.

EKSTEINS, M. *Rites of Spring*: the Great War and the Modern Age. Londres, 1989.

ELEY, G. Army, State and Civil Society: Revisiting the Problem of German Militarism. In: ELEY, G. *From Unification to Nazism: Reinterpreting the German Past*. Boston, 1986.

_____. Conservatives and Radical Nationalists in Germany: the Production of Fascist Potentials, 1912-28. In: BLINKHORN, M. (Org.). *Fascists and Conservatives*. Londres, 1990.

_____. *Reshaping the German Right*: Radical Nationalism and Political Change after Bismarck. New Haven, 1979.

_____. *Sammlungspolitik*, Social Imperialism and the German Navy Law of 1898. *Militärgeschichtliche Mitteilungen*, 1974.

_____. The Wilhelmine Right: How It Changed. In: EVANS, R. J. (Org.). *Society and Politics in Wilhelmine Germany*. Nova York, 1978.

ELLIS, J. *Eye-Deep in Hell*. Londres, 1976.

ENGLANDER, D. The French Soldier, 1914-18. *French History*, 1987.

_____; OSBORNE, J. Jack, Tommy and Henry Dubb: the Armed Forces and the UK. *Historical Journal*, 1978.

ERDMANN, K. D. Hat Deutschland auch den Ersten Weltkriegentfesselt? Kontroversen zur Politik der Mächte im Juli 1914. In: ERDMANN; ZECHLIN (Orgs.). *Politik und Geschichte: Europa 1914 – Krieg oder Frieden?* Kiel, 1985.

_____. War Guilt 1914 Reconsidered: a Balance of New Research. In: KOCH, H. W. (Org.). *The Origins of the First World War*. Londres, 1984.

_____. Zur Beurteilung Bethmann Hollwegs. *Geschichte in Wissenschaft und Unterricht*, 1964.

ESPOSITO, P. *Public Opinion and the Outbreak of the First World War*: Germany, Austria-Hungary and the War in the Newspapers of Northern England. Dissertação de mestrado não publicada. Oxford, 1997.

FALKENHAYN, E. von. *Die oberste Heeresleitung 1914-1916*. Berlin, 1920.

FARNDALE, M. *History of the Royal Regiment of Artillery*: Western Front, 1914--18. Londres, 1986.

FARRAR, L. L. *The Shor-War Illusion*: German Policy, Strategy and Domestic Affairs, August-December 1914. Oxford, 1973.

FARRAR, M. M. Preclusive Purchases: Politics and Economic Warfare in France during the First World War. *Economic History Review*, 1973.

FAULKS, S. *Birdsong*. Londres, 1994.

FAUSTO, D. *La politica fiscale dalla prima guerra mondiale al regime fascista. Ricerche per la Storia della Banca d'Italia.* vol. II. Roma, 1993.

FAY, S. B. *The Origins of the World War.* 2 vols. Nova York, 1930.

FELDMAN, G. D. *Army, Industry and Labour in Germany, 1914-1918.* Princeton, 1966.

_____. The Deutsche Bank from World War to World Economic Crisis, 1914--1933. In: GALL, L et al. *The Deutsche Bank, 1870-1995.* Londres, 1995.

_____. Der deutsche organisierte Kapitalismus während der Kriegs- und Inflationsjahre 1914-1923. In: WINKLER, H.-A. (Org.). *Organisierter Kapitalismus.* Göttingen, 1974.

_____. *The Great Disorder*: Politics, Economics and Society in the German Inflation. Nova York/Oxford, 1993.

_____. *Iron and Steel in the German Inflation, 1916-1923.* Princeton, 1977.

_____. The Political Economy of Germany's Relative Stabilisation during the 1920/21 Depression. In: FELDMAN, G. D. et al. (Orgs.). *Die deutsche Inflation: Eine Zwischenbilanz.* Berlim/Nova York, 1982.

_____. War Aims, State Intervention and Business Leadership in Germany: The Case of Hugo Stinnes. Artigo apresentado na conferência sobre guerra total, em Münchenwiller, 1997.

FERGUSON, N. The Balance of Payments Question: Versailles and After. *Centre for German and European Studies Working Paper*, Berkeley, 1994.

_____. Constraints and Room for Manoeuvre in the German Inflation of the Early 1920s. *Economic History Review*, 1996.

_____. Food and the First World War. *Twentieth Century British History*, 1991.

_____. Germany and the Origins of the First World War: New Perspectives. *Historical Journal*, 1992.

_____. The Kaiser's European Union: What If Britain Had Stood Aside in August 1914? In: FERGUSON, N. (Org.). *Virtual History*: Alternatives and Counterfactuals. Londres, 1997.

_____. Keynes and the German Inflation. *English Historical Review*, 1995.

_____. Public Finance and National Security: the Domestic Origins of the First World War Revisited. *Past and Present*, 1994.

_____. *Paper and Iron*: Hamburg Business and German Politics in the Era of Inflation, 1897-1927. Cambridge, 1995.

_____ (Org.). *Virtual History*: Alternatives and Counterfactuals. Londres, 1997.

_____. *The World's Banker*: a History of the House of Rothschild. Londres, 1998.
FERRO, M. *The Great War, 1914-1918*. Londres, 1973.
FIELD, F. The French War Novel: The Case of Louis-Ferdinand Céline. In: CECIL, H.; LIDDLE, P. H. (Orgs.). *Facing Armageddon*: the First World War Experienced. Londres, 1996.
FIGES, O. *A People's Tragedy*: the Russian Revolution, 1891-1924. Londres, 1996.
FINCH, A. H. *A Diary of the Great War*. Manuscrito pertencente a particular.
FISCHER, E.; BLOCH, W.; PHILIPP, A. (Orgs.). *Das Werk des Untersuchungsausschusses der Verfassungsgebenden Deutschen Nationalversammlung und des Deutschen Reichstages 1919-28: Die Ursachen des deutschen Zusammenbruches im Jahre 1918*. 8 vols. Berlin, 1928.
FISCHER, F. *Bündnis der Eliten*: Zur Kontinuität der Machtstrukturen in Deutschland, 1871-1945. Düsseldorf, 1979. Trad. *From Kaiserreich to Third Reich*: Elements of Continuity in German History, 1871-1945. Londres, 1986.
_____. The Foreign Policy of Imperial Germany and the Outbreak of the First World War. In: SCHÖLLGEN, G. (Org.). *Escape into War?* The Foreign Policy of Imperial Germany. Oxford/Nova York/Munique, 1990.
_____. *Germany's Aims in the First World War*. Londres, 1967.
_____. *Griff nach der Weltmacht*: Die Kriegszielpolitik des kaiserlichen Deutschlands 1914-1918. Dusseldorf, 1961. Traduzido como *Germany's Aims*.
_____. Kontinuität des Irrtums: Zum Problem der deutschen Kriegszielpolitik im Ersten Weltkrieg. *Historische Zeitschrift*, 1960.
_____. *War of Illusions*: German Policies from 1911 to 1914. Londres/Nova York, 1975.
_____. *Weltmacht oder Niedergang*. Frankfurt, 1965. Trad. *World Power or Decline*. Nova York, 1974.
FISCHER, H.-D. (Org.). *Handbuch der politischen Presse in Deutschland, 1480--1980*: Synapse rechtlicher, struktureller und wirtschaftlicher Grundlagen der Tendenzpublizistik im Kommunikationsfeld. Düsseldorf, 1981.
_____. *Pressekonzentration und Zensurpraxis im Ersten Weltkrieg*: Texte und Quellen. Berlin, 1973.
FISCHER, W. Die deutsche Wirtschaft im Ersten Weltkrieg. In: WALTER, N. (Org.). *Deutschland*: Porträt einer Nation. vol III: Wirtschaft. Gütersloh, 1985.
FLOUD, R. C. Britain 1860-1914: a Survey. In: FLOUD; MCCLOSKEY, D. (Orgs.). *The Economic History of Britain since 1700*. vol. II. Cambridge, 1981.

FONTAINE, A. *French Industry during the War.* New Haven, 1916.

FORESTER, C. S. *The General.* Londres, 1936.

FÖRSTER, S. Alter und neuer Militarismus im Kaiserreich: Heeresrüstungspolitik und Dispositionen zum Kreig zwischen Status-quo-Sicherung und imperialistischer Expansion, 1890-1913. In: DÜLFFER, J.; HOLL, K. (Orgs.). *Bereit zum Krieg*: Kriegsmentalität im wilhelminischen Deutschland 1890-1914. Belträge zur historischen Friedensforschung. Göttingen, 1986.

_____. Der deutsche Generalstab und die Illusion des kurzen Krieges, 1871-1914. Metakritik eines Mythos. *Militärgeschichtliche Mitteilungen*, 1995.

_____. *Der doppelte Militarismus*: Die deutsche Heeresrüstungspolitik zwischen Status-quo-Sicherung und Aggression, 1890-1913. Stuttgart, 1985.

_____. Dreams and Nightmares: German Military Leadership and the Images of Future Warfare, 1871-1914. Artigo não publicado, apresentado na conferência de Augsburgo, 1994.

_____. Facing "People's War": Moltke the Elder and Germany's Military Options after 1871. *Journal of Strategic Studies*, 1987.

FOSTER, R. *Modern Ireland, 1600-1972.* Oxford, 1988.

FRANK, R.; GILOVICH, T.; REGAN, D. Does Studying Economics Inhibit Co-operation? *Journal of Economic Perspectives*, 1993.

FRENCH, D. *British Economic and Strategic Planning, 1905-1915.* Londres, 1982.

_____. The Edwardian Crisis and the Origins of the First World War. *International History Review*, 1982.

_____. The Meaning of Attrition. *English Historical Review*, 1986.

_____. The Rise and Fall of "Business as Usual". In: BURK, K. (Org.). *War and the State.* Londres, 1982.

_____. Spy Fever in Britain, 1900-1915. *Historical Journal*, 1978.

FRENCH, Sir J. *1914.* Londres, 1919.

FREUD, S. Civilization and its discontents. In: RICKMAN, J. (Org.). *Civilization, War and Death.* Londres, 1939.

_____. Thoughts for the time on War and Death. In: RICKMAN, J. (Org.). *Civilization, War and Death.* Londres, 1939.

_____. Why War? In: RICKMAN, J. (Org.). *Civilization, War and Death.* Londres, 1939.

FRIEDBERG, A. L. *The Weary Titan*: Britain and the Experience of Relative Decline, 1895-1905. Princeton, 1988.

FROMKIN, D. *A Peace to End All Peace*: Creating the Modern Middle East, 1914-1922. Londres, 1991.
FULLER, J. F. C. *The Conduct of War*. Londres, 1972.
FULLER, J. G. *Troop Morale and Popular Culture in the British and Dominion Armies, 1914-1918*. Oxford, 1990.
FUSSELL, P. *The Great War and Modern Memory*. Oxford, 1975.
FYFE, H. H. *Northcliffe*: an Intimate Biography. Londres, s.d. [c. 1930].
GALET, E. J. *Albert King of the Belgians in the Great War*: his Military Activities and Experiences Set Down with his Approval. Londres, 1931.
GALL, L. *Bismarck*: the White Revolutionary. 2 vols. Londres, 1986.
_____. The Deutsche Bank from its Founding to the Great War, 1870-1914. In: GALL, L. et al. *The Deutsche Bank, 1870-1995*. Londres, 1995.
GALLINGER, A. *The Countercharge*: the Matter of War Criminals from the German Side. Munique, 1922.
GAMMAGE, B. *The Broken Years*: Australian Soldiers in the Great War. Camberra, 1974.
GARVIN, J. L. *The Life of Joseph Chamberlain*. vol. III: 1895-1900. Londres, 1934.
GATRELL, P. *Government, Industry and Rearmament, 1900-1914*: the Last Argument of Tsarism. Cambridge, 1994.
_____. *The Tsarist Economy, 1850-1917*. Londres, 1986.
GATZKE, H. *Germany's Drive to the West*: a Study of Germany's Western War Aims during the First World War. Baltimore, 1966.
GEBELE, H. *Die Probleme von Krieg und Frieden in Grobritannien während des Ersten Weltkrieges: Regierung, Parteien und öffentliche Meinung in der Auseinandersetzung über Kriegs-und Friedensziele*. Frankfurt, 1987.
GEISS, I. *Das Deutsche Reich und der erste Weltkrieg*. Munique, 1985.
_____. *Das Deutsche Reich und die Vorgeschichte des Ersten Weltkrieges*. Munique, 1978.
_____. The German Version of Imperialism: *Weltpolitik*. In: SCHÖLLGEN, G. (Org.). *Escape into War?* The Foreign Policy of Imperial Germany. Oxford/Nova York/Munique, 1990.
_____. *July 1914*: the Outbreak of the First World War – Selected Documents. Londres, 1967.
_____. *Der lange Weg in die Katastrophe*: Die Vorgeschichte des Ersten Weltkrieges, 1815-1914. Munique/Zurique, 1990.

Gerber, L.-G. Corporatism in Comparative Perspective: the Impact of the First World War on American and British Labour Relations. *Business History Review*, 1988.

GEYER, M. German Strategy in the Age of Machine Warfare, 1914-1945. In: PARET, P. (Org.). *Makers of Modern Strategy from Machiavelli to the Nuclear Age*. Oxford, 1986.

GIBBON, L. G. *A Scots Quair*. Londres, 1986.

GIBBS, P. *Realities of War*. Londres, 1929.

GILBERT, B. B. *David Lloyd George*: a Political life – Organiser of Victory, 1912--16. Londres, 1992.

GILBERT, M. *First World War*. Londres, 1994.

GILBERT, S. M. Soldier's Heart: Literary Men, Literary Women and the Great War. In: HIGGONET, M. (Org.). *Behind the Lines*. New Haven, 1987.

GIRAULT, R. *Emprunts russes et investissements français en Russie*. Paris, 1973.

GLASER, E. The American War Effort: Money and Material Aid, 1917-1918. Artigo apresentado na conferência sobre guerra total, em Münchenwiller, 1997.

GODFREY, J. F. *Capitalism at War*: Industrial Policy and Bureaucracy in France, 1914-1918. Leamington Spa, 1987.

GOLDSTEIN, E. *Winning the Peace*: British Diplomatic Strategy, Peace Planning and the Paris Peace Conference, 1916-1920. Oxford, 1991.

GOMBRICH, E. H. *Aby Warburg*: an Intellectual Biography. Oxford, 1970.

GOOCH, G. P.; TEMPERLEY, H. (Orgs.). *British Documents on the Origins of the War, 1898-1914*. 11 vols. Londres, 1926-1938.

GOOCH, J. *The Plans of War*: the General Staff and British Military Strategy, c. 1900-1916. Londres, 1974.

_____. Soldiers, Strategy and War Aims in Britain, 1914-1918. In: HUNT, B.; PRESTON, A. (Orgs.). *War Aims and Strategic Policy in the Great War*. Londres, 1977.

GORDON, M. R. Domestic Conflict and the Origins of the First World War: The British and German Cases. *Journal of Modern History*, 1974.

GOUGH, P. The experience of British Artists in the Great War. In: CECIL, H.; LIDDLE, P. H. (Orgs.). *Facing Armageddon*: the First World War Experienced. Londres, 1996.

GRADY, H. F. *British War Finance, 1914-1919*. Nova York, 1968.

GRAHAM, D. Sans Doctrine: British Army Tactics in the First World War. In: TRAVERS, T.; ARCHER, C. (Orgs.). *Men At War*: Politics, Technology and Innovation in the Twentieth Century. Chicago, 1982.

GRAHAM, F. D. *Exchange, Prices and Production in Hyperinflation Germany, 1920-1923*. Princeton, 1930.
GRAVES, R. *Goodbye to All That*. Londres, 1960.
GREASLEY, D.; OXLEY, L. Discontinuities in Competitiveness: the Impact of the First World War on British Industry. *Economic History Review*, 1996.
GREGORY, A. *British Public Opinion and the Descent into War*. Manuscrito não publicado.

_____. Lost Generations: the Impact of Military Casualties on Paris, London and Berlin. In: WINTER, J. M. (Org.). *Capital Cities at War*: Paris, London, Berlin, 1914-1919. Cambridge, 1997.
GREGORY, P. R. *Russian National Income, 1885-1913*. Cambridge, 1982.
GRESCHAT, M. Krieg und Kriegsbereitschaft im deutschen Protestantismus. In: DÜLFFER, J.; HOLL, K. (Orgs.). *Bereit zum Krieg*: Kriegsmentalität im wilhelminischen Deutschland 1890-1914. Belträge zur historischen Friedensforschung. Göttingen, 1986.
GREY OF FALLODON, Viscount. *Fly Fishing*. Stocksfield, 1990.

_____. *Twenty-Five Years*. 2 vols. Londres, 1925.
GRIEVES, K. C. E. Montague and the Making of *Disenchantment*, 1914-1921. *War in History*, 1997.

_____. Lloyd George and the Management of the British War Economy. Artigo apresentado na conferência sobre guerra total, em Münchenwiller, 1997.
GRIFFITH, P. *Battle Tactics of the Western Front*: the British Army's Art of Attack, 1916-18. New Haven/Londres, 1994.

_____ (Org.). *British Fighting Methods in the Great War*. Londres, 1996.

_____. *Forward into Battle*: Fighting Tactics from Waterloo to Vietnam. Chichester, 1981.

_____. The Tactical Problem: Infantry, Artillery and the Salient. In: LIDDLE, P. (Org.). *Passchendaele in Perspective*: the Third Battle of Ypres. Londres, 1997.
GROH, D. "Je eher, desto besser!" Innenpolitische Faktoren für die Präventiv--kriegsbereitschaft des Deutschen Reiches 1913/14. In: *Politische Vierteljahresschrift*. 1972.

_____. *Negative Integration und revolutionärer Attentismus, 1909-1914*. Frankfurt, 1973.
GRÜNBECK, M. *Die Presse Grossbritanniens, ihr geistiger und wirtschaftlicher Aufbau*: Wesen und Wirkungen der Publizistik – Arbeiten über die

Volksbeeinflussung und geistige Volksführung aller Zeiten und Völker. Leipzig, 1936.

GUDMUNDSSON, B. I. *Stormtroop Tactics*: Innovation in the German Army, 1914-18. Westport, 1995.

GUINARD, P. *Inventaire sommaire des archives de la guerre, Série N, 1872-1919*. Troyes, 1975.

GUINN, P. *British Strategy and Politics, 1914-18*. Oxford, 1965.

GULLACE, N. F. Sexual Violence and Family Honor: British Propaganda and International Law during the First World War. *American Historical Review*, 1997.

GÜNTHER, A. *Die Folgen des Krieges für Einkommen und Lebenshaltung der mittleren Volksschichten Deutschlands*. Stuttgart/Berlim/Leipzig, 1932.

GUTSCHE, W. The Foreign Policy of Imperial Germany and the Outbreak of the War in the Historiography of the GDR. In: SCHÖLLGEN, G. (Org.). *Escape into War? The Foreign Policy of Imperial Germany*. Oxford/Nova York/Munique, 1990.

HALLER, H. Die Rolle der Staatsfinanzen für den Inflationsprozess. In: DEUTSCHE BUNDESBANK (Org.). *Währung und Wirtschaft in Deutschland, 1876--1975*. Frankfurt, 1976.

HAMILTON, Sir I. *Gallipoli Diary*. 2 vols. Londres, 1920.

HAMILTON, K. A. Great Britain and France, 1911-1914. In: HINSLEY, F. (Org.). *British Foreign Policy under Sir Edward Grey*. Cambridge, 1977.

HANKEY, B. *The Supreme Command, 1914-18*. 2. vols. Londres, 1961.

Hansard, The Parliamentary Debates (Authorized Edition). série IV (1892-1908) e série V (1909-1980).

HANSEN, F. *The Unrepentant Northcliffe*: a Reply to the London "Times" of October 19, 1920. Hamburgo, 1921.

HARDACH, G. *The first World War, 1914-1918*. Harmondsworth, 1987.

HARRIS, H. "To Serve Mankind in Peace and the Fatherland at War": The Case of Fritz Haber. *German History*, 1992.

HARRIS, J. *William Beveridge*: a Biography. Oxford, 1977.

HARRIS, R. The "Child of the Barbarian": Rape, Race and Nationalism in France during the First World War. *Past and Present*, 1993.

HARRISON, R. The War Emergency Workers' Committee. In: BRIGGS, A.; SAVILLE, J. (Orgs.). *Essays in Labour History*. Londres, 1971.

HARROD, R. F. *The Life of John Maynard Keynes*. Londres, 1951.
HARVEY, A. D. *Collision of Empires*: Britain in Three World Wars, 1792-1945. Londres, 1992.
HARVIE, C. *No Gods and Precious Few Heroes*: Scotland, 1914-1980. Londres, 1981.
HAŠEK, J. *The Good Soldier Švejk and his Fortunes in the Great War*. Tradução de Cecil Parrott. Harmondsworth, 1974.
_____. A Sporting Story. In: HAŠEK, J. *The Bachura Scandal and Other Stories and Sketches*. Tradução de Alan Menhennet. Londres, 1991.
HATTON, R. H. S. Britain and Germany in 1914: the July Crisis and War Aims. *Past and Present*, 1967.
HAUPTS, L. *Deutsche Friedenspolitik: Eine Alternative zur Machtpolitik des Ersten Weltkrieges*. Düsseldorf, 1976.
HAZLEHURST, C. *Politicians at War, July 1914 to May 1915*: a Prologue to the Triumph of Lloyd George. Londres, 1971.
HEENEMANN, H. *Die Auflagenhöhe der deutschen Zeitungen*: Ihre Entwicklung und ihre Probleme. D.Phil, dissertação não publicada. Leipzig, 1929.
HENDLEY, M. "Help us to secure a strong, healthy, prosperous and peaceful Britain": the Social Arguments of the Campaign for Compulsory Military Service in Britain, 1899-1914. *Canadian Journal of History*, 1995.
HENIG, R. *The Origins of the First World War*. Londres, 1989.
HENNING, F.-W. *Das industrialisierte Deutschland, 1914 bis 1972*. Paderborn, 1974.
HENTSCHEL, V. German Economic and Social Policy, 1815-1939. In: MATHIAS, P.; POLLARD, S. (Orgs.). *The Cambridge Economic History of Europe*. vol. VIII: The Industrial Economies: the Development of Economic and Social Policies. Cambridge, 1989.
_____. *Wirtschaft und Wirtschaftspolitik im wilhelminischen Deutschland*: Organisierter Kapitalismus und Interventionsstaat? Stuttgart, 1978.
_____. Zahlen und Anmerkungen zum deutschen Auenhandel zwischen dem Ersten Weltkrieg und der Weltwirtschaftskrise. *Zeitschrift für Unternehmensgeschichte*, 1986.
HERBERT, A. P. *The Secret Battle*. Londres, 1976.
HERRMANN, D. G. *The Arming of Europe and the Making of the First World War*. Princeton, 1996.

HERWIG, H. H. Admirals *versus* Generals: the War Aims of the Imperial German Navy, 1914-1918. *Central European History*, 1972.

_____. The Dynamics of Necessity: German Military Policy during the First World War. In: MURRAY, W.; MILLETT, A. R. (Orgs.). *Military Effectiveness*. Winchester, Massachusetts, 1988.

_____. *The First World War*: Germany and Austria-Hungary. Londres, 1997.

_____. How "Total" Was Germany's U-Boat Campaign in the Great War? Artigo apresentado na conferência sobre guerra total, em Münchenwiller, 1997.

HIBBERD, D.; ONIONS, J. (Orgs.). *Poetry of the Great War*: an Anthology. Londres, 1986.

HILDEBRAND, K. *Deutsche Aussenpolitik, 1871-1918*. Munique, 1989.

_____. Julikrise 1914: Das europäische Sicherheitsdilemma. Betrachtungen über den Ausbruch des Ersten Weltkrieges. *Geschichte in Wissenschaft und Unterricht*, 1985.

_____. Opportunities and Limits of German Foreign Policy in the Bismarckian Era, 1871-1890: "A system of stopgaps"? In: SCHÖLLGEN, G. (Org.). *Escape into War?* The Foreign Policy of Imperial Germany. Oxford/Nova York/Munique, 1990.

_____. *Das vergangene Reich*: Deutsche Auenpolitik von Bismarck bis Hitler, 1871-1945. Stuttgart, 1995.

Hiley, N. "The British Army Film", "You!" and "For the Empire": Reconstructed Propaganda Films, 1914-1916. *Historical Journal of Film, Radio and Television*, 1985.

_____. Counter-Espionage and Security in Great Britain during the First World War. *English Historical Review*, 1986.

_____, The Failure of British Counter-Espionage against Germany, 1907-1914. *Historical Journal*, 1983.

_____. Introduction. In: LE QUEUX, W. *Spies of the Kaiser*: Plotting the Downfall of England. Londres, 1996.

_____. "Kitchener Wants You" and "Daddy, what did you do in the war?": The Myth of British Recruiting Posters. *Imperial War Museum Review*, 1997.

HILLGRUBER, A. The Historical Significance of the First World War: a Seminal Catastrophe. In: SCHÖLLGEN, G. (Org.). *Escape into War?* The Foreign Policy of Imperial Germany. Oxford/Nova York/Munique, 1990.

HIRSCHFELD, G.; KRUMEICH, G.; DEN, I. (Orgs.). *Keiner fühlt sich mehr als Mensch: Erlebnis und Wirkung des Ersten Weltkriegs*. Essen, 1993.

HITLER, A. *Aquarelle*. Berlim, 1935.

_____. *Mein Kampf.* Tradução de Ralph Manheim. Londres, 1992.

HOBSBAWM, E. *The Age of Empire, 1875-1914*. Londres, 1987.

_____. *The Age of Extremes*: the Short Twentieth Century, 1914-1991. Londres, 1994.

HOBSON, J. A. *Imperialism*: a Study. Londres, 1988.

HOBSON, J. M. The Military-Extraction Gap and the Wary Titan: the Fiscal Sociology of British Defence Policy 1870-1913. *Journal of European Economic History*, 1993.

HODGSON, G. *People's Century*: from the Dawn of the Century to the Start of the Cold War. Londres, 1995.

HOETZSCH, O. (Org.). *Die internationalen Beziehungen im Zeitalter des Imperialismus*: Dokumente aus der Archiven der Zarischen und der Provisorischen Regierung. 5 vols. Berlim, 1931.

HOFFMANN, W. G.; GRUMBACH, F.; HESSE, H. *Das Wachstum der deutschen Wirtschaft seit der Mitte des 19. Jahrhunderts*. Berlim, 1965.

HOLMES, G. The First World War and Government Coal Control. In: BARBER, C.; WILLIAMS, L. J. (Orgs.). *Modern South Wales*: Essays in Economic History. Cardiff, 1986.

HOLMES, R. The Last Hurrah: Cavalry on the Western Front, August-September 1914. In: CECIL, H.; LIDDLE, P. H. (Orgs.). *Facing Armageddon*: the First World War Experienced. Londres, 1996.

_____. *War Walks from Agincourt to Normandy*. Londres, 1996.

HOLROYD, M. *Bernard Shaw*. vol. II: The Pursuit of Power. Londres, 1989.

HOLT; TONIE; VALMAHAI. *Battlefields of the First World War*: a Traveller's Guide. Londres, 1995.

HOLTFRERICH, C.-L. Die deutsche Inflation 1918 bis 1913 in internationaler Perspektive. Entscheidungsrahmen und Verteilungsfolgen. In: BÜSCH, O.; FELDMAN, G. D. (Orgs.). *Historische Prozesse der deutschen Inflation, 1914 bis 1923*: Ein Tagungsbericht. Berlim, 1978.

_____. *The German Inflation, 1914-1923*. Berlim/Nova York, 1986.

HOOVER, A. J. *God, Germany and Britain in the Great War*: a Study in Clerical Nationalism. Nova York, 1989.

HORNE, A. *The Price of Glory*. Londres, 1962.

HORNE, J. "*L'Impôt du sang*": Republican Rhetoric and Industrial Warfare in France, 1914-18. *Social History*, 1989.

_____. *Labour at War*: France and Britain, 1914-1918. Oxford, 1991.

_____; KRAMER, A. German "Atrocities" and Franco-German Opinion, 1914: the Evidence of German Soldiers' Diaries. *Journal of Modern History*, 1994.

_____; KRAMER, A. War between Soldiers and Enemy Civilians, 1914-15. Artigo apresentado na conferência sobre guerra total, em Münchenwiller, 1997.

HOWARD, M. British Grand Strategy in World War I. In: KENNEDY, P. (Org.). *Grand Strategies in War and Peace*. New Haven/Londres, 1991.

_____. *The Continental Commitment*. Londres, 1972.

_____. *The Crisis of the Anglo-German Antagonism, 1916-1917*. Londres, 1996.

_____. The Edwardian Arms Race. In: HOWARD, M. *The Lessons of History*. Oxford, 1993.

_____. Europe on the Eve of World War I. In: HOWARD, M. *The Lessons of History*. Oxford, 1993.

HUBER, M. *Geschichte der politischen Presse im Kanton Luzern 1914-1945*. Lucerna, 1989.

HUGHES, C. The New Armies. In: BECKETT, I.; SIMPSON, K. (Orgs.). *A Nation in Arms*: a Social Study of the British Army in the First World War. Manchester, 1985.

HURWITZ, S. J. *State Intervention in Great Britain*: a Study of Economic Control and Social Response, 1914-1918. Nova York, 1949.

HUSSEY, J. Kiggell and the Prisoners: Was He Guilty of a War Crime? *British Army Review*, 1993.

_____. "Without an Army e Without Any Preparation to Equip One": the Financial and Industrial Background to 1914. *British Army Review*, 1995.

HYNES, S. *The Soldier's Tale*: Bearing Witness to Modern War. Londres, 1998.

_____. *A War Imagined*: the First World War and English Culture. Londres, 1990.

INGLIS, K. The Homecoming: the War Memorial Movement in Cambridge, England. *Journal of Contemporary History*, 1992.

INNIS, H. A. *The Press*: a Neglected Factor in the Economic History of the Twentieth Century. Oxford, 1949.

INSTITUTO INTERNACIONAL DE ESTUDOS ESTRATÉGICOS. *The Military Balance 1992-1993*. Londres, 1992.

JACKSON, A. Germany, the Home Front: Blockade, Government and Revolution. In: CECIL, H.; LIDDLE, P. H. (Orgs.). *Facing Armageddon*: the First World War Experienced. Londres, 1996.

JACKSON, A. British Ireland: "What If Home Rule Had Been Enacted in 1912?". In: FERGUSON (Org.). *Virtual History.*
JACKSON, R. *The Prisoners, 1914-1918*. Londres/Nova York, 1989.
JÄGER, W. *Historische Forschung und politische Kultur in Deutschland*: die Debatte 1914-1980 über den Ausbruch des Ersten Weltkrieges. Göttingen, 1984.
JAMES, H. *The German Slump*: Politics and Economics, 1924-1936. Oxford, 1986.
JAMES, L. *The Rise and Fall of the British Empire*. Londres, 1994.
JANOWITZ, M.; SHILS, E. A. Cohesion and Disintegration in the Wehrmacht in World War Two. In: JANOWITZ, M. (Org.). *Military Conflict*: Essays in the Institutional Analysis of War and Peace. Los Angeles, 1975.
JARAUSCH, K. H. *The Enigmatic Chancellor*: Bethmann Hollweg and the Hubris of Imperial Germany. New Haven/Londres, 1973.
_____. The Illusion of Limited War: Chancellor Bethmann Hollweg's Calculated Risk, July 1914. *Central European History*, 1969.
JAY, R. *Joseph Chamberlain*: a Political Study. Oxford, 1981.
JÈZE, G. *Les Dépenses de guerre de la France*. Paris, 1926.
JOHANSSON, R. *Small State in Boundary Conflict*: Belgium and the Belgian-German Border, 1914-1919. Lund, 1988.
JOHNSON, J. H. *1918*: the Unexpected Victory. Londres, 1997.
JOHNSON, P. *The Offshore Islanders*. Londres, 1972.
JOLL, J. *Europe since 1870*: an International History. Londres, 1973.
_____. *The Origins of the First World War*. Londres/Nova York, 1984.
_____. *The Second International, 1889-1914*. Londres, 1955.
JONES, L. E. "The Dying Middle": Weimar Germany and the Fragmentation of Bourgeois Polities. *Central European History*, 1972.
_____. *German Liberalism and the Dissolution of the Weimar Party System, 1918--1933*. Chapel Hill/Londres, 1988.
_____. Inflation, Revaluation and the Crisis of Middle Class Politics: a Study of the Dissolution of the German Party System, 1923-1928. *Central European History*, 1979.
JONES, M. A. *The Limits of Liberty*: American History, 1607-1980. Oxford 1993.
JUNGER, E. *The Storm of Steel*: from the Diary of a German Storm-Troop Officer on the Western Front. Tradução de Basil Creighton. Londres, 1929.
KAHAN, A. Government Policies and the Industrialization of Russia. *Journal of Economic History*, 1967.

KAHN, E. L. Art from the Front, Death Imagined and the Neglected Majority. *Art History*, 1985.

KAISER, D. E. Germany and the Origins of the First World War. *Journal of Modern History*, 1983.

KEEGAN, J. *The Face of Battle*. Londres, 1993.

_____; Holmes, R. *Soldiers*: a History of Men in Battle. Londres, 1985.

KEHR, E. Klassenkämpfe und Rüstungspolitik im kaiserlichen Deutschland. In: KEHR, E. *Der Primat der Innenpolitik: Gesammelte Aufsätze zur preuisch--deutschen Sozialgeschichte im 19. und 20. Jahrhundert*. Editado por Hans--Ulrich Wehler. Berlim, 1970.

KEIGER, J. F. V. *France and the Origins of the First World War*. Londres, 1983.

KELLETT, A. *Combat Motivation*: the Behaviour of Soldiers in Battle. Boston, 1982.

KEMP, T. *The French Economy 1913-1939*. Londres, 1972.

KENNAN, G. F. *The Fateful Alliance*: France, Russia and the Coming of the First World War. Manchester, 1984.

_____. *The Decline of Bismarck's European Order*: Franco-Russian Relations 1875--1890. Princeton, 1974.

KENNEDY, P. M. Britain in the First World War. In: MURRAY, W.; MILLETT, A. R. (Orgs.). *Military Effectiveness*. Winchester, Massachusetts, 1988.

_____. The First World War and the International Power System. *International Security*, 1984-1985.

_____. German World Policy and the Alliance Negotiations with England 1897--1900. *Journal of Modern History*, 1973.

_____. Military Effectiveness and the First World War. In: MURRAY, W.; MILLETT, A. R. (Orgs.). *Military Effectiveness*. Winchester, Massachusetts, 1988.

_____. *The Rise and Fall of the Great Powers*: Economic Change and Military Conflict from 1500 to 2000. Londres, 1988.

_____. *The Rise of the Anglo-German Antagonism, 1860-1914*. Londres, 1980.

_____. Strategy Versus Finance in Twentieth Century Britain. *International History Review*, 1981.

_____; O'BRIEN, P. K. Debate: The Costs and Benefits of British Imperialism, 1846-1914. *Past and Present*, 1989.

KENT, B. *The Spoils of War*: the Politics, Economics and Diplomacy of Reparations, 1918-1932. Oxford, 1989.

KERSHAW, I. *Hitler*. vol. I: Hubris. Londres, 1998.
KERSTEN, D. Die Kriegsziele der Hamburger Kaufmannschaft im Ersten Weltkrieg, 1914-1918. Dissertação não publicada. Hamburg, 1962.
KEYNES, J. M. *The Collected Writings of John Maynard Keynes*. vol. XI: Economic Articles and Correspondence. Editado por D. Moggridge. Londres, 1972.
_____. *The Collected Writings of John Maynard Keynes*. vol. XVI: Activities 1914--19, The Treasury and Versailles. Editado por E. Johnson. Londres, 1977.
_____. *The Collected Writings of John Maynard Keynes*. vol. XVII: Activities, 1920-22, Treaty Revision and Reconstruction. Editado por E. Johnson. Londres, 1977.
_____. *The Collected Writings of John Maynard Keynes*. vol. XVIII: Activities, 1922-32. The End of Reparations. Editado por E. Johnson. Londres, 1977.
_____. *The Collected Writings of John Maynard Keynes*. vol. XXI: Activities, 1931--39, World Crises and Policies in Britain and America. Editado por D. Moggridge. Londres, 1982.
_____. Dr Melchior: A Defeated Enemy. In: *Two Memoirs*. Londres, 1949. Reimpresso em *Collected Writings*. vol. X: Essays in Biography. Editado por A. Robinson e D. Moggridge. Londres, 1972.
_____. *The Economic Consequences of the Peace*. Londres, 1919.
_____. *How to Pay for the War*. Londres, 1940.
_____. *A Revision of the Treaty*. Londres, 1921.
_____. *A Tract on Monetary Reform*. Londres, 1923. Reimpresso em *Collected Writings*. vol. IV. Cambridge, 1971.
KIERNAN, T. J. *British War Finance and the Consequences*. Londres, 1920.
KINDLEBERGER, C. P. *A Financial History of Western Europe*. Londres, 1984.
KIPLING, R. *The Irish Guards in the Great War*. vol I: The First Battalion. Staplehurst, 1997; vol. II: The Second Battalion. Staplehurst, 1997.
KIRKALDY, A. W. *British Finance During and After the War*. Londres, 1921.
KITCHEN, M. *The German Officer Corps 1890-1914*. Oxford, 1968.
_____. Ludendorff and Germany's Defeat. In: CECIL, H.; LIDDLE, P. H. (Orgs.). *Facing Armageddon*: the First World War Experienced. Londres, 1996.
_____. *The Silent Dictatorship*: the Politics of the German High Command under Hindenburg and Ludendorff, 1916-1918. Nova York, 1976.
KLEMPERER, V. *I Shall Bear Witness*: the Diaries of Victor Klemperer, 1933-41. Londres, 1998.

KNAUSS, R. *Die deutsche, englische und französische Kriegsfinanzierung*. Berlim/Leipzig, 1923.

KNIGHTLEY, P. *The First Casualty*: the War Correspondent as a Hero, Protagonist and Mythmaker from the Crimea to Vietnam. Londres, 1975.

KNOCK, T. J. *To End All Wars*: Woodrow Wilson and the Quest for a New World Order. Nova York/Oxford, 1992.

KOCH, H. W. The Anglo-German Alliance Negotiations: Missed Opportunity or Myth? *History*, 1968.

KOCKA, J. *Facing Total War: German Society, 1914-1918*. Leamington Spa, 1984.

_____. The First World War and the *Mittelstand*: German Artisans and White Collar Workers. *Journal of Contemporary History*, 1973.

KOMLOS, J. *The Habsburg Monarchy as a Customs Union*: Economic Development in Austria-Hungary in the Nineteenth Century. Princeton, 1983.

KOSS, S. *Fleet Street Radical*: A. G. Gardiner and the Daily News. Londres, 1973.

_____. *The Rise and Fall of the Political Press in Britain*. vol. II: The Twentieth Century. Chapel Hill/Londres, 1984.

KOSSMANN, E. H. *The Low Countries, 1780-1940*. Oxford, 1978.

KOSZYK, K. *Deutsche Presse, 1914-1945*: Geschichte der deutschen Presse. vol. III: Abhandlungen und Materialien zur Publizistik. Berlim, 1972.

_____. *Deutsche Pressepolitik im Ersten Weltkrieg*. Düsseldorf, 1968.

_____. *Zwischen Kaiserreich und Diktatur*: Die sozialdemokratische Presse von 1914 bis 1933. Heidelberg, 1958.

KRANZFELDER, I. *George Grosz, 1893-1959*. Colônia, 1994.

KRAUS, K. *In These Great Times*: a Karl Kraus Reader. Editado por Harry Zorn. Manchester, 1984.

_____. *Die letzten Tage der Menschheit*: Tragödie in fünf Atken mit Vorspiel und Epilog. Frankfurt, 1986.

KRIVOSHEEV, Colonel-General G. F. (Org.). *Soviet Casualties and Combat Losses in the Twentieth Century*. Londres/Mechanicsburg, 1997.

KROBOTH, R. *Die Finanzpolitik des Deutschen Reiches während der Reichskanzlerschaft Bethmann Hollwegs und die Geld- und Kapitalmarktverhältnisse (1909- -1913/14)*. Frankfurt, 1986.

KROHN, C.-D. *Wirtschaftstheorien als politische Interessen*: Die akademische Nationalökonomie in Deutschland, 1918-1933. Frankfurt, 1981.

KRUEDENER, J. B. von. The Franckenstein Paradox in the Intergovernmental Fiscal Relations of Imperial Germany. In: WITT, P.-C. (Org.). *Wealth and Taxation in Central Europe*: the History and Sociology of Public Finance. Leamington Spa, 1987.

KRÜGER, P. *Deutschland und die Reparationen 1918/19*: Die Genesis des Reparationsproblems in Deutschland zwischen Waffenstillstand und Versailler Friedensschluss. Stuttgart, 1973.

_____. Die Rolle der Banken und der Industrie in den deutschen reparationspolitischen Entscheidungen nach dem Ersten Weltkrieg. In: MOMMSEN, H. et al. (Orgs.). *Industrielles System und politische Entwicklung in der Weimarer Republik*. vol. II. Düsseldorf, 1977.

KRUMEICH, G. L'Entrée en guerre en Allemagne. In: BECKER; AUDOIN-ROUZEAU (Orgs.). *Les Sociétés européennes et la Guerre de 1914-1918*. Paris, 1990.

KYNASTON, D. *The City of London*. vol. I: A World of Its Own, 1815-90. Londres, 1994.

_____. *The City of London*. vol. II: Golden Years, 1890-1914. Londres, 1996.

LAFFIN, J. *British Butchers and Bunglers of World War One*. Londres, 1988.

LAMMERS, D. Arno Mayer and the British Decision for War in 1914. *Journal of British Studies*, 1973.

LANGHORNE, R. T. B. Anglo-German Negotiations Concerning the Future of the Portuguese Colonies, 1911-1914. *Historical Journal*, 1973.

_____. *The Collapse of the Concert of Europe*: International Politics, 1890-1914. Londres, 1981.

_____. Great Britain and Germany, 1911-1914. In: HINSLEY, F. (Org.). *British Foreign Policy under Sir Edward Grey*. Cambridge, 1977.

LASSWELL, H. D. *Propaganda Technique in the World War*. Londres, 1927.

LAURSEN, K.; PEDERSEN, J. *The German Inflation, 1918-1923*. Amsterdã, 1964.

LAWRENCE, J.; DEAN, M.; ROBERT, J.-L. The Outbreak of War and the Urban Economy: Paris, Berlin and London in 1914. *Economic History Review*, 1992.

LAWRENCE, T. E. *Seven Pillars of Wisdom*. Harmondsworth, 1962.

LEAGUE OF NATIONS. *Memorandum on Production and Trade, 1923-1926*. Genebra, 1928.

LEE, D. E. *Europe's Crucial Years*: the Diplomatic Background of World War I, 1902-1914. Hanover, New Hampshire, 1974.

LEE, J. Administrators and Agriculture: Aspects of German Agricultural Policy in the First World War. In: WINTER, J. (Org.). *War and Economic Development*. Cambridge, 1975.

LEESE, P. Problems Returning Home: the British Psychological Casualties of the Great War. *Historical Journal*, 1997.

LÊNIN, V. I. *Imperialism*: the Highest Stage of Capitalism – a Popular Outline. Londres, 1934.

LEONTARITIS, G. B. *Greece and the First World War, 1917-1918*. Nova York, 1990.

LEPSIUS, J.; MENDELSSOHN-BARTHOLDY, A.; THIMME, F. W. K. (Orgs.). *Die grosse Politik der europäischen Kabinette, 1871-1914*: Sammlung der diplomatischen Akten des Auswärtigen Amtes. 40 vols. Berlim, 1922-1927.

LE QUEUX, W. *Spies of the Kaiser*: Plotting the Downfall of England. Editado por Nicholas Hiley. Londres, 1996.

LESLIE, J. The Antecedents of Austria-Hungary's War Aims: Politics and Policy-Makers in Vienna and Budapest before and during 1914. In: SPRINGER, E.; KAMMERHOFER, L. (Orgs.). *Archiv und Forschung*: Das Haus-, Hof- und Staatsarchiv in seiner Bedeutung für die Geschichte Österreichs und Europas. Viena/Munique, 1993.

LEUGERS, A.-H. Einstellungen zu Krieg und Frieden im deutschen Katholizismus vor 1914. In: DÜLFFER, J.; HOLL, K. (Orgs.). *Bereit zum Krieg*: Kriegsmentalität im wilhelminischen Deutschland 1890-1914. Belträge zur historischen Friedensforschung. Göttingen, 1986.

LEUNIG, T. Lancashire at its Zenith: Transport Costs and the Slow Adoption of Ring Spinning in the Lancashire Cotton Industry, 1900-13. In: BLANCHARD, I. (Org.). *New Directions in Economic and Social History*. Edimburgo, 1995.

LÉVY-LEBOYER, M.; BOURGIGNON, F. *L'Économie française au XIXe. Siècle*: Analyse macro-économique. Paris, 1985.

LIDDELL HART, B. *The British Way in Warfare*. Londres, 1942.

LIDDLE, P. H. *The 1916 Battle of the Somme*. Londres, 1992.

_____ (Org.). *Home Fires and Foreign Fields*. Londres, 1985.

LIEBKNECHT, K. *Militarism and Anti-Militarism*. Londres, 1973.

LIEVEN, D. *Russia and the Origins of the First World War*. Londres, 1983.

LINDENLAUB, D. *Machinebauunternehmen in der Inflation 1919 bis 1923*: Unternehmenshistorische Untersuchungen zu einigen Inflationstheorien. Berlim/Nova York, 1985.

LIPMAN, E. *The City and the "People's Budget"*. Manuscrito não publicado, 1995.
LIVOIS, R. de. *Histoire de la presse française*. vol. II: De 1881 à nos jours. Lausanne, 1965.
LLOYD GEORGE, D. *War Memoirs*. 6 vols. Londres, 1933-1936.
LOEWENBERG, P. Arno Mayer's "Internal Causes and Purposes of War in Europe, 1870-1956": an Inadequate Model of Human Behaviour, National Conflict and Historical Change. *Journal of Modern History*, 1970.
LOTZ, W. *Die deutsche Staatsfinanzwirtschaft im Kriege*. Stuttgart, 1927.
LOWE, R. The Ministry of Labour, 1916-1919: a Still, Small Voice? In: BURK, K. (Org.). *War and the State*. Londres, 1982.
_____. Welfare Legislation and the Unions during and after the First World War. *Historical Journal*, 1982.
LUCKAU, A. *The German Peace Delegation at the Paris Peace Conference*. Nova York, 1941.
LUDENDORFF, E. von. *The General Staff and Its Problems*: the History of the Relations between the High Command and the Imperial Government as Revealed by Official Documents. 2 vols. Londres, 1920.
_____. *Meine Kriegserinnerungen*. Berlim, 1920. Traduzido como *My War Memories, 1914-18*. 2 vols. Londres, 1923.
LYASHCHENKO, P. L. *History of the National Economy of Russia to the 1917 Revolution*. Nova York, 1949.
LYTH, P. J. *Inflation and the Merchant Economy*: the Hamburg Mittelstand, 1914--1924. Nova York/Oxford/Munique, 1990.
MCDERMOTT, J. The Revolution in British Military Thinking, from the Boer War to the Moroccan Crisis. *Canadian Journal of History*, 1974.
MACDONALD, L. *1914*: the Dawn of Hope. Londres, 1987.
_____. *1914-1918*: Voices and Images of the Great War. Londres, 1988.
_____. *1915*: the Death of Innocence. Londres, 1993.
_____. *The Roses of No Man's Land*. Londres, 1980.
_____. *Somme*. Londres, 1983.
_____. *They Called It Passchendaele*: the Story of Ypres and of the Men Who Fought in It. Londres, 1978.
MCEWEN, J. M. The National Press during the First World War: Ownership and Circulation. *Journal of Contemporary History*, 1982.
MACK SMITH, D. *Italy*: a Modern History. Ann Arbor, 1959.

MACKAY, R. F. *Fisher of Kilverstone*. Oxford, 1973.
MACKENZIE, N.; MACKENZIE, J. (Orgs.). *The Diary of Beatrice Webb*. vol. III: 1905-1924: The Power to Alter Things. Londres, 1984.
MCKEOWN, T. J. The Foreign Policy of a Declining Power. *International Organisation*, 1991.
MCKIBBIN, R. Class and Conventional Wisdom: the Conservative Party and the "Public" in Inter-war Britain. In: MCKIBBIN, R. *The Ideologies of Class*: Social Relations in Britain, 1880-1950. Oxford, 1990.
MACKIN, E. E. *Suddenly We Didn't Want to Die*: Memoirs of a World War I Marine. Novato, Califórnia, 1993.
MACKINTOSH, J. P. The Role of the Committee of Imperial Defence before 1914. *English Historical Review*, 1962.
MCNEILL, W. H. *The Pursuit of Power*: Technology, Armed Force and Society since AD 1000. Londres, 1982.
MADDISON, A. *Phases of Capitalist Development*. Oxford, 1982.
MAIER, C. S. *Recasting Bourgeois Europe*: Stabilisation in France, Germany and Italy in the Decade after World War I. Princeton, 1975.
_____. The Truth about the Treaties. *Journal of Modern History*, 1979.
_____. Wargames: 1914-1919. In: ROTBERG, R. I.; RABB, T. K. (Orgs.). *The Origin and Prevention of Major Wars*. Cambridge, 1989.
MALCOLM, N. *Bosnia*: a Short History. Londres, 1994.
MALLET, B.; GEORGE, C. O. *British Budgets*. Segunda série: 1913/14 to 1920/21. Londres, 1929.
MANEVY, R. *La Presse de la IIIe. République*. Paris, 1955.
MANN, T. *Betrachtungen eines Unpolitischen*. Berlim, 1918.
MANNING, J. Wages and Purchasing Power. In: WINTER, J. M. (Org.). *Capital Cities at War*: Paris, London, Berlin, 1914-1919. Cambridge, 1997.
MARCHAND, R. (Org.). *Un Livre noir*: Diplomatie d'avant-guerre et de guerre d'après les documents des archives russes, 1910-1917. 3 vols. Paris, 1922.
MARDER, A. J. *British Naval Policy, 1880-1905*: the Anatomy of British Sea Power. Londres, 1964.
MARKS, S. Reparations Reconsidered: a Reminder. *Central European History*, 1969.
MARQUAND, D. *Ramsay MacDonald*. Londres, 1997.
MARQUIS, A. G. Words as Weapons: Propaganda in Britain and Germany during the First World War. *Journal of Contemporary History*, 1978.

MARSLAND, E. *The Nation's Cause*: French, English and German Poetry of the First World War. Londres, 1991.

MARTEL, G. *The Origins of the First World War*. Londres, 1987.

MARTIN, G. German Strategy and Military Assessments of the American Expeditionary Force (AEF), 1917-18. *War in History*, 1994.

MARWICK, A. *The Deluge*: British Society and the First World War. Londres, 1991.

_____. War and the Arts. Artigo apresentado na conferência sobre guerra total, em Münchenwiller, 1997.

MÄRZ, E. *Austrian Banking and Financial Policy*: Creditanstalt at a Turning Point, 1913-1923. Londres, 1984.

MATTHEWS, W. C. The Continuity of Social Democratic Economic Policy, 1919 to 1920: the Bauer-Schmidt Policy. In: FELDMAN, G. D. et al. (Orgs.). *Die Anpassung an die Inflation*. Berlim/Nova York, 1986.

MAUGHAM, W. S. *A Writer's Notebook*. Londres, 1978.

MAYER, A. J. Domestic Causes of the First World War. In: KRIEGER, L.; STERN, F. (Orgs.). *The Responsibility of Power*: Historical Essays in Honour of Hajo Holborn. Nova York, 1967.

_____. *The Persistence of the Old Regime*. Nova York, 1971.

MAYEUR, J.-M. Le Catholicisme français et la première guerre mondiale. *Francia*, 1974.

MAZOWER, M. *Dark Continent: Europe's Twentieth Century*. Londres, 1998.

MEINECKE, F. *Die deutsche Erhebung von 1914*. Stuttgart, 1914.

_____. *Die deutsche Katastrophe*. Wiesbaden, 1946.

_____. *Die Geschichte des deutsche-englischen Bündnisproblems*. Munique, 1927.

MESSINGER, G. S. *British Propaganda and the State in the First World War*. Manchester, 1992.

MEWS, S. Spiritual Mobilisation in the First World War. *Theology*, 1971.

MEYER, H. C. *Mitteleuropa in German Thought and Action, 1815-1945*. The Hague, 1955.

MICHALKA, W. (Org.). *Der Erste Weltkrieg*: Wirkung, Wahrnehmung, Analyse. Munique, 1994.

MIDDLEMAS, K. *Politics in Industrial Society*. Londres, 1979.

MILLER, S. *Burgfrieden und Klassenkampf*: Die deutsche Sozialdemokratie im Ersten Weltkrieg. Düsseldorf, 1974.

MILLETT, A. R.; MURRAY, W.; WATMAN, K. The Effectiveness of Military Organizations. In: MURRAY, W.; MILLETT, A. R. (Orgs.). *Military Effectiveness*. Winchester, Massachusetts, 1988.

MILWARD, A. S. *The Economic Effects of the Two World Wars on Britain*. Londres, 1984.

MINISTÈRE DES AFFAIRES ÉTRANGÈRES [Bélgica]. *Correspondance Diplomatique relative à la Guerre de 1914*. Paris, 1915.

MINISTERIUM DES K. UND K. HAUSES UND DES ÄUSSERN. *Diplomatische Aktenstücke zur Vorgeschichte des Krieges 1914*. 3 vols. Londres, 1920.

MITCHELL, B. R. *European Historical Statistics, 1750-1975*. Londres, 1981.

_____; DEANE, P. *Abstract of British Historical Statistics*. Cambridge, 1976.

MOELLER, R. G. Dimensions of Social Conflict in the Great War: the View from the German Countryside. *Central European History*, 1981.

_____. Winners as Losers in the German Inflation: Peasant Protest over the Controlled Economy. In: FELDMAN, G. D. et al. (Orgs.). *Die deutsche Inflation*. Eine Zwischenbilanz. Berlim/Nova York, 1982.

MOGGRIDGE, D. E. *Maynard Keynes*: an Economist's Biography. Londres, 1992.

MOLTKE, E. von. *Generaloberst Helmuth von Moltke*: Erinnerungen, Briefe, Dokumente 1877-1916. Stuttgart, 1922.

MOMMSEN, W. J. Domestic Factors in German Foreign Policy before 1914. *Central European History*, 1973.

_____ (Org.). *Kultur und Krieg*: Die Rolle der Intellektuellen, Künstler und Schriftsteller im Ersten Weltkrieg. Munique, 1996.

_____. Die latente Krise des Deutschen Reiches. *Militärgeschichtliche Mitteilungen*, 1974.

_____. *Max Weber and German Politics, 1890-1920*. Chicago, 1984.

_____. Public Opinion and Foreign Policy in Wilhelmian Germany, 1897-1914. *Central European History*, 1991.

_____. The Topos of Inevitable War in Germany in the Decade before 1914. In: BERGHAHN, V. R.; KITCHEN, M. (Orgs.). *Germany in the Age of Total War*. Londres, 1981.

MONASH, Sir J. *The Australian Victories in France in 1918*. Londres, 1920.

MONGER, G. W. *The End of Isolation*: British Foreign Policy, 1900-1907. Londres, 1963.

MONK, R. *Wittgenstein*: the Duty of Genius. Londres, 1990.

MONTGELAS, M.; SCHÜCKING, W. (Orgs.). *The Outbreak of the World War*: German Documents Collected by Karl Kautsky. Nova York, 1924.

MORGAN, E. V. *Studies in British Financial Policy, 1914-1925*. Londres, 1952.

_____; THOMAS, W. A. *The Stock Exchange*. Londres, 1962.

MORGAN, K. O. (Org.). *Lloyd George Family Letters, 1885-1936*. Oxford, 1973.

MORGENBROD, B. *Wiener Grossbürgertum im Ersten Weltkrieg*: Die Geschichte der "Österreichischen Politischen Gesellschaft" (1916-1918). Viena, 1994.

MORLEY, V. *Memorandum on Resignation*. Londres, 1928.

MORRIS, A. J. A. *The Scaremongers*: the Advocacy of War and Rearmament, 1896-1914. Londres/Boston/Melbourne/Henley, 1984.

MORTON, F. *Thunder at Twilight*: Vienna 1913-1914. Londres, 1991.

MOSES, J. A. *The Politics of Illusion*: the Fischer Controversy in German Historiography. Londres, 1975.

MOSSE, G. *Fallen Soldiers*: Reshaping the Memory of the World Wars. Oxford, 1990.

MOYER, L. V. *Victory Must Be Ours*: Germany in the Great War, 1914-1918. Londres, 1995.

MOYNIHAN, M. (Org.). *God on Our Side*: the British Padres in World War One. Londres, 1983.

MURRAY, B. K. *The People's Budget, 1909-10*: Lloyd George and Liberal Politics. Oxford, 1980.

NÄGLER, J. Pandora's Box: Propaganda and War Hysteria in the United States during the First World War. Artigo apresentado na conferência sobre guerra total, em Münchenwiller, 1997.

NICHOLLS, A. J.; KENNEDY, P. M. (Orgs.). *Nationalist and Racialist Movements in Britain and Germany before 1914*. Londres/Oxford, 1981.

NICHOLLS, J. *Cheerful Sacrifice*: the Battle of Arras, 1917. Londres, 1990.

NICOLSON, C. Edwardian England and the Coming of the First World War. In: O'DAY, A. (Org.). *The Edwardian Age*: Conflict and Stability, 1902-1914. Londres, 1979.

NOBLE, R. Raising the White Flag: the Surrender of Australian Soldiers on the Western Front. *Revue Internationale d'Histoire Militaire*, 1990.

NOTTINGHAM, C. J. Recasting Bourgeois Britain: The British State in the Years Which Followed the First World War. *International Review of Social History*, 1986.

O'BRIEN, P. K. The Costs and Benefits of British Imperialism, 1846-1914. *Past and Present*, 1988.

_____. Power with Profit: the State and the Economy, 1688-1815. Palestra inaugural, Universidade de Londres, 1991.

O'BRIEN TWOHIG, S. Dix and Nietzsche. In: TATE GALLERY. *Otto Dix, 1891-1961*. Londres, 1992.

OFFER, A. The British Empire, 1870-1914: a Waste of Money? *Economic History Review*, 1993.

_____. *The First World War*: an Agrarian Interpretation. Oxford, 1989.

_____. Going to War in 1914: a matter of Honour? *Politics and Society*, 1995.

O'HARA, G. *Britain's War of Illusions: Sir Edward Grey and the Crisis of Liberal Diplomacy*. Trabalho final de gradução não publicado. Oxford, 1995.

ONCKEN, H. *Das Deutsche Reich und die Vorgeschichte des Weltkriegs*. 2 vols. Berlim, 1933.

O'SHEA, S. *Back to the Front*: an Accidental Historian Walks the Trenches of World War I. Londres, 1997.

ÖSTERREICHISCHES BUNDESMINISTERIUM FÜR HEERESWESEN UND KRIEGSARCHIV (Org.). *Österreich-Ungarns letzter Krieg, 1914-1918*. 7 vols. Viena, 1930-1938.

OVERY, R. *Why the Allies Won*. Londres, 1995.

OWEN, G. Dollar Diplomacy in Default: the Economics of Russian-American Relations, 1910-1917. *Historical Journal*, 1970.

OWEN, W. *The Poems of Wilfred Owen*. Editado por Jon Stallworthy. Londres, 1990.

PACHNICKE, P.; HONNEF, K. (Orgs.). *John Heartfield*. Nova York, 1991.

PADDAGS, N. *The Weimar Inflation: Possibilities of Stabilisation before 1923?* Dissertação não publicada de Mestrado em Ciências. Oxford, 1995.

PARKER, G. (Org.). *The Times Atlas of World History*. Londres, 1993.

PARKER, P. *The Old Lie*: the Great War and the Public School Ethos. Londres, 1987.

PAULINYI, A. Die sogenannte gemeinsame Wirtschaftspolitik Österreich-Ungarns. In: WANDRUSZKA, A.; URBANITSCH, P. (Orgs.). *Die Habsburgermonarchie, 1848-1918*. vol. I. Viena, 1973.

PEACOCK, A. T.; WISEMAN, J. *The Growth of Public Expenditure in the United Kingdom*. Princeton, 1961.

PEDRONCINI, G. *Les Mutineries de 1917*. Paris, 1967.

PERRY, N. Maintaining Regimental Identity in the Great War: the Case of the Irish Infantry Regiments. In: *Stand To.* 1998.

PERTILE, L. Fascism and Literature. In: FORGACS, D. (Org.). *Rethinking Italian Fascism.* Londres, 1986.

PETZINA, D.; ABELSHAUSER, W.; FOUST, A. (Orgs.). *Sozialgeschichtliches Arbeitsbuch.* vol. III: Materialien zur Statistik des Deutschen Reiches, 1914--1945. Munique, 1978.

PHILLIPS, G. The Social Impact. In: CONSTANTINE, S.; KIRBY, M. W; ROSE, M. (Orgs.). *The First World War in British History.* 1995.

PHILPOTT, W. J. *Anglo-French Relations and Strategy on the Western Front.* Londres, 1996.

PIPES, R. *Russia under the Bolshevik Regime, 1919-24.* Londres, 1994.

_____. *The Russian Revolution 1899-1919.* Londres, 1990.

POGGE VON STRANDMANN, H. (Org.). Germany and the Coming of War. In: VON STRANDMANN, P.; EVANS, R. J. W. (Orgs.). *The Coming of the First World War.* Oxford, 1988.

_____. *Historians, Nationalism and War: the Mobilisation of Public Opinion in Britain and Germany.* Manuscrito não publicado. 1998.

_____. *Walther Rathenau*: Industrialist, Banker, Intellectual e Politician: Notes and Diaries, 1907-1922. Oxford, 1985.

POHL, M. *Hamburger Bankengeschichte.* Mogúncia, 1986.

POIDEVIN, R. *Les Relations économiques et financières entre la France et l'Allemagne de 1898 à 1914.* Paris, 1969.

POLLARD, S. *Britain's Prime and Britain's Decline*: the British Economy, 1870--1914. Londres, 1989.

_____. Capital Exports, 1870-1914: Harmful or Beneficial? *Economic History Review*, 1985.

PORCH, D. The French Army and the Spirit of the Offensive, 1900-1914. In: *War and Society*, 1976.

POTTLE, M. (Org.). *Champion Redoubtable*: the Diaries and Letters of Violet Bonham Carter, 1914-1945. Londres, 1998.

PRAKKE, H.; LERG, W. B.; SCHMOLKE, M. *Handbuch der Weltpresse.* Colônia, 1970.

PRETE, R. A. French Military War Aims, 1914-1916. *Historical Journal*, 1985.

PRICE, R. *An Imperial War and the British Working Class.* Londres, 1972.

PRIOR, R.; WILSON, T. *Command on the Western Front*. Oxford, 1992.
PROST, A. Les Monuments aux Morts: Culte républicain? Culte civique? Culte patriotique? In: NORA, P. (Org.). *Les Lieux de Mémoire*. vol. I: La Republique. Paris, 1984.
PUBLIC RECORD OFFICE. *M.I.5*: the First Ten Years, 1909-1919. Kew, 1997.
RALEIGH, *Sir* W.; JONES, H. A. (Orgs.). *The War in the Air*. 6 vols. Londres, 1922-1937.
RATHENAU, W. *Briefe*. 2 vols. Dresden, 1926.
RAUH, M. *Föderalismus und Parlamentarismus im wilhelminischen Reich*. Düsseldorf, 1972.
_____. *Die Parlamentarisierung des Deutschen Reiches*. Düsseldorf, 1977.
RAWLING, B. *Surviving Trench Warfare*: Technology and the Canadian Corps, 1914-18. Toronto, 1992.
READER, W. J. *At Duty's Call*: a Study in Obsolete Patriotism. Manchester, 1988.
REEVES, N. Film Propaganda and Its Audience: the Example of Britain's Official Films during the First World War. *Journal of Contemporary History*, 1983.
REICHSARCHIV. *Der Weltkrieg 1914 his 1918*. 14 vols. Berlim/Coblença, 1925--1956.
REICHSWEHRMINISTERIUM. *Sanitätsbericht über das Deutsche Heer (deutsches Feld-und Besatzungsheer) im Weltkriege 1914-1918 (Deutscher Kriegssanitätsbericht, 1914-18)*. 4 vols. Berlim, 1934, 1938.
REID, A. Dilution, Trade Unionism and the State in Britain during the First World War. In: TOLLIDAY, S.; ZEITLIN, J. (Orgs.). *Shop Floor Bargaining and the State: Historical and Comparative Perspectives*. Cambridge, 1985.
REMAK, J. 1914 – the Third Balkan War: Origins Reconsidered. *Journal of Modern History*, 1971.
REMARQUE, E. M. *All Quiet on the Western Front*. Tradução de Brian Murdoch. Londres, 1996.
RENZI, W. A. Great Britain, Russia and the Straits, 1914-1915. *Journal of Modern History*, 1970.
REZZORI, G. von. *The Snows of Yesteryear*: Portraits for an Autobiography. Londres, 1991.
RICH, N.; FISHER, M. H. (Orgs.). *The Holstein Papers*: the Memoirs, Diaries and Correspondence of Friedrich von Holstein, 1837-1909. vol. IV: Correspondence, 1897-1909. Cambridge, 1961.

RICHARDSON, L. F. *Arms and Insecurity*. Londres, 1960.

RIEGEL, L. *Guerre et littérature*: le Bouleversement des consciences dans la littérature romanesque inspirée par la Grande Guerre. Paris, 1978.

RITTER, G. *Der Schlieffenplan*: Kritik eines Mythos. Munique, 1956. Trad. *The Schlieffen Plan*: Critique of a Myth. Londres, 1958.

_____. *Staatskunst und Kriegshandwerk*: Das Problem des "Militarismus" in Deutschland. 4 vols. Munique, 1965-8. Trad. *Sword and the Sceptre*.

_____. *The Sword and the Sceptre*: the Problem of Militarism in Germany. vol. II: The European Powers and the Wilhelminian Empire 1890-1914. Coral Gables, 1970.

ROBBINS, K. *The First World War*. Oxford, 1984.

_____. *Sir Edward Grey*: a Biography of Grey of Falloden. Londres, 1971.

ROBERT, D. Les Protestants français et la guerre de 1914-1918. *Francia*, 1974.

ROBERTSON, Sir W. *Soldiers and Statesmen*. 2 vols. Londres, 1926.

ROESLER, K. *Die Finanzpolitik des Deutschen Reiches im Ersten Weltkrieg*. Berlim, 1967.

ROPPONEN, R. *Die russische Gefahr*: Das Verhalten der öffentlichen Meinung Deutschlands und Österreich-Ungarns gegenüber der Aussenpolitik Russlands in der Zeit zwischen dem Frieden von Portsmouth und dem Ausbruch des Ersten Weltkrieges. Helsinki, 1976.

ROSENBAUM, E.; SHERMAN, A. J. *M.M. Warburg & Co., 1798-1938*: Merchant Bankers of Hamburg. Londres, 1979.

ROTHENBERG, G. E. *The Army of Francis Joseph*. West Lafayette, 1976.

_____. Moltke, Schlieffen and the Doctrine of Strategic Envelopment. In: PARET, P. (Org.). *Makers of Modern Strategy from Machiavelli to the Nuclear Age*. Princeton, 1986.

ROUCOUX, M. (Org.). *English Literature of the Great War Revisited*. Picardie, 1988.

ROWLAND, P. *The Last Liberal Governments*. vol. II: Unfinished Business, 1911--1914. Londres, 1971.

RUBIN, G. R. *War, Law and Labour*: the Munitions Acts, State Regulation and the Unions 1915-1921. Oxford, 1987.

RUMMEL, R. J. *Lethal Politics*: Soviet Genocide and Mass Murder since 1917. New Brunswick, 1990.

RUPIEPER, H. J. *The Cuno Government and Reparations, 1922-1923*: Politics and Economics. Haia/Londres/Boston, 1976.

RUSSELL, B. *Portraits from Memory*. Londres, 1958.
RUTHERFORD, W. *The Russian Army in World War I*. Londres, 1975.
RYAN, A. *Bertrand Russell*: a Political Life. Londres, 1988.
SAAD EL-DIN. *The Modern Egyptian Press*. Londres, s.d.
SAKI. *When William Came*: a Story of London under the Hohenzollerns. Reimpresso em *The Complete Works of Saki*. Londres/Sydney/Toronto, 1980.
SAMUELS, M. *Command or Control?* Command, Training and Tactics in the British and German Armies, 1888-1918. Londres, 1995.
_____. *Doctrine and Dogma*: German and British Infantry Tactics in the First World War. Nova York, 1992.
SASSOON, S. *The Complete Memoirs of George Sherston*. Londres, 1972.
_____. *Memoirs of a Fox-Hunting Man*. Londres, 1978.
_____. *Memoirs of an Infantry Officer*. Londres, 1997.
_____. *The War Poems*. Editado por Rupert Hart-Davis. Londres/Boston, 1983.
SAZONOV, S. *Fateful Years, 1909-1916*: the Reminiscences of Count Sazonov. Londres, 1928.
SCHMIDT, G. Contradictory Postures and Conflicting Objectives: the July Crisis. In: SCHÖLLGEN, G. (Org.). *Escape into War?* The Foreign Policy of Imperial Germany. Oxford/Nova York/Munique, 1990.
_____. Innenpolitische Blockbildungen in Deutschland am Vorabend des Ersten Weltkrieges. *Aus Politik und Zeitgeschichte*, 1972.
SCHNEIDER, E. The British Red Cross Wounded and Missing Enquiry Bureau: a Case of Truth-Telling in the Great War. *War in History*, 1997.
SCHÖLLGEN, G. Germany's Foreign Policy in the Age of Imperialism: a Vicious Circle. In: SCHÖLLGEN, G. (Org.). *Escape into War?* The Foreign Policy of Imperial Germany. Oxford/Nova York/Munique, 1990.
_____. *Imperialismus und Gleichgewicht*: Deutschland, England und die orientalische Frage, 1871-1914. Munique, 1984.
_____. Introduction: The Theme Reflected in Recent German Research. In: SCHÖLLGEN, G. (Org.). *Escape into War?* The Foreign Policy of Imperial Germany. Oxford/Nova York/Munique, 1990.
SCHRAMM, P. E. *Neun Generationen*: 300 Jahre deutscher "Kulturgeschichte' im Lichte der Schicksale einer hamburger Bürgerfamilie. 2 vols. Göttingen, 1963-5.
SCHREMMER, D. E. Taxation and Public Finance: Britain, France and Germany. In: MATHIAS, P.; POLLARD, S. (Orgs.). *The Cambridge Economic*

History of Europe. vol. VIII: The Industrial Economies: The Development of Economic and Social Policies. Cambridge, 1989.

SCHUKER, S. American "Reparations" to Germany, 1919-1933. In: FELDMAN, G. D.; MÜLLER-LUCKNER, E. (Orgs.). *Die Nachwirkungen der Inflation auf die deutsche Geschichte, 1924-1933*. Munique, 1985.

SCHULTE, B. F. *Europaïsche Krise und Erster Weltkrieg*: Beiträge zur Militärpolitik des Kaiserreichs, 1871-1914. Frankfurt, 1983.

_____. *Vor dem Kriegsausbruch 1914*: Deutschland, die Türkei und der Balkan. Düsseldorf, 1980.

SCHUSTER, P.-K. *George Grosz*: Berlin-New York. Berlim, 1994.

SCHWABE, K. *Deutsche Revolution und Wilson-Frieden*: Die amerikanische und deutsche Friedensstrategie zwischen Ideologie und Machtpolitik, 1918/19. Düsseldorf, 1971.

SCOTT, P. T. Captive Labour: the German Companies of the BEF. *The Great War: The Illustrated Journal of First World War History*, 1991.

SEARLE, G. R. Critics of Edwardian Society: the Case of the Radical Right. In: O'DAY, A. (Org.). *The Edwardian Age*: Conflict and Stability, 1902-1914. Londres, 1979.

_____. *The Quest for National Efficiency*. Oxford, 1971.

SELIGMANN, M. Germany and the Origins of the First World War. *German History*, 1997.

SEMMEL, B. *Imperialism and Social Reform*: English Social-Imperial Thought, 1895-1914. Londres, 1960.

SHAND, J. D. "Doves among the Eagles", German Pacifists and their Government during World War I. *Journal of Contemporary History*, 1975.

SHANNON, R. *The Crisis of Imperialism 1865-1915*. Londres, 1974.

SHEFFIELD, G. Officer – Man Relations, Discipline and Morale in the British Army of the Great War. In: CECIL, H.; LIDDLE, P. H. (Orgs.). *Facing Armageddon*: the First World War Experienced. Londres, 1996.

_____. *The Redcaps*: a History of the Royal Military Police and Its Antecedents from the Middle Ages to the Gulf War. Londres/Nova York, 1994.

SHOWALTER, D. Army, State and Society in Germany, 1871-1914: an Interpretation. In: DUKES; REMAK (Orgs.). *Another Germany*.

SILKIN, J. (Org.). *The Penguin Book of First World War Poetry*. Londres, 1996.

SIMKINS, P. Everyman at War: Recent Interpretations of the Front Line Experience. In: BOND, B. (Org.). *The First World War and British Military History.* Oxford, 1991.

_____. *Kitchener's Army*: the Raising of the New Armies, 1914-16. Manchester, 1988.

SIMON, H. A. Alternative Visions of Rationality. In: MOSER, P. K. (Org.). *Rationality in Action*: Contemporary Approaches. Cambridge, 1990.

SIMPSON, A. *Hot Blood and Cold Steel: Life and Death in the Trenches of the First World War.* Londres, 1993.

SIMPSON, K. The Officers. In: BECKETT, I.; SIMPSON, K. (Orgs.). *A Nation in Arms*: a Social Study of the British Army in the First World War. Manchester, 1985.

_____. The Reputation of Sir Douglas Haig. In: BOND, B. (Org.). *The First World War and British Military History.* Oxford, 1991.

SKIDELSKY, R. *John Maynard Keynes.* vol. I: *Hopes Betrayed 1883-1920.* Londres, 1983.

_____. *John Maynard Keynes.* vol. II: *The Economist as Saviour, 1920-1937.* Londres, 1992.

SNYDER, J. *The Ideology of the Offensive*: Military Decision-Making and the Disasters of 1914. Ithaca/Londres, 1984.

SOMMARIVA, A.; TULLIO, G. *German Macroeconomic History 1880-1979*: a Study of the Effects of Economic Policy on Inflation, Currency Depreciation and Growth. Londres, 1986.

SÖSEMANN, B. Medien und Öffentlichkeit in der Julikrise 1914. In: KRONENBURG, S.; SCHICHTEL, H. (Orgs.). *Die Aktualität der Geschichte*: Historische Orientierung in der Mediengesellschaft-Siegfried Quandt zum 60. Geburtstag. Giessen, 1996.

_____ (Org.). *Theodor Wolff:* Tagebücher, 1914-1919. 2 vols. Boppard am Rhein, 1984.

SOUTOU, G.-H. *L'Or et le sang; Les Buts de guerre économiques de la Première Guerre mondiale.* Paris, 1989.

SPECHT, A. von, *Politische und wirtschaftliche Hintergründe der deutschen Inflation, 1918-1923.* Frankfurt, 1982.

SPIERS, E. The Scottish Soldier at War. In: CECIL, H.; LIDDLE, P. H. (Orgs.). *Facing Armageddon*: the First World War Experienced. Londres, 1996.

SQUIRE, J. C. (Org.). *If It Happened Otherwise*: Lapses into Imaginary History. Londres/Nova York/Toronto, 1932.

SQUIRES, J. D. *British Propaganda at Home and in the United States from 1914 to 1917*. Cambridge, Massachusetts, 1935.

STAMP, J. *Taxation during the War*. Londres, 1932.

STARGARDT, N. *The German Idea of Militarism*: Radical and Socialist Critiques, 1886-1914. Cambridge, 1994.

Statistiches Jahrbuch für das Deutsche Reich. Berlim, 1914.

STATISTISCHES REICHSAMT (Org.). *Zahlen zur Geldentwertung in Deutschland 1914 bis 1924*, Sonderhefte zu Wirtschaft und Statistik, 5. Jg., 1. Berlim, 1925.

STEED, H. W. *Through Thirty Years, 1892-1922*. 2 vols. Londres, 1924.

STEGMANN, D. *Die Erben Bismarcks*: Parteien und Verbände in der Spätphase des wilhelminischen Deutschlands – Sammlungspolitik, 1897-1918. Colônia, 1970.

_____. Wirtschaft und Politik nach Bismarcks Sturz: Zur Genesis der Miquelschen Sammlungspolitik 1890-1897. In: GEISS, I.; WENDT, B. J. (Orgs.). *Deutschland in der Weltpolitik des 19. und 20. Jahrhunderts*: Fritz Fischer zum 65. Geburtstag. Düsseldorf, 1973.

STEINBERG, J. The Copenhagen complex. *Journal of Contemporary History*, 1966.

_____. Diplomatie als Wille und Vorstellung: Die Berliner Mission Lord Haldanes im Februar 1912. In: SCHOTTELIUS, H.; DEIST, W. (Orgs.). *Marine und Marinepolitik im kaiserlichen Deutschland*. Düsseldorf, 1972.

STEINER, Z. S. *Britain and the Origins of the First World War*. Londres, 1977.

_____. *The Foreign Office and Foreign Policy, 1898-1914*. Cambridge, 1969.

STERN, F. Bethmann Hollweg and the War: The Bounds of Responsibility. In: STERN, F. *The Failure of Illiberalism*. Nova York, 1971.

_____. *Gold and Iron*: Bismarck, Bleichröder and the Building of the German Empire. Harmondsworth, 1987.

STEVENSON, D. *Armaments and the Coming of War*: Europe 1904-1914. Oxford, 1996.

SIPRI (Instituto Internacional de Estudos para a Paz). *Yearbook 1992*: World Armaments and Disarmament. Oxford, 1992.

STONE, N. *The Eastern Front 1914-1917*. Londres, 1975.

_____. *Europe Transformed, 1878-1919*. Londres, 1983.

_____. Moltke and Conrad: Relations between the Austro-Hungarian and German General Staffs, 1909-1914. In: KENNEDY, P. (Org.). *The War flans of the Great Powers*. Londres, 1979.

STRACHAN, H. The Morale of the German Army 1917-1918. In: CECIL, H.; LIDDLE, P. H. (Orgs.). *Facing Armageddon*: the First World War Experienced. Londres, 1996.

STRAUS, A. Le Financement des dépenses publiques dans l'entre-deux-guerres. In: STRAUS; FRIDENSON (Orgs.). *Le Capitalisms français au 19e et 20e siècle*: Blocage et dynamismes d'une croissance. Paris, 1987.

STUEBEL, H. *Das Verhältnis zwischen Staat und Banken auf dem Gebiet des preussischen Anleihewesens von 1871 bis 1913*. Berlim, 1935.

STUMMVOLL, J. *Tagespresse und Technik*: Die technische Berichterstattung der deutschen Tageszeitung mit besonderer Berücksichtigung der technischen Beilagen. Dresden, 1935.

SULZBACH, H. *With the German Guns*: Four Years on the Western Front. Tradução de Richard Thonger. Barnsley, 1998.

SUMLER, D. E. Domestic Influences on the Nationalist Revival in France, 1909--1914. *French Historical Studies*, 1970.

SUMMERS, A. Militarism in Britain before the Great War. *History Workshop*, 1976.

SWEET, D. W. Great Britain and Germany, 1905-1911. In: HINSLEY, F. H. (Org.). *British Foreign Policy under Sir Edward Grey*. Cambridge, 1977.

_____; LANGHORNE, R. T. B. Great Britain and Russia, 1907-1914. In: HINSLEY, F. H. (Org.). *British Foreign Policy under Sir Edward Grey*. Cambridge, 1977.

TALBOTT, J. E. Soldiers, Psychiatrists and Combat Trauma. *Journal of Interdisciplinary History*, 1997.

TAWNEY, R. H. The Abolition of Economic Controls, 1918-1921. *Economic History Review*, 1943.

TAYLOR, A. J. P. *Beaverbrook*. Londres, 1972.

_____. *English History, 1914-1945*. Oxford, 1975.

_____. *The First World War*. Harmondsworth, 1966.

_____. *The Struggle for Mastery in Europe, 1848-1918*. Oxford, 1954.

_____. *War by Timetable*: How the First World War Began. Londres, 1969.

TAYLOR, B. *Art and Literature under the Bolsheviks*. vol. II: Authority and Revolution, 1924-1932. Londres/Boulder, Colorado, 1992.
TAYLOR, S. *The Great Outsiders*: Northcliffe, Rothermere and the Daily Mail. Londres, 1996.
TERHALLE, F. Geschichte der deutschen Finanzwirtschaft vom Beginn des 19. Jahrhunderts bis zum Schluss des zweiten Weltkrieges. In: GERLOFF, W.; NEUMARK, F. (Orgs.). *Handbuch der Finanzwissenschaft*. Tübingen, 1952.
TERRAINE, J. British Military Leadership in the First World War. In: LIDDLE, P. H. (Org.). *Home Fires and Foreign Fields*. Londres, 1985.
_____. *Douglas Haig*: the Educated Soldier. Londres, 1963.
_____. *The First World War*. Londres, 1983.
_____. *The Road to Passchendaele*. Londres, 1977.
_____. *The Smoke and the Fire*. Londres, 1980.
_____. The Substance of the War. In: CECIL, H.; LIDDLE, P. H. (Orgs.). *Facing Armageddon*: the First World War Experienced. Londres, 1996.
_____. *The Western Front*. Londres, 1964.
_____. *White Heat*: the New Warfare, 1914-18. Londres, 1982.
_____. *To Win a War*. Londres, 1978.
THEWELEIT, K. *Male Fantasies*. vol. I: Women, Floods, Bodies, History. Minneapolis, 1987.
THOMAS, D. H. *The Guarantee of Belgian Independence and Neutrality in European Diplomacy from the 1830s to the 1930s*. Kingston, 1983.
THOMPSON, J. M. *Europe since Napoleon*. Londres, 1957.
Times, The, *The History of The Times*. vol. IV: The 150th Anniversary and Beyond, 1912-1948. Londres, 1952.
TIMM, H. Das Gesetz der wachsenden Staatsausgaben. *Finanzarchiv*, 1961.
TIMMS, E. *Karl Kraus*: Apocalyptic Satirist. New Haven/Londres, 1986.
TIRPITZ, A. von. *Deutsche Ohnmachtspolitik im Weltkriege*. Hamburgo/Berlim, 1926.
_____. *Erinnerungen*. Leipzig, 1919.
TRACHTENBERG, M. Reparation at the Paris Peace Conference. *Journal of Modern History*, 1979.
TRASK, D. F. *The AEF and Coalition Warmaking, 1917-18*. Lawrence, Kansas, 1993.
TRAVERS, T. H. E. *How the War Was Won*. Londres, 1992.

_____. *The Killing Ground*: Command and Technology on the Western Front, 1900-18. Londres, 1990.

_____. The Offensive and the Problem of Innovation in British Military Thought. *Journal of Contemporary History*, 1978.

_____. Technology, Tactics and Morale: Jean de Bloch, the Boer War and British Military Theory, 1900-1914. *Journal of Modern History*, 1979.

TREBILCOCK, C. War and the Failure of Industrial Mobilisation: 1899 and 1914. In: WINTER, J. (Org.). *War and Economic Development*. Cambridge, 1975.

TREVELYAN, G. M. *Grey of Falloden*. Londres, 1937.

TRUCHY, H. *Les Finances de guerre de la France*. Paris, 1926.

TRUMPENER, U. Junkers and Others: The Rise of Commoners in the Prussian Army, 1871-1914. *Canadian Journal of History*, 1979.

_____. The Road to Ypres: The Beginnings of Gas Warfare in World War I. *Central European History*, 1975.

_____. War Premeditated? German Intelligence Operations in July 1914. *Central European History*, 1976.

TUCHMAN, B. *August 1914*. Londres, 1962.

TURNER, L. C. F. *Origins of the First World War*. Nova York, 1970.

_____. The Russian Mobilisation in 1914. In: KENNEDY, P. (Org.). *The War Plans of the Great Powers, 1880-1914*. Londres, 1979.

_____. The Significance of the Schlieffen Plan. In: KENNEDY, P. (Org.). *The War Plans of the Great Powers, 1880-1914*. Londres, 1979.

ULLRICH, V. Der Januarstreik 1918 in Hamburg, Kiel und Bremen: Eine vergleichende Studie zur Geschichte der Streikbewegung im Ersten Weltkrieg. *Zeitschrift des Vereins für hamburgische Geschichte*, 1985.

_____. *Kriegsalltag*: Hamburg im Ersten Weltkrieg. Colônia, 1982.

_____. Massenbewegung in der Hamburger Arbeiterschaft im Ersten Weltkrieg. In: HERZIG, A.; LANGEWIESCHE, D.; SYWOTTEK, A. (Orgs.). *Arbeiter in Hamburg*: Unterschichten, Arbeiter und Arbeiterbewegung seit dem ausgehenden 18. Jahrhundert. Hamburgo, 1982.

VAGTS, A. *A History of Militarism*: Civilian and Military. Nova York, 1959.

Vierteljahreshefte zur Statistik des Deutschen Reiches, 1914-1920.

VINCENT, C. P. *The Politics of Hunger*: the Allied Blockade of Germany, 1915--1919. Athens, Ohio, 1985.

VINCENT-SMITH, J. D. Anglo-German Negotiations over the Portuguese Colonies in Africa 1911-1914. *Historical Journal*, 1974.
VOLKOGONOV, D. *Lenin*: Life and Legacy. Londres, 1994.
_____. *Trotsky*: The Eternal Revolutionary. Londres, 1996.
VONDUNG, V. Deutsche Apokalypse 1914. In: Vondung. *Das wilhelminischen Bildungsbürgertum*. Göttingen, 1976.
VOTH, H.-J. Civilian Health during World War One and the Causes of German Defeat: a Re-examination of the Winter Hypothesis. *Annales de Demographie Historique*, 1995.
WAGENFÜHR, R. Die Industriewirtschaft: Entwicklungstendenzen der deutschen und internationalen Industrieproduktion, 1860-1932. *Vierteljahreshefte zur Konjunkturforschung*, Sonderheft 31, 1933.
WAGNER, A. *Grundlegung der politischen Ökonomie*. Leipzig, 1893.
WAITES, B. *A Class Society at War*: England, 1914-18. Leamington Spa, 1987.
_____. The Effect of the First World War on Class and Status in England, 1910-
-20. *Journal of Contemporary History*, 1976.
WAKE, J. *Kleinwort Benson*: the History of Two Families in Banking. Oxford, 1997.
WALLACE, S. *War and the Image of Germany*: British Academics, 1914-1918. Edimburgo, 1988.
WAR OFFICE. *Statistics of the Military Effort of the British Empire during the Great War, 1914-20*. Londres, 1922.
WARBURG, M. M. *Aus meinen Aufzeichnungen*. Edição particular, s.d.
WARNER, P. *World War One*. Londres, 1995.
WAWRO, G. Morale in the Austro-Hungarian Army: the Evidence of Habsburg Army Campaign Reports and Allied Intelligence Officers. In: CECIL, H.; LIDDLE, P. H. (Orgs.). *Facing Armageddon*: the First World War Experienced. Londres, 1996.
WEBB, S. B. *Hyperinflation and Stabilisation in Weimar Germany*. Nova York/ Oxford, 1989.
WEBER, E. *The Hollow Years*: France in the 1930s. Londres, 1995.
_____. *The Nationalist Revival in France*. Berkeley, 1959.
WEBER, T. *A Stormy Romance*: Germans at Oxford between 1900 and 1938. Dissertação de mestrado não publicada. Oxford 1998.
WEHLER, H.-U. *The German Empire, 1871-1918*. Leamington Spa, 1985.

WEINROTH, H. The British Radicals and the Balance of Power, 1902-1914. *Historical Journal*, 1970.
WEISS, L.; HOBSON, J. M. *States and Economic Development*: a Comparative Economic Analysis. Cambridge, 1995.
WELCH, D. Cinema and Society in Imperial Germany, 1905-1918. *German History*, 1990.
WESTBROOK, S. D. The Potential for Military Disintegration. In: SARKESIAN, S. C. (Org.). *Combat Effectiveness*. Los Angeles, 1980.
WHALEN, R. W. *Bitter Wounds*: German Victims of the Great War, 1914-1939. Ithaca/Londres, 1984.
WHEELER-BENNETT, J. W. *Brest-Litovsk*: the Forgotten Peace. Londres, 1956.
WHITESIDE, N. Industrial Labour and Welfare Legislation after the First World War: a Reply. *Historical Journal*, 1982.
_____. Welfare Legislation and the Unions during the First World War. *Historical Journal*, 1982.
WHITFORD, F. The Revolutionary Reactionary. In: Tate Gallery. *Otto Dix, 1891-1961*. Londres, 1992.
WILLIAM II. *Ereignisse und Gestalten aus den Jahren 1878-1918*. Leipzig/Berlim, 1922. Traduzido como *My Memoirs, 1878-1918*. Londres, 1922.
WILLETT, J. *The New Sobriety, 1917-1933*: Art and Politics in the Weimar Period. Londres, 1978.
WILLIAMS, B. The Strategic Background to the Anglo-Russian Entente of 1907. *Historical Journal*, 1966.
WILLIAMS, R. *Defending the Empire*: the Conservative Party and British Defence Policy, 1899-1915. Londres, 1991.
_____. Lord Kitchener and the Battle of Loos: French Politics and British Strategy in the Summer of 1915. In: FREEDMAN, L.; HAYES, P.; O'NEILL, R. (Orgs.). *War, Strategy and International Politics*. Oxford, 1992.
WILLIAMSON, J. G. *Karl Helfferich, 1872-1924*: Economist, Financier, Politician. Princeton, 1971.
WILLIAMSON, S. R., Jr. *Austria-Hungary and the Coming of the First World War*. Londres, 1990.
WILSON, K. M. The British Cabinet's Decision for War, 2 August 1914. *British Journal of International Studies*, 1975.

_____. The Foreign Office and the "Education" of Public Opinion before the First World War. *Historical Journal*, 1983.

_____. Grey. In: WILSON, K. (Org.). *British Foreign Secretaries and Foreign Policy from the Crimean War to the First World War*. Londres, 1987.

_____. In Pursuit of the Editorship of *British Documents on the Origins of the War, 1898-1914*: J. W. Headlam-Morley before Gooch and Temperley. *Archives*, 1995.

_____. *The Policy of the Entente*: Essays on the Determinants of British Foreign Policy. Cambridge, 1985.

WILSON, T. Britain's "Moral Commitment" to France in July 1914. *History*, 1979.

_____. Lord Bryce's Investigation into Alleged German Atrocities in Belgium, 1914-15. *Journal of Contemporary History*, 1979.

_____. *The Myriad Faces of War*: Britain and the Great War, 1914-1918. Cambridge, 1986.

WINTER, D. *Death's Men*: Soldiers of the Great War. Londres, 1978.

WINTER, J. M. (Org.). *Capital Cities at War*: Paris, London, Berlin, 1914-1919. Cambridge, 1997.

_____. *The Great War and the British People*. Londres, 1985.

_____. Oxford and the First World War. In: HARRISON, B. (Org.). *The History of the University of Oxford*. vol. VIII: The Twentieth Century. Oxford, 1994.

_____. Painting Armageddon: Some Aspects of the Apocalyptic Imagination in Art: from Anticipation to Allegory. In: CECIL, H.; LIDDLE, P. H. (Orgs.). *Facing Armageddon*: the First World War Experienced. Londres, 1996.

_____. Public Health and the Political Economy of War, 1914-1918. *History Workshop Journal*, 1988.

_____. *Sites of Memory, Sites of Mourning*: the Great War in European Cultural History. Cambridge, 1995.

_____; BAGGETT, B. *1914-1918*: the Great War and the Shaping of the 20th Century. Londres, 1996.

_____; COLE, J. Fluctuations in Infant Mortality Rates in Berlin during and after the First World War. *European Journal of Population*, 1993.

WINZEN, P. Der Krieg in Bülow's Kalkül. Katastrophe der Diplomatie oder Chance zur Machtexpansion. In: DÜLFFER, J.; HOLL, K. (Orgs.). *Bereit zum Krieg*: Kriegsmentalität im wilhelminischen Deutschland 1890-1914. Belträge zur historischen Friedensforschung. Göttingen, 1986.

WITT, P.-C. *Die Finanzpolitik des Deutschen Reichs, 1903-1913.* Lübeck, 1970.

_____. Finanzpolitik und sozialer Wandel im Krieg und Inflation 1918-1924". In: MOMMSEN, H. et al. (Orgs.). *Industrielles System und politische Entwicklung in der Wiemarer Republik.* vol. I. Düsseldorf, 1977.

_____. Finanzpolitik und sozialer Wandel: Wachstum und Funktionswandel der Staatsausgaben in Deutschland, 1871-1933. In: WEHLER, H.-U. (Org.). *Sozialgeschichte heute*: Festschrift für Hans Rosenberg. Göttingen, 1974.

_____. Innenpolitik und Imperialisms in der Vorgeschichte des Ersten Weltkrieges. In: HOLL, K.; LIST, G. (Orgs.). *Liberalismus und imperialistischer Staat.* Göttingen, 1975.

_____. Reichsfinanzen und Rüstungspolitik. In: SCHOTTELIUS, H.; DEIST, W.; (Orgs.). *Marine und Marinepolitik im kaiserlichen Deutschland 1871-1914.* Düsseldorf, 1981.

_____. Tax Policies, Tax Assessment and Inflation: Towards a Sociology of Public Finances in the German Inflation, 1914 to 1923. In: WITT, P.-C. (Org.). *Wealth and Taxation in Central Europe: The History and Sociology of Public Finance.* Leamington Spa/Hamburgo/Nova York, 1987.

WOHL, R. *The Generation of 1914.* Londres, 1980.

WOLFF, L. *In Flanders Fields.* Londres, 1959.

WOLFF, T. *The Eve of 1914.* Londres, 1935.

_____. *Der Marsch durch zwei Jahrzehnte.* Amsterdã, 1936.

_____. *Das Vorspiel.* Munique, 1924.

WOODWARD, Sir L. *Great Britain and the War of 1914-1918.* Londres, 1967.

WRIGHT, D. G. The Great War, Government Propaganda and English "Men of Letters". *Literature and History*, 1978.

WRIGHT, Q. *A Study of War.* Chicago, 1942.

WRIGLEY, C. *David Lloyd George and the British Labour Movement.* Londres, 1976.

_____. The Ministry of Munitions: an Innovatory Department. In: BURK, K. (Org.). *War and the State.* Londres, 1982.

WYNNE, G. C. *If Germany Attacks.* Londres, 1940.

WYSOCKI, J. Die österreichische Finanzpolitik. In: WANDRUSZKA, A.; URBANITSCH, P. (Orgs.). *Die Habsburgermonarchie, 1848-1918.* vol. I. Viena, 1973.

ZECHLIN, E. Deutschland zwischen Kabinettskrieg und Wirtschaftskrieg: Politik und Kriegsführung in den ersten Monaten des Weltkrieges 1914. *Historische Zeitschrift*, 1964.

_____. Julikrise und Kriegsausbruch 1914. In: ERDMANN, K. D.; ZECHLIN, E. (Orgs.). *Politik und Geschichte*: Europa 1914 – Krieg oder Frieden? Kiel, 1985.

_____. July 1914: Reply to a polemic. In: KOCH, H. W. (Org.). *The Origins of the First World War*. Londres, 1984.

_____. *Krieg und Kriegsrisiko*: Zur deutschen Politik im Ersten Weltkrieg. Düsseldorf, 1979.

ZEIDLER, M. Die deutsche Kriegsfinanzierung 1914 bis 1918 und ihre Folgen. In: MICHALKA, W. (Org.). *Der Erste Weltkrieg*: Wirkung, Wahrnehmung, Analyse. Munique, 1994.

ZEITLIN, J. The Labour Strategies of British Engineering Employers, 1890-1922. In: GOSPEL, H. F.; LITTLER, C. R. (Orgs.). *Managerial Strategies and Industrial Relations*: an Historical and Comparative Study. Londres, 1983.

ZILCH, R. *Die Reichsbank und die finanzielle Kriegsvorbereitungen von 1907 bis 1914*. Berlim, 1987.

ZIMMERMANN, W.; GÜNTHER, A.; MEERWARTH, R. *Die Einwirkung des Krieges auf Bevölkerungsbewegung, Einkommen und Lebenshaltung in Deutschland*. Stuttgart/Berlim/Leipzig, 1932.

ZUNKEL, F. *Industrie und Staatssozialismus*: DerKampf um die Wirtschaftsordnung in Deutschland, 1914-1918. Düsseldorf, 1974.

Índice remissivo

Observação: os números de página em **negrito** se referem a Tabelas e Figuras.

Abissínia, invasão italiana da 107
Acordo de Algeciras (1906) 142
Addison, Christopher 398, 602-603
Aehrenthal, barão Alois Lexa von, ministro das Relações Exteriores da Áustria 247
Afeganistão 111, 121, 132
África
 redistribuição de colônias 624-625
 reivindicações coloniais da Alemanha 112-113, 117, 141-142, 272, 274, 635
África do Sul 118
 índice de baixas **445**
 ver também Guerra dos Bôeres
agricultura
 Alemanha 385-386
 e produção de alimentos 414
Aitken, Max *ver* Beaverbrook
Albânia 248, 563
álcool, rações do Exército 511-512
Aldington, Richard, poeta 25, 29
alemães na Inglaterra
 em universidades 82
 espiões 68, 70-71
 famílias de banqueiros 82-83
Alemanha
 anexações 431-434
 antimilitarismo na 83-85, 86, 88
 censura 343, 344, 345
 comentários na imprensa 337-339
 custos da guerra por morte **493**
 desigualdade social 416-419
 direita radical (nacionalista) 73-77
 economia **110**, **383**; crescimento das exportações 98-99; crescimento industrial 98, 99; déficit comercial 387-389, **388**; dívida nacional **218**, **219**; e crise bancária (1914) 305-306, 311; empréstimo público 218, 221, 474-475; gasto com defesa **196**, 197, **198**, 199-201, **200**, **201**, 215-217, 228-230, 234-236, 634; gasto público **203**, 205-207, 234-236; instabilidade financeira 149, 228-235, 634; investimento externo 100, **100**; produção industrial 384, **384**, 385; sistema fiscal federal 206-208, 213-217, 228; teoria da expansão econômica 97, 98-99; títulos públicos 221, **223**, 224, **225**, **227**, 228, 478-480
 economia de guerra; corporativismo 389-390, 391-394, 396, 636; custo de vida **486**; dívida nacional 474-475, 478, **479**, 480; empréstimos de guerra 480-481, 608; oferta monetária 484-485, **486**; sistema de aprovisionamento 394-403
 elementos antibélicos banidos 198-299
 escassez de alimentos 413--415;
 estrutura política (federal) 99, 245, 392-393, 434-435
 fatalismo à véspera da guerra 181-184
 fervor religioso 323
 historiadores 38, 40-43
 histórias e documentos oficiais 35
 Lei das Forças Armadas 1913 214-215, 232-234
 literatura profética 57-59, 60, 61-62, 276
 mão de obra; greves 408, 412-413, **413**; oferta 305, 403-405; salários e produtividade 408, **409**; sindicatos, 411, **412**
 memorial de guerra Dammtor 43
 objetivos de guerra 272, 431, 433-435
 partidos políticos 214-216
 política externa 84-86; ambições na França 273-274, 432; anexações 431-434; como ameaça "napoleônica" 147-148, 273, 275; e a França 72, 146, 189, 258; e fragilidade das alianças europeias 251; e Marrocos 118, 141; e Turquia 142; esperanças de

neutralidade britânica 41-42, 251, 257, 264; medo da Rússia 108, 180, 183-185, 275; medo de um cerco 140, 253; objetivos antes da guerra 272-277; opção por uma guerra preemptiva 97, 184-185, 251-253, 254-255, 429, 643; reconhecimento do poder naval britânico 142-145, 168-169; relações com a Áustria-Hungria 247, 248, 249, 250, 430; riscos diplomáticos 431-435; sonho de uma união aduaneira europeia 76, 274, 275-277; superestimada a força dos inimigos 180, 634; tentativas de entente com a Grã-Bretanha 111-119; visão da Sérvia 249, 249
população e mão de obra disponível **444, 445**
propaganda 347-350, 351, 352, 363
reação à mobilização russa 247, 249-251, 259
refutação das alegações de atrocidades 363
resposta à mobilização 312
romances antibélicos 30
sonho de uma união aduaneira europeia 76, 274-277
sufrágio **87**
voto socialista **87**
Alemanha no pós-guerra
capacidade de pagar reparações 594-600, **597**
déficit na balança comercial 593, 598-599
economia 586-588, 604-607
empréstimos estrangeiros 580, 583, 589, 593, 598
expectativa de condições difíceis para a paz 587-590
gasto público 601-603, 615

hiperinflação 575, 576, 585-586
investimento externo 593
não pagamento de reparações 575, 598, 599-600, **600**
níveis de emprego 601, 604-606
opções para financiar as reparações 579-583
perdas territoriais 588-589, 624
política econômica para evitar pagar reparações 591-592
política monetária 612
reformas fiscais 590-591, 611-612
violência 562-563
aliança franco-russa 107-110, 171
aliança russo-chinesa (1896) 114
alistamento 312-313, **314**, 405, 635
motivos patrióticos 315-318
outros motivos 320-321
alistamento obrigatório na Grã-Bretanha 72, 78-79, 188-189
implementado (1916) 312
Allatini, Rose, escritor 27, 344
Allenby, general E. 453
Almirantado
planos para bloqueio naval à Alemanha 133, 138, 169--170, 264
rivalidade com o Ministério da Guerra 189
Alsácia-Lorena 172, 624
população alemã na 631
Amiens 459, 461, 462
Angell, Norman 78-80
A grande ilusão 62, 78-80
British Neutrality League [Liga pela Neutralidade Britânica] 293
sobre o gasto militar 204,

228, 303, 309
sobre o poderio militar alemão 179
ver também Grey
Annesley, Arthur 520
antimilitarismo 77-88, **87**
influência sobre a análise histórica 84
no início da guerra 289-292, 293-297
Antuérpia 140, 266
Apis, coronel, Inteligência Militar sérvia 247
Apollinaire, Guillaume, poesia 26, 640-641
aristocracia
oficiais do Exército 173, 317, 453-454
vínculos anglo-germânicos 82
Arlen, Michael, *O chapéu verde* 28
Armênia 326, 625
artilharia 179, 181, 450-451, 454-456, 458-459
artistas
alemães 647-648, 649-650
britânicos 650
dadaísmo 647
retrato dos horrores da guerra 29-30, 647-648
russos 649
vorticistas 648
Ásia Central, interesse da Rússia na 105
Asquith, H. H.
campanha de Northcliffe contra 355
como primeiro-ministro, silêncio sobre a política externa 129
e decisão a favor da guerra 262, 263, 264, 265
e expectativa de uma guerra franco-germânica 137
e indícios de espionagem estrangeira 70

ÍNDICE REMISSIVO

e natureza do compromisso com a França 150-151, 152
e oposição conservadora 130, 268
e planos para a Força Expedicionária 138
e tributação 210
expectativas de uma guerra breve 473
memórias 36, 39
seis princípios para a intervenção 265
sobre a corrida armamentista naval 170
sobre a crise bancária de 1914 306, 309
Asquith, Margot 268
Asquith, Violet 289
Associação Liberal de York 151
associações de veteranos 20, 74
Astor, Waldorf 336
australianos, soldados 315, 516, 525
índice de baixas 445
Áustria 42, 588, 624
Bolsa de Valores de Viena 305
economia 110, 209, **383**
oferta monetária **486**, 487
prisioneiros de guerra 537
sistema fiscal 217
sufrágio **87**
Áustria-Hungria
anexação da Bósnia 132, 208, 246, 247
censura 344
colapso da 624
custo de vida **486**; empréstimos públicos 222; gasto com defesa **196**, 197, **198, 200, 201**, 201, 217; instabilidade financeira 228; sistema financeiro dualista 208-209, 217; títulos públicos 222
e Bálcãs 244
economia
imprensa 338

Marinha **168**
mentalidade de guerra preemptiva 185, 249
propaganda oficial 348
relações com a Rússia 184
relações com a Sérvia 184, 247-248, 255-256
ultimato à Sérvia 257-258
autodeterminação, princípio de 432, 630-632

baixas 45-46
alemãs 439-440, 459, 498
britânicas 439, 440, 498
custo por morte 487, 492--494, **493**
e moral 460-462, 497
efeitos demográficos das 626-627
estatísticas **441, 443, 445**
estudo de Dupuy 446-447
feridos 440-442
francesas 439, 440, 465, 498
Frente Ocidental 446-447, **448, 449**
invalidez permanente 627
ver também prisioneiros de guerra
balança comercial
controles sobre 401-403
déficits 387-389, 388
déficits na Alemanha no pós-guerra 593, 598-599
desequilíbrio da 65, 309, 384, 414
exportação de capitais britânicos 99-102
exportações alemãs 99, 103, 104
recuperação no pós-guerra 592
Bálcãs 244, 247
interesse russo nos 105, 132
nacionalismo eslavo 132, 184, 185
visão alemã com relação aos 83

Balfour, A. J. 127
política com relação à Alemanha 115, 117, 267
política de "defesa ativa" 438
Ball, Hugo, artista 647
Ballin, Albert, armador alemão 305, 311, 387
conselho contra a guerra 97
e acordo naval proposto 143-144
necessidade de reforma fiscal 230
oposição à anexação 433
sobre a economia de guerra 387, 392-393
Banco da Inglaterra 220, 311, 475
e sistema monetário internacional 102-103
bancos e banqueiros
cooperação anglo-germânica na China 113-114
oposição à guerra 96-97, 306-307, 309, 311
ver também Banco da Inglaterra; City de Londres; Reichsbank; Rothschild
Barbusse, Henri, *Le Feu* [*O fogo*] 29, 346
Barker, Ernest 353
Barker, Pat 30-31
Baruch, Bernard M., banqueiro norte-americano 398
Bassermann, Ernst, líder do Partido Liberal Nacional 76, 183
Baumgarten, Otto 324
Beauchamp, conde 262, 263, 264
Beaverbrook, lorde 36, 355
propaganda de guerra 336, 347
Bebel, August, social-democrata alemão 234
Begbie, Harold, jornalista 28, 575
Behncke, almirante Paul 433

713

Békássy, Ferenc 297
Bélgica 244, 259, 466, 624
　ambições alemãs na 272,
　　273-274
　antimilitarismo 88
　atrocidades alemãs na 40,
　　357, 374
　baixas **445**
　efetivo militar **176**, 186-187
　planos de anexação alemães
　　432-434, 466
　potencial militar **177**
　prisioneiros de guerra **538**
　produção industrial 385
　sufrágio **87**
　ver também Plano Schlieffen
Belgrado 258
Bell, Clive 27, 294
Belloc, Hilaire 96, 364
　história imaginária 651
Bellows, George, artista 647
Benedikt, Moritz 368
Bennett, Arnold 353, 354, 362
Bento XV, papa 517
Berchtold, conde, ministro
　das Relações Exteriores da
　Áustria 248, 249, 252
Beresford, almirante lorde
　Charles 67
Bergmann, Carl, Ministério
　das Relações Exteriores da
　Alemanha 589
Berliner Tageblatt 338, 345,
　370, **371**
Bernhardi, general Friedrich
　von 177
　Germany and the Next War
　　[A Alemanha e a próxima
　　guerra] 71, 229
Bertie, Francis 119, 141
　embaixador em Berlim 135,
　　141, 270, 288
Bethmann Hollweg, Theobald
　von, chanceler 36, 38-39,
　82, 653
　e a proposta de Sazonov
　　para negociações bilaterais 258
e anexações 432
e cooperações com a
　Grã-Bretanha 141, 142,
　143-144
e gasto com a defesa 201-
　-202, 215
e invasão da Bélgica 265
e necessidade de serviço
　militar 175
e Rathenau 97-98
e sufrágio prussiano 435
esperança de neutralidade
　britânica 141, 144-145,
　260-261, 274, 276-277
influência decadente 434
pessimismo de 183-184, 289
"Programa de Setembro"
　(objetivos de guerra) 272,
　274-275, 277
relação entre a guerra e as
　revoluções sociais 86
sobre a ameaça russa 183-
　-184, 249
sobre o momento da guerra
　248, 253
Beumelburg, Werner, memó-
　rias 645
Beveridge, William 288, 296,
　322
sobre a economia de guerra
　397, 414
Bickersteth, reverendo Julian
　463
Binding, Rudolf, memórias
　645
Bismarck, conde Otto von
　108, 112, 243
e sistema federal 206, 207,
　208, 213
Blaker, Richard, escritor 29
Bleibtreu, Karl, *Offensive
Invasion against England*
[Invasão ofensiva contra a
Inglaterra] 62, 276
Bloch, Ivan Stanislavovich 303
Is War Now Impossible? [A
guerra é hoje impossível?]
64-66
sobre consequências econô-
　micas 303, 304, 306
Bloch, Marc 514
Blohm & Voss 96, 399-400,
　404, 407-408, 410
bloqueio naval da Alemanha
　efetividade do 387-388, 414,
　　637
　planos do Almirantado para
　　133, 138, 169, 264
　temores alemães de um 167
　ver também Marinha Real
Blunden, Edmund 25, 29
　Undertones of War [Nuanças
　　da guerra] 643
Böhm, John 544
bolchevismo, medo do 579,
　589, 626
Bolsa de Hamburgo, crise
　305, 311
bombardeios 498-500, 627-628
Bonar Law, Andrew 268, 269,
　625
Booth, George 395, 397, 484
Bósnia-Herzegovina 246, 564
　anexada pela Áustria 132,
　　208, 246
　Estado iugoslavo 624
Bottomley, Horatio 325, 342,
　370
Bowman, tenente 541
Brailsford, Henry Noel, *The
War of Steel and Gold* [A
guerra do aço e do ouro] 81
Braun, Otto 290
Brennan, Anthony 557
Brentano, Lujo 352
Bresciani-Turroni, Constanti-
　no 607
Brest-Litovsk, Tratado de 431,
　432, 588
Brian, Havergal, ópera 646
Briand, Aristide 466
Bridges, Robert 325
Bridges, tenente-coronel 140
Briey (França) 181, 433

Brigada de Garotos, 187
brinquedos patrióticos 354
Brittain, Vera, *Testament of Youth* [Testemunho de uma jovem] 22, 524
Brockdorff-Rantzau, conde Ulrich von, ministro das Relações Exteriores da Alemanha 589
Brockway, Fenner, dramaturgo 80, 344
   The Devil's Business [Negócio do diabo] 80
Brooke, Rupert 297
Bruchmüller, coronel Georg 457
Brusilov, general Alexei 319
Bryan, Jack 546
Bryce, lorde 186, 358
Buchan, John
   romances 28
   propagandista 336, 347, 363
Bulgakov, Mikhail, *A guarda branca* 645
Bulgária 248, 624
   baixas **441**, **445**
   custos da guerra por morte **493**
   dívida nacional **479**
   intervenção russa na 105, 244, 248
   pedido de armistício 431
   prisioneiros de guerra **538**
Bülow, príncipe Bernhard Heinrich von, chanceler 83, 85, 228, 275
   e finanças do Reich 213, 228, 229
   e possível aliança anglo-germânica 115, 116
   e rivalidade naval 167, 169
   sobre a influência francesa 104
Burns, John 262, 268
Buxton, Noel 151

Caillaux, Joseph, ministro de Finanças da França 73, 87
Caine, Hall, 357
Callwell, *sir* Charles 438
Cambon, Jules, embaixador francês em Berlim 288
Cambon, Paul, embaixador francês em Londres 149, 153, 155, 257, 305, 309
Cambrai, Batalha de 456, 489
Campbell, coronel Ronald 547
Campbell-Bannerman, *sir* Henry 127, 129, 135, 149
Canetti, Elias 288, 442
capital, exportação britânica de 99-102
capitalismo 39
   e teoria marxista da guerra 95-96
Caprivi, general Leo von, chanceler (a partir de 1890) 108, 173, 248
Carrington, Guy 512
Carson, *sir* Edward 347
cartuns 60-61
Cassel, *sir* Ernest 117, 143
Castelnau, general de 270
Céline, Louis-Ferdinand, *Viagem ao fim da noite* 29
cemitérios de guerra 33
censura 44, 343, 344, 361
   Alemanha 343, 344, 345
   britânica 342-343
   DORA 299, 342, 343, 344
   Estados Unidos 345-346
   França 343-344, 346
   postal 299
Chamberlain, Austen 267, 461
Chamberlain, Joseph 115, 116, 118
   reforma tarifária 104, 209
Chamberlain, Neville 268
Chapman, Guy 507, 523
Charteris, brigadeiro-general *sir* John 439, 452
checos 245
Checoslováquia 624

Chemin des Dames, ofensiva de 431
Chesterton, G. K. 353, 356
Childers, Erskine, *The Riddle of the Sands* [O enigma das areias] 55
China
   cooperação anglo-germânica 113-115
   influência russa na 113-114
Churchill, lorde Randolph 201
Churchill, W. S.
   A crise mundial 36
   e espionagem estrangeira 70
   e presença naval no Mediterrâneo 140, 152
   entusiasmo pela guerra 262, 268, 289
   estimativas navais (1913) 204
   história imaginária 651
   necessidade da Marinha 148, 170
   necessidade de alistamento obrigatório 189
   política de "defesa ativa" 438
   preparativos navais limitados 260, 262
   relatório de 1909 sobre a instabilidade fiscal alemã 148, 231-232, 234
   sobre a expansão colonial alemã 141
   sobre a neutralidade da Bélgica e da Alemanha 139
   sobre a Providência 325
   sobre o efetivo militar francês 139
   sobre o perigo de uma agressão alemã 40, 148, 234
   sobre o tratamento de prisioneiros 560-561
cinema *ver* filmes
City de Londres
   e crise financeira de 1914 306-307, **308**, 309, **310**, 311
   ver também Banco da Inglaterra

Class, Heinrich, Liga Pangermânica 75, 77
classe média
    apoio ao nacionalismo alemão 73-74, 76-77
    como voluntária 313
    e políticas econômicas no pós-guerra 604-606, 608-611
    e políticas parlamentares 609-611
    efeitos da guerra sobre a 573-574
    empobrecimento da 416-419
    patriotismo 302-303, 419
classe trabalhadora
    antimilitarista alemã 83
    como recruta 313, 321-322
    desemprego 302
Clausewitz, Karl von 515
Clemenceau, Georges 403
Clémentel, Etienne 390, 397, 403
Cocteau, Jean 334
Cole, G. D. H. 81
Cole, R. W., *The Death Trap* [A armadilha mortal] 56
colônias alemãs
    confiscadas 589
    reivindicações na África 111--113, 140-142
    tolerância britânica às 140-143
comida
    controles dos preços 416-417
    fornecimento 44, **415**
    importações 414
    produção 385-386, **386**
    racionamento 414-415
    rações dos soldados 510, 511
Comitê de Defesa Imperial 70, 188
    apoio à estratégia da Força Expedicionária Britânica 136
    conferência de Whitehall Gardens 134

e Alemanha como uma ameaça "napoleônica" 147-148
    expectativa de uma guerra franco-germânica 137
    natureza do compromisso com a França 150
    reunião de agosto de 1911 136
    reunião de dezembro de 1912 137
    ver também Almirantado; Gabinete de Guerra
Comitê de Neutralidade Britânica 293, 295
Comitê Nacional de Objetivos de Guerra 347, 362
Comitê Parlamentar de Recrutamento 320, 350, 357
Comitê Young, recomendações (1929) 595
comunicações
    campo de batalha 451
    telégrafo 223
    ver também ferrovias
Conan Doyle, *sir* Arthur 353
Conferência de Gênova (1922) 583
Conferências de Paz de Haia (1907) 66, 169
Congo Belga 107
Congo Francês 142
Conrad von Hotzendorf *ver* Hotzendorf
Constantinopla 248
    ambições russas para 107, 133, 653
    controles sobre os preços 416--417, 474, 475
Convenção de Haia (1899) 374, 541, 542
Coppard, George 318, 502, 503, 506, 508, 554, 644
Corpo Canadense 315, 516, 546, 550
índice de baixas **445**, 460
corrida armamentista

como explicação para a Guerra 165-166, 633
    custo da 195-201
    e acordo proposto de limitação naval 143-145
    naval 166-171
covardia, execuções por 33, 506
Crewe, marquês de 262
crianças, influenciadas pela propaganda 365
Crise de Julho
    assassinatos em Sarajevo 246, 319
    Conferência das Quatro Potências, proposta por Grey 255-258, 260-261, 306-307
    mobilização russa 249-251
    negócios alemães e 96-97
    reação alemã 247-250
    ultimato austríaco 258
crise do canal do Panamá (1893) 108, 122
Croácia 564
Crowe, Eyre 70, 187, 256, 655
    apaziguamento da Rússia 132, 154
    e a política pró-franceses de Grey 135
    temor de uma ameaça alemã "napoleônica" 147, 149
cultura, difamações patrióticas da 359-360
Cummings, E. E. 29
Cuno, Wilhelm, chanceler alemão 585
Curlândia 432, 588, 632
Curties, capitão, *When England Slept* [Quando a Inglaterra dormiu] 57

Daily Mail 67, 79, 339-340
    circulação 368, **369**, **370**
Daily News 339, **370**
Dalziel, Henry 336
D'Annunzio, Gabriele 563, 645

ÍNDICE REMISSIVO

Davenport, lorde 414
David, Eduard, deputado do Partido Social-Democrata 290
Davis, H. W. C., *Why We Are at War* [Por que estamos em guerra] 352
Dawson, A. J. 56, 322
Dehmel, Richard, poeta 359
Delbrück, Hans 116, 182, 276
Delcassé, Théophile, político francês 73, 107
  relações com a Grã-Bretanha 120
democracia
  ampliação do sufrágio 86--88, **87**, 435
  classes médias e 609-610
  no Reichstag 206-208
Departamento de Imprensa de Guerra (Alemanha) 343
Departamento de Informação 347
Departamento de Matérias--Primas do Ministério da Guerra (Alemanha) 393, 396
desemprego **301**, 302, 322
  efeito das políticas deflacionárias sobre o 614-615
  inflexibilidade do mercado de trabalho 629-630
  ver também oferta de mão de obra; sindicatos
deserção 503-504, 536
  bolcheviques 566
desigualdade social 416-417
Deutsch, Felix, AEG 592
Deutsch-Asiatische Bank 113, 114
diáspora alemã 631-632, **631**
Dilema do Prisioneiro 503
Dilke, *sir* Charles 110
Diretoria de Inteligência e Operações Militares
  planos iniciais para a Força Expedicionária Britânica 133-135

seção de espionagem no exterior (MO5) 68-69
dívida
  alemã no pós-guerra 594
  déficits na balança comercial 387-389, **388**
  dívidas de guerra (em 1931) **600**
  e risco de crédito 224, 489, 492
  efeito da hiperinflação sobre a dívida alemã 602-604
  internacional 44, 218-228
  nacional **218**, 219-220, **219**, 221-222, 474-475, 478--481, **479**
  não pagamento 575
  rendimentos 222-224, **223**, 228, 487, **490-491**, 492
  títulos de guerra 349, 480-481
  títulos públicos 219-224, **223**, **226-227**, 228
  ver também finanças; reparações; tributação
Dix, Otto, pintor 365, 647, 648, 649
Donald, Robert 337, 347
Dornan, Louis 541
Dostoiévski, Fiódor, *Crime e castigo* 623
Doughty, Charles, poesia 57
Drewenick, sargento 546
Du Cane, *sir* John 463
Du Maurier, Guy, *An Englishman's Home* [O lar de um inglês] 57, 70
Dyer, brigadeiro-general Reginald 564

Ebert, Friedrich
  presidente do Reich 590
  social-democrata alemão 95, 288, 290, 458
Eckardstein, barão Hermann von 115, 116
economia
  boom no pós-guerra 592-593

como fator decisivo na guerra 65, 303-305
  crescimento no pré-guerra **110**
  efeito da eclosão da guerra na 302, 303-305
  fatores políticos na 201-202, 204, 211
  gasto público 201-202, **203**, 205
  global, efeito da guerra na 629-630
  papel nas origens da guerra 97-104
  sistemas fiscais 202, 204-207
  ver também dívida; finanças; inflação; tributação
Edmonds, Charles 29, 644
Edmonds, *sir* James, historiador 35, 68
Eduardo, VII, rei 116
  e crise sérvia 256
  e teoria da invasão 70
eficiência econômica 45
  economias de guerra 389, 390-394, 397-401, 403--404, 418
  Impérios Centrais 472, 492, 635-636
Egito 564
  ocupação britânica (1882) 105, 197
  relações com a França sobre o 105, 120
Einem, coronel-general von 510
Einem, Karl von, ministro da Guerra prussiano 173
Einstein, Albert 294
Einstein, Lewis 473
Eisenhart, Karl, *The Recognition with England* [O ajuste de contas com a Inglaterra] 58
Elgar, Edward 81
emigração
  da Alemanha 103

da Grã-Bretanha 102, 103
empregadores, apelos aos recrutas 322
emprego *ver* oferta de mão de obra; desemprego
Engels, Friedrich 63
Entente Cordiale anglo-francesa (1904) 120, 136, 154
Entente integrada 402-403
equilíbrio de poder, conceito de 244
Erzberger, Mathias, ministro de Finanças alemão 590, 611
escoceses
  identidade nacional 246, 515-516
  índice de baixas **445**, 446, 497
Escócia, voluntários da 315
Escola de Economia de Londres 295
escolas 57
  cultura patriótica nas 316-317
Escoteiros, movimento dos 72, 187
Esher, visconde, membro do Comitê de Defesa Imperial 80, 136, 438, 474
  e a Alemanha como ameaça "napoleônica" 148
eslovacos 245
Espanha 119, 121
espionagem
  alemã 68, 70-71, 250
  britânica 67-69, 436
  decifração de códigos 69
  e restrições à imigração 66-68
  romances de 55, 56, 59-61
espiritualismo 517
Estados Unidos da América 30, 121-122, 245, 624
  baixas **442**, **442**, 461
  censura 345-346
  comércio com os países neutros 387

controles sobre o comércio dos Aliados 402-403
custo de vida **486**
custos da guerra por morte **493**
dívida nacional 478, **479**, 480, 603, **605**
dívidas de guerra **600**
economia de guerra 398, 636
empréstimos aos Impérios Centrais 483
empréstimos de guerra 480
entram na guerra 325, 430
financiam a Grã-Bretanha 481-484, 574, 599
Força Expedicionária Norte-Americana 461, 560
investimento externo **100**
mercados financeiros de Nova York 483, 484, 489, 492
prisioneiros de guerra **538**
produção industrial 385
propaganda 336, 349, 352
relações com a Grã-Bretanha 121-122
repúdio do Senado ao Tratado de Versalhes 630
estaleiros, alemães 96, 399
  ver também Blohm & Voss
Estônia 245, 588, 624
estratégia 45, 171, 637
  alemã 427-431, 456-458, 463-465
  de defesa em profundidade 457
  de exaustão 438-440, 444, 447-451
  dos navalistas britânicos 438
  francesa 180, 270, 430
  ver também Plano Schlieffen
estreitos do mar Negro 117, 121, 132, 243
Eu acuso (Gance), filme 646
Europa, hegemonia alemã latente 98, 147-148, 655
Ewart, John Spencer, diretor

de Operações Militares 135
Ewart, Wilfred, *Way of Revelation* [O caminho da revelação] 642
exaustão, estratégia de 325, 438-442, 444-450, 45
Exército alemão
  crise moral 460-463, 466
  e identidade nacional 516
  e ofensiva de primavera 430, 440, 465, 559, 639
  e Plano Schlieffen 172-173, 180-181, 430
  efeito do desarmamento sobre o 630
  efetivo do 173, **174**, **178**
  eficiência para assassinar 435, 440, 447-450
  escassez de alimentos 509-511
  estatísticas sobre baixas **441**, **443**, **444**, **445**, **448**, **449**
  estrutura do 173, 175, 176, 457-458
  indiferença com relação à Força Expedicionária Britânica 189, 255
  inferioridade com relação ao francês 172, 175-176
  Lei das Forças Armadas de 1913 214-215, 232-233
  lógica do ataque preemptivo 251-253, 254-255, 634
  munições 504
  não fazer prisioneiros 542-545
  oficiais 173, 175, 457
  percepção dos militares russos 251-253
  pessimismo no 181-183, 251-252
  Plano de Transporte Militar 180
  poder crescente do 392-394, 427, 432, 434-435
  potencial militar **177**
  pressões para aumentar 71, 173-175

prisioneiros de guerra **539**,
540-541
proficiência operacional
456-458, 464, 465
serviço militar 173, 175-176
ver também Ludendorff
Exército austro-húngaro
baixas **441**, **445**
colapso 460
custos da guerra por morte
493
efetivo militar 176, **176**, 177
potencial militar **177**
prisioneiros de guerra **538**
Exército britânico 72
alistamento 312-313, 315-323
assassinato de prisioneiros
544-554
baixas 439, 440, 442, 447
capelães 517-518
deficiências do 187-189,
452-454
dificuldades dos generais
450-452
disciplina 504, 505-508
efetivo militar **176**, **178**
eficiência militar 493-494
estatísticas de baixas **441**,
443, 445, 448, 449
estratégia 438-442, 443, 447,
458-459
estrutura 187-189, 452-454,
458-459
identidade regimental 514-
-515, 637-638
oficiais 188, 317, 447, 452-
-453, 506
prisioneiros de guerra **538**
relações com os Aliados
451-452
uso de armamentos 454-455,
458-460
Exército francês
assassinato de prisioneiros
543-545, 558
baixas **441**, **443**, **445**, 446,
449
e ofensiva alemã 270-271

efetivo militar 137, 175, 176,
176, 178
estratégia absurda 180, 270,
438
jornais de trincheira 364
munições 504
patriotismo 515
potencial militar **177**
prisioneiros de guerra **538**
relações com os Aliados 451-
-452, 464
uso de gás 436
Exército indiano 187, **445**
Exército italiano 184, 460
baixas **441**, **445**
deserções 504
prisioneiros de guerra 537,
538
Exército romeno 545
baixas **441**, **445**
prisioneiros de guerra **538**
Exército russo 504, 516
baixas **441**, 446, **445**
efetivo em tempo de paz e
de guerra 176, **176, 178**
mobilização 88, 180, 250,
259, 312, 319
potencial militar **177**
prisioneiros de guerra 537,
538
Exército sérvio **176, 177, 441,
445**
prisioneiros de guerra **538**
Exército Territorial 70, 187
alistamento **314**
expressionismo 25, 647

fábricas nacionais britânicas
395
Fahlenstein, soldado 542
Falkenhausen, Ludwig von
276
Falkenhayn, general Erich von
36, 183, 433
e Verdun 430, 465
Falls, Cyril, historiador militar
644

famílias reais *ver* monarquia
Farr, soldado Harry 506
fascismo 654
na Itália 563
fatalismo
entre líderes alemães (1914)
181-184
entre soldados 526-527
Faulks, Sebastian, *Birdsong* 31
Fay, Sidney, historiador 38
Fehrenbach, Konstantin 613,
615
Feilgenhauer, sargento 545
Ferguson, John Gilmour 17-20
Ferrovia Berlim-Bagdá 117, 142
Ferrovia de Bagdá (Império
Otomano) 117
ferrovias 114, 401
Berlim-Bagdá 97, 117, 142
e mobilização do exército
179, 180, 186
russas 180, 252, 401
subsídios do Estado alemão
602, 606-607
Transiberiana 114
Fiedler, H. G. 296
Filipinas 121
filmes
antiguerra 646
censura de 345, 346
cinejornais 351, 370
propaganda 349, 350-351,
362-363
românticos 646-647
The Battle of the Somme [A
Batalha do Somme] 350,
362-363, 536-537
finanças
crise de 1914 305-**308, 310**,
473, 635
franco-russas 108-110
instabilidade alemã 149,
228-235
investimento externo 99-
-102, **100**, 221
poder financeiro britânico
44-45, 99-103, 475-476, 481

finanças de guerra 472-473
  alemãs 474-475
  britânicas 475-477
  custo por morte 487, 492--494, **493**
  taxas de câmbio do dólar **488**
  títulos de guerra 349, 478--481
Finch, Harry 286, 318, 511, 512, 550
Finlândia 245, 432, 588, 624
Fischer, David, secretário de Estado alemão 591
Fischer, Fritz, historiador
  Griff nach der Weltmacht [Para ser uma potência mundial] 41, 85
  sobre os objetivos de guerra da Alemanha 272-273
Fisher, almirante *sir* John 80
  reformas navais 167
  estratégia naval 67, 134, 136, 169
Fitzmaurice, lorde 340
Fitzpatrick, *sir* Percy 628
Foakes-Jackson, F. J. 294
Foch, marechal Ferdinand 463
Força Expedicionária Britânica
  percepção alemã da 189
  planos iniciais no caso de uma guerra franco-germânica 133-136
  uso da 269-271
  ver também Exército britânico
Força Voluntária 72
Força Voluntária do Ulster 267
Forças Armadas da Nova Zelândia, índice de baixas **445**
Ford, Ford Madox 27, 82, 498, 641
  Parade's End [O fim do desfile] 28
Forester, C. S., *The General* [O general] 28

Foulds, John, *World Requiem* [Um réquiem mundial] 646
França 35, 72, 172
  aliança com a Rússia 108--111, 171, 251
  antissemitismo na 654
  censura 343-344, 345
  custos da guerra por morte **493**
  democratização na 87-88, **87**
  e Grã-Bretanha; e aliança defensiva de Grey 133-136, 138; e *Entente Cordiale* (1904) 120, 154; obrigação britânica para com a 40, 146, 257, 260; rivalidade 58-60, 104, **106**, 105-107, 110-111
  e Marinha mercante anglo-francesa 402-403
  e propostas de reparação 581-582
  economia; crescimento econômico 110; custo de vida **486**; déficit na balança comercial **388**; dívida nacional 218, **219**, 220, 478, **479**, 481, **605**; dívidas de guerra **600**; economia de guerra 390, 480; empréstimos à Rússia 108-109; empréstimos da Defesa Nacional 480; empréstimos públicos 218; gasto com defesa **196**; 197; **198**, **200**, 199--201, **201**, 205; investimento externo 100, **100**; oferta monetária 485, **486**; políticas econômicas do pós-guerra 596, 605, 614; produção industrial 385; sistema fiscal 205, 211-213; títulos públicos (*rentes perpétuelles*) 220, **223**, 225, **225**, **227**
  fervor religioso 324
  império colonial 141, 624
  influência internacional 104

  mão de obra; diferenças salariais **410**; greves 412; oferta 404, 407; sindicatos 411, **412**
  memoriais de guerra 43
  objetivos da Alemanha na 274
  objetivos de guerra 466
  ocupação do Ruhr 575, 582, 585
  planos alemães de anexação 432
  propaganda 347, 360
  reação ao início da guerra 287, 290, 294, 300
  reivindicação da Alsácia e da Lorena 624
  relações com a Alemanha 73, 146, 188, 257
  romances antiguerra 29
  sistema de aprovisionamento 395, 396-397, 400-401, 402-403
  taxas de mortalidade 415
  ver também Exército francês; Marinha francesa; Marrocos
Francisco Ferdinando, arquiduque 246, 249
francofobia 59-60
Frankau, Gilbert, memórias 643-644
Frankfurter Zeitung 338, 349
Frederick Augustus, rei da Saxônia 216
French, general *sir* John 36, 317, 343, 452, 456
  dúvidas quanto à neutralidade da Bélgica 139
Frente Ocidental
  estratégia alemã 430
  estratégia britânica 437
  ver também Plano Schlieffen
Frente Oriental
  estratégia alemã 430, 431
  refugiados da 299
  rendições na 567
Freud, Sigmund 294, 518-520,

524, 527, 638
Furse, Michael, bispo de Pretória 325

Gabinete
  apoio à neutralidade 262-
    -263
  divisões no 127, 129, 262-
    -263
  ignorância das negociações francesas 149-151
  oposição a Grey 150-154
  persuadido pela violação da neutralidade da Bélgica 263-266
Gabinete de Guerra (britânico) 148, 188
  e planos para a Força Expedicionária 133-134
  filmes de propaganda 349
  ver também Comitê de Defesa Imperial; Haldane; Robertson
Gallinger, August, sobre não fazer prisioneiros 543-546, 547, 548-549
Gallipoli 437
Gallipoli (filme) 32
Galsworthy, John 353, 357
Gance, Abel, *Eu acuso* 646
Garbutt, tenente W. D. 554
Gardiner, A. G. 339
  sobre Grey 127-128
Garvin, J. L. 103, 326
Garwood, major F. S. 550
gasto com defesa 195-197, **196, 198, 200**
  como um percentual do Produto Nacional Líquido 199-200, **201**
  e Lei das Forças Armadas alemã (1913) 214-215, 232, 233-235
  fatores políticos no 201-202, 204, 211, 229-230, 234-236
  ver também dívida; tributação

gasto militar **196**, 197, **198**, 199-201, **200**
Gebsattel, Konstantin von, pangermanista 435
Geiss, Immanuel, historiador 42, 144
genocídio, na Armênia 326
geopolítica, em universidades alemãs 75
Geórgia 432
Gerloff, Wilhelm 229
germanofilia na Inglaterra 81-82
Gibbon, Lewis Grassic, *A Scots Quair* 28
Gibbs, Philip, jornalista 27, 547
Gillespie, Alexander 522
Gilman, Charlotte Perkins 327
Gladden, Norman 526, 548
Gladstone, W. E. 78, 201
globalização 102, 629-630
Goltz, Colmar von der 171
Goschen, *sir* William 210
  como embaixador em Berlim 132, 143, 145, 232
  sobre a dominação alemã da Europa 147, 149
Gosse, Edmund 359
Gottsche, suboficial 542
Gough, general *sir* Hubert 505
Graham, Stephen 547
Grant, Duncan 293, 297
Grauthoff, Ferdinand, *The Collapse of the Old World* [O colapso do Velho Mundo] 62, 276
Graves, Robert 29, 82, 507, 514, 520
Goodbye to All That [Adeus a tudo aquilo] 21-22, 550, 642
Grã-Bretanha
  condições no pós-guerra 573-574
  custos da guerra por morte **493**

decisão a favor da guerra 262-264, 265-267, 271--272, 277, 288, 634-635
documentos diplomáticos 35
economia; consolidados (títulos públicos) 219, **223**, 224, **227**, 489; crescimento econômico **110**; custo de vida **486**, 574; déficit da balança comercial 388, **388**; dívida externa (no pós-guerra) 574; dívida nacional **218**, 219-220, **219**, 479, **479**, 481, 602--604, **605**; e finanças dos Estados Unidos 482-484; empréstimos públicos 218, 219; gasto com defesa 195-197, **196, 198**, 199-201, **201**, 204; gasto público crescente 204; investimento externo 99-102, **100**; oferta monetária 484-485; poder financeiro da 44-45, 99-103, 382; políticas deflacionárias no pós-guerra 603; sistema tributário 209-210, 382, 476-478; teoria do declínio econômico 98
economia de guerra 390, 635-636; dívidas de guerra 482-484, **600**; empréstimos de guerra 480, 608; racionamento de comida 414-416; sistema de aprovisionamento 394--395, **396**, 397, 400-401, 402-403
efeito da intervenção sobre os objetivos de guerra da Alemanha 273-275
expectativa de competição alemã no pós-guerra 596
histórias de guerra 33-35
justificativas apresentadas em memórias para intervenção 39-41

literatura antiguerra 26-29
mão de obra; greves 411-413,
    413; oferta de mão de
    obra 404-407; salários e
    produtividade 408, **409**;
    sindicatos 411, **412**
política externa; aliança
    defensiva com o Japão
    121; apaziguamento de
    potências que represen-
    tavam ameaças 119-122;
    controles sobre o comér-
    cio 401-403; e acordo
    proposto de limitar os
    gastos navais 143-145; e
    importância estratégica
    da França 265-266; e
    reivindicações alemãs
    de colônias na África
    112-113, 141; insignificân-
    cia da Alemanha para a
    119, 633-634; percepção
    das ambições mundiais
    alemãs 39, 42, 147-149,
    267, 635; percepção de
    ameaça 43, 635; perigos
    de uma aliança franco-
    -russa para a **106**, 107-111;
    reaproximação com a
    Alemanha 111-119, 141-143,
    170-171; relações com a
    França 104, 105-107, **106**,
    120-121; relações com a
    Rússia 104, 105, **106**, 108,
    121, 153; relações com os
    Estados Unidos 121-122;
    supremacia global da
    102-103, 104; ver também
    Grey
potencial militar **179**
propaganda ver propaganda
    e propagandistas
romances de guerra proféti-
    cos 55-62
sufrágio **87**
supremacia naval 143-145,
    167-169, 265-266
uso da DORA (Lei de Defe-
    sa do Reino) 299

ver também Asquith; Exér-
    cito britânico; Império
    Britânico; Lloyd George;
    Marinha Real; opções
    contrafatuais
Grécia 117, 564, 632
    baixas **441**, **445**
    dívida nacional **479**
    expansionismo 244
    primeira guerra dos Bálcãs
        248
    prisioneiros de guerra **538**
Grenfell, Francis 317, 522
Grenfell, Julian 522, 525, 641
greves 81, 408, 411-412
    na Alemanha 408, 412, **413**,
        636
    na Grã-Bretanha 411-412,
        574, 636
    na Rússia (1914) 88
Grew, Joseph, diplomata
    norte-americano 185
Grey, sir Edward (lorde Grey
    de Fallodon) 36, 38, 127-131,
    292
    aceitação da teoria da
        invasão 70
    advertências a Lichnowsky
        250, 255-256, 260, 261,
        263
    aliança defensiva com
        a França 133-136, 138,
        145-146
    dúvida de um ataque ale-
        mão à Rússia 186
    e a Conferência das Quatro
        Potências (crise de julho)
        255-256, 257, 260
    e a opinião pública 288
    e decisão a favor da guerra
        262-264, 271-272, 277,
        288, 634-635
    e lógica de guerra preempti-
        va alemã 253
    e natureza do compromisso
        com a França 150-154,
        250, 260-261, 265-266,
        634

e neutralidade da Bélgica
    261
e o incidente de Fachoda
    107
e os planos para a Força
    Expedicionária Britânica
    134, 138
germanofobia 128-129, 145,
    146
instabilidade financeira
    alemã 232
nível de gasto com defesa
    165, 195, 305
paixão por pesca 130-131
política com relação à Rús-
    sia 131-133, 145-146, 153
reaproximação com a Ale-
    manha 141-142, 144-145
Grierson, tenente-general
    James, diretor de Operações
    Militares 134
Groener, tenente-coronel
    Wilhelm, tecnocrata das
    Forças Armadas alemãs
    180, 255
Grosz, George, artista 30, 647
grupo Bloomsbury 28, 293,
    482
    ver também Bell, Clive;
    Keynes, John Maynard
Guerra Civil Russa (1918-1922)
    565-568, **563**, 626, 632, 640
Guerra da Crimeia 243, 244
Guerra dos Bálcãs, Primeira
    (1912-1913) 248
Guerra dos Bálcãs, Segunda
    (1913) 249
Guerra dos Bôeres 72, 188
    custo da 205, 210, 219
    e francofobia 59-60
    e relações anglo-germânicas
        118
guerra franco-prussiana (1870-
    -1871) 112
Guerra Russo-Japonesa 172,
    205
guerra submarina 355, 427-429
    efeito sobre o comércio 387

Guiana Britânica 121
Guilherme II, Kaiser 36, 82, 434, 435
  ambições de 272, 273
  conclamação a um acordo naval 143
  "conselho de guerra" de 1912 137, 140, 169, 175
  exílio 625
  proposta de guerra preemptiva 97, 185, 253
  restrições financeiras sobre os gastos militares 231
Gurner, Ronald, memórias 644
Gurney, Ivor 509, 528, 628
Gwinner, Arthur von 117

Haber, Fritz 352
Hahn, Kurt 295
Haig, marechal de campo *sir* Douglas 325, 452-453, 518
  estratégia de "defesa ativa" 439
  perspectiva de armistício 461, 463
Haldane, general *sir* Aylmer 564
Haldane, Richard, ministro da Guerra
  e Exército Territorial 187
  insatisfeito com o compromisso com a França 150, 262
  missão a Berlim (1912) 143
  sobre a ameaça alemã 70, 140, 170
Hall, Radclyffe 524
Hamilton, Agnes, escritor 27
Hamilton, Edward, oficial do Tesouro 219
Hamilton, *sir* Ian, memórias 36
Hankey, *sir* Maurice, secretário do Comitê de Defesa Imperial 71, 138, 463
Hanotaux, Gabriel, ministro das Relações Exteriores da França 107
Hansemann, Adolph, banqueiro alemão 113, 114
Harcourt, Lewis, secretário de Estado para as Colônias 144, 153
  e neutralidade da Bélgica 264, 266
  oposição a Grey 151, 262, 263
Harcourt, *sir* William 210
Hardie, Keir 81, 290
Hardinge, *sir* Charles 70, 143, 146, 150
Hardman, Freddie 297
Hardy, Thomas 81, 353, 357, 358, 641
Harmsworth, família *ver* Northcliffe; Rothermere
Hart, *sir* Robert, em Hong Kong 113
Hašek, Jaroslav, *The Good Soldier Švejk* [O bom soldado Švejk] 318-319, 644
Hassall, John, artista 647
Hatzfeldt, Paul von 113, 115
Hauptmann, Gerhard 352
Havenstein, Rudolf, presidente do Reichsbank 96, 98, 229
Hay, Ian, *The First Hundred Thousand* [Os primeiros cem mil] 642
Heeringen, Josias von 175
Heeringen, vice-almirante Moritz von 82
Heinrich, príncipe herdeiro 257
Heinrichka, Max, *Germany's Future* [O futuro da Alemanha] 58
Helfferich, Karl, ministro de Finanças alemão 97, 588
Hemingway, Ernest, *Adeus às armas* 22
Henderson, Arthur 290

Herbert, A. P. 28, 521
Herbert-Spottiswood, John, espião britânico 69
Hill, Headon, *The Spies of Wight* [Os espiões de Wight] 55
Hindenburg, general Paul von 393, 434
Hirst, F. W., editor do *Economist* 151
Hitler, Adolf 610, 650, 654
  entusiasmo pela guerra 285--286, 319
  Minha luta 37, 287
  sobre propaganda 335, 375
Hobhouse, C. 262
Hobson, J. A. 38, 78, 293
Hocking, Joseph, romance de 642
Hohenlohe, príncipe, em Oxford 82
Holanda 139, 187
  objetivos da Alemanha com relação à 274
  Plano Schlieffen e 172
Holstein, Friedrich von 113, 116
Holtzendorff, almirante Henning von 433
homossexualidade 508
  de Keynes 482
Hong Kong & Shanghai Banking Corporation 113, 114
Hope, Anthony 358
Hötzendorf, barão Franz Conrad von 38, 177, 182, 185, 249
House, coronel Edward, enviado norte-americano 251, 253-254, 433
Huelsenbeck, Richard, artista 647
Hugenberg, Alfred, diretor da Krupp 98, 373
Huguet, adido militar francês 134
Hungria 245

economia 209, 217, **479**
perda de território 589, 624
sufrágio **87**
Huth, família 82

Igreja Católica
  Alemanha 74, 324
  França 323-324
Imperial War Graves
  Commission 627
imperialismo 38, 85, 95-96,
  624
  e globalização econômica
    102, 103
  liberal 79-81
  norte-americano 121-122
Império Britânico 102, 103, 624
  baixas **441**, **445**, **538**
  custos da guerra por morte
    493
  defesa de Angell 79-80
  e gastos com defesa 199
  limites financeiros do 102,
    483-484
Império Otomano
  interesses anglo-germânicos
    no 117, 141
  queda do 243-245, 248
  sultão deposto 624, 625
Impérios Centrais (Alemanha
  e Áustria-Hungria)
  controle sobre o comércio
    402
  custo da guerra por morte
    493, 636
  eficiência econômica 472,
    492, 636
  gasto de guerra 476, **477**
  inferioridade econômica
    382-383, 472, 492, 636
  inferioridade naval 168
  população 382, **383**, 443-443
imprensa
  controle governamental
    342-343
  diversidade de opiniões
    337-342

  nas províncias britânicas
    339, 341
  poder e cinismo da 366-368
  proprietários 336, 372-373
incidente de Fachoda (1895)
  107
Índia 273
  massacre de Amritsar 564
indústria armamentista
  benefícios da guerra 96,
    397-401
  produção de munições 394-
    -396, **396**, 398-399
industrialização, Rússia 109
inflação
  Alemanha 474, 484
  custo de vida 485-487, **486**,
    574
  custos da 607-608
  custos sociais da 608-611
  deflação de 1921 594, 614
  e preços dos jornais 372
  efeito das reparações sobre
    a 586-587
  efeito sobre a dívida alemã
    602-603
  efeito sobre preço/rendi-
    mento das obrigações
    223-224, **223**, **225**
  hiperinflação na Alemanha
    575, **576**, 585-586
  oferta monetária 484-485,
    486
  pós-guerra 575
invasão alemã
  romances alemães sobre a
    58, 62
  romances ingleses sobre a
    55-56, 57, 61, 63
  visão oficial britânica da
    69-72, 171
investimento externo *ver*
  finanças
Iraque 564, 624
Irlanda 315, 344
  guerra civil 564, 574
  Home Rule (declaração de

    independência) 266
  separação 574, 624
Itália 107, 403, 489
  aquisição de territórios 624
  censura 344
  criação de Estado 244, 245
  custos da guerra por morte
    493
  economia; crescimento eco-
    nômico **110**, 384; déficit
    na balança comercial **388**;
    dívida nacional 478, **479**,
    605; gasto com defesa
    196, **201**, 201; oferta mo-
    netária 485; políticas no
    pós-guerra 605; produção
    industrial **384**, 385; títulos
    públicos 228
  greves 413
  literatura de guerra 645
  sufrágio **87**
  violência no pós-guerra 563
Izvolsky, Alexander, ministro
  das Relações Exteriores da
  Rússia 247

Jackson, Henry 295
Jacob, general *sir* Claud 556
Jagow, Gottlieb von 185, 251-
  -253, 257, 264, 289, 431
James, L., *The Boy Galloper* [O
  menino a galope] 55
Japão 114, 624
  aliança defensiva com a
    Grã-Bretanha 121
  guerra com a Rússia 121
Jardine, Matheson & Co. 113
Jaurès, Jean, socialista francês
  88, 304, 307
Jerrold, Douglas, historiador
  militar 644
Joffre, marechal Joseph 72,
  251, 255, 466
jornais 67, 151, 298, 370
  alemães 370, 371-373, **371**
  belicosidade 44, 340
  britânicos 368, **369**, 370-

-373, **370**
circulação 368, **369**, 370--373, **370**, 371-372
críticas à decisão a favor da guerra 337-340
de trincheiras 364
franceses 370, 372
para propaganda 334-336, 355
problemas econômicos para os 371-372, 635
ver também imprensa; Northcliffe; *Times*
jornalistas
correspondentes de guerra 347, 348
propagandistas 27, 67
judeus
na Europa Oriental 632
Jung, Franz 649
Jünger, Ernst, 499, 500, 503, 510, 520, 522-524, 526, 543, 552, 560
Jutlândia, Batalha da 428

Kahn, André 528
Kamenev, general S. S., Exército Vermelho 568
Kapp, Wolfgang
Nationalist Circles [Círculos nacionalistas] 354
Partido da Pátria 435
Kautsky, Karl, social-democrata alemão 35, 38
Kehr, Eckart, historiador 41, 84, 173, 217
Keim, August, Liga do Exército Alemão 71, 76, 230
Kell, capitão Vernon 68, 71
Kemal, Mustafa (Ataturk) 564
Kemp, Lucy, artista 647
Kennedy, Paul 98
Kennedy, reverendo G. A. Studdert 517
Kershaw, Kenneth 317
Kessler, conde Harry, liberal alemão 81

Keynes, John Maynard 20, 473, 481
apoio a políticas inflacionárias 584-586, 604
conselho contra a inflação 585
Consequências econômicas 577, 581, 586, 594, 607--608
e crise financeira de 1914 306, 309, 476
oposição à guerra 296, 482
oposição às reparações 577--579, 580-582, 594
Tratado sobre reforma monetária 585, 604
Keynes, Neville 295
Kiderlen-Wächter, Alfred von 86, 248
Kiggell, tenente-general *sir* Lancelot 558
Kipling, Rudyard 353, 356, 628, 641
Kitchener, conde, secretário de Estado para a Guerra 270, 312, 474
política de exaustão 438
Kleinwort, família 82
Klemm, Wilhelm, poesia 25
Koester, almirante von 143
Köpke, major-general 172
Kosovo 248
Kraus, Karl, *Os últimos dias da humanidade* (obra teatral) 22-24, 30, 288, 324, 337, 543
sobre o poder da imprensa 365-368
sobre os soldados que regressaram da guerra 561
Krenek, Ernst, ópera 646
Krupp A. G. 399
Kühlmann, Richard von 433

La Rochelle, Drieu, escritor 287
Lammasch, Heinrich 82
Langlois, Hippolyte 181

Lansdowne, marquês de 118, 120, 131, 169, 268
Letônia 245, 624, 632
Latzko, Andreas, *People at War* [Homens em guerra] 30
Lawrence, D. H. 27, 641
Lawrence, T. E. 320, 450
Os sete pilares da sabedoria 29, 508
Le Cateau 270
Leete, Alfred, cartaz de Kitchener 362
Léger, Fernand, artista 647, 648
Lei de Defesa do Reino (DORA) 299, 342, 343, 344
Lei de Munições de Guerra (1915) 411
Lei de Representação do Povo (1918) 574
Leishman, John, diplomata 233
Lênin, V. I. 95-96, 654
brutalidade militar de 566-568
Le Queux, William 56, 59
como propagandista 67-68, 70, 358
The Invasion of 1910 [A invasão de 1910] 56, 59, 67
Leroux, George, artista 30
Lersner, Kurt von, Ministério das Relações Exteriores da Alemanha 579
Levante dos Boxers (China) 114
Lever, *sir* William 315
Levetzow, capitão von 434
Lewis, Wyndham, artista vorticista 520, 647, 648
Líbano 624
Lichnowsky, príncipe, embaixador alemão na Grã-Bretanha 82, 265
advertências a Grey 250, 256-257, 260, 263
Lichtenstein, Alfred, "Prayer

before Battle" [Oração antes da batalha] 25-26
Liebknecht, Karl 84, 290, 291
Liga Agrária (Alemanha) 86
Liga da Nova Pátria (Alemanha) 293, 298, 352
Liga das Nações 581, 624, 630
Liga de Neutralidade Britânica 293
Liga do Exército (Alemanha) 71, 74, 75, 75, 77, 86
e gasto com defesa 229
Liga Liberal (imperialista) 127
Liga Naval (Alemanha) 73, 74, 75
ver também corrida armamentista; Liga do Exército (Alemanha); nacionalismo radical
Liga Pangermânica 74, 75, 104, 435
Liga pelo Serviço Militar Nacional 72
Liman von Sanders, caso 142, 249
literatura ver poesia; romances; teatro
Littlejohn, W. S. 521
Lituânia 245, 432, 588, 624
Livônia 588
livre-comércio 77, 101, 104, 212
Lloyd George, David 128, 130, 287
discurso na Mansion House (1911) 142, 151
e Banco da Inglaterra 476
e coalizão 269, 574
e crise bancária de 1914 311
e decisão a favor da guerra 262, 263-264, 461, 635
e economia de guerra 397
e oferta de mão de obra 405, 406, 411, 412
importância da Marinha 148, 171, 204
orçamentos 210, 475

política social 204, 361
sobre a neutralidade da Bélgica e da Holanda 139
sobre melhoria nas relações anglo-germânicas 143, 170
sobre o alistamento obrigatório 189
sobre os generais 440, 450
uso de propaganda 336, 343, 347
War Memoirs [Memórias de guerra] 36, 39
Locke, William J., romances 642
Lockwood, coronel Mark 60
Logan, William Barnet, memórias 644
Londres, multidões 303
Long, Walter 268
Loos, Batalha de 455
Loreburn, conde, lorde chanceler 151, 188
Loucheur, Louis, ministro de Armamentos 397
Lowe, Charles, sobre Le Queux 60
Lucy, John 501, 506, 524
Ludendorff, general Erich von 36, 195, 393
admissão de derrota 462-463
ditadura militar 434
Grande Memorando (1912) 175, 175, 234
Operação Michael (ofensiva de 1918) 430, 440, 465, 559, 639
pessimismo de 181
reformas nas Forças Armadas (1916) 456
sobre propaganda 334
Ludwig, Emil, história imaginária 651
Lusitania, naufrágio do 374, 428
Luther, Hans, ministro de Finanças alemão 603

luto 628-629
Lutyens, *sir* Edwin 33
Luxemburgo 246, 274
Lyttleton, Neville, chefe do Estado-Maior 150

MacDonald, Ramsay 81, 266, 292, 353
Macedônia 245, 248, 632
Mackin, Elton, Exército norte-americano 559
Mackintosh, tenente Ewart, poema 628
maioria social-democrata (Alemanha) 435, 562
Mallet, L., Ministério das Relações Exteriores 145, 146, 154
Manchester Guardian 338
Mann, Heinrich, *Man of Straw* [O súdito] 74
Mann, Thomas 76, 359
Manning, Frederic 29
Marinetti, Filippo, artista futurista 648
Marinha alemã 68, **168**, 434
e campanha submarina 355, 427-429
efetividade do bloqueio 386-387, 414, 637
programa de expansão de Tirpitz 96, 143, 144, 167-170
Marinha francesa 140, **168**
Marinha mercante
durante a guerra 401-402, 592
no pós-guerra 592, 602
Marinha Real 65, 143, 148
estratégia 428-429
preparações limitadas 260-263
supremacia da 103, 143-145, 167-171
ver também Almirantado; bloqueio naval; Churchill

Marinha russa 140, 153, **168**, 243
Marlowe, Thomas, editor do *Daily Mail* 340
Marne, Batalha do 271
Marrocos 118
  primeira crise (1905-1906) 120-121, 135, 141
  segunda crise (1911) 70, 71, 86, 141
Martin du Gard, Roger, *O verão de 1914* 29
Martin, Rudolf 60, 62
Masefield, John 353, 362
Massingham, H. W. 78
Masterman, Charles 347, 358, 575
Maurice, brigadeiro Frederick 438
Maurois, André 650
Maurras, Charles 466
Maxim-Nordenfelt, empresa 96
Maxton, James, líder do Partido Trabalhista Independente 291, 299
Maxwell, coronel Frank, condecorado com a Cruz da Vitória 556
May, tenente A. G. 548
Mayer, Arno, historiador 39
Mc Adoo, William Gibbs 480
McCrae, John 641
McGill, Patrick 527
McKenna, Reginald 138, 262, 482
medalhas de guerra 18-19
Mediterrâneo, planos para defesa naval anglo-francesa no 140, 152
Medley, D. J. 353
Meinecke, Friedrich 76, 287, 352
Melchior, Carl
  influência sobre a política de reparação 579, 582, 590, 592
  sobre a inflação 606

memoriais de guerra 43, 628
memórias
  militares alemãs 645
  políticas e militares 28-29, 35-36, 642-643
Mensdorff, conde, embaixador austríaco 304
mercado negro 417, 418, 474, 475
Messines, ataque em 440, 452
Messter, Oskar, cineasta 351, 363
Metternich, conde, embaixador alemão 134-135, 232
Meynell, Francis 26
militarismo 39, 55, 86
  alemão 83-85
  e antimilitarismo 77-88, **87**, 633
  e desarmamento 630
  em declínio 86-88
  igreja 323-325
  na França 72-73
  na Grã-Bretanha 72
Michaelis, Georg, chanceler 435
Milne, A. A., sátira 60-61
Milner, lorde 464
Ministério das Relações Exteriores da Grã-Bretanha
  aceitação da teoria da invasão 70
  e exagero da ameaça alemã 149
minorias étnicas 245
  e autodeterminação 630-632
Miquel, Johannes, ministro de Finanças prussiano 85
Mitteis, Ludwig 85
Mitteleuropa
  conceito 76, 434
  ver também união aduaneira europeia
Mlada Bosna, estudantes terroristas 246
MO5 *ver* Diretoria de Operações Militares

Moçambique 118
Moltke, general conde Helmuth von (o Jovem) 75, 169, 273, 326
  e invasão da Bélgica 264
  e o Plano Schlieffen 181-182
  e opção por uma guerra preemptiva 185, 252, 255
  pessimismo de 177, 181-184, 289
  restrições financeiras 230, 234
  sobre os Bálcãs 248
Moltke, marechal de campo conde Helmuth von (o Velho) 64, 171, 184-185
monarquia
  em novos Estados-Nações 244, 588
  queda dos Romanov, Habsburgo e Hohenzollern 625
  vínculos europeus 82-83, 625
Mond, Alfred 397
Mons, retirada de 270, 317
Montagu, Edwin 624
Montague, C. E., jornalista 29, 644
Montenegro
  efetivo e potencial militar **176, 177**
  primeira guerra nos Bálcãs 248
moradia na Alemanha 417-418
moral 364, 419, 515
  do Exército britânico 505
  e disciplina 505-508, 638
  francês 489
  queda do, alemão 460, 466, 514, 558-560, 639
  ver também rendição
Morgan, J. H. 358
Morgan, J. P. (banco de Nova York) 402, 483, 484
Morley, John, visconde, lorde presidente 129, 151
  e decisão a favor da guerra 262, 263, 266

Mosse, Rudolf 373
motins 504, 536
Mottram, R. H. 29
movimento sufragista 321
Muir, Ramsay 353
mulheres
   entusiasmo pela guerra 523
   mão de obra feminina 404
   pressão para se alistarem 320-321
Müller, almirante Georg von 75, 167, 169
Müller, Gustav 276
Munro-Ferguson, Ronald 129
Murray, Gilbert 353, 356, 359, 362
Murray, *sir* Archibald 473
música
   inspirada na guerra 646
   popularidade dos compositores alemães 81

nacionalismo 39, 515
   alemão radical 73, 86
   Bálcãs 243-244
   e Estados-Nações 244-246
   eslavo 132, 184, 185
   França 72
   ver também patriotismo
nacionalismo eslavo 132, 184, 185
   ver também Sérvia
nacionalismo radical, Alemanha 73-77, 86
nacionalistas irlandeses 78
Nacional-socialismo (nazismo) 73, 74, 610
   e diáspora alemã 631
Nada de novo no front 22, 30, 316, 324, 510, 552, 558, 641, 642, 646
não conformismo (britânico) 78
Nash, Paul, artista 30, 647
Nation (jornal liberal) 151, 186, 344
Neue Freie Presse 368
Neuhof, capitão Kurt 255

neutralidade belga 39, 315, 634
   a visão alemã 250-251
   a visão britânica antes da guerra 134-135, 139-140, 634
   relativa insignificância da decisão britânica 263-264, 265-266
   violação da 264-265, 356-358
Nevill, capitão W. P. 522
Newbolt, *sir* Henry, poeta 129, 316, 356
Nichols, Robert, "The Assault" [O assalto] 522
Nicholson, marechal de campo *sir* William, chefe do Estado-Maior 138
Nicolai, Georg Friedrich 294
Nicolai, major, inteligência alemã 255
Nicolau II, tsar da Rússia
   assassinato de 626
   e acordo para mobilizar 259
   leitura de Bloch 66
Nicolson, *sir* Arthur, subsecretário de Estado 132, 145, 147, 154, 232
Niemann, August, *World War - German Dreams* [A guerra mundial: sonhos alemães] 58
Nivelle, general Robert 325, 348
No-Conscription Fellowship [Sociedade pelo Direito ao Não Alistamento Militar] 293, 294, 299, 506-507
Northcliffe, lorde
   Daily Mail 67, 79, 458
   e Rothschild 309, 340
   influência do 340, 355
   propaganda de guerra 334-335, 336, 360
Noruega 245
Noyes, Alfred 356

objetores de consciência 293, 299

ofensiva de Arras 440
ofensiva de Nivelle 439
ofensiva de primavera (1918) 430, 440, 465, 559, 639
ofensiva no Somme 439, 452
ofensiva russa na Galícia 430
oferta de mão de obra 44, 372, 636
   e alistamento 321, 404-406
   feminina 404
   mobilidade 407-408
   na indústria 403-413
   ocupações reservadas 406
   qualificada e não qualificada 406-407, 408-411
   trocas de mão de obra na Alemanha 305
   ver também desemprego; greve; salários
O'Flaherty, Liam, escritor 29
Oh! What a Lovely War [Ah! Que guerra adorável] 22, 32
Oldmeadow, Ernest, *North Sea Bubble* [Bolha do mar do Norte] 58
Oliver, Frederick 267
Ollivant, major A. H. 270
Omdurman, Batalha de 107
Oncken, Hermann 352
O'Neill, soldado 554
Oostende 270
opção *Ostaufmarsch* (ataque contra a Rússia) 464
opções contrafatuais 46
   coleção de J. C. Squire de 1932 650-652
   consequências de uma vitória alemã 654-655
   demora no envio da Força Expedicionária Britânica 269-270, 652
   derrota liberal à véspera da guerra 269
   estabilização do marco alemão 611-615
   estratégias alemãs alternativas 464-466

estratégias britânicas alternativas 436-437, 653
guerra naval 653
neutralidade ou envolvimento limitado da Grã-Bretanha 271-272, 273-276, 652-654
política monetária expansiva da Alemanha 235-236
Rússia e 654-655
União Aduaneira Europeia 651, 652, 654-655
opinião pública
 apoio à guerra 44, 285-288
 e decisão a favor da guerra 263, 264, 287, 288, 302
 e disposição para lutar 311--321, **314**
 medo da guerra 299-302
 ver também patriotismo; propaganda
Oppenheim, E. Phillips, *A Maker of History* [Um fazedor de história] 56, 67
Osten-Sacken, Ottomar, barão Von der 230
Ottley, *sir* Charles, secretário do Comitê de Defesa Imperial 169
Owen, Wilfred 321, 508, 521, 638, 656
poesia 21, 25, 640

pacifismo 77, 293, 506
 na Alemanha 83, 293, 294
 objetores de consciência 293, 299
padrão-ouro 102, 219, 629
Page, Walter, embaixador norte-americano 233
países neutros
 comércio com os 386-387
 propaganda dirigida aos 337, 346, 348, 363, 371
 tratamento dos 375
 ver também neutralidade belga

Paléologue, Maurice, embaixador francês na Rússia 251
Palestina 564, 624
Pall Mall Gazette 341-342
"Pals' Batallions" [Batalhões de Camaradas] 321
Paris, êxodo em massa 300, 302
Partido Comunista (Alemanha) 562
Partido Conservador
 apoio à intervenção 267-268
 aprovação da política de Grey 129-130, 267
 e Irlanda 266-267
 ver também Balfour
Partido da Pátria 352, 435, 562
Partido do Centro (Alemanha) 215, 435
Partido Liberal (britânico)
 e Irlanda 266-267
 e pacifismo 77-78
 imperialismo do 80
 oposição à intervenção 151, 262
 política fiscal 210-211
 política francófila 133
 vitória esmagadora nas eleições (1906) 127
 ver também Asquith; Gabinete; Grey; Lloyd George
Partido Nacional Liberal (Alemanha) 78, 85, 215
Partido Progressista (Alemanha) 215, 435
Partido Radical (França) 213
Partido Social-Democrata (SPD) (Alemanha) 74, 216
 antimilitarista 81, 83, 214
 e gasto militar 214-215
Partido Socialista Independente (Alemanha) 435
Partido Trabalhista (britânico) 78, 80
 reação ao início da guerra 290, 291, 292, 293
Partido Trabalhista Independente (ILP) 291, 299

partidos socialistas
 agressão natural 518-522, 638
 assassinato de prisioneiros 542-555
 confortos e desconfortos 509-514, 637
 deserção 503-504, 536
 disciplina e punições 505--508, 637
 distorção do tempo 527-528
 e violência no pós-guerra 561-565
 entusiasmo pelo combate 521-525, 638-639
 identidade coletiva 514-516, 638
 lazer e humor 512
 licença 513-514
 motins 504, 536
 motivações 316-318, 320-323, 637-639
 na França 87-88
 pagamento 502
 permanentemente incapacitados (pensionistas) 638
 propaganda dirigida a 349, 364, 516, 635
 religião e os 516-518, 638
 revanche 553-555, 639
 riscos e fatalismo 525-527, 638, 450, 645
 trauma de guerra 499-500
 tréguas informais 502-503
 vitórias eleitorais antes da guerra 86, **87**
 ver também baixas; guerra de trincheiras; moral; rendição
Partridge, Eric 536
patriotismo 72, 302, 351
 entre soldados 515-516
 motivo para alistamento 315-318
paz
 desencanto com a 46, 642
 ver também reparações
Pease, Joseph 262, 263, 264, 268, 288

Pemberton, Max, *Pro Patria* 60
Pershing, general John 452
Pérsia, interesses russos na 121, 131
Pétain, marechal Philippe 430, 456
Petrov-Vodkin, K., artista 649
Piemonte, e Estado italiano 244
Pimenov, Y., artista 649
Planck, Max 352
Plano Dawes 586
Plano Schlieffen 180-181, 184, 265, 464
  falhas no 270, 430
  fatores econômicos para o 304
Plowman, Max, escritor 29, 506
poder aéreo 265-266, 436, 451
poesia
  alemã 641
  antiguerra 25-26, 640, 641
  em defesa da guerra 640-641
  escrita por não combatentes 641
  patriótica 354, 356, 641
  profética 56
  ver também Ford; Graves; Lichtenstein; Owen; Sassoon; etc.
Pohl, almirante von 255
Poincaré, Raymond, presidente francês 72, 87, 213, 248, 256
  e reparações 584-585
Polônia 272, 275, 432, 575
  independência 588, 624
Ponsonby, Arthur 151, 357
população
  e baixas alemãs 444
  e mão de obra disponível 444-447
  e proporção de pessoal militar **179**
  efeito dos mortos de guerra sobre a 636-627

Impérios Centrais 382, 383
índice de crescimento alemão 99, 103, 176-177, 627
Tríplice Entente 382, 383
Port Arthur, disputa com a Rússia 114
Portugal 102
  baixas **441**, **445**
  colônias africanas 117, 118, 141
  prisioneiros de guerra **538**
Pound, Ezra 641
Powell, E. C. 287
Primeira Guerra Mundial
  como o maior erro da história 655-656
  estudos acadêmicos da 22-23, 33-34
  histórias e documentos oficiais 35-36
  influência contínua da 22, 32-33
  interpretações históricas da 38-43
  memórias militares e políticas 35-36
  previsões acuradas da 63-66
  primeira guerra midiática 334, 635
Princip, Gavrilo 247
prisioneiros de guerra 442, 537, **538**, **539**, 636
  assassinato de 542-555, 639-640
  como mão de obra 404, 540
  como reféns 540-541
  dilema do capturador 541-542
  ordens de fazer 556-559
produção de carvão mineral 98, 384-385, 398
produção de ferro e de aço
  Alemanha 97, 384, 399, 400
  França 180, 433
produção industrial 98, **100**, 384-385, **384**, 593
  cartéis 396

carvão mineral 384-385, 398
e salários 408-410, **409**
ferro e aço alemão 97, 384, 399, 400
lucros 399-400, 401, 474
oferta de mão de obra 403-413
propaganda
  alemã 71, 335
  autônoma 295, 349-356
  e propagandistas 70, 295, 346-348
  efetividade da 361-366, 635
  estilo e conteúdo 356-361
  Le Queux 67
  panfletos 349
  para levantar fundos 349, 480
  slogans 360
  uso de relatos de atrocidades 357, 363, 373-374, 636
  uso governamental da 336, 346-349
protestantismo
  e exaustão 325
  e nacionalismo radical alemão 75
Protesto dos Acadêmicos 294, 295
Prússia 230, 244, 478
Punch 60

Quade, Julius 545
Quidde, Ludwig 298
Quigley, Hugh 557
Quiller-Couch, *sir* Arthur 359
Quirnheim, coronel Mertz von 435

Rade, Martin 324
radicalismo, no Partido Liberal britânico 127, 128, 151
Ranke, Leopold von, equilíbrio de poder 244
Rapallo, Tratado de (1922) 590
Rathenau, Walther, AEG 562, 583, 606
  e economia de guerra 393

Rawlinson, *sir* Henry 439, 453
Raymond, Ernest, romancista 520, 642
Read, Herbert 29, 315, 507
Rebmann, Edmund, Partido Liberal Nacional 76
recrutamento *ver* alistamento obrigatório; serviço militar
Redlich, Josef 287
reforma tarifária, Grã-Bretanha 104
refugiados
  da Frente Oriental 299-301
  de Paris 299-300
  repatriação de 632
Reichsbank, política monetária 235
Reichstag
  caráter democrático do 207-208
  empréstimos públicos 221
  impostos 206-207, 212-214
  poder sobre os orçamentos 206
Reims, ofensiva em 431
relações internacionais, no século anterior 104, 105-111, **106**
religião
  Armagedom 326-327
  entre soldados 516-518, 638
  influência da 323-327
  ver também Igreja Católica; protestantismo
Remarque, Erich Maria, *Nada de novo no front* 30, 552, 643
Renânia
  planos da França para a 466
rendição
  lógica da 536-543
  perigos da 537-540, 639
  por soldados alemães 447, 460, 461, 537, 558-561, 639
  ver também prisioneiros de guerra
Renn, Ludwig, *Krieg* 30

Renoir, Jean, *A grande ilusão* 646
reparações
  capacidade da Alemanha para pagar 594-600, **597**
  críticas de Keynes às 577-583
  cronograma do Ultimato de Londres 582-583, 595
  devidas aos Estados Unidos 592
  dívidas não pagas (1931) 599-600, **600**
  fracasso dos Aliados em impor 601-602
  influência francesa sobre as 581
  opções da Alemanha para financiar 579-580, 581-583
  Plano Dawes 586, 595
Repington, Charles à Court 343, 355, 487
República Dominicana 122
republicanismo, na Europa 245, 624-626
resolução Basserman-Erzberger (1913) 215
restrições à imigração e espionagem 67
Revelstoke, lorde 117
revisionismo econômico, política alemã de 586-587, 598-599
revolução
  como provável consequência da guerra 66, 86, 95-96
  e bolchevismo 489, 579, 589, 626
Richert, Dominik 543
Richter, Max Emil 545
Riddell, *sir* George 336, 339
Riezler, Kurt, secretário de Bethmann Hollweg 75, 183, 252, 276
  sobre o crescimento dos armamentos 165, 166
Rilke, Rainer Maria, poeta 641

Rivers, W. H., psicólogo 31
Roanne, arsenal do Estado francês 395, 397
Roberts, lorde, marechal de campo 171
  programa de serviço militar universal 67, 187
Robertson, coronel William, posteriormente marechal de campo *sir* William 36, 135, 148, 439, 654
  Alemanha como principal ameaça 131, 135
  e teoria da invasão 69, 171
  política de exaustão 440
Robertson, *sir* John 497
Robinson, Heath 61
Rolland, Romain 294
romances
  alemães antiguerra 30
  alemães proféticos 58
  antiguerra 29, 641
  ficção de guerra patriótica 641-642
  franceses antiguerra 29
  pós-guerra 28-29
  proféticos 55-62
  ver também Nada de novo no front; poesia
Roosevelt, Theodore 122, 146
Rosebery, conde de 105, 107, 355
  pessimismo do 127
Rosenberg, Alfred 335
Roth, Joseph 521
Rothermere, lorde (Harold Harmsworth) 336
Rothschild, Alfred de 311
Rothschild, banco dos 96
  empréstimos da sucursal de Paris à Rússia 109, 307
Rothschild, família 82, 96
  esforços para evitar a guerra 97
Rothschild, lorde
  e crise bancária de 1914 306, 307, 309

sobre a instabilidade financeira da Alemanha 232
sobre relações financeiras com a Alemanha 142
Rouault, Georges, artista 650
Rowntree, Arnold 151
Ruhr, ocupação francesa do 575, 582, 585, 601
Romênia 385, 464, 624
  criação da 244, 245
  dívida nacional **479**
  sufrágio **87**
Rumélia Oriental 105, 245
Runciman, *sir* Walter 151, 264, 268
Russell, Bertrand 129, 288, 294, 299, 472
Rússia 24, 65-66, **87**, 110
  custos da guerra por morte **493**
  derrota da 431, 432, 464
  e aliança franco-russa 107-110
  e Armênia 625
  e Bálcãs 132, 243, 244, 247-248
  economia; crescimento econômico 110, **110**, **383**, 384; custo de vida 487; déficit da balança comercial **388**; dívida nacional 218, **219**, 478, **479**, 480; economia de guerra 398, 400-401, 403, 419; empréstimo público 218; empréstimos de guerra 480; empréstimos financeiros à 108-109; gasto com defesa **196**, 197, **198**, 199, **200**, 205; instabilidade financeira 228, 483; oferta monetária 485, 487; pós-guerra 575, 588; produção industrial 109-110, 384, **384**, 385, 401; sistema fiscal 205, 213, 478; títulos públicos 220, 224, **227**
  greves (1914) 88

influência no Extremo Oriente 113
mobilização 88, 250, 258-259, 312, 319
ofensiva na Galícia 430
perda de territórios 588, 624
política de apaziguamento promovida por Grey 131-133
reação a represálias austríacas na Sérvia 255-256, 258-259
relações com a Alemanha 132, 146
relações com a Áustria-Hungria 184, 247
relações com a Grã-Bretanha 104, 105, **106**, 107, 110, 146
reputação de não liberal 133, 298
revolução bolchevique 489
Revolução de 1905 86
Revolução de Fevereiro (1917) 435
sufrágio **87**
ver também Guerra Civil Russa; União das Repúblicas Socialistas Soviéticas

Saki (Hector Hugh Monro) 57
salários
  diferenças nos 408-411
  e produtividade 408
Salisbury, marquês de 112, 114, 120, 195
  e relações com a Alemanha 116
Samoa 117, 121
Samuel, H. 262, 268
Sanderson, *sir* Thomas, Ministério das Relações Exteriores 134, 149
Sanjak de Novi Pazar 248
Sarajevo
  assassinato em 246-247, 319
  ver também Crise de Julho

Sassoon, Siegfried 29, 31, 82, 315, 317, 508, 514, 525
  Memoirs of a Fox-Hunting Man [Memórias de um caçador de raposas] 21, 643
  poesia 25, 365, 500, 640
saúde
  e fornecimento de alimentos 415-416
  doenças nas trincheiras 501
Saxônia-Coburgo-Gota, duque de 82
Sazonov, Sergei 133, 153, 248
  ofertas de negociação 258-259
Schäfer, Dietrich, pangermanista 75
Scherl, August 373
Schiffer, Eugen, ministro de Finanças da Alemanha 589
Schlemmer, Oscar, artista 647
Schlieffen, general conde Alfred von 75, 176, 182, 184, 325
  Grosse Denkschrift 172-173
Schmidt, Robert, ministro da Economia da Alemanha 592
Schmidt-Gibichenfels, Otto 76
Schmoller, Gustav 352
Schramm, família 418
Schramm, Percy 312, 323, 326
Schröder, família 82
Schücking, Walther 294, 298
Schultz, Max, espião britânico 69
Schumacher, Hermann 433
Scott, C. P., editor do *Manchester Guardian* 146, 336, 339
Seaman, Owen 353
Seeberg, Reinhold 324
Seely, J. E. B. 450
Segunda Internacional 289
Stuttgart (1907) 95

Selborne, conde de, primeiro lorde do Almirantado 111, 120, 122, 166
Sérvia 83, 184, 374, 464
　Estado iugoslavo 624
　nacionalismo expansionista 244, 73, 564
　sufrágio **87**
　ultimato austríaco à 258
　ver também nacionalismo eslavo
Serviço de Inteligência Britânico 67-69, 149; ver também espionagem
serviço militar
　Bélgica 186-187
　e mobilização 312
　França 72-73, 176, 179
　na Alemanha 173
　Rússia 176
　ver também alistamento; alistamento obrigatório
Seton Hutchison, tenente-coronel Graham 542
Shaw, George Bernard 81, 293, 646
　Common Sense about the War [Bom senso a respeito da guerra] 26, 362
Shee, George, Liga pelo Serviço Militar Nacional 72
Sherriff, R. C., Journey's End [O fim da jornada] 646
Sião 105, 120
Siemens, Georg von 117
simbolismo, na poesia 25
Simon, sir John 262, 263, 264, 268
Sinclair, May 523
sindicatos 289, 411, **412**, 505, 636
　na Alemanha 411, **412**, 636
Síria 624
Sisson, Edgar 337
sistemas de aprovisionamento 394-403
Siwinna, Carl, Guide for Fantasy Strategists [Guia para estrategistas fantasiosos] 62
Slevogt, Max, artista 30
Smith, F. E. 268, 347
Smith-Cumming, comandante Mansfield, espião 69
sociedade fabiana 81
Sociedade Pacifista (Alemanha) 293
Sociedade para a Paz (Alemanha) 298
Sofia, duquesa de Hohenberg 246
Somerset Maugham, W. 549, 559
Sorley, Charles Hamilton, poeta 640
Sudoeste Africano, colônia alemã no 112
Spencer, Harold 357
Spencer, Stanley, artista 650
Springs, Elliott White 30
Squire, J. C. 291
Stamforth, tenente John 554
Steed, Henry Wickham, editor do Times 97, 309, 340
Steiner, Rudolf, teosofista 75
Steinhauer, Gustav, espião alemão 68
Stevenson, Frances 266
Stewart, major John 556
Stinnes, Hugo 98, 394, 399, 606
　sobre os planos de anexação 433
Stone, capitão Christopher 557
Stop the War Commitee [Comitê pelo Fim da Guerra] 293, 299
Strauss, Richard, doutor honoris causa pela Universidade de Oxford 81
Stravinsky, Igor 646
Strong, T. B. 295
Stuart Jones, H. 296
Stücklein, Daniel 230

Sudão 107
sufrágio
　ampliação do **87**, 574
　na Alemanha 208
suicídio 536
Sukhomlinov, general V. A. 398
Sulzbach, Herbert 312, 550, 562
Summerall, major-general Charles P. 560
Sutherland, soldado David 628
Swinton, major Ernest 346
Suíça 187, 246, 647
Szögyéni-Marich, conde Ladislaus 249, 252

Tames, Charles 549
tanques 395, 436, 454
taxas alfandegárias
　na Alemanha (Reich) 214
　na França 212
　sobre as importações alemãs 598
　ver também livre-comércio; tributação
taxas de mortalidade 415
Tawney, R. H. 514
Taylor, A. J. P. 39
　A Primeira Guerra Mundial 33
teatro 21-22, 30, 57-58, 80
　inspirado na guerra 646
tecnologia militar 45, 64, 179
　artilharia 179, 180, 450, 454-456, 459
　poder aéreo 436, 459
　tanques 395, 436, 454
Teilhard de Chardin, Pierre 523
telégrafo, efeitos sobre os mercados de capitais 223
televisão
　1914-1918, documentário 32
　Testament of Youth [Testemunho de uma jovem] 22

The Great War [A grande guerra], documentário 32
tempo, distorção do, na batalha 528
teoria marxista-leninista 84-85, 95-97
teorias raciais, em universidades alemãs 74-76
Thiepval, memorial de guerra 43, 628
Thomas, Albert, ministro francês 395, 397
Thomas, D. A. (lorde Rhondda) 398
  ministro de Alimentos 414
Thomas, Edward, poeta 641
Thomas, W. Beach 360
Thompson, D. C., *Weekly News* 67
Thompson, Edward, memórias 644
Thomson, professor *sir* J. J. 294
Thurstan, Violetta 524
Tibete, interesses da Rússia no 121
Times, The
  belicosidade 340-341
  censura 343
  circulação 370, **370**, 371, 372
  "Declaração de Autores" 352
Tirpitz, almirante Alfred von 36, 182, 255
  programa naval 96, 143, 144, 167
  estratégia 429, 433
Tonkin (Indochina), expedição francesa 105
Toynbee, Arnold 357
Tracy, Louis, romancista 59
Tratado de Hay-Pauncefote (1901) 122
Trevelyan, Charles 263, 264, 268
Trevelyan, G. M. 294, 353
tributação
  direta 205-206, 209-212

dos lucros da guerra 478
indireta 205-206, 209-214, 217, 475
para financiar a guerra 476-478
para pagar o serviço da dívida nacional 608-609
reformas alemãs no pós-guerra 590-591
trincheiras, guerra de
  efeitos sobre o caráter da guerra 172, 450
  horrores da 498-503
  jornais 364, 512
  situação nas trincheiras 510
  tréguas de Natal 502
Tríplice Aliança (Alemanha, Áustria e Itália) 112, 251
Tríplice Entente (Grã-Bretanha, França e Rússia) 251
  controles sobre o comércio 402-403
  custos da guerra por morte 493, 636
  eficiência para matar 440, 447, 636
  gasto militar **196**, 197, **198**, 199-201, **200**
  gastos com a guerra 476, 478
  homens disponíveis 444-446
  população 382, 383
  superioridade econômica 636
  superioridade moral no que concerne aos países neutros 374
  superioridade naval 168
Tríplice Entente (Grã-Bretanha, Itália e Áustria) (secreta) 112
Trípoli, invasão italiana (1911) 184
Trótski, Leon, brutalidade de 566-568
Turquia 437, 564
  baixas **441**, **445**

custos da guerra por morte **493**
e Armênia 326, 625
interesses alemães na 142, 243, 244, 249
perda de territórios 589, 624
prisioneiros de guerra **538**
Tweedmouth, lorde, primeiro lorde do Almirantado 135, 143
Tyrrell, William, principal secretário particular de Grey 145, 147

Ucrânia 245, 432, 588, 624
Ullstein, Leopold 373
Ultimato de Londres (1921) 582-583, 595
Umbreit, Paul 607
Ungaretti, Giuseppe, poeta 26, 640
união aduaneira europeia
  ambições alemãs de uma 274, 275-277, 433, 635
  como possibilidade contrafatual 651, 652, 654-655
  conceito de *Mitteleuropa* 76, 434
União de Controle Democrático (UDC) 294
União das Repúblicas Socialistas Soviéticas (URSS) 626, 631, 645
unidades *Freikorps* 562, 645
uniformes e vestimentas 509, 510
Universidade de Cambridge 294
Universidade de Oxford
  germanofilia 81-82
  Livro Vermelho 353, 357, 361
  oposição à guerra 295
universidades
  acadêmicos denigrem cultura nacional do inimigo 359
  alemãs 75-76, 82-83, 352, 358
  apologia à guerra 352-353

oposição à guerra 294-295

Van Creveld, Martin 521, 524
Vaughan, Edwin Campion 498
Venezuela 117, 121
Verdun 430, 465, 628
Versalhes, Tratado de 46, 592
  como desastre econômico 575
  críticas de Keynes ao 577--578, 586
Vickers Brothers 96
Vitória, rainha 82
violência
  continuada no pós-guerra 561-565, 645
  gosto por 519-520, 523-525, 550-551, 553-554
  na Guerra Civil Russa 565-568
Viviani, René, primeiro--ministro francês 87
Vondung, Klaus 326
Vring, Georg von der 645

Wagner, Siegfried (filho de Richard) 81
Waldersee, conde Alfred von 172, 173, 184
Waldersee, conde Georg von 252, 255
Wallas, George 295
Wandel, general Franz von, sobre os planos de Ludendorff 175
Warburg, Aby 363
Warburg, Max, banqueiro
  conselho ao Kaiser contra a guerra 97, 185
  conversas extraoficiais na Bélgica 433
  e crise bancária de 1914 305, 311
  e economia de guerra 392
  e propostas de reparação 578, 579, 585, 589
  e rendimentos dos títulos alemães 228
  instabilidade financeira da Alemanha 230, 233
  relações com os Rothschild 143
  restrições aos submarinos 429
  sobre a estratégia econômica de reparações 592
  sobre a hiperinflação 607
  sugestão de colônias no Báltico 632
Warburg (M. M.) & Co. banco 141, 233, 578
Warburg, Paul 581
Ware, *sir* Fabian 627
Webb, Sidney e Beatrice 81, 473
Weber, Max, liberalismo nacional 76
Weill, George 337
Weisbuch, Friedrich 546
Wells, H. G. 62, 326, 353, 362
Weltpolitik, alemã 42, 76, 141, 167
Wermuth, Adolf, secretário do Tesouro alemão 228
Westarp, conde Kuno von 216
Whitehall Gardens, conferência 134
Williamson, Henry 29
Wilson, Arthur, primeiro lorde do Almirantado 138
Wilson, H. W., sobre *A grande ilusão*, de Angell 80
Wilson, *sir* Henry, diretor de Operações Militares 141, 195, 461, 464
  e uso da Força Expedicionária Britânica 270
  e uso de Exércitos Territoriais 187
  previsão de uma guerra franco-germânica 137-138, 188

Wilson, Woodrow 38, 77, 122, 484
  Catorze Pontos 337, 466
  e autodeterminação 432, 630
  e finanças britânicas 482-483
  e Liga das Nações 624
Winnington-Ingram, A. F., bispo de Londres 324-325
Wirth, Joseph, chanceler alemão 591
Wittgenstein, Ludwig 323
Witthoefft, Franz 589
Wodehouse, P. G., *The Swoop!* 61
Wolff, Theodor, jornalista 252
Wood, Walter, *The Enemy in our Midst* [O inimigo entre nós] 56
Woolf, Virginia 28, 293, 476

Yanushkevich, general Nikolai, chefe de Estado-Maior russo 259
Yorkshire Post 341
Younghusband, *sir* Francis 352
Ypres
  primeira batalha 271
  terceira batalha 440, 452
  Wipers Times 364

Zanzibar 112
Zenhoff, Hugo am, ministro prussiano 610
Zimmermann, Arthur, ministro das Relações Exteriores 431
Zimmermann, Hugo 546
Zuckmayer, Carl, poesia 25, 26
Zweig, Arnold, *The Case of Sergeant Grischa* [O caso do sargento Grischa] 30
Zweig, Stefan 287

Sobre o autor

Nascido em 1964, Niall Ferguson é um dos mais renomados historiadores da Grã-Bretanha. Leciona na Universidade Harvard, na Harvard Business School e na London School of Economics e é pesquisador nas Universidades Oxford e Stanford. O autor também escreve regularmente para jornais e revistas do mundo inteiro, como o jornal *Financial Times* e a revista *Newsweek*. Em 2004, a revista *Time* o considerou uma das cem pessoas mais influentes do mundo.

Ele escreveu e apresentou cinco séries de documentários de grande sucesso na TV britânica e é autor de diversos livros, muitos deles best-sellers. O autor divide o tempo entre o Reino Unido e os Estados Unidos. Para mais informações, acesse o site www.niallferguson.com

Leita também outros títulos do autor publicados pelo selo Crítica:

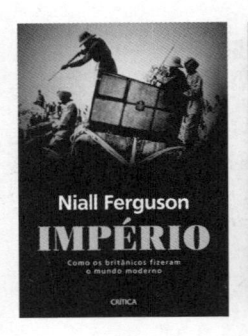

Este livro foi composto em Adobe Garamond Pro e impresso pela RR Donnelley para a Editora Planeta do Brasil em julho de 2018.